国家社会科学基金重大项目"新产业革命的发展动向、影响与中国的应对战略研究"（13&ZD157）

Research on China's Industrial Transformation and
Upgrading at the Convergence of

NEW INDUSTRIAL REVOLUTION

and High-Quality Economic Development

新产业革命与经济高质量发展交汇下的中国产业转型升级研究

杜传忠　等／著

中国财经出版传媒集团
经济科学出版社
Economic Science Press

序

吕　政　中国社会科学院学部委员、工业经济研究所原所长

南开大学杜传忠教授等学者所著的《新产业革命与经济高质量发展交汇下的中国产业转型升级研究》一书较为深入地研究了新产业革命的内涵，揭示了中国高质量发展与新产业革命交汇的机遇，论述了中国产业高质量发展的任务，分析了通过产业转型实现高质量发展的途径。

关于新产业革命的内涵，理论界和科技界有不同的认识。一种观点认为新产业革命仍然属于第三次产业革命的范畴。例如，中国科学院中国现代化研究中心主任何传启认为，第三次技术和产业革命可分为两个阶段：第一阶段是电子和自动化阶段，关键技术有电子、自动控制、激光、材料、航天和原子能技术等，主导产业包括电子工业、计算机、原子能、航天和自动化产业等；第二阶段是信息化和智能化阶段，关键技术有信息、云计算、量子通信、智能和绿色技术等，主导产业包括信息产业、电子商务、物联网、无线网、大数据、智能制造（3D打印）、先进材料、智能机器人、智慧城市、绿色能源和生物产业等。

德国政府提出了"工业4.0"战略。德国学术界和产业界认为，"工业4.0"概念即以智能制造为主导的第四次工业革命。德国"工业4.0"战略旨在通过充分利用信息通信技术和网络化系统，将制造业向智能化转型，包括智能工厂、智能生产和智能物流。

新产业革命是第三次产业革命的新阶段还是属于第四次产业革命，尚无定论，但其涵盖的技术基础、发展方向、基本特征、主要任务和产业发展的路径都是一致的。关键是中国要抓住新产业革命的机遇，使高质量发展与新产业革命同步。

从产业革命的历史进程考察，由于封建制度和清政府的腐败，只重四书五经和八股文的陈腐，视西方科学技术为奇技淫巧的愚昧，把重古而不重今、重守成而不重变革的儒家思想作为统治思想，以及鸦片战争开始的西方列强的入侵，诸多因素使中国从18世纪中叶到20世纪中叶的200年，失去了与世界近代工业化同步的第一次和第二次产业革命的历史机遇。

中国共产党领导的新民主主义革命在1949年取得全面胜利，开辟了中国工业化进程的新纪元。新中国用70年的时间，先后完成了第一次产业革命以手工劳动为主导的农业社会向建立机器大工业的转变，完成了以电力动力为基础、规模化生产为特征的第二次工业革命的任务，建立起第三次工业革命以原子能、航空、航天、计算机、现代通信技术等技术密集型产业为代表的新兴产业体系，实现了从落后的农业国向产业体系完备的工业生产大国的转变。

在中国共产党成立一百周年之际，中国社会经济发展又站在一个新的历史起点，并开始新的征程，即到2049年新中国成立一百年的时候，实现建成社会主义现代化强国的战略目标。要实现这个目标，必须以高质量发展为主线，以实体的现代产业体系为基础，以科技创新为主要动力，继续坚持改革开放的方针。

坚持发展实体经济不放松，特别是发展先进制造业是抓住新产业革命机遇的基础。前几年，一些媒体把少数几个依靠平台经济成为富豪的企业家视为楷模，并把这些企业当作科技创新"巨头"，误导科技创新的方向，诱导人们追求通过商业模式创意短时间实现暴富。事实上，平台经济只是社会再生产过程中流通环节的中介。一个国家的经济发展必须建立在以制造业为主导的基础上。

2018年4月特朗普政府挑起中美贸易争端，大幅度提高中国对美国出口商品的关税，并认为美国在中美贸易争端中更具优势。时间已过去三年半，中美双方都蒙受了损失，美国赢了吗？中国经济发展的势头被遏制住了吗？答案是否定的。2019年中国对美出口额下降8.7%，美国对中国出口额下降17.1%，但是当年中国仍实现了对美国的2959.5亿美元贸易顺差；2020年中国对美国商品出口额增长7.9%，中国对美国的贸易顺差为1349亿美元；2021年1~9月，中国对美国商品出口增长22.6%，实现贸易顺差2805亿美元。美国大幅加征关税并没有阻止中国商品对美出口的增长。为什么会出现这种局面？因为中国具有完整的工业体系和较大的生产规模，具有价廉物美的比较优势，具有应对国际贸易挑战的韧性，以及中美之间产业结构的互补性。中国220多种主要工业产品居世界第一位，2020年中国制造业增加值为38556.8亿美元，美国为22679.9亿美元，按汇率计算的中国制造业增加值比美国高出70%。中国为什么不吃"美国从实力地位出发同中国说话"那一套？中国工业总体规模实力是我们赖以自信的底气。

我们既要看到中国工业总体规模大和产业体系完整的优势，也必须正视中国工业与美国、日本、德国等国家在制造业结构、能源原材料利用效率、劳动生产率、产品附加值率以及技术创新能力方面的差距。我国高端制造业产业链中,关键性的技术、材料、元器件和设备受制于人,存在诸多"卡脖子"环节。其中具有代表性的设备、元器件和关键技术有光刻机、高端芯片、真空蒸镀机、民用大飞机发动机、人工智能传感器、手机和电脑操作系统、核心工业软件等30多项。购买技术和进口关键产品的国际贸易条件恶化,严重阻碍着我国高附加值的技术密集型产业的发展。推进产业高质量发展,应当从行业到企业,实施找差距和缩小差距的战略,努力解决关键技术的"瓶颈"障碍问题。

提高现有产业效率是高质量发展的应有之意。生产力的发展是一个渐进的、由量的积累到质的飞跃的过程,后来的发展总是以已经形成的产业为基础。19世纪被认为是科学革命取得重大进展的世纪,电磁学、热力学、生物学、化学、光学和天文学等领域的重大科学创新成就,为20世纪的技术革命奠定了理论基础。20世纪一系列技术创新成果,如青霉素、小儿麻痹疫苗、流水线生产方式、化学合成材料、飞机、雷达、核能、电视、空调、晶体管、集成电路、运载火箭、人造卫星、计算机、编程、基因测序、激光、互联网、手机、杂交水稻、机器人等产品和技术,仍然主导着当代的生产与消费。技术进步的渐进性,决定了无论是发达国家还是后发的新兴工业化国家的经济增长,都不可能离开现有产业的生产而完全另起炉灶,提高现有产业生产要素利用效率也是新的经济增长点。

补短板是供给侧结构性改革的重要任务,我国供给侧的短板主要集中在两个方面:一是资源性产品,如石油和天然气等优质能源、铁矿石、需要占用大量耕地的大豆等;二是技术密集的制造业中关键零部件和元器件需要依靠进口。前者受矿产资源和土地资源等客观条件的制约,难以根本改变;后者取决于技术创新能力,经过努力是完全可以改变的。以芯片为例,2020年我国进口了价值3770亿美元的芯片、1876亿美元的原油、393.98亿美元的大豆和1189.44亿美元的铁矿石,芯片进口额比后三类大宗产品进口额总和还要高出311亿美元。如果国产芯片基本实现自给,可以显著增强进口资源密集型产品的回旋余地,缓解国内大宗资源密集型产品短缺的矛盾,给消费者带来实实在在的利益。

从节能减排的角度考察,芯片制造是低能耗产业,钢铁生产是高耗能产业。2020年台积电实现芯片销售收入543亿美元,消耗的能源为143.3亿度电,相当于430万吨标准煤,每亿美元产值耗能0.79吨标准煤;2020年我国出口5367万吨钢材,实现销售收入454.7亿美元,消耗3220万吨标准煤,每亿美元销售收入耗能7.08吨标准煤,是芯片制造环节能耗的8.97倍。当然,从使用价值考察,钢材与芯片是不可相互替代的两类产品。鼓励发展芯片,并非全盘放弃钢铁工业。但是由于科学技术的进步,生产力的发展,产业结构的不断升级,制造业的结构和产业竞争的主战场已经发生深刻变化。我们不能固守"你做你的芯片,我做我的钢铁"的格局。降低高耗能工业的比重,发展低能耗、高附加值的制造业，是降低能源消耗强度，改善国际贸易条件，增强工业竞争力，推进产业结构调整升级的客观要求。

推进产业的高质量发展，必须正确认识集中力量办大事和优化产业组织结构的关系。集中力量办大事不等于将生产要素都集中到少数企业。在现代科学技术日益交叉与融合、生产过程高度专业化分工和社会化的条件下，任何企业都很难独立地完成设计、零部件制造和系统总成的全过程，因此需要依托社会化分工、协同与合作。社会化分工既有横向的产业分工与合作，也有产业链的纵向分工与合作。经济全球化使这种分工与合作已经跨出国界。在各国都遵守国际经济关系规则的情况下，跨国分工与合作能够比较顺利的进行。但是，由于美国推行产业脱钩政策，国际科技分工与合作有可能被中断或受阻。因此，必须增强国内专业化分工与协同创新能力，避免单个企业的孤军奋战。专业化分工合作，需根据产业链的特点，从设计、材料、设备、工艺、关键零部件、总成等各个环节，在全国范围内布局，选择不同环节和不同地区具有优势的企业和科研院所，按照总体目标的要求，分别承担其中某一环节的研发、攻关和配套任务，最后由具有综合技术实力的龙头企业集成。

产业转型还需要企业文化与经营理念转型的支持，需要继续推进经济体制和经济运行机制的改革。我国企业扩大再生产的经营理念和经营方式存在诸多局限性：一是过分依赖政府的优惠政策和寻租行为；二是偏重于扩大产能和市场规模，不注重依靠创新的内涵式扩大再生产；三是依靠银行贷款的高杠杆率；四是热衷于投资房地产；五是在资本和金融市场投机；六是偏好于商业模式创新。据2020年9月16日新浪财经报道，国内一家上市制药企业，2018年营业收入136.7亿元，销售费用80.36亿元，占当年营业收入的58.7%，用于研发的费用为5.76亿元。研发费用仅为销售费用的7%。这种情况在国内制药行业中属于普遍现象，也是新药研发落后的主要原因。

什么是上层建筑要适应经济基础？什么是生产关系要适应生产力发展的要求？它不是经济学家的理论抽象，而是现实社会经济运行中普遍存在且迫切需要解决的实际问题。推进经济高量发展，必然要求继续深化改革，解决这些问题。

2021年11月30日

目录

第一章　导论 / 001

第一节　基于技术—经济范式视角的第四次工业革命内容及特征分析 / 001

第二节　新一轮工业革命与经济高质量发展交汇为我国产业转型升级提供机遇与挑战 / 009

第三节　构建新发展格局：开辟中国产业转型升级的新空间 / 013

第二章　新产业革命与经济高质量发展交汇下中国产业转型升级机制与路径研究 / 016

第一节　新发展时期中国产业转型升级的基本内涵及目标导向 / 016

第二节　现阶段中国产业转型升级存在的主要问题及制约因素 / 023

第三节　基于复杂系统动态演进视角的我国产业转型升级路径特征及推进机制 / 030

第三章　产业革命与后发大国产业赶超研究
——兼论第四次工业革命条件下中国产业赶超 / 041

第一节　工业革命背景下后发大国实现产业赶超的机理分析 / 041

第二节　前三次工业革命中主要后发国家产业赶超历史考察及比较 / 045

第三节　第四次工业革命条件下中国产业赶超的路径探析 / 053

第四章　信息技术、第四次工业革命与要素生产率提升 / 061

第一节　信息技术的生产率提升效应
——兼对信息技术生产率悖论进行评析 / 061

第二节　第四次工业革命提升我国要素生产率的机理及对策 / 073

第五章　两化融合、智能制造与我国制造业转型升级 / 082

第一节　现阶段我国两化融合绩效测算及推进思路 / 082

第二节　德国工业4.0及其对中国制造业转型升级的借鉴 / 102

第三节　美国工业互联网发展经验及其对中国的借鉴 / 109

第四节　"十四五"时期加快推进智能制造发展思路及对策
　　　　——以天津市为例 / 126

第五节　制造业盲目智能化带来的风险及其规避分析 / 129

第六章　新产业革命与经济高质量发展交汇下的中国产业国际价值链提升 / 137

第一节　我国产业低端锁定及其突破路径
　　　　——基于高技术制造业的实证分析 / 137

第二节　中国工业制成品出口的国内技术复杂度测算及其动态变迁
　　　　——基于国际垂直专业化分工的视角 / 152

第三节　技能偏向型技术进步对中国制造业价值链攀升影响的实证分析 / 167

第四节　制造业服务化对我国产业全球价值链升级影响的实证分析 / 182

第五节　第四次工业革命背景下全球价值链重构及我国的应对战略 / 198

第七章　"十四五"期间我国制造业合理比重与经济高质量发展研究 / 207

第一节　"十四五"期间工业化仍将主导中国经济高质量发展 / 207

第二节　"十四五"时期保持制造业合理比重对经济高质量发展的作用 / 211

第三节　"去工业化"对中国地区经济增长影响的实证分析 / 220

第八章　新发展阶段我国服务业转型升级研究
　　　　——以文化产业作为重点 / 238

第一节　工业革命对服务业的影响：机理分析与历史考察 / 238

第二节　基于工业革命视角的文化创意产业发展演进历史分析 / 248

第三节　我国文化创意产业促进制造业升级的作用机理及效应分析 / 258

第四节　生产性文化服务业：我国应重点发展的新兴文化产业 / 270

第九章　新产业革命与中国农业转型升级的作用研究 / 283

第一节　我国信息化与农业现代化协同发展及影响因素实证分析 / 283

第二节　互联网及新一代信息技术对我国农业转型升级的作用 / 300

第三节　电子商务对我国农村产业转型升级影响的实证分析
　　　　——基于农村居民创业视角 / 307

第十章　新产业革命条件下中国产业组织创新 / 324

第一节　产业革命促进产业组织变革的机理与历史考察 / 324

第二节　基于工业革命视角的企业组织演进及其逻辑 / 330

第三节　第四次工业革命条件下产业组织的变革趋势 / 335

第四节　大数据与产业链融合：数智化时代产业组织演进的基本态势 / 341

第十一章　新发展阶段中国技术创新对产业转型升级的作用分析 / 354

第一节　基于三大经济圈的我国区域技术转移绩效及提升路径实证分析 / 354

第二节　新一轮产业革命背景下突破性技术创新与我国产业转型升级 / 364

第三节　绿色技术进步提升我国制造业国际竞争力的作用机制分析 / 375

第四节　中国制造业关键技术缺失成因及创新突破路径分析 / 386

第十二章　新产业革命条件下金融资本对新兴产业发展作用研究 / 398

第一节　金融资本对新兴产业发展作用的机理分析 / 398

第二节　基于产业革命视角的发达国家金融资本对新兴产业成长作用的历史考察 / 404

第三节　金融资本对中国战略性新兴产业成长作用的实证分析 / 410

第四节　风险投资促进中国战略性新兴产业发展的机制及效应分析 / 421

第十三章　基于第四次工业革命的标准、标准竞争与我国产业转型升级 / 434

第一节　标准化战略与我国制造业转型升级 / 434

第二节　标准影响产业转型升级的技术效应分析 / 441

第三节　标准影响产业国际竞争力的机制分析 / 445

第四节　全球新一代信息技术标准竞争态势及我国的应对战略
　　　　——以人工智能和5G技术为例 / 450

第十四章　新一代人工智能与我国产业转型升级 / 468

第一节　新一代人工智能推动中国产业转型升级的机制与路径分析 / 468

第二节　发达国家人工智能发展经验及其对中国的借鉴 / 476

第三节　我国新一代人工智能产业发展模式与思路分析 / 486

第四节　智能产业生态系统的结构性特征及其对我国的启示 / 493

第十五章 新产业革命背景下我国新产业、新业态发展及监管创新研究／504

第一节 新产业、新业态与我国产业转型升级及经济高质量发展／504

第二节 20世纪末美国互联网泡沫及其对中国互联网产业发展的启示／509

第三节 信息技术、所有制结构对新产业、新业态的影响分析
——以电子商务产业的集聚发展为例／516

第四节 新产业、新业态发展中的政府与企业行为合理性分析
——以互联网产业和共享单车产业为例／530

第五节 我国新产业、新业态发展存在的问题及监管创新／540

参考文献／551

后记／587

图 目 录

图 5-1	2001~2014 年我国工业化发展趋势	091
图 5-2	2001~2014 年我国信息化发展趋势	091
图 5-3	2001~2014 年我国工业化与信息化子系统融合系数趋势	095
图 5-4	2001~2014 年我国两化融合水平趋势	097
图 5-5	美国工业互联网的发展机制	117
图 5-6	美国工业互联网平台建设	117
图 6-1	2000~2013 年高技术制造业五大细分行业劳动力规模时间序列	142
图 6-2	2000~2013 年高技术制造业五大细分行业资产总额时间序列	143
图 6-3	2002~2011 年中国工业制成品出口的国内技术复杂度测算结果及其变化趋势	158
图 6-4	2002~2009 年我国三大地区出口品的国内技术复杂度和全部技术复杂度及其变化趋势	165
图 6-5	价值链曲线变化	201
图 7-1	2000~2019 年我国制造业与服务业增加值占 GDP 比重	213
图 7-2	同一发展阶段下中国与发达国家工业占比情况	214
图 7-3	2001~2019 年我国工业、制造业所占比重变动情况	217
图 8-1	工业革命影响服务业发展作用机理示意	241
图 8-2	1801~1901 年英国三大产业与服务业分支行业的产值比重	242
图 8-3	1900~1950 年美国三大产业与服务业分支行业的产值比重	243
图 8-4	制造业价值链	261

图 8 – 5	单环节价值链升级	262
图 8 – 6	多环节价值链升级	263
图 8 – 7	文化创意产业与制造业的产业融合	264
图 8 – 8	生产性文化服务业促进经济发展的作用机理	272
图 8 – 9	生产性文化服务业与企业竞争力变化	275
图 9 – 1	2003~2012 年我国信息化与农业现代化耦合协同度演变趋势	296
图 9 – 2	县级层面的电商发展水平与农村创业人口比例的关系	313
图 9 – 3	县级层面的电商发展水平与农村居民创业投资规模的关系	313
图 10 – 1	产业革命中产业组织的变革形态	325
图 10 – 2	大数据融合下的供需链	343
图 10 – 3	大数据影响下的微笑曲线	344
图 10 – 4	大数据对价值链的增值机理分析	344
图 10 – 5	大数据对企业链的影响机理分析	345
图 10 – 6	海尔 COSMOPlat 全流程	348
图 10 – 7	蜻蜓旅行与 Farecast 的数据价值链对比	349
图 11 – 1	突破性技术创新驱动产业转型升级影响机制及作用路径	368
图 11 – 2	绿色技术进步对制造业国际竞争力的驱动机理及逻辑框架	376
图 12 – 1	风险投资促进我国战略性新兴产业发展的作用机制	422
图 13 – 1	2010~2017 年新一代信息技术标准发布和实施数量	463
图 14 – 1	智能产业生态系统的内部结构及其关联性	496
图 14 – 2	智能产业生态系统结构性特征	497
图 15 – 1	新旧经济的"S"型增长曲线	506
图 15 – 2	共享单车市场规模竞争情况	538

表 目 录

表1-1	技术—经济范式视角下第四次工业革命的内容	008
表4-1	关于信息技术价值的主要研究	067
表5-1	两化融合的主要评价方法	084
表5-2	2001~2014年我国工业化实际发展水平	087
表5-3	2001~2014年我国信息化实际发展水平	089
表5-4	2001~2014年我国信息化带动工业化融合系数	092
表5-5	2001~2014年我国工业化促进信息化融合系数	093
表5-6	2001~2014年我国两化融合系数	096
表5-7	我国两化融合水平分类	098
表5-8	美国先进制造业相关政策措施	113
表6-1	2013年我国五大高技术制造业出口额	139
表6-2	2000~2013年我国高技术制造业五大类行业的RUV值	141
表6-3	变量选取与统计性描述	146
表6-4	模型估计结果	147
表6-5	2002~2011年我国分行业层面出口品国内技术复杂度的测算结果	160
表6-6	2002~2009年我国分地区层面出口品国内技术复杂度的测算结果	164
表6-7	基准估计结果	175
表6-8	内生性问题估计结果	177

表6-9	双重门槛模型估计结果	179
表6-10	异质性检验估计结果	180
表6-11	变量的选取与描述	190
表6-12	我国制造业整体服务化影响全球价值链参与度的回归结果	191
表6-13	不同类型服务化推动全球价值链升级的回归结果	192
表6-14	制造业行业分类总结	195
表6-15	不同要素密集型制造行业服务化影响全球价值链升级的回归结果	195
表6-16	基于系统GMM方法的估计结果	197
表7-1	变量符号与具体说明	224
表7-2	2004~2018年我国31个省（区、市）经济增长全域莫兰指数	226
表7-3	过早去工业化对地区经济增长的影响	227
表7-4	稳健性检验结果	229
表7-5	作用机制检验	231
表7-6	去工业化的非线性影响：不同工业化阶段	233
表7-7	面板门槛效应检验（BS次数为300）	235
表7-8	单门槛模型估计结果	236
表8-1	1801~1881年英国国民收入与经济结构	248
表8-2	1801~1881年英国工农业就业结构	249
表8-3	三次工业革命演进中的创意产业发展	255
表8-4	变量设定	265
表8-5	文化创意产业与制造业融合对制造业绩效影响的分析结果	267
表8-6	生产性文化服务业主要行业类别及行业代码	276
表8-7	北京、上海主要生产性文化服务业增加值及增速情况	278
表8-8	北京、上海主要生产性文化服务业增加值占GDP的比重、贡献率及拉动率	278
表9-1	2003~2012年我国31个省（区、市）信息化综合发展指数	287
表9-2	2003~2012年我国31个省（区、市）信息化发展平均指数及排名	288

表目录

表9-3	2003~2012年我国31个省（区、市）农业现代化综合发展指数	289
表9-4	2003~2012年我国31个省（区、市）农业现代化发展平均指数及排名	290
表9-5	我国31个省（区、市）信息化与农业现代化发展水平所属类型	291
表9-6	2003~2012年我国31个省（区、市）信息化综合得分	292
表9-7	2003~2012年我国31个省（区、市）农业现代化综合得分	293
表9-8	2003~2012年我国31个省（区、市）信息化与农业现代化耦合协同度	295
表9-9	我国31个省（区、市）信息化与农业现代化耦合协同度类型分布	296
表9-10	各变量特征的描述性统计	298
表9-11	信息化与农业现代化协同度影响因素回归结果	298
表9-12	变量定义与描述统计	312
表9-13	电子商务影响创业选择的Logit模型估计结果	314
表9-14	电子商务影响创业投资规模、雇佣规模的Tobit模型回归结果	316
表9-15	工具变量回归结果	319
表9-16	电子商务对信任关系的影响	320
表9-17	电子商务对社会网络的影响	322
表9-18	电子商务对社会规范的影响	323
表10-1	技术革命与生产模式变革	338
表10-2	价值来源与企业分类	348
表10-3	小米、美团产业链生态系统对比	351
表11-1	2009~2014年三大经济圈各省（区、市）跨区域技术转移绩效值	357
表11-2	2009~2013年三大经济圈各省（区、市）跨部门技术转移绩效值及排名	360
表11-3	2009~2013年三大经济圈各省（区、市）跨部门技术转移绩效综合值及排名	361
表11-4	各变量的简单描述性统计	380

表 11-5	总体回归分析结果	380
表 11-6	分行业回归分析结果	382
表 11-7	总体回归分析的稳健性检验结果	384
表 11-8	行业异质性回归的稳健性检验结果	385
表 11-9	2009~2018年中、美、日不同类型研发经费投入占比	389
表 11-10	2009~2018年中、美、日企业研发支出中基础研究占比	389
表 12-1	变量符号及定义	412
表 12-2	变量统计描述	412
表 12-3	混合效应、固定效应和随机效应模型选择检验结果	414
表 12-4	金融资本影响上市企业成长的回归结果	414
表 12-5	深圳中小板和创业板节能环保概念股	426
表 12-6	变量符号及定义	427
表 12-7	变量的统计性描述	427
表 12-8	单因素方差分析结果	430
表 12-9	面板回归模型计量结果	430
表 13-1	显性规则的三个种类	446
表 13-2	各领域主要标准化组织及其工作重点	453
表 13-3	全球5G标准竞争能力前十大公司的国家分布	458
表 13-4	2015~2018年全球智能手机五大供应商的出货量与市场份额	459
表 13-5	三轮国际标准竞争中各方案支持/反对者的国家分布	461
表 13-6	中国新一代信息技术重要技术领域的标准发展状况	463
表 14-1	工业经济时代的产业集群与智能经济时代的产业生态系统的比较	500
表 15-1	变量的描述性统计	521
表 15-2	电商产业集聚的基本影响因素	522
表 15-3	销售集聚路径的影响因素	524
表 15-4	采购集聚路径的影响因素	525
表 15-5	电商产业集聚的稳健性检验结果	528

第一章

导 论

当今时代，一场以大数据、云计算、人工智能等新一代信息技术广泛应用为主要内容的新产业革命，也称第四次工业革命，正在全球迅速发展，并引起全球产业的深刻变革和技术创新的快速和集聚式涌现。与此同时，我国经济已进入高质量发展阶段，该阶段的一个重要特征是新一轮产业革命与我国经济高质量发展形成历史性交汇。[①] 处于这一重要历史交汇期，加快推进产业转型升级、提升产业国际竞争力，是我国有效应对新一轮产业革命、实现经济高质量发展的必然要求。

第一节 基于技术—经济范式视角的第四次工业革命内容及特征分析

一、经济学界关于第四次工业革命的内涵界定

目前关于第四次工业革命的内涵，经济学界主要有两种认识：一是从生产领域制造技术的革命性变化角度来理解；另一种是从通信与能源技术结合的变革角度来理解。前者的代表性观点来自英国的《经济学人》杂志。2012年4月，该杂志发表了关于"制造业和创新"的系列专题报道，其中的《第三次工业革命》提出，随着制造业走向数字化，第三次工业革命正在加快步伐。该文认为，第三次工业革命以制造业数字化为核心，内容将包括3D打印增材制造、使用机器人

---

① 党的十九届五中全会提出，全面建成小康社会、实现第一个百年奋斗目标之后，我们要乘势而上开启全面建设社会主义现代化国家新征程，向第二个百年奋斗目标进军，这标志着我国进入了一个新发展阶段。新发展阶段的一个基本特征是第四次工业革命与高质量发展的历史性交汇。因此，在本书后面的分析中将二者交替使用。

的智能制造、新材料等,基于这样的变化,生产将从大规模转向更加个性化的生产。持第二种认识的代表性人物是美国著名未来学家杰里米·里夫金。他认为,历史上的工业革命都是在新通信技术和新能源系统结合时期发生的。第三次工业革命即新一代通信技术与新能源技术的结合,新一代通信技术即互联网信息技术,新能源技术即可再生能源技术。①

美国麻省理工学院的布莱恩约弗森和麦卡菲(2014)在《第二次机器革命》一书中,从机器革命的视角提出了人类正在面临着第二次机器革命。在他们看来,蒸汽机开启的工业革命引领了人类第一次机器革命,随着"数字化技术框架的基本成型,一个全新的基础环境和技术经济生态圈正在形成",我们已经进入了数字化带来的机器革命的时期,其特征是"数不胜数的智慧机器和数十亿互联互通的智慧大脑结合在一起"②。德国工业4.0专家乌尔里希·森德勒(2014)也从类似的角度明确指出,"现在是第四次工业革命","产品和服务借助于互联网和其他网络服务,通过软件、电子及环境的结合,生产出全新的产品和服务。越来越多的产品功能无须操作人员介入……"③。

世界经济论坛轮值主席施瓦布(2016)从数字技术角度提出"第四次工业革命"的命题,他将蒸汽机的发明应用驱动的工业革命称为第一次工业革命;电力的使用和流水线作业推动的工业革命为第二次工业革命;半导体、计算机、互联网的发明、应用催生的工业革命为第三次工业革命;而当前,由智能化与信息化驱动的以高度灵活及人性化、数字化生产为特征的新一轮工业革命即为第四次工业革命。④ 在国内,虽然前些年也有专家使用"第三次工业革命"的称谓⑤,但从近年看,无论是学界还是政府部门基本认同并使用施瓦布等人提出的"第四次工业革命"的说法。本书所使用的"第四次工业革命"或"新产业革命"的称谓,与施瓦布等人的划分基本一致。需要指出的是,由于第四次工业革命正处于快速发展之中,新技术、新产业、新业态、新模式等不断出现,对其基本内涵的认识也在不断推进和深化。

---

① [美]杰里米·里夫金:《第三次工业革命——新经济模式如何改变世界》,张体伟、孙豫宁译,中信出版社2012年版,第31页。

② [美]埃里克·布莱恩约弗森、安德鲁·麦卡菲:《第二次机器革命》,蒋永军译,中信出版社2014年版,第110页。

③ [德]乌尔里希·森德勒:《工业4.0:即将来袭的第四次工业革命》,邓敏、李现民译,机械工业出版社2014年版,第10页。

④ [德]克拉斯·施瓦布:《第四次工业革命:转型的力量》,李菁译,中信出版社2016年版,第4页。

⑤ 黄群慧、贺俊:《"第三次工业革命"与中国经济发展战略调整——技术经济范式转变的视角》,载于《中国工业经济》2013年第1期。

二、基于技术—经济范式的第四次工业革命的基本内容分析

（一）技术—经济范式理论的基本内容

产业革命或工业革命是一个内容丰富、复杂的技术、经济过程，对其发展过程与影响进行研究，较为有效的研究方式是利用技术—经济范式理论。"技术—经济范式"① 概念首先是由研究技术创新与长波理论演化的经济学家佩蕾丝在 1983 年提出的，她认为技术—经济范式是生产组织的一种"理性类型"或最佳的技术"常识"（佩蕾丝，2007）。1988 年，佩蕾丝与弗里曼进一步丰富了技术—经济范式理论。他们在对创新进行分类时进一步丰富了技术—经济范式的内涵，认为技术—经济范式是指"相互关联的产品和工艺、技术创新、组织创新和管理创新的结合，包括全部或大部分经济潜在生产率的数量跃迁和创造非同寻常程度的投资和盈利机会"。新范式（模式）造成技术上和管理上"常识"的根本改变，使得新范式逐渐地成为一种"理想类型"。② 2002 年，佩蕾丝在其《技术革命与金融资本》一书中具体论述了历次技术革命中技术—经济范式的扩散过程，推动了该理论的广泛传播。在她看来，技术—经济范式是一个最佳实践模式（a best-practice model），一系列通用的（all-pervasive）技术和组织原则构成了这一模式的主要内容，这些原则是一次技术革命展开的最有效的途径，通过这些最有效的组织原则，技术革命才可以促进经济发展。当这些原则被普遍采用、吸收后，这些原则就成了组织一切活动和构建一切制度的常识性基本原则（common-sense basis）。③

借鉴佩蕾丝对历次技术革命中技术—经济范式的分析，我们认为，一次技术革命或产业革命的技术—经济范式的基本内容包括以下几个方面：一是相互关联的主导技术创新集群；二是核心投入；三是与生产方式、组织管理有关的

---

① 美国著名科学哲学家托马斯·库恩（Thomas Kuhn）在《科学革命的结构》一书中提出"范式"一词，他主要分析的是科学范式。参见 [美] 托马斯·库恩：《科学革命的结构》，金吾伦、胡新和译，北京大学出版社 2003 年版，第 21 页。

② 佩蕾丝和弗里曼认为，一种新的技术—经济模式（范式）包括：一种新的"最切实可行的"组织形式；一个新的劳动力技能状况；一种新的能充分利用低成本关键生产要素的产品结构；使新关键生产要素更充分利用的创新趋势；投资地点的新格局；基础设施投资的浪潮；小厂商进入全新的生产部门；大企业进入充分利用关键生产要素的行业；商品消费与服务的一个新格局以及分配与消费行为的新类型。参见克里斯托弗·弗里曼、卡萝塔·佩蕾丝：《结构调整危机：经济周期与投资行为》，收录于 G. 多西、C. 弗里曼、R. 纳尔逊、G. 西尔弗伯格、L. 苏蒂合编：《技术进步与经济理论》，钟学义、沈利生、陈平等译，经济科学出版社 1992 年版，第 49~82 页。

③ [英] 卡萝塔·佩蕾丝：《技术革命与金融资本》，田方萌译，中国人民大学出版社 2007 年版，第 140 页。

生产组织形式；四是基础设施；五是技术—经济范式充分展开所需要的制度框架。

（二）基于技术—经济范式理论的第四次工业革命基本内容分析

历史上的每一次工业革命都是一场涉及经济、社会、科技乃至文化等诸多领域的深刻的科技和产业变革，第四次工业革命也不例外。根据创新经济学创始人熊彼特的观点，历史上任何一次产业革命过程中涌现的新技术都是一个技术"簇群"[1]，在当今第四次工业革命发展浪潮中，除了新一代人工智能技术这一战略性主导技术之外，还有大数据、云计算、物联网、5G等新一代信息技术，它们共同构成新一轮工业革命的新技术"簇群"，而新一代人工智能则是"引领这一轮科技革命和产业变革的战略性技术，具有溢出带动性很强的'头雁'效应"[2]。新一代人工智能与其他新一代信息技术的创新、融合和应用，引起社会生产、生活和服务等领域出现智能化变革，从而形成智能经济形态。基于技术—经济范式视角，可以认为，这次工业革命的主要内容包括由人工智能、大数据、云计算等组成的数字、信息和通信等通用目的的技术在生产、服务领域的普遍应用；结合人工智能技术、新材料技术等的发展，在生产、服务领域实行以高级机器人应用为代表的智能生产、个性化定制生产、网络协同生产等新型生产方式；数据、新材料成为核心投入；互联网特别是工业互联网、物联网、5G、云计算平台、数据中心等成为新技术应用、扩散的关键基础设施。

1. 第四次工业革命的技术元范式："信息 + 通信 + 人工智能"

新一代信息通信技术与人工智能技术的发展、应用目前正在从根本上改变产业和经济发展的基本形态和结构。一方面，大脑芯片、云计算、智能系统等新产业、新业态、新服务、新系统等大量出现；另一方面，新一代信息通信技术对产业及经济的各个领域及行业的运营、管理等正在产生颠覆性影响，它们所表现出的高效益性和技术、经济功能，使其成为一个基本的元范式，而为越来越多的产业或部门所采用。无论是以大数据、云计算等为代表的信息技术，还是以物联网等为代表的通信技术以及以机器人等为代表的人工智能技术，其应用范围都在不断扩大，应用程度在不断加深，由此带来企业、产业及整个国民经济效率的提升。

从新一代信息通信技术的内部构成看，以互联网为代表的通信技术催生了以大数据为代表的信息技术，使数据的传输、交互成为可能；大数据反过来又推动

---

[1] [美]熊彼特：《经济发展理论》，何畏、易家详译，商务印书馆1990年版，第15页。
[2] 习近平：《推动我国新一代人工智能健康发展》，人民网，2018年10月31日。

了互联网技术的创新和应用。拥有无限社交数据的Facebook、大量搜索数据的Google，以及海量交易数据的互联网销售平台等，通过对所拥有海量结构型和非结构型数据的分析、计算，能够更好地了解用户，从而不断实现在产品和服务方面的技术创新。互联网催生了大数据，而大数据的发展又为人工智能的发展提供了基础性要素支撑。构成第四次工业革命技术体系的这几种通用目的技术[①]，通过相互作用、相互影响，实现协同演进，形成了第四次工业革命的技术—经济范式中技术发展演进的基本轨道。

从工业革命发展历史来看，工业革命是"通用目的技术创新"扩散并渗透于各个产业的结果，这正是这类技术的"通用性"特征的重要体现。通用目的技术通过渗透性和溢出效应，从其所处的原始行业扩散至其他行业，包括一些传统行业，这些通用目的技术的扩散应用引致生产方式发生了革命性变化，有效提升了其他行业的运行效率。如第一次工业革命中的蒸汽机技术，第二次工业革命中的电力技术，第三次工业革命中的电子计算机技术等，都曾发挥过这种通用目的技术的作用。从目前第四次工业革命发展动向、技术创新应用绩效及前景看，新一代人工智能是第四次工业革命中最重要、最根本的通用目的技术。

2. 数据、传感器、新材料是新主导技术群的核心投入

第四次工业革命作为信息通信技术与物理世界的深度融合，其核心投入来自这两大领域新技术发展所需的关键要素：数据与新材料。这两种核心投入在新技术—经济范式中的应用并不表现为孤立的投入，而是都处于技术创新体系的核心，其他许多技术的创新、应用则与这两种核心要素自身的生产或利用直接有关，如大数据、云计算、人工智能等新一代信息技术的创新、应用，不仅与数据的生产有关，也与数据的利用有关，这也是技术—经济范式理论对关键生产要素的基本说明。数据是第四次工业革命通用技术、主导技术的基础投入，信息技术服务于数据的收集、处理和分析，通信技术则服务于数据的流通与交换。可以说，数据是第四次工业革命的基本生产要素，也可以说数据是新一代信息技术应用的最基本原材料。以云计算为例，组成"云"的单位是"数据"，"计算"的对象主体是"数据"，云计算是对数据的收集、存储、加工、处理。没有"数据"，云计算也就失去了存在的意义。再如人工智能技术，"智能"是智能设备收集、处理、分析数据能力、水平的体现，"数据"是智能机器能够获得"智能"能力的知识来源，没有数据，"智能"也将无从产生。因此，数据技术是构

[①] 通用目的技术（general purpose technology），由布雷斯纳汉和特拉坦伯格提出。目前对于通用目的技术的概念也没有形成一个统一、权威的定义。而学术界一般认为是对人类经济社会产生巨大、深远而广泛影响的革命性技术，如蒸汽机、内燃机、电动机、信息技术等。

建第四次工业革命主导范式"产业互联网"的基础技术,是实现产业互联互通的基本支撑。

在数字化、智能化时代,智能机器、智能终端的应用是一个由感知到行为的过程,感知是机器人将收集到的数据、信息映射到关于应用场景的内部程序、数据计算的过程,传感器则是机器人与环境之间的感知接口。[1] 第四次工业革命是万物互联的时代,互联的"万物"即智能终端,每一个物体都将是一个对应用场景进行感知的终端设备。作为终端设备感知场景的介质——传感器,是第四次工业革命的通用部件。进入 21 世纪,以智能手机、平板电脑为代表的智能终端之所以能够容纳摄像、GPS、光敏感等众多功能,一个重要原因即是各种类型的传感器"已经从模拟世界转移到了数字世界",而且从某种意义上讲,传感器相当于智能终端的"芯片",传感器的技术进步将使得智能终端能够更好地对应用场景进行"感知"和"理解"。

新材料技术是新兴产业、高技术产业的关键共性技术,新材料产业是高新技术产业的基础和先导产业,任何一种高新技术的突破性创新都必须以相应的新材料技术的突破为前提,如没有硅材料的技术创新,人类就不会进入信息时代。新材料还是高技术产业发展的重要物质支撑。在前沿技术聚集的航空航天、电子信息、国防军工等高端制造业及战略性新兴产业,功能性强、技术含量高的新材料是这些技术密集型行业发展的重要物质支撑。3D 打印作为一种新兴生产制造范式,3D 打印材料将成为 3D 打印技术突破创新的关键点,当然也是其难点。3D 打印材料与 3D 打印技术应用的广度、深度紧密相关。未来,新材料主要为智能材料、生物材料、纳米功能材料、纤维及复合材料及有机电子材料等。可以说,新材料既是第四次工业革命的先导产业发展的物质基础,也是先导产业发展的"瓶颈",新材料技术的发展决定了新技术—经济范式扩散的广度和深度,进而决定着第四次工业革命发展的推进程度。

3. 劳动要素结构的调整:基于智能技术的新劳动分工

第四次工业革命的"智能化",在劳动分工领域意味着机器对人的体力、脑力的部分替代、机器与人之间的新劳动分工。关于机器技术革命对劳动结构的影响,利维和莫尼恩在 2004 年的著作《劳动新分工》中提出了未来分工的相对优势标准。基于经济理性的判断,人类应该承担和智能机器相比具有相对优势的工作。智能制造的发展,机器将更大规模地代替人力,第四次工业革命中机器对人力的代替将是一个质的变化:从机器对体力劳动的代替转向机器对部分脑力劳动的代替。以"人"为载体的劳动要素在投入中所占比重将呈现下降趋势,与新

---

[1] [美] 斯图尔特·罗素、皮特·诺维格:《人工智能——一种现代方法》(第二版),姜哲、金奕江、张敏等译,人民邮电出版社 2010 年版,第 693 页。

智能技术相适应，劳动力要素技能结构、专业知识结构将进行相应调整。在专业知识结构的调整方面，随着新一代信息技术的广泛引用，除了信息、通信、人工智能等领域高端人才的培养，还需要培养造就大量跨学科、复合型的数据、技术及智能应用人才。

4. 基于信息、通信、智能技术的智能制造、大规模定制、网络化协同生产等生产、组织方式的变革

第四次工业革命源起于信息、通信、智能技术对生产制造领域的变革，数字世界与物理世界的深度融合首先表现为制造领域的智能制造，信息技术的发展同消费需求的变化相结合，大规模定制将成为主要生产方式，工业互联网的建设将推动企业由集中生产向网络协同生产转变。

制造过程智能化。物联网的使用和工业互联网的建立使机器之间、机器与物之间可以通过嵌入式智能设备（如传感器）实时"对话"，端与端之间的互联互通使生产资料、产品不仅能够及时产生自己的状态信息，并且能够将信息实时传递出去，根据这些实时状态信息，要素实现有条不紊地"流动"，智能制造系统通过收集、集成大量实时数据、信息，并对其进行处理、计算，从而做出基于"科学计算"的决策，完成智能制造过程。

大规模定制生产。收入水平的提高带来消费者需求层次的提高，由此使消费者不再满足于大规模生产下的大众化产品，而对产品的个性化需求越来越大，传统大规模生产系统难以满足消费者的个性化需求。而物联网、智能技术的发展、应用促进了产品模块化生产方式的发展，使原来缺乏弹性的刚性生产系统逐渐转向可重构的弹性生产系统，由此使大规模定制生产成为可能。通过信息世界与物理世界的融合，所有的机器、设备、设施等都是可重构系统的组成模块，各个模块通过嵌入式智能终端实现现场、车间、工厂等各个层次的系统集成。企业可根据消费者的个性化需求将数据信息传递至相关的模块化生产终端，然后通过不同层级的智能系统将不同的模块与生产资料实现集成，最终生产出符合消费者个性化偏好的定制化产品。

网络协同生产。移动互联网、大数据、云计算、工业互联网等新一代信息技术的发展应用，使不同地理位置、供应链不同环节之间可以实现实时信息共享，这为资源在更广的地理范围内实现快速流动、重新配置、高效整合创造了便利条件。不同企业通过信息共享确立自己的优势资源，在价值链中找到自己的最佳位置，由此推动网络协同生产方式逐步取代传统的集中生产方式，成为主要生产方式。

5. 连接信息与物理技术"流通"的基础设施：互联网与数据处理中心

第四次工业革命是信息世界与物理世界的深度融合，是数字技术渗透到各个产业、各个领域的革命，连接信息与物理"流通"的互联网、处理融合介质——数据处理中心将成为第四次工业革命的重要基础设施。

在一个"智能化、网络化的世界"里，互联网、物联网将渗透到所有领域，通信网络需要在互联网的基础上进一步发展以连接各行各业位于各个位置的各种机器、系统和网络。互联网模式的先行者用其经济效应成为新范式的"模范"，引诱后来者不断加入新范式的行列。互联网的全领域渗透模糊，甚至打破了企业的界限，社会网络化带来的资源网络化，资源的社会流动、社会共享，使互联网平台成为企业整合资源的重要途径，通过降低资源整合成本实现了企业运营成本的有效控制，带来了显著的经济效应。但是由于暴露在无所不在、无所不控、虚实结合、多域融合的信息物理融合系统中，研发数据系统安全威胁和风险控制技术成为互联网、物联网建设的一个重要任务，未来第四次工业革命的推进，不仅需要数据、终端的互联互通，更重要的是"安全"的互联互通。

随着工业互联网及其他产业互联网的建立，数据使用、分析具有越来越明显的公共物品属性及越来越显著的规模收益，数据处理中心和云平台具有一定的公共物品性质，将可能成为第四次工业革命的关键信息基础设施（见表1-1）。

表1-1　　　技术—经济范式视角下第四次工业革命的内容

主导技术群	核心投入	生产方式、组织原则	基础设施
数字技术；通信技术；人工智能；材料技术；能源技术	数据；传感器；新材料	智能制造；个性化生产；大规模定制；扁平化；共享	互联网；云计算平台

总体上看，传统信息技术、互联网技术、人工智能等领域的原始技术早在20世纪五六十年代即已出现，但由于关联技术创新的相对滞后，这些新技术主要处于实验室阶段或初步发展阶段；经过近几十年的孕育发展，这些在应用上相互协同、互为依赖的技术都取得了突破性发展，并逐渐进入商业化、市场化阶段；与此同时，大数据、传感器、新材料等技术的突破以及相关填补式创新的不断出现，进一步降低了第四次工业革命的核心投入成本。由此，在核心技术创新、填补式技术创新等的推动下，第四次工业革命由孕育发生期逐步进入发生发展期，并呈现出快速推进态势，可以说正是主导技术创新集群引领的多因素协同演进，驱动了第四次工业革命的发生发展如表1-1所示。第四次工业革命的进一步快速发展，仍需要技术创新、核心投入、基础设施、生产组织方式等的协同发展，另外需要适时的制度激励、政策引导。

第二节 新一轮工业革命与经济高质量发展交汇为我国产业转型升级提供机遇与挑战

一、第四次工业革命为我国产业转型升级提供机遇

以大数据、云计算、物联网、人工智能等新一代信息技术广泛应用为主要内容的新一轮工业革命，正在从导入期转向拓展期。[①] 这次工业革命的核心特征是数字化、网络化和智能化；网络互联的移动化、泛在化；信息处理高速化、智能化等，正在对产业、经济及社会生活等各个领域产生重要而深刻的影响。产业革命从导入期到拓展期，往往是技术创新集聚出现、快速迭代和广泛应用的时期，同时也是新产业、新业态、新模式大量涌现，传统产业得到迅速改造提升的时期。新型生产要素与新技术直接衍生、拓展出许多新产业与新业态，与此同时，新技术、新模式与传统产业深度融合，推动传统产业脱胎换骨，重新焕发生机，产业效率和竞争力显著提升。由此，新产业革命的发生发展为一些国家实现产业转型升级提供难得的机遇及条件，特别是对于一些后发国家，新产业革命往往成为它们实现产业赶超的重要窗口期。人类近代发展史上已经经历过三次具有根本性意义的工业革命，每一次工业革命都对当时主要国家的产业结构产生了重要影响，并为一些后发国家产业转型升级和实现产业赶超提供了历史性机遇。第一次工业革命中的英国，第二次工业革命中的德国和美国，第三次工业革命中的日本和韩国，都是如此。

正在孕育发生的第四次工业革命与我国经济高质量发展形成历史性交汇，为我国产业转型升级、实现产业赶超提供了重要的机遇与条件。第一，重塑我国产业体系。一方面，借助于新产业革命的技术成果与手段，我国传统产业将不断得到改造提升，甚至发生脱胎换骨的变革；另一方面，伴随着新技术的应用，一批数字化、网络化、智能化的新产业、新业态、新模式将大量涌现，从而丰富和提升我国产业体系的业态和产业类型。根据 2014 年麦肯锡发布的报告《3D 打印——2025 年 12 个颠覆性技术之一》，到 2025 年，移动互联网、物联网、高级机器人、无人驾驶汽车、下一代基因组学、能源存储、3D 打印、新材料、先进油气勘探和开采技术、可再生能源等 12 项颠覆性技术将对全球产业和经济产生重大影响。第二，新一轮工业革命将助推我国产业融合发展。伴随着第四次工业革命的发展，建立在新一代信息技术基础上的高端服务业、直接服务于制造业升

---

① 谢伏瞻：《论新工业革命加速拓展与全球治理变革方向》，载于《经济研究》2019 年第 7 期。

级的生产性服务业、与人的发展直接相关的知识性服务业、信息服务业、绿色服务业等在国家产业体系中的地位及作用显得更加重要。与此同时，制造业与服务业的融合进一步深化，制造业服务化或服务型制造不断发展。农村内部第一、第二、第三产业之间的融合也将快速发展。建立在数字化、网络化、智能化基础上的产业融合，将从根本上推动我国产业转型升级。第三，在新一轮工业革命条件下，高端化、高智化、知识型生产要素在产业发展与产业转型升级中的地位及作用将日趋重要。各国产业之间的竞争很大程度上将归结为对高端化、高智化、知识型生产要素的竞争。伴随着第四次工业革命的发展，数据成为最基本的生产要素，除此之外，知识、创意、算力、算法、智能、标准等新型高端要素将对一个国家的产业发展发挥越来越重要的作用。我国只要牢牢抓住第四次工业革命发展的契机，加快培育、聚集和应用新型高端生产要素，将从根本上优化提升产业体系的质态。第四，第四次工业革命为我国产业国际价值链提升提供重要引擎。随着数字化、网络化和智能化技术应用的不断推进，生产要素之间的替代在加快，重要性在发生变化。传统生产要素如劳动力、土地、物质资本等的地位相对下降，而人力资本、先进技术、数据、算法、智能、标准等高端生产要素的地位和作用在提升，成为重塑国际产业链乃至全球竞争格局的重要因素。特别是数据规模、数据采集存储加工能力和数据基础设施，正成为影响全球价值链的重要因素。[①] 与此同时，在新一代信息技术作用下，全球价值链通过分解、融合等实现重构：研发设计环节演变为标准制定；生产环节演变为智能制造；销售环节将演变成平台服务；全球价值链将逐步由"微笑曲线型"转向"近乎水平型"等。全球价值链的变革与重构，对我国产业转型升级的影响具有双重性，一方面，对我国产业转型升级和价值链地位提升提出新的挑战；另一方面，为我国产业转型升级和价值链地位提升提供了重要机遇。机遇与挑战并存，关键是能否抓住发展机遇，积极应对挑战，采取有效机制和对策，实现产业国际价值链提升。

二、第四次工业革命对我国产业转型升级提出的挑战

新一轮工业革命对我国产业转型升级是一把"双刃剑"。它在为我国产业转型升级提供难得历史机遇的同时，也提出相应的挑战。

第一，产业发展的要素替代在加快，比较优势在发生变化。国家产业竞争力正由原来的主要由成本主导，转向成本、市场、技术、数据等多重要素综合作用主导。过去我国产业发展主要依靠劳动密集型产业与低成本竞争优势来实现较为高速的增长，伴随着产业的升级，我国许多劳动密集型产业将发展为资

---

① 王一鸣：《百年大变局、高质量发展与构建新发展格局》，载于《管理世界》2020年第12期。

本密集型产业或技术密集型产业。但从全球来看,大量资本密集型产业都处于市场饱和、产能过剩状态,在这种情况下,中国产业转型升级能否抓住新一轮产业革命的历史机遇,突破传统产业转型升级的一般路径,充分发挥数据、算法、智能、标准等高端生产要素的作用,走出一条新型的具有跨越性特征的产业转型升级路径,是新时期中国产业转型升级面临的重要挑战和任务。

第二,新一轮工业革命正在很大程度上改变传统全球产业分工格局与分工体系。传统国际分工建立在发展中国家具有资源、要素成本优势,发达国家具有技术、创新及高端要素优势的基础上,在新产业革命作用下,产业生产方式的变革,如制造业生产方式的数字化、网络化、智能化将使发展中国家要素成本优势得到进一步削弱。由此将使基于传统优势的发展中国家与发达国家之间的分工格局发生一定的变化。为应对新产业革命的影响,发达国家实施"再工业化"战略推动制造业回流,同时积极推动贸易规则重构,进一步提升在全球分工体系中的话语权。我国作为后发经济体,面对国际产业分工格局的变化,能否加快突破关键核心技术创新,加快培育发展新产业、新业态、新模式,并对传统产业体系加以重构,从而在国际产业分工格局中占据有利地位,是新时期我国产业转型升级面临的巨大挑战。

第三,企业组织、生产方式和商业模式等正在发生深刻变化。第四次工业革命对我国产业转型升级和现代产业体系建设的影响是全方位、系统性的。它不但会产生新的产业、业态、模式,对传统产业改造、提升提出要求和条件,还引发企业组织结构、生产方式和商业模式等的深刻变革和重构。如果说一般情况下经济、技术条件变化引发的企业组织结构、生产方式和商业模式等的变革,主要是一种渐进式变革,那么在工业革命背景下引致的以上方面的变革则往往是一种突变式、深刻性变革,由此将引发一个国家特别是后发国家产业体系的根本性变革与重组。由此,对于我国这样一个尚未完成工业化历史任务的发展中大国来说,能否有效应对企业组织结构、生产方式和商业模式等深刻变革和重构提出的挑战,进而推动产业转型升级,重构现代产业体系,提升产业体系的竞争力、持续力和安全性,是新一轮产业革命条件下我国产业转型升级面临的一大挑战。

第四,新工业革命与其他因素互相交织,对我国产业转型升级提出严峻挑战。近年来,与新产业革命并行出现的还有逆全球化、贸易保护主义、新冠肺炎疫情的冲击等,使我国产业转型升级的外部环境变得愈加复杂。全球化出现退潮,各国对本国产业安全性更加重视,全球产业链垂直一体化分工格局正在改变,跨区域全球化分工产业链在收缩,一个区域内围绕重要制造中心构建区域产业链的趋势更加明显,这在东亚、欧洲和北美等区域表现得越来越明显。还需指出的是,为保持科技竞争优势、控制国际竞争的制高点,美国不惜成本和代价对我国高科技产业和科技创新进行遏制和打压,推动与我国"科技脱钩"。面对以上环境条件的变化,我国如何通过强化科技自立自强能力，进一步扩大对外开放，推动产业国际价值链升级，实现产业链、供应链现代化，是摆在我们面前的一项重要任务。

三、经济高质量发展对产业转型升级提出的新的要求

产业转型升级是任何一个国家经济发展过程中都要经历的，对于发展中国家更是如此。从经济系统角度看，一个国家的整个经济体系是一个复杂的系统，其内部包含多个子系统及多种要素，产业体系是整个经济系统的重要子系统。通过技术创新、要素提升及配置比例优化等推动产业转型升级，由此将优化整个经济结构，进而推动整个国家经济发展质量的提高。党的十九大报告明确提出，我国经济已由高速增长阶段转向高质量发展阶段，正处于转变发展方式、优化经济结构、转换增长动力的攻关期，建设现代化经济体系是跨越关口的迫切要求和我国发展的战略目标。建设现代化经济体系、推动经济高质量发展对我国产业转型升级提出了迫切要求。

第一，加快推进产业转型升级是更好适应社会主要矛盾变化的需要。社会主要矛盾变化是高质量发展的逻辑起点，党的十九大报告提出，我国社会主要矛盾已经转化为人民日益增长的美好生活需要和不平衡不充分的发展之间的矛盾。推动经济高质量发展，必须着力破解发展不平衡不充分问题，为此要加快推进产业转型升级，建设实体经济、科技创新、现代金融、人力资源协同发展的产业体系，更好地满足人民日益增长的美好生活需要。

第二，加快推进产业转型升级是全面贯彻新发展理念的需要。新发展理念与高质量发展是内在统一的，实现经济高质量发展，必须全面贯彻新发展理念，而贯彻新发展理念的根本目的就是实现高质量发展。应坚持让创新成为引领发展的第一动力，让协调成为持续健康发展的内生特点，让绿色成为永续发展的必要条件和人民对美好生活追求的重要体现，让开放成为国家繁荣发展的必由之路，让共享成为经济发展的根本目的。高质量发展阶段推进产业转型升级也相应地要贯彻落实新发展理念，以新发展理念为指导和依据，推动产业转型升级，建设与新发展理念相匹配、相适应的现代产业体系。

第三，加快推进产业转型升级是打造高质量发展基本动力的需要。实现高质量发展必须推动经济发展质量变革、效率变革、动力变革，提高全要素生产率。质量变革旨在提升产品质量、生产质量和生活质量，是实现高质量发展的前提和基础。效率变革着眼于提升全要素生产率，是实现经济高质量发展的基本驱动力。动力变革是创新发展动力，将科技创新特别是自主创新作为实现高质量发展的第一驱动力。推动产业转型升级，加快建设现代产业体系，是实现经济发展质量变革、效率变革、动力变革的内在要求和基本途径。

第四，加快推进产业转型升级是深化供给侧结构性改革的重要内容。实现经济高质量发展，必须进一步深化供给侧结构性改革。将改善供给结构、提升供给质量作为主攻方向，聚焦供给侧结构问题持续改革，全面优化升级产业结构，提升创新能力、竞争力和综合实力，增强供给体系的韧性，形成更高效率和更高质量的投入产出关系，实现供需在高水平上的动态平衡。

第三节　构建新发展格局：开辟中国产业转型升级的新空间

当今世界正经历百年未有之大变局，[①] 新一轮科技革命和产业变革是影响大变局的重要变量，经济全球化退潮和全球产业链、供应链调整是推动大变局的深层因素，国际力量对比变化和大国博弈加剧是大变局的最大变量。面对国际、国内发展环境、条件的深刻变化，着眼于第二个一百年奋斗目标和中华民族伟大复兴远大目标的实现，党的十九届五中全会明确作出加快构建以国内大循环为主体、国内国际双循环相互促进的新发展格局的重大战略部署。构建新发展格局为新发展阶段加快我国产业转型升级提供强大动力，而产业转型升级和现代产业体系建设将为构建新发展格局提供强有力的支撑和动力。

一、构建新发展格局为产业转型升级提供强大动力

自改革开放后的很长一个时期，我国的人均收入水平较低，而劳动力、资源等要素的价格也较低，具有明显的要素低成本优势。我国充分利用这一优势，牢牢抓住经济全球化快速发展的历史机遇，积极参与国际产业分工，融入国际经济大循环体系，并由此形成了市场和资源"两头在外"的经济发展模式。应该说，这种经济发展模式总体上适应了我国经济发展的实际情况和条件，并有效利用了国际经济发展环境，由此推动了我国经济的持续高速增长，与此同时，我国产业结构也在这一发展过程中不断得到转型升级和优化，产业竞争力不断提升，现代产业体系的建设也在不断推进。在国内，经过多年的经济快速增长，我国人均国内生产总值已超过 1 万美元，人均收入水平的显著提高引发需求结构与供给结构的不匹配，主要表现为生产结构或生产函数不适应需求结构的变化。因此，通过产业转型升级，形成新型供给结构，实现与需求结构更高水平的动态均衡，成为我国经济实现高质量发展的重要任务。

---

① 习近平：《把握新发展阶段，贯彻新发展理念，构建新发展格局》，载于《求是》2021 年第 9 期。

从内外循环结构看，我国在长期不断扩大外循环的同时，产业和生产的内部循环体系不健全，表现为循环不畅、效率不高、供求脱节等问题，由此制约着我国产业转型升级和现代化产业体系的形成。从发展方式看，由于要素结构、技术结构、投资结构等结构性转换缓慢，产业结构与需求结构的匹配度不高，导致供给结构与需求结构的匹配度不高。从发展动力看，推动产业转型升级的主要是常规性、模仿性技术创新，关键核心技术创新不足，由此导致"卡脖子"问题越来越突出，产业转型升级的关键性制约难以突破。

要解决以上问题，必须从发展战略层面加以调整，以适应国内外发展环境和新发展阶段的变化和要求，构建新发展格局正是为适应这种变化和要求提出的重大战略部署，必将对我国产业转型升级和现代化产业体系建设产生重要影响。

与新发展格局相适应，应加快推进产业转型升级，构建相对系统、完整、高端的现代化产业体系。我国具有超大规模经济体的优势，既为构建这种产业体系提供了条件和空间，也对这种新型产业体系建设提出了要求。只有形成这种多元化、复杂性、系统性产业体系，才能更好地发挥我国超大规模经济体的优势。而这种复杂、系统、多元化的产业体系，又是与自主可控、独立自强的技术创新体系相适应、匹配和耦合的。我国已经形成拥有14亿人口、4亿多中等收入群体的全球最大、最有潜力的市场。[①] 巨大的国内市场为产业转型升级提供了强劲动力，强大的供给能力支撑着我国产业不断迈向价值链中高端。

二、加快产业转型升级是构建新发展格局的基本条件

经过多年发展，目前我国产业基础和体系条件已经初步具备为内循环的形成提供强有力的产业支撑的能力。我国是世界第一大制造国，产业门类齐全，拥有全球最完整、规模最大的工业体系和完善的配套能力，拥有1.3亿户市场主体和1.7亿名受过高等教育或拥有各种专业技能的人才，[②] 科技创新能力不断提升，研发能力不断增强。居民储蓄率一直保持在较高水平。同时，我国作为一个发展中大国，经济结构复杂，经济空间广阔，回旋余地较大，有利于更好地发挥规模经济效应和集聚经济效应，有利于打造具有梯次性、互补性、协同性的产业体系。

从国民经济运行角度来看，要构建新发展格局，从根本上说就是要实现经济循环流转和产业关联畅通，这种产业关联畅通既包括区域层面的，也包括产业相互之间的，而区域层面的产业关联畅通有赖于形成科学合理的区域产业体系；产

---

①② 刘鹤：《加快构建以国内大循环为主体、国内国际双循环相互促进的新发展格局》，载于《人民日报》2020年11月25日。

业层面的关联畅通则是要形成以融合、协同为主要特征的现代产业体系，这个过程也是产业转型升级的过程。通过这一过程，从根本上提升我国供给体系的效率和竞争力，消除并解决各类"卡脖子"和"瓶颈"问题，从而实现国民经济的畅通和循环，形成高水平内循环。

我国新发展格局的构建以及产业转型升级将与国际经济发展与竞争格局直接相关，其中不容忽视的一点是大国博弈的日趋激烈。近年来，美国为保持全球科技竞争的优势地位，掌控国际科技、产业竞争的制高点，不惜成本和代价对我国科技和产业发展进行遏制和打压，并采取多种措施推动与我国"科技脱钩"，以达到遏制我国科技进步、延缓我国现代化发展进程的目的。与此同时，美国还拉拢盟国，企图边缘化我国在全球经济体系中的地位，在产业补贴、知识产权保护、强制性技术转让、国有企业、网络安全、市场开放等领域施加种种压力，以挤压我国发展空间，以增大我国参与全球分工和分享全球化红利的难度和成本。[1] 可以说，大国博弈为未来世界经济格局的发展增添了很大的不确定性，美国对我国发展的遏制、打压对我国产业转型升级提出迫切要求和严峻挑战。我国必须按照加快构建新发展格局的要求，加快推进产业转型升级，实现技术自立自强，建设现代产业体系，增强整个经济发展的自主性、柔韧性、抗风险性和可持续性。

---

[1] 王一鸣：《百年大变局、高质量发展与构建新发展格局》，载于《管理世界》2020 年第 12 期。

◆ 第二章

新产业革命与经济高质量发展交汇下中国产业转型升级机制与路径研究

第一章主要分析了新产业革命与经济高质量发展的历史性交汇对我国产业转型升级的影响。在此基础上，本章进一步探析处于这一历史性交汇下的新发展时期中国产业转型升级的基本内涵、目标导向；现阶段中国产业转型升级存在的主要问题及制约因素；推进中国产业转型升级的基本机制。

第一节 新发展时期中国产业转型升级的基本内涵及目标导向

一、中国产业转型升级的内涵界定

新产业革命与经济高质量发展交汇下中国产业转型升级的内涵，既包含一般产业转型升级的基本内容，又具有某些中国当今产业、技术发展特色的内容及要求。从一般意义来说，产业转型升级是产业"转型"与"升级"二者的综合，二者紧密关联却又各有侧重。从本意上看，"转型"主要是指事物通过内在特质与外在形式的改变，发生由"量"变到"质"变、由一种形态（形式）向另一种形态（形式）的转变；"升级"则是事物在内外部因素作用下，所发生的由低级向高级转换的过程。

关于产业转型内涵的研究，罗伊·W. 申和阿尔弗雷德·何（1997）认为，产业转型是产业在物料供业、市场需求、科技需求和政府政策等内外部因素影响下改变产业内企业市场分布、生产技术、产品及其定位的动态过程。魏后凯（2003）认为，产业转型的实质是企业基于环境、资源与市场变化进行区位选择与调整的空间扩张过程。蒋昭侠（2005）则认为，产业转型可从广义与狭义两个方面理解,前者指在体制、流程和组织转型的基础上提升产业竞争优势,促进产业发展轨迹与产业环境保持一致性与相容性,从而形成产业发展的可持续竞争优势;后者则是为适应外界环境条件变化和提高产业竞争力,企业从已有的经营领域向新的经营领域进行跨产业的结构转变过程。

"产业升级"(industrial upgrading)的概念最早是由美国学者迪特·恩斯特(1998)在分析韩国电子产业发展经验时提出。国内学术界主要从"产业结构优化"和"产业价值链升级"两个层面对其进行界定。徐朝阳和林毅夫(2010)认为,产业结构内生于要素禀赋结构,随着要素禀赋结构升级而升级。原毅军和戴宁(2017)从宏观、微观两个层面界定产业升级,宏观层面主要指产业之间层次结构的变化,即一国内产业之间主导地位的转换过程;在微观层面上,产业升级是指产业内部加工和再加工逐步深化,生产要素禀赋逐步由劳动力、土地等传统要素禀赋转变为资本、技术等高端生产要素,从而实现技术集约化和产品由低附加值到高附加值的转变。国外学者主要从价值链升级角度研究产业升级,如卡普林斯基(Kaplinsky,2000)认为,产业升级的关键是构建企业自身竞争优势,提升企业在全球价值链中的收益能力。汉弗莱和施密茨(2000)归纳出全球价值链攀升中的产业升级模式主要包括工艺(流程)升级、产品升级、功能升级和价值链间升级。发展中国家的产业处于全球价值链低端环节,主要遵循上述产业升级模式。嵌入在全球价值链的企业应依靠组织学习机制,在全球贸易中沿着 OEM(original equipment manufacturer)向 OBM(own branding & manufacturing)的路径实现产业升级。随着产业发展的资源环境约束越来越大,越来越多的学者将绿色低碳发展引入对产业升级的界定中。另外,金碚(2014)从新产业革命视角,认为产业转型升级是应对新一轮产业革命、推动新型工业化的基本路径,其实质是技术创新与工业革命的自发彰显。史丹等(2020)强调产业绿色转型升级的重要作用,认为绿色转型是产业转型升级和实现新型工业化的根本要求。

借鉴已有研究,我们认为,产业转型与产业升级是两个紧密关联、难以截然分开的概念,特别是在新一代信息技术作用下,技术之间、产业之间以及技术与产业之间的融合越来越明显,由此使产业转型与产业升级的过程更加紧密地融为一体。因此,本书将产业转型与升级统称为"产业转型升级",其基本内涵是,通过技术、经济和政策的因素推动实现产业在结构、组织、模式等方面的转换和高级化发展,其中技术创新是实现产业转型升级的根本性要素。现实中,产业转型升级可表现在不同层面。在微观层面,主要表现为企业通过技术、工艺、流程、产品等方面的创新,实现企业生产效率和核心竞争力的提升。在中观层面,表现为通过技术创新,产业结构从劳动密集型产业为主体转向资本密集型产业为主体,进而转向技术密集型产业为主体。从产业分工和价值链角度看,产业转型升级表现为由价值链低端转向价值链高端的过程。在宏观层面，一个国家的产业转型升级主要指这个国家的产业体系的现代化和高级化，即一个国家整个产业体系所发生的由低技术水平向高技术水平、低端要素支撑向高端要素支撑、低附加值向高附加值的转变。产业转型升级既是一个具体范畴，同时也是一个历史范畴，不同的经济形态和技术发展阶段，产业转型升级的内涵是不同的。每一个时代的产业转型升级都带有那个时代产业、技术、要素的特征，即使同一时代的不同国家，在产业转型升级的内涵方面也存在一定的差别。本书主要是基于第四次工业革命与中国经济高质量发展历史交汇期的产业转型升级的研究。

二、新发展阶段中国产业转型升级的发展取向及战略目标

（一）发展取向

1. 高端化

我国产业发展存在的一个基本缺陷是低端化，主要制约因素是产业的技术创新能力不足，主要表现是产业效率和竞争力低下，在国际分工中处于国际价值链中低端。我国产业转型升级的一个根本性任务即是实现产业从中低端向高端的跃升，构建以高端化产业为主体的现代产业体系，其中最重要的是大力发展战略性新兴产业、高新技术产业和现代服务业。

当今世界，正处于全球新一轮科技革命和产业变革从蓄势待发到群体迸发的关键时期，互联网与物联网、云计算、大数据、人工智能等技术广泛渗透并应用于各个产业部门，增材制造（3D 打印）、机器人与智能制造、超材料与纳米材料等领域技术将不断取得重大突破，推动传统产业体系分化变革，并将重塑国际产业分工格局。基因组学及其关联技术迅猛发展，精准医学、生物合成、工业化育种等新模式加快演进推广；清洁生产技术应用规模将持续拓展，新能源革命正向纵深发展；数字技术与文化创意、设计服务深度融合，数字创意产业逐渐成为发展迅速的智力密集型产业。面对新产业革命的冲击，我国必须坚持走创新发展之路，加快促进产业高端化发展，紧跟世界产业升级步伐，重点发展壮大网络经济、高端制造、生物经济、绿色低碳和数字创意等领域的新兴产业，同时着眼全球新一轮科技革命和产业变革的新趋势、新方向，超前布局空天海洋、信息网络、生物技术和核技术领域等一批战略性产业，为产业高端化发展提供源源不断的动力。

2. 智能化

历史上的每一次产业革命都通过主导性技术的突破性发展及应用，引发当时产业的深刻变革。第一次工业革命以蒸汽机技术的迅速发展及应用，推动了产业

由手工生产为主转向以机器生产为主要特征，由此解放了人的体力。第二次工业革命以电力技术的发明应用为主要特征，为产业发展提供了电力这一强大的能源动力，由此也进一步解放了人类的体力。第三次工业革命以电子计算机与信息技术的发明应用为主要特征，促进了生产的自动化，不但解放了人的体力，也在一定程度上解放了人的脑力。正在全球孕育发生的第四次工业革命，以互联网、人工智能、云计算、大数据、物联网、移动互联网等新一代信息技术的迅速发展与广泛应用为主要特征，在更广的范围、更深的层次引起全球产业的深刻变革，将在更大程度上解放人的脑力，智能化、数字化、网络化是这次产业革命最为显著和最具有代表性的特征。特别是人工智能技术的突破，将使当今产业发展与转型升级表现出明显的智能化特征。

当前，新一代人工智能相关学科发展、理论建模、技术创新、软硬件升级等整体推进，正在引发链式突破。目前，人工智能已成为国际竞争的新焦点，成为经济发展的新引擎，其发展催生新技术、新产品、新产业、新业态、新模式，引发产业结构乃至整个经济结构的重大变革。我国产业转型升级、新型产业体系构建必须加快以人工智能为代表的新一代信息技术的深度应用，培育壮大智能产业，全面提高产业的数字化、网络化、智能化水平，推进新一代信息技术与各产业领域的深度融合，形成数据驱动、人机协同、跨界融合、共创分享的智能产业新形态。加快人工智能关键技术转化应用，推动重点领域智能产品创新，积极培育人工智能新兴产业和业态，打造具有国际竞争力的人工智能产业集群。推动人工智能在制造、农业、物流、金融、商务、家居等重点行业和领域的应用，推动人工智能规模化应用，全面提升产业发展智能化水平。

3. 融合化

在技术创新推动产业转型升级的过程中，产业融合是一种越来越明显的产业关系形态。工业革命之前，农业是主导产业，工业与服务业处于较次要的地位。第一次工业革命标志着工业进入快速发展时期，并逐渐成为主导产业。其后每一次工业革命的发生都伴随着的技术创新突破，在促使三大产业各自发展与升级的同时，也促进了各产业间的相互融合，并且这种融合发展态势变得越来越明显。特别是第三次工业革命发生后，信息技术、网络技术等得到快速发展并在产业发展中得到越来越广泛深入的应用，由此形成了信息化这一产业发展的新态势。信息技术的一个突出特征是它对其他产业具有很强的扩散性、渗透性、外溢性，这是信息化与工业化两大产业技术形态逐渐实现融合发展的基本技术条件。除了信息技术渗透、扩散作用下的两化融合，随着技术创新与产业结构的演化，不同产业间的融合也越来越明显，工业制造业与生产性服务业的融合日趋明显，并成为产业转型升级的重要表现。伴随着新产业革命的孕育发生，以大数据、云计算、人工智能等为代表的新一代信息技术在产业发展中得到越来越广泛的应用。比起传统信息技术，新一代信息技术在对产业的扩散、渗透和外溢方面，表现得更为突出，由此带来的产业之间的融合也更加深入，并在很大程度上形成一种数字化、网络化、智能化的产业发展形态。

总体上看，我国产业融合呈现出以下三种基本形态。一是制造业与生产性服务业的融合。立足技术创新、模式创新，重点发展商务、金融、物流、科技服务、信息服务等附加值较高的生产性服务业，并促进其与制造业的互动、融合；借助于新一代网络信息和人工智能技术应用平台，发展服务型制造生产模式。二是制造业与互联网、大数据、人工智能等新一代信息技术产业的融合。通过这种融合，实现制造业与互联网的融合，催生新技术，带来新产品，形成新模式，发展新业态。三是新产业、新业态、新模式、新技术与传统产业的融合。我国传统产业还占有较高比重，在发展新产业、新业态、新模式的同时，利用新产业、新业态、新模式、新技术对传统产业加以改造升级，并逐渐实现融合发展。另外，在我国农业发展中，随着新技术的推广应用和农业产业结构的调整，农业的第一、第二、第三产业之间的融合也呈现出加速推进趋势。

4. 开放化

改革开放以来，特别是2001年加入世界贸易组织以来，我国产业发展越来越深入地融入全球产业体系，全方位参与国际产业分工，嵌入全球产业价值链中，凭借我国资源、要素的比较优势获取相应的分工收益。正是在积极参与国际产业分工与合作过程中，我国产业的技术水平、管理能力和国际竞争力等都得到明显提升，有力推动了我国产业的转型升级，提高了产业体系的开放性和竞争力。面对新产业革命与经济高质量发展的历史性交汇，我国产业转型升级必须继续强化对外开放，通过"引进来"与"走出去"两种方式，有效聚集全球高端资源、要素，推动我国产业转型升级；继续深度嵌入全球产业分工体系，通过国际技术、产业创新合作，实现产业国际价值链地位的提升，进一步提高产业的国际竞争力。

需要指出的是，2008年发生国际金融危机之后，经济全球化进程受挫，全球产业链、供应链出现一定的调整，收缩态势明显。2020年发生的新冠肺炎疫情进一步导致全球产业分工受阻，甚至导致国家产业链、供应链出现一定程度的断裂现象。在此背景下，许多国家，特别是世界主要国家更加重视本国产业在全球产业分工体系中的产业链、供应链安全问题。国际产业分工格局及产业链、价值链的调整不可避免地会对我国的开放性造成一定影响。特别是近年来，我国国力的快速增强，引起美国等西方国家的忌惮，美国将我国作为主要战略竞争对手，不惜成本与代价对我国高科技企业和重点产业进行打压，在部分技术领域实施"脱钩"，由此进一步加大了我国产业转型升级过程中提高开放难度和参与国际产业分工合作的不确定性。面对国内外发展环境的变化，党的十九届五中全会作出加快构建以国内大循环为主体、国内国际双循环相互促进的新发展格局的重大部署。贯彻新发展格局，落实在产业转型升级过程中，就是要加快构建以支撑内循环为主体的现代产业体系，同时扩大产业体系的开放性，通过在新的发展环境下扩大开放性，为产业转型升级提供外部资源、要素、技术驱动。

我国产业转型升级的开放性还表现在国内各区域之间的开放，通过构建全国统一开放、竞争有序的市场体系，促进要素在各区域产业中的优化配置；通过推进产业跨区域转移，经济圈产业协同发展等，构建更具国际竞争力的现代产业体系；通过新一代信息技术的推广应用，推进我国各区域产业间的梯次与协同升级。

5. 低碳化

绿色转型是当今时代产业转型升级的重要内容，产业转型升级即是指产业从高能耗、高污染、高投入、低附加值的粗放型发展向低能耗、低污染、低投入、高附加值的集约型发展转型的过程。面临新产业革命的冲击，绿色低碳发展是我国产业转型升级的重要方向。新产业革命为实现产业绿色低碳发展提供了强有力的技术支撑，特别是对改造传统产业提供了强有力的技术力量。党的十九大报告指出，加快建立绿色生产和消费的法律制度和政策导向，建立健全绿色低碳循环发展的经济体系。要构建市场导向的绿色技术创新体系，进一步壮大节能环保产业、清洁生产产业、清洁能源产业。借助于互联网等信息技术，通过构建循环经济体系，实现厂房集约化、原料无害化、生产洁净化、废物资源化、能源低碳化。打造绿色制造产业链，实现从采购、生产到营销、回收等全供应链环节的节能降耗。进而打造绿色低碳产业体系，有力支撑经济高质量发展。2020 年我国提出的实现碳达峰及碳中和的新目标，对我国产业的低碳化发展提出新的更高要求，同时也表明，低碳化是新发展阶段我国产业转型升级的重要内容和取向。

（二）新发展阶段中国产业转型升级的战略目标

不同时期的产业转型升级服务于不同的战略目标。当今世界正处于百年未有之大变局，经济全球化出现一定程度的退潮，大国博弈进一步加剧，与此同时，一场以大数据、云计算、人工智能等新一代信息技术迅速发展和广泛应用为主要内容的新产业革命正在全球兴起和迅速发展。在国内，我国进入新发展阶段，正在贯彻新发展理念，构建新发展格局。面对国内外复杂多变的发展环境，我国产业转型升级所要达到的战略目标就是要实现从国际价值链的中低端向全球价值链中高端的跃升，从根本上提升我国产业的国际竞争力，实现产业链、供应链现代化，更好地服务于经济高质量发展，更有效地应对全球新的竞争、发展格局，为顺利实现第二个一百年发展目标，实现社会主义现代化强国目标，提供强有力的产业支撑。

从全球竞争格局的演变看,自2008年全球金融危机爆发以来,发达国家积极实施"再工业化"战略,重点发展先进制造业,将振兴制造业作为提振经济发展、抢占全球新一轮产业竞争制高点的重要手段,尤其是随着新一轮全球产业革命的深入推进,德国积极制定实施"工业4.0"战略,美国等也积极实施"先进制造伙伴计划""互联网工业"等前瞻性工业发展战略,全球产业与贸易格局进入新一轮重构过程。与此同时,随着劳动力、能源、土地等生产要素成本持续提升和资源、环境压力增大,中国产业发展的低成本优势逐渐减少,一些劳动密集型和资源密集型制造业逐渐开始向具有资源优势、低成本比较优势的发展中国家转移。在国际、国内产业链、价值链出现重构的情况下,中国制造业和服务业在全球价值链中的位势依然不高,很多企业依然居于"微笑曲线"的中低端,这些现实问题给中国参与全球产业与贸易分工格局重塑以及全球价值链重构带来了严峻挑战。

面对国内外发展环境的变化,在新发展阶段,在服务于经济高质量发展这一根本目标的前提下,我国产业转型升级的基本战略目标是实现由全球价值链中低端向中高端的跃升。这一基本战略目标对新时期我国产业转型升级提出新的更高要求。

首先,迈向全球价值链中高端位势要求产业转型升级要顺应全球产业与贸易分工新趋势。在经济全球化势不可挡的背景下,培育产业发展优势、推动产业转型升级必须在开放的环境下思考和实施。改革开放以来,中国经济之所以得到快速健康发展,取得了巨大成就,根本原因就在于顺应经济全球化趋势,抓住了全球价值链分工演进带来的发展机遇。为此,新时代培育产业新型比较优势,促进产业转型升级,推进中国产业向全球价值链中高端位势迈进,必须切实顺应新一轮全球产业革命发展趋势,抓住全球价值链分工演进产生的战略机遇。深入研究新情况、新趋势,抢抓新机遇,在开放中实施创新驱动战略,推进产业转型升级。

其次,迈向全球价值链中高端位势要求产业转型升级过程要注重培育新型比较优势。随着我国经济进入新常态,传统的产业低成本优势逐步减弱,应对全球产业分工格局变革,需要结合中国实际,培育人力、知识、技术等高端要素,形成新型比较优势。为此,在迈向全球价值链中高端位势过程中,着重推动产业由数量型粗放增长向集约式质量型发展模式转型。中国要加大高层次人力资本的培育、引进和积累,注重通过教育、培训、实训等培育工匠精神,提升产品的质量与效益,提升面向全球的中高端产品生产供应能力,依托品质提升产业转型升级效果和攀升全球价值链中高端;加大研发和技术改造力度,加大经费、人才和项目投入,形成创新驱动发展模式。

最后,迈向全球价值链中高端位势应建构科学的产业生态体系。迈向全球价值链中高端位势是中国产业转型升级的重要战略目标之一，但不意味着要求所有产业都同时迈向全球价值链中高端的"大跃进"式的产业转型升级，而是根据中国东、中、西三类地区存在梯度差异的经济发展现实，根据现存的劳动密集型、资源与资本密集型、技术与知识密集型等内部存在梯度产业的层次、结构现实，根据不同产业在全球价值链分工中所处的位势和已有比较优势情况，结合具体产业实际确定产业升级目标和政策支持措施。对于具备快速、有效攀升至全球价值链中高端的产业，在坚持市场对资源配置的决定性作用基础上，更好发挥政府作用，加大创新驱动支持力度、加大政策支持力度，推动其做大、做强、做精、做优，增强和延展应对全球产业与贸易竞争格局的新型比较优势；对于暂时不具备快速攀升至全球价值链中高端能力，且在国民经济发展中具备必不可少价值的产业，应该注重加强知识、技术创新，通过新要素融入，逐步建构产业发展的新型比较优势，促进其实现可持续升级。从实际出发，因地制宜推进各类产业转型升级，打造完整的、符合全球产业变革趋势和我国发展实际的产业生态体系，是提升我国产业国际竞争力，攀升全球价值链中高端的必要途径。

第二节 现阶段中国产业转型升级存在的主要问题及制约因素

一、产业转型升级存在的主要问题

（一）产业结构的合理化水平有待提升

经典产业结构理论认为，产业转型升级遵循配第—克拉克定理、库兹涅茨的产业劳动生产率变动规律以及恩格尔需求变动定理。配第—克拉克定理主要解释了随着经济的发展，劳动人口在三大产业之间的分布变动顺序。库兹涅茨提出的产业劳动生产率变动规律则表明，劳动、资本在不同产业间的流动导致要素在产业间的重新配置。具体来说，由于产业素质和技术水平的差异，一般情况下制造业生产率高于农业，从而大量农业就业人口及资本转入制造业。随着服务消费需求的增加，服务业的生产率超过一般制造业时，资源和要素又将进一步从制造业转入服务业。特别是当那些具有较高劳动生产率的现代服务业得到快速发展时，要素向服务业的流动更为频繁，由此推动服务业比重提高，这是产业结构优化升级的体现。从现实看，越是经济发达的国家，其服务业所占比重越高，产业结构的合理化水平也越高。可以说，库兹涅茨的产业劳动生产率变动规律是对配第—克拉克定理的进一步深化。恩格尔需求变动定理认为，消费结构与产业结构形成相互促进、相互支撑的发展关系。

近年来，我国三次产业间的关系不断发生变化，2016~2020年，第一产业从8.1%下降至7.0%后又反弹至7.7%，第二产业从39.6%下降到37.8%，第三产业从52.4%提高到54.5%。应该说，这一变化基本符合我国产业结构优化升级的要求和方向，但与发达国家和主要发展中国家相比，与我国产业转型升级的基本目标要求相比，我国现阶段三次产业间的比例关系尚不合理，主要表现为服务业特别是现代服务业发展相对滞后，所占比重仍有待提升。2020年，我国服务业增加值占国内生产总值的比重为54.5%，仍远低于高收入国家70%左右的水平。① 在服务业内部，研发、金融、物流、培训、信息服务、售后服务等生产性服务业发展不足，导致服务业总量偏低。工业设计、研发及科技服务等发展滞后，严重制约着制造业的效率提高和产业升级。我国产业结构不合理还表现在产业内部结构的不合理，除了第三产业内部现代服务业比重相对较低外，在工业内部高新技术制造业、战略性新兴产业所占比重过低。目前，我国无论是制造业增加值还是总量，均已成为全球第一制造业大国，但技术含量高、附加值较大的产品所占比重有待提升，工业创新能力不强、产品质量不高，利润率偏低。

根据恩格尔需求变动定理，目前我国供给结构与需求结构的匹配度有待提升，具体表现在现有供给结构已经不适应快速升级的需求结构，加快供给侧结构性改革，大力推动技术创新，提升产业供给能力、质量和水平，是我国产业转型升级面临的重要任务。

（二）在全球价值链中处于中低端，产品附加值较低

目前，中国已全方位融入全球分工体系中，产业通过多种方式嵌入全球价值链。但总体上看我国仍处于国际价值链的中低端。我国企业主要通过OEM方式嵌入全球价值链，价值实现主要集中在劳动密集、技术水平低的生产加工环节，较少涉及产品设计、高端制造、品牌经营等高附加值环节。在全球价值链上，我国企业的核心竞争优势不明显。"走出去"企业规模相对较小、实力较弱，国际化专业人才匮乏，企业的核心竞争力和国际化经营能力还不强。长期以来，我国产业发展主要依赖于要素投入，参与国际产业分工的比较优势主要来自资源和低成本要素，而缺少技术、品牌和营销等高端要素。尽管我国高技术产业规模稳居全球第二，计算机、移动电话、彩电等产品产量已经是全球第一，但主要从事组装加工业务，关键核心技术不足，产品附加值率过低，在全球价值链中处于低端地位，出口产品附加值低。在出口的高科技产品方面，外资企业占全国高科技产品出口的2/3，在出口前十强企业中，仅有华为是内资企业，其他均为外资企

---

① 国家统计局：《中华人民共和国2020年国民经济和社会发展统计公报》。

业。绝大多数内资高技术企业未申请过技术专利，拥有自主知识产权的企业仅占0.03%。2021年世界500强品牌榜中，虽然中国大陆有77家品牌入榜，但排名前100的科技企业仅华为一家，[①] 这与全球第二大经济体和第一制造业大国的地位明显不符。

（三）产能过剩问题依然较为严重

产能过剩一直是我国产业发展和结构调整过程中存在的痼疾之一，2008年全球金融危机之后这一问题愈发严重。产能过剩已经从钢铁、电解铝、水泥和汽车等行业，扩展到焦炭、电石、铁合金、铜冶炼、纺织、化纤等行业。2016年，中国人民大学发布的《中国僵尸企业研究报告——现状、原因和对策》显示，僵尸企业比例最高的五个行业分别是钢铁、房地产、建筑装饰、商业贸易和综合类。[②] 现阶段，由于经济增速放缓，总体需求不足，我国钢铁、水泥、电解铝、平板玻璃等原材料工业仍存在严重产能过剩，在当前很多传统行业仍在低效运行的情况下，化解产能过剩依然成为传统原材料工业发展的重点任务。

产能过剩不仅出现于传统产业，还在某些新兴产业中出现，这主要是由于近年来在新兴产业发展中，不少地区盲目采用多种刺激政策推动投资，使这些产业产能快速扩张，部分新兴产业，如碳纤维、风电、多晶硅、锂电池、光伏等先后出现产能过剩，并伴随着低水平同质化竞争和价格战，导致企业利润大幅下降。可以预见，产能过剩仍将是未来一段时间我国工业经济面临的主要问题。

值得注意的是，随着全球新冠肺炎疫情蔓延，欧美等国家市场遭遇疫情狙击，对我国制造业产品出口也产生了严重影响。新冠肺炎疫情大流行给全球经济带来深远影响，加上"逆全球化"思潮加剧，保护主义抬头，造成全球贸易格局不确定性增加，由此将导致我国企业外需市场的不确定性增加和库存压力增大，有可能加剧产能过剩。

（四）能耗与环境污染严重

我国传统的工业经济增长主要是依靠高投入、高消耗、高污染的粗放式增长模式实现的，工业经济快速发展在带来巨大经济红利的同时也造成了严重的环境污染问题。生态环境部发布的《2020中国生态环境状况公报》显示，2020年全国一次能源消费总量高达49.8亿吨标准煤，比2019年增长2.2%，煤炭消费量增长0.6%，原油消费量增长3.3%，天然气消费量增长7.2%，电力消费增长

[①]《2021年全球最具价值500大品牌榜》，腾讯网，2021年1月31日。
[②] 中国人民大学国家发展与战略研究院：《中国僵尸企业研究报告——现状、原因和对策》，新华网，2016年7月29日。

3.1%，煤炭消费量占能源消费总量的56.8%，万元国内生产总值消费量为0.549吨标准煤/万元，相比2019年仅下降0.1%。粗放式增长模式给环境治理带来了巨大挑战，中国因环境污染每年需要担负的经济损失约占GDP总量的8%~15%，可持续发展的形势严峻。[1] 相对而言，资本密集型行业和资源加工型行业的能源消耗较高，技术密集型行业与劳动密集型行业的能源消耗量较低。与其他国家比较来看，尽管同样存在下降趋势，但中国工业单位产出消耗能源量一直处于较高水平。

在废气排放和空气质量保护上，工业整体的废气排放总量虽然呈现出逐年减少的趋势，但仍然处于一个较高的水平，全国空气质量仍处于较低水平。监测结果显示，2020年全国337个地级及以上城市中，有202个城市环境空气质量达标，占59.9%，比2019年上升了13.3%；135个城市环境空气质量超标，占40.1%，比2019年下降13.3%。若不扣除沙尘影响，337个城市环境空气质量达标城市比例仅为56.7%，超标城市比例为43.3%。337个城市累计发生严重污染345天，重度污染1152天。2020年酸雨区面积约46.6万平方公里，主要分布在长江以南，云贵高原以东地区，主要包括浙江、上海的大部分地区，福建北部、江西中部、湖南中东部、广东中部、广西南部和重庆南部，占国土面积的4.8%。465个检测降水城市（区、县）酸雨频率平均为10.3%，比2019年上升0.1%，出现酸雨的城市比例为34.0%，比2019年上升0.7%。少数劳动密集型行业与技术密集型行业废水、废气排放较少，资源加工型和资本密集型行业的废水排放量较多[2]。随着恶劣极端天气与环境污染事件在中国频繁出现，工业向绿色转型升级的压力不断加大，产业绿色转型刻不容缓。

（五）产业组织结构不合理

不同时期的产业组织分别存在不同的问题。对我国来说，目前产业组织存在的问题，既有传统的市场集中度偏低、规模经济不显著的问题，也有数字化、网络化、智能化条件下产业生态不完善的问题。

目前，我国绝大多数产业的市场集中度仍然偏低，虽然许多大企业规模在扩大，但多数行业集中度上升缓慢。在企业规模结构中，大企业中国有企业的规模远大于民营企业，但效率却低于民营企业。据中国企业联合会、中国企业家协会发布的《2019中国500强企业发展报告》数据显示，2019年中国500强企业中，国有企业265家，占53%；民营企业235家，占47%，民营企业呈减少趋势。

---

[1] 刘扬：《高耗煤产业节煤减排的经济生态效应研究》，东北财经大学学位论文，2017年。
[2] 中华人民共和国生态环境部：《2020中国生态环境状况公报》，中华人民共和国生态环境部官网，2021年5月26日。

涉及 76 个行业，其中制造业企业入围 244 家，服务业企业入围 173 家。与世界一流企业相比，我国大企业在创新方面依然有较大差距，在国际分工中尚处于技术含量和附加值较低的"制造—加工—组装"环节，在附加值较高的研发、设计等环节缺乏竞争力。2019 年中国 500 强企业的净资产利润率为 9.65%，比世界 500 强低 2.68 个百分点，比美国 500 强低 5.51 个百分点。提升大企业特别是民营企业规模水平和创新能力，优化产业组织结构，是我国深化供给侧结构性改革的重要内容。

伴随着第四次工业革命的发展，产业数字化、网络化、智能化组织形态越来越明显，产业组织结构与形态正在发生深刻变革。我国现有产业组织能否顺应新一轮工业革命发展要求，加快推进产业数字化、网络化、智能化，形成数字化、网络化、智能化产业生态系统，是我国产业组织变革面临的一大挑战。

（六）制造业与生产性服务业融合（或制造业服务化）程度低

新一轮产业革命条件下，制造业与生产性服务业融合或制造业服务化是实现产业转型升级的重要内容，也是增强制造业竞争力的重要途径。目前，越来越多的制造业企业将服务作为一种差异化竞争手段，并设立专门的服务部门，提供与产品密切相关的服务，开始从卖产品向着卖"产品+服务"的方向转型，制造业服务化发展取得明显成效。但总体上看，我国制造业企业服务化的水平还比较低，很多企业对发展制造业服务化或服务型制造还存在理解和认识上的不足以及模式和路径的不清等问题。一是对发展服务型制造的内涵和意义认知不足。不少企业都存在重硬件轻软件、重制造轻服务、重规模轻质量、重批量化生产轻个性化定制的观念；对制造业服务化或服务型制造的实质认识不到位，简单地将发展服务业作为制造业服务化。二是对制造业服务化发展模式了解不够。目前，真正意义上从客户需求出发进行设计，通过将服务嵌入产品，开展商业模式创新，实现产品与服务深度融合或提供整体解决方案的企业还较少。同时，企业对复杂或综合性较强的服务型制造模式的认识和把握还不到位。三是向制造业服务化转型的路径和步骤不明晰。在生产型制造向服务型制造转型过程中，制造业企业与上下游供应商、客户的关系都将发生变化，需要对企业原有的业务流程、组织架构、管理模式等进行相应调整和重构，而目前许多企业对这种调整的内容及方式并不太熟悉。四是向服务型制造转型的政策和制度环境有待完善。例如，有的领域因服务业开放程度不高或进入门槛偏高，使制造业企业跨界延伸服务业务存在较大障碍；制造业与服务业在管理机制上缺乏融合，制造业企业开展服务业务时还难以享受到与服务业企业同等的优惠政策。另外，在制造业服务化的标准体系、知识产权保护机制等方面也有待完善。五是在新产业革命背景下借助于大数据、云计算、人工智能等新一代信息技术，将数字制造、智能制造与服务制造进行对接、融合发展方面,有待进一步加强。六是制造业服务化人才培养相对滞后,特别是制造业服务化发展所需要的管理、技术、服务等领域的人才明显不足。

二、主要制约因素分析

(一)产业转型升级的体制机制不健全,特别是生产要素价格形成机制不完善

产业转型升级与产业结构调整,从根本上取决于要素在各产业间的优化配置和有效利用。在社会主义市场经济条件下,产业转型升级的基本机制是市场机制,市场在促进产业资源合理流动和优化配置中起决定性作用。目前,我国要素市场不健全,生产要素价格不合理成为制约产业转型升级的重要体制因素。由于生产要素价格体制改革滞后,市场不健全,不能有效调节要素市场供求,不能为生产者提供有效激励,一些重要生产要素,如土地、石油和天然气等的价格市场化程度较低,导致资源配置效率较低,甚至配置严重失当,造成资源的严重浪费和产业结构的扭曲。要素价格扭曲也对三次产业的结构优化带来不利影响。三次产业对要素的需求存在一定的差异性,主要表现为:第二产业对土地、能源等资源要素的投入需求较大,第三产业对土地、能源的需求相对较小,而对人力资源需求较大。土地、能源等要素价格水平长期偏低,对工业投资特别是重化工业投资具有较大激励效应,而对第三产业发展则会起到一定抑制性作用。这是这些年来我国许多地区工业投资特别是重化工业投资过快增长、服务业发展相对不足的重要引致因素。

从政府职能看,地方政府如果根据当地产业发展状况和转型升级要求,通过制定科学的产业规划和产业政策来鼓励和支持某些产业的发展,同时限制不利于整体产业素质提高的产业发展,就能够推动产业转型升级。但如果干预不当,政策存在偏差,将制约产业转型升级。现阶段,一些地方政府由于过分追求经济增长速度,而忽视产业转型升级自身的规律及逻辑,政府产业政策失当,非但没有有效促进产业转型升级,反而延缓甚至阻碍了产业的转型升级进程。再加上各种地方保护主义的作用,导致产业转型升级的市场调节机制在一定程度上失灵,延缓了产业转型升级的进程。

另外,面对新产业革命的冲击,有利于推进产业数字化和数字产业化发展的体制机制和政府政策体系尚未建立起来,也直接制约着产业的数字化、网络化、智能化转型升级。

(二)产业的技术创新特别是自主创新能力有待加强

与美国、德国、日本等发达国家相比,我国产业的技术创新能力还相对较

弱。导致技术创新能力不足的一个重要原因是研发和创新投入不足。2019年我国规模以上工业企业研发经费支出仅占主营业务收入的0.92%，远低于发达国家3%~5%的水平。2019年我国研发投入占GDP的比重为2.19%，美国为2.79%，北欧国家是3%，日本为3.2%，可见我国的研发投入量还需进一步提升；我国研发投入总量接近2万亿元，但其中用在基础研发的只占5.7%，[①]发达国家这一比重一般为15%~20%；我国规模以上工业企业研发费用占销售收入比例平均值为1.1%，而发达国家这一比值为2%~3%，[②]我国主要行业的企业研发投入强度都比发达国家更低。从创新的资金来源看，我国的收入分配过多地向政府倾斜，加之企业税负较重，导致企业研发和创新投入不足，创新能力提升缓慢。产业创新能力方面，我国工业创新竞争力仅为美国的60%左右，大量工业制成品附加值较低，仅能赚取微薄的加工利润。自主创新能力不强，关键核心技术和装备主要依赖进口，关键零部件、关键元器件的自给率只有1/3，80%以上的高端数控机床、高端芯片、机器人要从国外进口。[③] 中国对于纺织机械、高端机床、高速胶印机、集成芯片制造设备和光纤制造设备产品进口的比例仍然保持在50%以上，有些设备甚至完全依赖进口。根据国家统计局公布的数据，2019年我国申请的国际PCT专利为59050件，居世界首位。美国的申请量为57692件，日本为52686件，德国为19327件，韩国为19075件。尽管申请总量占绝对优势，但是人均申请量在世界主要国家中并不占优势，专利的质量也有待提升。产业创新能力不强已成为制约我国产业转型升级的关键因素。

（三）高层次人力资本供给不足

人才资本是推动产业转型升级的基本要素。人才资本在推进产业转型升级的同时，还能够引领新兴产业发展。我国推动产业转型升级，要求在保持现有出口竞争优势基础上，加快培育以技术、品牌、质量、服务为核心竞争力的新优势，而这些新优势的形成，需要以雄厚而优质的人力资源作为基础。尽管近年来出现劳动力成本上涨，部分地区劳动力供给短缺的情况，但在一段时期内，中国最充裕的生产要素仍然是劳动力，劳动密集型行业仍然是最具有比较优势的工业部门。目前，中国的中低端人力资本较为充裕，因此在承担全球价值链中劳动密集型环节具有较大的优势，但是专业的、高端的人力资本相对缺乏。因此，对产业转型升级起到关键作用的技术研发、产品设计、经营管理等活动缺乏相应的人力

---

① 大连理工大学管理与经济学部：《中国科研经费报告（2018）》，知识分子，2019年3月5日。
② OECD estimates based on OECD Main Science and Technology Indicators Database, 2019, 7.
③ 《23%工业增加值率的忧思》，中国政协新闻网，2015年3月7日。

资本支撑,或主要由发达国家的人力资本控制。加大人力资本投资、大力提升人力资本质量和水平,是推进我国产业转型升级的重要保障。

(四) 全球竞争变局和全球化退潮加大了我国产业转型升级的压力

在经济全球化背景下,我国产业转型升级受外部竞争环境的影响越来越明显,特别是会持续受到来自发达经济体的挑战与其他新兴经济体的竞争压力。在当今新一轮产业革命和全球产业分工格局变动背景下,全球价值链重构将促使全球高技术产业积极进行产业创新、结构优化,尤其是欧美发达经济体为了巩固和强化其在全球价值链中的绝对主导地位,更加重视提升核心技术、尖端技术的创新能力,依靠新能源技术、新材料技术、数字技术巩固其高技术产业的全球价值链高端环节控制权,由此加大了包括中国在内的新兴经济体产业转型升级的难度和压力。数字技术、信息技术和智能技术将使分散式生产和高科技含量工业机器人技术得以发展和推广,标准化的大型流水线和大规模重复性劳动工人将被柔性生产模式和工业机器人取代。这给我国依靠规模经济和廉价劳动力的传统优势带来了冲击。

随着全球经济增长持续低迷,一些发达国家的逆全球化思潮和贸易保护主义抬头,这些国家的投资审查趋严,导致全球外国直接投资更趋萎缩,世界经济增长趋缓,对于新兴国家的对外贸易和投资造成很大制约。近年来,中国对外贸易面临发达经济体改变国际贸易规则、提高贸易标准的挑战;国内资源要素与劳动力成本上升,制造业有向外转移的趋势,国际经济局面对我国产业转型升级造成一定的不利影响。与此同时,发达国家为保护本国企业利益和就业,实现提振制造业发展目标,针对新兴国家出口产品、高技术进口产品和技术转让等采取贸易壁垒和技术封锁等手段,导致新兴国家难以在产品出口结构和全球产业链升级方面取得突破,技术创新与产业升级受到制约。

第三节 基于复杂系统动态演进视角的我国产业转型升级路径特征及推进机制

一、基于复杂系统视角的中国产业转型升级的系统性特征分析

我国的产业转型升级路径既具有一般国家产业转型升级路径的共同特征,同时也具有明显的中国特色,且受到新一轮产业革命和其他外部环境条件的影响。总体上看,处于新产业革命与经济高质量发展交汇下的我国产业转型升级作为一个复杂系统的动态演进过程,呈现出以下主要特征。

第一，产业转型升级路径的非均衡性与非平衡性。从作为一个复杂系统动态演进的历史过程看，我国产业转型升级在推进过程中将呈现出非均衡性和非平衡性特征。在一般性复杂系统的动态演进过程中，由于其受到多重复杂因素的影响，其发展演进路径呈现出非均衡性与非平衡性特征，即使在特定时期系统演进表现出一定的均衡性和平衡性，但这往往是暂时的、相对的。总体上看，复杂系统发展演进过程中的非均衡和非平衡性是常态。我国产业转型升级作为一个复杂系统的动态演进过程，受到技术、体制、政府政策及其他外部环境条件等多种复杂因素的影响和作用，其转型升级过程呈现出从非平衡到平衡，平衡被打破演变到新的不平衡的过程。赫希曼（1958）曾指出，产业发展具有"连锁效应"，即一个部门在投入与产出上与其他部门之间的关联作用，包括"前向连锁"和"后向连锁"，产业发展道路是一条"不均衡的链条"，一般是从主导部门通向其他部门。经过这种动态非均衡与非平衡的发展演进，产业实现转型升级。

目前，我国产业转型过程中，国内外产业及经济发展环境条件正在发生显著变化，特别是要素结构转换、技术创新突破、全球产业链供应链重组等，对我国产业转型升级过程产生重要影响，甚至导致产业转型升级发生质态变化与突破，使产业转型升级过程的非均衡性、非平衡性表现得更加突出和显著。尤其是以人工智能为代表的新一代信息技术作为第四次工业革命的战略性、主导性技术，其创新突破将会对我国产业转型升级路径产生根本性影响和作用。了解与把握现代产业转型升级的这种非均衡、非平衡性特征，对于因势利导地制定实施促进产业转型升级的思路及对策，加快产业转型升级进程至关重要。

第二，产业转型升级路径的渐进性与跨越性有机结合。复杂系统动态演进过程的非均衡性和非平衡性特征，内含着这一个过程的渐进性与跨越性并存的特征。一个国家的产业体系作为一个复杂的产业系统，其转型升级过程受到诸多复杂因素的影响，特别是对于我国这样的正处于经济体制转型阶段，同时又受到新产业革命及国内外复杂因素影响的发展中大国而言，产业体系本身十分复杂，并且各地区产业差异性较大，产业转型升级无疑将是一个渐进有序的过程，具有内在的推进逻辑及顺序，呈现出一定的阶段性特征。从总体上看，不论是单个产业转型还是整个产业体系转型，都不是一蹴而就的，都要经历一个一个长短不一的过程。在这一过程中，产业转型升级面临的主要任务、解决的主要问题、升级主体采取的主要措施等都会有所变化。这主要取决于产业的类型、产业在国内外产业谱系中所处的位置等。因此，明确不同产业所处的成长阶段，根据不同产业转型升级所面临的主要任务、经历的主要过程、达到的主要目标等，制定相应的促进对策，对于加快实现产业转型升级具有重要意义。

在推进产业转型升级过程中，忽视经济、技术及其他客观因素的影响与制约，人为地推进和加快这一过程，往往会欲速则不达。为此，在推进我国产业转型升级过程中，应按照复杂系统动态演进的基本原理有序、渐次推进。但在强调产业转型升级的渐进性的同时，不应否定特定时期或特定条件下产业转型升级所具有的跨越性特征。特别是处在新一轮科技革命与产业变革的当下，当出现突破性、颠覆性技术创新，或新产业、新业态、新模式大量涌现，抑或面临重要产业变革发展机遇的条件下，就应不失时机地加快产业转型升级进程，由此使产业转型升级过程呈现出一定的跨越性特征。事实上，历史上发生的历次产业革命时期，往往是革命性或突破性技术创新蜂拥出现的时期，由此也成为一些后发国家产业转型升级的"机会窗口"。后发国家通过加快技术创新突破、重构科技创新体系，特别是重点发展那些战略性、主导性技术，推动产业体系重构，实现产业体系的快速转型与升级，并为实现经济的整体赶超提供强有力的产业支撑。当前面临新一轮工业革命，我国产业转型升级的推进也应将渐进性与跨越性有机结合起来，加快我国产业转型升级进程，为实现经济高质量发展提供强有力的产业支撑。

第三，产业转型升级的区域梯次性与互补性相统一。我国地域辽阔，产业体系复杂，不同区域产业发展基础、技术创新水平、产业结构层次等各不相同，产业转型升级面临的主要任务、主要解决的突出问题以及所要遵循的路径等也存在一定差别。从总体层次上看，各地产业转型升级存在一定的层级性与梯次性。从三大经济圈看，东部的产业结构层级最高，现阶段产业转型升级面临的主要任务是以高新技术产业、战略性新兴产业为主导，大力发展先进制造业、现代服务业和现代农业，着力提升产业体系的技术能级和国际竞争力。中部地区主要是中低端工业制造业占主导，一般性服务业是服务业的主要组成部分，并且许多省份农业还占较大比重。在这种情况下，促进工业制造业向中高端迈进，加快发展现代服务业，结合新型城镇化发展，提高农业劳动生产率，发展现代农业等是转型升级面临的主要任务。多数西部地区工业制造业层次更低，技术水平和劳动力素质不高，传统服务业比重较大，很多地区传统农业所占比重还较大。但这些地区很多属于资源型地区，有特定的产业资源优势。在这些地区，产业转型升级除了与东部、中部地区一样，加快技术创新、大力提升劳动力素质，促进工业制造业升级改造，发展现代服务业、现代农业外，还应因地制宜，大力发展旅游、生态及林业等特色产业。各区域之间的产业转型升级不是孤立的，随着交通运输发展和国内统一大市场的不断完善，我国区域产业间的转移不断推进，各区域产业转型升级的层级性、梯次性与互补性结合在一起，形成不同区域按照各自特定升级方向和路径协同升级的态势，体现了全国复杂产业体系系统性转型升级的特征。需要注意的是，当前面临一场新的产业革命和科技快速发展与应用，使我国产业转型升级的这种梯次性界限越来越模糊，一个明显的例证是，现阶段在一些原来较为落后的中西部地区，由于率先发展新技术、新产业、新业态，采用新模式，并注重用新技术、新产业、新业态改造提升传统产业，从而促进了本地产业结构的跨越式升级，区域经济发展呈现弯道超车、后来居上态势，如贵州、四川等。

第四，产业转型升级内生驱动机制与外部推力的有机结合。复杂系统的动态演进都是在内生驱动与外部推动共同作用下实现的。我国产业体系作为一个复杂的系统，其转型升级的实现同样也需要一套内生驱动机制与外部推动作用协调一致的实现机制。一般而言，制度、技术、市场、要素等的作用及其效率体现构成产业转型升级的内生驱动力；而政府产业政策、外部投资及项目建设等则构成产业转型升级的外部推动力。只有将内生驱动力与外部推动力有机结合起来，形成协调一致的作用合力，才能有效实现整个产业体系的转型升级。

对于我国产业转型升级来说，由于长期形成的政府对微观经济运行的过分干预惯性，以及主要依赖投资扩张形成的粗放型产业发展方式，加之市场机制不健全、技术创新驱动作用不显著等的制约，使得我国产业转型升级的内在驱动机制不健全，产业转型升级很大程度上靠外部力量的推动。加快建立完善我国产业转型升级的内生驱动机制，使产业转型升级由主要依靠外在推动转为主要依靠内生驱动机制的作用，是我国实现产业转型升级机制构建面临的重要任务。新一轮产业革命与经济高质量发展的交汇，为我国构建内生驱动机制作为主导力量的产业转型升级机制提供了有利条件。

在我国社会主义市场经济条件下，市场机制对产业转型升级发挥着决定性作用，但同时也应更好地发挥政府的作用。具体到特定的产业，在市场与政府的作用关系及功能搭配方面也存在一定的差别，如一般竞争性产业与国家战略保障性产业。并且市场与政府的作用关系及功能搭配方式不是固定不变的，而是随着产业转型升级所面临的国内外竞争环境以及产业转型升级进程等的变化作出相应调整。从政府作用方式看，又包括多项干预内容与方式，在市场机制发挥基础性作用的条件下，政府对产业转型升级的作用方式具有多样性，包括产业政策、技术政策、财政政策、金融政策等一系列政策形成的政策体系；还包括政府通过制度创新、基础设施建设等为产业转型升级所构筑的相应的软环境与硬环境。特别是对于中国这样的处于转轨经济时期的发展中国家来说，软环境的打造对国家及地区产业转型升级具有重要影响。在基础设施等硬环境方面，内涵与外延也在发生变化，如在当今网络经济时代，互联网、大数据平台等越来越成为支撑产业转型升级的基础设施，越来越受到各国的重视。技术创新的基础设施也是实现产业转型升级的重要支撑。公共创新平台的建设、创新网络及创新生态系统、创新公地的打造等，都是政府促进产业转型升级的职能所在。当然，实现产业转型升级还需要要素生产率的提升，政府在资本、技术、人力等数量扩张与质量提升方面的作用，也是产业转型升级机制的重要组成部分。

二、新发展阶段中国产业转型升级的推进机制

第四次工业革命与经济高质量发展交汇下的中国产业转型升级是一个复杂的系统工程，应基于复杂系统动态演进原理构建能够有效推动产业转型升级的机制。从总体上说，要按照党的十九大报告提出的，坚持质量第一、效益优先，以供给侧结构性改革为主线，推动经济发展质量变革、效率变革、动力变革，提高全要素生产率，着力加快建设实体经济、科技创新、现代金融、人力资源协同发展的产业体系。为此，应基于产业转型升级的系统性特征及我国产业转型升级存在的现实问题及升级目标要求，构建科学的产业转型升级推进机制。

（一）新发展理念：产业转型升级的基本引领

创新、协调、绿色、开放、共享五大发展理念是新发展阶段我国各项工作的根本遵循，也是推进产业转型升级的根本指南。要以新发展理念为指引，推进我国产业转型升级和现代产业体系建设。要以创新为基本驱动，大力加强技术创新，重点强化战略科技力量，加强关键核心技术创新，加快突破一批"卡脖子"的技术，实现技术的自立自强。构建更加完善的科技创新体系，为产业转型升级和现代产业体系建设提供强有力的动力引擎。

实现协调发展一直是我国经济发展遵循的基本方针，新的历史条件下实现产业转型升级和现代产业体系建设，也必须遵循协调发展理念，实现三大产业之间和三大产业内部的协调发展。具体来说，即是在农业内部实现现代农业与传统农业的协调发展；工业内部，实现传统工业与高技术产业、战略性新兴产业等的协调，重点是发展壮大高技术产业、战略性新兴产业，并通过新兴产业发展改造提升传统工业，实现传统产业转型升级；在服务业内部，实现现代服务业与传统服务业之间的协调发展，重点是大力发展现代服务业特别是生产性服务业。协调发展理念还要求在产业转型升级过程中，按照党的十九大报告提出的要求，加快构建实体经济、科技创新、现代金融、人力资源协同发展的产业体系。

绿色是新发展阶段我国经济建设和社会主义现代化发展的基本底色。要根据我国承诺的碳中和、碳达峰的目标要求，将绿色低碳发展贯彻于产业转型升级和现代产业体系发展的各个方面和环节。加快对高耗能、高资源耗费产业的技术改造和转型升级，进一步化解产能过剩，淘汰一批僵尸企业。同时大力发展技术、知识密集型高新技术产业和战略性新兴产业，发展壮大绿色低碳产业。

坚持开放发展是我国四十多年来社会主义现代化建设的基本经验总结。新发展阶段推进我国产业转型升级和现代产业体系发展，也必须要坚持开放理念，克

服我国开放过程中遇到的种种阻力和障碍，进一步拓展国际市场，充分吸纳利用全球优质资源，为我国产业转型升级和现代产业体系发展开辟更加广阔的空间。

实现共享发展是我国社会主义现代化建设的重要目标和本质要求，应成为新发展阶段推进产业转型升级和现代产业体系发展的重要目标导向。在产业转型升级和现代产业体系发展过程中，要本着实现全体人民共同富裕、共享经济发展成果的要求，调整产业结构，优化产业空间布局，发展现代产业体系。

（二）自主技术创新：产业转型升级的动力引擎

自产业革命以来，技术创新始终是产业发展与升级的根本动力引擎。在当今新一轮产业革命与我国经济高质量发展形成历史性交汇的背景下，技术创新对我国产业转型升级的推动作用更为突出和明显。我国传统产业需要通过技术改造实现转型升级，高新技术产业与战略性新兴产业等主要靠技术创新支撑获得发展，也必须借助于进一步的技术创新获得发展壮大。伴随着第四次产业革命的孕育发生，一批新产业、新业态、新模式迅速发展，成为助推我国产业体系转型升级的新动力，而以这些新产业、新业态、新模式获得发展的根本推动力也是技术创新与商业模式创新。可以说，技术创新构成我国产业转型升级的基本动力引擎，它与组织创新、商业模式创新、生产方式创新等相结合，将为我国产业转型升级提供源源不断的动力支撑，而一般情况下其他各种创新又都是建立在技术创新基础之上的。不同时期的产业转型升级所需具备的技术创新内容与方式也存在一定差别。在当今背景下，对我国产业转型升级作用最突出也最为重要的技术创新是具有自主知识产权的关键核心技术、具有突破性意义的技术创新。因为经过几十年的改革发展和对外开放，我国在一般性、常规性技术创新方面已经获得了快速发展，与此同时，通过对外开放特别是对外直接投资，引进了大量一般性技术。但在具有自主知识产权的关键核心技术创新、根本性突破性技术创新方面，我国与发达国家相比还存在较大差距，而这些技术的创新不足恰恰是我国由国际价值链中低端向高端攀升的根本性制约因素。特别是在新一轮产业革命浪潮中，我国产业体系要实现根本性的跨越式升级，必须在以新一代人工智能技术为代表的新一代信息技术方面取得突破并居于领先地位。因此，构建与我国整体产业转型升级相适应、相协调的自主技术创新体系，是我国产业转型升级的根本动力引擎。

为此，必须坚持创新在产业转型升级中的核心地位，将科技自立自强作为产业转型升级的战略支撑，面向世界科技前沿、面向经济主战场、面向国家重大需求、面向人民生命健康，深入实施科教兴国战略、人才强国战略、创新驱动发展战略，加快完善国家创新体系。首先，要强化国家战略科技力量。进一步健全社会主义市场经济条件下新型举国体制，打好关键核心技术攻坚战，提高创新链整体效能。整合优化科技资源配置，加强原创性、引领性科技攻关，大力加强基础研究，建设重大科技创新平台。其次，大力提升企业技术创新能力。进一步完善技术创新市场导向机制，强化企业创新主体地位，完善企业创新服务体系。促进各类创新要素向企业集聚，形成以企业为主体、市场为导向、产学研用深度融合的技术创新体系。支持产业共性基础技术研发，优化创新创业创造生态，培养造就高水平人才队伍，激发人才创新活力。最后，完善科技创新体制机制。深化科技管理体制改革，健全知识产权保护运用体制，完善国家科技治理体系，优化国家科技计划体系和运行机制。推动重点领域项目、基地、人才、资金一体化配置，积极促进科技开放合作。

（三）健全的体制机制：产业转型升级的基础保障

产业转型升级是在特定的体制机制条件下实现的，但不同的体制机制基础对产业转型升级的影响程度不同。经济理论与实践已经证明，市场经济体制是实现资源优化配置的最有效体制，而产业转型升级作为资源、要素在不同产业间实现合理流动和优化配置的作用过程，也必须以市场经济机制作为基础性调节机制。通过市场竞争，促使企业主体不断地进行创新，提高企业运行效率，而同类企业构成特定产业的微观载体和细胞，企业的高效率、高成长性、高创新性构成产业不断转型升级的基本活性要素。从产业资源要素配置看，在市场价格信号和行业利润率引导下，资源要素不断由低效率和低利润率产业流向高效率和高利润率产业，从而实现产业资源要素更加高效的利用与配置，这一过程本身即是产业转型升级的过程。

改革开放以来，我国不断推进和深化以市场为导向的经济体制改革，由此构成了我国产业转型升级的制度保障。党的十八届三中全会明确提出，要进一步推进经济体制改革，使市场在资源配置中发挥决定性作用。党的十九大报告进一步强调，经济体制改革必须以完善产权制度和要素市场化配置为重点，实现产权有效激励、要素自由流动、价格反应灵活、竞争公平有序、企业优胜劣汰，加快完善社会主义市场经济体制。在第四次工业革命与经济高质量发展交汇下实现中国产业转型升级，也必须以进一步完善市场经济体制为基本前提，充分发挥市场的决定性作用。值得注意的是，我国产业转型升级所需要的市场机制是一种作用相对健全、功能相对完善的市场。从理论上说，市场在实现资源配置过程中都存在一定的缺陷或失灵之处，另外，由于改革的阶段性所限，特别是一些重要的关键性改革尚不到位，致使我国现实市场机制还存在不完善、不健全的方面，对产业资源、要素配置的有效作用还不能充分有效的发挥。基于以上情况，在我国产业转型升级过程中，虽然市场机制是不可或缺的体制基础，但也不可缺少政府的有效作用，应在发挥市场有效作用的同时，更好地发挥政府的作用。

为完善我国产业转型升级的体制基础,应大力推进体制机制创新,加快构建统一开放、竞争有序的市场体系,完善市场经济体制机制,实现资本、劳动、数据等基本生产要素的合理流动和优化配置,将产业转型升级建立在更加完善的社会主义市场经济体制基础之上。首先,要进一步激发各类市场主体活力,培育更有活力、创造力和竞争力的市场主体。为此,要加快国有经济布局优化和结构调整,推动国有企业完善中国特色现代企业制度,健全以管资本为主的国有资产监管体制,优化民营企业发展环境,促进民营企业高质量发展。其次,建设高标准市场体系。实施高标准市场体系建设行动,健全市场体系基础制度,坚持平等准入、公正监管、开放有序、诚信守法,形成高效规范、公平竞争的国内统一市场。全面完善产权制度,推进要素市场化配置改革,强化竞争政策基础地位,健全社会信用体系等。再其次,提升政府经济治理能力。加快转变政府职能,建设职责明确、依法行政的政府治理体系,提高政府治理效能。最后,要推进要素价格机制、技术创新收益分配机制等关键性领域的改革,加快转变政府职能,尤其是要加快建立保护企业家、有利于充分发挥企业家作用、培育企业家精神的体制机制,最大限度地激发产业微观载体的活力与创造力,提升产业竞争力,加快产业转型升级。

(四) 科学的政府产业政策:产业转型升级的基本导向

市场经济条件下的产业政策是政府制定实施的推动产业发展与实现转型升级的各项政策的总和。市场机制在促进产业转型升级过程中存在一定的缺陷或失灵,是政府制定与实施产业政策的基本理论依据。除此之外,对于我国现阶段而言,产业政策对推动产业转型升级具有更为突出的作用。一方面,我国经济进入高质量发展阶段,产业转型升级面临着十分艰巨、复杂的任务,不仅要推动大量传统产业转型升级,还要化解部分行业的过剩产能,处置一批僵尸企业;另一方面,面对新一轮工业革命的迅速发展,我国要加快发展一批新产业、新业态、新模式,并力争实现后来居上,抢占新一轮国际产业竞争的制高点。同时还要利用新产业革命的物质、技术成果,加快改造提升传统产业,促进整个产业体系转型升级,构建新的现代产业体系。要完成上述产业转型升级的任务,没有政府产业政策的引导是难以实现的。

在实施产业政策推动产业转型升级过程中,一个重要问题是要处理好政府产业政策作用与市场机制作用之间的关系。从总体上看,市场机制在促进产业转型升级过程中将发挥决定性作用,但现实是我国的市场机制还很不健全、不完善,单纯依靠市场机制的作用推动产业转型升级,将不可避免地造成一定的资源浪费,甚至会加剧产业结构的扭曲和不协调。为此,应更好地发挥政府产业政策及其他相关政策的作用,以弥补市场机制存在的缺陷与不足。从产业转型升级过程本身看，一些主导性产业发展趋向的确定、重大产业发展规划的制定等，也不能完全依靠市场，而需要政府的作用。特别是面临新一轮工业革命的冲击，世界各国特别是经济发达国家，纷纷制定有关再工业化、新一代人工智能等方面的发展战略及规划，以期在新产业革命竞争中抢占制高点。面对复杂的国际竞争态势，我国作为一个后发的、处于产业赶超阶段的发展中大国，必须充分发挥政府产业政策的作用，加快补齐我国产业转型升级过程中的短板，消除那些制约我国产业转型升级的主要因素，特别是"瓶颈"性制约因素，加快发展那些能够有效拉动我国产业转型升级和实现换道超车的重点产业和技术。在这些方面，政府产业政策的作用同样不可或缺。

需要注意的是，政府在制定实施产业政策的过程中，一定要以发挥市场机制的决定性作用为基础和前提，产业政策不能妨碍更不能替代市场机制的有效调节作用。另外，政府产业政策的类型及实施方式也应加以创新和多元化，特别是要注意将保护性产业政策转向功能性产业政策，建立产业政策从制定到实施，再到效果评估的有效机制，真正使产业政策对产业转型升级发挥有效的推动作用。

（五）数字化赋能：产业转型升级的强力催化剂与助推器

在新产业革命背景下，数据已成为与资本、劳动力等并列的基本生产要素。一方面，数据自身具有高知识密集特征，具有较高的生产率效用；另一方面，数据通过流动、赋能对其他生产要素进行优化提升，从而提升全要素生产率。从技术层面看，互联网、大数据、人工智能等新一代信息技术对产业的作用离不开数据的流动与赋能，通过数据的收集、整理、流动和使用，使新一代信息技术与实体经济和产业实现深度融合，发挥新一代信息技术对传统产业转型升级的驱动作用，同时借助于数据的赋能、使用，发展与新一代信息技术直接相关的新产业、新业态，由此构建以数据赋能为重要特征的现代化产业体系。可以说，数据赋能是新产业革命背景下我国产业转型升级的重要机制。为此，应进一步建立健全数据要素市场规则，营造开放、健康、安全的数字生态，激活数据要素潜能。充分发挥海量数据和丰富应用场景的优势，打造数字经济新优势，促进数字技术与实体经济深度融合。加快传统产业数字化、智能化转型升级，推进产业数字化；催生新产业、新业态、新模式，发展数字产业化。培育壮大人工智能、大数据、区块链、云计算、网络安全等新兴数字产业。完善数字经济监管，促进共享经济、平台经济健康发展。大力发展5G、工业互联网平台和数字中心等新基建，为数字赋能产业转型升级夯实基础。推进服务业数字化转型，发展服务型制造。加快发展智慧农业，推进农业生产经营和管理服务数字化改造。

（六）强大的内需拉动：产业转型升级动力的战略基点

需求是拉动产业转型升级的重要力量。新产业革命与经济高质量发展的交汇期，同时也是我国加快构建以国内大循环为主体、国内国际双循环相互促进的新发展格局的时期。在以扩大内需为战略基点的同时，坚持以供给侧结构性改革为主线，从供给与需求的协调性和匹配性角度着眼，坚持以供给侧结构性改革为主线来扩大内需，形成需求牵引供给、供给创造需求的更高水平的动态平衡，聚焦产业转型升级和居民消费升级需要，扩大产业有效供给，构筑产业转型升级的强大动力。通过深化供给侧结构性改革，提升供给体系与消费结构的适配度，将居民无法得到满足而被抑制的新需求释放出来，助推产业转型升级。新供给引领和创造新需求，即以信息化、智能化为引领，创造出巨大的新需求。以供给侧结构性改革推动扩大内需，以居民消费升级形成的新需求为导向，提高供给适应新需求的能力。加快新产业、新技术、新业态、新模式等的发展，在创造新投资和新消费中不断扩大内需。新模式、新业态的发展，能够更好地适应新一代消费群体的消费理念和行为，催生消费的爆发式成长。通过新供给适应新需求，最终在新的水平上形成新的供求平衡，并进一步向更高水平和更大规模的供需平衡跃升，由此不断牵引和驱动产业的转型升级。

从需求本身说，首先，要进一步全面促进消费。进一步增强消费对经济发展的基础性作用，顺应消费升级趋势，提升传统消费，培育新型消费。以质量品牌为重点，促进消费向绿色、健康、安全方向发展，鼓励消费新模式、新业态发展。进一步健全现代流通体系，促进线上线下消费融合发展，开拓城乡消费市场。进一步改善消费环境，强化消费者权益保护。其次，进一步拓展国内投资空间。优化投资结构，促进投资合理增长，通过投资改善供给结构，提高产业转型升级质量。加大企业技术和设备改造；加大对战略性新兴产业的投资；加强新型城镇化、新农村建设、城乡区域协调发展等重大项目建设；加大对重大科研设施、重大生态系统保护修复等重大项目的投资。最后，进一步完善内需扩张机制。重点发挥政府投资撬动作用，进一步激发民间消费、投资活力，形成市场主导的强大的消费、投资内生增长机制。

（七）产业链、网络、科技及金融安全：产业转型升级的安全保障

全球正处于百年未有之大变局，不确定性因素、风险隐患不断增多。在这种背景下推进我国产业转型升级，必须统筹发展与安全，牢固树立安全意识和底线思维，提升对安全威胁的发现、监测预警及应对能力，及时化解来自金融、产业及网络信息等领域的风险，为产业转型升级提供稳定安全的产业环境。全球市场与产业分工格局变革，使中国制造业面临着更为严峻的低端锁定和高端堵截的双

重挤压局面，在逐步形成以国内大循环为主体、国内国际双循环相互促进的新发展格局背景下，建构自主可控、安全稳定的产业链和供应链是推动中国产业转型升级的重要内容和安全保障。只有做到了知识产权自主可控、制造过程自主可控、核心零部件供给自主可控，才能构建自主可控的产业链、供应链。一是安全稳定的产业链是培育新业态新模式的载体。它为共享产业链上下游生产要素、实现研发设计支持、提升产品制造质量、优化营销战略和售后服务、提升产品附加值等提供了发育和提升空间。在自主创新驱动下，企业致力于对研发设计、系统集成、生产制造、品牌营销、售后服务的关注和提供一体化解决方案，促进产业转型升级。二是通过自主可控的供应链培育新业态、新模式。从研发设计开始，经配套零部件、制成中间品、最终消费品，最后通过销售网络把产品或服务送达消费者手中，将研发机构、供应商、制造商、分销商、最终用户等通过完整的功能网络结构联结起来，相互促进、相互融合形成产业转型升级中的新业态、新模式。探究产业链、供应链对服务型制造和服务衍生制造的业态模式培育的实现机理，要注意产业链安全稳定、供应链自主可控。尤其是对于关系国家经济、科技、信息安全的产业领域，要加强自主可控、安全可靠的国内生产供应体系。在新产业革命和疫情防控常态化背景下，电子商务、远程医疗、人工智能、智慧健康、视频会议等新业态展现出强大生命力，应加快数字经济领域的自主可控能力建设，提升产业链供应链支撑产业转型升级的安全保障能力。

科技安全是产业安全的基础和前提。当前及今后一个时期，中国科技安全主要面临的风险威胁是以美国为首的西方国家为维持科技霸权地位，对我国采取不计代价和成本的打压、封锁，甚至威胁科技脱钩，由此使中国关键技术缺失引发技术安全风险。对此，中国科技发展必须立足自主自立，强化关键核心技术的研发、创新，强化国家战略科技力量，把科技自立自强作为国家发展的战略支撑，进一步完善国家创新体系，加快建设科技强国。大力加强基础研究，注重原始创新，打好关键核心技术攻坚战，加速补齐我国科技创新短板。通过推进高水平开放合作，反制外部科技封锁与遏制、打压。网络安全是产业安全的重要内容，包括信息窃取、数据篡改、算法歧视等可能引发的网络风险。要通过立法和强化信息基础设施建设，进一步加强网络安全，促进数字化、网络化、智能化产业健康发展（李海舰和杜爽，2021）。统筹金融发展和金融安全工作，继续将防范和化解金融风险作为金融工作的根本任务，守住不发生系统性金融风险的底线，坚持金融服务实体经济的原则和导向。

第三章

产业革命与后发大国产业赶超研究
——兼论第四次工业革命条件下中国产业赶超

第四次工业革命为我国实现经济赶超提供了难得的历史机遇,而产业赶超是经济赶超的核心和基础。充分利用新一轮工业革命提供的机会"窗口",实现对发达国家产业的赶超,是新发展阶段我国产业转型升级和发展面临的重大任务。本章首先从理论上揭示工业革命条件下后发大国对经济发达国家实现产业赶超的基本机理,进而对历史上发生过的三次工业革命过程中后发国家实现赶超的历史进行具体考察,基于历史实践总结后发国家实现产业赶超的历史经验及教训;最后基于机理分析与历史考察,分析在当今第四次工业革命扑面而来的条件下,我国实现产业赶超的基本机制与路径。

第一节 工业革命背景下后发大国实现
产业赶超的机理分析

一、工业革命:后发大国实现产业赶超的机会窗口

工业革命的本质即是一系列新技术的应用,产业革命时期往往是技术创新集聚涌现的时期,新技术的大量涌现与广泛应用为后发国家实现产业赶超提供了重要驱动力。在工业革命浪潮中,当一项新技术出现或激进式创新技术引入时,后发国家和先发国家往往是处于同一条起跑线上。并且由于先发国家在原有技术轨道上已占有主导地位,因而一定程度上处于被"锁定"的状态,即所谓"在位者陷阱"(incumbent trap)。具体说即是先发国家的现有产业优势和投资已经与原有技术体系形成匹配关系,加之新技术在应用初期往往带有较大程度的不确定性。由此使先发国家的产业在应用新发明技术方面与后发国家相比,存在一定的

"惰性"或迟滞。由此，便会出现"当新的技术系统兴起时，就为后起国家工业化带来了机会窗口"，"较早地进入新技术系统是追赶过程的决定性因素"。[①]

佩蕾丝（2007）等演化经济学家认为，后发国家存在着赶超先发国家的两种机会窗口。先发国家某一产业在世界市场中处于绝对领先地位，后发国家由于经济发展水平相对较低，劳动力成本也远低于先发国家，所以后发国家可以利用这一比较优势，选择产业价值链低端为赶超的切入口，这是后发国家追赶先发国家的第一种"机会窗口"。然而，世界经济发展的历史经验表明，后发国家凭借这种机会窗口实现赶超的概率较小。对后发国家来说，实现对先发国家赶超的更好的机会窗口是第二种机会窗口，这种机会窗口主要是由工业革命中新技术变革的酝酿阶段所创造和形成。具体来说，正在孕育发生的工业革命促进了新的主流技术的形成，由此促进了新产业、新业态的兴起和主导产业的更替，基本途径包括：一是技术突破推动传统产业高技术化，催生新的产业；二是技术革新促进产业间的渗透融合，形成融合型新产业；三是技术突破使原产业分裂产生新产业。在这些新兴产业中，率先发生变革并满足佩蕾丝"核心投入"标准的产业部门逐渐演变为这一阶段的主导产业。这些具有明显报酬递增特征的主导产业除了自身技术能力和生产效率的爆炸性增长外，还具有较高的产业关联度，进而带动整个经济的增长。后发国家如果选择工业革命时期主导技术经济范式转换初期，也就是新兴前沿产业的萌发阶段进入该产业，就可能具备与先发国家在新兴产业发展方面同样的优势。另外，后发国家还可以利用新兴技术实现对传统产业及业态的改造、升级，全面提升传统产业生产效率和竞争力。

二、大国规模优势：产业赶超的市场基础

一国市场规模主要是指该国的市场容量大小，包括人口的数量、GDP 规模、购买力、经济增长速度以及未来的发展潜力等方面。除了劳动力、资金和技术之外，一国市场规模也是其重要的资源禀赋，尤其是大国的市场规模禀赋优势更为明显。迈克尔·波特（2002）在分析一个国家产业国际竞争力的来源时，提出了著名的"钻石模型"。该模型认为，需求条件是构成一个国家产业竞争力的四个重要因素之一，国内市场需求是产业冲刺的动力，庞大的母国市场规模是产业竞争力的一大优势。与国外市场相比，国内企业对本土市场更为熟悉，企业与市场之间不存在"隔层"，企业与本土市场的互动效应更为明显。后发大国的国内市场规模优势对后发大国产业赶超来说具有重要作用，这种作用主要表现为有利

---

① [美] G. 多西、C. 弗里曼：《技术进步与经济理论》，钟学义、沈利生、陈平译，经济科学出版社1992年版，第588页。

于促进技术创新能力的快速提升、有利于新兴产业竞争力培育、有利于构建以本土需求为基础的国家价值链等。

三、制度创新：产业赶超的基本保障

第一，市场制度创新促进产业要素配置效率提升。市场制度在提高资源配置效率和加快经济增长方面具有无可替代的优越性。市场制度无论是在实践还是在理论上仍是各国产业发展的基本驱动力量。市场制度创新能够推动要素结构优化，而且能够激励企业进入新兴产业，从而加速产业赶超的速度。一是产业结构重组是实现产业赶超的重要环节，而产业结构重组的关键是促进资源流动与优化配置。完善的市场价格形成机制使得市场价格能够正确反映各类市场要素的稀缺程度以及消费者的偏好，推动市场主体以要素价格为基础的决策机制的形成，建立起富有竞争性和灵活性的产品与劳动力要素交易市场，进而引导资源在产业间和产业内的合理流动，提升资源配置效率。二是市场制度的完善可以有效降低非自然垄断和寻租活动发生的可能性，从而消除政府对低效率生产活动的过度保护，可以有效避免要素市场扭曲，实现以市场的优胜劣汰机制对企业进行选择，提高市场竞争力。

第二，知识产权保护制度促进技术创新和技术扩散效率的提高。知识产权保护制度作为界定财产关系的重要制度，其完善程度是反映无形资产的所属关系及相关权利和义务明晰程度的重要指标。随着现代经济的发展，知识、技术等具有非竞争性和较强外部溢出效应的软性生产要素对于经济发展的贡献越来越大，社会对于知识产权保护制度的需求就越为强烈。道格拉斯·诺斯和罗伯特·托马斯在其合著的《西方世界的兴起》一书中指出，"技术进步、教育以及资本积累等只是经济增长的一种体现，而不是引致经济增长的因素，对于一国的经济增长起关键性作用的不是技术性因素，而是制度性因素，尤其是产权制度的建立和完善更为重要"[①]。

第三，教育、培训制度为产业赶超提供人力资本支撑。后发国家赶超先发国家的基础是人力资本的追赶。可以说，后发国家或地区成功的经济追赶都是以人力资本的追赶为先导的。但由于每次工业革命有着不同的技术内涵，所需的人力资本类型也不完全相同。而教育和培训是培养人才的基础，是进行人力资本投资的主要途径，因此，促进人力资本、劳动力要素结构调整的教育、培训制度等对于后发国家产业赶超至关重要。先进、合理的教育制度可以为后发国家产业发展

---

① [美]道格拉斯·诺斯、罗伯特·托马斯：《西方世界的兴起》，厉以平等译，华夏出版社1989年版，第170页。

培育一定数量的具有一定科技文化知识的新劳动者,这是科学技术转化为直接生产力不可或缺的前提条件;合理的培训制度不仅可以为新兴产业培养所需劳动力,同时也促使传统产业劳动力适应产业发展变化,掌握新技能。

第四,生产组织制度创新为产业跨越式发展提供组织保障。组织创新能力是成功利用创新资源和新技术的前提条件。熊彼特(1950)将生产组织变革视为"创造性破坏"的主要因素,它与开发新产品、新工艺以及开辟新市场等因素同等重要。生产组织制度作为生产关系的集中体现,影响产业与内部企业的资源配置方式和效率,是一个国家产业竞争力的重要来源。生产组织制度的调整与创新通过对技术、资本、劳动力等要素的重新配置和组合,发挥要素间的互补性作用及溢出效应,可以大幅度提高技术、资本和劳动的产出弹性。这种生产组织的创新与具有更广泛用途的新技术的共同作用,使得所有产业(包括已有产业和新兴产业)的生产率发生"量子跃迁"。如大规模生产的组织形式使得重化工业同类产品的流水线生产成为现实,而兴起于日本的与信息技术的高度灵活性相适应的柔性生产方式,大大提高了生产的效率,为产业带来跨越式的发展。

四、合理政府干预:产业赶超的重要引导和支撑

首先,后发国家市场制度不完善需要国家政府的干预。后发国家在产业赶超过程中不仅处于对自身发展更为不利的外围环境,同时还要面临本国市场机制不完善的内部短板。在内部市场发育不完全的条件下,如果采取纯粹自由主义经济发展方式,那么产业赶超过程中所需要的大规模资本积累、高效率的生产要素组织、快速的产业结构转换都将无法得到保障,难以发展起有竞争力的产业和企业,那么这些后发国家将永远被排挤在国际市场之外,长期停留在落后状态,难以实现对先发国家的赶超。后发国家通过政府的合理有效干预可以获得产业发展中时间和资源上的节约。

其次,新兴产业的成长需要产业政策的培育和扶持。政府干预经济的一个重要方面是发挥政府在信息获取方面的优势,在经济发展的不同阶段探索和发现适合本国国情的报酬递增的新的产业部门,渐次挑选具有较大市场容量和强大关联效应的若干主导产业作为本国支柱产业。新兴产业所具有的技术和人力资本外溢性强、产业关联度高的特点决定了新兴产业是后发国家赶超先发国家的有效载体。但是任何新兴产业在其发展初期都具有一些先天不足的缺陷,这就需要政府通过选择不同的产业政策工具对特定产业进行支持,进而影响产业赶超的过程。

最后,必要的贸易保护是后发国家实现产业赶超的重要条件。自由贸易理论

成立的一个重要前提假设是世界市场存在一个自由、平等的世界贸易体系，它是"假定世界上一切国家所组成的只是一个社会，而且是生存在持久和平局势之下的"①。但国家间的贸易往来从来不是绝对自由的，当今世界仍然是以相互独立的民族国家为基础，每个民族国家的独特利益诉求导致贸易争端时常发生。正如李斯特所指出的，为免遭国外产品的竞争和冲击，需要一定的贸易保护政策为一些关键性新兴产业提供某种暂时的壁垒，通过幼稚产业保护政策，对本国新兴产业给予一定时期与一定强度的市场保护，继而为本国工业产品销售留有能够保障其获得利润的市场空间，依托本国大市场培育并积累其自生能力，使之能够在排除外来竞争干扰下，以最快的效率实现快速成长，尽快创造本国原本并不存在的高端产业的绝对竞争优势。

第二节 前三次工业革命中主要后发国家产业赶超历史考察及比较

一、第一次工业革命中英国的产业赶超

第一次工业革命之前，传统农业在英国国民经济中处于主导地位，第二、第三产业规模较小，生产效率相对较低，整体经济发展水平和经济增长速度都要低于荷兰等先发国家。然而，到18世纪中期，英国经济结构、社会结构、政治制度和意识形态方面的重大变革为第一次工业革命在英国孕育、发生创造了有利条件，一系列重大技术变革在英国率先发明和应用，英国产业总量和产业效率等各方面取得了重大进步，自此登上了世界工业霸主地位，实现了产业赶超。

英国产业之所以能够实现赶超，是与自身与众不同的资源禀赋和产品成本结构密切相关的。首先，英国具有丰富的煤炭资源，因此产生了对先进煤炭排水技术的迫切需求，从而促进了这方面创新的大量发生。与此同时，巨大的煤炭规模使得英国可近乎"免费"地供应机器燃料。其次，英国相对稀缺的人力资源以及相对丰富且便宜的物质资源，促使棉纺织机械和焦炭冶铁技术的首先发明及广泛应用。通过考察英国工资水平波动可知，在第一次工业革命时期，英国已出现了高工资的经济模式（罗伯特·艾伦，2009）。于是，英国这种特有的劳动力工资水平和生产要素价格结构引发各行业大力开发节约劳动力的技术，以减少劳动力投入。作为这次工业革命最具代表性的几项发明——蒸

---

① ［德］弗里德里希·李斯特：《政治经济学的国民体系》，陈万煦译，商务印书馆1981年版，第109页。

汽机、机械纺织设备、焦炭冶铁技术等，无不具有以上特点。这些新机器、新技术的广泛应用改变了产业要素结构，带来了生产效率的显著提升。正如马克思（1972）所指出的，第一次工业革命最为本质的特征是以动力程度更高、单位成本更低的蒸汽动力的蒸汽织布机取代了以人的肌肉作为动力的手动织布机，所以生产效率大大提升。

制度创新为英国产业赶超提供了动力保障。首先，具有明显报酬递增性质的旨在促进新知识发展的专利制度最早在英国建立，为技术创新提供了重要激励。1624年英国颁布的《独占条例》被马克斯·韦伯认为是和创造发明有关的一项积极改革，"如果没有这项专利权法的刺激，对于18世纪纺织工业领域内资本主义发展具有决定性的那些创造发明就未必会有可能"[①]。正是一些专利制度的实施，使得创新的私人收益率接近社会收益率的系统性激励机制被确立起来，极大地激励了人们进行技术创新的积极性，成为英国与当时其他国家在技术进步模式上产生分野的关键。其次，较早进行的土地财权制度和宗教制度的改革使产业发展所必需的劳动力和技术人才率先在英国得到满足，促进了英国工业经济的快速发展。圈地运动的合法化使得大量的失地自耕农和佃农流向城市成为产业工人，这是英国工业经济快速发展所需劳动力的重要来源。英国的宗教制度改革吸引了大批在国外受到迫害的新教徒流向英国，既满足了英国产业发展的用工需求，也为英国产业带来了先进技术（寇宗来和石磊，2009）。王章辉和孙娴研究得出，1811年非国教徒在英国居民中的比例虽然仅占20%，但是在主要的发明家和革新家中却占到了49%。[②] 同时，英国新兴的融资渠道和金融工具创新使得大量财富流向工业部门，成为其资本原始积累的重要来源。1694年英国成立了世界上第一家银行——英格兰银行，这是世界各国中央银行体制的鼻祖。随后各地方银行逐渐兴起，各地方银行与英格兰银行共同形成了英国的金融网络体系。同时，为加快资本流通，创造了信用凭证制度，衍生了银行券、信用券等新的金融工具和服务，为英国产业快速发展所需的资本积累提供了良好的融资渠道。

在英国产业赶超过程中，政府的贸易保护职能同样发挥了重要作用。19世纪20年代英国对主要工业品所征收的关税远远高于其他国家。以棉纺织产品为例，1787年对白棉布进口征收的从价税为16.5%，1813年提高到了85%；同期，细棉布的从价税从18%提高到44%。[③] 正是通过这一关税保护使得英国在国际竞争中起决定作用的棉纺织产业依次打败了原先在麻纺织业、丝织业和毛纺织业占据国际领先地位的国家，成为西欧最强大的国家，否则"为英国制造织

---

① [德]马克斯·韦伯：《经济通史》，姚曾廙译，上海三联书店2006年版，第196页。
② 王章辉、孙娴：《工业社会的勃兴——欧美五国工业革命比较研究》，人民出版社1995年版，第263页。
③ 夏东：《棉纺织业成为英国工业革命起点原因探究》，载于《合作经济与科技》2013年第1期。

物的仍然是比利时人,英国仍将是汉撒商人的牧羊场"①。可以说,政府的贸易保护政策对英国产业实现赶超发挥了重要作用。

市场规模是国家产业快速成长的基础,英国的市场规模具有一定的特殊性,第一次工业革命时期的殖民扩张使得英国在世界各地拥有数量众多的殖民地。1876年,英国的殖民地面积达2250万平方公里,人口达25190万人,是世界上最大的殖民帝国。② 这些殖民地的存在不仅为英国工业生产提供了原材料和劳动力,建立起了英国产业的竞争优势,也为工业制成品的销售开辟了新的市场渠道,带动了本国产业的快速成长。

二、第二次工业革命中美国、德国的产业赶超

第二次工业革命开始之前,美国既是英国的原料产地,也是英国主要工业品的销售市场,属于殖民地经济类型。同样,德国也是一个后起的资本主义国家,在19世纪30年代第一次工业革命接近尾声之时,德国的工业革命才刚刚起步。然而,在经历第二次工业革命以后,美国、德国的钢铁、电力、化工、汽车等新兴产业生产能力和增长速度均超过英国,传统工业部门也得到优化升级,总体上实现了对英国的赶超。

为实现产业技术赶超,美国与德国依据本国的要素禀赋结构推进劳动节约型技术创新。由于美国有广袤的土地、丰富的资源,而人口相对稀少,使得美国的人均工资水平不断上涨。据维托克·克拉克的估计,美国非熟练工人的工资比英国工人的工资要高1/3到1/2。③ 美国较高的劳动力价格和丰富资源优势的交互作用,诱导了资本和自然资源对熟练劳动力的替代,使得美国制造业偏向于使用资本更加密集的生产技术。诚如英国著名经济历史学家约翰·哈巴谷(John Habakkuk, 1962)分析美国的技术进步时认为的,19世纪在美国问世的那些新发明成果大都具有明显的"偏向性",即从节约劳动力的角度着眼来设计机械和新工具,以便降低产品生产成本,提升产品市场竞争力。同样,德国由于缺乏石油资源,尽管发明了汽油机和柴油机等内燃动力机,但其重点发展电力工业,利用本国丰富的煤炭资源,建设火力发电厂,较好地解决了本国工业生产的能源问题。电力的广泛应用不仅为德国大多数工业生产带来了工艺上的灵活性,而且电力的可分割配置在动力使用上有利于降低成本、节约资金,同时极大地增加了生产的可持续性。

---

① [德]弗里德里希·李斯特:《政治经济学的国民体系》,陈万煦译,商务印书馆1981年版,第29页。
② 王振华:《英国》,社会科学文献出版社2011年版,第88页。
③ [美]福克纳:《美国经济史》,王锟译,商务印书馆1989年版,第384页。

两国的市场规模优势为产业赶超提供了强有力的需求拉动，使得第二次工业革命中的一些主导技术率先在两国实现了产业化应用。第二次工业革命时期的一些新技术的最初发明并非起源于美国或德国，如在电力电气工业，美国在技术发展上并不占有领先优势（Von，1995）；美国也不是钢铁业中重大技术创新的发源地（贾根良和杨威，2012）。德国比英国进入合成染料产业要晚了十年。但美国、德国充分利用丰富的国内市场，为新技术和核心设备的创新、应用创造适宜市场，率先实现新技术产业化及其规模经济，实现了产业的快速转型升级。杰夫·马德里克（2003）在《经济为什么增长》一书中认为，在19世纪晚期，美国的市场规模是英国市场规模的2倍，由于巨大的国内市场规模优势满足了技术发展的市场规模经济要求，所以在第二次工业革命时期，美国、德国的技术创新速度大幅提升。与此同时，美国、德国基于国内产业的转型升级，大力发展对外贸易，不断拓展国外市场，促进了国内产品的出口，而国外市场的开拓进一步促进了国内重化工业的快速发展，有力拉动了产业结构的快速转型。

政府干预为两国产业赶超提供了重要政策支持。第二次工业革命期间，电气、化学、机械制造和钢铁等新兴工业部门处于产业发展的初期，市场认知度和接受程度较低，产品市场化过程中的市场风险要远远高于已经处于成熟阶段的产业。对此，当时的美国财政部长汉密尔顿和德国经济学家李斯特都意识到恰当的政府干预政策对于本国产业发展的重要性。一是通过实施以关税政策为主要手段的贸易保护对本国产业成长给予一定时期与一定程度的市场保护，为本国产业发展提供足够的市场空间和资本积累。二是以实施产业政策作为主要方式的国家干预使两国率先进入了电力电气、化学、钢铁等战略性新兴产业，确保了在新兴产业发展中的领先地位，并由此推进了两国的第二次工业革命。到第一次世界大战前夕，美国和德国在第一次工业革命中的大部分传统产业（如纺织、焦炭炼铁等）上仍落后于英国，但美国和德国并没有按照比较优势原则重复英国的工业化道路，而是通过有目的的、导向性的政策，选择从第二次工业革命中的新技术和新产业入手，对新兴重点产业技术进步和产业成长进行扶持。

第二次工业革命中，美、德通过制度创新，为本国产业赶超提供强大动力和保障。主要表现为以下几个方面。第一，科技创新制度的建立和完善促进了技术创新。1836年美国设置专利局，制定专利法，对于创新成果给予一定年限的保护。德国的拜耳、赫斯特和巴斯夫三家公司在世界上最早建立起自己专门的内部实验室。实验室制度的创立使得技术创新的方式由以往的经验型转向了实验型，技术创新能力得到大幅提升。理查德·W. 布利特（2001）研究得出，美国和德国在19世纪下半叶和20世纪初对英国的赶超是同"发明浪潮"、新研究机构和管理部门的出现联系在一起的，他们把在这些方面不专业的英国远远地甩在后面。第二，金融制度创新为新兴产业发展提供了资金支持。在美国，从 1837 年开始到 1860 年，各州相继取消了对银行的进入限制，实行自由银行制度，银行数量大大增加，中央银行和各州的地方银行共同组成了美国发达的银行体系（休斯和凯恩，2011）。在德国，19 世纪 50 年代以后，与工业关系密切的投资银行大量出现。在商业银行、投资银行等各类金融机构支持下，德国工业企业有了较为充足的资金供给，能够较快地吸收新技术和更新工业设备，从而使德国工业后来居上，实现了对英国工业的赶超。第三，先进的教育、职业培训制度为美国和德国在第二次工业革命期间的产业赶超提供了高素质的劳动力和关键技术人才。美国拨出大量土地和专项教育经费用于建立公立学校，实行免费义务教育。到 1918 年美国 48 个州都已实行了初等教育义务制（钱德勒等，2005）。与此同时，大力发展理工科和农业大学，培养专业技术人才。德国在 19 世纪初实行强迫义务教育制度，同时大力兴办职业教育和培训，建立各类职业学校和中等专业学校，培养具有专长的技术工人。先进的教育、职业培训制度为美国、德国在 20 世纪各行各业拥有高素质劳动力和关键技术人才奠定了有力基础，为两国产业赶超提供了人力资本支撑。

三、第三次工业革命中日本产业的赶超

在第三次工业革命以前，日本属于低收入国家，特别是二战后，日本经济更加不景气。20 世纪 50 年代以后，日本抓住第三次工业革命的发展机遇，一跃成为仅次于美国的第二大经济体。日本政府在"80 年代通商产业政策构想"中总结战后日本经济高速增长的成就时宣称，"自从明治维新以来，日本一直把追赶欧美先进国家作为自己的奋斗目标"，"这一目标已经达到，追赶型的现代化时代业已结束"。[1]

在日本产业赶超过程中，通过技术引进和自主创新相结合的方式为其实现产业赶超提供了强有力的技术支撑。在 20 世纪 50 年代初期，面对与欧美发达国家在技术创新方面的巨大差距，日本选择了把技术引进作为主要技术来源。这种技术引进使日本以相对较低的成本和较快的速度缩短了与欧美发达国家的技术差距。"日本通过技术引进，只用了 10 年至 15 年的时间，走完了美欧各国技术发展大约半个世纪的历程。"[2] 然而，日本对欧美发达国家的技术引进并没有仅仅停留在引进上，而是更重视引进后的消化、吸收和再创新，使引进的技术更加适应于日本产业的升级要求。如 20 世纪 60 年代日本积极消化引进的显像管技术，

---

[1] 金明善：《现代日本经济论》，辽宁大学出版社 1996 年版，第 245 页。
[2] 金明善、车维汉：《赶超经济理论》，人民出版社 2001 年版，第 60 页。

把技术研发定位于"小型化"和"低成本化",把每台电视机的价格从 52 万日元降到 20 万日元,在世界市场上占据了优势。[①] 进入 20 世纪 70 年代以后,为适应第三次工业革命发展的需要,日本在"科学技术立国"国策指导下,更加注重技术的自主创新,改变以往以技术引进为主的"收割型战略",转向为以自主创新为主的"播种型战略",重点对在技术引进过程中受到限制的前沿技术进行研发。帕特尔和帕维特(Patel and Pavitt, 1992)对日本申请专利数量作的统计表明,处于领先地位的日本电子公司不仅在国内,而且在美国取得的专利数量都超过了美国和欧洲的公司。

技术创新是实现产业赶超的基本支撑要素,但制度创新是更深层次的因素,它决定技术创新的效率和持续性,决定产业转型升级与赶超的进程与成效,这一点在日本产业赶超过程中也得到充分体现。正如多西和弗里曼(1988)所指出的,"日本之所以在某些重要的产业技术领域实现对先发国家的赶超,并不仅仅是与本国技术研究与开发的规模相关,主要是与日本诸类制度的变革密切相关"[②]。助推日本实现产业赶超的制度创新主要包括以下几个方面。第一,教育制度改革与创新。在 20 世纪 70 年代,为适应新一轮工业革命中新兴技术和产业的发展趋势,日本在高中、大学学习阶段便普遍推广开设"计算机原理及其应用"等信息技术方面的相关课程;鼓励企业以脱产或半脱产的形式组织员工进行电子计算机、新材料等新兴技术知识的培训,为日本产业赶超式发展解决了新技术、新产业的人力资本需求问题。第二,科技创新体制改革。第二次世界大战以后,日本率先采取了"技术引进—消化吸收—本土化改良"的逆向工程,缩短了对先发国家技术追赶的时间。但以引进、学习为主的技术创新方式导致日本产业前沿核心技术的缺乏,日本在 80 年代"技术立国"政策导向下开展了科技创新制度的改革,使得日本在较短的时间内掌握了新一轮工业革命中的主导前沿技术,引领了新一轮工业革命中新兴产业的发展趋向。第三,企业生产组织制度的创新。为适应更加剧烈的国内和国际市场需求变化,日本企业产品生产方式开始向多种类、小批量生产为主的柔性制造方式转变;承包制这一新的企业之间垂直分工形式在发挥大型企业集团在实现产业结构高级化过程中的主力军作用的同时,带动产业组织内部的中小企业以较快的速度实现向更高层次生产空间的攀升。

在日本产业赶超过程中,政府产业政策和竞争政策的战略搭配在产业快速成长过程中同样发挥了积极作用。日本产业的后发赶超型特征的一个重要表现

---

① 姚志坚:《技术跨越的理论与实证》,科学出版社 2005 年版,第 78 页。
② G. 多西、C. 弗里曼:《技术进步与经济理论》,钟学义、沈利生、陈平译,经济科学出版社 1992 年版,第 402 页。

为政府产业政策对产业发展进行积极扶植。日本通产省通过实施非均衡动态发展战略,在不同的追赶阶段动态调整产业政策,促进了各阶段产业的快速发展,为不同阶段的产业成长为具有强大国际竞争力的世界先进产业创造了条件。除产业政策外,竞争政策在战后日本产业的快速发展中同样扮演了重要角色。日本战后初期竞争政策的实施对于日本战后产业的快速发展极为关键,主要表现为:20世纪40年代,日本政府为创建良好竞争环境,制定反垄断法案,成立了公平交易委员会;50年代日本大财阀被分解为若干小公司,并且财阀家庭所持股份也被政府收回;60年代实行贸易自由化,迫使日本企业面对国际竞争;80年代对包括通信业在内的一些行业进行私有化改革,通过竞争促进产业快速增长。正是以上产业政策和竞争政策相互协调、合力发挥作用,助推日本实现了产业的赶超。

与此同时,为弥补国内市场需求规模相对较小的劣势,20世纪60年代,日本通过推行"贸易立国"政策,为本国产业的快速成长开拓了市场空间,带动了本国新兴产业的高速增长。1986年日本出口贸易数量超过德国,仅次于美国,居世界第二位。[①] 在出口产品结构方面,日本的出口商品逐渐集中于产品设计、质量等较先进的新兴产业部门。到20世纪70年代,日本在第三次工业革命中的新兴技术产品(如半导体、电脑等)方面已经赶上甚至超过了美国。

四、三次工业革命中后发大国产业赶超比较分析

通过对三次工业革命中主要国家产业赶超历史的考察可知,不同国家实现产业赶超的过程具有某些共性特征。但每次工业革命所发生的时代背景及其具体表现形式又存在较大差异,而且国家间的要素禀赋、产业特征及其制度环境也呈现自身特色,因此,主要国家实现产业赶超的历程又存在一定的差异。

三次工业革命中主要后发国家实现产业赶超的共同点包括以下几项。第一,每个国家的成功赶超皆是一系列因素复合交互作用的结果。其中,每次工业革命时期的重大新兴关键技术的突破和率先应用是后发国家实现产业赶超的关键,在这一过程中,本国的市场规模优势以及国际市场的开拓是新兴技术得以快速应用的基础。但同时也需要构建与技术变革发展趋势相适应的制度环境、社会框架以及生产体系,还需要政府恰当的调控和干预等。第二,成功实现产业赶超的国家均是以每次工业革命发生时期的主导技术经济范式的核心技术所孕育的新兴前沿产业为突破口,通过一系列"支撑体系"的匹配,逐步培育成长为具有较高市场需求和强大产业关联效应的主导产业,进而以主导产业前向关

---

① 孙景超、张舒英:《冷战后的日本经济》,社会科学文献出版社1986年版,第6页。

联、后向关联以及旁侧关联效应带动本国其他产业的快速升级，最终率先建立起符合时代特征的以新产业为主导的新型产业体系。第三，主要国家在实现赶超的过程中并非完全遵循静态比较优势发展本国产业，而是实现静态比较优势与动态比较优势的结合。比如，英国依靠本国丰富的煤炭资源优势并结合本国人力资本相对稀缺的特征开展技术创新和发明，实现了原本并不具备比较优势的纺织产业的赶超。美国和德国也并没有按照比较优势重复英国的工业化道路，而是重点发展当时在国际经济竞争中处于高端的新兴工业部门，带动经济的高速增长。日本同样是以动态比较优势假说为依据，在较早的阶段大力扶持机械工业、化学工业、汽车和电子工业等具有潜在比较优势的产业，保证了新兴高端产业的超前发展。

三次工业革命中主要后发国家实现产业赶超也存在一定的不同点，主要表现为以下几个方面。第一，赶超国家均是以每次工业革命时期的新兴产业为突破口，但具体的产业部门及其产业的特性又存在较大差别，新兴主导产业部门的种类及其复杂性、融合性呈现递进特征。英国产业赶超主要是以新兴轻纺工业为突破口，这一产业的资源和劳动密集型特征明显，并且这类产业的产业链条相对较短，产品相对较为简单，对其他产业的带动作用相对较弱。美国和德国则以钢铁、电力、化工等新兴产业为主实现对英国的赶超，这些产业具有资本密集、规模经济性强、产业关联效应更加明显的特点，对其他产业带动作用更大。第三次工业革命时期，日本实现赶超的工业部门，技术和知识密集性强，产业的渗透性和融合性特征更为明显。第二，政府在产业赶超中所发挥的作用存在较大差别。在实现产业赶超的过程中，政府在技术研发、新兴产业的培育、制度供给以及贸易保护等方面均发挥了不可或缺的作用。但英国、美国和德国在产业赶超过程中更加侧重市场机制的作用。相比之下，日本则更加依赖政府作用的发挥，通过重点发展具有较高市场需求和强大产业关联效应的主导产业，带动产业结构快速向资本和技术密集型的转换，最终改变了本国的比较优势，实现了产业的赶超。第三，主要国家产业赶超所面临的国际环境存在较大差异。在第一次工业革命时期，英国是以"炮舰"政策、军事战争为主导手段，通过建立殖民地或半殖民的形式进行资源掠夺和商品输出，带动了本国产业的快速成长。第二次工业革命时期，工业资本和金融资本相结合的程度更为紧密，垄断资本主义产生，加剧了世界各国之间经济发展的不平等，美国和德国依靠本国的托拉斯、卡特尔等垄断组织优势拓展海外市场，提升产业国际竞争优势。第三次工业革命时期，和平与发展已成为时代的主题，世界各国之间技术交流与合作更为方便和频繁，跨国公司投资活动遍及全球，成为后发国家进行技术交流和学习的重要方式。日本借助相对和平的国际环境积极发展对外贸易，引进国外先进技术并进行二次创新，大大缩短了日本产业赶超先发国家的时间。

第三节 第四次工业革命条件下中国产业赶超的路径探析

一、第四次工业革命为中国实现产业赶超提供机遇与挑战

以互联网、大数据、人工智能等新一代信息技术的广泛应用为主要特征的第四次工业革命表现出与前三次工业革命不同的一些技术及产业特征。首先，新兴技术的基础性和通用性更强，渗透性和融合性特征更为明显。其次，与前三次工业革命不同，第四次工业革命不是建立在某一项或几项重大的突破性技术创新基础之上，而是一系列重要技术创新集成、综合的结果，技术创新的渗透性和融合性更加明显。

第四次工业革命为我国实现产业赶超提供了难得的历史机遇，主要表现为以下几个方面。第一，有助于要素禀赋结构升级，加速产业赶超的动力转换。第四次工业革命的主要特征是产业智能化。随着新一代信息技术的应用，产业生产自动化水平显著提高，智能控制系统和机器人对低技能劳动力会形成越来越多的替代，知识型员工将成为核心竞争资源，这将倒逼我国产业劳动力主动提升自身劳动技能以适应新工业革命的变革。第二，第四次工业革命将催生新材料、新型能源以及新型能源储存技术的出现，改变以往以化石能源为核心的能源生产和消费模式，产业资源能源消耗小，排放量低，降低了我国产业的能源投入成本。第三，随着新一代信息技术的应用，生产过程大量应用信息技术，生产组织及管理水平更加科学化。第四，第四次工业革命促进产业深度融合，包括三次产业之间的融合，特别是制造业与服务业的融合等。

第四次工业革命有利于加快我国现代产业体系的构建，实现产业体系整体竞争力的提升。以往三次工业革命时期主要后发国家成功实现产业赶超的经验表明，以工业革命时期的新兴前沿产业为主导建立新型产业体系是后发国家实现产业整体赶超的重要途径。一方面，新一轮工业革命将加快传统产业转型升级。新材料、高端数控机床、工业机器人的应用等促进了制造业转型升级；同时，第四次工业革命还促进高端服务业发展，包括研发、设计、采购、营销等生产性服务业。另一方面，新一轮工业革命不断催生新产业、新业态、新模式，为现代产业体系的形成增添了新的"元素"和结构，促进我国整个产业体系竞争力的提升，促进产业赶超的实现。

当然，第四次工业革命对中国产业实现赶超也提出一定挑战，主要包括：我国要素成本优势将进一步弱化；新兴产业的竞争压力进一步加大；自主技术创新

能力不强的劣势更趋明显；向全球价值链中高端跃升的竞争更趋激烈等。

二、第四次工业革命条件下中国产业赶超的路径选择

（一）新兴产业赶超路径

一个国家的产业赶超具体可分为两个层次：一是整体产业的赶超；二是某一产业领域的赶超。对我国来说，产业赶超主要是实现整体产业的赶超，从而为实现强国梦奠定坚实的产业基础。与此同时，随着新一轮工业革命的推进，会催生一些新产业、新业态，同时还会引起现有产业生产方式、组织模式的深刻变革，由此给我国不同类型产业的赶超提供了难得的机遇。据此，我国应根据不同类型产业的特性及条件，实施不同的赶超路径。

新兴产业尤其是战略性新兴产业决定国家未来产业的发展前景和竞争优势。历史经验说明，后发国家的经济崛起并不是通过对领先国家遥遥领先的传统产业进行追赶实现的，这些国家之所以后来居上是迅速进入新技术和新产业的结果。因此，我国应把握新一轮工业革命的机遇，在新兴技术和产业的萌芽阶段实现对先发国家的赶超。依据新一轮工业革命主导技术经济范式演变趋势分析，以物联网、云计算、大数据为代表的新一代信息技术产业，以太阳能、风能为代表的新能源产业，以及以纳米为代表的新材料产业等将成为新一轮工业革命的新兴主导产业。

依据产业培育所遵循的技术发明、成果转化、产业兴起这一成长规律，我国新兴产业的赶超，应遵循以下基本路径。

第一，加快推进共性通用核心技术的突破，这是实现新兴产业赶超的关键。每次工业革命时期的共性通用核心技术能够对经济和产业的各个方面产生深刻的影响，它能够扩散至大部分领域，并随着时间而不断改进，从而持续降低其用户的成本，使发明和生产新产品的过程变得更加容易。与此同时，在每一轮工业革命的酝酿发展期，新的主导技术经济范式尚未形成，决定这些新兴产业发展的关键、主导技术处于预研阶段。在这一阶段，先进国家与后起国家发展新兴产业的机会具有均等性，这一阶段往往是后发国家实现产业赶超的重要突破口。为此，我国应加强新一轮工业革命核心技术创新的顶层设计和统筹规划，充分发挥我国的制度优势，通过建立新型举国体制，大力加强对新一代人工智能、云计算、智能终端、大数据、高端电子芯片等关键核心技术的攻关。与此同时，以标准先行战略占据新兴产业创新发展的制高点。由于新兴产业技术正处于孕育和成长阶段，主导技术标准还没有形成或尚未商业化，这是我国实现技术赶超的机会窗口。我国应借鉴国外成熟的技术标准联盟的组织形式和运作模式，成立独立运

作的技术标准联盟管理机构，尽快建立新兴技术标准，在新的技术经济范式转换的萌发阶段实现在核心技术和关键设备方面对先发国家的赶超，在原始创新、核心科技与自主品牌上占有一席之地，从而占据新兴产业创新发展的制高点。

第二，充分发挥大国市场规模优势，为关键技术应用及新兴产业成长创造领先市场。在构建新发展格局背景下，有效培育和充分利用相对稳定的国内市场是促进核心技术应用和新兴产业快速成长的关键。我国应充分发挥大国大市场优势，大力推进国内一体化市场建设，充分激活内需潜力，拓展内需市场，以突破关键技术应用以及新兴产业规模经济效应的门槛值，率先通过关键核心技术的大规模产业化应用，控制新兴产业价值链高端，打造我国新兴产业在全球产业分工体系中的竞争优势。

第三，充分发挥"有为政府"对通用核心技术研发以及新兴产业成长的引领作用。共性通用技术突破式创新的重要特点是技术创新的路线不明确，投资决策风险较大，但一旦成功又会产生较大的产业外部性，而且新兴产业的萌发阶段还面临着消费者认可度和接受能力的市场不确定性、资金匮乏、技术水平不高、配套设施不健全、融资成本高、人才短缺等问题，企业从事该种类型技术和新兴产业投资的动力不足，因此，政府作用的发挥至关重要。

首先，发挥政府在信息搜集和获取方面的优势，及时搜寻和发布相关技术信息，为企业的产业和技术选择提供参考，降低技术不确定性。例如英国政府在2013~2014年度资助了14个创新中心，设立专业咨询机构，主要用于信息和通信技术、生命科学和低碳等领域的技术信息的咨询业务。[1] 借鉴英国的做法，我国可以成立国家层面的战略性新兴产业研究院或研究联盟，持续追踪全球的突破性科技创新，并预测未来全球战略产业的发展态势。

其次，政府主导或协调建设关键技术研发平台。美国为实现在重大关键核心基础研究方面的突破，主要做法是由美国国家科学基金会资助的高校或由政府财政支持的科研机构开展相关研究。同时，美国政府为迎接新一轮工业革命成立了轻量化材料制造创新研究院，80%的经费主要用于关键共性技术研究。[2] 英国政府创立了企业主导的技术战略委员会，重点关注电子工业、高级材料等领域，包括资助合作研发、支持知识转移网络等。我国可以借鉴主要发达国家的做法，完善制度创新、科技创新与产业创新的协同发展机制，通过政府的协调，支持产（企业）、学（高校）、研（科研院所）合作建立国家制造业创新中心。

再其次，在新的技术或产品取得突破后，以多元化政策工具加快创新成果商业化应用。探索完善支持科技成果转移转化的财政税收政策措施，采取政府采

---

[1] 林毅夫：《新常态下政府如何推动转型升级》，载于《人民日报》2015年5月7日。
[2] 王鹏：《兴国之器：中国制造2025》，机械工业出版社2016年版，第269页。

购、贷款贴息和资本金注入等多种方式从需求和供给两端对关键技术成果转化进行支持,通过价格补贴等政策工具刺激社会消费需求,加快占据前沿高端领域的产业化高地,实现产业的进位赶超。例如,在我国高铁产业发展初期,为促进我国高铁产业技术的快速商业化、规模化应用,我国针对高铁设备实施国产化政策引导,要求国产设备的采购率要在80%以上①,国内市场培育所创造的需求拉动效应为国内高铁设备生产企业的销售提供了足够的市场空间,加速了高铁技术商业化应用的速度。

最后,进一步优化升级产业政策,加强对新兴产业、前沿技术产业的有效引导和适度扶持。新兴产业、前沿技术产业的培育发展往往伴随着高度的技术不确定、市场不确定和投资回报不确定等,由此决定了针对这些产业的成长,应通过产业政策加以有效引导和扶持。产业政策目标要更加着眼于这些产业发展所蕴含的通用技术与其他产业的渗透融合所引致的丰富技术机会的涌现和对生产方式的变革,以带动整个产业体系的转型升级。

(二) 高技术产业赶超路径

目前,我国高技术产业增加值以及高技术产品出口增加值占世界的比重均已超过美国。② 但是我国高技术产业的比较优势多是位于产业链终端的加工装配环节,产品质量低、关键技术相对较弱、高技术服务与出口相对滞后。③ 因此,未来我国高技术产业赶超的重点在于以质量的创新引导高技术产业向产业链高端环节的"跨越式"攀升,掌握行业内产品价值链的控制权,进而实现对发达国家的赶超。

第一,技术引进和自主创新相结合的路径加快了产业技术进步。后发国家从领先国家引入先进技术并根据本国要素禀赋结构加以适应性改造,这是后发国家实现对先发国家快速技术追赶的重要途径。根据技术演化周期理论,与新兴产业相比,市场相对成熟产业的技术演进轨道相对稳定,技术边际收益会随着进入市场的时间而呈现递减,先发国家为追求技术创新的收益最大化,会将技术逐渐向后发国家进行转移。因此,我国可以利用这一机会引进先发国家的先进技术,缩减企业在该阶段的研发成本,或许先发国家并不会将最先进的技术进行转移,我

---

① 黄永春、李倩:《GVC视角下后发国家扶持新兴产业赶超的政策工具研究——来自中、韩高铁产业赶超案例的分析》,载于《科技进步与对策》2014第18期。
② 根据经济合作与发展组织(OECD,2007)以及中国科技部(2013)所统计的五类高技术产业(主要包括医药制造、航空航天器及设备制造、电子及通信设备制造、计算机及办公设备制造、医疗仪器设备及仪器仪表制造)的统计数据,2015年我国高技术产业增加值占世界的比重为29.08%,中国高技术产品出口增加值占世界的比重为24.04%,美国两个指标值分别为28.94%、12.36%。
③ 胡鞍钢、任皓:《中国高技术产业如何赶超美国》,载于《中国科学院院刊》2016年第12期。

国可以对所引进的技术通过"逆向工程"进行再创新，这可以节省对先发国家进行技术追赶的时间。第二次工业革命时期的美国以及第三次工业革命时期的日本均是通过采用这一策略大大缩短了技术追赶的时间。但需要注意的是，对实现赶超起决定性作用的依然是我国对于引进技术的吸收和二次创新的能力。以我国高铁技术为例。在高铁技术的应用初期，我国高铁技术并不具有领先优势，但是我国根据本国国情，通过政府政策引导，采取"以市场换技术"的策略，重点支持引进国外200千米/小时以上的高速动车组技术，在技术引进的同时获得技术控制权，后期经过我国高铁技术产学研联盟的适应性自主二次创新，有效破解了国外企业的"技术锁定"，形成了高铁技术在世界市场中的领先地位，并依靠我国市场规模优势，率先实行产业化应用，实现了我国高铁技术由追赶者向领导者的转变。

第二，以龙头企业为主导，提升产品内分工层次，实现向产业链高端攀升。当前，我国高技术产业占制造业比重偏低，产品优质率低，产业组织分散，缺少具有国际竞争力和产业链整合能力的大型企业集团。第三次工业革命时期的日本为使本国工业品在产量和质量上迅速赶上世界先进水平，所采取的一项重要措施就是重视企业规模的大型化，进而培育世界一流的跨国公司，同时以大型企业集团为核心建立大中小企业的垂直分工，通过不同类型企业的协作带动产业结构的快速转换。

为实现高技术产业的赶超，首先，以大规模企业为核心构建分工合理的产业生态系统。我国应摒弃高技术产业的低端恶性竞争发展模式，鼓励同质业务模块企业的兼并重组，培育我国掌握核心技术的规模企业。同时，顺应产业组织结构网络化、平台化的发展趋势，促进以国内大企业为核心的专业化分工和集聚，构建相互配套服务的大中小企业生态系统，依靠大企业的技术研发优势以及产业集聚的外溢效应，提升我国高技术产业整体技术水平。

其次，以大规模企业为主导，积极参与全球产品内分工，提高参与全球资源配置和产业整合的能力。我国应适应高技术产业"价值链模块化"发展的趋势，积极参与全球产品内分工，通过国外先进企业的技术溢出效应和自主技术升级以及政府政策和资金对前沿技术研发的支持，提高复杂产品生产能力，实现产品生产逐渐升级至品牌、研发、市场渠道管理等高附加值环节，掌握行业内产品价值链的控制权，实现我国高技术产业在全球价值链分工中对于发达国家的超越，改变当前我国部分高技术产业一直都在追赶，而差距却越拉越大的境况。

最后，以国际高端市场为目标，积极实施"走出去"战略。高端市场不仅可以为后发国家提供更高的产品附加价值，更为重要的是它可以为后发国家提供重要的用户创新资源（Nelson，1999）。对于技术要求相对较低且技术相对成熟的传统产业而言，从国外低端市场和新兴市场逐渐向高端市场和发达经济市场升级的市场开拓路径可能是最优的（吕铁和贺俊，2013）。但对于高技术产业而言，高端市场更有利于我国高技术企业直接接入高层次消费群体和关键性的创新资源。因此，首先瞄准发达经济体市场，通过主动走出去的方式尽快融入发达国家的本地创新网络，逐渐积累相关的技术能力，对于我国高技术产业加快赶超发达国家更为有利。

第三，加快对专业高技术人才培养和引进，实现要素禀赋结构"跨越式"升级。要素禀赋结构升级是实现产业转型和产业链延伸的关键因素。与其他要素相比，高级专业技术人力资本在高技术产业发展中具有积极的能动性和不可替代性，其最大的优势就在于投资收益具有明显的递增性，使得要素禀赋结构能够跨越式提升，我国高技术专业人力资本的缺乏是导致当前我国高技术产业处于低端分工水平的重要因素之一。相比之下，德国拥有世界上最为发达的职业技术教育，"双元制"教育模式为其培养了大量处于高技术产业价值链高端的技术技能人才，这是德国的高技术产业尤其是高端装备制造业在世界市场占据优势地位的重要因素之一。

为实现我国工业强国的目标，改变我国高技术产业中专业人力资本缺乏的劣势，从根本上还是要依赖于人的素质和创造力的提升。首先，加快对高技术人才的培养。加大对职业教育的投入，组织实施专业技术人才培养计划，培养更多的高级技工人才；加大在职教育投入，鼓励企业参与人力资本培养，建立校企联合培养人才机制。其次，注重对高技术专业人才和科研团队的引进。与传统产业主要侧重引进资金、设备和最终产品相比，承载了关键技术和隐含知识的人才引进，特别是既具备高深的专业知识又深谙发达国家研发组织流程的海外人才的回归，是对于高技术产业发展更为有效的高技术转移渠道（Saxenian，2005）。我国应以世界高端产业为目标，引进掌握核心技术的专业人才和科研团队，以人力资本的升级带动高技术产业要素禀赋结构的跨越式升级，提高我国高技术产业的国际分工地位。需要注意的是，与物质资本主要关注投资的要素成本和市场规模不同，人力资本除了考虑成本因素外，更关注在中国的创业和生活环境。因此，除了要为企业提供一般性扶持帮助外，为引进的高端人力资本创造适宜的生活和经营环境更为重要。

（三）传统产业赶超路径

与其他产业相比，传统产业技术已相对更为成熟。根据前面的比较分析，我国部分传统产业在国际竞争中已具有较大优势，国际竞争力相对较强，但仍有部分产业尚不具备优势，而且随着劳动力成本的相对重要性程度变得越来越小，我国传统产业中已经具备优势的产品的市场竞争力会面临逐渐削弱的风险。根据传统产业的现状，我国传统产业赶超的重点主要在于通过与新兴技术的深度融合实现对传统产业的升级改造，并注重传统产业商业模式的创新，将提高生产效率、市场响应速度以及设计和品牌运营能力作为传统产业赶超的路径。

第一，推进新兴技术与传统产业深度融合，激活传统产业升级的内生动力。传统产业转型升级的实质就是以资本、技术等高级要素逐渐替代劳动、资源等要素以提升产业资本有机构成，将产业竞争优势从劳动密集型转向资本、技术密集型。通过信息化的渗透提升传统产业是推进传统产业快速升级的一把金钥匙，这可以从根本上改变我国传统产业生产率低下的状况，消化或抵消要素成本上升的压力。2015年5月，国务院印发《中国制造2025》，这一规划的主线即是新一代信息技术与制造业的融合。与以往三次工业革命不同，新一轮工业革命的重要特征之一即是技术整合和产业融合，这为我国传统产业升级改造提供了机遇。

为实现我国传统产业的赶超，应用新技术、新工艺提升传统产业技术含量和生产效率。加快新一代通信技术与我国传统产业的深度融合，通过生产组织以及管理制度创新提升新一代信息技术在企业研发设计、生产制造、经营管理、市场营销等环节的应用，提高产业生产组织的数字化、网络化和智能化水平，提高产品生产流程自动化程度，提升产业组织效率，转变当前我国传统产业人口红利优势不断削弱、劳动力成本逐渐攀升的不利条件，加快传统产业"机器换人"的速度，改变传统产业资本有机构成结构，抵消劳动力成本上升因素对我国传统产业的国际竞争优势所形成的负面影响，以成本和效率优势的再造实现对领先国家的赶超。

第二，发挥市场规模大和层次多样化优势，以新商业模式提升产业效率。产品竞争优势的确立不仅依赖于技术的创新领先性，而且还取决于产品是否符合用户与消费者的需求，一个好的商业模式是为一种产品创造新的市场或者在既有市场中获得新机会的关键。新一轮工业革命的特征不仅表现为新产业的诞生，也表现为新业态和新商业模式的出现，并带来传统产业消费模式的变化。未来企业面对的外部经营环境最明显的变化是消费的个性化、时效性和定制化，范围经济将成为产业效率提升的主要源泉，而实现这一转变的基础是互联网经济的发展，它将对传统产业价值创造和价值获取的商业逻辑带来根本性影响，引发商业模式的创新。我国互联网经济虽然起步较晚，但互联网企业依靠国内市场需求规模优势，获得巨大的收益。目前我国互联网经济发展速度已经超过部分发达国家，这为我国传统产业与互联网技术的融合，打破工业经济时代的传统逻辑，建立网络经济时代新的价值创造机制创造了有利条件。

未来，我国应充分发挥互联网经济的发展优势，根据我国国内市场需求规模大、需求层次多样化的特征，以互联网思维取代传统工业化思维，将智能生产与用户需求对接作为新的商业模式的出发点和落脚点，重点围绕提升顾客价值主张实现程度和产品价值创造过程的网络化水平两个维度进行创新。首先，利用互联网技术提高产品的数字化和智能化水平，将企业产品从单一的物理功能型产品逐步转变成更大范围、更高级、更强大的智能互联产品系统，更有效地满足顾客的多样性和个性化需求，扩展产品的功能和价值，从而扩展或者创造新的客户价值主张。例如，随着物联网、移动互联、大数据、人工智能等互联网新技术的广泛应用，产品智能化成为手机、穿戴设备、家电、家居等传统产业转型升级的发展趋势。其次，利用互联网来改进、重构甚至创造新的产业价值链或价值网络，对传统的供产销为主的单一产业价值链进行根本性的变革。充分利用新一代互联网技术推动传统产业原有投入要素与互联网重新组合，通过传统产业价值创造活动的数据化和互联网化，将原有的线性、单向流动的单一产业价值链转变为非线性、双向互动的跨产业价值网络。最后，通过发挥我国互联网经济优势打通过去相互平行的线上虚拟世界和线下物理世界，将线下的资源和活动与线上数据和连接进行有机结合，打造围绕特定产业或者跨产业的供需平台，依据平台上各个节点以及节点之间相互链接所积累的海量数据，建立产业大数据系统。

第三，提升产品设计研发和品牌运营能力，增强产业价值创造力。品牌是实现产品增值的重要载体。根据前面的分析，我国部分传统产业竞争优势趋于弱化的一个重要因素是这些产业产品的设计、品牌等高附加值环节主要集中于发达国家。以我国比较优势下降最为明显的旅行用具、手提包及类似容器产品为例，意大利在此类产品生产方面位居世界领先地位，主要是由于意大利的这些产品的竞争力更多体现在价值链高端的设计、品牌、营销等方面。这类产品虽然具有劳动密集型的特征，但是意大利并未退出此类产品的生产或弱化对此类产品的重视，而是更加重视产品设计和品牌培育，从而使本国在该产品领域中的竞争优势逐渐增强。因此，我们应客观看待劳动密集型特征明显的传统产业的发展，通过增强传统产业产品的研发设计、品牌运营能力，同样可以获得不逊于高技术产业的收益率，进而带动国家整体经济的快速发展。结合当前传统产业发展现状，我国应重点加强传统产业中研发设计人才的培养，从研发和品牌环节入手，逐渐向价值链高端渗透，以提升产业价值创造能力，增强产业国际竞争优势，助力我国传统产业实现对先发国家的超越。

第四章

信息技术、第四次工业革命与要素生产率提升

自信息技术生产率悖论提出后,信息技术投资与生产率增长之间的关系一直是经济学界争论的焦点问题,同时也成为信息技术产业效率研究的核心问题。随着新一轮产业革命的到来,互联网、大数据、云计算、人工智能等新一代信息技术越来越广泛而深入地渗透社会经济及生活的各个领域,引起经济结构、商业模式和生活方式的深刻变革,并对要素生产率产生重要影响。回顾并分析有关信息技术生产率悖论的研究及争论,对于科学把握新一轮产业革命的发展动向、特征及趋势,加快提升我国要素生产率具有重要意义。

第一节 信息技术的生产率提升效应
——兼对信息技术生产率悖论进行评析

一、信息技术生产率悖论的提出

20世纪70年代,信息技术开始被世界许多国家尤其是发达国家广泛采用。美国是信息技术产业发展的领军者,产业投资的年增长率超过80%,占企业固定资产投资总额的比重持续上升。然而,信息技术投资对产出和生产率增长的影响却并不显著。施特拉斯曼(Strassmann,1985)以美国服务业38家公司为研究样本,发现信息技术投资和回报率之间并无显著相关性,只有一些顶级公司在信息技术领域进行大量投资。摩根士丹利经济学家罗奇(Roach,1987)对1977~1984年的计算机应用与生产率增长进行分析发现,计算机的迅猛增长与经济绩效提高之间并无多少关系,事实也说明1973年以后美国生产率出现大幅下降。1987年,罗伯特·索洛通过实证研究提出了"计算机无处不在,除了在生产率

统计上"的质疑,被称为信息技术"生产率悖论"或"索洛悖论"。[①] 此悖论揭示了信息技术投资的高速扩张与实际测度中生产率缓慢增长之间的对应关系。来自官方的数据同样显示,1949~1973 年美国非农业部门劳动生产率增长为 2.9%,全要素生产率(total factor productivity,TFP)增长为 1.9%;而 1973~1999 年,尽管以计算机为代表的信息技术在经济领域得到广泛运用,但劳动生产率与 TFP 的增速都放缓了,其中劳动生产率的增长速度降至 1.1%,TFP 的增速降至 0.2%。[②] 索洛悖论一经提出便在经济学界引起了热烈讨论甚至争论,许多学者从多个层面对该悖论的可靠性、合理性进行了研究。

二、20 世纪 90 年代初对悖论存在性的研究与解释

20 世纪 90 年代以来,以互联网为核心的信息技术不断出现突破性创新,计算机和互联网的普及应用不断加快,信息技术产业快速发展,信息化在全球尤其是发达国家迅速蔓延。美国更是在信息技术领域一路领先,相继提出了"全国信息基础设施""全球信息基础设施"等计划,信息技术产业极大地推动了其经济增长。信息技术的发展带动了电脑、软件和通信设备等投资超速增长,推动了新产业群的出现并带来强大的就业倍增效应,各大企业通过网络化和信息化进行大规模设备更新、技术改造和企业结构改组,全新的交易方式与经营管理模式也随之产生。这一时期对信息技术生产率悖论的研究主要关注悖论的存在性与原因解释。

(一)对信息技术生产率悖论存在性的争论

伴随信息技术的加速发展和广泛深入,对信息技术生产率悖论存在性的争论愈演愈烈。多数学者认为该悖论是现实存在的。莫里森和伯恩特(Morrison and Berndt,1990)发现 1 美元的信息技术资本投资只能带来 0.8 美元的边际价值,表明在信息技术产业上存在过度投资;1992 年,他们又检验了信息技术投资、生产率和劳动力分布之间的关系,发现信息技术资本的增加同白领工人(非生产工人或信息工人)的增长之间呈正相关,而白领工人工作时间的增加导致了总劳动生产率的下降,可见信息技术资本投资对生产率提高的作用很小。罗奇(1991)发现蓝领(生产工人)的生产率高于白领(信息工人),超过 80% 的服务行业都使用信息技术,但服务业的生产率提高却远落后于制造业。

---

① Solow, R. M., "We'd better watch out", New York Times Book Review, 1987, July 12, 36.
② 根据美国劳工部劳动统计局公布的数据整理。

不过，也有部分研究肯定了信息技术投资对生产率的贡献。希利希滕贝格从来自企业层面的证据中发现信息技术投资有着可观的回报，信息技术员工与非信息技术员工的边际替代率是6:1，在相同产出情况下信息技术资本的边际产量是非信息技术资本边际产量的6倍。[①]

（二）对信息技术生产率悖论产生原因的解释

对信息技术生产率悖论产生原因的研究主要包括以下几个方面。（1）时滞效应理论，即承认信息技术对生产率提高和经济增长有推动作用，但这种推动作用要经过一定的时滞才能明显显现。大卫（David，1990）指出，从1880年电力被发明到1920年电力技术开发成熟并对制造业生产率提高产生显著影响，其间经历了40多年的时间。当一种技术的扩散水平超过50%时才会对生产率产生明显的推动作用，因而信息技术投资的增长效应也需要一定的时间才能充分体现。（2）测量误差理论，即投入产出的测度误差是悖论产生的主要原因，尤其是较多使用信息技术的资本领域的生产率增加往往被低估。布林约尔松和希特（Brynjolfsson and Hitt，1993）研究发现，每年美国制造业中信息技术资本边际生产总值超过50%，但产品质量、多样性、定制化、响应速度等产出指标既无法测量也无法精确统计，信息技术资本带来的大部分收益如质量优化、种类增加、创新性等往往被传统核算方法所忽视，导致生产率的系统性低估。（3）管理不当理论，即信息技术没有带来生产率和利润增加主要是由于企业管理不善。布林约尔松和希特（1996）认为，公司决策者往往从个人利益而非公司利益出发进行持续低效的信息技术投资，这对公司绩效的提高并无明显贡献。（4）资本存量理论。欧林纳和西歇尔（Oliner and Sichel，1994）研究发现，美国1970~1992年信息技术投入对经济增长的贡献率仅为每年0.16%。究其原因主要是信息技术资本占整个社会总资本比重的份额不足2%，要素收入份额也相对较小，只有当信息技术资本积累达到一定临界值后，其对经济增长的促进作用才会加速扩散。（5）替代效应理论。乔根森和斯蒂罗（Jorgenson and Stiroh，1999）认为，半导体技术的进步导致了计算机等信息技术设备的价格下降，并快速替代其他设备投资，但这种替代仅仅是要素选择沿着同一等产量线的移动，没有引起等产量线的上下移动，利润与回报也没有溢出到计算机生产者与使用者之外的第三者上，因而这种技术进步既不是经济意义上的技术变革，也不会带来生产率的增长。

特里普利特（Triplett，1998）总结并评论了关于信息技术生产率悖论最常

[①] Lichtenberg, F. R., "The output contributions of computer equipment and personal: A firm level analysis", *NBER Working Paper*, 1993, No. 4540.

见的几种解释,主要包括:计算机和信息处理设备在 GDP 和资本存量中所占份额过小;电脑价格指数下降过快;制造业和服务业中产出测量存在误差;计算机带来的质量、便捷度等特性的提升未在经济统计中显示;信息技术对生产率的影响存在时滞;政府公布的生产率数据没有体现技术和创新的变化。实际上,最后一种解释恰恰是基于美国 1995 年后出现的"新经济"视角,并否认了生产率悖论的存在。

三、美国"新经济"时期关于信息技术生产率悖论的争论

从 1995 年开始,美国经济经历了令人瞩目的复苏,产出、劳动生产率和全要素生产率持续加速增长。1996 年《商业周刊》首次提出"新经济"这一概念来表征这一时期美国经济的出色表现。虽然部分学者仍认为信息技术生产率悖论存在,但这时的主流观点则认为该悖论已经过时,新经济与信息技术密切相关。美国生产率复苏的持续性以及信息技术产业对生产率增长的推动作用成为这一时期讨论的重点。

在这一时期,认为信息技术生产率悖论依然存在的研究主要来自罗奇、戈登和麦肯锡全球研究院(Mckinsey Global Institute, MGI)。罗奇(1998)认为,大多数的生产率复苏只不过是统计造成的假象,信息技术能够增加工作的灵活性、延长有效工作时间,但这些都无法被官方进行有效统计,实际工作时间的低估导致了生产率增长的高估。戈登(2000)发现,1995~1999 年美国生产率的年增长率比 1972~1995 年提高了 1.33%,其中的 0.5% 可归因于周期性影响因素,0.19% 可归因于价格测量方法的改变和劳动力素质的提高,余下的生产率趋势性增长主要来自耐用品制造业,而占经济总量 88% 的非耐用品制造业的全要素生产率并没有增长,信息技术投资回报率接近于零。[1] 从这个意义上讲,索洛悖论在大部分经济领域依然存在。2001 年麦肯锡发布《1995~2000 年美国劳动生产率增长报告》指出,吸收了信息技术投资中 62% 的资金增长、占经济总量 65% 的 53 个行业部门对生产率增长的贡献率仅为 0.3%,并且其中大多数部门都面临着生产率的下降;1995~2000 年美国经济增长的主要力量来自零售、批发、证券等少数几个商业领域,在绝大多数经济领域中,大量的信息技术投资没有发挥任何提高生产率的作用。多数情况下信息技术只是生产率提高的必要非充分条件,其角色更类似于为提高生产率而提供给工人和管理者的工具。

---

[1] Gordon, R. J., "Does the 'New Economy' measure up to the great inventions of the past?", *Journal of Economic Perspectives*, 2000, 14 (4): 49-74.

但大多数学者都认为信息技术生产率悖论已不复存在,经济学界普遍接受了信息技术对经济效率改进的促进作用,索洛本人也于2000年表示生产率悖论已经消失。欧林纳和西歇尔(2000)在新古典框架中重新检验了计算机及其相关产业投入对经济增长的贡献,发现信息技术的应用以及计算机生产方面的技术进步对生产率增长的贡献在20世纪90年代后半期大幅提升。由此他们认为,信息技术是美国经济增长和生产率提升的关键因素。

在企业层面上,布林约尔松和希特(2000)通过案例分析与实证研究认为,计算机对经济增长的贡献已经远远超出其资本存量或投资所占份额,这种影响在未来将进一步增强。他们发现,企业组织资产投资与信息技术投资之间存在互补作用,信息技术投资的增加会使企业组织资产投资增加,从而提高企业价值。信息技术的价值更多地体现在创造新业务流程、新应用程序和新组织结构的创新性上,随着创新的不断发展,信息技术对经济的贡献将越来越大。之后布雷斯纳汉等(Bresnahan et al.,2002)又通过进一步的研究发现,信息技术、企业组织与人力资本之间存在显著的正相关性,信息技术和企业组织重构能够提升人力资本,三者共同作用促进生产率的增长。

在行业层面上,斯蒂罗(2001)检验了20世纪90年代包括信息技术设备制造、密集使用信息技术、与信息技术革命相关性较弱的美国61个行业生产率增长的变化及其与信息技术资本积累的关系。研究结果显示,美国90年代末的生产率复苏是一个普遍的现象,有近2/3的行业都表现出生产率加速增长态势;信息技术密集型行业比其他行业的生产率水平更高;信息技术产业对其他产业生产率增长带动作用明显。他认为,信息技术的应用是美国生产率复苏的重要组成部分,能够带来真正的经济效益,并批评了戈登(1999,2000)认为生产率复苏主要受信息技术设备制造业和周期性因素影响的观点。诺德豪斯(Nordhaus,2001)发现,在新经济时期,非新经济部门的生产率增长也有着实质性好转,尤其是以计算机为代表的工业机械制造业和以半导体为代表的电子机械制造业增长迅速,促进了信息技术产业的增长,也带动了其他产业部门的技术改进和经济整体生产率的提高。诺德豪斯(2001)的研究同样证明了斯蒂罗(2001)的观点。

总之,美国"新经济"出现后,关于信息技术生产率悖论的研究主要集中在悖论的阶段存在性、信息技术投资对产出和生产率的贡献以及信息技术投资在不同行业上的作用表现等方面。虽然部分学者认为美国生产率复苏并不是信息技术大发展的必然结果,但在经济强劲复苏态势下,主流观点已承认了信息技术产业对其他产业和经济整体增长的巨大推动力,无论从企业还是行业层面,信息技术与信息化都能够真正带来各部门技术改进、生产率提升,以及业务、管理与组织结构的创新。

四、21世纪初互联网泡沫破灭后对信息技术生产率悖论的重新审视

2000年3月,以科技股为主的纳斯达克指数创下5048的新高,但不到一年就跌破了2000点,2001年4月跌至1638的最低点,大量网络公司破产,互联网行业和美国乃至全球经济受到重创。互联网泡沫破灭,但信息技术自身却按照摩尔定律不断发展,应用更加广泛,并日益成为支撑企业日常经营的基础性技术。由此,商界和学者们开始重新审视信息技术的价值,并将视线扩展到美国以外的其他国家,重点研究信息技术经济效应与价值的国别差异。

(一)信息技术价值之争

互联网泡沫破灭后,信息技术产业进入调整期,关于信息技术价值的争论在商界和学术界激烈展开。2003年5月凯尔刊登在《哈佛商业评论》的文章《IT,强势不再》将争论推向高潮。凯尔认为,公司资源真正具有战略价值和竞争优势的是稀缺性而非普遍性,信息技术的能力和普及性已经成熟,信息技术从专有技术转变为基础性技术,它与铁路、电力和其他基础设施一样已经成为无差异性的大众商品,战略重要性大大降低。而技术在扩张初期,作为专有技术,其商业潜力受到广泛推崇,吸引大量资金投入,超速扩张的同时也会导致竞争加剧、生产力过剩和价格降低,企业的差异化竞争优势将逐渐减弱,经济负担也会加重。因此,企业的信息技术管理应该着眼于降低投资、规避风险,而不是寻求新机会。

对"信息技术不再重要"观点的质疑声不断。埃森哲咨询公司的哈里斯和布鲁克斯(Harris and Brooks)在研究报告《为什么IT仍然举足轻重》(2003)中指出,信息技术至少从三个方面帮助企业创造价值:获得竞争优势、开发基于信息技术的新产品和服务、创造间接价值。他们批评了凯尔(2003)的"少花钱、追随而非领导、关注弱点而非机会"的IT管理法则,并提出了"花费明智、选择性领先、关注业务创新而非技术本身"的IT价值法则,指出公司真正的创新是通过设计和建立基于信息技术的商业解决方案而创造商业价值。微软公司的比尔·盖茨和查尔斯·菲茨杰拉德也都认为凯尔低估了信息技术的能力。针对凯尔观点的诸多质疑和反对观点主要是基于以下认识:信息技术带来的业务流程改进、商业模式创新、管理技巧进步等都未商品化,通过信息技术获得的真正竞争优势存在于服务、流程、产品与管理创新之中。正如通用汽车首席信息官拉尔夫·西根达(Ralph Szygenda,2003)所说,业务流程改进、竞争优势、商业成功依然重要,它们并未被商品化,信息技术是推动这些改变的差异化工具……关注成本的业务要求对核心基础设施和流程差异化的精确投资,而不是过

去曾用的霰弹式投资①。戴德里克等（Dedrick et al., 2003）也指出，技术并非稀缺资源，而利用这些技术创造价值的管理能力才是匮乏的，信息技术更为重要的价值在于推动管理与组织变革进而提高生产力。

另外一些学者探讨了信息技术自身的价值，不仅包括市场、财务、组织结构等多方面，同时也延伸到了环境与社会视角，主要研究文献如表4-1所示。这一时期，信息技术价值研究得到进一步拓展和深化，这也证明了其重要性依然存在，且分量越来越重。

表4-1　　　　　关于信息技术价值的主要研究

信息技术价值层面	主要研究	研究来源
市场价值	信息技术投资与托宾Q之间有着正相关性，能够增加公司的市场估价	布林约尔松等（Brynjolfsson et al., 2002）
财务价值	信息技术对于销售利润率、营业收入、资产回报率、投资回报率以及股本回报率都有着积极影响	桑塔南和哈托诺（Santhanam and Hartono, 2003）；默罕默德和曼恩（Mahmood and Mann, 2005）；基姆等（Kim et al., 2009）
无形价值	信息技术创造的无形价值越来越重要且难以测量，忽视这些无形的效益会导致信息技术整体经济价值的低估，因此应该将价值研究扩展至敏捷性、灵活性、市场先入等间接价值与无形价值层面	科利和格罗弗（Kohli and Grover, 2008）
	信息技术与研发在企业创新生产中发挥着重要作用，随着企业信息技术投资的急剧增加，其在创新中的作用越来越强，在创新与知识创造中有效利用信息技术是企业取得长期成功最关键的因素	克来伊思等（Kleis et al., 2004）
共创价值	在网络互联技术的发展下，资源可以超越企业边界而存在，多个企业基于网络平台共同利用信息技术，以合作的方式进行信息技术投资，通过共同部署资产、共享知识与技术、共创数字业务、共建控制系统以实现价值共创	格罗弗和科利（Grover and Kohli, 2012）

---

① Business Technology, Forecasts of IT's Death Are Premature, Information Week, 2003-05-04.

续表

信息技术价值层面	主要研究	研究来源
环境价值	绿色信息技术是企业构建信息技术环节的重要部分,通过提高能源利用率、降低温室气体排放、减少有害物质使用、鼓励回收与再利用而产生不可估量的环境价值	穆鲁吉桑 (Murugesan, 2008)
社会价值	社交网络的发展促进了组织与社会中的知识民主化,普通民众利用信息技术能够更好地进行信息共享并参与公开辩论,民间团体利用互联网和社交媒体积极发展公民议程,从而推进民主化、打击腐败、开展社会运动等	卡斯劳斯卡斯和汉森 (Kazlauskas and Hasan, 2009)

资料来源:Gholami and Kohli, "Review of information technology value research: A triple outcomes perspective", *Wiley Encyclopedia of Management*, 2015, 7 (1): 1 – 8.

(二) 对信息技术增长效应国别差异的研究

1. 关于发达经济体信息技术生产率的差异化比较研究

这方面的研究主要围绕信息技术的经济增长效应是否体现在美国以外的国家,或索洛悖论是否在其他发达国家中存在。有学者通过比较研究 1980~2000 年欧盟和美国的信息通信技术投资及其资本的经济效益后发现,无论是信息通信技术的投资强度还是其对生产率增长的贡献,欧盟都远落后于美国;并且,信息通信技术资本的经济效益在欧盟内部也存在很大差异——芬兰、爱尔兰、荷兰和英国的信息通信技术资本增长强劲且大大促进了生产率的增长,西班牙和葡萄牙的信息通信技术资本贡献水平最低,丹麦、瑞典等北欧国家相对较高但并未转化为促进生产率增长的动力 (Van Ark et al., 2002)。另外,资本劳动率下降、技能水平低、市场僵化等,也都是欧盟信息通信技术资本扩散缓慢并落后于美国的原因。达韦里 (Daveri, 2003) 在研究中也发现,尽管 1992~2001 年 G7 国家信息技术支出的份额大幅增长,但信息技术的增长效应并未发生在美国以外的其他国家,它们正处在同当初的美国一样生产率增长放缓的僵局之中,而技术或制度的落后使得这种趋势无法马上逆转,因此达韦里 (2003) 猜测索洛悖论可能已经从美国转移到了日本与欧洲。

在对发达国家信息技术投资对经济发展影响的研究中,绝大多数人都认为信息技术对生产率增长有着积极作用,但在美国以外的其他发达国家中,或是这种积极作用相对较弱,或是由于学习效应、技术与制度的某些方面相对落后等原因,导致信息技术经济效应还未充分发挥出来。

2. 关于发展中国家与发达国家的"数字鸿沟"的研究

德万和克雷默（Dewan and Kraemer，2000）是首次从国际视角研究信息技术投资收益的学者。他们对 36 个国家的 GDP、信息技术投资和非信息技术投资的关系进行估计发现，发达国家和发展中国家存在显著差异，发达国家信息技术投资对 GDP 增长的贡献率高达 53%，非信息技术投资总量虽是信息技术投资的 20 倍，但仅对 GDP 增长贡献了 15%；发展中国家非信息技术投资的经济贡献为 49%，而信息技术投资并不显著。[1] 对此他们的解释是：发达国家已经建立起成熟与完善的资本市场，信息技术投资足以高效运行并带来可观的利润回报，良好的基础设施、人力资本和稳定的信息化商业模式也强化了其经济效应；而发展中国家基础设施建设落后、人力资本不足、商业模式不成熟，加上相关的政策条件缺乏，信息技术投资的经济效应较小。因此，发展中国家应优先投资于长期基础设施建设项目，尤其是信息技术相关基础设施，在信息技术的扩散效应发挥之后，再加强偏向短期的高成本的信息技术应用型投资。李等（Lee et al.，2005）通过对发展中国家、发达国家和 NIEs[2] 等 20 个国家（地区）进行研究，发现信息通信技术（Information and Communication Technology，ICT）投资提高了发达国家及 NIEs 的生产率，但对发展中国家作用不大。发展中国家生产率的提高应归功于劳动力的成熟、教育水平的提高、外国技术工人的引入等因素，而并非大量信息通信技术投资的结果。他们认为，在发达国家的"ICT 促进增长"模式与发展中国家的"增长促进 ICT"模式下，经济趋同是不存在的，信息通信技术投资反而加剧了"数字鸿沟"。因此，发展中国家必须重新审视在信息通信技术领域的相关政策，将基础设施建设、人力资本提升、电信自由化等互补性措施落实到位，才能有效发挥信息通信技术投资的作用。

众多关于发展中国家信息技术投资增长效应的研究，其基本结论几乎是一致的，那就是发展中国家与发达国家之间存在着明显的"数字鸿沟"，发展中国家往往因信息技术相关基础设施建设不完善、人力资本不足等而导致信息技术的利用效率低下，加速增长的信息技术投资无法对生产率增长产生良好的带动效应。当必要的基础设施建设、有效的技术与管理支持、良好的市场环境等硬件条件达到一定水平后，发展中国家是可以通过发展信息技术来快速实现经济增长与追赶的。

五、新一轮工业革命条件下信息技术对产业及生产率作用的探析

2008 年国际金融危机以后，一场新的产业革命正在孕育之中。新一轮产业

---

[1] Dewan, S. & K. L. Kraemer, "Information technology and productivity: Evidence from country-level data", *Management Science*, 2000, 46 (4): 548–562.

[2] NIEs：新兴工业化经济体，包括新加坡、韩国，以及中国台湾和香港。

革命的核心便是信息网络技术的更加广泛而深入的应用，尤其是互联网与大数据、云计算、物联网等新一代信息技术的发展及强大的融合特性，正在引发各行业的深刻变革，并必将对产业生产率产生重要影响。近年来，国际学术界对信息技术在生产率提高和经济增长上所创造的"红利"给予了高度关注。

乔根森等（2008）对美国1959~2006年信息技术投资对生产率增长的影响进行了分阶段分析，研究发现，在信息技术高速增长的1995~2000年，美国2.7%的生产率增长主要来自信息技术研发与制造部门，尤其是仅占GDP比重3%的计算机与办公设备、计算机服务、电子元件、通信设备四大信息技术制造业贡献了25%的增长率（占经济增加值70%的非信息技术产业仅贡献了50%的增长率）；2000~2006年生产率增长2.5%，金融、零售、制造等信息技术应用部门通过加大对信息系统的投资力度，提升自身生产效率的同时也成为生产率增长的主要驱动力。他们认为，信息技术推动了1995~2006年美国生产率的再次增长。他们的观点也反驳了Machael Boskin关于"对于推动长期生产率提高来说，某些部门（半导体芯片产业）不会比其他部门（薯片产业）更重要"[①]的论断。褚珊英（Shan-Ying Chu，2013）基于1998~2010年201个国家和地区的数据探讨了互联网、经济增长与衰退之间的关系，研究发现，无论在经济衰退期还是非衰退期，互联网都对经济增长有着显著推动作用。在经济非衰退期，互联网普及率增长10%将带动人均GDP增长0.63%，即使在衰退期也能保持0.52%的增长贡献；衰退期增长贡献的下降主要是由于这一时期信息通信基础设施建设相对不足，导致互联网普及率的增长速度下滑。因此，除传统的刺激总需求等政策手段之外，互联网也是克服经济衰退的重要工具，可以通过完善信息通信基础设施建设、提高互联网普及率、利用网络效应来刺激经济增长。布莱恩约弗森和麦卡菲（Brynjolfsson and McAfee，2014）指出，"第二次机器革命"时代，官方数据倾向于低估信息技术带来的红利。一方面，免费的数字化产品和服务带来了经济价值，但无法驱动生产率增长，甚至还会造成GDP的下降，如使用iChat而不是短信、使用Skype而不是电话等，都能导致数十亿美元从公司盈利账面和GDP统计数据上消失；另一方面，社会生产逐渐倾向于依赖知识产权、组织资本、用户生成内容和人力资本等无形资产而非实物资本。如商业流程创新的投入成本巨大，但并不计入资本存量中。如来自美国经济分析局的测算显示，美国在研发方面的投资占GDP的2.9%，1995~2004年每年带动经济增长0.2%。由此他们认为，这些免费产品、无形资产和共享经济需要与之相适应的新技能、新制度、新组织结构，也需要经济衡量标准的创新。

---

① ［美］加里·皮萨诺、威利·史：《制造繁荣：美国为什么需要制造业复兴》，机械工业信息研究院战略与规划研究所译，机械工业出版社2014年版，第65页。

除信息技术投资对经济增长的直接效应外,信息技术的溢出效应也大大促进了生产率增长和企业绩效提升。张和古尔巴沙尼(Chang and Gurbaxani,2012)基于长期视角研究了信息技术溢出效应的强度和持续时间以及对生产率提高的长期影响发现,信息技术服务行业从信息技术溢出效应中获得了较大收益,且强度大、持续时间长。同时,高信息技术密集型公司从技术溢出带来的外部性中获益更多,持续时间约为10年,信息技术投资与开发大大促进了技术溢出效应的扩散,而低信息技术密集型公司的技术溢出效应仅能持续四年左右。黄等(Huang et al.,2013)也指出,信息技术有强大的知识溢出效应,能够促进生产率的提升。他们划分了两个不同类型的溢出效应——来自技术知识(主要包含操作系统、编程语言、数据库管理系统等专业知识领域)和来自业务功能知识(强调信息技术推动的组织和业务流程变革),其中后者往往是决定企业能否从信息技术投资中获益的主要因素,但通常成本太高、难度太大。因此,促进技术知识流动更能够发挥信息技术的知识溢出效应,进而提升企业绩效。

新一轮产业革命条件下,信息技术使用更加广泛,发展中国家持续并快速地增加信息技术投资,其经济增长效应也愈加明显。哈瓦什和朗(Hawash and Lang,2010)通过对2002~2006年33个发展中国家数据的实证检验,研究了发展中国家是否可以通过提高信息技术投资来提升全要素生产率。研究发现,信息通信技术支出能够显著促进全要素生产率的增长,但是二者呈倒"U"型关系。信息通信技术支出的最优增长水平为23%,而发展中国家这一数值平均为13.23%,这就导致了其全要素生产率增长缓慢;但这同时也说明发展中国家在优化信息技术投资效率、实现经济增长上有着巨大的发展空间与潜力。技术不断进步导致设备的价格持续下降、基础设施更加廉价,发展中国家可利用低成本机会,凭借后发优势实现生产率增长的跨越式发展。对于发展中国家而言,技术引进以及强化个人对技术的吸收能力是短期内促进生产率增长的关键,而完善的教育体系是提高劳动者技能、强化技术吸收能力、提高技术使用效率的必要前提。因此,他们指出,教育是发展中国家的政策制定者在提高生产率和促进经济增长过程中需要考虑的最关键因素之一。戴德里克和克雷默(Dedrick and Kraemer,2013)在1994~2007年45个国家和地区的研究范围内,创新性地加入了人力资本、国际贸易与投资开放度、电信基础设施建设质量与成本等一系列国家因素,以分析不同国家的信息技术投资价值,由此得出了两个新的分析结论:一是信息技术对经济增长的积极作用在国家层面上已经从发达国家扩展到广大发展中国家,发展中国家正在享受着信息技术投资带来的生产率增长效益;二是人力资本、贸易开放度、基础设施等国家因素对信息技术投资与生产率增长的关系具有调节作用,对于发展中国家起作用的主要是教育水平、外商投资和电信运营成本,而发达国家则主要受外商投资和移动电话普及率的影响。他们由此指出，增加高等教育投资、降低通信成本、对外资扩大开放等政策能够强化信息技术投资价值；同时，他们建议在高校、图书馆、社区中心等区域建立"IT集群"，以便更充分地发挥信息技术对生产率的促进作用。马哈茂德和阿齐姆（Mehmood and Azim，2014）建立了"人口—技术—全要素生产率"模型，将人口因素作为重要互补性因素，研究了24个亚洲国家（地区）信息技术对生产率的影响，填补了这一领域的研究空白。在把数字化生产人口（15~64岁年龄段）、城市人口以及人类发展指数等代表人口和福利因素的指标纳入模型后，研究发现，人口因素和信息技术有着很强的互补性，仅靠信息技术本身并不能显著提升全要素生产率，而良好的人口特征（受到数字化教育的年轻劳动力、更具效率的城市人口）和较高的人类发展水平（良好的教育、健康和生活水平）能够增强信息技术的增长效应。由于多数亚洲国家（地区）年轻人口比例相对较大，因而进行加强信息技术技能培养的人力资源规划对于促进一国经济增长十分必要。

尽管信息技术对生产率与经济增长的推动作用愈来愈明显，但仍有部分学者继续坚持索洛悖论所持的观点。戈登（2012）指出，受到来自人口红利结束、教育成本上涨、债务过多、收入不平等加剧、全球化带来的要素价格均等化、能源与环境危机等阻力，美国经济增长面临停滞，因此需要大量创新来抵抗经济衰落。但计算机与互联网革命带来的技术创新无论是创新强度还是增长潜力都无法与前两次工业革命相提并论。信息技术只引发了美国经济1996~2004年的短暂复兴，随后经济增长率便降至1.33%，2010~2012年仅为0.5%。戈登进而预测，到2100年将只有0.2%。如按照第二次工业革命的发展态势，信息技术带来的新经济对生产率的贡献仅达到了第二次工业革命对生产率贡献的13%。尽管当前的诸多创新受到人们的热烈追捧，但其只是提供了新的消费机会，而非机器代替人类劳动的历史传统的延续。因此，当前的技术创新无法从根本上提升生产率和改善生活水平，对经济增长也难以起到深层推动作用。阿西莫格鲁等（Acemoglu et al.，2015）指出，至少在美国制造业部门索洛悖论尚未消失。他们研究发现，1980~2009年美国制造业生产率的增长主要依靠计算机制造部门拉动，当排除了这些部门后，自20世纪90年代后期以来信息技术密集型行业生产率的增长越来越微弱，到2009年几乎不存在相对生产率的净增长；同时，劳动生产率的快速增长伴随着产出的下降以及就业更快速的下降，产出下降的现实与计算机和信息化推动生产力革命的观点显然是相互矛盾的。对此他们给出了两种解释：一是由信息技术驱动的技术变革不仅发生在制造业部门，也改变着非制造业部门；二是对信息技术投资的测度存在失误，现有测度忽略了最近信息技术领域的创新，如电脑数控机械、工业机器人、自动导向车辆系统等新的制造技术进步。因此，他们认为，现在就作出索洛悖论已经解决的论断为时过早，还需对信息技术的生产率增长效应进行更加严格的检验与证明。

六、对我国的启示

根据以上分析可知，学术界对"信息技术生产率悖论"的认识，在不同的时期侧重点有所不同。20世纪80年代后期刚提出此悖论时，对其存在性展开了激烈争论；90年代，伴随着美国"新经济"的出现，生产率明显提升，信息技术产业增势强劲并带动其他部门乃至整个经济的生产率得以提升。在此背景下，认为索洛悖论已经消失的观点成为主流性认识；而当进入新世纪，互联网泡沫破灭后，关于信息技术价值的研究成为人们关注的焦点，研究范围也从侧重于美国拓展到全球，信息技术增长效应的国别差异与"数字鸿沟"成为重要的研究领域。2008年全球金融危机发生后，伴随着新一轮工业革命的孕育、发生，信息技术的生产率增长效应再次明显体现出来。相比该悖论提出的初期，当今新一轮工业革命条件下，新一代信息技术对生产率与经济增长的影响机理更为复杂。另外，新一代信息技术的创新、发展和应用，导致全球产业发生深刻变革，促进产业之间的深度融合，特别是制造业与信息产业的深度融合，产业深刻变革与产业深度融合也将对产业生产率产生重要推动作用。我国正加快推进大数据、云计算、区块链、人工智能等新一代信息技术的发展应用，以期通过新一代信息技术创造新业态、改造提升传统产业，实现整个产业体系的转型升级，而在这一过程中，提升产业全要素生产率将成为发展应用新一代信息技术的核心内容。

第二节　第四次工业革命提升我国要素生产率的机理及对策[①]

一、工业革命——要素生产率提升的重要节点

要素生产率是指经济发展中要素生产的效率，是决定一个国家经济增长质量与水平的关键要素。从经济学上看，经济增长即人均GDP的增加主要来源于两个方面：一部分来自更多要素或资源的投入，另一部分则来自要素生产率的提升，且后者对保持经济持续、高质量增长具有更为突出的作用。经济学上对于生产率的研究，主要是考察劳动生产率和全要素生产率（TFP）。前者是单位劳动

---

① 杜传忠、郭美晨：《第四次工业革命与要素生产率提升》，载于《广东社会科学》2017年5期，《新华文摘》2018年第7期全文转载。

力每小时的生产量（价值）；后者是各种要素投入水平既定条件下所达到的额外生产效率，它在很大程度上决定一个国家或地区的经济总体效率，并进而决定一个国家经济的未来可增长性和长期繁荣程度。

关于要素生产率的促进因素，无论是传统经济增长理论，还是新经济增长理论都进行了较多的研究，其基本的结论是技术创新或科技进步是提升要素生产率的根本性因素。从历史上看，工业革命是技术创新集聚产生的时期；同时，工业革命还往往伴随着大规模的组织创新和生产方式创新，使要素质量及配置效率得到明显改善，这一切都有力地促进了要素生产率的提高，从而使工业革命成为要素生产率提升的重要节点。从1760年到1840年发生的第一次工业革命，由铁路建设和蒸汽机的发明引起。这次工业革命引领人类社会进入机械化生产时代，以蒸汽机为动力的纺织机彻底改变了产品的生产方式，显著提高了生产效率。统计数据显示，与18世纪初相比，1781～1790年世界工业生产指数提高近2.3倍，而1812～1870年与19世纪初相比又提高了约5.1倍。[①] 克拉夫茨（Crafts, 1985）的估计同样显示，工业革命使得英国劳动生产率从1700～1760年的0.3%增加到1831～1860年的1.0%。[②] 第二次工业革命始于19世纪末，一直延续到20世纪初，以电力和流水线的出现作为标志，使规模化大生产成为主导性生产方式，大大降低了工业生产的成本并提高了生产效率。以德国钢铁产业为例，新技术与新工艺的引入使得1879年以后的30年间，德国每座高炉的生铁产量提高了3倍，工人劳动生产率提高了2.3倍以上。[③] 从20世纪60年代开始，伴随着半导体技术、大型计算机、个人计算机以及互联网的出现与广泛应用，人类社会进入第三次工业革命时期，自动化机器设备不仅取代了相当比例的体力劳动，还替代了一定程度的脑力劳动，也同样显著提高了生产率水平。伴随第三次工业革命的发生发展，美国经济部门小时产出年均增长率从1970～1995年的1.68%增长到1996～2000年的2.98%，20年间提高了近一倍，2000～2005更是达到了近3.4%的水平。[④]

2008年国际金融危机发生之后，一场以大数据、物联网、移动互联网、云计算等新一代信息技术为主导的新的工业革命正在全球孕育发生，其对要素生产率提升乃至对全球经济复苏及走向的作用与影响，愈来愈成为全球关注的问题。

[①] 时家贤：《马克思恩格斯的世界市场理论及其当代启示》，载于《当代世界与社会主义》2012年第6期。
[②] 冯丽君、尾藏：《新经济史学者论英国工业革命》，载于《中国经济史研究》1990年第3期。
[③] 《两次工业革命与德国成为工业强国》，茂林之家，2016年5月2日。
[④] 边卫红、陆晓明：《美国劳动生产率的演进》，载于《中国金融》2015年第23期。

二、第四次工业革命及其对生产率提升的机理分析

从发展趋势看，第四次工业革命的发展将呈现指数级而非线性的速度，以数字革命为基础的各项颠覆性技术的发展将对经济及其他领域产生更为深刻而广泛的影响，并将成为新一轮全球生产率提升的重要节点。

第一，信息、数据等新兴要素的高效率及其对传统要素的提升功能。要素自身效率和配置效率的提升是要素生产率提升的基本路径。在第四次工业革命条件下，知识、信息、数据等将代替农业经济与工业经济时代的土地、资金、劳动等有形实物资本，成为经济增长的主导性生产要素与战略性资源。信息、数据等既属于知识性要素的具体形态，也是知识性要素的基本元素，其知识和智力密集型程度更高，并具有易复制性、零边际成本、非损耗等特性。一方面，信息、知识、数据等自身价值含量高，能够作为独立的生产要素进入生产、流动、消费等经济各领域、各环节，以促进创新和效率提升，成为第四次工业革命的关键要素以及基础性与战略性资源。这些知识、智力密集型程度更高的新生产要素具有易复制性、零边际成本、非损耗等特性，并能形成强大的溢出效应，能够作为独立的生产要素进入到生产、流动、消费等经济各领域、各环节，以促进创新和效率提升。另一方面，信息、知识、数据等生产要素不但自身价值含量高，而且还对资本、劳动、企业家才能等传统要素具有较强的渗透、改造和提升效应。其应用、扩散与渗透能够与其他传统要素相互作用、相互补充，改善传统要素的质量，并通过与传统要素的有机配比，提高要素利用效率和边际效用，从而促进传统要素效率提升。特别是伴随着新一代信息网络技术的快速发展和广泛应用，信息日益呈现出透明化、实时传播和易获取性等特征，由此迅速放大了信息要素的效能。如果说前三次工业革命主要是通过解放人的体力，从而提高劳动生产率[1]，那么第四次工业革命以其主导技术的智能化、泛在化、虚拟化等特性，能够从海量数据中挖掘信息的价值与关联并将其转化为新的知识资本，从而极大地解放了人的脑力并激发了人的创造力，由此将带来对生产率更为显著的效能提升。

第二，企业组织结构、商业模式和管理方式得到极大的优化与创新。由于组织结构与管理机制的缺陷以及信息沟通的障碍，导致大企业内部资源配置效率低下，这也被称为"X—非效率"[2]。在第四次工业革命条件下，互联网及新一代

---

[1] 严格地说，以自动化为主要特征的第三次工业革命，不仅解放了人的体力，也在一定程度上解放了人的脑力。

[2] Leibenstein, H., "Allocative Efficiency Vs X-Efficiency", *American Economic Review*, 1966, 56 (3): 392–415.

信息技术促进了企业组织的变革与重构，为生产率提升提供了条件。布林约尔松等（1998）研究发现，在企业对决策与激励体系、信息流，以及管理、组织流程等进行重组的过程中，数字化技术将发挥很大作用，数字化技术进步与互补性组织行为的结合能够改善技术效率，大幅提高生产力。在互联网时代，生产模式从大规模流水线生产向"以迅速满足顾客需求为中心"的大规模定制化转变，这要求企业的一切商业行为围绕用户需求来设计并及时响应，决策流程做到短、平、快。由此，企业组织结构日趋向扁平化发展，通过精简层次、压缩机构，并广泛使用管理信息系统、办公自动化系统等信息化管理技术，增强组织的快速反应与应变能力以快速响应市场需求，提高组织管理效率。同时，企业通过对组织架构进行重新设计和再造，以适应新技术的使用、市场需求的快速变化和市场竞争的日趋激烈，从而促进了企业效率的提升。通过互联网的交易和运用信息系统进行内部的生产管理导致企业库存的大量减少，甚至可以实现零库存状态，大大提升了管理效率。从产业组织看，工业经济时代的产业组织效率主要靠规模经济和范围经济来获得。第四次工业革命条件下，产业组织从纵向一体化的大企业模式向模块化、网络化的生产网络模式转变，基于互联网形成的企业网络使企业之间的交易突破了时间和空间的限制，极大减少了交易环节，降低了交易成本，并获取超越于规模经济与范围经济之上的网络外部性效率。需要指出的是，与第三次工业革命的信息化重点在于促进成本降低、效率提高和产出增加不同，第四次工业革命下，以新一代信息技术推动的信息化建设则更加强调在信息网络与物理系统的融合发展中为智能化提供服务，更加注重企业在嵌入生产链与价值链的过程中互联互通、协同共享，通过增值环节的整合与价值链的重构以实现智能化生产。

第三，服务业效率得到显著提升并在一定程度上减弱了"鲍莫尔效应"。工业经济时代，服务业生产率较制造业更低，存在所谓"鲍莫尔效应"，服务业的进一步发展必然降低整个经济的生产率。随着第四次工业革命的发生发展，互联网及新一代信息技术在服务业中得到广泛应用，尤其是移动互联网和物联网的发展使得基于消费者需求所产生的服务业商业价值不断扩大，由此正在显著改变着服务业"鲍莫尔效应"的技术经济条件。在消费互联网模式下，如淘宝、京东、当当等一系列消费电商利用互联网在一定程度上打破了消费者与厂家的信息不对称，形成了生产者直接面向消费者的商业模式，为消费者搭建起更加高效、便利的消费平台，大大减少了中间环节，显著提高了产业效率。旅游业则通过移动互联网的应用，将线上交易与线下服务打通，满足了消费者移动化、位置化、个性化、自助化的需求，大大提高了服务质量和效率。在流通业，移动互联网、物联网、大数据等的广泛应用加速了信息的流动，线下流通企业利用快速流通的信息优化供应链流程，提高供应链管理控制能力，从而大大提高了流通效率；线上企业则通过完善信息管理系统,改善企业之间、企业与顾客间的沟通方式,从根本上改变了企业的经营方式、管理模式和组织结构,显著提高了流通效率。与此同时,现代服务业与制造业的不断融合推动了制造的服务化,众多制造企业的主营业务逐渐向服务领域衍生和转移,研发设计、产品营销、金融服务、战略咨询等专业化生产服务与中介服务成为构建竞争优势、提高经济效益的重要因素。信息技术的飞速发展和基于互联网平台的商业化应用也极大地拓展了服务的内容与领域,移动互联网、物联网、云计算等新技术与服务业的融合衍生出众多新业态,尤其是电子商务、数字内容、服务外包等新兴服务业正在成为现代服务业发展的新增长点。总之,在第四次工业革命条件下,互联网和新一代信息技术的广泛应用大大提升了服务业生产率,从而带来整体经济效率的提升。

第四,具有较高生产效率的新产业、新业态大量涌现。新技术的突破和变革是推动新业态出现的最重要因素,尤其是突破性、颠覆性技术在应用过程中往往会催生一系列新的业态,这恰好体现在历次工业革命的进程中。历史经验表明,每一次科技革命与产业变革都会催生一批新业态,推动产品、服务生产和存在方式产生重大变化,并带来生产效率的极大提升。第四次工业革命推动全球进入了大数据、物联网、能源互联网和工业互联网的新时代,随着技术创新及其产业化、商业化的步伐加快,现代技术的迭代周期大大缩短,叠加效应强化,市场化应用推广的成本不断降低,一些领域技术进步和技术革命出现重大突破的进程加快,这都为新业态的出现提供了前所未有的机遇。当前,以新一代信息技术的深度融合应用为核心,以数字制造技术、互联网技术、新能源技术、新材料技术等一系列颠覆性技术的重大创新与融合应用为代表的全新技术创新体系带动了整个产业形态、制造模式、运营方式、组织结构等的深刻变革,推动了一系列新业态的出现、发展与壮大,并将在更大程度上转换为对生产率提升和经济增长的巨大贡献。借助于互联网等现代信息技术的创新应用,分享经济近年来加速发展并不断成熟,也即是里夫金(2014)所称的在互联网带来的近乎零边际成本社会下的协同共享时代。以我国为例,2016 年我国共享经济市场规模达到 3.4 万亿元,参与者总人数超过 6 亿人,预计共享经济未来 5 年的年均增长速度将达到 40%,到 2020 年共享经济规模占 GDP 的比重将超过 10%。[①] 作为一种新型经济形态,共享经济以更低成本和更高效率激活并整合了全社会的剩余和闲置资源,从而为经济社会提供了一种加速要素流动、实现供需高效匹配的最优资源配置方式,能够调动全社会最优质的资源参与到整个生产过程中,大大提升了资源对接和配置效率,提高了资产使用效率和经济中的有效资本存量(尤其是无形资本),并激

[①] 国家信息中心分享经济研究中心、中国互联网协会分享经济工作委员会:《中国分享经济发展报告 2017》,2017 年 2 月 28 日。

发了创新活力，带来了经济效率的有效增长①。

三、抢抓第四次工业革命机遇，大力提升我国要素生产率

（一）第四次工业革命为我国生产率提升提供历史机遇

我国经济发展新常态与第四次工业革命和全球产业深刻变革形成历史性交汇。在经济新常态下，支撑我国经济快速增长的传统要素红利逐渐消失，全要素生产率呈现一定程度的下降趋势。测算数据显示，中国全要素生产率的增速从1995～2009年的年均3.9%下降到2011～2015年的3.1%，而按照这个趋势，"十三五"期间全要素生产率的增长将进一步降低到2.7%。② 因此，以提升全要素生产率为核心，着力打造经济发展新动力，已成为我国经济保持中高速增长、经济迈向中高端水平的必然要求。

目前，我国通过互联网改造提升传统产业，以及在发展新产业、新业态、新模式方面已取得一定成效，通过互联网及新一代信息技术提升生产率表现出广阔的前景。根据通用电气公司的测算，工业互联网的应用能够帮助中国的航空、电力、铁路、医疗、石油天然气等行业实现生产率提升达1%，到2030年将能够带来累计3万亿美元的GDP增量。③ 另据麦肯锡全球研究院的报告显示，2013～2025年，互联网的应用将带动中国GDP增长率提升0.3%～1%，在GDP增长中的贡献最高将达到22%。④

（二）抢抓第四次工业革命发展机遇，加快提升我国要素生产率的思路

我国正在大力推进供给侧结构性改革，加快经济发展新旧动能的转换。在这一过程中，必须牢牢抓住新一轮工业革命发展机遇，采取有效措施，加快提升要素生产率，为实现经济持续健康发展提供强有力的动力保障。

第一，对于政府来说，为正在形成的数字化新经济搭建良好的管理架构至关重要。当前，数字技术等正在释放新的经济和社会发展动力，产业、经济与社会也正处于数字化转型过程中。数字经济需要与之相适应的新的管理体系以及灵活的治理框架。因此，政府应建立并完善包容性的经济制度，并提高产业政策的创新效能，以便于充分发挥市场的资源配置作用，合理引导要素流动，充分释放创

---

① 值得注意的是，现有的统计体系并未反映出分享经济等数字化活动对于衡量GDP数据和生产力数据的影响，也就是说分享经济等所带来的效率增长目前存在着低估现象。
② 全要素生产率增长数据来自中国社会科学院副院长蔡昉2016年1月10日在第七届中国经济前瞻论坛上所作的主旨演讲。
③ 申明：《工业互联网让机器智能互联》，载于《科技日报》2013年6月25日。
④ 麦肯锡全球研究院：《中国的数字化转型：互联网对生产力与增长的影响》，2014年7月。

新潜力与投资效率。一方面，应给予新技术、新产业、新业态等新兴领域充分的鼓励与容错空间，进行差异化监管和包容性治理，推动技术研发和商业模式创新，为新产业、新业态创造合理的成长空间；另一方面，提高供给侧结构性改革水平，重点利用高新技术积极推动传统产业改造升级，从提高传统产业的动力和能力入手，减少无效和低端供给，扩大有效和中高端供给，加快提高要素使用效率。

第二，对于企业来说，应强化技术创新对生产效率提升的主导作用。第四次工业革命中不断涌现的诸多新技术对当前的产业价值链带来颠覆性变革，为适应不断更迭的技术与市场，企业的首要任务是加强技术创新能力，以技术创新推动组织结构变革、商业模式创新，改善经营方式，从而提高生产效率。企业应提高对产业与技术升级趋势的敏感度，更加关注技术创新带来的价值创造而非市盈率代表的投资价值，并加强与高校、科研机构等创新主体的合作，强化协同创新与技术成果转化能力。同时，要基于客户需求和资源整合，探索能够显著降低行业成本、提高行业效率的商业模式，积极寻求开发新技术与新模式、拓展市场的新思路。

第三，加快提升人力资本素质，为应对新工业革命提供充足的人才支撑。新一轮工业革命的孕育发生使得人力资本的积累与提升成为各国迫切的要求。与此同时，第四次工业革命在冲击就业市场的同时，也为创新创业活动创造了良好机遇，新技术、新产业、新业态和新模式为人力资本的积累与能效释放提供了新的平台，人力资本作为"第一资源"的作用和角色更加凸显。世界经济论坛在《未来工作报告》（2016）的研究调查中发现，未来对解决复杂问题的能力以及社交和系统性技能的需求将远高于对体力和知识性技能的需求。为更好地应对第四次工业革命的冲击，人才培养应从培育就业技能向创新、创业、创造能力转变，要更加注重强化在持续变化的动态环境下不断自我调整以学习新技术、新工艺、新方法的能力，并培养网络化思维和跨界整合的技能。为此，我国必须调整高等教育结构，构建新型人才培养体系，大力培养适应第四次工业革命需求的创新、管理和高技能应用型人才，逐步摆脱劳动密集型生产范式的技术路线锁定，全面提升劳动力生产率，获取经济发展的持续动力和竞争力。

第四，加快互联网与各产业深度融合，全面提高产业生产效率。总体上看，目前我国服务业对互联网及新一代信息技术的应用较为广泛，成效也较显著。但服务业生产率总体上低于制造业，总的来说，我国下一步通过第四次工业革命提升要素生产率的重点应是加快互联网及新一代信息技术与制造业的融合。因此，一方面，应按照《中国制造2025》确定的目标要求，以提质增效为中心，以互联网及新一代信息技术与制造业深度融合为主线，以推进智能制造为主攻方向，同时大力发展服务型制造和生产性服务业，推动制造业商业模式、组织结构和业态创新，促进生产型制造向服务型制造转变。另一方面，基于信息技术的创新应用实现农业生产率的提高是我国生产率提升的重要方面，也是农业现代化的基本条件。目前我国农业劳动生产率仅为世界平均值的47%、高收入国家平均值的2%、美国的1%。[1] 因此，通过将互联网与农业产业链的各环节相链接，提高农业全要素生产率，则将成为我国创新农业发展方式、加速推进农业现代化的重要动力。

四、发展新一代人工智能促进要素生产率提升

习近平总书记指出，新一代人工智能是引领这一轮科技革命和产业变革的战略性技术，具有溢出带动性很强的"头雁"效应，正在对经济发展、社会进步、国际政治经济格局等方面产生重大而深远的影响，是推动我国科技跨越发展、产业优化升级、生产力整体跃升的重要战略资源。[2] 新一代人工智能促进要素生产率提升的机制主要包括以下几个方面。第一，通过对劳动、资本等生产要素的功能倍加和智能替代，促进要素生产率提升。人工智能有利于强化和提升劳动、资本等生产要素功能，促进其高效利用，如让劳动力专注于自己更具优势和创造性的工作。通过提供新型智能生产工具和平台，实现对人类脑力的解放和提升。第二，是通过智能自动化的推广应用提升要素生产率。与传统自动化相比，人工智能驱动的自动化是一种智能自动化。借助于智能机器人等智能工具，自动适应和敏捷处理多种复杂的物理任务。传统自动化技术一般针对特定任务，而智能自动化借助于互联互通、智能网络平台等，能够解决大量复杂的跨行业业务，表现出更高的生产与服务效率。尤为重要的是通过大规模、可重复性操作实现自我学习、深度学习、强化学习，提升认知能力，使人工智能在提升生产效率方面有着广阔的空间。第三，通过促进技术创新及扩散提升要素生产率。技术创新始终是提升要素生产率的根本性因素。在智能经济条件下，借助互联互通、大数据集成流动、强大的计算能力和越来越复杂高级的算法等，迭代创新、强化创新、深度创新、开放创新等高效创新方式越来越普遍。与此同时，随着新一代人工智能与实体经济的深度融合，技术创新与商业模式创新将齐头并进，硬技术创新与软创新相互协同，这都将极大地增强科技创新对生产率提升的作用。一个典型的例子是，在多重创新驱动下，无人驾驶汽车对经济的潜在影响和对效率的提升作用最终可能远远超出现有的汽车行业。

人工智能技术作为一种通用性目的技术，其发挥作用需要具备一定条件，包括通过完善的新型基础设施促进广泛的商业应用；通过加强互补式创新，建立人

---

[1] 中国科学院现代化研究中心：《中国现代化报告2012：农业现代化研究》，2012年5月13日。
[2] 《习近平：推动我国新一代人工智能健康发展》，人民网，2018年10月31日。

工智能技术与产业发展的良性循环；需要加大互补式投资，重构企业生产流程等。我国高度重视人工智能发展，并在人工智能发展、应用的多个领域走在世界前列。但通过人工智能促进要素生产率提升、推进经济高质量发展，仍然任重而道远。为此，必须促进人工智能与实体经济深度融合，加快构建以智能制造为核心的智能产业生态系统，加快推进企业数字化、智能化改造升级。强化制度、规则和标准创新与重建，为人工智能促进要素生产率提升提供良好的环境。

第五章

两化融合、智能制造与我国制造业转型升级

我国经济由高速增长转向高质量发展，从产业角度看，形成经济增长新动力、塑造国际竞争新优势，重点、难点都是制造业，出路也在制造业。在新的历史条件下，我国制造业发展与转型升级面临巨大挑战。必须抢抓第四次工业革命的历史机遇，加快推进信息化与工业化深度融合，同时借鉴德国工业4.0、美国工业互联网等发达国家智能制造发展经验，大力推进我国智能制造，加快实现制造业转型升级。本章首先对我国两化融合绩效、水平及推进思路进行分析，进而分别对作为当今世界两种智能制造基本范式的德国工业4.0和美国工业互联网的基本实施机制进行分析，在此基础上提出加快推进智能制造、提升我国制造业竞争力的思路及对策。

第一节 现阶段我国两化融合绩效测算及推进思路[①]

一、问题提出

对于两化融合水平进行定量分析，是近年来两化融合研究的热点。在整体评价层面，张亚斌等（2013）发现，中国工业化与信息化融合环境正趋于改善但提升速度较慢，且东中西部融合环境水平呈纺锤形区域差异化分布；张轶龙和崔强（2013）发现，中国两化融合水平越来越高，但融合效率却越来越低，存在"大而不强，多而不精"的问题；王瑜炜和秦辉（2014）认为，中国信息化与新

[①] 杜传忠、杨志坤：《我国信息化与工业化融合水平测度及提升路径分析》，载于《中国地质大学学报（社会科学版）》2015年第5期。

型工业化系统整体上仍处于中低耦合阶段。在区域层面，张新等（2012）研究发现，东部经济发达地区两化融合水平较高，而中西部省份两化融合比较落后；胡新等（2011）从社会环境角度对我国各省（区、市）两化融合进行评价研究，发现东南沿海和环渤海区域水平较高；谢康等（2012）认为，信息化带动工业化与两化融合的相关性高于工业化促进信息化，工业化和信息化对各自理想水平的偏离交替波动；张亚斌等（2014）认为，较高的重化工业化水平有助于工业化与信息化的匹配与融合；刘力强和冯俊文（2014）认为采用粗糙集和神经网络模型评价区域两化融合具有合理性和泛化能力。

总体来看，目前国内学术界与政府部门对两化融合的定量分析虽已取得了一定进展，但评价方法的系统性较为缺乏，指标体系的完整性有待完善，多层次的综合评价亟待补充。本节基于两化融合的系统性特征及系统耦合过程，运用协同发展理论，构建两化融合水平的评价模型，通过选取2001~2013年全国30个省（区、市）的非农产业产值比重等工业化指标和通信业务量等信息化指标，从全国、东中西部和省级区域三个层面分别对我国两化融合的水平及绩效进行综合测算与评价，并据此提出进一步提升全国及区域两化深度融合的有效路径。

二、基于系统视角的两化融合实现机理分析

从系统角度看，两化融合实际上是以"信息化带动工业化"与"工业化促进信息化"两个子系统相互耦合、相互作用而形成的"局部优先融合，整体全面融合"的发展过程。具体来说，两化融合首先以信息技术和工业技术的融合实现局部融合发展，两种技术的不断融合使得人力资源、生产工具等多种生产要素发生变化，进而使得工业生产方式发生相应变化；在此之后，设计、生产、销售、管理等多个环节出现从局部到全面的信息化融合发展趋势，原有的企业边界、产品功能边界逐渐模糊，产品融合和业务融合逐步增多，进而通过产品和业务的融合引发产业融合，从而使新产业不断衍生，信息技术全面应用到工业，并最终实现信息化与工业化的深度融合。当今社会，技术进步是推动经济、产业发展的根本动力，两化融合即沿着工业技术和信息技术优先融合，再到产业和业务融合的路径，最终实现"两化"整体、全面和深度融合。

可见，作为一个动态系统发展演进的过程，两化融合的实现需要信息化带动工业化和工业化促进信息化两子系统之间的协同一致。信息化带动工业化子系统是指将现代信息技术及成果推广并应用于传统工业生产中。信息化有利于转换传统生产和经营方式，实现组织扁平化和决策科学化，并能有效提升传统工业企业的自主创新能力、产品质量和企业信息化管理水平。工业化促进信息化子系统则是指通过工业化先进成果的应用来加速信息化进程，不断推进信息化的深度及广度。信息化

的推进需要工业化的支撑，表现为：一方面，信息化发展所需的信息设备、投入资金等"硬件"条件离不开工业的支撑；另一方面，信息化发展所需的交通服务、信息人才等"软件"条件同样需要工业的支持。基于系统理论及作用原理，当信息化带动工业化和工业化促进信息化两个子系统有机组合成两化融合综合系统时，即会产生"1+1>2"的外溢效应，使工业化与信息化相互渗透、彼此融合、良性互动，实现两子系统协同发展，并使工业化与信息化综合系统结构不断改善，效率不断提升。可以说，信息化带动工业化和工业化促进信息化两子系统之间的协调发展程度越高，两化融合的发展水平就越高，而两子系统之间的协调发展程度与两者发展的绝对程度和相对程度有关，其中绝对程度反映的是两子系统各自发展的真实水平，相对程度反映的则是两子系统发展的相对水平。两子系统发展真实水平得到均衡提高，则表示两化融合实现程度越高，这是由子系统发展的绝对程度引起的；若两子系统发展水平相对差距变大，即使两子系统各自发展水平有所提高，但由于一个子系统的发展速度远快于另一个，也将导致两子系统之间的相对差距拉大，导致两子系统之间的协调性和一致性降低，并导致两化融合实现程度下降。由此，要实现两化融合整体水平的提升，既要注重提高两子系统的真实发展水平，同时也要重视反映两者协调发展程度的相对发展水平。

三、两化融合水平测度模型的构建

目前，对两化融合水平的评价方法主要有综合指数法、功效系数法、协调发展系数法等，其主要实施步骤及优缺点如表 5-1 所示。

表 5-1　　　　　　　　　两化融合的主要评价方法

名称	实施步骤	优点	缺点
综合指数法	确定两化融合综合效益指标体系，将综合效益指标转化为同度量的个体指数，加权平均得到效益综合评价值	对不同性质的指标进行同度量转化，简单易行	权数判断的主观性较强，评价结果客观性、科学性低
功效系数法	将两化融合评价指标进行多档次分类，确定上限与下限；利用功效函数计算实现满意值，加权平均得到融合水平	从不同层面对两化融合进行评分；适合两化融合绩效评估	满意值和不容许值没有统一标准，不易操作，稳定性和客观性受影响
协调发展系数法	将两化融合分为若干内部子系统，评估子系统发展水平；利用协调发展模型得到系统总体协调发展系数	从不同子系统多角度综合评价，更加全面、科学	子系统之间存在相互联系、制约、促进关系；协调发展模型形式不一

综合考虑各方法的优劣，本节选择王维国（2000）提出的协调发展系数法，通过将两化融合分为工业化促进信息化与信息化带动工业化两子系统，多角度、多层面地综合评价我国两化融合水平，具体分为三步：首先，使用主成分分析法测度我国工业化和信息化各自现实发展水平；其次，借鉴谢康等（2012）采用的随机前沿法，将技术效率应用于工业化和信息化发展水平的测度中，得到两者的理想发展水平；最后，根据真实发展水平与理想水平的差距，得到信息化带动工业化与工业化促进信息化两子系统的融合系数，并根据协调发展系数法，计算各省（区、市）工业化与信息化的融合系数，确定各省（区、市）两化融合的实际水平。

（一）基于主层次分析法的工业化和信息化实际水平测度

以主成分分析作为分析工具，对工业化水平和信息化水平的多项指标进行标准化处理，建立标准化数据矩阵，并求出其相关系数矩阵，明确协方差矩阵的特征根和特征向量；确定主要成分，通过维度较少的综合指标得到省（区、市）i在t期的工业化发展实际水平IDR_{it}和信息化发展实际水平IFR_{it}。具体计算过程在此不再赘述。

（二）基于随机前沿法的工业化和信息化理想水平测度

这里主要借鉴谢康等（2012）采用的随机前沿法，将技术效率应用到工业化和信息化水平的测度中。随机前沿法最早由艾格纳等（Aigner et al.，1977）、梅友森和伯洛克（Meeusen and Broeck，1977）提出，其基本模型为：

$$y_{it} = f(x_{it}, \beta) \exp(\varepsilon_{it} - \mu_{it}) \tag{5.1}$$

其中，y_{it}表示生产者在t期的产出，x_{it}表示生产者在t期的投入，f是生产函数，β表示未知参数，ε_{it}表示数据噪声误差，μ_{it}表示误差项的非技术效率。该模型指出，技术效率$\hat{TE}_i$是生产实际值与理想值的比值，生产函数为前沿生产函数。随机前沿分析不要求具体的生产函数形式，因而避免了简单线性影响的偏差，符合两化融合动态性的特点。

$$\hat{TE}_i = \frac{y_{it}}{f(x_{it}, \beta) \exp(\varepsilon_{it})} = \exp(-\hat{\mu}_i) \tag{5.2}$$

亨德森和西马尔（Henderson and Simar，2005）在此基础上，利用李和拉辛（Li and Racine，2004）提出的广义内核估计进行了改进，引入生产者和时间等因素，提出完全非参数随机前沿模型，即：

$$y_{it} = h(x_{it}, i, t) + \varepsilon_{it} \tag{5.3}$$

技术效率计算公式为：

$$\hat{TE}_{it} = \frac{\exp(\hat{h}(x_{it},i,t))}{\exp(\max_{j=1,2,\cdots,n}\hat{h}(x_{it},j,t))} \quad (5.4)$$

根据式（5.3），构建信息化带动工业化从而实现两化融合的公式为：

$$IDR_{it} = IDI_{it} + \varepsilon_{it} = f(IFR_{it},i,t) + \varepsilon_{it} \quad (5.5)$$

类似地，构建工业化促进信息化从而实现两化融合的公式为：

$$IFR_{it} = IFI_{it} + \varepsilon_{it} = f(IDR_{it},i,t) + \varepsilon_{it} \quad (5.6)$$

IDR_{it}、IFR_{it}分别代表省（区、市）i在t期的工业化和信息化的实际水平，IDI_{it}、IFI_{it}分别代表省（区、市）i在t期的工业化和信息化的理想水平，即分别与信息化发展水平、工业化发展水平相协调的理想化水平。

（三）基于协调发展模型的两化融合水平测度

将区域和时间变量以非参数形式纳入两化融合模型中，构建两化融合协调发展模型，并采用王国维（2000）提出的协调发展系数法，计算两化融合系数。

信息化带动工业化融合系数，反映省（区、市）i在t期的实际信息化水平所要求的工业化水平与该期所有省（区、市）信息化水平所要求的理想工业化水平之间的差距；工业化促进信息化融合系数，反映省（区、市）i在t期的实际工业化水平所要求的信息化水平与该期所有省（区、市）工业化水平所要求的理想信息化水平之间的差距。

省（区、市）i在t期信息化带动工业化融合系数为：

$$CC_{it}^1 = \exp(\hat{f}(IFR_{it},i,t) - \max_{j=1,\cdots,n}\hat{f}(IFR_{it},j,t)) \quad (5.7)$$

同理，省（区、市）i在t期工业化促进信息化融合系数为：

$$CC_{it}^2 = \exp(\hat{g}(IDR_{it},i,t) - \max_{j=1,\cdots,n}\hat{g}(IDR_{it},j,t)) \quad (5.8)$$

最后，计算两化融合协调发展系数，基本公式为：

$$CC_{it} = \frac{\min(CC_{it}^1,CC_{it}^2)}{\max(CC_{it}^1,CC_{it}^2)} \quad (5.9)$$

两化融合系数$CC_{it} \in [0,1]$，其值越接近于1，说明工业化与信息化的融合程度越好；反之，越接近于0，说明融合程度越低。

四、2001~2014年我国区域两化融合水平测度

（一）变量选取及数据来源

在构建工业化水平评价体系时，主要借鉴陈佳贵等（2006）提出的工业化

综合评价指标体系，同时部分借鉴李世英和李亚（2009）提出的新型工业化水平评价指标体系，选取人均 GDP、非农产业产值比重（第二、第三产业产值占地区 GDP 比重）、人口城市化率（城镇人口占总人口比重）、制造业就业比重、规模以上工业企业 R&D（research and development）占地区 GDP 比重作为评价指标。数据来源为 2001～2015 年《中国统计年鉴》《中国科技统计年鉴》及中华人民共和国国家统计局网站等。

在构建信息化水平评价体系时，主要依据《国家信息化指标构成方案》，同时借鉴张彬和李潇（2010）提出的信息化水平测评体系，兼顾数据可得性，选择通信业务量、网络用户数量、网站数量、电视节目人口覆盖率、电话普及率、互联网普及率作为评价指标。数据来源为 2001～2015 年《中国统计年鉴》《中国城市统计年鉴》《中国互联网络发展状况统计报告》及中华人民共和国国家统计局网站等。

本节选取 2001～2014 年我国 30 个省（区、市）的相关数据进行分析。因西藏地区数据缺失较多，而港澳台地区与内地省（区、市）统计口径差别较大，故在此不对这些地区进行分析。

（二）工业化、信息化发展实际水平测算

根据主成分分析法，利用 SPSS 软件，输入我国 30 个省（区、市）的工业化和信息化发展数据进行测算，得到二者的实际发展水平（见表 5-2、表 5-3）。

表 5-2　　　　　　2001～2014 年我国工业化实际发展水平

区域	2001年	2002年	2003年	2004年	2005年	2006年	2007年	2008年	2009年	2010年	2011年	2012年	2013年	2014年
北京	0.803	0.821	0.836	0.864	0.859	0.863	0.872	0.894	0.886	0.901	0.924	0.917	0.931	0.946
天津	0.714	0.720	0.748	0.773	0.775	0.772	0.784	0.788	0.792	0.805	0.812	0.834	0.862	0.885
河北	0.397	0.408	0.411	0.416	0.426	0.437	0.449	0.468	0.479	0.486	0.492	0.503	0.507	0.524
山西	0.362	0.368	0.386	0.397	0.411	0.424	0.433	0.450	0.458	0.463	0.470	0.492	0.506	0.516
内蒙古	0.336	0.341	0.346	0.357	0.369	0.382	0.402	0.429	0.443	0.450	0.462	0.473	0.491	0.504
辽宁	0.556	0.572	0.583	0.579	0.586	0.591	0.602	0.611	0.617	0.626	0.641	0.652	0.661	0.679
吉林	0.407	0.413	0.422	0.437	0.448	0.455	0.471	0.487	0.494	0.507	0.511	0.524	0.536	0.558
黑龙江	0.372	0.384	0.398	0.421	0.434	0.442	0.451	0.459	0.468	0.481	0.496	0.503	0.524	0.536
上海	0.851	0.862	0.865	0.873	0.881	0.895	0.906	0.914	0.918	0.923	0.931	0.930	0.935	0.947
江苏	0.559	0.542	0.559	0.584	0.606	0.624	0.643	0.657	0.668	0.685	0.698	0.710	0.726	0.746
浙江	0.559	0.576	0.589	0.604	0.621	0.643	0.659	0.672	0.678	0.694	0.703	0.715	0.734	0.748

续表

区域	2001年	2002年	2003年	2004年	2005年	2006年	2007年	2008年	2009年	2010年	2011年	2012年	2013年	2014年
安徽	0.301	0.312	0.327	0.332	0.351	0.368	0.381	0.396	0.405	0.422	0.441	0.472	0.491	0.546
福建	0.435	0.448	0.459	0.472	0.486	0.493	0.507	0.519	0.537	0.551	0.572	0.589	0.603	0.624
江西	0.342	0.349	0.357	0.378	0.392	0.404	0.417	0.426	0.441	0.459	0.476	0.491	0.508	0.535
山东	0.436	0.451	0.463	0.477	0.489	0.503	0.521	0.539	0.554	0.569	0.582	0.592	0.604	0.615
河南	0.303	0.304	0.311	0.308	0.321	0.349	0.362	0.391	0.410	0.426	0.439	0.451	0.467	0.483
湖北	0.419	0.433	0.446	0.448	0.452	0.464	0.478	0.493	0.509	0.527	0.543	0.561	0.573	0.592
湖南	0.340	0.349	0.352	0.375	0.392	0.396	0.405	0.417	0.429	0.447	0.459	0.471	0.482	0.498
广东	0.552	0.559	0.567	0.584	0.597	0.614	0.632	0.648	0.659	0.663	0.679	0.688	0.697	0.718
广西	0.284	0.293	0.301	0.312	0.327	0.343	0.347	0.359	0.364	0.387	0.402	0.424	0.447	0.566
海南	0.263	0.276	0.282	0.279	0.292	0.307	0.342	0.359	0.374	0.391	0.402	0.416	0.428	0.446
重庆	0.424	0.436	0.452	0.463	0.458	0.475	0.492	0.511	0.539	0.558	0.569	0.591	0.627	0.651
四川	0.324	0.337	0.341	0.339	0.352	0.367	0.379	0.393	0.409	0.427	0.440	0.462	0.498	0.526
贵州	0.208	0.217	0.231	0.245	0.259	0.272	0.271	0.296	0.313	0.321	0.339	0.347	0.362	0.383
云南	0.269	0.276	0.289	0.296	0.307	0.319	0.328	0.337	0.351	0.363	0.386	0.401	0.395	0.413
陕西	0.327	0.336	0.352	0.368	0.379	0.394	0.416	0.431	0.442	0.462	0.481	0.493	0.506	0.524
甘肃	0.267	0.281	0.299	0.304	0.324	0.349	0.362	0.373	0.386	0.391	0.408	0.421	0.440	0.452
青海	0.244	0.256	0.271	0.288	0.283	0.301	0.315	0.323	0.339	0.362	0.381	0.392	0.413	0.422
宁夏	0.281	0.293	0.304	0.315	0.321	0.339	0.361	0.381	0.392	0.399	0.403	0.421	0.443	0.451
新疆	0.281	0.293	0.296	0.304	0.310	0.309	0.317	0.333	0.348	0.363	0.381	0.376	0.392	0.403
东部	0.507	0.516	0.527	0.538	0.547	0.557	0.571	0.584	0.591	0.603	0.614	0.623	0.636	0.716
中部	0.356	0.364	0.375	0.387	0.400	0.413	0.425	0.440	0.452	0.467	0.479	0.496	0.511	0.533
西部	0.266	0.275	0.286	0.296	0.303	0.317	0.328	0.343	0.356	0.369	0.383	0.394	0.411	0.481
全国	0.407	0.417	0.428	0.440	0.450	0.463	0.477	0.492	0.503	0.517	0.531	0.544	0.560	0.581

注：本节对东部、中部、西部的划分依据目前国家统计局的划分标准，即东部地区包括北京、天津、河北、辽宁、上海、江苏、浙江、福建、山东、广东、海南11个省（市）；中部地区包括山西、吉林、黑龙江、安徽、江西、河南、湖北、湖南8个省；西部地区包括内蒙古、广西、重庆、四川、贵州、云南、西藏、陕西、甘肃、青海、宁夏、新疆12个省（区、市）。

从表5-2可以看出，2001年上海、北京和天津的工业化水平达到了0.7以上，说明这三个直辖市工业化发展水平相对较高，在全国居于工业化发展前列；辽宁、江苏、浙江、广东等省份的工业化水平介于0.5~0.7，说明这些省份的工业化发展也取得了较为显著的成效，其中辽宁作为东北老工业基地，工业基础较为雄厚，江苏、浙江、广东通过大力发展高新技术产业，有效推进了工业化进程；而其余省（区、市）的工业化水平都处于 0.5 以下，说明这些省（区、市）工业化发展相对缓慢，工业化发展水平相对较低。值得注意的是，2014 年我国各省（区、市）的工业化水平普遍有明显提高，其中上海、北京、天津、江苏、浙江、广东的工业化水平都超过了 0.7，辽宁、重庆、福建、山东等 15 个省（区、市）的工业化水平介于 0.5 至 0.7 之间，较 2001 年有了较大幅度的提升。总体来看，2001~2014 年我国各省（区、市）工业化水平都取得不同程度的提升，这无疑与国家采取的促进工业转型升级和强化技术创新能力等政策有直接关系，同时也是我国工业化发展进入快速提升阶段的标志。

表 5-3　　　　　　　2001~2014 年我国信息化实际发展水平

区域	2001年	2002年	2003年	2004年	2005年	2006年	2007年	2008年	2009年	2010年	2011年	2012年	2013年	2014年
北京	0.496	0.514	0.537	0.559	0.572	0.586	0.598	0.612	0.637	0.651	0.673	0.686	0.702	0.723
天津	0.434	0.452	0.469	0.483	0.498	0.518	0.535	0.568	0.581	0.607	0.626	0.638	0.654	0.668
河北	0.327	0.343	0.359	0.372	0.389	0.405	0.436	0.459	0.478	0.489	0.503	0.534	0.549	0.567
山西	0.279	0.294	0.316	0.332	0.347	0.359	0.383	0.394	0.412	0.435	0.483	0.502	0.537	0.549
内蒙古	0.226	0.241	0.262	0.279	0.295	0.311	0.348	0.364	0.389	0.405	0.421	0.436	0.468	0.478
辽宁	0.362	0.386	0.399	0.419	0.437	0.452	0.481	0.498	0.516	0.538	0.564	0.586	0.602	0.615
吉林	0.310	0.324	0.338	0.352	0.367	0.381	0.398	0.413	0.429	0.438	0.457	0.471	0.486	0.505
黑龙江	0.329	0.342	0.359	0.374	0.389	0.402	0.428	0.454	0.469	0.488	0.503	0.524	0.537	0.556
上海	0.501	0.513	0.538	0.551	0.573	0.586	0.594	0.610	0.629	0.647	0.671	0.692	0.715	0.732
江苏	0.408	0.429	0.452	0.483	0.504	0.532	0.551	0.573	0.586	0.599	0.634	0.651	0.682	0.699
浙江	0.421	0.436	0.458	0.476	0.492	0.511	0.542	0.573	0.603	0.639	0.658	0.681	0.694	0.714
安徽	0.310	0.324	0.340	0.353	0.367	0.379	0.396	0.408	0.435	0.458	0.473	0.495	0.521	0.537
福建	0.353	0.376	0.398	0.414	0.429	0.448	0.481	0.502	0.524	0.559	0.584	0.603	0.631	0.652
江西	0.297	0.308	0.320	0.331	0.352	0.376	0.392	0.410	0.426	0.439	0.481	0.503	0.526	0.551
山东	0.392	0.426	0.452	0.479	0.498	0.526	0.549	0.578	0.596	0.624	0.658	0.681	0.697	0.712
河南	0.341	0.353	0.358	0.379	0.391	0.421	0.484	0.521	0.551	0.579	0.596	0.612	0.634	0.648
湖北	0.326	0.338	0.357	0.374	0.392	0.414	0.438	0.479	0.493	0.522	0.551	0.579	0.593	0.618
湖南	0.309	0.324	0.351	0.369	0.378	0.396	0.412	0.446	0.473	0.496	0.524	0.559	0.603	0.603
广东	0.448	0.486	0.506	0.528	0.556	0.581	0.603	0.627	0.656	0.678	0.693	0.708	0.729	0.742
广西	0.234	0.257	0.276	0.292	0.309	0.327	0.353	0.374	0.401	0.427	0.453	0.481	0.506	0.521

续表

区域	2001年	2002年	2003年	2004年	2005年	2006年	2007年	2008年	2009年	2010年	2011年	2012年	2013年	2014年
海南	0.282	0.293	0.302	0.311	0.326	0.345	0.361	0.378	0.391	0.416	0.429	0.451	0.481	0.503
重庆	0.361	0.385	0.408	0.439	0.462	0.486	0.506	0.538	0.561	0.586	0.605	0.638	0.651	0.675
四川	0.321	0.348	0.369	0.387	0.405	0.437	0.459	0.482	0.501	0.545	0.568	0.591	0.614	0.632
贵州	0.217	0.226	0.239	0.252	0.268	0.281	0.296	0.318	0.348	0.369	0.389	0.408	0.426	0.447
云南	0.276	0.289	0.308	0.328	0.339	0.358	0.376	0.386	0.402	0.415	0.431	0.457	0.481	0.502
陕西	0.332	0.352	0.364	0.372	0.389	0.408	0.426	0.448	0.469	0.482	0.503	0.531	0.548	0.562
甘肃	0.242	0.257	0.278	0.292	0.315	0.326	0.338	0.351	0.369	0.378	0.391	0.421	0.467	0.482
青海	0.226	0.241	0.267	0.289	0.304	0.324	0.348	0.369	0.381	0.392	0.410	0.426	0.451	0.466
宁夏	0.217	0.231	0.240	0.259	0.272	0.291	0.314	0.333	0.356	0.381	0.402	0.416	0.438	0.478
新疆	0.241	0.256	0.279	0.286	0.301	0.319	0.328	0.351	0.374	0.384	0.397	0.415	0.441	0.448
东部	0.361	0.379	0.397	0.413	0.429	0.446	0.466	0.486	0.504	0.524	0.545	0.564	0.582	0.462
中部	0.313	0.326	0.342	0.358	0.373	0.391	0.416	0.441	0.461	0.482	0.509	0.531	0.555	0.666
西部	0.234	0.249	0.266	0.281	0.296	0.312	0.33	0.348	0.368	0.384	0.400	0.421	0.443	0.571
全国	0.327	0.345	0.363	0.380	0.397	0.416	0.438	0.461	0.481	0.502	0.524	0.546	0.569	0.516

2001~2014年我国信息化发展水平如表5-3和图5-2所示。从表5-3看，2001年我国信息化刚刚起步，发展水平普遍较低，仅上海的信息化水平超过了0.5，北京、天津、江苏、浙江及广东超过了0.4，其余省（区、市）均处于0.4以下。2014年，北京、上海、广东、浙江、山东的信息化水平已超过0.7，天津、辽宁、江苏、福建等9个省份的信息化水平超过了0.6，但西部地区信息化水平仍然偏低，这主要与这些地区前期信息化基础相对较差、基础设施建设相对缓慢等有关。总体来看，自2001年以来，我国信息化发展水平获得了较为显著的提升。

从图5-1和图5-2可以看出，自2001年以来我国工业化和信息化水平都呈现明显上升态势，但相比之下，信息化发展速度明显快于工业化发展速度，两者之间的差距在逐步缩小。从地区差异来看，两者都是东部地区明显好于中西部地区，全国平均水平位于东部与中部之间；信息化地区差异明显小于工业化地区差异。总体来看，截至2014年我国信息化和工业化发展的平均水平都尚未达到0.7，说明二者发展的空间还很大，发展水平有待进一步提升，且发展水平的地区差异较为显著，主要表现为中西部地区工业化与信息化发展水平总体明显低于东部发达地区。

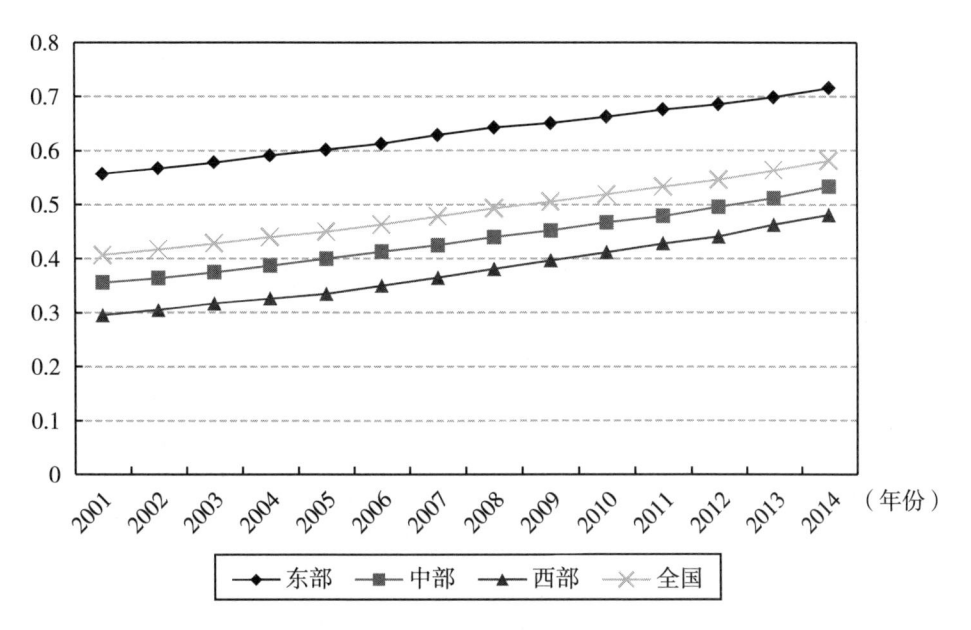

图 5-1　2001~2014 年我国工业化发展趋势

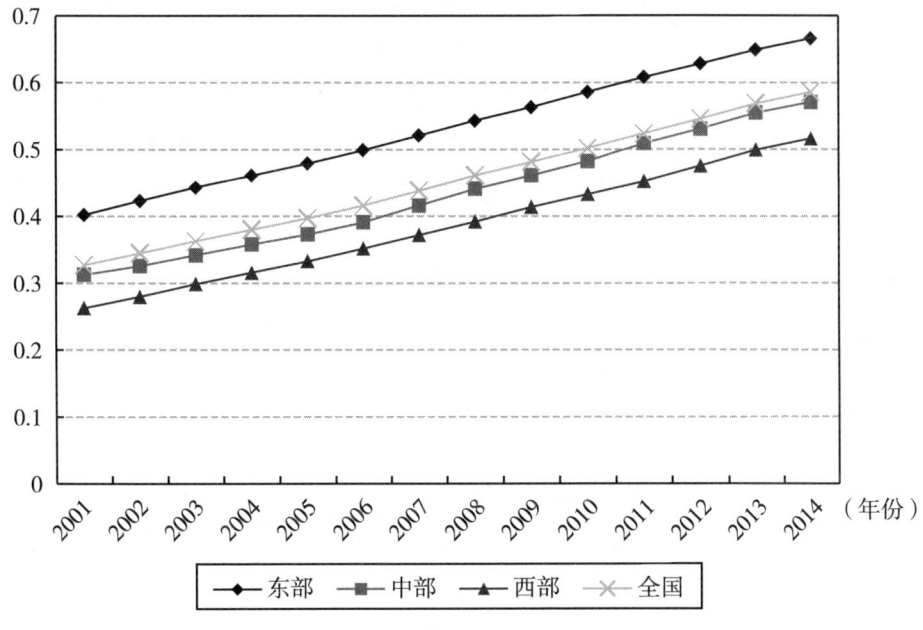

图 5-2　2001~2014 年我国信息化发展趋势

（三）两化融合子系统的协调系数测算

根据式（5.7）与式（5.8），可测算我国各省（区、市）信息化带动工业化融合系数及工业化促进信息化融合系数，具体测算结果如表 5-4 及表 5-5 所示。

表5-4　　　　2001~2014年我国信息化带动工业化融合系数

区域	2001年	2002年	2003年	2004年	2005年	2006年	2007年	2008年	2009年	2010年	2011年	2012年	2013年	2014年
北京	0.998	1.000	1.000	1.000	1.000	1.000	0.998	0.994	0.993	1.000	0.994	0.993	0.992	1.000
天津	0.964	0.967	0.965	0.963	0.964	0.969	0.970	0.976	0.971	0.966	0.977	0.977	0.976	0.982
河北	0.894	0.899	0.897	0.895	0.900	0.904	0.916	0.919	0.919	0.910	0.919	0.930	0.931	0.942
山西	0.858	0.863	0.866	0.867	0.871	0.873	0.882	0.878	0.878	0.879	0.907	0.913	0.925	0.928
内蒙古	0.816	0.821	0.825	0.827	0.832	0.838	0.857	0.858	0.862	0.860	0.869	0.873	0.886	0.890
辽宁	0.919	0.927	0.924	0.926	0.930	0.933	0.942	0.941	0.939	0.936	0.950	0.955	0.956	0.960
吉林	0.882	0.885	0.882	0.882	0.885	0.888	0.892	0.891	0.889	0.881	0.892	0.895	0.896	0.904
黑龙江	0.896	0.898	0.897	0.897	0.900	0.902	0.911	0.916	0.913	0.910	0.919	0.925	0.925	0.926
上海	1.000	1.000	1.000	0.996	1.000	1.000	0.996	0.994	0.990	0.981	0.993	0.995	0.996	0.998
江苏	0.948	0.954	0.956	0.963	0.968	0.976	0.978	0.978	0.973	0.963	0.980	0.981	0.986	0.989
浙江	0.956	0.958	0.959	0.959	0.961	0.965	0.973	0.978	0.980	0.978	0.988	0.992	0.990	0.991
安徽	0.882	0.885	0.884	0.882	0.885	0.887	0.891	0.888	0.893	0.902	0.909	0.916	0.919	
福建	0.912	0.921	0.923	0.923	0.925	0.931	0.942	0.943	0.944	0.946	0.959	0.963	0.968	0.973
江西	0.872	0.873	0.869	0.867	0.875	0.885	0.888	0.889	0.887	0.881	0.906	0.913	0.919	0.925
山东	0.938	0.952	0.956	0.961	0.964	0.973	0.977	0.980	0.977	0.973	0.988	0.992	0.991	0.992
河南	0.904	0.905	0.896	0.900	0.901	0.914	0.944	0.953	0.957	0.954	0.964	0.966	0.969	0.957
湖北	0.893	0.895	0.896	0.897	0.902	0.910	0.917	0.931	0.927	0.928	0.944	0.952	0.952	0.956
湖南	0.881	0.885	0.892	0.893	0.893	0.898	0.901	0.912	0.916	0.914	0.930	0.943	0.956	0.962
广东	0.972	0.986	0.985	0.986	0.993	0.998	1.000	1.000	1.000	0.991	1.000	1.000	1.000	0.996
广西	0.823	0.834	0.836	0.837	0.843	0.850	0.861	0.865	0.871	0.874	0.889	0.901	0.908	0.910
海南	0.861	0.862	0.856	0.852	0.856	0.863	0.867	0.868	0.864	0.867	0.874	0.883	0.894	0.898
重庆	0.918	0.927	0.929	0.938	0.945	0.952	0.956	0.962	0.962	0.957	0.968	0.977	0.975	0.972
四川	0.890	0.902	0.904	0.905	0.910	0.924	0.930	0.933	0.931	0.939	0.952	0.957	0.961	0.956
贵州	0.808	0.808	0.806	0.805	0.811	0.815	0.818	0.824	0.833	0.836	0.847	0.855	0.859	0.868
云南	0.856	0.859	0.860	0.864	0.865	0.873	0.877	0.873	0.871	0.866	0.876	0.886	0.894	0.898
陕西	0.898	0.905	0.901	0.895	0.900	0.906	0.910	0.913	0.913	0.907	0.919	0.928	0.930	0.934
甘肃	0.829	0.834	0.837	0.837	0.848	0.849	0.850	0.848	0.848	0.842	0.849	0.863	0.885	0.892
青海	0.816	0.821	0.829	0.835	0.839	0.848	0.857	0.861	0.857	0.851	0.862	0.867	0.875	0.880
宁夏	0.808	0.813	0.807	0.811	0.814	0.823	0.832	0.835	0.839	0.844	0.856	0.860	0.867	0.873
新疆	0.828	0.833	0.838	0.833	0.837	0.844	0.843	0.848	0.852	0.846	0.853	0.859	0.869	0.872

续表

区域	2001年	2002年	2003年	2004年	2005年	2006年	2007年	2008年	2009年	2010年	2011年	2012年	2013年	2014年
东部	0.854	0.858	0.858	0.858	0.861	0.865	0.869	0.870	0.868	0.865	0.875	0.878	0.880	0.975
中部	0.884	0.886	0.885	0.886	0.889	0.895	0.903	0.907	0.908	0.905	0.921	0.927	0.932	0.935
西部	0.764	0.769	0.770	0.771	0.776	0.782	0.787	0.790	0.792	0.789	0.799	0.806	0.813	0.904
全国	0.891	0.896	0.896	0.897	0.901	0.906	0.913	0.915	0.915	0.912	0.924	0.930	0.935	0.938

表5-5　　2001~2014年我国工业化促进信息化融合系数

区域	2001年	2002年	2003年	2004年	2005年	2006年	2007年	2008年	2009年	2010年	2011年	2012年	2013年	2014年
北京	0.992	0.993	0.996	0.999	0.997	0.996	0.996	0.998	0.997	0.998	1.000	0.999	1.000	1.000
天津	0.968	0.968	0.976	0.981	0.981	0.978	0.980	0.980	0.981	0.983	0.984	0.988	0.992	0.994
河北	0.798	0.803	0.804	0.806	0.811	0.815	0.821	0.833	0.839	0.843	0.845	0.853	0.855	0.858
山西	0.771	0.772	0.785	0.791	0.800	0.806	0.810	0.820	0.825	0.827	0.830	0.846	0.854	0.856
内蒙古	0.749	0.750	0.753	0.760	0.767	0.773	0.786	0.805	0.814	0.818	0.825	0.833	0.844	0.851
辽宁	0.901	0.907	0.912	0.908	0.910	0.910	0.914	0.917	0.919	0.923	0.928	0.933	0.937	0.941
吉林	0.805	0.807	0.812	0.821	0.827	0.828	0.837	0.846	0.850	0.857	0.858	0.866	0.873	0.882
黑龙江	0.778	0.785	0.794	0.809	0.817	0.819	0.823	0.827	0.832	0.840	0.848	0.853	0.865	0.869
上海	1.000	1.000	1.000	1.000	1.000	1.000	1.000	1.000	1.000	1.000	1.000	1.000	1.000	1.000
江苏	0.903	0.891	0.900	0.911	0.920	0.926	0.933	0.938	0.941	0.948	0.951	0.956	0.961	0.972
浙江	0.903	0.909	0.915	0.921	0.927	0.935	0.940	0.944	0.945	0.951	0.953	0.957	0.963	0.967
安徽	0.719	0.725	0.737	0.739	0.752	0.762	0.770	0.779	0.785	0.797	0.810	0.832	0.844	0.897
福建	0.826	0.832	0.839	0.845	0.852	0.854	0.860	0.866	0.876	0.884	0.894	0.903	0.910	0.913
江西	0.754	0.756	0.762	0.777	0.785	0.791	0.798	0.802	0.813	0.824	0.835	0.845	0.855	0.862
山东	0.826	0.834	0.841	0.849	0.854	0.860	0.869	0.878	0.886	0.894	0.900	0.905	0.910	0.915
河南	0.721	0.718	0.723	0.718	0.727	0.746	0.754	0.775	0.789	0.800	0.808	0.817	0.827	0.841
湖北	0.814	0.821	0.830	0.829	0.83	0.834	0.841	0.850	0.859	0.869	0.878	0.888	0.894	0.904
湖南	0.753	0.756	0.758	0.774	0.785	0.785	0.789	0.796	0.804	0.816	0.823	0.831	0.838	0.842
广东	0.899	0.900	0.904	0.911	0.916	0.921	0.928	0.934	0.938	0.939	0.944	0.948	0.951	0.957
广西	0.704	0.709	0.715	0.722	0.732	0.741	0.741	0.749	0.752	0.770	0.78	0.797	0.813	0.832
海南	0.686	0.694	0.698	0.692	0.701	0.710	0.737	0.749	0.761	0.773	0.78	0.791	0.799	0.814
重庆	0.818	0.823	0.834	0.839	0.834	0.842	0.851	0.861	0.878	0.888	0.892	0.904	0.921	0.932

续表

区域	2001年	2002年	2003年	2004年	2005年	2006年	2007年	2008年	2009年	2010年	2011年	2012年	2013年	2014年
四川	0.739	0.746	0.749	0.745	0.753	0.761	0.768	0.777	0.789	0.801	0.809	0.825	0.849	0.862
贵州	0.634	0.639	0.651	0.661	0.671	0.679	0.674	0.694	0.708	0.714	0.727	0.735	0.746	0.757
云南	0.691	0.694	0.704	0.708	0.715	0.721	0.725	0.731	0.741	0.750	0.767	0.779	0.773	0.790
陕西	0.742	0.746	0.758	0.769	0.775	0.783	0.797	0.806	0.813	0.827	0.838	0.846	0.854	0.863
甘肃	0.689	0.698	0.713	0.715	0.729	0.746	0.754	0.761	0.770	0.773	0.785	0.795	0.808	0.821
青海	0.668	0.675	0.688	0.700	0.693	0.705	0.714	0.718	0.731	0.749	0.763	0.772	0.787	0.798
宁夏	0.702	0.709	0.717	0.724	0.727	0.738	0.753	0.767	0.775	0.780	0.781	0.795	0.810	0.821
新疆	0.702	0.709	0.710	0.715	0.717	0.712	0.716	0.727	0.739	0.750	0.763	0.759	0.771	0.792
东部	0.800	0.803	0.807	0.810	0.814	0.817	0.823	0.828	0.831	0.836	0.840	0.844	0.848	0.939
中部	0.764	0.768	0.775	0.782	0.790	0.796	0.803	0.812	0.820	0.829	0.836	0.847	0.856	0.869
西部	0.645	0.650	0.658	0.665	0.669	0.676	0.683	0.693	0.702	0.711	0.720	0.729	0.739	0.829
全国	0.789	0.792	0.799	0.805	0.810	0.816	0.823	0.831	0.838	0.846	0.853	0.862	0.871	0.880

在信息化带动工业化发展方面，一般说来，信息化带动工业化融合系数越大，说明该省（区、市）实际信息化发展水平所要求的工业化发展水平，与同期各省（区、市）信息化水平所要求的理想工业化发展水平之间的差距越小，即说明信息化带动工业化融合的效果越好。从表5-4可以看出，自2001年以来，我国各省（区、市）基本保持了信息化带动工业化融合系数稳定上升的趋势，说明各地通过信息化较为有效地带动了工业化的发展。工业企业的人力资源、生产工具等有所提升，工业企业的生产方式、组织管理方式不断改进，工业产品成本下降、价值上升，工业化发展水平得到提高。2010年信息化与工业化融合系数出现了小幅下滑，之后则实现了较为平稳的增长。总体来看，我国信息化发展促进工业化发展的作用还是较为显著的，越来越多的行业和企业意识到信息技术对提升自身生产效率的重要性，从而加快推进信息技术应用。但由于前期不同地区信息化发展水平不同，从而在信息化带动工业化的作用方面表现出一定的差异性。

在工业化促进信息化发展方面，一般来说，工业化促进信息化融合系数越大，说明该省（区、市）实际工业化发展水平所要求的信息化发展水平，与同期各省（区、市）工业化水平所要求的理想信息化发展水平之间的差距越小，也即说明工业化带动信息化融合的效果越好。从表5-5可以看出，自2001年以来，我国工业化促进信息化的融合系数保持了显著的上升趋势，由2001年的

0.789 上升到 2014 年的 0.880。这主要是由于各省（区、市）随着其工业化的不断推进，工业企业对信息技术的需求越来越大，并在产品设计、生产运营、销售服务及企业管理等多个环节大量采用信息技术，由此提高了信息技术与工业技术的融合和产品融合的程度，从而促进了信息化水平的提高。

为便于进行两化融合子系统融合系数的比较分析，我们进一步绘制了信息化带动工业化融合系数与工业化促进信息化融合系数的趋势图（见图 5-3）。由图 5-3 可知，我国工业化促进信息化融合系数明显低于信息化带动工业化融合系数。原因主要是：一方面，我国工业化进程虽然时间较长，但目前工业体系的高端化、智能化发展相对滞后，在短时间内难以较好地满足信息化进一步发展所需的设备和先进技术基础，由此导致我国工业化促进信息化融合系数偏低；另一方面，近年来，在政府的大力推动下，我国信息化保持了持续快速增长势头，且逐步深入地融入工业生产过程之中，由此带动了工业化的高端化、数字化和智能化发展，并提高了信息化带动工业化的融合系数。从图 5-3 还可以看出，我国工业化促进信息化融合系数与信息化带动工业化融合系数之间的差距在逐步缩小。主要原因是：近年来，我国工业化进程得到进一步推进，工业转型升级的要求和趋势越来越明显，由此大大扩大了对先进信息技术的需求。再加上以德国 4.0 为代表的发达国家再工业化战略的启发和影响，我国更加重视和强调依靠先进信息技术的创新、应用与推广来大力带动工业化转型、升级和发展，由此使工业化促进信息化融合系数增加较快，并与信息化带动工业化融合系数之间的差距逐渐缩小，两化融合的协同性不断增强。

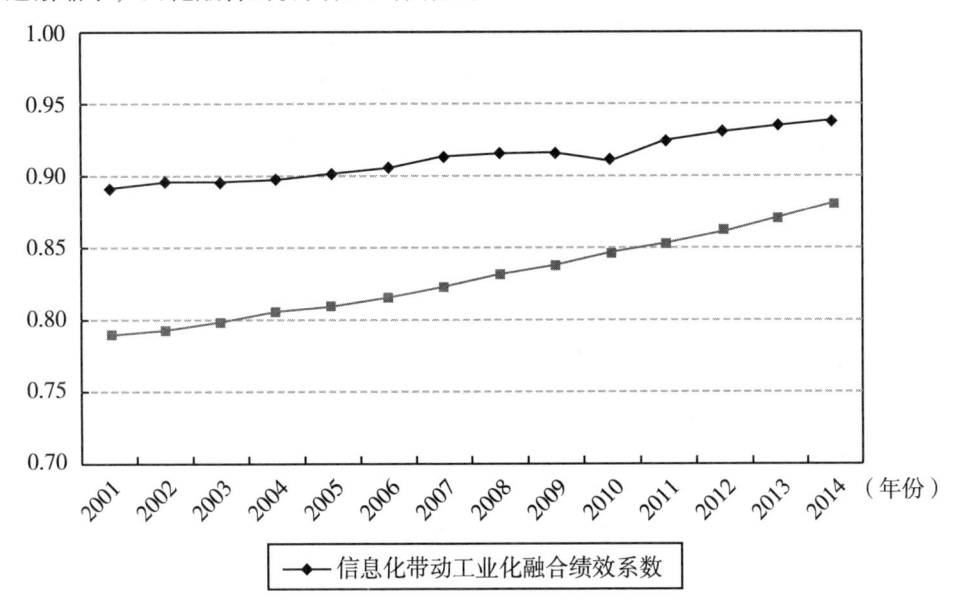

图 5-3　2001～2014 年我国工业化与信息化子系统融合系数趋势

（四）两化融合系数的区域差异分析

我国不同区域工业化与信息化发展水平以及二者之间的融合程度存在一定差异，准确把握这种差异，对于制定更加科学合理的区域两化融合规划和政策具有重要意义。依据协调发展系数法，根据式（5.9），综合两化融合两个子系统融合系数，可进一步计算得到全国各省（区、市）、东中西部及全国整体的两化融合系数及其变动趋势，结果如表 5-6 和图 5-4 所示。

表 5-6　　　　　　2001~2014 年我国两化融合系数

区域	2001年	2002年	2003年	2004年	2005年	2006年	2007年	2008年	2009年	2010年	2011年	2012年	2013年	2014年
北京	0.994	0.993	0.996	0.999	0.997	0.996	0.998	0.996	0.996	0.998	0.994	0.994	0.992	0.996
天津	0.996	0.999	0.989	0.982	0.983	0.991	0.990	0.996	0.990	0.983	0.993	0.989	0.984	0.990
河北	0.893	0.893	0.896	0.901	0.901	0.902	0.896	0.906	0.913	0.926	0.919	0.917	0.918	0.922
山西	0.899	0.895	0.906	0.912	0.918	0.923	0.918	0.934	0.940	0.941	0.915	0.927	0.923	0.925
内蒙古	0.918	0.914	0.913	0.919	0.922	0.922	0.917	0.938	0.944	0.951	0.949	0.954	0.953	0.957
辽宁	0.980	0.978	0.987	0.981	0.978	0.975	0.970	0.974	0.979	0.986	0.977	0.977	0.980	0.986
吉林	0.913	0.912	0.921	0.931	0.934	0.932	0.938	0.949	0.956	0.973	0.962	0.968	0.974	0.981
黑龙江	0.868	0.874	0.885	0.902	0.908	0.908	0.903	0.903	0.911	0.923	0.923	0.922	0.935	0.942
上海	1.000	1.000	1.000	0.996	1.000	1.000	0.996	0.994	0.99	0.981	0.993	0.995	0.996	0.998
江苏	0.953	0.934	0.941	0.946	0.950	0.949	0.954	0.959	0.967	0.984	0.970	0.975	0.975	0.980
浙江	0.945	0.949	0.954	0.960	0.965	0.969	0.966	0.965	0.964	0.972	0.965	0.972	0.973	0.980
安徽	0.815	0.819	0.834	0.838	0.850	0.859	0.864	0.877	0.879	0.892	0.898	0.915	0.921	0.946
福建	0.906	0.903	0.909	0.915	0.921	0.917	0.913	0.918	0.928	0.934	0.932	0.938	0.940	0.943
江西	0.865	0.866	0.877	0.896	0.897	0.894	0.899	0.902	0.917	0.935	0.922	0.926	0.930	0.936
山东	0.881	0.876	0.88	0.883	0.886	0.884	0.889	0.896	0.907	0.919	0.911	0.912	0.918	0.951
河南	0.798	0.793	0.807	0.798	0.807	0.816	0.799	0.813	0.824	0.839	0.838	0.846	0.853	0.922
湖北	0.912	0.917	0.926	0.924	0.920	0.916	0.917	0.913	0.927	0.936	0.930	0.933	0.939	0.887
湖南	0.855	0.854	0.850	0.867	0.879	0.874	0.876	0.873	0.878	0.893	0.885	0.881	0.877	0.946
广东	0.925	0.913	0.918	0.924	0.922	0.923	0.928	0.934	0.938	0.948	0.944	0.948	0.951	0.992
广西	0.855	0.850	0.855	0.863	0.868	0.872	0.861	0.866	0.863	0.881	0.877	0.885	0.895	0.931
海南	0.797	0.805	0.815	0.812	0.819	0.823	0.850	0.863	0.881	0.892	0.892	0.896	0.894	0.901
重庆	0.891	0.888	0.898	0.894	0.883	0.884	0.890	0.895	0.913	0.928	0.921	0.925	0.945	0.955
四川	0.830	0.827	0.829	0.823	0.827	0.824	0.826	0.833	0.847	0.853	0.850	0.862	0.883	0.924

续表

区域	2001年	2002年	2003年	2004年	2005年	2006年	2007年	2008年	2009年	2010年	2011年	2012年	2013年	2014年
贵州	0.785	0.791	0.808	0.821	0.827	0.833	0.824	0.842	0.850	0.854	0.858	0.860	0.868	0.877
云南	0.807	0.808	0.819	0.819	0.827	0.826	0.827	0.837	0.851	0.866	0.876	0.879	0.865	0.931
陕西	0.826	0.824	0.841	0.859	0.861	0.864	0.876	0.883	0.890	0.912	0.912	0.912	0.918	0.926
甘肃	0.831	0.837	0.852	0.854	0.860	0.879	0.887	0.897	0.908	0.918	0.925	0.921	0.913	0.915
青海	0.819	0.822	0.830	0.838	0.826	0.831	0.833	0.834	0.853	0.880	0.885	0.890	0.899	0.903
宁夏	0.869	0.872	0.888	0.893	0.893	0.897	0.905	0.919	0.924	0.924	0.912	0.924	0.934	0.923
新疆	0.848	0.851	0.847	0.858	0.857	0.844	0.849	0.857	0.867	0.887	0.894	0.884	0.887	0.889
东部	0.934	0.931	0.935	0.936	0.938	0.939	0.941	0.946	0.950	0.957	0.954	0.955	0.956	0.967
中部	0.866	0.866	0.876	0.884	0.889	0.890	0.889	0.896	0.904	0.917	0.909	0.915	0.919	0.936
西部	0.844	0.844	0.853	0.858	0.859	0.861	0.863	0.873	0.883	0.896	0.896	0.900	0.905	0.921
全国	0.882	0.882	0.889	0.894	0.896	0.898	0.899	0.906	0.913	0.924	0.921	0.924	0.928	0.942

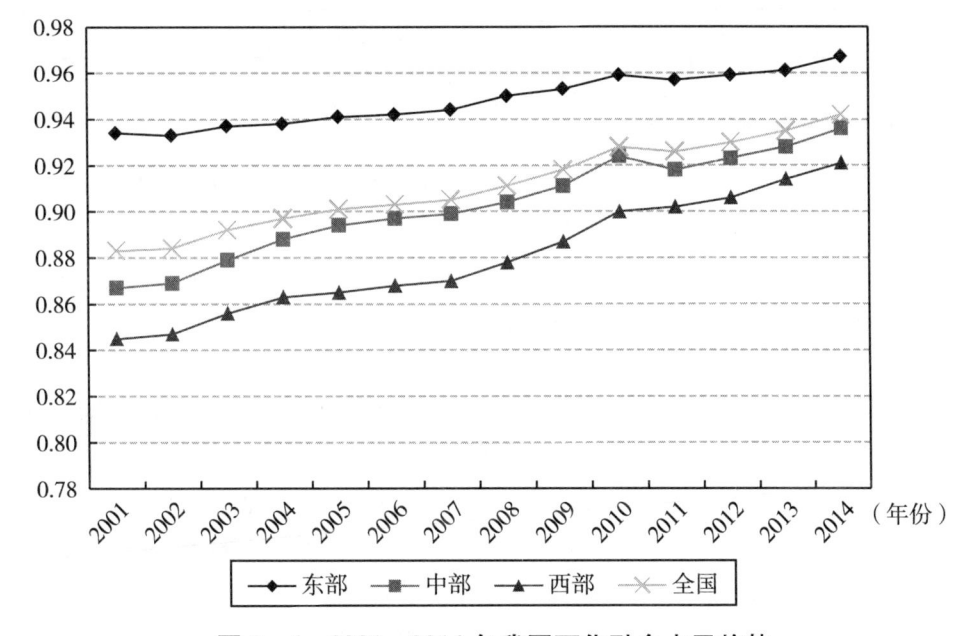

图 5-4 2001~2014 年我国两化融合水平趋势

从表 5-6 及图 5-4 可以看出，从全国层面来说，自 2001 年以来，我国两化融合系数保持了较为明显的上升趋势，由 2001 年的 0.883 逐步上升到 2014 年的 0.942。随着两化融合水平的提升，信息化带动工业化融合系数与工业化促进信息化融合系数在逐步趋同，说明两化之间的融合程度在逐步提升。

从区域层面看,东部地区的两化融合水平明显高于中部、西部地区,中部地区总体略低于全国平均水平,而西部地区与全国平均水平差距较大。这主要是因为东部地区的工业化基础较好,且近年来信息化发展较为迅速,再加上政府的强力推动,由此使这些地区的两化融合快速推进,成效较为显著;中部地区工业化总体水平低于东部地区,在信息化基础和发展速度方面更是明显落后于东部地区,并且如上面测算结果所显示的,该区域部分省(区、市)出现了信息化带动工业化和工业化促进信息化两子系统间的不一致,由此导致该区域两化融合水平明显低于东部地区;而西部地区的工业化、信息化发展水平普遍偏低,特别是在信息化基础设施建设等方面较东部、中部地区显得尤为不足,再加上该区域信息化、工业化方面的高层次人才相对匮乏,从而制约了这些地区两化融合水平的快速提升,两化融合系数明显低于中部、东部地区。为方便进一步比较,可根据2001~2014年全国30个省(区、市)的两化融合平均系数对区域两化融合程度进行聚类分析,结果如表5-7所示。

表 5-7　　　　　　　　我国两化融合水平分类

分类	省(区、市)
第一方阵 ($0.990 \leq CC < 1.000$)	北京、上海、天津
第二方阵 ($0.905 \leq CC < 0.990$)	辽宁、浙江、江苏、吉林、内蒙古、广东、湖北、福建、山西、河北、黑龙江
第三方阵 ($0.800 \leq CC < 0.905$)	重庆、宁夏、江西、山东、甘肃、陕西、湖南、广西、安徽、新疆、海南、青海、四川、云南、贵州、河南

由表5-7可知,从省级层面看,北京、上海、天津三个直辖市的两化融合系数最高,依次为0.996、0.995和0.990,表明其两化融合在全国处于领先的水平,这自然与三个直辖市工业化基础特别是先进制造业发展水平较高、信息化发展优势明显直接相关。其中,北京、上海已进入服务经济时代,高端制造业发展水平较高,制造业的智能化、数字化、服务化发展迅速;天津作为全国重要的先进制造研发基地,伴随着这些年滨海新区的开发开放,工业特别是制造业的高端化、高质化、高新化也得到较快发展。另外,北京、上海、天津的信息化发展起点较高,很多信息化大型项目、试点项目较为集中,也对实现两化深度融合起到重要支撑作用。当然,北京、上海、天津的经济、社会发展水平总体位居全国前列,综合发展能力较强,这也为促进这些地区的两化融合提供了较坚实的经济、技术支撑。

处于第二方阵的省（区）有辽宁、浙江、江苏等东部沿海地区，其两化融合水平也相对较高。这些地区也属于经济相对发达的沿海省（区），经济发展水平较高，信息化发展基础较好，因而，相对于中西部地区，在促进两化融合的条件方面，也相对较为优越。但这些地区在促进两化融合的具体路径方面并不完全相同。辽宁、吉林、黑龙江三省作为东北老工业基地，其工业化基础较好，近年来注重信息技术与制造业的融合，在利用信息技术提升自身工业发展的同时，信息化水平也得到了快速提升，由此大大推动了两化融合进程；浙江、广东、福建、河北等省份，经济基础较好，并形成了具有自身特色的工业体系，信息技术应用较为广泛，特别是浙江、广东、福建三个南方省份的信息产业发展迅速，制造业优势相对明显，在两化融合方面优势明显。内蒙古、山西等资源型省（区），虽然表面上两化融合水平较高，但考虑到这些省（区）的工业化与信息化实际发展水平相对较低，因而其两化融合的总体质量与效益低于东部沿海省份，可以说这些地区的两化融合还处于一种低质量融合状态。

处于第三方阵的地区有重庆、宁夏、江西、山东等省（区、市），这些省（区、市）的两化融合水平总体偏低。该方阵还可进一步划分为两部分。一部分是重庆、山东、陕西、湖南、江西等省（市），由于两化融合两个子系统发展不够平衡，协同程度较低，限制了两化融合的整体水平。具体体现为：这些地区的信息化发展水平相对较高，但由于传统工业所占比重过大，制约了工业化发展水平的同步提升，由此表现出虽然信息化带动工业化子系统水平较高，但信息化与工业化融合的总体水平并不高。另一部分是宁夏、甘肃、新疆、青海、贵州等边远省（区），工业化与信息化的总体发展水平都偏低，技术力量较薄弱，信息化、工业化人才相对匮乏，导致总体两化融合水平低。

五、主要结论及对我国进一步推动两化融合的对策建议

通过以上对我国总体和区域信息化与工业化融合水平的测算，主要得到以下结论。首先，近年来，我国工业化、信息化水平保持了较快发展态势，且信息化发展速度明显快于工业化发展速度，使两者之间的差距不断缩小，但与发达国家相比总体水平仍有待提升。进一步推进两化深度融合，通过信息化提升工业化发展质量和水平，是我国新型工业化发展的必由之路，也是新产业革命的必然要求。其次，我国现实中整体信息化带动工业化发展能力强于工业化促进信息化发展能力，这既说明我国信息化正处于快速提升和应用不断增强的时期，同时也说明目前我国工业化转型升级的压力较大，工业化亟待向高端化、智能化、数字化转型，以实现两化在更高水平上的深度融合和协同发展。最后，我国区域两化融

合水平存在较明显的差异：东部地区明显优于中部、西部地区，中部地区略低于全国平均水平，西部地区与全国平均水平差距较大；北京、上海、天津居于全国前三，辽宁、浙江、江苏等东部沿海和部分中部省（区、市）居于全国前列，而重庆、宁夏、江西等中西部及部分东部省（区、市）排名靠后。导致区域两化融合水平差异的原因是多方面的，主要是因为不同区域之间工业化、信息化发展的绝对水平存在着明显差异，同时具体到区域内部在信息化带动工业化和工业化促进信息化两个子系统之间的协调程度存在显著差异，由此引致两子系统之间的不协调，而导致两化融合总体水平偏低。

基于以上研究结论，本节从我国现实两化融合现状、存在问题及主要制约因素出发，提出现阶段两化融合的提升路径。

第一，紧握智能制造作为两化深度融合突破口，全面推进智能制造试点示范行动。坚持把智能制造作为两化融合战略重点，把握最新信息化发展趋势和产业变革浪潮，利用数字化、智能化、自动化和网络化的先进信息技术，改造传统制造产业、培育新型智能制造业；充分发挥政府的规划、战略、政策引导作用，发挥市场的导向作用，以智能技术为核心，以制造企业为主体，加快制造业向柔性化生产、个性化定制、网络化销售等先进制造方式及营销模式的升级；重点支持关键核心技术，如核心智能测控、智能制造集成等，支撑智能制造、智慧物流、高端装备等智能产业率先发展，带动整个工业产业链、价值链与信息链智能协作。不断推进智能制造重大工程、项目等试点工程，培育智能制造生产模式，研发智能制造技术，推出智能装备和产品；选择基础较好、需求迫切的制造行业，开展智能工厂及智能制造的应用示范项目；在重点智能制造示范行业推广自动控制系统，不断提高智能制造示范行业的制造、技术、应用协调发展能力和水平。

第二，提升自主创新能力，保证技术支撑，简政放权紧抓融合标准管理体系构建。围绕两化深度融合对先进技术的动态需求，整合国内智能制造先进人才与技术资源，重点在新一代移动通信、高性能计算机、物联网、智能机器人等领域，制定自主发展路线图，形成拥有自主产权的先进技术，提高国产智能技术对工业化和信息化的促进和提升作用；构建国家制造业创新网络体系，全面支持技术创新、业态创新、商业模式创新等组成的多元创新体系，加快实现从要素、投资驱动向创新、技术驱动的转型升级；紧紧把握工业大数据、工业云服务等具有针对性技术的研发，政府制定研发、应用的专项指导意见，选取骨干制造企业开展试点示范。着力深化两化融合行政审批制度改革，适当减少对微观企业的直接干预，发挥市场决定性的调配资源作用，激发企业的创新、研发活力；政府通过简化行政机构，发挥引导职能构建良好的产业政策环境和投资发展环境，充分调动企业的积极性和内在动力；通过工信部等政府部门的引导，进一步完善融合标准管理体系，克服信息技术不兼容、集成系统难协同等"瓶颈"问题，制定两化融合管理体系的国家标准，利用第三方认定服务体系，构建两化深度融合的统一技术标准规范。

第三，提前布局工业互联网发展战略，深化信息网络技术与制造业融合程度。工业互联网是实现智能制造的必备基础，是推进两化融合的必由之路，应把握时机，统筹谋划，提早布局。工信部等部门研究、制定我国工业互联网的发展路线图，明确发展方向和路径，提供整体发展架构方案；针对重点工程，如互联网协议第6版（Internet Protocol Version 6，IPv6）地址资源管理工程等，进行重点研究与规划，为工业互联网的开展奠定良好的发展基础；制定相关工具、应用软件、通信系统等方面的相关协议，保证工业互联网在制造业、智慧城市、通信网络等领域有良好的应用环境。进一步深化工业互联网与智能制造的融合程度，推进"互联网+"战略，如按需制造、众包众设、异地协同设计等与制造业融合创新的应用模式；构建包括工业企业、互联网企业以及互联网应用创新开放平台三方在内的合作交流平台，促进制造企业与互联网企业的交流与合作；推动物联网、大数据等典型互联网技术在制造业的集成创新和广泛应用，推进设备数字化、流程自动化、管理信息化的智能制造方式；通过网络化的制造模式，实现制造产业链各环节的协同共进，形成网络化的制造企业集群式发展。

第四，继续深化"宽带中国"战略，为两化融合提供有力的基础支撑。为满足智能制造、工业互联网等两化融合重点工程的发展需求，应进一步落实"宽带中国"战略。进一步加快高速、宽带、移动、融合、泛在的信息网络基础设施建设，推进光纤网络、移动网络和无线局域网络的整合、优化、升级；保证重点工程的顺利推进，全面进行TD-LTE[①]网络建设、4G业务推广和5G业务研发工作，并进一步落实中国LTEv6工程[②]；始终高度重视网络信息安全问题，不断提高网络安全保障能力。着力突破高端芯片等核心技术，积极开展应用电子和工业软件等研发，鼓励工业智能终端的创新，加快提升现代信息产业支撑工业转型升级的能力；强调新一代互联网与移动互联网、物联网、云计算等信息技术的融合发展，并提升TD-LTE智能终端的产业化和普及率，支持云计算、大数据等业务发展，满足智能制造等工业转型升级的网络服务需求；基于供应链管理构建工业企业的电子商务应用系统，推进工业全流程电子商务的转型升级。

第五，发展协同高效的制造业创新模式，加强区域之间统筹协调与交流。协同高效的制造业创新模式，是我国实现创新驱动和制造强国的关键所在，也是实现两化融合的重要提升路径。因此，应建立完善的制造业"产—学—研—用"

---

① TD-LTE：Time Division Long Term Evolution，分时长期演进。
② LTEv6：Long Term Evolution-Internet Protocol Version 6，长期演进技术——互联网协议第6版。

协同创新网络,以制造企业为主体,整合创新资源,构建网络化的制造业创新中心;围绕智能工厂和智能制造的转型升级需求,建立专业化、网络化、社会化的智能制造创新服务组织,建立在标准推广、检验检测、成果转化、方案咨询等多个环节实现跨领域、多层次的信息交流机制。加强区域之间的相互合作,相关部门分工落实责任,协作配合,形成合力,有效推进我国两化融合的整体协调发展;加快推进建立政府、研究院所、行业协会、高校专家和工业企业的良性互动、协调合作机制,有效整合各方优势和力量;定期开展沟通交流和经验分享,结合试点企业两化融合的实际发展需求,分阶段、有侧重地召开经验交流和学习推广会议,为政府部门、相关专家、行业协会、工业企业等多个层次的参与者提供沟通交流、经验分享的渠道和平台。

第二节 德国工业 4.0 及其对中国制造业转型升级的借鉴[①]

德国自 2013 年正式提出"工业 4.0"战略以来,加紧将信息通信技术应用到工业生产中,建立信息物理系统,通过智能工厂和智能生产,对制造业产品制造、物流管理等各个环节进行智能化全程控制,以促进制造业的智能化、数字化、网络化和服务化发展,并催生出新型商业模式和生产方式。目前,我国制造业存在要素成本上升迅速、产能过剩矛盾突出、国际产业链低端锁定等诸多难题(卢福财和胡平波,2008),有必要借鉴德国工业 4.0 战略的基本思路和实施机制,借助于正在迅速发展的新产业革命的技术成果,加快推进制造业生产方式、产业组织和商业模式等方面的创新,加快促进制造业的全面转型升级。

一、德国工业 4.0 战略的基本内容和目标导向

(一)德国工业 4.0 战略的基本内容

长期以来,德国在制造业发展过程中十分重视制造技术的研发及应用,同时强调高度专业化管理在复杂工业生产系统中的应用,这是德国制造业在世界上颇具竞争力的一个重要原因。在新一轮产业革命和信息技术得到迅速发展及广泛应用的新条件下,德国积极将先进适用的信息技术应用于机械和装备制造业,在嵌入式系统和自动化工程领域获得了显著成效(Voudouris et al.,2012)。伴随着

[①] 杜传忠、杨志坤:《德国工业 4.0 战略对中国制造业转型升级的借鉴》,载于《经济与管理研究》2015 年第 7 期。

新一代信息网络技术和数字化、智能化技术的发展及应用,德国基于其制造业的独特优势和发展基础,提出了"工业4.0"这一新的制造业发展战略,以求实现制造业新的转型升级和国际竞争力的不断提升,继续保持德国作为世界制造业强国的地位。

关于德国工业4.0的内涵,专家们有着各自的解读和认识。德国学术界和产业界普遍认为,"工业4.0"概念是以智能制造为主导的第四次工业革命,或者说革命性的生产方法,旨在通过充分利用信息通信技术和网络物理系统等手段,将制造业向智能化转型(Lasi et al.,2014)。该战略是在德国学术界和产业界的积极建议和共同推动下形成的,为政府接受并迅速上升为国家战略。它是工业生产方式的新一轮革新,是继第一个自动纺织机、第一条流水线和第一个可编程逻辑控制器(programmable logic controller,PLC)诞生之后,互联网、大数据、云计算、物联网等新技术给工业生产带来的革命性变化(Gruber,2013)。学界将前几次重大发明依次定义为工业1.0、工业2.0、工业3.0,那么这次重大工业变革即为工业4.0。

德国工业4.0战略提出后,在我国国内也引起了很大反响和热烈讨论,这自然与我国正处于制造业转型升级的关键时期有关。张其仔(2014)认为,所谓工业4.0是指以全方位的网络化、智能化、绿色化代表的新工业革命,是继机械化、电气化、信息化之后第四次工业革命;美国辛辛那提讲座教授李杰(2014)认为德国工业4.0战略包含"5C"结构,分别是正在积极做试点的网络化,由数据到信息化的转变,虚拟网络化管理,问题识别和决策以及装备重组,它们共同构成德国工业4.0战略的基本内容;德国SAP全球副总裁徐莉(2014)认为,德国工业4.0主要具有三个层次的内容:一是垂直一体化,通过物联网、信息物理系统,把设备和生产系统及业务系统打开;二是网络技术的全程化应用,将网络技术应用到产品的全部生命周期中,包括设计、生产、运营及服务等各个环节;三是实现互联网经济和合作伙伴的全维度融合,企业要同供应商、客户及合作伙伴实现融合。

综合国内外学者的有关研究,我们认为,德国工业4.0主要包含以下几方面的含义。

首先,它是第三次工业革命的重要组成部分。信息技术的广泛应用作为第三次工业革命的核心内容,使得工业生产进一步趋向智能化、个性化、数字化,而德国工业4.0的关键技术是信息通信技术(information communications technology,ICT),包括联网设备自动协调技术M2M(machine to machine)、企业资源计划、产品生命周期管理与供应链管理的大数据联动系统等。可以说,德国工业4.0在很大程度上是信息技术在工业上的更深层次的应用,是第三次工业革命的重要组成部分(Schlechtendahl et al.,2015)。

其次，德国工业4.0战略的核心是构建信息物理系统（cyber-physical systems, CPS）。信息物理系统是集网络、计算和物理环境于一体的多维复杂系统，通过三者有机融合与深度协作，实现制造工程系统的实时感知、动态控制和信息服务。德国工业4.0战略的信息物理系统包括智能机器、存储系统和生产设施等，它们自动交换信息、触发动作和控制，从入厂物流到生产、销售、出厂物流和服务等各个环节，实现数字化和端到端集成（Sailer，2014）。信息物理系统从根本上改善了工业制造过程，不仅可整合制造过程以灵活配置资源，还可提供更加差异化的管理以不断拓展机会。

再其次，德国工业4.0的两大主题是"智能工厂"和"智能生产"。前者主要涉及智能化生产系统、过程以及网络化分布式生产设施的实现；后者主要涉及整个企业的生产物流管理、人机互动及3D技术在工业生产过程中的应用等。德国工业4.0战略十分注重吸引中小企业参与，力图使中小企业成为新一代智能化生产技术的使用者和受益者，同时也成为先进工业生产技术的创造者和供应者。

最后，德国工业4.0战略将实现制造业全方位的系统整合。工业4.0战略作为一项整体优化战略，将通过充分利用德国技术和知识方面的优势，最大限度地发掘现有技术和经济的潜能（裴长洪和于燕，2014）。工业4.0战略的实施涉及三个方面的内容，即通过价值网实现横向整合，实现生产网络与社会网络、城市基础网络等的完全无缝连接；将端对端的数字一体化工程贯穿于整个价值链；实现垂直整合和建立网络化制造系统。

（二）德国工业4.0战略的基本目标导向

德国工业4.0战略，是在近年来一系列相关研究探索和实践基础上，根据德国工业发展现状及未来发展要求提出的重要产业发展战略，具有清晰的发展脉络。2010年，在国际金融危机爆发、全球经济出现衰退的背景下，德国为恢复自身工业发展，提出《德国高技术创新战略2020》，重点发展五大工业领域，包括气候变化与能源、健康与营养、移动、安全和通信，它可以说是工业4.0战略的雏形。2011年，在汉诺威工业博览会开幕式上，德国人工智能研究中心董事兼行政总裁沃尔夫冈·瓦尔斯特尔提到，要通过物联网等媒介来推动第四次工业革命，提高制造业水平，奠定德国在关键技术上的国际领先地位，夯实德国作为技术经济强国的核心竞争力。2013年，德国正式提出了工业4.0战略，并由来自产、官、学多个领域的专家组成的德国"工业4.0工作组"，发表了《保障德国制造业的未来：关于实施"工业4.0"战略的建议》，明确提出：德国经历了18世纪引入机械制造设备的"工业1.0"，20世纪初的电气化的"工业2.0"，始于20世纪70年代信息化的"工业3.0"的发展历程，目前物联网和制造业服务化，标志着第四次工业革命的到来，即"工业4.0"，是德国工业进一步发展的方向。随后,德国电气电子和信息技术协会发布了德国工业4.0战略标准化路线图,标志着该战略即将进入正式实施阶段。

德国工业4.0战略是在立足于德国工业发展的历史与现实存在问题的基础上,着眼于提升德国制造业国际竞争力,继续维持德国世界制造业强国地位,提出的一项十分重要的产业发展战略。它充分考虑了新一轮产业革命孕育发生的时代特征和新一轮产业变革的基本趋势,考虑到未来国际产业特别是制造业竞争的特点及要求,强调从德国工业发展的现实基础和优势条件出发,充分利用正在迅速发展的先进信息网络技术和智能化、数字化设备,对制造业生产方式、产业组织、生产流程等进行系统性改造和升级,抢占未来世界制造业竞争的制高点。

二、德国工业4.0战略的内在实施机制分析

2013年,德国颁布《保障德国制造业的未来:关于实施"工业4.0"战略的建议》,标志着工业4.0战略正式成为德国工业发展的国家战略。现已基本形成了在现有工业结构与技术条件下的基本工作机制,具体包括以下几个方面。

第一,通过信息物理系统彻底改变制造业生产过程,增强生产过程的灵活性。德国工业4.0将物联网和服务网应用到制造业,企业将其生产过程中涉及的机器、存储系统、生产设施等都融入信息物理系统之中。通过该系统的智能机器、存储系统和生产设施的处理,从入厂物流到生产、销售、出厂物流和服务,实现数字化和基于信息通信技术的端到端的集成,并实现相互独立的自动信息交换、动作触发和动作控制,从根本上改善包括制造、工程、材料、供应链、生命周期管理等在内的生产制造过程。基于信息物理系统的自组织网络,根据业务过程的不同方面如质量、时间、风险、价格和生态友好性等,对生产过程进行动态配置。原料和供应链可以实现连续"微调",制造流程更加灵活,工艺结构和供应结构更加优化。在即将生产前或在生产过程中,若发生临时需求变化,生产过程可及时作出调整,实现定制化、个性化生产。

第二,通过智能工厂和智能产品同时实现横向集成和纵向集成,实现制造业生产过程的全程智能控制。智能工厂是德国工业4.0的关键特征,它能够更有效地制造产品,实现生产的横向集成和纵向集成。横向集成要求将处于不同制造阶段和使用不同商业计划的IT系统集成在一起,包括公司内部材料、能源和信息的配置(如入厂物流、生产过程、产品外出物流、市场营销等),也包括不同公司间的配置(价值网络)。纵向集成则要求为了提供一种端到端的解决方案,将各种不同层面的IT系统集成在一起(如执行器和传感器、控制、生产管理、制造和执行及企业计划等各种不同层面)。德国工业4.0战略要求的智能产品具有独特的可识别性,即使在被制造时也可被随时分辨出来。智能产品能确保各要素

在工作范围内发挥最佳作用,并在整个生命周期内随时确认自身的损耗程度,将有关信息汇集起来供智能工厂参考,以保障在物流、装配和保养等环节达到最佳状态。

第三,催生出新型的商业机会和模式,更加充分、合理地发挥人力资源的作用。德国工业4.0将发展出全新的商业模式,这些模式可有效满足客户的个性化需求,有利于促使中小企业应用在当今商业模式下无力负担的服务与软件系统。全新的商业模式为动态定价和合作伙伴的连接与协作提供有效解决方案,有利于企业充分考虑顾客和竞争对手情况,加强与供应商和客户之间的连接和协作。新的商业模式将力争确保潜在的商业利润在整个价值链的所有利益相关者之间公平共享,包括那些新进入的利益相关者。德国工业4.0战略将使企业员工根据生产实际需求和环境敏感程度来控制、调节和配置智能制造资源网络和生产步骤,将工人从执行例行任务中解放出来,更专注于从事创新和增值的活动。工业4.0战略允许员工延长工龄,保持更长时间的生产力,有效应对工人短缺问题,以更加灵活的工作组织使得工人能够将其工作和个人生活相结合,并进行更加高效的职业活动。

第四,从根本上创新制造业工作方式,并显著提升制造设备和制造产品的安全性。德国工业4.0提出的全新协作工作方式使得工作可以脱离工厂,通过虚拟的、移动的工作方式开展。员工将被鼓励在工作中通过智能辅助系统,使用多种形式、友好的用户界面。除了全面培训和持续职业发展外,工作组织和设计模型将使员工拥有更多的自我管理自主权。工业4.0的社会技术方法使得员工释放出更大的潜力,提高创新活动的数量和效率。工业4.0制造系统涉及人员、IT系统、自动化元件和机器等诸多方面,因而对制造设备和制造产品安全性要求更高。目前,德国通过安保战略,确定其制造产品、工艺和机器身份识别的独特性和安全性,以用户友好的安全解决方案和商业管理模式,为其制造业产品提供安全保护,严厉打击盗版;同时重视员工培训和持续职业发展,提高员工的安全生产意识和能力。

三、德国工业4.0战略对我国制造业转型升级的借鉴意义

(一)将智能化、数字化和服务化作为制造业发展的基本方向

德国工业4.0战略是在先进制造业发展的基础上,通过将物联网和服务网应用于制造业生产的全过程,构建起智能化、数字化的信息物理系统,加强制造业与服务业的有效融合,从而实现制造业的高端化发展。可以说,制造业的智能化、数字化和服务化代表了世界制造业发展的方向和潮流。我国制造业大多还停

留在机械生产阶段,即工业2.0阶段,信息化对制造业的作用水平总体不高。作为工业4.0战略基本内容的智能化、数字化和服务化,我国制造业发展更为落后。但它们是新产业革命条件下制造业的发展方向,是由制造大国发展为制造强国的必由之路。因此,我国必须借鉴德国工业4.0战略,把智能化、数字化和服务化作为制造业发展的重要方向。我国制造业数字化、智能化改造应以信息化与制造业深度融合为抓手,因为我国两化深度融合战略与德国提出的工业4.0战略在核心理念、主要内容和具体做法等诸多方面基本相同(苗圩,2014)。为此,我国应建立类似于德国工业4.0平台的制造业发展综合平台,集合诸多领域的相关专家,从多层面推进两化深度融合;绘制工业互联网发展路线图,实施物联网发展专项行动计划;研究制定鼓励"车联网"、"机联网"与"厂联网"等新型信息化发展方式的具体政策措施,加强对两化融合的财税支持与金融支撑,提供有针对性的特殊政策和技术标准。

(二) 基于系统、关联、集成、协同与融合视角重构我国新型制造业产业体系

德国工业4.0为德国提供了由区域产业集聚与布局、产业组织结构、产业链构成、企业协同网络以及企业内部系统集成共同构成的多层次、多结构、相互关联和影响的科学产业体系,为其制造业竞争力进一步提升奠定了良好的基础。目前,我国虽然也建立起相对完整的工业体系,但主要产业的产业链不完整,智能化、数字化应用水平偏低。应借鉴德国工业4.0战略的思路,在区域层面,打造具有较强竞争力和影响力的工业产业集群,特别注重对智能产业集群的培育;在产业层面,打造网络型、智能化、数字化生产制造方式与产业运行新模式;在产业链层面,继续强化企业创新和竞争力提升,加快从现有产业链低端向中高端跃升,同时把握全球产业分工和价值链重组的新趋势,扬长补短,深度嵌入,向国际产业链中高端跃升。

(三) 构建大中小企业协同发展的新型产业组织

德国工业4.0战略使制造业生产能够以个体需求为目标,由此为中小企业提供了巨大发展空间。中小企业能够针对不同客户的个性化需求,生产不同类型的制造产品,使得单独生产、销售和管理成为可能,重新分配产业价值链和商业利润,中小企业易形成自身核心竞争力,深度参与到市场竞争中。目前,我国中小企业数量众多,但规模较小,市场支配能力差,在资金、人才、技术等方面都处于明显劣势地位,市场竞争力不高,制约着产业组织的合理化。应借鉴德国工业4.0战略,以新技术装备中小企业,支持面向中小企业的工业云服务平台建设,推进软件服务、制造资源、标准知识的开放共享,培育社会化、共享式制造新模

式；构建新型网络型、集成式的市场、生产和经营关系，发挥制造企业的科技创新优势，通过制度创新、结构重组、信息化改造、智能化升级、创新力增强等途径，大力发挥中小企业在个性化生产方式中的作用与功能，体现其独有的竞争优势，形成大中小型企业协同发展的新型产业组织。

（四）适时发展大规模、个性化、定制化制造业生产方式

德国工业4.0战略的重要导向是，在生产要素高度灵活配置的条件下，大规模地生产高度个性化产品，顾客与业务伙伴对业务过程和价值创造过程实现广泛参与，物联网、服务网以及数据网将取代传统封闭性制造系统，成为未来工业增长与发展的基础。由于构建了产品与机器之间的对话、反馈系统，整个生产过程实现了IT控制，不仅能够较好地满足不同客户的个性化需求，而且在大规模、个性化生产条件下继续保持规模经济优势。据统计，西门子安贝格电子制造厂的产能较数字化之前提高了8倍，且次品率大大降低。[①] 我国制造业要实现系统性结构优化和升级，必须针对新产业革命条件下技术创新和产业变革的趋势，重点发展大规模、个性化、定制化生产方式。充分利用模块化生产方式，通过模块的不同选择和组合满足客户的个性化需求；对于个别特殊需求，成立单独的工作小组进行设计，定制个性化的产品。模块化生产方式仅仅是我国向德国大规模、个性化生产方式的过渡，最终将通过技术创新和科学管理，实现全面的个性化生产方式，将自动控制与产品需求全面对接，按照数字描写产品进行制造，实现小批量、多品种的个性化生产。

（五）强化技术创新平台建设，促进工业制造业标准统一

新产业革命条件下，制造业的转型升级必须强化技术平台建设。目前，为有效推进工业4.0战略，德国建立起个人、政府、企业"三位一体"的合作型研发体系。在该体系中，政府提供1/3的经费，企业提供2/3的经费，个人提供知识与劳动，不同研发机构之间互动配合，协同研发。长期以来，研发水平低、效率差一直是制约我国产业特别是制造业转型升级的主要障碍，一个重要原因是产学研协同创新的高效创新平台没有建立起来。在这方面，德国的政府、企业"三位一体"的合作型研发体系值得我国借鉴。从工业标准看，德国工业4.0对制造业设备及其特征有独特、详细的分类，且要求所有制造商须按照此分类使用同一种语言进行生产。这种完善的工业标准，从一开始就避免了工业制造企业在跨系统、跨平台生产时的不兼容问题，有效提高了工业生产效率。

目前，我国的工业标准主要是借鉴国外相关标准，包括德国、美国、日本等

---

① 林秀敏：《近观德国"工业4.0"》，载于《经济参考报》2014年12月19日。

国家的标准。由于各国的工业标准本身存在较大差异，我国既没结合自身情况加以整合，也没有统一规定使用某一标准，工业企业生产标准较为混乱。为此，应借鉴德国工业4.0战略对制造业设备及工业标准的规定，力求建立起我国完善的工业标准体系。应加强与德国等制造业强国的合作，加快与国际制造标准接轨，积极引进、学习德国、美国等国家的制造业相关标准，结合自身制造业发展水平及特点，对不同国家的工业标准进行整合统一，遵循制造业自身发展的一般规律，加快制定制造业综合标准化体系。

（六）在制造业转型升级过程中进一步提高我国劳动生产率

德国工业4.0战略十分注重员工需求，赋予员工自主控制、调节和配置智能制造资源网络和生产步骤的权力，同时辅之以智能辅助系统降低劳动强度，节约劳动时间；鼓励员工采用虚拟的、移动的工作方式，设立灵活的工作组织，通过高度的自我管理，更好地集中精力和时间从事质量控制、技术创新等重要环节。目前，我国劳动生产率相对较低，且面临劳动力价格上升压力。在借鉴德国工业4.0战略，促进制造业转型升级的过程中，更进一步发挥人力资源效能，提高劳动生产率，是我国制造业面临的重要任务。应加强与德国相关高校、科研机构的交流，主动学习先进的技术与经验；鼓励国内科研单位、高等院校等研究机构参与到制造业技术开发、标准制定、人才培养中；鼓励并支持校企合作，共同培养具备高端文化水平和丰富实践经验的制造业相关人才。进一步提高员工的自主权，发挥其主观能动性，让员工将更多的精力和时间投入技术创新等关键环节中；逐步试行移动工作方式，通过灵活的工作组织和工作方式，提高员工的工作效率和质量；配合国家延长退休年龄的政策，适度地延长制造业员工的退休年龄，充分利用临退休员工在技术研发、生产操作、工作流程、人员组织等方面的丰富经验。

第三节　美国工业互联网发展经验及其对中国的借鉴

在第四次工业革命中，如果说互联网的上半场主要作用于服务业领域，那么其下半场将主要作用于工业领域，工业互联网将成为新工业革命的主要内容，并对一个国家工业乃至整个产业的效率和国际竞争力产生重要影响。美国作为世界第一经济强国，高度重视工业互联网发展，将其作为实施"再工业化"战略、抢占新一轮国际产业竞争制高点的重要内容和手段。美国在发展工业互联网过程中形成了一套相对系统的推进机制、路径及对策，其发展经验对于中国工业互联网发展具有重要借鉴价值。

一、美国工业互联网发展的目标导向和基本内容

（一）美国工业互联网发展的目标导向

2008年美国次贷危机导致的全球金融危机对各国经济造成了巨大冲击，美国由此意识到因制造业外流而形成的产业空心化会给国家财富和就业带来巨大危机，因此开始重新调整经济发展战略，并于2009年12月公布了重振美国制造业的框架，随后在2011年6月启动了"先进制造业伙伴计划"，旨在探寻新技术发展的深化和投资的新方向。另一项重要举措是美国科技委员会于2012年2月提出的"先进制造业国家战略计划"，该计划遵循推行先进制造业开放政策、加强制造业设备建设及优化政府投资三项原则，确立了加大中小企业投资力度、研发先进制造技术、建立多方合作关系、调整政府投资方向和提高科研经费五个目标。

美国政府将发展制造业作为今后国家经济建设的核心任务，在此背景下，美国通用电气公司于2012年底提出了"工业互联网"的概念，倡导通过人、数据与智能机器的互联形成开放的工业网络，促进工业设备和机器运行维护的优化并降低成本，实现资产运营绩效的提高，其内涵超越了工业生产过程，贯穿于工业产品的整个生命周期。"工业互联网"是美国"再工业化"战略的一项重要内容，旨在将工业革命和互联网革命结合起来，在制造业领域推广应用物联网、云计算、大数据分析等新一代信息技术，以此改造制造业生产的产品服务和管理过程，进而为美国在先进制造方面确立国际竞争优势、抢占发展制高点奠定坚实的基础。

（二）美国工业互联网的基本内容

美国企业除了在航空航天、生物医疗、半导体芯片、高性能材料等先进制造业领域拥有巨大优势外，在信息通信技术领域长期处于的全球垄断地位是其保持国际竞争力的最强有力的资本，美国国际商用机器公司（IBM）、英特尔、谷歌、脸书等公司一直领跑全球信息通信技术赛道并占据较大的市场份额。随着新一代信息技术以及智能化技术的发展，美国希望通过物联网式的互联互通、对大数据的智能分析及生产过程中的智能管理实现对传统制造业的升级改造，巩固其在全球制造业的领先地位。以通用电气、IBM等为代表的美国工业及信息技术企业认为，传统工业生产中的机器、设备和网络会与新一代信息技术不断融合，随着智能设备、智能系统和智能决策在工业生产中的普及应用，这些要素将通过数据的互联互通构成一个整体，并通过数据分析发现新的业务机遇、创新商业模式，由此开创"工业互联网时代"。

美国工业互联网提出后在中国国内引起了巨大反响，学术界进行了热烈的讨论。李培楠和万劲波（2014）认为工业互联网集成了工业革命和网络革命的优势，在各类行业领域中都将拥有广泛的应用前景。工业互联网中各类生产要素以兼顾传统和创新的混合方式，在大数据、云计算等新兴技术的支持下，通过特定的高级行业分析进行有效组合，以此提高工业生产效率，最终实现工业革命和网络革命成果的融合。纪成君和陈迪（2016）认为工业互联网是信息技术深层次发展背景下的一种新型工业发展模式，主要涉及互联网、大数据、云计算等技术，利用传感器对生产数据进行实时感知和收集，可以做到更准确、有效地控制生产环节，最终促进企业生产效率的提高。贾根良（2016）认为美国工业互联网是互联网发展的第三个阶段，是互联网与"机器对机器通信"深入融合的结果。工业互联网通过数据、软件、物联网推动制造业的再定义，其目的是发展包含智能装备、智能软件以及网络互联三大要素的智能制造架构。夏志杰（2018）认为工业互联网包括智能物体、工作人员、互联网、工业互联网平台以及工业数据分析工具五个部分，其中，互联网将智能物体、工作人员和工业互联网平台连接起来，在此基础上智能物体可收集工业数据，并利用相应工具对工业数据进行分析以获取机器智能，达到改善生产制造流程及提高生产力的目的。

一些学者将美国工业互联网与德国工业4.0进行了比较分析，杨帅（2015）认为二者都是未来工业的发展模式，且在内生动力、内核、发展方向等方面较为相似，但由于美、德两国在产业基础及比较优势等方面具有一定的差异，使得工业互联网和工业4.0在概念内涵、实现路径、强调重点、推进效果等方面有所不同。其中，工业互联网是在市场需求发生变化的背景中产生，主要目的是利用互联网相关技术对传统产业进行渗透和改造以提高其生产效率，本质上是工业与新一代信息技术的深度融合，最终实现网络化智能化生产。部分学者针对工业互联网平台进行了研究，李燕（2019）认为智能技术支撑下的工业互联网平台打通了产品的全生命周期生产环节，通过对海量数据的采集和分析，形成智慧决策，优化资源配置，以此提升生产效率并创造经济价值，这是工业领域生产组织方式的升级和变革。李君和邱君降（2019）将工业互联网平台发展阶段进行了划分，提出平台应具备信息资源的调度和管理、工业资源的连接与配置、工业大数据的管理与挖掘等功能。吕文晶等（2019）对海尔集团COSMO平台进行了案例研究，认为工业互联网平台建设需要企业在考虑自身要素的同时兼顾当下互联网经济发展的特征，而以数字化网络化智能化制造为主体的新一代智能制造则是工业互联网发展的核心。

综合相关研究，本节认为工业互联网主要包含以下几个方面的含义。

首先，工业互联网从构成要素的角度看是智能机器、高级分析和工作人员的融合。一是各类机器、设备等通过先进的传感器、嵌入式控制器和软件应用程序与网络连接,形成"云—网—端"这一复杂的新型体系框架;二是通过对制造业生产过程中该体系框架内源源不断产生的数据进行采集、传输,并基于相关学科的专业知识进行分析,达到理解机器和大型系统运作方式的目的;三是各种场所的工作人员(包括企业内部的企业家、技术人员和企业外部的消费者等)通过设备、网络建立实时连接,支持设计、操作、维护以及高质量的服务与安全保障。

其次,工业互联网的核心技术是大数据技术。数据是企业日常运营中不断产生的信息资源,然而这些数据并非都具有使用价值,因此有必要结合企业的目标和意图对这些数据进行处理。魏毅寅和柴旭东(2017)认为工业互联网是实现数据价值的技术集成,从海量的原始数据开始产生到最后形成有价值的决策信息,其间经历了收集、传输、分析等阶段,通过集成各类软硬件设备和相关技术,完成感知识别、信息通信、数据挖掘、智能分析、平台应用等任务。大数据分析技术可以帮助企业对其生产过程进行更好的管理,在此基础上可能创造出新的商业模式,形成新的核心竞争力。

再其次,工业互联网最重要的特征是"智能"和"互联"(刘云浩,2017)。前者包含智能设备、智能系统、智能决策三大要素(王喜文,2015);后者则要求通过信息网络使原本割裂的工业数据实现流通,进而变成一个"智能网络"。工业互联网一方面需要让已存在的机器、设备、机组等更加智能,另一方面要求组建开放的网络平台以互联化生产过程中的各类型机器和价值链上的各个环节,进而使得整个工业的生产和服务达到智能化,并最终推动工业生产效率的提升。

最后,工业互联网是一整套网络生态体系,其将实现制造业全方位的系统整合。工业互联网将长期驱动制造业的变革,创新工业生产模式和资源组织方式,实现信息通信技术与制造业的深度融合及其在制造业领域的集成应用。工业互联网主要涉及智能制造系统、信息通信系统、数据分析系统和网络应用服务等方面,注重企业间的横向集成、端到端的工程数字化集成和网络化制造体系纵向集成,为企业发展智能制造、社会化协作生产及其他行业的智慧应用提供了基础平台。

二、美国工业互联网的发展机制与平台建设经验分析

(一)美国工业互联网的发展机制

1. 政府部门的支持和引领

工业互联网是先进制造业发展的重要一环。美国政府对于如何发展先进制造业有着清晰的思路,并制定了一系列政策措施(见表5-8),在这一系列政策的

引领下,美国先进制造业的发展呈上升态势。

表 5-8　　　　　　　　美国先进制造业相关政策措施

发布时间	政策	相关举措
2009年12月	《重振美国制造业框架》	提出要基于技术、贸易、税收、人才来重振制造业
2011年6月	《先进制造业伙伴计划》	提出通过构建创新网络、保证创新人才渠道以及提升商业环境等措施来保持美国制造业的全球竞争力
2012年2月	《先进制造业国家战略计划》	提出投资先进制造研发、增强劳动力技能、建立合作关系等五大战略目标和具体建议
2013年1月	《国家制造业创新网络：初步设计》	计划建立全国性创新网络,研究关键制造技术
2016年2月	《国家制造业创新网络计划战略规划》	提出提升制造业竞争力、促进创新技术转化、培养先进制造劳动力、构建稳定和可持续发展的商业模式四大战略目标
2018年10月	《美国先进制造业领导战略》	提出发展新的制造技术并加强成果转化、对制造业劳动力进行教育培训并加以聚集、建立弹性可控的制造业供应链三大目标

美国政府对工业互联网的支持和引领主要是通过先进制造的政策措施来体现,具体表现在以下三个方面。

首先,美国政府利用其全球领先的信息技术提前布局工业互联网相关技术产业,特别是将最早由美国国家科学基金会提出的信息物理系统作为学术和科学研究的重要方向,并持续提供专项资金予以支持,使其保持在该领域的技术优势。美国政府还计划加大对先进制造业研发的投资力度,例如在《先进制造业国家战略计划》中将投资分为了四类,即先进材料、生产技术平台、先进制造流程、数据和设计基础设施；在《美国先进制造业领导战略》中指出重点支持智能制造和数字制造系统、工业机器人、人工智能、增材制造、高性能材料、半导体等引领世界制造业发展的关键技术；2019年2月发布的《美国将主宰的未来工业》重点关注人工智能、先进制造、量子信息科学和第五代移动通信技术四项关键技术。此外,美国政府还十分重视先进制造技术的成果转化和产业渗透,认为技术与经济因素挂钩是提升制造业竞争力的重要途径。

其次,美国政府致力于为工业互联网的发展营造一个良好的生态环境。一是全方位打造制造业创新中心,以此为节点与区域经济群融合形成先进制造技术的转化网络,各创新中心需要找出美国制造业运行过程中存在的技术问题并加以解决,相互交流和分享各自的经验,联合研发新技术,同时培养先进制造技术人才。二是重视知识产权保护,美国政府将知识产权,特别是专利、商标、商业秘密等放在与先进制造技术同等重要的地位,完善的知识产权保护体系一方面调动了技术开发者的积极性,激励了创新,另一方面吸引了私营部门对先进制造技术的投资。三是积极推动税收改革,美国政府在《重振美国制造业框架》中提出对研发及员工的培训费用予以部分税收减免;2010年出台的《制造业促进法案》提出降低部分进口商品关税以减少企业的生产成本;2017年末发布《减税和就业法案》,决定将公司所得税率从35%降至21%。[①]一系列税收政策改革促进了美国工业互联网的发展。

最后,美国政府十分重视工业互联网相关人才的培养,希望通过教育和培训提高劳动者素质,其提出的各项政策从不同角度明确了制造业人才建设的具体方案。例如,美国在《先进制造业伙伴计划》中提出了提高大众对制造业职业的兴趣、利用退伍军人人才库、投资社区大学、提供技能认证等六项具体措施;在《先进制造业国家战略计划》中提出要将先进制造的职业技术教育拓展至中等和高等教育等。其中,STEM(science, technology, engineering, mathematics)即科学、技术、工程和数学教育对美国工业互联网人才培养至关重要,其使得制造业教育和实践之间建立了紧密的联系,从而避免了劳动力在学习过程中与实践相脱节的问题;同时,美国持续加大对STEM教育资源的投入以实现制造业人才教育全覆盖,2018年11月美国教育部宣布将向STEM教育的发展投资2.79亿美元。[②]

2. 企业联盟的主导和推广

2012年11月美国通用电气公司在其发布的《工业互联网:打破智慧与机器的边界》白皮书中正式提出"工业互联网"概念,旨在提高工业生产效率、提升产品和服务市场竞争力,吸引了众多企业参与构建工业互联网体系。2014年3月,美国通用电气公司联合思科、美国电话电报公司(AT&T)、英特尔和美国国际商用机器公司(IBM)在波士顿成立了工业互联网联盟(Industrial Internet Consortium, IIC),其主要目的在于推进工业互联网技术的发展、应用和推广,特别是在技术、标准和产业化等方面制定前瞻性策略。

---

① 汤铎铎、李成:《全球复苏、杠杆背离与金融风险——2018年中国宏观经济报告》,载于《经济动态》2018年第3期。

② 周慧敏:《美国教育部投资2.79亿美元确保STEM教育公平公正》,载于《中国教育报》2018年11月23日。

为了达成上述目的,美国工业互联网联盟围绕参考架构、应用案例、标准协作和测试床四个方面开展工作。首先,建立并不断完善工业互联网参考架构,以此指导成员企业应用工业互联网进行生产实践。工业互联网联盟针对企业的发展需求展开了一系列研究,并于 2015 年 6 月发布了工业互联网参考架构(Industrial Internet Reference Architecture,IIRA),于 2017 年 1 月进行了更新,其功能架构包含五大功能范畴和九大系统特征①,系统架构包含边缘层、平台层和企业层的软硬件系统及网络。在此基础上,工业互联网联盟致力于对参考架构中的关键通用领域进行细化和完善。其次,重视企业对工业互联网的需求,及时发现工业互联网发展过程中存在的问题,针对这些需求和问题广泛收集各产业领域应用案例。由通用电气公司、英特尔等国际型企业和各行业中的专业性企业牵头,对收集的应用案例进行垂直领域分类并构建分析表,以促进应用案例的推广。再其次,关注工业互联网领域的标准化需求,在对这些需求进行分析的基础上,积极推进与其他标准化组织的协作。工业互联网联盟专门设立了联络函工作组,一方面将工业互联网的标准化需求及时反馈给标准化组织,助其开展相应的标准化制定工作;另一方面,联络函工作组与各相关标准化组织相互联系,交流各自工作进展和标准化信息,协作推进工业互联网标准的制定工作。最后,支持测试床项目的建设工作,并对工业互联网参考架构的设立、应用案例的实践、技术标准的制定进行验证。截至 2019 年 5 月,工业互联网联盟已立项批准了 24 个测试床项目,包括状态监测和预测维修、互联车辆城市交通管理、分布式能源整合、工厂自动化平台即服务、制造质量管理、柔性制造的时间敏感网络等。② 此外,工业互联网联盟还成立了安全工作组对测试床进行安全评估。工业互联网中的新技术、新产品、新服务在进入市场前,通过测试床的检验确定其实用性和可行性,将加速工业互联网的落地。

截至 2019 年 5 月,美国工业互联网联盟已发展成员 200 多个,遍布世界 33 个国家和地区。③ 联盟内企业拥有各自的技术优势,不仅能够共享各自创新开发的实践经验以及积累的海量数据,而且可以分摊由此带来的巨额开发成本,有利于加快创新步伐,共同推动工业互联网的发展。

3. 基础技术的支撑和推动

美国工业互联网发展的另一重要驱动来自技术领域。近些年甚至十几年前促成工业互联网的各类基础技术即已出现,例如,互联网技术是智能机器设备实现互联互通的基础,感知技术通过传感器收集大量工业生产数据,计算与存储技术

---

① 五大功能范畴包括商业、运营、信息、应用、控制五个方面;九大系统特征包括系统安全、信息安全、弹性、互操作性、连接性、数据管理、高级数据分析、智能控制、动态组合九个方面。
② Industrial Internet Consortium,"Testbeds",https://www.iiconsortium.org/test-beds.htm.
③ Industrial Internet Consortium,"Current Members",https://www.iiconsortium.org/members.htm#A.

的快速发展是大数据分析的前提条件，大数据分析技术则促进了机器智能的形成，最终优化了制造流程，提高了生产效率。以上这些技术经过十几年的积累促成了工业互联网的突破，共同支撑起工业互联网系统的建设及相关应用。工业互联网中包含的各项工业和互联网技术可具体分为网络、数据和安全三个方面。

网络技术主要包括物联网技术和网络通信技术，是工业互联网的基础核心。其中，互联网技术的产生和发展使得人与人、人与物之间的连接变得更加便捷，其在工业领域的应用可以将生产过程中产生的大量数据快速、及时地传递到指定位置；物联网是在综合应用传感器、互联网和智能控制技术的基础上，实现可被寻址的物理对象之间的互联互通，并通过感知技术收集工业生产过程中各类机器设备的标识、所处位置、运行状态等信息；新一代网络通信技术进一步促进了信息资源共享，特别是移动互联网技术和天地一体网络技术，不仅极大地拓展了工业互联网的应用空间，而且为传统产业开辟了新的商业模式。

数据技术主要包括云计算技术和大数据分析技术，是工业互联网的价值创造核心。其中，云计算技术的发展一方面扩大了工业数据的存储空间，另一方面提升了人们对工业大数据的分析和处理能力；云计算不仅是一种可直接用于管理工业互联网业务流程的技术实现机制，更是一种新的商业模式，其搭建的云服务平台可灵活组织各企业的服务以实现产品的个性化定制。随着云计算技术的普及，收集和处理工业数据所需的技术门槛和成本大幅降低，大数据分析技术由此取得了突破性进展，并通过对工业互联网平台上海量数据的分析，促进机器智能的形成；工业大数据本身也成为企业应用工业互联网创造价值的关键，其不仅贯穿产品生命周期的各个环节，而且以数据量的积累为基础实现产品质的提升。

安全技术主要指信息安全技术，包括信息防护技术、信息加密技术和防火墙技术。随着互联网技术的深度应用，数据成为经济、社会发展的重要资源，其在带来经济与社会效益的同时，也产生了相应的信息安全问题。信息安全技术旨在构建覆盖全部工业领域的网络安全体系，不仅保护计算机等机器设备的内部数据，还包括各种通信线路上的信息，是工业互联网系统健康运行的重要保障。

综上所述，美国工业互联网发展机制整体框架如图 5-5 所示。

(二) 美国工业互联网平台建设

美国工业互联网发展的另一个重要方面是平台建设。近年来，以大数据、云计算、物联网、人工智能等为代表的新一代信息技术快速发展并不断融入工业生产过程，在此背景下，工业互联网平台开始出现。工业互联网平台是一种新兴的制造业生态系统，具有统一标准、改变分工格局及平台生态化三个特点（李广乾，2016）。为应对工业领域的全球竞争，各行业巨头加快布局工业互联网平台，中国信息通信研究院利用其信息监测平台选取了国外近500家工业互联网企业作为研究样本（其中55%的工业互联网企业来自美国），发现其中约有20%的企业开发了工业互联网平台。① 美国推进工业互联网平台建设的举措如图5-6所示。

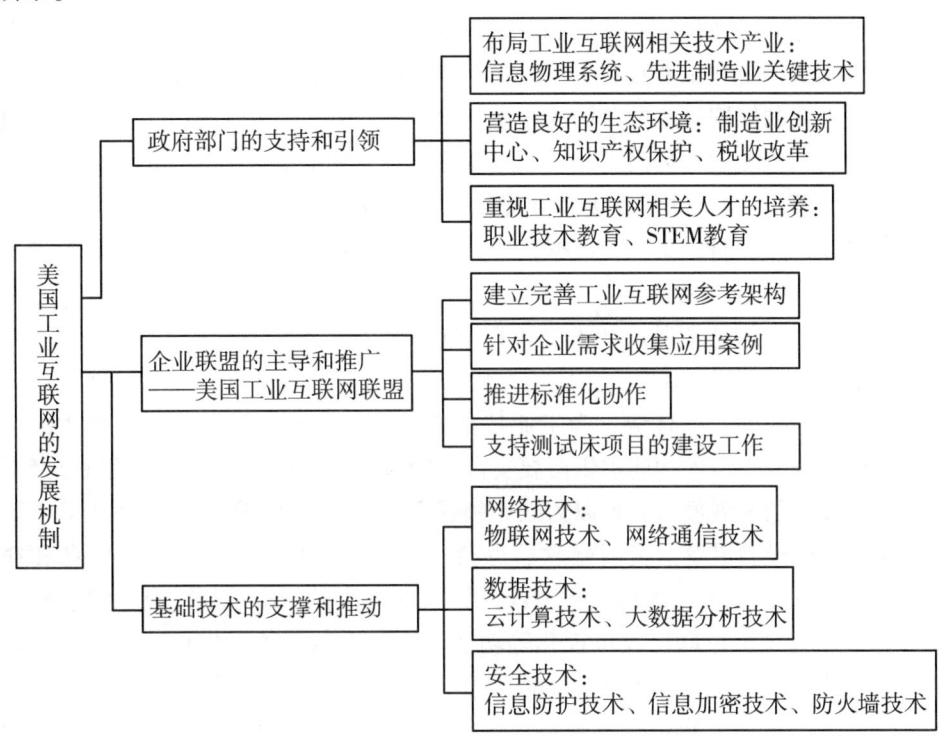

图5-5 美国工业互联网的发展机制

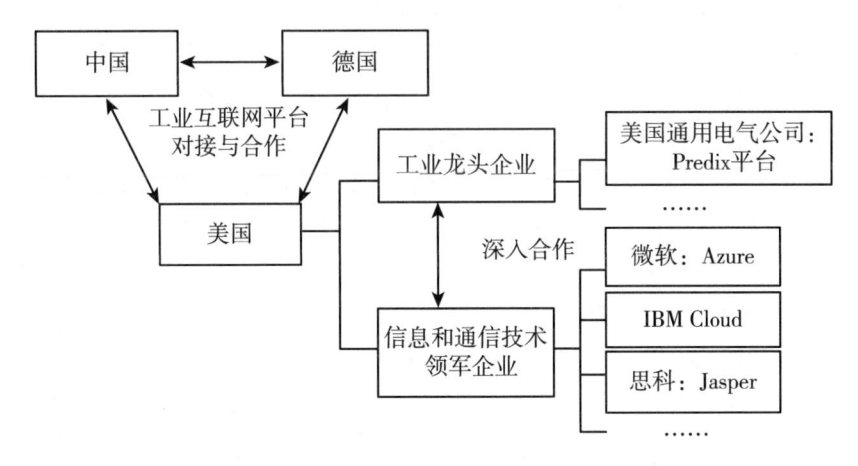

图5-6 美国工业互联网平台建设

---

① 王雪梅：《国外工业互联网企业的"前世今生"》，载于《人民邮电》2018年9月11日。

1. 龙头企业基于各自优势构建工业互联网平台

一方面,工业龙头企业具备开发和完善工业互联网业务的能力。美国一些工业领域的龙头企业具备深厚的专业背景和工业积淀,同时又具有较高的信息化水平,这些企业凭借在机器设备的数字化程度及联网率等方面的领先优势,积累了大量先进制造设备和工业数据,可以为工业互联网平台业务能力的开发和完善提供更多更专业的知识经验。美国通用电气公司于2015年7月推出了具备工业设备部署连接、工业大数据高级分析、工业应用开发服务等业务功能的工业互联网平台——Predix,向全球开放接口并提供工业服务。Predix平台基于物联网连接工业机器设备并实时采集工业数据,通过大数据分析挖掘实现设备管理、精准决策及预测性维护等功能。

另一方面,信息和通信技术(ICT)领军企业具备构建面向工业的云平台,强化工业服务的能力。ICT企业依托大数据、云计算、物联网、人工智能等新一代信息技术方面的产业优势,为工业技术的软件化、硬件设备和软件技术的结合、工业互联网平台的构建提供必要支撑;同时,互联网企业在消费领域已经形成了比较成熟的发展模式,可以为工业领域商业模式创新和平台运营管理等方面提供更丰富的经验借鉴。美国微软、思科、英特尔、IBM、亚马逊等信息和通信技术巨头纷纷布局工业互联网平台,如微软推出的Azure云平台开发了机器设备远程监控、工厂联网及可视化等功能,通过大数据的采集和分析为企业提供远程运维解决方案;IBM的Cloud、思科的Jasper等云平台也不断向工厂内部渗透,为工业企业提供设备连接、数据存储与计算等服务,支撑工业智能的形成和应用。

2. 工业互联网企业深入合作,拓展平台应用领域

美国的工业龙头企业、信息和通信技术及互联网巨头在各自擅长的领域内拥有不同的比较优势,但同时也存在各自的短板:高信息化水平的工业龙头企业在产品全生命周期过程及供应链整合等方面具有优势,但存在海量数据采集分析能力较弱、平台管理经验不足、复合型人才缺乏等制约因素;信息和通信技术领军企业的核心优势在于信息通信领域的专业技术能力,但其往往只具备其中某一方面的技术能力,且在平台运营模式方面缺乏一定的经验;互联网巨头在商业模式创新、平台管理经验、信息技术应用等方面优势明显,平台生态构建能力较强,但缺乏工业领域的专业知识和人才,难以开展相应业务。因此,美国各类工业互联网企业展开深入合作,优势互补,共同打造开放共赢的创新生态。例如,通用电气公司将Predix部署在微软的Azure云平台上,在云服务基础设施、高级数据可视化等方面得到微软的技术支持;亚马逊登录Predix平台成为云服务提供商;美国电话电报公司(AT&T)与通用电气公司合作,为平台提供高效安全的无线传输服务。

美国通用电气公司提出工业互联网并不局限于工业应用,还会给交通运输、能源、医疗等产业领域带来变革,其与思科公司一起,将双方的合作从传统工业拓展到交通、电力、石油和天然气、医疗等领域,提高相关产业数据传输及分析的能力。交通运输、能源、医疗、农业等产业经过长时间的发展,对技术进步有着强烈的需求;工业是包含实体经济门类最多的产业,与其他产业存在密切的联系,工业互联网平台的相关技术和应用也适用于智慧交通、智慧能源、智慧医疗、智慧农业等其他产业领域,并推动这些产业向数字化、网络化、智能化的方向发展。

3. 积极寻求国家间平台的对接与合作

工业互联网平台功能的实现离不开云基础设施、终端连接、数据分析、应用服务等要素,目前全球还没有哪一家企业具备独立提供此类端到端解决方案的能力,美国积极寻求国家间工业互联网平台的对接,建立合作伙伴关系,构建开放、共享的价值网络。2016年3月,美国工业互联网联盟与德国工业4.0平台的代表在瑞士苏黎世会面,双方就工业互联网参考架构(IIRA)和工业4.0参考模型架构(Reference Architecture Model Industrie 4.0,RAMI4.0)的一致性进行了探讨,并初步达成合作意向,同年4月,在德国汉诺威工业博览会上,双方核心成员共同宣布要综合发挥两大平台的各自优势——美国利用信息通信技术优势对包括制造、交通、医疗、能源及公共服务在内的五大产业领域进行总体布局,德国则专注于高端制造领域——双方在平台发展的广度和深度上形成优势互补。在标准化合作方面,双方基于参考架构的一致性,将"标准与互操作"作为平台的对接工作之一。

三、美国工业互联网发展经验对中国发展工业互联网的借鉴意义

(一)中国互联网发展趋势分析:从消费互联网到工业互联网

1. 消费端和生产端是互联网发展的上下半场

互联网作为当今重要的信息通信技术,其发展和创新应用对社会、经济等各方面产生了深远影响。近年来,中国互联网络发展迅速,以网民规模为例,截至2020年3月,中国网民规模达到9.04亿人,较2018年底增长了9.06%;手机网民规模为8.97亿人,较2018年底增长了9.78%;互联网普及率达到64.5%,较2018年底上升了4.9个百分点。[①] 国务院于2015年7月4日印发了《国务院

[①] 中国互联网络信息中心:《第45次中国互联网络发展状况统计报告》,中国网信网,2020年4月28日。

关于积极推进"互联网+"行动的指导意见》，标志着"互联网+"行动正式上升为国家战略。

互联网具有强大的连接能力，其与各产业的结合有利于优化资源配置、提高产业效率和竞争力。由于不同产业间存在异质性，其与互联网结合的速度与难易程度也存在较大差别。在近期，互联网主要是与服务业相结合，服务赋能于消费端。与发达国家相比，中国在零售、金融等领域的市场成熟度较低，在互联网时代到来前市场上的许多需求是传统产业无法满足的，互联网的出现有助于解决这些产业发展过程中的痛点，这些产业也因此获得了跨越式发展的机会，电子商务是其中较为发达的板块，追踪物联网、大数据、移动互联网等新技术则是其持续发展的必要选择（曾剑秋，2017）。在中长期，互联网将逐渐与工业相融合，带动生产端的发展。根据马克思关于生产和消费之间辩证关系的原理，生产决定消费，消费对生产具有反作用：生产为消费活动创造出消费对象，也决定着消费活动的消费方式，同时会引致新的消费动力；当然，消费也会创造出观念上的生产对象，是生产发展的内在动力。[①] 总体上说，工业等实体经济是根本和基础，若缺乏实体经济的支撑，"互联网+"行动将成为空中楼阁。工业互联网作为新一代信息技术与工业深度融合的产物，是互联网从消费领域向生产领域延伸发展的重要载体，也是提高中国工业效率、增强工业国际竞争力的基本支撑。

2. 中国从消费互联网到工业互联网发展的基本态势

中国互联网发展正从消费互联网上半场转向工业互联网下半场，相对发达的消费互联网一定程度上带动了工业互联网的发展。首先，消费互联网在发展过程中通过人机互动等方式积累了大量数据，锻炼了企业对大数据、云计算、人工智能等新一代信息技术的应用能力；其次，消费互联网在技术应用和商业模式上的创新要求生产、消费等各环节实现数字化协同，这为产业链内部及各产业链间信息的互联互通奠定了基础；再其次，消费互联网的快速发展激发了市场需求向个性化方向转变，倒逼企业大力发展柔性化生产能力；最后，消费互联网的发展在全社会形成了一种开放、共享的数字文化，培养了整个社会的数字化生产生活习惯。然而，与消费互联网不同的是，工业互联网的"个性化"使其难以实现标准化，同时，工业互联网的发展门槛高于消费互联网，其所涉及的应用场景也更加复杂，在生产产品的同时还需要提供系统解决方案，在技术、资本、人才等方面都有较高的要求，因此，消费互联网的发展模式无法完全复制到工业互联网。工业互联网的发展还需要探索其他途径。

尽管中国在工业领域数字化、网络化、智能化发展迅速，各工业企业也具有很高的发展意愿，但是就目前工业互联网总体发展程度来看，中国与发达国家仍

---

① 《马克思恩格斯文集》（第八卷），人民出版社 2009 年版，第 5～36 页。

有不小的差距，因此，在国际产业竞争新形势下，有必要学习并借鉴美国工业互联网发展经验，加快推进中国工业互联网建设。

3. 中国工业互联网发展现状与面临的挑战

目前，中国工业互联网正在加快发展步伐。在国家顶层设计方面，中国将工业互联网建设提高到国家战略的高度，近年来国务院制定《中国制造2025》、工业和信息化部制定《信息化和工业化融合发展规划（2016—2020）》以及《工业互联网发展行动计划（2018—2020年）》等一系列政策措施引导工业互联网的发展，彰显出中国政府对工业互联网发展的高度重视。在工业基础方面，根据联合国工业统计标准，中国具备其中列举的全部工业门类，是世界上工业体系最完备的国家之一，这为工业互联网提供了丰富的应用场景。在产业组织方面，中国成立了工业互联网产业联盟，以此推进工业互联网在标准、技术和产业生态系统等方面的发展；同时，中美双方在工业互联网组织架构上加强对接，一些企业加入对方的产业联盟组织，并在标准框架的制定上展开合作。在产业生态构建方面，中国工业互联网产业生态系统逐渐成形，涉及信息系统集成、工业网络互联、云服务、网络安全等领域；在工业互联网平台建设方面也取得了一定进展，通过不同行业、不同技术领域企业的积极推动，中国形成了各具行业及应用特色的工业互联网创新生态。

然而，中国工业互联网在建设过程中也面临着核心技术、关键系统等方面的研发创新能力不足，人工智能等新一代信息技术在工业方面的应用尚未铺开，工业互联网发展的生态环境尚不健全等诸多难题，具体体现在以下几个方面。

首先，中国大部分制造业企业仍停留在机械化生产阶段，自动化、信息化水平与美国等制造业发达国家差距较大，2017年中国企业数字化设备联网率仅为39%[1]，2019年中国生产设备数字化率、关键工序数控化率以及数字化研发设计工具普及率分别为47.4%、49.7%和69.7%[2]，不能很好地满足工业互联网对大数据采集、传输及分析的要求。产业链上下游及产业链之间各类设备与信息管理系统之间的连接能力较弱导致数据资源难以有效共享，形成了许多"信息孤岛"，而美国的工业龙头与信息和通信技术巨头企业却可以通过合作，依托自身产品收集海量数据，以此推动工业互联网的发展。与此同时，虽然中国已经出现一批工业互联网建设和应用的典型案例，但由于各地区制造业发展不均衡且制造业内部各行业差异较大，这些案例难以在不同的企业、行业间复制推广，阻碍了中国工业互联网的进一步发展。

---

[1] 金辉：《数字经济：迈向从量变到质变的历史性拐点》，载于《经济参考报》2018年3月28日。
[2] 苏苏：《全国政协委员、大帝集团董事长吕培榕：推进工业互联网高质量发展 加快实体经济数字化转型》，载于《人民邮电》2020年5月20日。

其次，中国互联网企业提供的服务主要面向消费端，而对制造业生产的认识不足，缺乏为制造业企业提供服务的技术和能力。对大数据的收集和分析是工业互联网的核心价值所在，这需要丰富的工业生产经验与先进的信息通信技术深度融合，而同时具备工业领域和信息通信知识的复合型人才却相对缺乏。同时，中国工业互联网在技术、管理体系等方面还不健全，不能很好地满足制造业生产过程中数据、网络、软硬件控制等环节的安全需求，对潜在的安全风险无法做到及时识别和化解。强调开放、共享的互联网服务与要求稳定、安全的制造业生产体系难以协调，使得现阶段制造业与互联网的融合主要体现在上游设计和下游销售等环节，而极少在生产过程中发挥作用。

再其次，中国虽然在工业互联网平台的建设方面取得了一些成绩，但平台的综合集成实力较弱，跨行业、跨领域服务能力不强，缺乏如通用电气、西门子等具有综合优势的产业巨头引领；国内企业在工业互联网平台建设所需的一些关键技术环节，如数据采集、边缘计算和工业工厂自动化平台即服务能力方面也稍显不足。工业互联网平台在具体工业生产场景中的应用落地问题较为严峻，部分工业互联网平台虽然具有良好的技术展示，但其应用场景却相对匮乏，商业模式创新不足，难以形成规模效应。在工业软件方面，近年来中国工业应用程序（App）发展迅猛，截至 2019 年 11 月中国工业应用程序数量增至约 9 万个，其中线上、线下工业应用程序数量分别约为 4 万个和 5 万个。[①] 虽然工业应用程序的数量大幅增长，但核心技术仍是其发展的短板，此外，工业软件的碎片化问题也使其难以在工业生产中得到系统应用。

最后，中国工业互联网生态体系建设还不成熟。与美国等制造强国相比，中国在工业发展基础、专业知识、技术经验等方面的积累较为薄弱，导致工业互联网机理模型的研究相对滞后，最终影响工业互联网平台功能的实现以及工业互联网生态体系的构建。与此同时，中国工业互联网标准的发展还不完善，传统企业在信息化转型过程中面临如何将生产管理与互联网进行安全有效地融合这一问题；工业互联网标准体系在产业链各环节尚未确立，导致一些跨界产品和服务接口缺乏统一标准；标准的制定缺乏相关政策法律的支撑，各方在制定标准时可能因重复建设带来较高的成本。

（二）美国工业互联网发展经验对中国的借鉴意义

第一，将数字化、网络化、智能化作为中国工业互联网发展的基本方向。一方面，由于中国制造业企业机械化、自动化、智能化发展水平参差不齐，使得中

[①] 杨璐铄：《我国工业 App 数量达约 9 万个 专家建议打造工业软件的"Windows 系统"》，央广网，2019 年 11 月 29 日。

国工业互联网的建设不可能一蹴而就,因此,中国制造业企业在转型升级的过程中应结合自身所处的阶段明确发展目标,切忌盲目跟风和片面认识,应以夯实自动化、信息化基础为首要任务,循序渐进,找到适合企业自身发展的实施路径;另一方面,虽然中国的制造业水平与美、德、日等制造业强国相比存在一定的差距,但不可因此延误工业互联网的发展,应以数字化、网络化、智能化水平较高的企业作为示范,推动这些企业进行数字化车间、智能工厂的升级改造,推广工业机器人、智能仪器仪表、高档数控机床等智能制造装备及在线监控诊断、大数据分析等智能化技术的应用。

第二,提高工业互联网服务企业的专业化程度。应以工业化与信息化深度融合为抓手,引导消费型互联网企业抓住机遇转型发展,在充分了解制造业企业需求的基础上拓展工业互联网服务业务,努力提高互联网企业跨界综合服务能力。制造业企业应加深对互联网服务的理解,推进自身信息化升级改造,打通企业内外数据流、信息流、资金流,实现整个供应链资源的高度共享和企业能力的网络化协同;培育服务型制造等互联网与制造业融合的新模式,提供在线增值服务、全生命周期管理等拓展产品价值空间的服务,推动制造业企业向"制造+服务"方向发展。

第三,充分发挥科技型中小企业的作用。在美国工业互联网发展过程中,科技型中小企业的地位非常重要,它们是美国推进工业互联网建设的微观主体。美国政府致力于为科技型中小企业营造公平开放的营商环境,着力解决其成长过程中面临的资金、技术、管理等方面的问题,助力各中小企业形成自己的核心竞争力并广泛参与市场竞争。应借鉴美国的发展经验,制定并落实相关政策法规,建立并完善公共服务体系,提高社会资源对科技型中小企业的开放程度;在鉴别优质科技型中小企业的基础上予以重点扶持,引导和鼓励科技型中小企业的个性化发展,借助大型企业在资金、技术、管理等方面的经验和优势,帮助并增强科技型中小企业的生存能力;利用新一代信息技术推动科技型中小企业的智能化转型,以此形成独特的竞争优势并充分发挥其在工业互联网新型生产模式中的作用,在此基础上构建大型企业与科技型中小企业协同发展的新型产业组织。

第四,依托工业互联网平台开展国际交流与合作。一方面,制造业和互联网企业应以建设跨行业、跨领域的工业互联网平台为核心,共同建立公共平台服务体系,提高工业互联网平台整合产品设计、机器运行、生产管理等数据资源和制造工艺、软件设备、算法模型等制造资源的能力,推动各类型企业在平台聚集;另一方面,支持制造业企业用好工业互联网平台资源,实现企业大数据平台汇聚及在生产、管理等关键环节的信息化、智能化管控,通过线上线下结合等方式提升企业的响应速度和柔性生产能力,最终形成各行业企业相互促进、开放共享的平台生态。此外，需加强与美、德等制造业强国的互动交流，在管控分歧以及扩大共同利益的基础上制定有效的网络空间规则（何晓跃，2018）；应以提高中国工业互联网平台的技术水平为目的开展国际合作，鼓励国内工业互联网平台与国外相关平台进行对接，为中国工业互联网平台引入全球制造业企业，扩大平台规模并树立其在国际上的领先地位。

第五，积极推进工业互联网标准化工作。工业互联网标准体系主要包括智能化生产标准、个性化定制标准、网络化协同标准、服务化延伸标准，是发挥工业互联网平台功能，促进平台应用、研发、服务等环节协同发展的关键。推进中国工业互联网标准化工作可以从以下四个方面展开：一是成立相关的标准化组织分析工业互联网的标准化需求，在技术、应用、服务等具有基础共性的领域开展工业互联网标准体系的制定工作，形成一批国家、行业、企业团体等不同层次的标准；二是在工业互联网总体标准和基础共性标准的基础上，根据实际应用场景的标准化需求实施相关标准的开发；三是充分发挥工业互联网产业联盟的作用，引领产学研用各方力量共同建设工业互联网标准管理平台，为标准的开发、验证和推广提供支持；四是引进并学习美、德等发达国家制造业相关标准，推动工业互联网平台与国际标准对接，支持标准化机构、企业参与国际标准的制定，形成符合中国工业互联网发展规律的标准化体系。

第六，全力打造工业互联网信息安全体系。工业互联网相关技术的推广和应用使得数据成为企业重要的生产资源，对数据的采集、传输、分析和应用打破了各部门、行业的边界，特别是工业互联网推动传统工业与互联网之间的融合，使得原本存在于互联网世界的信息安全风险渗透到工业领域，直接威胁工业各部门乃至国家安全。应加强中国工业互联网安全顶层设计，出台相关指导性政策文件，明确各部门、机构、企业的安全职责，建立并完善监督预防、风险评估、应急管理等相关机制；对工业互联网安全要求进行细化，依此研究制定防护、评估、管理等方面的标准，构建基于该标准的工业互联网安全体系；推动产学研用各方合作，对涉及工业互联网防护的攻击防御、漏洞发觉、信息加密、态势感知、安全芯片等关键技术和产品进行攻关，研究并完善工业互联网安全体系建设方案；以工业互联网产业联盟为主导，设立专项基金支持相关安全产业的集聚发展，选取重点领域的龙头企业作为示范，推广安全技术的应用，实现中国工业互联网安全产业的做大做强。

第七，加强工业互联网人才队伍建设。人才是推动工业互联网发展的关键要素，中国的信息通信技术人才相对丰富，但缺乏同时具备工业领域专业知识和信息通信技术的复合型人才。应采用多样化的方式吸引国内外工业互联网高端人才，制定专门的工业互联网人才工程项目和支持计划，进一步完善高端人才在税收、生活等方面的配套优惠政策；同时，设立人才激励制度，优化人才能力和科技成果的评价体系，充分发挥各层次人才的主动性和积极性。针对中小企业在工业互联网建设和使用过程中普遍面临的人才短缺问题，可设立工业互联网人才信息库，并在各地组建由工程机械、数据分析、软件开发等领域专家学者构成的咨询团队，一方面对工业互联网发展过程中存在的问题及时予以诊断和解答，另一方面可将其作为工业互联网人才培训的师资力量。此外，应鼓励高等院校特别是职业院校探索工业互联网相关学科建设，增设智能制造、大数据、人工智能等专业及课程；充分发挥政府、企业、高等院校、科研机构等各方力量，建设一批工业互联网产业基地和创新中心，协同培养工业互联网专业技术人才。

第八，加快工业互联网与第五代移动通信技术（5G）融合发展。作为新型基础设施建设的重要内容，5G 技术的发展有助于实现"万物互联"、生产生活云端化以及智能交互（曾剑秋，2017），可以满足工业大数据高速、可靠、海量的无线传输需求，从而解决工业互联网中各型机器设备之间的数据联通难题。推动工业互联网与 5G 技术融合发展，一是遴选工业领军企业率先进行 5G 技术改造，依托领军企业建设"5G + 工业互联网"创新示范园区，促进 5G 技术与大数据、云计算等新一代信息技术的协调运作，不断探索和丰富 5G 在工业领域中的应用场景；二是鼓励和引导企业逐步融入"5G + 工业互联网"发展体系，协调现有工业控制系统与 5G 技术的兼容性问题，推动工业生产中 5G 的应用由特定环节延伸至产品全生命周期；三是开展 5G 技术在基础应用以及核心技术等方面的标准制定工作，加速形成 5G 技术的商业应用模式，同时加强 5G 网络的安全建设。

近年来，中国等新型工业化国家逐渐崛起，而以美国为代表的老牌工业强国却增长乏力。美国提出工业互联网的初衷是利用自身的技术优势重塑核心竞争力，以此占领制造业发展的制高点，然而就目前为止，工业互联网的发展仍处于初级阶段，企业生产经营过程中的商务和供应链信息数据基本实现了联通整合，但对于各个生产环节的实时精细化管控以及对所产生数据的深度分析还未能实现（王时龙等，2019）。美国对于工业互联网发展模式的探索并未止步，其战略设计是以自我成功为导向，目的之一在于兜售新型机器设备、先进的控制系统以及整体解决方案等，对此中国需要有清醒的认识：一方面，中国需要借助工业互联网的发展机遇促进制造业的转型升级；另一方面，虽然中国与美国在建设工业互联网的技术、经验等方面存在一定的差距，但不可盲目跟从，需对这些技术、经验进行借鉴吸收，形成自身的竞争力。总之，在这一场国际竞争中，中国虽然面临着不小的挑战，却也拥抱了巨大的机遇，应在《中国制造2025》战略规划的引领下，凭借持续创新的信息技术、不断拓展的市场空间、日益壮大的人才队伍等优势，构建与中国发展阶段相符的工业互联网。

第四节 "十四五"时期加快推进智能制造发展思路及对策
——以天津市为例

一、天津市智能制造发展概况及问题

推进制造业智能化、发展智能制造,是新一轮工业革命的内在要求,是抢占未来发展制高点的必然之举。欧美发达国家加紧布局发展智能制造,并形成了以德国工业4.0、美国工业互联网为代表的两种基本范式。我国工业和信息化部等部委相继发布了《智能制造发展规划(2016—2020年)》《高端智能再制造行动计划(2018—2020年)》等多个文件,各级地方政府也配套实施了多项制造业智能化相关的战略规划。

天津市是我国重要的工业城市,被国家赋予"全国先进制造研发基地"的发展定位。近年来,天津市大力推进智能制造,着力提升产业竞争力,取得了明显成效,但也存在诸多问题。天津制造业在全国制造业发展版图中具有一定的代表性,本节以天津市智能制造发展为例,分析"十四五"时期我国智能制造发展的基本思路及对策。近年来,天津市委、市政府高度重视发展智能制造,制定实施了一系列政策、措施,大力推进智能制造,取得了显著成效。在流程型智能制造、离散型智能制造、规模化定制、远程运维服务等智能制造模式方面取得明显进展,涌现出如天士力、丹佛斯、美克家居、天津一汽丰田等一批国内顶级示范企业和飞腾CPU、NRS1800芯片、水下机器人等一批重大创新成果。

与此同时也存在不少亟待解决的问题。

第一,制造业发展水平参差不齐,智能制造总体水平有待提高。目前,天津市制造企业多数处于工业2.0~2.5之间,处于3.0水平的尚不多。尽管一些行业龙头企业开始智能化改造,但还有大量中小企业尚未满足精益生产、自动化生产等智能制造的前提条件,由此导致虽然建成一些智能制造示范企业,但示范推广效果并不明显。另外,天津市智能制造试点示范项目未能充分带动产业链上下游企业共同进行智能化改造,受益的局限于少数企业。

第二,产业生态尚未形成,持续发展后劲有待增强。传统制造向智能制造升级既需要相应的非标设备作为硬件基础,也需要工业互联网的软件服务。目前,天津市拥有爱迪自动化等一批具备相对成熟技术的智能化改造所需的非标设备生产商,但缺乏工业互联网领域的软件提供商,直接支撑智能化改造的产业链存在缺失环节。另外,在智能制造龙头企业、集聚发展、产学研协同、工程技术基础等方面也有待加强。工业云平台建设滞后,现有工业云平台互联互通水平不高,

且以服务大型企业为主,面向中小制造企业的工业云明显缺乏。

第三,核心技术、关键性人才明显不足,智能制造系统解决方案供应商匮乏。智能制造需要一批既具有一定技术素养、同时又具有丰富实践经验的复合型人才。目前,天津市这类人才相对不足,培养与引进的效果有待提高。另外,基本理论、算法、重点软件等方面的人才不足。智能制造系统解决方案供应商匮乏。

第四,金融支持体系有待完善,政策协同作用有待进一步提升。企业智能化改造是一个时间长、耗资大、见效慢的过程,许多企业因资金不足而望而却步。目前,天津市缺乏专注于智能制造领域的创业投资、风险投资机构,智能制造项目主要依赖政府资金或具有政府背景的产业发展基金,对智能制造形成持续性支持的资金来源相对不足。另外,政策层面,市政府及相关职能部门出台的智能制造政策,在衔接性、协同性上有待加强;一些政策的可行性、落地性有待提高。

二、"十四五"时期加快天津智能制造发展的对策建议

第一,加强政府顶层设计,进一步凸显天津特色。进一步明确天津市智能制造发展总体目标、发展重点、推进路径、实施方案。基于天津市制造业发展基础、流程型制造与离散型制造特征,探索形成一套在全国具有一定示范效应的智能制造模式,在相关智能制造标准制定上树立一定话语权。有两个方面可以考虑。一是高端装备制造的智能化改造升级。目前,天津市拥有良好的机械、电子、软件、电气等产业基础,在多个产品领域具有一定实力和规模。二是依托国家超级计算天津中心,探索天津市制造业与互联网融合发展的有效模式。

第二,扩大开放合作,协同打造智能制造产业系统。一是加强与发达国家合作。进一步提升中德智能装备产业基地、中欧航空制造产业基地等的建设水平,借鉴德国工业4.0发展经验,提高天津市智能制造国际化发展水平。二是加强京津冀智能制造领域协同发展。将天津先进制造研发基地建设对接北京全球科技创新中心建设,实现优势互补。借助北京丰富的创新资源,在相关基础理论、原创算法、高端芯片、关键部件、高精度传感器等"卡脖子"技术研发方面加快实现突破。同时对接河北智能制造,打造京津冀区域智能制造产业链,将天津市智能科技创新融入京津冀乃至全国、全球创新网络中。

第三,加强试点示范,提高推广应用效果。进一步加大试点示范培育力度,组织实施智能制造试点示范、智能化改造试点等,力争入选更多的国家智能制造试点示范。对已进入国家试点示范项目的企业,加大培育、提升力度,如力神、天士力等,促使其进一步成为全国乃至全球知名示范企业。其中,天津一汽丰田涂装车间采用机器人自动喷涂,树脂车间实现无人化、一体化作业,成为丰田全球最先进的工厂;美克家居率先实现实木家具制造的顾客对工厂模式和智能工

厂，成为全球首创，生产效率提高36%。①加快建设一批智能工厂和数字化车间，大幅提升重点企业信息技术综合集成应用程度。及时推广示范企业的智能制造实施方案和模式，成立专门的示范模式和经验推广组织，并对推广效果进行及时评估。

第四，强化技术、人才支撑和工业基础能力。坚持培养和引进并重，加强人才储备和梯队建设，重点引进全球顶尖智能制造人才。实行更加灵活、精准的人才引进政策，加快形成智能制造人才高地。加快培养具有发展潜力的智能制造领军人才，培养智能制造基础研究、应用研究、运行维护等方面的专业技术人才。通过重大研发任务和基地平台建设，汇聚智能制造高端人才，在若干重点领域形成一批高水平创新团队。鼓励高校申请设立智能制造、大数据、人工智能等专业，推动相关学科建设。面向全球组织创新要素，集聚提升一批海内外顶尖实验室和研发中心，实施一批重大科技创新基础工程和战略项目，发力原始创新，努力攻克关键技术，在智能制造的激烈竞争中掌握主动权。

第五，大力发展服务型制造等新业态、新模式，加快培育智能制造整体方案提供商。鼓励有研发能力的企业，向研发、设计、创意、标准延伸；支持有服务能力的企业向物流、检测、咨询、售后服务延伸，实现从制造向"制造+服务"的转型升级；促进现代制造业与现代服务业融合，发展大规模定制、网络化协同研发制造、远程运维等新模式。通过多种方式培育智能制造系统解决方案提供商，推动更多的制造企业从卖产品转向卖服务，特别是促进企业提供系统化解决方案。

第六，立足行业需求加快布局工业互联网。一是依托天津市航空航天、石油化工、装备制造、电子信息等优势产业，加快推动工业互联网基础设施建设及相关产业的转型升级改造，积极推动产业园区智能化建设，打造一批国家级、市级工业互联网产业示范基地。二是聚焦行业生产特点和企业痛点问题，围绕5G、标识解析、工业互联网平台、工业互联网安全等新技术的集成创新应用，面向智能化生产、网络化协同、服务化延伸、个性化定制等应用场景，形成一批有较强影响力的、可复制推广的先导应用模式和优秀案例。三是利用天津市举办世界智能大会等高峰论坛的机会，开展工业互联网建设的行业内交流，定期举办5G应用大赛、工业大数据创新竞赛、工业App大赛、工业互联网安全大赛等相关赛事，充分利用全社会创新资源，建设工业互联网应用开发者生态，挖掘行业应用需求，提高实践技能水平。四是定期由第三方研究机构对工业互联网企业、平台等开展效果评估，在此基础上择优选取天津市工业互联网示范项目，并对外进行宣传推广。

---

① 《天津阔步迈向人工智能先锋城市 智能科技产业成为天津经济社会发展新蓝海》，人民网，2019年5月15日。

第七,推动工业企业积极"上云上平台"。按照《天津市加快工业互联网创新应用推动工业企业"上云上平台"行动计划(2018—2020年)》要求,加快推动企业的基础设施、平台系统、业务应用、产品"上云"。一是各类企业上云上平台行动侧重点不同,大型企业重点推进信息基础架构、应用系统、设备和业务上云,中小微企业则侧重云平台上基于云的移动化和互联网化普及相关软件的应用;二是鼓励和支持制造业企业利用工业互联网平台开展云上创新创业活动,引导企业进行改造升级,打造互联工厂和全透明数字车间;三是市、区两级相关部门联合云应用服务商或有关行业协会,对云平台的使用制订相应的培训宣传计划,并建设一批工业互联网云平台体验中心。

第八,加快构建智能制造产业生态。从五个方面推进天津市智能制造产业生态建设:一是在促进行业试点、示范基础上,进一步培育、壮大一批智能制造龙头企业,更好地发挥行业引领带动作用;二是进一步强化智能制造基础能力,包括工业管理能力、数字化改造升级能力、自动化技术应用能力、工业软件开发能力等;三是建立本市乃至京津冀区域范围的智能制造专业联盟,并与国内外相关联盟加强交流合作;四是促进京津冀地区智能制造领域的"政产学研金介"合作,形成推动智能制造发展的合力;五是促进各区域智能制造产业的集聚、集群发展。

第五节 制造业盲目智能化带来的风险及其规避分析

智能制造是新一轮工业革命中迅速发展的新业态、新制造模式,是新一轮工业革命的核心内容,是我国制造业转型升级的主攻方向,也是建设制造强国的必由之路。大力推进智能制造势在必行。但在我国加快推进制造业智能化发展热潮中,一个令人忧虑的现象是很多地方和企业无视制造业智能化的内在逻辑及要求,"一窝蜂式"地推进制造业智能化,盲目上项目、扩投资。这样推进制造业智能化,蕴藏着一定的危险性,一旦失误将造成较大损失。为此,应在推进制造业智能化过程中,遵循制造技术演变与创新发展的规律,避免盲目化和随意性,有效规避风险,积极而稳妥地推进我国制造业智能化进程。

一、我国制造业智能化发展的基本概况[①]

从总体上看,目前我国智能制造发展已经从初期的理念普及、试点示范阶

---

① 本部分数据主要来自工业和信息化部网站。

段，迈向深入实施、全面推广阶段。第一，作为制造业智能化重要工程的两化融合不断深化。截至 2020 年 6 月，全国应用两化融合管理体系标准企业数量突破 2.8 万家，企业数字化研发设计工具普及率达 71.5%，关键工序数控化率达 51.1%①，数字化转型成为各行业的广泛共识，信息技术加速在全流程、全产业链渗透融合和集成应用，制造业核心竞争能力持续提升。第二，智能制造项目与模式推广迅速。已建成了 600 多个具备软硬件系统集成、跨业务数据共享等智能化特征的数字化车间和智能工厂，并在服装、家具等领域形成大规模个性化定制模式，在航空、汽车等领域形成网络化协同模式，在电力装备和工程机械等领域形成远程运维模式等。在全国范围内带动 256 家制造企业复制推广了 1300 多个项目，有力推动了制造业智能化。在智能制造试点示范项目和新模式应用项目中，企业的生产效率平均提高 44.9%，能源利用率提升 19.8%，运营成本降低 25.2%，产品研制周期缩短 35%，产品不良率降低 35.5%。第三，制造业智能化基础设施建设取得明显进展。全国已建成超过 70 个有影响力的工业互联网平台，连接工业设备数达 4000 万台（套），工业 App 突破 25 万个。2020 年，我国工业互联网产业增加值规模达到 3.57 万亿元，名义增速达到 11.66%，占 GDP 比重 3.51%。预计 2021 年，工业互联网产业增加值规模将突破 4 万亿元，达到 4.13 万亿元。② 全国制造业生产设备数字化率达到 48.7%。平台解决方案在区域、行业、企业纷纷落地，开始形成以平台为核心，以解决方案、创新推广中心、产业基金、实训基地为支撑的"平台+"生态体系。第四，智能制造标准建设成效明显。先后建设了 191 个标准试验验证平台，发布了 267 项国家标准，船舶、纺织等细分行业智能制造标准体系相继建立，积极参加 ISO、IEC 等国际标准化组织的工作，牵头发布无线通信技术 WIA-FA 标准等 28 项国际标准，智能制造标准体系逐步完善。

　　与此同时，我国制造业智能化也存在一定的盲目性。有的企业在对制造业智能化内容、要求等缺乏清晰认知的条件下，贸然推进智能化升级改造，出现明显失误，造成严重浪费。有的企业忽视效率原则，在缺乏对智能化投资效益进行预测、评估的条件下，贸然推进大规模的智能化改造，有的甚至是为智能化而智能化，从而造成效益低下，甚至入不敷出，难以为继。还有的企业"跟风"、攀比心理较严重，因看到同行在数字化、智能化过程中受益，所以急切地进行智能化改造。还有的企业为了获得资本市场的青睐，过度炒作"智能制造"概念，匆匆上马一些缺乏实质性内容的智能改造项目，在自身技术、产业、模式等不具备的条件下盲目推进智能化，结果事倍功半。以近几年持续热度不减的"机器换

---

① 《工业化和信息化加速融合发展》，中华人民共和国中央人民政府网，2020 年 11 月 5 日。
② 《工业互联网发展提速 释放倍增效应》，央视网，2021 年 10 月 24 日。

人"为例,一些地区在很短的时间内便涌现出一大批工业机器人、自动化企业。据中泰证券统计,2016 年中国工业机器人产量 7.2 万台,结果一年之后,这个数字近乎涨了一倍,2017 年工业机器人产量达 13.6 万台,同比大增 81%。很明显,这种智能化改造存在一定的泡沫和盲目性。从近几年股市行情看,政府频繁出台扶持、优惠政策,使凡沾上"智能制造"企业的股价都开始上涨。

二、制造业盲目智能化风险的原因探析

导致我国制造业智能化出现一定盲目性的原因是多方面的,如对制造业智能化内涵与特征认知不到位、企业智能制造发展基础不牢固等,当然,也与政府在政策引导、试点示范等方面存在的问题有一定关系。实际上,以上几个方面的原因又是交织在一起的。

首先,一些企业对制造业智能化或智能制造的认知存在一定偏差。智能制造是新一代信息技术与制造深度融合的过程,自身具有复杂的技术内涵及模式要求,是覆盖产品全生命周期、全产业链、产品生产各个环节的系统优化过程,需要在产品、生产技术、产业模式和制造系统等层面进行创新。但目前,许多企业对智能制造的认知缺乏系统性与深刻性,具体表现在以下几方面。一是对"智能"与"制造"的关系认知存在偏差。智能制造的本质是"制造","智能"只是作为一种新技术对制造加以赋能,这一赋能过程涉及制造业生产流程与运行模式的变革。作为智能制造主体的"制造",如果在产业基础、技术性能、工艺设备等基础条件方面不具备必要的条件,硬性地推进制造业智能化,势必因其盲目性而无法为制造业赋能。二是智能化过程中"软硬关系"的认知方面出现一定偏差。国内一些制造业企业在智能化过程中偏于智能硬件的使用,如盲目大量引进国外的工业机器人、打造自动化生产线等,却相对忽视了对软件的投资。实际上,"智造"是硬件软件的总集成,软件可以搜集环境以及自身信息,并做出相应的判断和规划行为,为生产提出最优解。只注重硬件而忽视软件无法达到真正意义上的"智能制造"。三是在对智能制造目标的认知方面出现一定偏差。企业作为市场经济的独立主体,其投资行为理应服从效益指标,对制造业智能化投资也应如此。一些企业盲目追求智能制造的先进性、模式化,甚至出现为智能制造而智能制造,搞攀比、随大流等现象,这就体现了其在制造业智能化目标认知方面的偏差。

其次,我国制造业智能化转型的基础相对薄弱。智能制造需要相应的技术和管理基础。从技术角度出发,如果没有完善的自动化技术,关键工序的实现依然依赖于工人的熟练程度,那么生产流程就难以在较低的成本下实现数字化,无法从数字化的生产流程中提炼出符合标准的数据资源,智能制造技术就缺少了最为

关键的生产要素投入。从管理角度出发，如果企业对生产流程依然实行粗放管理，物料和工件质量不一、研发设计与市场需求脱节、对供应链管理和售后服务等重视程度不足，那么智能化改造不但不能解决这些问题，还会因此无法发挥作用，甚至由于技术与管理的进一步脱节为企业经营带来更大的困难。目前，我国大部分制造企业在进行智能化转型时普遍存在智能化基础薄弱问题，这是导致盲目智能化行为的重要原因。

从发展范式看，制造业智能化需要经历从数字化制造到数字化、网络化制造，再到数字化、网络化、智能化制造三个阶段。我国制造业智能化的总体推进路径已经明确，即"融合推进，并联发展"，也就是不必走发达国家的老路，从工业1.0到2.0，再到3.0，最后才到4.0的串联式推进路径，而是借助于新一代信息技术的应用，"以高打低"，加快推进不同层次的制造业智能化，从而发挥我国后发优势，实现换道超车。但这只是一种总体发展路径，具体到每一个制造企业，要推进智能化，工业2.0、工业3.0都是不可逾越的阶段。目前我国大部分制造业企业的生产水平处于工业2.0阶段，甚至有少数仍处于工业1.0阶段，只有各细分市场上的龙头企业才达到工业3.0所要求的生产水平和管理水平。即使像美国通用电气（GE）这样最先提出"工业互联网"概念的国际著名跨国公司，在推进智能制造过程中也面临夯实基础的问题。GE在2013年即推出了其工业互联网产品Predix，在2015年围绕Predix成立了GE digital部门，全面进军智能化改造市场。但除了服务GE自身的智能化改造外，该部门的业务始终难以对外推广，最终因营收难以覆盖成本，在2018年底被GE剥离，至此GE推广工业互联网的计划基本宣告失败。GE工业互联网产品失败的根本原因在于目前国际制造业的智能化转型市场依然不成熟，智能制造不具备广泛推广的基础和条件。这种情况在我国更为严重。在这种基础条件下，硬性推进制造业智能化往往会造成超越现实条件约束和智能制造要求的盲目投资和急性推进，结果是欲速则不达。

再其次，政府行为有待进一步优化。一是政策引导和典型示范工作有待加强。在市场经济条件下，推进智能制造无疑应是一个市场化推进的过程，虽然在这一过程中政府的作用不可或缺，但怎样才算是"到位的"推进智能制造的政策，政策的内容、实施方式及机制如何，一些政府部门并不是很明确。有的地方政府把政策的着力点直接放在资金支持上，如财政补贴、税收优惠、成立产业基金等，但智能制造作为一项复杂的系统性工作，在基于系统视角实施的配套性政策引导、推动方面做得还不够，尤其是在典型示范、成功经验推广方面还有待加强。二是政府过度鼓励造成智能化投资的"潮涌现象"。"潮涌现象"是林毅夫（2010）在分析产能过剩问题时提出的概念，指全社会对某一行业具有较好前景形成广泛共识，不约而同地进入该行业，造成短时间内大量企业涌入，使得该行业从还存在一定市场空间迅速变为产能过剩。制造业智能化过程中也出现了类似现象，并且这种现象很大程度上与政府的过度鼓励有关。政府的激励政策对于激发制造企业智能化改造热情、提升企业智能化改造能力无疑是必要的，问题是这种激励应保持在合理的范围内。不区分行业基本特征、智能化改造具体需求的激励，势必会诱发企业智能化改造的盲目投资。事实上，许多企业的智能化改造主要是为争得政府优惠项目，而未对智能化自身存在的难度、可能实现的效益等给予足够关注。

最后，企业在制造业智能化过程中的盲目性及跟风行为，也与企业经营的外部环境有一定关系。近年来，企业经营面对的国内外经济环境发生了巨大变化，企业经营成本包括人力成本明显上升，利润率水平明显下降。在这种情况下，面对智能化浪潮的冲击，很多企业把降低成本、提高效益的希望过于寄托到智能制造上，从而一拥而上，大力推进制造业智能化，实施机器换人，建设无人工厂、无人车间等，而忽视了上面提到的这一过程本身的复杂性、系统性特征，一些企业甚至产生一种"跟风式"冲动，在推进智能化过程中盲目攀比，攀比的不是流程的科学性、路径的合理性，而是盲目上项目、增投资。

三、制造业盲目智能化带来的潜在危害

第一，延缓制造强国建设进程。从企业层面说，一方面，盲目进行智能化投资，为争取政策优惠而盲目上项目，忽视投资效益和实际效果，会使企业陷入智能化改造的困境而最终难以为继，对企业的智能化转型升级并不能产生实质性效应。真正意义上的制造业智能化如系统解决方案供应、关键技术创新等，都不是只靠投资就能够得到有效解决的。另一方面，盲目推进制造业智能化有可能因形成路径依赖而"锁定"在不合理的技术和模式路径上。技术路线的演进往往并不只有一种结果，而是存在多重均衡。目前的智能制造技术本身还处在发展的过程中，如果制造业在现阶段盲目智能化，进行过度投资，就会有可能被"锁定"在现有的技术路线上，即使此后出现更先进、更高端的智能制造新技术、新模式，也可能难以实现有效替换。这种技术路线的低端"锁定"状态显然不利于推进我国制造业高质量发展和制造强国的建设。

第二，不利于推进经济高质量发展。制造业是我国实体经济的主体，制造业高质量发展是实现整体经济高质量发展的重要支撑。制造业智能化无疑是实现我国制造业高质量发展的重要途径。但制造业智能化作为一项较为复杂的系统性工程，具有投资量大、波及面广、影响较大等特点，一旦出现投资盲目或失误，将会对制造业升级发展造成不利影响。目前，一些制造业企业由于盲目性投资，造成新的产能过剩。以机器人行业为例，大量企业盲目追逐风口进入机器人领域，

导致工业机器人企业数量过多、低端产品产能过剩等问题的出现。数据显示，全国已建成和在建的机器人产业园区超过了40个，短短几年时间，机器人企业的数量就超过了800个。① 在第十二届全国人大五次会议的记者会上，工业和信息化部副部长辛国斌就曾谈道："在机器人这个领域，我们确实觉得有高端产业低端化和低端产品产能过剩的风险。"盲目投资、产能过剩，将会造成新的经济失衡，制约制造业乃至整个经济的高质量发展。

第三，不利于自主可控智能制造生态的形成，对产业安全造成不利影响。现阶段，企业盲目智能化，忽视制造业关键核心技术创新，造成"制造"与"智能"的隔离，特别是忽视制造能力的强化，制约智能制造系统的集成和自身制造能力、制造基础及设备的加强。在自主创新能力和产业基础能力薄弱基础上靠盲目投资发展的智能制造，将充斥着大量外国技术和装备，对制造业产业体系的自主可控造成一定隐患。当前，我国智能制造装备产业所需的许多核心零部件、元器件及关键智能装备主要依赖进口，智能制造"空心化"隐患较突出。除了智能硬件，操作系统及工业软件缺失也较为严重，一些跨国软件巨头加快布局智能制造的生产控制及操作系统。如在工业互联网平台布局方面，50%左右的工业工厂自动化平台即服务平台采用国外开源架构，90%以上的企业使用欧美企业的CAD、CAE、PLM等高端工业软件。② 制造企业的智能化盲目发展削弱了制造业关键核心技术的创新能力，对产业安全造成不利影响。

第四，盲目推进"机器换人"可能诱发诸多不良影响。近年来，企业盲目智能化的一个重要表现是过度追求"机器换人"，而忽视这一过程中的精益管理，忽视由此可能带来的负面影响。应该说，随着我国人口红利逐渐消失，传统制造企业用工成本不断上升，"机器换人"势在必行。但作为企业智能化改造的重要内容，"机器换人"并非是一换了之，其实施需要以精益管理、人本管理等作为基础。以南方某制造企业智能化改造的经验总结为例。该企业所实施的某智能化改造项目失败的首要原因就是在软件设计时只考虑要实现的功能，但人性化程度不足，未能充分考虑人机交互过程中的需求。实际上，企业智能化改造需要将智能制造技术与传统制造中的各项流程、工艺相结合，在此过程中现场的工程师和技术工人将发挥不可替代的作用。如果只是盲目推进"机器换人"，忽略相关模式的配套和创新，将难以实现智能化改造效果，并对企业长期竞争力造成损害。同时还会造成进口机器人占据我国主要市场，而国人就业机会进一步减少的问题，特别是可能造成简单技能劳动力失业加剧，这也是盲目智能化的一种危

---

① 《工业机器人：从大体量向优品质转变》，载于《经济日报》2017年6月18日。
② 《紧抓产业发展机遇，深化工业互联网平台体系建设》，浙江省经济和信息化厅网站，2020年10月9日。

害。而进口机器人后期较高的维护成本还会提升企业运营成本，使企业透支大量财力，制约企业的正常运行和发展。

四、防止和规避制造业盲目智能化的思路及对策

第一，提高对制造业智能化的认知水平，明确目标导向、夯实发展基础，系统协同推进。一是明确制造业智能化是一个复杂的系统性工作，不能只将其作为一个技术问题，一味扩大投资，盲目上马机器人等新设备，需要整体设计推进方案，协同推进硬件、软件耦合协同，以及生产方式、制造流程、管理模式等的智能化进程。二是进一步明确制造业智能化升级的基本目标导向是为了降本、提质、增效，而不是为智能化而智能化，更不是玩概念、赶时髦。需求导向、效益优先是企业智能化转型升级的基本遵循。三是要牢固树立智能制造的本体是"制造"，"智能化"是实现制造业转型升级基本手段的理念。制造能力提升才是制造业智能化推进的基础和前提。为此，要夯实智能制造的根基。从政府角度，应进一步强化核心基础零部件（元器件）、先进基础工艺、关键基础材料和产业技术基础"四基"发展，同时加强信息基础设施建设，尤其是5G网络、工业互联网、大数据等新基建建设。制造企业要从核心技术、零部件、材料、基础制造工艺、软件等方面入手，扎扎实实筑牢制造根基。在技术层面，着眼于实现新一代信息技术和制造业深度融合，从自身基础条件出发，选择适宜的技术类型和模式。从工艺、设备层面推进制造企业的大规模技术改造，加快形成与智能化升级相适应的制造设备和工艺，夯实制造业智能化的基础。

第二，政府应进一步加强顶层设计，有序推进制造智能化进程。进一步强化已有战略及规划的现实针对性和可实施性、可操作性，尤其要加强专项规划的制定。要增强规划的前瞻性、衔接性和协同性。中央政府应进一步明确数字化制造，数字化、网络化制造及新一代智能制造三大范式并联推进的具体机制和路线图，通过更加有效的政策引导减少制造业智能化过程中的盲目性，对处于工业1.0、工业2.0、工业3.0、工业4.0不同阶段的企业采取不同激励措施，促使大部分企业完成数字化"补课"的任务。少数处于工业3.0甚至更高阶段的企业，应通过新建自动化生产线和数字化车间，建设企业的数据流，为智能制造的长远发展奠定必要的基础和条件。地方政府在推动智能制造发展的同时，为避免智能化过程中企业盲目投资和恶性竞争，应加强对行业整体的统筹规划和监管，明确市场准入标准、智能产品质量评定和检测认证标准，建立健全相关检测机构及公共服务平台，防止无序竞争。注重构建智能制造产业生态，融合创新发展生态，深化产融合作和产教融合，缓解智能化改造过程中的资金压力，防范对相关技术的认知偏差。

第三，注重打造智能制造产业标杆和示范企业，发挥典型企业的示范引领效应。打造一批重点行业智能工厂、数字化车间和标杆企业等。围绕设计、研发、生产、物流、运维服务等全生命周期各环节，培育更多国家级试点示范企业和全球"灯塔企业"，及时总结示范企业经验和模式，在相关行业领域复制、推广，成立专门组织对示范推广效果进行评估。在打造示范企业基础上，进一步形成一批智能制造示范区，引领一批产业配套的中小微企业发展，形成一批产业链完善、辐射带动作用强的智能制造集聚区和产业园区。针对企业智能化改造遇到的痛点和难点问题，通过政策解读、智能制造标准宣贯、现场诊断、主题报告、供需对接等活动，及时加以解决，预防出现投资决策盲目性和浪费。

第四，在系统推进基础上加快突破制造业智能化的一些关键环节，从根本上消除盲目化风险。以需求为导向，大力加强基础研究和应用研究，围绕薄弱环节补足短板，加快实现共性技术、关键技术的重大突破，培养一批智能制造系统解决方案提供商，大力提升制造业智能化技术和生态支撑能力。例如，山东省将采取"揭榜挂帅"等方式，重点突破工业智能算法、工业机理模型等工业互联网核心技术和关键共性技术，建设工业互联网应用推广中心、5G联合创新中心等创新载体，加快"中国算谷"等重点项目实施。只有从技术上、生态支撑上解决企业智能化改造面临的难题和制约，并通过政策解读、智能制造标准宣贯、现场诊断、主题报告、供需对接等方式及时帮助企业获得解决方案，才能从根本上消除制造业盲目智能化风险。

第六章

新产业革命与经济高质量发展交汇下的中国产业国际价值链提升

经济全球化条件下，一个国家产业转型升级的重要表现是其产业在国际价值链中地位的提升。迅速发展的第四次工业革命正在重构全球价值链分工体系，既为我国产业价值链提升提供了难得的历史机遇，同时也提出很大的挑战。我国应抓住新产业革命发展提供的历史机遇，加快推进产业转型升级，实现产业由国际价值链低端向中高端跃升。本章首先基于高技术制造业，实证分析我国产业低端锁定状况及其突破路径，进而对全球产业价值链垂直分工体系中中国工业制成品出口的国内技术复杂度及其动态变迁加以分析，然后分别从技术创新、制造业服务化角度，重点分析技能偏向型技术进步和制造业服务化对中国制造业国际价值链提升的影响，最后对第四次工业革命背景下全球价值链重构及我国的应对战略进行具体研究。

第一节 我国产业低端锁定及其突破路径
——基于高技术制造业的实证分析[①]

一、现阶段我国高技术制造业低端锁定实证测度

高技术制造业以知识、信息、技术等高端要素作为投入对象，具有高投入、高产出、高创新性和高研发风险等特征，是现阶段引领我国产业特别是制造业转型升级的重要力量。现阶段，在全球价值链分工体系中，我国高技术制造业总体

---

① 杜传忠、冯晶、李雅梦：《我国高技术制造业低端锁定及其突破路径实证分析》，载于《中国地质大学学报（社会科学版）》2016年第7期。

上处于低端水平,并表现出一定程度的低端锁定状态。加快突破低端锁定,实现由中低端向中高端跃升,已成为我国高技术制造业发展面临的紧迫任务,也是供给侧结构性改革过程中我国产业转型升级的重要内容。本节拟定量测度我国高技术制造业在国际价值链分工体系中低端锁定的状态,进而揭示摆脱这种低端锁定状态的主要制约因素,在此基础上提出相应对策。

(一) 现阶段我国高技术制造业发展的基本概况分析

关于高技术制造业的含义,在不同国家有不同的标准。经济合作与发展组织(Organization for Economic Co-operation and Development,OECD)以研发(R&D)强度(即 R&D 经费与产值之比或 R&D 经费与增加值之比)为依据,选用了 12 个国家制造业 1991~1999 年的平均值进行行业分类,认为以下产业属于高技术产业(制造业):航空航天器制造,制药,办公、会计和计算机设备,广播、电视和通信设备,医疗、精密和光学仪器。[①]

我国《国民经济行业分类》(GB/T 4754—2011)规定:高技术产业(制造业)是指国民经济行业中 R&D 投入强度(即 R&D 经费支出占主营业务收入的比重)相对较高的制造行业,包括:医药制造,航空、航天器及设备制造,电子及通信设备制造,计算机及办公设备制造,医疗仪器设备及仪器仪表制造,信息化学品制造六大类。[②] 本节基于研究目的及数据的可获得性,重点考察以下五类相对重要的高技术制造业,即医药制造,航空、航天器及设备制造,电子及通信设备制造,计算机及办公设备制造,医疗仪器设备及仪器仪表制造。它们在很大程度上代表了现阶段我国高技术制造业的整体竞争力和发展水平。

高技术制造业主要具有以下特征:一是较高的贸易开放度和全球化整合程度;二是以高新技术为基础,属于知识密集型或科技密集型产业,主要从事高新技术、高端设备的研发和制造活动;三是产业进入壁垒多建立在专有产品技术基础上,技术创新特别是核心技术创新对产业发展与升级具有决定性影响;四是一般在技术、知识资源相对密集的发达地区率先发展起来并呈集群发展态势。

近年来,我国高技术制造业产业规模不断扩大,出口额不断提升。依照我国《国民经济行业分类》(GB/T 4754—2011)标准,2013 年我国高技术产业出口总额达 6603.3 亿美元,同比增长 9.8%,位居世界各国高技术产业出口额首位。但体现我国高技术产品出口竞争力的一般贸易为 1107.28 亿美元,仅占总额的

---

① 《国务院发展研究中心调查研究报告》,第 103 号(总 4105 号),2012 年 6 月 11 日。
② 《中国高技术产业统计年鉴(2014)》,附录 1:《高技术产业(制造业)分类(2013)》。

16.77%，而加工贸易高达4314.16亿美元，占总额的65.33%。[①] 从五大高技术制造业产业看，电子及通信设备制造、计算机及办公设备制造是占比最高、出口贡献最大的两个类别，出口额占高技术产业出口总额的比例分别达到58.31%和35.79%，而医疗仪器设备及仪器仪表制造、医药制造，以及航空、航天器及设备制造的出口份额总共只有5.89%（见表6-1）。

表6-1　　　　　2013年我国五大高技术制造业出口额

行业	出口额（亿元）	五大细分行业出口额占比（%）
医药制造	1184.2	2.40
航空、航天器及设备制造	370.1	0.75
电子及通信设备制造	28738.4	58.31
计算机及办公设备制造	17640.7	35.79
医疗仪器设备及仪器仪表制造	1351.8	2.74
合计	49285.2	100.00

资料来源：《中国高技术产业统计年鉴（2014）》。

（二）我国高技术制造业低端锁定状态测度

1. 价值链低端锁定内涵界定及其测度方法

对于价值链低端和低端锁定的测算，目前国内外研究主要通过静态性指标，如垂直化比率、出口复杂度等来测度特定行业在全球价值链中的位置，主要关注的是价值链的"低端"问题。"低端锁定"是指国内企业由于跨国公司或者自身原因被锁定于低附加值、低创新能力的价值链低端生产制造和组装环节，难以向价值链高端跃升（卢福财和胡平波，2009）。可见，"低端锁定"是一个动态性概念，强调的是一段时间内本土制造企业所具有的低附加值、低创新能力的特征（张慧明和蔡银寅，2015）；同时它还是一个复合性概念，因为造成低端锁定的原因一般来自多个方面，或是位居高端环节的国外企业对其进行技术、营销等的封锁所致，或是其自身某些因素所致。由此，测度我国高技术制造业的"低端锁定"及揭示其成因，需综合考虑多方面因素。

根据全球价值链参与程度的差异，产业内贸易可分为水平型产业内贸易和垂直型产业内贸易。前者指国家之间相互进出口的产品质量相近；后者指各个国家

---

① 《中国科技统计年鉴（2014）》。

间相互进出口的产品虽性质相近但质量相差较大。垂直型产业内贸易又可进一步细分为上垂直型产业内贸易和下垂直型产业内贸易两种类型,其中,生产上垂直型产品的企业在全球价值链(global value chain,GVC)中占据高端位置,获取较高的附加值,掌握着核心技术,拥有较大的话语权,利润丰厚;而生产下垂直型产品的企业在 GVC 中处于低端位置,从事的主要是简单的加工制造业务,只能凭借廉价劳动力成本优势获取相对较低的附加值,在国际贸易中缺乏话语权,利润获取能力较低。

本节借鉴格里维和米尔纳(Greeaway and Milner,1995)、朱塞佩(Giuseppe,1999)、陈爱贞和刘志彪(2011)、李廉水(2013)等的研究,采用进出口商品的单位价值比率(RUV)来测度我国高技术制造业细分行业的全球价值链低端锁定状态。考虑到高质量产品倾向于制定相对较高的价格,故本节选用 RUV 指标判断高技术制造业细分行业在 GVC 中的位置。

设 $RUV_{XM} = UV^X_{ij,k,t} / UV^M_{ij,k,t}$,其中,$UV^X_{ij,k,t}$ 和 $UV^M_{ij,k,t}$ 分别表示第 t 年 k 产品 i 国对 j 国的出口价格和自 j 国的进口价格。若 $RUV_{XM} > 1 + \alpha$,则为上垂直型产业内贸易,表明该产业在全球价值链中处于高端位置;若 $RUV_{XM} < 1 - \alpha$,则为下垂直型产业内贸易,表明该产业在全球价值链中处于低端位置;若 $1 - \alpha \leq RUV_{XM} \leq 1 + \alpha$,则为水平型产业内贸易。研究中,$\alpha$ 一般设为 0.25。

由此,若 RUV_{XM} 小于 0.75,则可以判定其处于价值链低端位置,然后运用资产总额和劳动力总额时间序列来反映行业的规模变化,即可综合研判该行业所处的低端锁定状态。一般地,若资产总额和劳动力总额呈现上升态势,则表明该行业规模呈扩大趋势,而此时的 RUV_{XM} 若仍常年处于 0.75 之下,则表明该行业是在低附加值领域进行规模扩张,虽行业不断发展但始终无法摆脱低端锁定状态,由此即可判定该行业处于价值链低端锁定状态。

2. 数据来源及描述

本节对各细分高技术行业的 RUV_{XM} 进行测度,采用联合国统计署创建的全球最大、最权威的国际商品贸易数据库——联合国商品贸易统计数据库(UN Comtrade Database)中的 SITC(Standard International Trade Classification)Rev. 3.0 五位码行业分类标准,样本为 20 国集团成员国[1],对 2000~2013 年中国与 20 国集团中其他各成员方高技术制造业各细分行业的进出口数据进行计算,并以各国贸易值占比为权重对其进行加权计算,得到行业的 RUV_{XM} 值。

---

[1] 20 国集团的成员包括:美国、日本、德国、法国、英国、意大利、加拿大、俄罗斯、欧盟、澳大利亚、中国、南非、阿根廷、巴西、印度、印度尼西亚、墨西哥、沙特阿拉伯、土耳其、韩国。包括了发达国家经济体及重要新兴工业经济体,总 GDP 约占全球经济的 90%,贸易额约占全球的 80%,因此选取的样本具有较强的代表性。

需要说明的是，SITC 是国际贸易标准分类，最近的第四次修订版（SITC Rev. 4.0）于 2006 年 3 月由联合国统计委员会第三十七届会议通过，但 SITC Rev. 4.0 的贸易数据自 2007 年起开始提供，时间长度相对较短，不适合进行计量分析，故本节仍沿用第三次修订版。由于本节对于高技术制造业的分类是基于我国《国民经济行业分类》（GB/T 4754—2011），故在 SITC 中不能直接找到对应的产品，可将 SITC Rev. 3.0 和我国行业代码进行一定程度的对照分析和判定。

3. 测度结果及其分析

基于以上方法以及我国对高技术制造业的划分，2000~2013 年我国高技术制造业细分行业的 RUV_{XM} 测度结果如表 6-2 所示。

表 6-2　　　　2000~2013 年我国高技术制造业五大类行业的 RUV 值

年份	医药制造业	航空、航天器及设备制造业	电子及通信设备制造业	计算机及办公设备制造业	医疗仪器设备及仪器仪表制造业	平均 RUV 值
2000	0.2179	0.3156	0.4146	0.2455	0.4988	0.3385
2001	0.1830	0.9828	0.4070	0.2558	0.4623	0.4582
2002	0.1126	0.4525	0.4099	0.3620	0.4476	0.3569
2003	0.0999	0.7467	0.5152	0.5331	0.4433	0.4676
2004	0.1228	0.2766	0.4026	0.5847	0.3668	0.3507
2005	0.0994	0.3541	0.4215	0.5323	0.3650	0.3544
2006	0.0856	0.4258	0.5215	0.6197	0.3767	0.4059
2007	0.1292	0.3655	0.7946	0.8576	0.4668	0.5227
2008	0.1451	0.6869	0.7081	0.9171	0.4543	0.5823
2009	0.0759	0.4581	0.5792	0.9592	0.4556	0.5056
2010	0.0760	0.5371	0.5561	0.9996	0.2891	0.4916
2011	0.1267	0.5345	0.6319	0.9199	0.2888	0.5003
2012	0.0791	0.5610	0.6235	0.8448	0.2939	0.4804
2013	0.0647	0.5845	0.5114	0.9787	0.2956	0.4870

资料来源：UN Comtrade Database。

从表 6-2 可以看出，2000~2013 年，我国高技术制造业的平均进出口商品的单位价值比率（RUV）基本呈上升趋势，但仍小于 0.75，表明高技术制造业总体附加值水平偏低，属于下垂直型产业内贸易。由此说明，我国近十多年来出口的高技术产品多为低附加值的加工制造和组装类产品，产品的可替代性较大，在全球价值链上总体处于低端位置，行业整体竞争力较弱。

分行业来看，2000~2013 年，计算机及办公设备制造业的 RUV 值从 2000 年的 0.2455 跃升到 2007 年的 0.8576，然后攀升至 2013 年的 0.9787，明显高于 RUV 平均值，是我国高技术制造业中表现最好的细分行业，但仍未达到上垂直型产业内贸易所要求的 RUV 值大于 1.25 的标准，表明该行业虽发展迅速，但仍处于全球价值链的中低端位置。除了计算机及办公设备制造业，其他四大高技术制造业细分行业在 2000~2013 年的进出口商品的单位价值比率均低于 0.75，处于全球价值链的低端位置，特别是医药制造业的 RUV 值一直在 0.2 上下波动，远低于 0.75，且呈不断下降趋势，属明显的下垂直型制造业。

一般情况下，处于低端锁定状态的行业很可能是全球价值链中的下垂直型及中低端波动型的行业。由于我国高技术制造业的五大细分行业均属下垂直型产业内贸易，据此可判定现阶段我国高技术制造业整体基本处于低端锁定状态。这与郭晶和杨艳（2010）采用产品技术复杂度指数的分析结论是一致的。

为进一步验证以上判断，这里再结合五大行业的劳动力规模和资产总额的时间序列进行综合分析。劳动力规模和资产总额的时间序列如图 6-1 和图 6-2 所示，其中劳动力规模以从业人员平均人数为代表，资产总额以高技术制造业各行业的主营业务收入为代表。

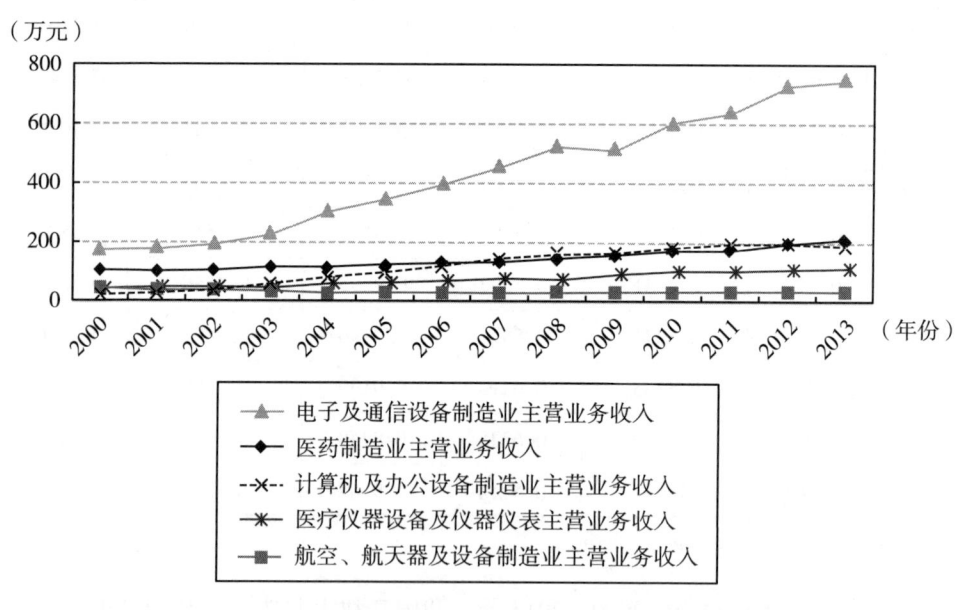

图 6-1　2000~2013 年高技术制造业五大细分行业劳动力规模时间序列

资料来源：历年《中国高技术产业统计年鉴》。

(亿元)

图 6-2　2000~2013 年高技术制造业五大细分行业资产总额时间序列
资料来源：历年《中国高技术产业统计年鉴》。

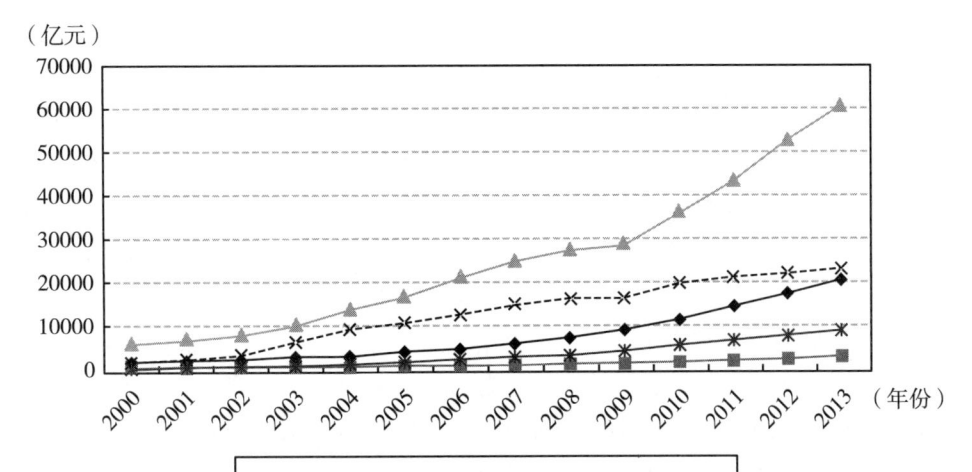

由图 6-1 和图 6-2 可以看出，2000~2013 年，我国高技术制造业的五大细分行业劳动力规模逐年扩张，尤其是电子及通信设备制造业扩张趋势明显，劳动力规模从 2000 年的 173.91 万人扩大至 2013 年的约 748.27 万人，增加了约 575 万人。尽管航空、航天器及设备制造业的劳动力规模一直在波动，但也基本呈扩张态势。而我国高技术制造业五大细分行业的资产总额也呈持续上升态势，上升最明显的仍是电子及通信设备制造业，其资产总额从 2000 年的 5874.5 亿元跃升至 2013 年的 60633.89 亿元，年均增长率达 19.67%，其他高技术制造业行业也呈现增长态势。我国高技术制造业五大细分行业的劳动力规模和资产总额持续扩张，与此同时各行业的进出口单位价值比却低于 0.75，表明这些年来我国高技术制造业的发展主要借助于规模的扩张，是一种外延式产业发展方式，这恰是导致这些产业处于国际价值链低端锁定状态的重要原因。

二、我国高技术制造业低端锁定影响因素实证分析

（一）变量选取与模型设定

1. 变量选取与研究假设

借鉴已有研究成果，依据全球价值链分工条件下我国高技术制造业发展实际

状况，这里选取 FDI 利润总额、内源性技术创新、市场需求、政府补贴和高技术人才五个变量作为影响我国高技术制造业低端锁定的主要因素。

（1）FDI 利润总额。FDI 利润总额一定程度上能反映高技术产业在全球价值链体系中的参与度。随着我国对外经济的不断发展和全球劳动分工的不断深化，外商直接投资企业大量涌入中国市场，相应地，我国高技术产业的 FDI 规模也越来越大。一方面，FDI 利润的上升表明 FDI 进入的不断深化，FDI 可通过技术溢出、激励示范等效应带动中国高技术产业的技术创新，从而有助于突破价值链低端锁定。但另一方面，由于全球生产网络是基于能力要素驱动形成的，处于网络高端的外商直接投资企业将集中经营少数几个最能体现核心能力的高价值环节，从而获取高额利润，而位居网络低端的中国生产商只能承接低价值要素，获取低额利润（王伟，2005）。FDI 利润越高，我国高技术产业利润越低，生存空间越小，进而突破低端锁定的难度就越大（时磊和田艳芳，2011），由此得到以下假设。

H1：外商直接投资（FDI）企业的利润越高，我国高技术制造业被低端锁定的强度越大。

（2）内源性技术创新。高技术产业的核心或关键技术大多掌握在位于价值链上游的发达国家企业手中，为维护所处的竞争优势地位，这些国家的企业必然会对所控制的核心或关键技术实施封锁，即便是对已经转移到我国的某些技术，也会对其后续的改良、更新、升级、市场销售和产业化应用等环节进行种种限制，或设计多种参数来遏制我国企业自主技术的更新换代和实现技术赶超。因此，强化内源性技术创新，增强自主创新能力，是我国高技术制造企业突破价值链低端锁定状态的重要途径，由此可得到以下假设。

H2：我国高技术制造业内源性技术创新投入越多，越有利于突破低端锁定状态。

（3）市场需求。"需求引致创新"，市场对高技术产品的足够需求是激发和推动创新活动的巨大动力，也只有当企业研发投入转化为现实的创新收益时，才能激发更大规模的创新（李美娟，2010）。因此，培育国内市场、激发市场需求是克服高技术制造业低端锁定的重要途径。对于高技术制造业而言，技术创新的作用和影响不是孤立的，价值链终端产品的收益最终反映的是市场需求的强度，只有当消费者对高技术产品存在有效需求时，高技术产品的价值才得以体现。所以，国内对于高技术产品市场有效需求的扩大可在一定程度上促进 R&D 投入，提高产业技术水平，从而有利于突破低端锁定，由此可得到以下假设。

H3：国内对高技术制造业产品的市场需求越大，越有利于高技术制造业突破低端锁定状态。

（4）政府补贴。高技术企业要想保持创新活力，实现高技术的持续更新换代，需要大规模的研发资金支持。对于处在起步阶段的我国高技术制造业，政府对内源性创新的资金支持,科研机构对新技术的攻克以及高技术人才的吸引等都有利于促进高技术制造业摆脱低端锁定状态,由此可得到以下假设。

H4:政府资金补贴越大,越有利于突破我国高技术制造业价值链低端锁定状态。

(5)高技术创新人才。高技术制造业作为技术密集型行业,其产业升级依赖于知识和技术的积累与支撑,而这在很大程度上都有赖于高技术创新人才的作用。通过高技术创新人才的研发活动和将知识、技术运用于产业实践的行为,促进产业技术水平和竞争力的提升,最终导致产业价值链地位的提升,由此可得到以下假设。

H5:高技术创新人才越多,越有利于突破我国高技术制造业价值链低端锁定的状态。

2. 模型设定

基于以上分析,设定以下计量模型:

$$ruv_{it} = \alpha + \beta_1 fdip_{it} + \beta_2 rd_{it} + \beta_3 dem_{it} + \beta_4 gov_{it} + \beta_5 peop_{it} + \gamma X_{it} + \varepsilon_{it} \quad (6.1)$$

其中,下标 i 表示高技术制造业细分行业,$i=1$,2,…,5;t 表示年份,$t=2000$,2001,…,2013;ruv_{it} 表示低端锁定程度;$fdip_{it}$ 表示 FDI 企业利润,反映高技术产业在全球价值链体系中的参与度;rd_{it} 表示内源性技术创新,反映我国高技术产业对技术创新的投入;dem_{it} 表示市场需求,反映市场对高技术产品的需求程度;gov_{it} 表示政府补贴,反映政府对高技术产业的扶持程度;$peop_{it}$ 表示高技术创新人才数量,反映高技术产业对于人才的吸引;X_{it} 为控制变量集合,α 为常数项,β 为各解释变量系数,γ 为控制变量系数,ε_{it} 为相互独立的随机扰动项,且满足零均值、同方差的条件。

(二)指标选取及数据来源

被解释变量为我国高技术制造业的低端锁定程度(ruv_{it}),该指标在前面已进行测算。

解释变量包括以下几项。

(1)FDI 利润总额($fdip_{it}$),以经营高技术产业的三资企业利润总额表示。

(2)内源性技术创新(rd_{it})。由于高技术产业具有高技术和知识性,其技术创新的产出具有一定的滞后性,除受当期研发资本影响外,还会受之前研发支出的影响。因此,选择研发内部支出存量比只使用当期研发支出更加科学。研发支出存量的计算采用经典的永续盘存法,计算公式如下:

$$K_t = R_t + (1-\rho)K_{t-1} \quad (6.2)$$

其中,K_t 表示当期研发经费内部支出资本存量;R_t 是本期研发支出;ρ 是研发经费内部支出的折旧率，国内外大多数文献在估算时都令 $\rho=15\%$。因此，内源性技术创新可以用"行业研发经费内部支出存量/行业利润"表示，代表 R&D 投入强度。

（3）市场需求（dem_{it}），以高技术产业的主营业务收入表示。

（4）政府补贴（gov_{it}），可用科技活动中政府的资金投入表示。

（5）高技术创新人才（$peop_{it}$）。这里选用 R&D 活动人员折合全时当量表示高技术人才。此指标将非全时 R&D 人员的工作时数折算为全时人才的数量，然后再与全时 R&D 人才的工作时数相加得到。

控制变量包括三大类：宏观经济变量、高技术制造业生产经营情况、高技术制造业 R&D 及相关活动情况。

（1）宏观经济变量包括：国内生产总值增长率（gdp_{it}），以 2000 年为基期，用实际 GDP 计算得到；出口增长率（ex_{it}），以我国货物总出口额表示，并以人民币为单位。

（2）高技术制造业生产经营情况包括：行业规模（$size_{it}$），以高技术制造业各细分行业企业数表示；劳动力规模（$labor_{it}$），以高技术制造业各细分行业从业人员平均数表示；出口交货情况（$export_{it}$），以高技术制造业各细分行业出口交货值表示，并以人民币为单位。

（3）高技术制造业 R&D 及相关活动情况包括：新产品开发情况，以高技术制造业各细分行业新产品开发经费支出（$newzc_{it}$）和销售收入（$newin_{it}$）表示；发明专利情况（$patent_{it}$），以高技术制造业各细分行业专利申请数表示。

本节解释变量及控制变量的相关数据均来源于历年《中国高技术产业统计年鉴》《中国统计年鉴》等。

变量选取与统计性描述如表 6-3 所示。

表 6-3　　　　　　　　变量选取与统计性描述

变量	指标	指标测度
被解释变量	低端锁定程度（ruv_{it}）	第一部分测度结果
解释变量	FDI 利润总额（$fdip_{it}$）	经营高技术产业的三资企业利润总额
	内源性技术创新（rd_{it}）	行业研发经费内部支出存量/行业利润，内部支出存量计算公式为：$K_t = R_t + (1-\rho)K_{t-1}$
	市场需求（dem_{it}）	高技术产业的主营业务收入
	政府补贴（gov_{it}）	科技活动中政府的资金投入
	高技术创新人才（$peop_{it}$）	R&D 活动人员折合全时当量

续表

变量	指标	指标测度
控制变量	国内生产总值增长率（gdp_{it}）	以实际 GDP 进行计算
	出口增长率（ex_{it}）	我国货物总出口额
	行业规模（$size_{it}$）	高技术制造业各细分行业企业数
	劳动力规模（$labor_{it}$）	高技术制造业各细分行业从业人员平均数
	出口交货情况（$export_{it}$）	高技术制造业各细分行业出口交货值
	新产品开发经费支出（$newzc_{it}$）	统计年鉴数据
	新产品销售收入（$newin_{it}$）	统计年鉴数据
	发明专利情况（$patent_{it}$）	高技术制造业各细分行业专利申请数

（三）计量结果及分析

1. 模型估计结果

运用 Stata 12 软件对模型进行估计，相关回归分析结果①（见表 6-4）。

表 6-4　　　　　　　　　模型估计结果

变量	（1）OLS	（2）混合 OLS	（3）FE	（4）RE	（5）PCSE	（6）FGLS
$fdip$	-0.0004 (0.3581)	0.0003 [0.0002]	-0.0004** [0.0001]	-0.0003 [0.0003]	-0.0004* [0.0002]	-0.0003*** [0.0001]
rd	0.1116*** (0.000)	0.0155 [0.0181]	0.0181 [0.0102]	0.0236 [0.0231]	0.0155 [0.0439]	0.0753*** [0.0232]
dem	0.0001*** (0.000)	-0.0000 [0.0000]	0.0000** [5.3234]	0.0000 [0.0000]	0.0000* [0.0000]	0.0000*** [7.8945]
gov	2.2934 (0.2243)	1.5245 [1.3866]	1.6834*** [3.4867]	2.1644 [1.6299]	2.5789 [3.1723]	4.1957*** [1.3298]
$peop$	-5.8456*** (0.0001)	4.2734 [2.5256]	5.8345 [8.5945]	1.4129 [1.9738]	6.2257 [2.0478]	-5.6935 [6.7328]
常数项	0.2863*** (0.0002)	0.4495** [0.1189]	0.4766*** [0.0828]	0.4422*** [0.0961]	12.8527 [16.5179]	20.3242** [8.9333]

---

① 在对所设定面板数据模型进行估计前，对其进行多重共线性检验所得的平均方差膨胀因子（VIF）为 12.9，高于检验多重共线性的经验规则规定的 10，这主要源于市场需求这一解释变量的 VIF 值偏高。考虑到市场需求是本模型的重要解释变量，为保证模型足够的解释能力，模型仍保留这一变量，且在一般情况下，多重共线性并不影响主要关注的变量的显著性，因而这里可忽略多重共线性问题。

续表

变量	(1) OLS	(2) 混合OLS	(3) FE	(4) RE	(5) PCSE	(6) FGLS
gdp		-0.0013 [0.0089]	-0.0037 [0.0115]	-0.0017 [0.0086]	-0.0031 [0.0094]	0.0037 [0.0035]
ex		-0.1906 [0.1023]	-0.2542** [0.0685]	-0.2557** [0.1051]	-0.2676** [0.1183]	-0.2841*** [0.0425]
$size$		-5.8798 [0.0000]	-0.0000** [8.2913]	-0.0001 [0.0000]	-0.0000 [0.0000]	-9.2834 [0.0000]
$labor$		-1.2145 [1.2136]	-3.7623 [8.0256]	-2.0323 [9.7829]	-1.0934 [1.4209]	-1.4490** [6.6993]
$export$		0.0001** [0.0000]	0.0001*** [8.7656]	0.0001*** [0.0001]	0.0001*** [0.0000]	0.00005*** [7.5986]
$newzc$		-1.9123 [4.9445]	-6.6045** [2.0945]	-6.5946 [5.7367]	-7.4223 [5.9204]	-8.9987*** [2.4078]
$newin$		-3.0123 [2.7635]	-2.4345 [2.5567]	-1.9978 [2.6045]	-3.1719 [1.9323]	-3.0987*** [1.1465]
$patent$		-7.3034 [6.8034]	-5.7837** [1.7134]	-6.3779 [6.8226]	-4.5245 [6.2367]	-1.6343 [3.0242]
R^2	0.4344	0.7920			0.8634	
F检验			6.63*** 0.0002			
LM检验				0.0000 1.0000		
Hausman检验				0.0008		
Greene Wald统计量					825.2244*** (0.0008)	
Wooldridge Wald统计量					0.1585 (0.7116)	
Breusch-Pagan LM统计量					22.9743** (0.0108)	

注：①小括号内数值为相应检验统计量的p值，***、**、*分别表示在1%、5%、10%的水平上显著；②中括号内数值为聚类稳健标准误；③F检验、LM检验、Hausman检验所列数值为p值。

表 6-4 中，第（1）列是不加入任何控制变量、不考虑异方差和自相关等影响的最小二乘估计结果。可以看出，FDI 利润总额（fdip）和高技术人才（peop）的估计系数为负，内源性技术创新（rd）、市场需求（dem）、政府补贴（gov）的估计系数为正。可见，除高技术人才变量外，其余变量符号均与研究假设相符，模型总体显著性较高；但由于异方差、自相关等因素的影响，个别系数显著性较差。

为更全面、准确地考察我国高技术制造业低端锁定的影响因素，模型进一步加入若干控制变量，并运用混合最小二乘法进行估计，估计结果见第（2）列所示；第（3）列、第（4）列分别是考虑了固定效应（fixed effect，FE）和随机效应（random effect，RE）后的估计结果。为比较混合回归和固定效应模型，根据面板设定的 F 值，模型强烈拒绝"混合回归可以接受"的原假设，故认为固定效应模型明显优于混合回归；LM 检验强烈接受"不存在个体随机效应"的原假设，即认为在随机效应模型与混合回归模型之间，应选择混合回归模型。然后用 Hausman 检验比较固定效应和随机效应的适用性，原假设为随机效应模型为正确模型，发现在 1% 显著性水平上拒绝原假设，说明固定效应模型更合适。最后对变量进行组间异方差（使用格林的沃尔德检验）、组内自相关（使用伍尔德里奇的沃尔德检验）、组间同期相关（使用布伦斯—帕甘的 LM 检验）的检验，发现该模型存在组间异方差和组间同期相关，即截面异方差和截面相关。

第（5）列是使用"OLS + 稳健标准误"对异方差和同期相关进行修正的估计结果，即组间异方差与同期相关稳健的"面板校正标准误差"（panel-corrected standard error，PCSE），该结果最为稳健。作为比较，进一步采用可行广义最小二乘法（feasible GLS，FGLS）对模型进行估计，即第（6）列所示结果，全面的 FGLS 估计结果最为有效率。

2. 实证结果分析

基于以上实证结果，这里选取 FGLS 估计的结果进行分析。模型整体通过了显著性水平检验，且结果稳健，解释变量及控制变量对被解释变量的影响情况如下。

（1）FDI 利润总额（fdip）在 1% 显著性水平上通过 t 检验且系数符号为负，H1 得到满足。说明 FDI 利润总额越高，我国高技术产业低端锁定程度越高。虽然外商 FDI 为我国企业提高技术、管理水平提供了一定条件，但如果局限于当前这种只是进行简单模仿、吸收而缺乏自主创新的引进外资方式，则将限制我国高技术产业国际竞争力的提升，不利于甚至固化现阶段价值链低端锁定的状态。

（2）内源性技术创新（rd）在 1% 显著性水平上通过 t 检验且系数值达到 0.0753，说明该变量对我国高技术制造业低端锁定具有显著性影响，H2 得到满足。高技术制造业作为技术密集型行业，技术创新特别是核心技术创新能力对该产业竞争力具有显著影响。而目前，我国该产业所需的关键、核心技术大多掌握在发达国家企业手中，并且不可能通过购买或通过市场换取，只能通过加大企业R&D投入，进行内源性技术创新才能获取。

（3）市场需求（dem）在1%显著性水平上通过t检验且系数符号为正，H3得到验证，说明市场需求的扩大对我国高技术产业突破低端锁定具有促进作用。其具体作用机理是：高涨的市场需求促进高技术产业规模的持续扩大，并且对产品质量提出更高要求，从而激发和推动高技术企业的技术创新活动。企业市场需求的扩张同时意味着企业利润的增加，从而为企业增加研发投入提供更加充裕的资金支持。

（4）政府的补贴政策（gov）在1%显著性水平上通过显著性检验且系数符号为正，H4得到验证，但变量系数较小，说明政府补贴政策有利于突破低端锁定状态。这一方面可能与解释变量较多有关，但更主要是与政府补贴方式的运用不当有关。目前，我国一些地方政府为追求地区GDP增速、增加地方财政收入，主要不是对企业研发创新活动进行补贴，因为这种补贴需要较长时间才能见到成效；而是把补贴主要用于见效快的数量和规模扩张方面。并且许多政府补贴往往以税收减免的形式出现，对企业技术创新的激励作用并不显著。只有加大对企业研发和创新环节的直接补贴，才能显著促进我国高技术制造业突破低端锁定。

（5）高技术创新人才（peop）未通过t检验且系数为负，H5未得到验证。这主要与我国现阶段高技术制造业的创新人才数量、质量及使用效率有关。总体上看，我国高技术制造业创新人才数量不足，质量有待提升，同时由于一些高技术企业特别是国有高技术企业的体制机制缺陷，造成技术人才使用效率不高。另外，还存在一种情况：目前我国许多高技术人才被外资企业垄断性雇用，其创新成果无法惠及本土企业，这也减弱了高技术人才对突破产业低端锁定的作用。

（6）八个控制变量大多通过了显著性水平检验。国内生产总值增长率（gdp）、高技术制造业出口交货情况（export）系数为正。国内生产总值增长率的系数较大，说明宏观经济环境对我国高技术制造业突破低端锁定有较重要的影响。这主要是由于较高的经济增长率，有利于企业提高企业经营绩效和利润水平，从而增加研发投入，同时也有利于政府更多地增加对企业的研发补贴，这些都有利于促进高技术制造业突破低端锁定。高技术制造业的出口交货水平的提升有利于突破产业的低端锁定，这是因为出口交货值的提高意味着企业海外需求的增加，其对企业突破低端锁定的效应机理与国内需求的增加是一致的。全国出口总额增长率（ex）对突破低端锁定有负面作用，可能因为当前我国高技术制造业的产品技术水平并不高，与其他货物的出口具有互补效应。再者，全国出口总额的增加来自出口商品价格的上涨和商品数量的增加两个方面，其中价格上涨的前提是商品技术含量提升导致质量的提升，在我国技术创新能力一般的现状下，出口商品价格的上涨对于出口总额增加的贡献并不大，所以出口总额的增长主要源于商品出口数量的增加，而出口数量的增加对突破低端锁定并无明显的积极作用。分别以高技术制造业企业数和从业人员平均数表示的行业规模（$size$）和劳动力规模（$labor$）对突破低端锁定无正向作用，说明经营高技术制造业的企业及从业人员并非越多越好，特别是在目前我国高技术制造业企业总体技术水平不高，且人员素质不高的条件下，企业规模及从业人员的扩大并不能促进产业低端锁定的突破，甚至会带来负面作用。新产品开发经费支出（$newzc$）、新产品销售收入（$newin$）、专利申请数（$patent$）的系数均为负。新产品开发对高技术制造业突破低端锁定的作用发挥是一个相对较长的过程，其间要经过新产品试制、投向市场并规模化生产，并且存在某些环节不成功的可能。从长期看，新产品开发有利于高技术产业竞争力的提升，但这不排除在特定时期内其作用的效果可能为负，特别是在我国目前科技创新成果转化机制不完善、技术市场不健全的条件下更是如此。新产品销售收入（$newin$）、专利申请数（$patent$）的作用效应也存在类似的情况。

三、主要结论与对策建议

本节基于新型国际产业分工的现实，从全球价值链分工视角，采用 RUV 指标实证考察了我国高技术制造业在全球价值链所处的低端锁定状态；进而运用面板数据模型对影响我国高技术制造业低端锁定的主要因素进行了实证分析，并得出以下主要结论。首先，总体上看，我国高技术制造业出口规模虽位居世界首位，但产业竞争力较弱，处于国际价值链分工体系的低端，且呈现低端锁定状态。其次，在影响我国高技术制造业低端锁定的主要因素中，现有的外资引进方式导致的高额 FDI 利润加剧了我国高技术制造业低端锁定的程度；内源性技术创新、市场需求的扩张以及合理的政府补贴则有利于突破我国高技术制造业的低端锁定状态；宏观经济环境和高技术制造业的出口等也对突破高技术制造业低端锁定产生一定积极影响。

基于以上分析结论，为加快突破我国高技术制造业的低端锁定状态，实现从国际价值链低端向中高端的跃升，应重点采取以下对策。

第一，正确引导和有效利用外商直接投资。虽然 FDI 通过技术溢出效应、激励示范作用等促进了中国高技术产业的技术创新，但随着我国产业技术水平的提升，这方面的效应越来越弱。我国要从技术的追随者变为领跑者，必须调整外资引进方式，积极引导外资投向研发与技术创新、高新技术产业和生产性服务业等技术、知识密集型产业领域，特别是鼓励外资在我国建立研发机构，进行高水平技术创新。同时，要严格运用反垄断法等法律法规规范外资企业的经营方式，特别是限制其对国内市场的垄断性经营和对本土企业的排挤。

第二，着力提升产业的自主创新能力。关键性、核心性技术是买不来的，企图通过"以市场换技术"也是换不来的，只有以本土企业为主体进行自主创新，包括原始创新、集成创新和引进消化吸收再创新，才能从根本上提高我国高技术制造业的技术创新能力和产业国际竞争力，这是突破国际价值链低端锁定状态的根本途径。为此，需要进一步改革技术创新体制机制，搭建高水平技术创新平台，优化创新环境，促进创新成果的顺利转化。

第三，进一步扩大市场需求。一方面，在扩大内需方面，借助于互联网、大数据和电子商务等信息化技术，挖掘、捕获消费者潜在需求，并通过供给侧结构性改革，提升产品质量、档次，实现更高层次的供需匹配，以强大的内需力量助推我国高技术制造业的转型升级；另一方面，在扩大外需方面，借助于"一带一路"倡议等，促进我国高技术制造业产品的出口。通过内需、外需的扩张，为高技术制造业转型升级和国际竞争力提升，打造强有力的市场拉动力。

第四，进一步改善政府补贴方式，提高补贴效率。政府补贴方式直接影响其对高技术制造业创新发展的作用。政府应对高技术制造业企业采取灵活、多样的补贴方式，提高企业进行技术创新的积极性，增强企业技术创新的能力。如在政策优惠方面，以研发补贴、税收减免等方式鼓励企业研发；在金融支持方面，以提供融资担保等手段帮助企业融资，为企业创新需求提供资金保障。同时，建立科学的政绩考核机制，规避地方政府追求短期利益的行为；进一步转变政府职能，提升政府行为效率，消除对企业不必要的行政干预。

第五，强化高技术人才对产业的支撑作用。高技术制造业作为技术密集型产业，必须靠一大批高技术人才的集聚和支撑，才能突破目前所处的国际价值链低端锁定状态。一方面，加快培养高水平技术人才、技能型人才；另一方面，大量引进国外高水平技术人才，形成人才聚集的产业高地。

第二节　中国工业制成品出口的国内技术复杂度测算及其动态变迁
——基于国际垂直专业化分工的视角①

一、问题提出

改革开放以来，通过参与国际产品内分工，积极发展出口加工业，中经网统

---

① 杜传忠、张丽：《中国工业制成品出口的国内技术复杂度测算及其动态变迁——基于国际垂直专业化分工的视角》，载于《中国工业经济》2013年第4期。

计数据库数据显示，中国出口贸易总量在1992~2012年保持了年均16.38%的较快增速，远高于世界同期5.74%的平均增速。与此同时，中国出口贸易结构也在发生着明显变化，表现为：在劳动密集型产品继续保持出口比较优势的同时，资本和技术密集型出口产品所占的比重越来越高。中国具有明显的劳动力要素优势，理论上而言应重点出口劳动密集型产品，进口资本和技术密集型产品，但现实的出口贸易结构及变化趋势却与此相悖，这就使中国出口商品技术复杂度问题成为人们关注的焦点。特别是随着中国产业更多地嵌入全球价值链分工体系，在垂直专业化分工视角测算中国工业制成品出口的国内技术复杂度，对于准确把握中国出口商品技术结构、促进出口贸易转型升级具有重要意义。

出口技术复杂度最早源于迈克利（Michaely，1984）提出的贸易专业化指标，该指标的缺陷是没有考虑国家规模对出口商品技术含量的影响（关志雄，2002）。豪斯曼等（Hausmann et al.，2005）对该指标的权重进行了改进，提出了出口复杂度模型。[①] 一些学者采用豪斯曼等（2005）的出口技术复杂模型对中国出口商品技术复杂度进行了测算，基本结论是：近十多年来，中国出口商品技术复杂度有了显著提升，有的学者甚至认为已达到发达国家水平（Rodrik，2006；杨汝岱和姚洋，2008）[②]。但也有一些学者认为中国出口商品技术复杂度总体上虽有上升，但上升趋势并不明显（Amiti and Freund，2008；Xu，2011）。从研究方法上看，以上文献大多是以各类商品的出口总量为基础，而较少考虑不同国家之间的垂直专业化分工，从而也就难以准确把握中国出口商品技术复杂度及其动态变迁趋势。目前，学术界主要采用两种方法以剔除出口商品中所包含的进口中间投入品价值：一种是通过直接减去进口中间投入品价值来估算出口商品中的国内增加值（姚洋和张晔，2008），其缺陷是仅粗略剔除了进口中间投入品的直接贡献而没有剔除其间接消耗；另一种是利用模型来测算出口商品中的国内增加值（Hummels et al.，2001），其优点是同时将进口中间投入品的直接消耗和所有间接消耗均剔除在外，但其缺陷是假设出口商品与内销商品中所包含的进口

---

① 迈克利（1984）假设一种出口商品所含技术与其出口国的人均收入正相关，因而某出口商品的贸易专业化指标就等于其所有出口国人均收入的加权平均值，其中权重为各出口国该类商品出口额占全球该类商品出口总额的比例；豪斯曼等（2005）则采用各出口国该类商品的显示比较优势指数占世界各国该类商品显示比较优势指数之和的比例作为该类商品所有出口国人均收入的加权权重。

② 此外，还有一些测算出口技术复杂度的其他方法：一种是依照官方公布的高技术产品目录分组，或者进一步将出口商品按照技术构成加以分类，构建出口技术复杂度评分（Lall et al.，2006；江小涓，2007）；另一种是以OECD国家的出口商品结构作为标准的高技术出口商品结构，将发展中国家的出口商品结构与之比较而得到出口相似度指数（Schott，2008；Wang and Wei，2010）。依据上述两种方法测算中国出口品技术复杂度的相关文献大多得到了与运用豪斯曼模型相类似的研究结论。参见Lall Sanjaya，John Weiss，Jinkang Zhang，"The 'Sophistication' of Exports：A New Trade Measure"，*World Development*，Vol. 34，No. 2，2006，pp. 222 – 237；江小涓：《我国出口商品结构的决定因素和变化趋势》，载于《经济研究》2007年第5期。

中间投入品数量与它们各自在产出中的份额成比例,而该假设显然不符合具有显著加工贸易特征的中国对外贸易发展现实。

本节借鉴迪恩等(Dean et al.,2008)的国际垂直专业化分工测度方法,对豪斯曼等(2005)的模型予以适当修正,在此基础上构建一套测算中国出口品国内技术复杂度的新方法,以全部剔除出口商品中所包含的进口中间投入品价值,进而分别从全国、产业及地区三个层面对2002~2011年中国工业制成品出口的国内技术复杂度进行测算,并揭示其动态变迁机理及趋势(Hausmann et al.,2005)。

二、研究方法与数据说明

(一)研究方法

作为一种相对较为完善的测算方法,豪斯曼等(2005)基于显示性比较优势指数(Revealed Comparative Advantage Index,RCA)和比较优势理论提出的出口技术复杂度模型得到了诸多经济学者的认可,一些学者采用该模型或与之相类似的模型对中国出口商品技术复杂度进行了研究。本节亦采用该模型对中国工业制成品出口的全部技术复杂度(whole technological sophistication,WTS)进行测算,某类出口商品 i 的全部技术复杂度(WTS_i)的计算如式(6.3)所示,其中 x_{ic} 为 c 国 i 商品的出口总额,$\sum x_{mc}$ 为 c 国的总出口额,m 表示一国出口商品的种类数,Y_c 是 c 国的人均国内生产总值。换言之,WTS_i 是对商品 i 各出口国人均国内生产总值的加权平均。[①] 然而,豪斯曼等(2005)的模型没有考虑不同国家或地区之间的国际垂直专业化分工,即没有将一国所从事生产环节的国内技术复杂度与其出口商品的全部技术复杂度予以区分。[②] 由于中国出口贸易具有显著的

[①] 樊纲等(2006)构建了与豪斯曼等(2005)的模型几乎完全相同的显示技术附加值赋值公式,两者之间的唯一差别在于前者对一国的人均国内生产总值取了自然对数。由于某类出口商品的劳动生产率仅是一个定序指标,而非定量指标,因而无论是否对一国人均国内生产总值取自然对数,并不会改变与该类出口商品相关的劳动生产率水平所在的位置或排序(文东伟,2011)。因此,樊纲等(2006)并没有对豪斯曼等(2005)的模型做出实质上的改进,从而不能算为一种新的出口技术复杂度测算方法。参见樊纲、关志雄、姚枝仲:《国际贸易结构分析:贸易品的技术分布》,载于《经济研究》2006年第8期;文东伟:《中国制造业出口贸易的技术结构分布及其跨国比较研究》,载于《世界经济研究》2011年第6期。

[②] 杜修立和王维国(2007)对豪斯曼等(2005)的模型进行了修正,他们采用各国某类商品产出占世界同类商品总产出的份额作为该类商品所有出口国人均收入的加权权重。他们的基本假设前提是:某类商品越由高收入国家生产,则该类商品越具有高技术含量。显然,这一基本假设是合理的。但是这一方法却存在一个严重缺陷:其根据一国的出口依存度来调整每一类商品的出口份额,暗含的假设是每一类商品的出口倾向都相同,而且都等于该国的出口依存度。这个暗含的假设显然是不合理的。马淑琴(2012)沿用杜修立和王维国(2007)的模型,测算了1996~2009年世界上32个主要国家的出口商品技术含量。参见杜修立、王维国:《中国出口贸易的技术结构及其变迁:1980~2003》,载于《经济研究》2007年第7期;马淑琴:《中国出口品技术含量测度及其差异分析》,载于《国际贸易问题》2012年第7期。

加工贸易特征,常常需要进口大量的中间投入品来完成其对商品某一特定阶段的生产(Feenstra,1998),因而豪斯曼等(2005)的模型使用单纯的贸易统计和贸易分类数据对中国出口商品技术复杂度进行测算的方式,无法真实反映中国的要素禀赋和技术水平现状,甚至在较大程度上会高估中国出口商品的真实技术复杂度,从而会造成中国的贸易比较优势已发生显著性改变的统计假象(Lau et al.,2010)。

$$WTS_i = \frac{x_{i1}/\sum_{m=1}^{\infty}x_{m1}}{\sum_{c=1}^{n}(x_{ic}/\sum_{m=1}^{\infty}x_{mc})}Y_1 + \frac{x_{i2}/\sum_{m=1}^{\infty}x_{m2}}{\sum_{c=1}^{n}(x_{ic}/\sum_{m=1}^{\infty}x_{mc})}Y_2 + \cdots + \frac{x_{in}/\sum_{m=1}^{\infty}x_{mn}}{\sum_{c=1}^{n}(x_{ic}/\sum_{m=1}^{\infty}x_{mc})}Y_n$$

$$= \sum_{c=1}^{n}\frac{x_{ic}/\sum_{m=1}^{\infty}x_{mc}}{\sum_{c=1}^{n}(x_{ic}/\sum_{m=1}^{\infty}x_{mc})}Y_c \tag{6.3}$$

针对豪斯曼等(2005)的模型所存在的问题,为了剔除出口商品中所包含的进口中间投入品价值,国内外经济学者也已做了一些有益的探索,采用的处理方法主要有两种。第一种方法是通过直接减去进口中间投入品价值来估算出口商品中的国内增加值(姚洋和张晔,2008;Assche and Gangnes,2010;陈晓华等,2011)。这种方法的缺陷在于仅粗略剔除了进口中间投入品的直接贡献而没有剔除其间接消耗,因而基于这种方法测算的出口品技术复杂度不够准确。第二种方法是利用胡梅尔斯等(2001)的垂直专业化模型来测算出口商品中的国内增加值(文东伟和冼国明,2011;孟猛,2012;孟祺,2012;丁小义和胡双丹,2013)。相对于第一种方法,这种方法的优点在于同时将进口中间投入品的直接消耗和所有间接消耗均剔除在外,因而能够较为准确地测算出口商品的国内技术复杂度,但其缺陷是假设出口商品与内销商品中所包含的进口中间投入品数量与它们各自在产出中的份额成比例。在加工贸易盛行的中国,加工贸易进口品基本上都是中间投入品,显然这种方法会在较大程度上导致中国垂直专业化分工程度的低估和出口品技术复杂度的高估(Dean et al.,2007;Koopman et al.,2008;Lau et al.,2010)。

沿用第二种方法的思路,针对加工贸易盛行的中国,本节主要借鉴迪恩等(2008)对国际垂直专业化分工的测度方法,对豪斯曼等(2005)的模型予以适当修正,从而在国际垂直专业化分工的视角下构建一套测算中国工业制成品出口的国内技术复杂度(domestic technological sophistication,DTS)的新方法。迪恩等(2008)将所有的加工贸易进口品全部看作中间投入品,并按照联合国 BEC(Broad Economic Categories)商品分类方法对一般贸易中进口中间投入品的含量进行区分，其对国际垂直专业化分工程度（VSS_i）的算法具体如公式（6.4）所示。其中，A^{MD}表示用进口中间投入品生产国内销售商品和一般出口商品的消耗系数矩阵；A^{DD}表示用国内中间投入品生产国内销售商品和一般出口商品的消耗系数矩阵；A^{DP}表示国内中间投入品用于加工贸易出口商品生产的消耗系数矩阵；A^{MP}表示用进口中间投入品生产加工贸易出口商品的消耗系数矩阵；X^N和X^P分别表示一般贸易出口和加工贸易出口。那么，某类出口商品i的国内技术复杂度（DTS_i）的具体计算如公式（6.5）所示。其中，m表示出口商品i的种类数；x_{in}表示某国i商品的出口总额；WTS_i表示以豪斯曼等（2005）的模型计算所得的出口商品的全部技术复杂度；VSS_i表示以迪恩等（2008）的方法计算所得的某类出口商品的垂直专业化分工程度。

$$VSS_i = \frac{\mu A^{MD}(I-A^{DD})^{-1}X^N + \mu[A^{MD}(I-A^{DD})^{-1}A^{DP}+A^{MP}]X^P}{X^N+X^P} \quad (6.4)$$

$$\begin{aligned}DTS_i &= \frac{(1-VSS_1)x_{1n}}{\sum_{i=1}^{m}(1-VSS_i)x_{in}} \times (1-VSS_1)WTS_1 + \frac{(1-VSS_2)x_{2n}}{\sum_{i=1}^{m}(1-VSS_i)x_{in}} \\ &\times (1-VSS_2)WTS_2 + \cdots + \frac{(1-VSS_m)x_{mn}}{\sum_{i=1}^{m}(1-VSS_i)x_{in}} \times (1-VSS_m)WTS_m \\ &= \sum_{i=1}^{m}\frac{(1-VSS_i)x_{in}}{\sum_{i=1}^{m}(1-VSS_i)x_{in}} \times (1-VSS_i)WTS_i \end{aligned} \quad (6.5)$$

（二）数据选取

鉴于工业制成品占到中国出口商品的95%，且中国出口技术结构深化主要来自工业制成品，因此，本节对国别技术复杂度差异较小的初等品行业进行了剔除，而专注于研究中国工业制成品出口的国内技术复杂度，以期更好地体现中国出口品技术复杂度的动态变迁。此外，考虑到本节是在国际垂直专业化分工视角下研究中国工业制成品出口的国内技术复杂度，故将煤气生产和供应业、自来水生产和供应业、电力及蒸汽热水生产和供应业三个自然垄断性行业从工业行业分类中予以剔除，因而本节最终赖以测算中国工业制成品出口技术复杂度的产业共计19类。本节采用的原始数据均来自世界银行的 WDI（World Development Indicators）数据库和联合国贸易发展委员会的国际贸易分类统计数据库，其中为了使计算结果在时间上具有可比性，各国人均 GDP 均采用以 2005 年为基期且按购买力平价（purchasing power parity，PPP）衡量的不变价。

借鉴迪恩等（2008）对国际垂直专业化分工的测度方法，本节也将所有的加工贸易全部视为中间投入品，并结合投入产出表中分产业的来料加工进出口数据，首先计算以加工贸易衡量的国际垂直专业化分工程度①。然后，利用胡梅尔斯等（2001）的测度方法对中国一般贸易的国际垂直专业化分工程度进行测算，进而对中国各产业参与国际垂直专业化分工程度进行更为准确的测算。需要说明的是，中国共编制了1997年、2002年、2007年三张投入产出基本表，同时编制了2000年、2005年、2010年三张投入产出延长表，但其中仅有2007年的投入产出表分产业列明了来料加工进出口数据。为此，本节按照2007年来料加工装配进出口额占总进出口额的比重来计算其他五年的各产业国际垂直专业化分工程度，对于未编制投入产出表年份的国际垂直专业化分工程度则根据基年的国际垂直专业化分工水平按平均增长率进行计算。②

三、垂直专业化分工视角下出口品国内技术复杂度的测算结果及其分析

（一）基于全国层面的出口品国内技术复杂度测算结果及其分析

依据上文构建的出口品技术复杂度测算方法，并采用2002～2011年19类工业行业的进出口贸易数据，本节对中国工业制成品出口的全部技术复杂度和国内技术复杂度进行了测算，同时还测度了OECD国家工业制成品出口的全部技术复杂度以便于对比分析，具体结果如图6-3所示。③

---

① 国家统计局所公布的投入产出表均为竞争型，但竞争型投入产出表无法反映各生产部门与进口商品之间的联系。为此，刘等（Lau et al.，2010）使用从中国国家统计局、中国海关总署、中国香港海关以及美国商务部经济统计署等机构获得的基础数据，编制了中国1995年、2000年和2002年的与加工贸易相关的非竞争型投入产出表。该研究的贡献在于原创性地构建了一个能够反映中国加工贸易特点的非竞争型投入产出占用模型，但其目的仅限于测算2002年中美贸易对各自国内GDP和就业的影响，而没有进一步测算加工贸易对出口商品技术复杂度的影响。

② 因为中国投入产出表的编制年限基本在两三年之间，而国际垂直专业化分工水平在短时期内不会有大幅度的变化，所以本节对未编制投入产出表年份的国际垂直专业化分工水平按照平均增长率进行计算的误差相对较小。臧旭恒和赵明亮（2011）也采用了相同的方法计算中国参与国际垂直专业化分工水平。参见臧旭恒、赵明亮：《垂直专业化分工与劳动力市场就业结构》，载于《中国工业经济》2011年第6期。

③ 国际货币基金组织（IMF，2010）统计显示，经过购买力平价调整后的OECD成员国合计GDP已连续多年占到世界GDP总量的80%以上；联合国贸易和发展会议（UNCTAD，2010）统计显示，OECD成员国制造业出口量在世界制造业出口总量中的比重也连续多年超过80%。因此，本节选择OECD国家作为世界制造业出口贸易的代表具有较强的合理性，将其与中国出口品技术复杂度进行比较也就具有较强的可比性。

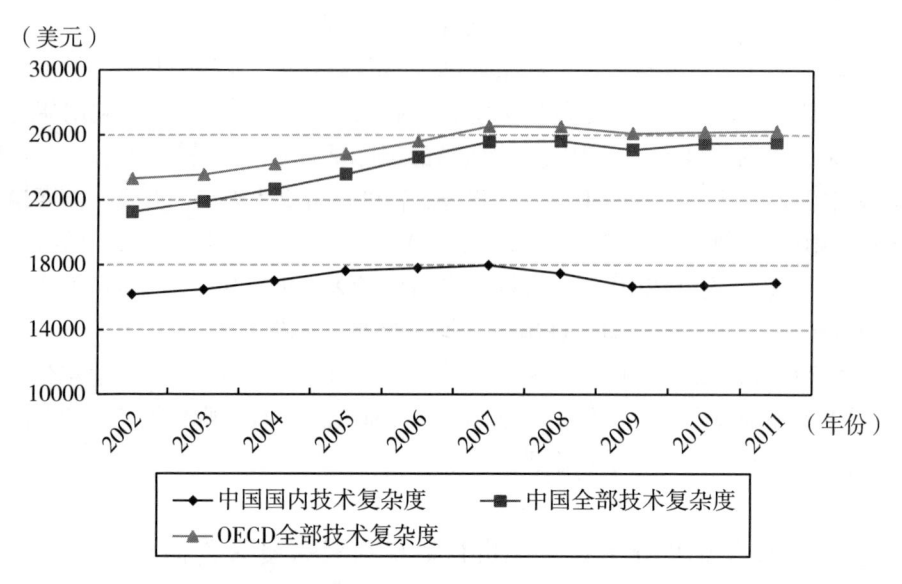

图6-3 2002~2011年中国工业制成品出口的国内技术复杂度测算结果及其变化趋势

从图6-3可得到以下结论。

第一，在没有考虑国际垂直专业化分工的情况下，随着中国经济的快速增长和出口规模的不断扩大，中国工业制成品出口的全部技术复杂度总体上呈现出快速上升趋势，并与OECD国家出口品全部技术复杂度的平均水平相比呈现逐步收敛态势。这表明，中国出口商品的全部技术复杂度已明显领先于其经济发展水平，甚至在很大程度上已超越了世界上同等收入国家的一般水平。这一结论符合豪斯曼等（2005）关于一国经济增长会促进该国出口技术复杂度提升的论述，也与罗德里克（Rodrik，2006）、肖特（Schott，2008）、杨汝岱和姚洋（2008）以及戴翔和张二震（2011）等的研究结论基本一致。中国出口商品全部技术复杂度的快速提升很大程度上得益于出口加工贸易的迅猛发展和出口商品贸易结构的逐步改善，特别是中高技术产品的出口比重明显提高而低技术产品的出口比重迅速下降。

第二，在考虑国际垂直专业化分工的情况下，我们剔除了出口商品中所包含的进口中间投入品价值，结果显示中国工业制成品出口的国内技术复杂度随着出口贸易规模的快速扩大总体上呈现出缓慢增长态势，但其与出口商品全部技术复杂度之间的差距呈现出逐步扩大的趋势。这表明，剔除进口中间投入品价值之后的中国出口商品技术复杂度并没有达到罗德里克（2006）等学者所测算的异常高值，而与阿米蒂和弗罗因德（Amiti and Freund，2008）、孟祺（2012）以及丁小义和胡双丹（2013）等的研究结论相类似。究其原因在于罗德里克（2006）等学者是以出口贸易总量统计数据为基础来计算中国出口商品技术复杂度的，而忽视了加工组装贸易过程中从国外进口的大量中间投入品价值，从而在一定程度上高估了中国出口贸易的技术结构和技术复杂度，导致中国的贸易比较优势发生显著改变的统计假象。相比之下，本节所构建的测度方法则通过全部剔除出口商品中所包含的进口中间投入品价值，对中国出口商品国内技术复杂度的测算更为客观和真实。中国出口商品全部技术复杂度与国内技术复杂度之间的差距呈现出逐步扩大的趋势，主要是由于中国凭借其明显的劳动力要素优势，积极参与到全球价值链分工体系中，承接了大量来自发达地区的以出口加工贸易为主的国际产业转移，而出口加工贸易需要进口大量的中间投入品和资本品。事实上，中国的现实贸易地理结构在一定程度上也能反映这一问题。中国从东亚新兴工业化国家进口大量的中间产品，经过加工组装之后再将最终产品出口到欧美国家，这导致中国对东亚地区呈现明显贸易逆差而对欧美国家则呈现巨额贸易顺差。

第三，由于受这次全球金融危机的巨大影响，中国工业制成品出口的全部技术复杂度、国内技术复杂度以及 OECD 国家出口商品的全部技术复杂度在 2008 年之后均呈现出不同程度的增速放缓甚至下降，且出口品国内技术复杂度的下降幅度相对更为明显。进一步分析可知，国际金融危机对出口商品技术复杂度的影响主要体现为以下两个方面：一是国际金融危机导致某些国家人均 GDP 下降，相应地引起某些商品出口技术复杂度的下降，进而最终导致行业出口技术复杂度的下降；二是国际金融危机导致某些行业出口贸易量出现不同程度的下降，尤其是中等技术和高技术含量的行业出口量下降幅度更大，由此导致行业出口技术复杂度的下降。詹森（Johnson，2012）研究了全球价值链在国际金融危机传导中所发挥的作用，并将其称为全球价值链的"长鞭效应"；具体而言，当需求突然萎缩时，厂商会推迟订单并减少存货，这在供应链上会导致一连串的连锁反应并最终使上游厂商的生产停滞（王岚，2013）。需要指出的是，中国出口品国内技术复杂度的下降幅度更为明显，一方面反映出中国各产业参与全球价值链分工体系的程度较深，因而较易受到全球经济形势的影响；另一方面，也暴露出中国出口工业制成品主要还是集中于全球价值链的低端环节，较易受到全球经济波动的冲击。

（二）基于行业层面的出口品国内技术复杂度测算结果及其分析

利用上文所构建的出口品技术复杂度测算方法，本部分进一步从行业层面对中国出口商品的全部技术复杂度和国内技术复杂度进行了测算。限于篇幅，仅在此列出 2002~2011 年各行业层面的出口品国内技术复杂度，具体测算结果如表 6-5 所示。①

表 6-5　　2002~2011 年我国分行业层面出口品国内技术复杂度的测算结果　　单位：美元

行业	2002年	2003年	2004年	2005年	2006年	2007年	2008年	2009年	2010年	2011年	DTS均值	WTS均值
煤炭采选业	15262	15016	14527	16307	16803	16706	17347	17063	17195	17140	16337	17659
金属矿采选业	14950	15454	14393	13933	16134	15945	14774	15754	15702	15801	15284	18242
非金属矿采选业	16795	17207	17901	18125	18266	18639	18219	16690	17359	17725	17693	20737
石油和天然气开采业	19176	19024	18997	19283	19370	19585	19648	18521	18480	19272	19136	21915
资源型行业均值	**16546**	**16675**	**16455**	**16912**	**17643**	**17719**	**17497**	**17007**	**17184**	**17485**	**17112**	**19638**
服装皮革羽绒及其他纤维品制造业	13977	14555	15295	15980	16444	17072	17364	16565	16795	17062	16111	18924
食品制造及烟草加工业	19682	20021	21507	22265	22500	22145	20902	21475	20640	21136	21227	23019
木材加工及家具制造业	15965	16391	17029	17692	18560	19437	19352	18204	18123	19008	17976	20245

---

① 目前，学术界最普遍的行业划分方法是以研发强度为依据将不同行业划分为高技术行业、中技术行业和低技术行业。例如，江剑和官建成（2008）即以样本期间各行业的平均研发强度为指标，使用 K-means 聚类分析方法，得出了中国制造业高、中、低技术产业的相应范围。然而，考虑到出口商品种类的多样性和变动性，仅以研发强度为依据对中国工业行业进行划分尚存在诸多不足之处。为此，在江剑和官建成（2008）分类方法的基础上，通过借鉴拉尔（Lall, 2000）的行业划分方法，本节将中国工业制成品行业最终划分为资源型、低技术、中技术和高技术四种类型行业，进而分析中国出口商品技术复杂度。参见江剑、官建成：《中国中低技术产业创新效率分析》，载于《科学学研究》2008 年第 6 期；Lall Sanjaya: "The Technological Structure and Performance of Developing Country Manufactured Exports, 1995-1998", *Oxford Development Studies*, Vol. 28, No. 3, 2000, pp. 121-157.

续表

行业	2002年	2003年	2004年	2005年	2006年	2007年	2008年	2009年	2010年	2011年	DTS均值	WTS均值
造纸印刷及文教用品制造业	19234	20074	21158	22116	21935	21447	19882	18975	19361	20155	20434	24330
纺织业	13739	14225	14996	15761	16185	16746	16619	15928	16049	16307	15656	18821
低技术行业均值	**16519**	**17053**	**17997**	**18763**	**19125**	**19369**	**18824**	**18229**	**18194**	**18734**	**18281**	**21068**
金属制品业	18019	18076	18458	18726	19799	21160	21207	19412	20275	20409	19554	23250
非金属矿物制品业	19837	19737	20638	21300	21700	22135	21731	20203	19841	19983	20711	23602
金属冶炼及压延加工业	18303	18310	17643	17464	15150	18337	18911	18429	18720	18917	18018	22425
石油加工及炼焦业	17424	17746	17975	18223	18612	19081	19417	18242	18937	19003	18466	20194
化学工业	19954	20480	20897	21468	21454	21274	20249	19981	20897	21131	20779	25316
中技术行业均值	**18707**	**18870**	**19122**	**19436**	**19343**	**20397**	**20303**	**19253**	**19734**	**19889**	**19506**	**22957**
仪器仪表及其他计量器具制造业	11905	11755	11571	11156	9497	7603	7618	7317	7460	7395	9328	21571
电子及通信设备制造业	14199	14591	14637	15292	15124	14173	12647	10224	9341	8620	12885	23070
交通运输设备制造业	17703	18016	18621	19293	19205	19539	18094	15896	15730	16163	17826	22365
通用及专业设备制造业	19924	20196	20733	21171	21030	20989	20028	18184	18725	19041	20002	24817
电气机械及器材制造业	18319	18504	19260	20023	19514	18740	17131	14438	14724	14430	17508	23002
高技术行业均值	**16410**	**16612**	**16964**	**17387**	**16874**	**16209**	**15104**	**13212**	**13196**	**13130**	**15510**	**22965**

从表6-5可以发现：第一，样本期间内中国资源型行业的国内技术复杂度均值总体上呈现出较为平稳的变化趋势。其中，煤炭采选业、金属矿采选业及石油和天然气开采业的国内技术复杂度在样本期间内呈现出微弱增长的变化趋势；而非金属矿采选业的国内技术复杂度在样本期间内则呈现出相对更为明显的增长态势。由于对核心技术的要求较低且生产环节分离的难度较大，这使得资源型行业融入国际垂直专业化分工体系的程度相对较低，不需要从发达国家进口大量的中间投入品，因而中国资源型行业出口商品的全部技术复杂度与国内技术复杂度之间差距扩大的幅度相对较小。

第二，除了受国际金融危机的较大影响而导致2008年之后出现一定程度的增速放缓甚至下降之外，样本期间内中国低技术行业和中技术行业的国内技术复杂度总体上均呈现出不同程度的快速增长态势。从DTS增幅的排名来看，低技术行业中的服装皮革羽绒及其他纤维品制造业和木材加工及家具制造业的出口技术结构深化最为明显，中技术行业中的金属制品业和石油加工及炼焦业的出口技术结构深化最为明显。从DTS均值的排名来看，低技术行业中出口技术复杂度最高的是食品制造及烟草加工业，其次是造纸印刷及文教用品制造业；中技术行业中出口技术复杂度最高的是化学工业，其次是非金属矿物制品业。中低技术行业的国内技术复杂度总体上呈现出快速上升态势，我们认为有以下两种解释。一种是中国本土企业的"干中学"效应，即在进口中间投入品的过程中，本土企业能够通过采取一定措施学习发达国家的先进技术、吸收相应的技术溢出效应，进而获得生产某些中间投入品的能力。诸多研究已证实"干中学"效应的存在性，而其在中国本土企业实践中也有诸多案例，如长三角地区的纺织服装业通过在加工贸易中积累的知识经验和技术能力，逐步走上了自主技术创新的道路。再者，在积极承接跨国公司外包、嵌入全球产业价值链的过程中，中国本土企业往往处于国际垂直专业化分工体系的某一生产环节，而跨国公司为了加强其产品在世界市场上的竞争优势，也愿意在一定范围内主动帮助中国企业提高产品生产技术。另一种解释是跨国公司内部生产环节在中国的垂直分离。越来越多的跨国公司正在向中国转移它们在母国失去竞争优势的某些生产环节，在转移过程中，为了降低成本必然会选择向中国本土企业采购某些中间投入品，这会在一定程度上促进中国商品国内技术复杂度的提升。显然，"干中学"效应所导致的国内技术复杂度提升对中国而言具有更大的意义。

第三，样本期间内中国高技术行业的国内技术复杂度均值以2005年为分界呈现出"先平稳增长，后较快下降"的变化态势。分行业来看，交通运输设备制造业、通用及专业设备制造业和电气机械及器材制造业的国内技术复杂度，除了受国际金融危机影响在 2008 年之后出现一定程度的下降之外，在样本期间内总体上呈现出较快增长的变化趋势；而中国近年来一直重点发展的电子及通信设备制造业、仪器仪表及其他计量器具制造业的国内技术复杂度则呈现出不同程度的下降趋势，其中后者的国内技术复杂度的下降趋势更为明显。究其原因主要是仪器仪表及其他计量器具制造业和电子及通信设备制造业虽属于传统意义上的高技术产业，而且以中国为代表的发展中国家也希冀通过深度嵌入这些产业的全球价值链分工体系来提高本土企业的技术创新水平，从而实现出口贸易结构的升级和产业发展方式的转变。但中国现有的比较优势决定了其目前主要从事附加价值较低的加工组装环节，需要从发达经济体大量进口技术含量较高的中间投入品，经过劳动密集型的生产加工之后再将其大规模出口到其他国家（姚洋和张晔，2008）。由于具有生产过程可分割、要素禀赋差异大以及核心技术要求高等特性，这些高技术产业特别适宜在发达经济体与发展中国家之间展开产品内的垂直专业化分工，从而使发展中国家在这些高技术产业上的出口品国内技术复杂度下降得尤其迅速。事实上，这一观点在一定程度上可以通过富士康公司的案例得到验证。富士康公司生产技术含量较高的通信设备，表面上看是一家典型的高科技企业，但实质上不过是一家雇用了近百万中国工人为苹果公司等跨国企业进行代工生产的企业，因而确切地说富士康公司主要从事的是技术含量较低的高科技加工组装环节。

（三）基于地区层面的出口品国内技术复杂度测算结果及其分析

由于中国的出口规模和收入水平在各省（区、市）之间的分布是不平衡的，东西部地区之间收入差异比较大，而贸易出口则多集中于东部沿海地区，因此以国别数据来测算各省（区、市）出口商品技术复杂度将是有偏的（Xu，2007）。为此，有必要采用各省（区、市）出口数据和人均 GDP 替代上述测算公式中的国别数据，以便更精确地计算各省（区、市）出口商品的国内技术复杂度。其中，各省（区、市）各类产品出口数据全部来自国务院发展研究中心信息网和中国海关进出口数据库，其他数据均来自《中国统计年鉴》和联合国统计数据库。由于无法获取 2001 年之前省级层面的细分产品出口数据，而且西藏、宁夏和新疆缺乏部分年份的细分产品出口数据，因此本节实际测算的是 2002~2009 年全国 28 个省（区、市）的出口商品国内技术复杂度和全部技术复杂度。限于篇幅，本节仅在此列出 2002~2009 年各省（区、市）的出口品国内技术复杂度，具体测算结果如表 6-6 所示。

表6-6　　　　　2002~2009年我国分地区层面出口品
　　　　　　　　国内技术复杂度的测算结果　　　　　单位：美元

省(区、市)	2002年	2003年	2004年	2005年	2006年	2007年	2008年	2009年	DTS均值	WTS均值
北京	16919	17308	18033	18569	18770	18435	18106	17956	18012	23346
天津	16877	17240	17934	18458	18383	17906	17382	17202	17673	22812
河北	15789	16191	16317	16793	17652	17699	17304	17184	16866	20651
山西	15291	15214	15828	16270	17177	17076	16938	16848	16330	18858
内蒙古	14682	14981	15054	16303	17004	17155	16813	16713	16088	19194
辽宁	16575	16886	16939	17236	17853	18041	17812	17672	17377	21597
吉林	15994	16402	16873	17044	17436	17686	17454	17354	17030	21601
黑龙江	15274	15194	15911	16503	17249	17449	17315	17205	16513	20080
上海	17122	17573	18346	18916	18980	19069	19002	18872	18485	23508
江苏	17017	17628	18231	18810	18888	18790	18486	18326	18272	23614
浙江	16995	17213	17958	18551	18945	19064	18536	18366	18204	21589
安徽	16044	16315	17026	17524	17780	18283	18187	18077	17405	21848
福建	16588	16879	17763	18298	18700	18904	18599	18469	18025	22480
江西	15450	15801	15972	16677	17522	18211	18170	18070	16984	20830
山东	15750	16121	16833	17504	18000	18345	18180	18050	17348	21530
河南	15275	15728	16085	16504	17615	17917	17708	17618	16806	20415
湖北	16326	16568	16697	16877	17113	17657	17239	17139	16952	25170
湖南	15406	15876	16045	16298	17334	17825	17440	17345	16696	20346
广东	17795	18330	18559	18790	19161	19600	19213	19043	18811	23556
广西	15863	16294	16444	17053	17943	18200	17862	17752	17176	20919
海南	15275	15728	16085	16504	17615	17917	17708	17608	16805	20415
重庆	16455	16534	17000	17207	17435	17406	17371	17281	17086	23058
四川	16711	16944	16985	17424	18382	18569	18487	18387	17736	22180
贵州	15275	15764	16063	16276	17320	17683	17640	17560	16698	19904
云南	15428	15863	15853	15877	17318	17422	17369	17299	16554	20085
陕西	16072	16516	16264	16717	17722	17940	17907	17807	17118	20967
甘肃	14391	15107	15278	15721	17221	17494	17002	16912	16141	19442
青海	13880	14519	14517	14506	16373	16812	16481	16361	15431	18300

从表6-6可以发现：第一，除了受全球金融危机的影响而导致2008年之后出现一定程度的增速放缓甚至下降之外，样本期间内中国各省（区、市）工业制成品出口的国内技术复杂度总体上均呈现出不同程度的增长趋势。这一研究发现与陈晓华等（2011）的研究结论是一致的，但本节的出口技术复杂度测算结果要明显低于他们的测算结果，究其原因在于：本节所构建的出口技术复杂度测算方法能够同时将进口中间投入品的直接消耗和所有间接消耗均剔除在外，因而能更客观地反映在加工贸易条件下中国出口品的国内技术复杂度水平；相比之下，陈晓华等（2011）的出口技术复杂度测算方法仅是粗略剔除了进口中间投入品的直接贡献。从DTS均值的排名来看，出口品国内技术复杂度较高的省（区、市）均位于东部沿海地区，其中DTS最高的是广东，其次是上海、江苏和浙江等。由此可见，经济发展水平较高的沿海地区，其出口品国内技术复杂度也相对较高。从DTS增幅的排名来看，出口品国内技术复杂度提高较快的省（区、市）主要位于中西部内陆地区，其中DTS增幅最大的是江西，其次是甘肃、青海和河南等。由此可见，随着内陆地区改革开放进程的不断推进，其出口品国内技术复杂度也在快速提升。

第二，虽然样本期间内中国各省（区、市）工业制成品出口的全部技术复杂度和国内技术复杂度总体上均呈现出较快增长的变化趋势，但值得注意的是两者之间的差距却呈现出逐步扩大的态势，这就从地区层面验证了全国层面两者之间差距逐步扩大的研究结论。图6-4进一步显示了东、中、西部三大地区的出

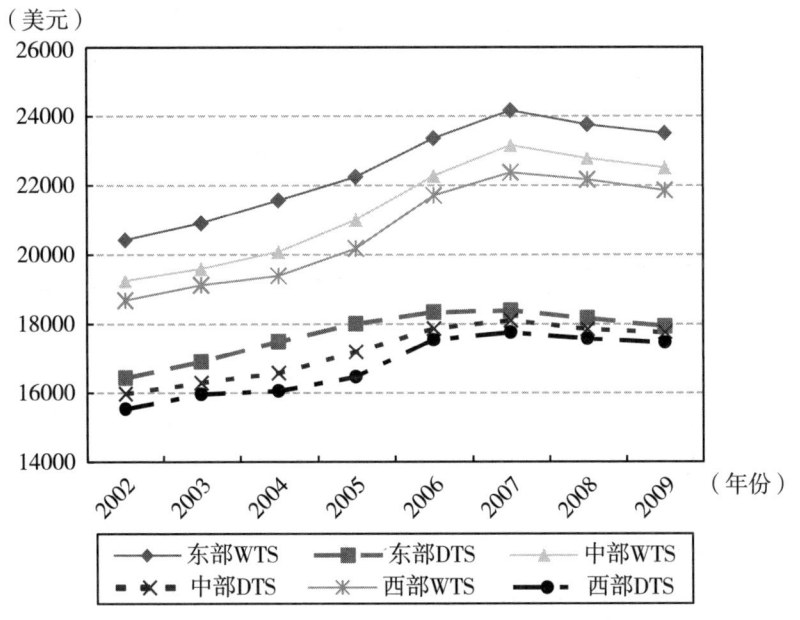

图6-4 2002~2009年我国三大地区出口品的国内技术复杂度和全部技术复杂度及其变化趋势

口商品技术复杂度及其变化趋势。从中可以发现：除了受全球金融危机的影响而导致2008年之后出现一定程度的增速放缓甚至下降之外，三大地区工业制成品出口的全部技术复杂度和国内技术复杂度总体上均呈现出增长态势，且全部技术复杂度与国内技术复杂度之间的差距均呈现出逐步扩大的态势；三大地区出口商品的全部技术复杂度排序从高到低依次为东部、中部和西部，且三大地区的全部技术复杂度之间并没有呈现出收敛趋势；三大地区出口商品的国内技术复杂度排序从高到低依次也为东部、中部和西部，但三大地区的国内技术复杂度之间呈现出收敛趋势，究其原因在于东部地区的出口商品结构相比于中西部地区而言更多地偏向于中高技术行业，而这些行业相对更多地依赖于国外核心零部件的进口，其国际垂直专业化分工程度较高，而国内创造的附加值相对较少。

四、主要研究结论及启示

参与垂直专业化分工，积极发展出口加工贸易，究竟是形成了对国外进口品的依赖而导致了中国产业技术水平的下降，还是因获得了技术溢出效应而促进了国内产业技术含量的提升？这是中国现阶段参与新型国际分工所面临的一个重要问题。本节通过借鉴迪恩等（2008）的国际垂直专业化分工测度方法，对豪斯曼等（2005）测算出口技术复杂度的模型予以适当修正，构建了一套测算出口品国内技术复杂度的新方法，以全部剔除出口商品中所包含的进口中间投入品价值，进而分别从全国、产业及地区三个层面对2002~2011年中国工业制成品出口的国内技术复杂度进行了相对更为准确的测算和分析。研究结果表明：通过参与国际产品内分工，中国出口品国内技术复杂度总体上呈现出稳步提升态势，但国内技术复杂度变化呈现出明显的行业差异性和区域差异性，具体表现在以下几个方面。

第一，随着出口贸易规模的快速扩大，中国工业制成品出口的国内技术复杂度总体上呈现出稳步增长的态势，但与出口商品全部技术复杂度之间的差距呈现出逐步扩大的趋势。这表明，剔除进口中间投入品价值之后的中国出口商品技术复杂度并没有达到罗德里克（2006）等学者所测算的异常高值，究其原因在于罗德里克（2006）等学者是以出口贸易总量统计数据为基础来计算中国出口商品技术复杂度的，忽视了加工组装贸易过程中从国外进口的大量中间投入品价值，从而在一定程度上夸大了中国出口贸易的技术结构和技术含量，导致了中国的贸易比较优势发生显著改变的"统计假象"。

第二，样本期间内中国工业制成品出口的国内技术复杂度变化呈现出明显的行业异质性。具体而言，资源型行业的国内技术复杂度总体上呈现出较为平稳的变化趋势；除了受金融危机影响在2008年之后出现一定程度的下降之外，低技术行业和中技术行业的国内技术复杂度总体上均呈现出不同程度的快速增长；交通运输设备制造业、通用及专业设备制造业、电气机械及器材制造业等高技术行业的国内技术复杂度总体上呈现出较快增长的变化趋势，而中国近年来一直重点发展的电子及通信设备制造业、仪器仪表及其他计量器具制造业等高技术产业的国内技术复杂度则呈现出不同程度的下降趋势。

第三，中国工业制成品出口的国内技术复杂度表现出较为明显的区域性特征。除了受全球金融危机影响在 2008 年之后出现一定程度的下降之外，样本期间内中国各省（区、市）工业制成品出口的国内技术复杂度总体上均呈现出不同程度的增长趋势，但其与出口品全部技术复杂度之间的差距呈现出逐步扩大的态势，这就从地区层面验证了全国层面两者之间差距逐步扩大的研究结论。进一步来看，出口品国内技术复杂度均值较高的省（区、市）主要位于东部沿海地区，而其增幅较大的省（区、市）则主要位于中西部内陆地区；东、中、西部三大地区工业制成品出口的国内技术复杂度与全部技术复杂度之间的差距均呈现出逐步扩大的态势，而出口品国内技术复杂度在三大地区之间的差距呈现出逐步收敛的趋势。

第三节　技能偏向型技术进步对中国制造业价值链攀升影响的实证分析[①]

一、问题的提出

2019 年 9 月，习近平总书记在世界制造业大会致辞中指出，中国高度重视制造业发展，坚持创新驱动发展战略，把推动制造业高质量发展作为构建现代化经济体系的重要一环。实现经济高质量发展，基础在制造业，重点是实现价值链升级。目前，中国制造业规模居全球首位，中国是唯一拥有全部工业门类的国家。但在制造业迅速发展过程中，有两个特征化事实值得关注。第一，制造业发展规模与质量效益不匹配。规模优势是支撑中国制造强国进程的主体，而质量效益是制造业发展的主要短板，制造业技术创新尤其是关键核心技术创新方面存在严重不足，制约着中国制造业向全球价值链中高端的迈进。第二，"人口红利"即将消失，出现"逆库兹涅茨过程"。从 2010 年开始，中国劳动力结构从供大于求转为供不应求，劳动密集型制造业的比较优势渐趋丧失，制造业产业总额占

[①] 杜传忠、王梦晨：《技能偏向性技术进步对中国制造业价值链攀升的影响研究》，载于《经济科学》2021 年第 1 期。

国内生产总值的比重从 2006 年开始下降，且劳动生产率提高缓慢。中国在劳动生产率提高缓慢的条件下出现制造业比重下降，将严重制约制造业价值链的提升。

以新一代信息技术应用为主要特征的新工业革命正快速发展，新一代信息技术均属于高技能偏向型技术。技能偏向型技术进步是创新型经济发展的基本动力，诸多文献表明发达国家经济转型与结构调整离不开技能偏向型技术进步的作用。与发达国家技能偏向型技术进步迅速发展并在各行业快速扩散不同，中国制造业整体呈现出技能偏向型技术进步发展缓慢的特征。这主要是因为目前中国制造业关键核心技术缺失，进出口增长形成的"干中学"效应仅是低技能劳动生产率提高，而不是低技能产业向高技能产业的升级（Berman et al., 1998）。加之高技能劳动相对投入与发达国家相比仍存在较大差距，导致技术需求和工人技能不匹配，以低技能密集型制造业为主的产业结构及制造业中间产品加工的贸易形式，使得中国制造业长期处于全球价值链的中低端。技能偏向型技术进步来源于技术—技能互补性，前沿技术与高技能劳动力的匹配能够实现制造业价值链的攀升。因此，通过技能偏向型技术进步来推动中国制造业转型升级和价值链提升是一条可行的路径。随着新产业革命的不断推进，智力成果逐渐演变为知识产品，只有充分发挥知识产权制度对技术创新原动力的基本保障作用，才能促使越来越多的高技能劳动者充分发挥创新能力。可以说，知识产权保护制度为技能偏向型技术进步提供了有利的制度环境，为关键核心技术的自主创新提供了有效保障，从而有利于加快我国制造业从全球价值链中低端向中高端攀升。

本节研究与两方面文献密切相关。一是技能偏向型技术进步的经济效应研究，学者最开始将偏向型技术进步应用于分析 20 世纪 70 年代以来的美国劳动力市场中出现的技能溢价现象（Acemoglu, 2002）。之后，偏向型技术进步理论逐渐成为理解劳动力市场技能溢价、要素收入分配、产业结构升级、全要素生产率及产业竞争力等一系列非均衡经济增长和发展问题的新思路（陈勇和柏喆，2018）。二是制造业价值链攀升的相关因素的研究，国内外学者重点关注创新系统、政府政策、人力资本等对制造业价值链的作用（Padmashree and Bertha, 2018; Taglioni and Winkler, 2016），少数研究关注知识产权保护的作用（戴翔和金碚，2014）。但现有研究仍然存在两个不足：一是主要集中于中性技术进步对制造业价值链影响的研究，鲜有文献讨论技能偏向型技术进步对制造业价值链攀升的影响及机制；二是技能偏向型技术进步影响制造业价值链攀升的过程是一个复杂的动态过程，在这一过程中需要制度环境的约束和保障，两者组合才能更好地为制造业高质量发展提供推动力，然而鲜有文献分析知识产权保护影响技能偏向型技术进步对制造业价值链攀升的作用效应。为此，本节从技能偏向型技术进步这一崭新的视角出发，嵌入知识产权保护这一制度要素，同时从理论和实证两个层面研究其对制造业价值链攀升的影响效应和作用机制。这有助于理清技能偏向型技术进步、知识产权保护与制造业价值链攀升三者之间的关系,对进一步发挥技能偏向型技术进步和知识产权保护在提升制造业价值链中的作用具有一定的参考价值。

二、理论模型

(一) 模型设定

借鉴克斯蒂诺等 (Costinot et al., 2013) 使用工序生产函数反映价值链分工的理论思想,本节将技能劳动和知识产权保护水平引入分析框架,构建包含四部门的开放经济模型。

假设存在两个国家"本国 S"和"外国 N"(本国是发展中国家,外国是发达国家),每个国家有两类代表性异质性企业——高技能劳动密集型产品生产企业和低技能劳动密集型产品生产企业。假定在完全竞争市场条件下,在制造业产品生产过程中只投入"劳动"一种生产要素,且劳动力市场只有高技能劳动力 H 与低技能劳动力 L 两种投入。

(二) 消费部门

代表性消费者根据效用最大化原则提出对高技能劳动密集型产品和低技能劳动密集型产品的需求,消费者支出所需的收入来源于劳动力供给所获得的工资报酬。假设消费者效用函数为常数替代弹性效用函数:

$$U(t) = \left[C_{H,t}^{(\rho-1)/\rho} + C_{L,t}^{(\rho-1)/\rho} \right]^{\rho/(\rho-1)} \quad (6.6)$$

其中,$C_{H,t}$ 和 $C_{L,t}$ 分别表示消费者 t 时间对高、低技能劳动密集型最终产品的消费,ρ 表示高技能劳动密集型产品和低技能劳动密集型产品偏好的替代弹性,$\rho > 1$。

消费者最优决策如下:

$$\max U(t) = \left[C_{H,t}^{(\rho-1)/\rho} + C_{L,t}^{(\rho-1)/\rho} \right]^{\rho/(\rho-1)} \quad (6.7)$$

$$\text{s. t.} \quad P_{H,t} C_{H,t} + P_{L,t} C_{L,t} \leq \omega_{H,S,t} H_{S,t} + \omega_{L,S,t} L_{S,t} \quad (6.8)$$

其中,$P_{H,t}$、$P_{L,t}$ 分别表示高、低技能劳动密集型最终产品的价格,$\omega_{H,S,t}$ 和 $\omega_{L,S,t}$ 分别表示本国高、低技能劳动力的工资,$H_{S,t}$ 和 $L_{S,t}$ 分别表示本国高、低技能劳动力的数量。

在均衡状态下求解上述效用最大化问题可得:$C_{H,t}/C_{L,t} = (P_{H,t}/P_{L,t})^{-\rho}$。

(三) 最终品生产部门

高、低技能劳动密集型产品生产企业分别用高、低技能劳动密集型中间产品

X 作为生产投入来生产高、低技能劳动密集型最终产品 Y,根据迪克西特和斯蒂格利茨(Dixit and Stiglitz, 1977)模型思路假设最终品生产函数为:

$$Y_{i,t} = \left[\int_0^{A_{i,t}} X_{i,n,t}^{\alpha} \mathrm{d}n\right]^{1/\alpha} \quad (6.9)$$

其中,$A_{i,t}$ 表示高、低技能偏向型技术水平,也反映了中间品的种类数;$i = H$,L;$n = S$,N;$\alpha \in (0,1)$。高、低技能劳动密集型最终产品生产企业追求成本最小化,最优决策如下:

$$\min \int_0^{A_{i,t}} p_{i,n,t} X_{i,n,t} \mathrm{d}n, \text{s. t.} \left[\int_0^{A_{i,t}} X_{i,n,t}^{\alpha} \mathrm{d}n\right]^{1/\alpha} \leqslant Y_{i,t} \quad (6.10)$$

均衡状态下求解成本最小化问题可得最终产品生产企业对中间品投入的需求函数:

$$X_{i,n,t} = (p_{i,n,t}/P_{i,t})^{1/(\alpha-1)} Y_{i,t} \quad (6.11)$$

其中,$p_{i,n,t}$ 表示中间品投入的价格。进一步可以得到:

$$p_{i,n,t} = P_{i,t} X_{i,n,t}^{\alpha-1} Y_{i,t}^{1-\alpha}, \quad P_{i,t} = \left[\int_0^{A_{i,t}} p_{i,n,t}^{\alpha/(\alpha-1)} \mathrm{d}n\right]^{(\alpha-1)/\alpha} \quad (6.12)$$

(四)中间品生产部门

假定中间品生产由一系列连续的价值链环节构成,将不同的生产环节用 z 表示,$z \in [0,1]$,各环节按照所含的技术密集型劳动数量(要素)的多少从高到低排序,0 表示距离最终消费市场最远的价值链最低端环节,1 表示价值链最高端环节。本国参与中间品全球价值链中的 $z \in [0, z^e]$ 生产环节,工序位置 z^e 越大,说明本国能够从事的价值链上的工序技术含量越高,本国在价值链上的分工地位越高。

高、低技能劳动密集型中间品生产的每一个环节都需要一单位前一阶段的中间品和一单位劳动力 $H_{n,t}^a$ 作为生产投入,高技能劳动密集型中间品只由高技能劳动力生产,低技能劳动密集型中间品只由低技能劳动力生产。另外,各个国家在中间品生产领域存在技术差异,诸多国家都会采取措施在生产过程中引进和吸收先进技术,而技术吸收会产生成本。本国一般通过 FDI 引进和消化吸收先进技术,而知识产权保护可以提高 FDI 的规模和质量,影响本国获取和运用知识的可能性并为其提供制度保障,进而对技术吸收能力产生正向影响。假设技术吸收效率为 $m(\beta_n) \in [0,1]$,β_n 为知识产权保护水平,$m'(\beta_n) > 0$。因此,高、低技能劳动密集型中间品生产企业各环节产品的价格需要满足以下条件:

$$p_{i,n,t}(z + \mathrm{d}z) = p_{i,n,t}(z)[1 + m_{n,t}(\beta_n)\mathrm{d}z] + \omega_{i,n,t}\mathrm{d}z \quad (6.13)$$

由上式可得：

$$\mathrm{d}p_{i,n,t}(z)/\mathrm{d}z = p_{i,n,t}(z)m_{n,t}(\beta_n) + \omega_{i,n,t} \tag{6.14}$$

假设 $p_{i,n,t}(0)=0$，$p_{i,n,t}(1)=1$，由式（6.13）、式（6.14）可得高、低技能劳动密集型中间品生产过程中各环节产品的价格为：

$$p_{i,n,t} = (e^{m_{n,t} \cdot z} - 1)(\omega_{i,n,t}/m_{n,t}) \tag{6.15}$$

另外，中间品生产过程中各环节是连续的，假设在生产过程中不会发生错误，正确率为1，则各环节中间品产量满足以下条件：$X_{i,n,t}(z+\mathrm{d}z) = X_{i,n,t}(z)$。

（五）R&D 部门

借鉴格罗斯曼和埃尔普曼（Grossman and Helpman, 1991）、沈春苗和郑江淮（2016）对技术进步的建模讨论，用高技能劳动密集型中间投入品种类反映高技能偏向的技术进步，用低技能劳动密集型中间投入品种类反映低技能偏向的技术进步，高、低技能偏向型技术进步都取决于高技能劳动力数量以及知识存量。根据迪克西特和斯蒂格利茨（1977）模型思路，定义高、低技能偏向型技术进步的函数分别为：$\dot{A}_{H,n,t} = A_{H,n,t}H_{n,t}^b$，$\dot{A}_{L,n,t} = A_{L,n,t}H_{n,t}^c$。其中，$H_{n,t}^b$、$H_{n,t}^c$表示高、低技能偏向型技术进步所需的高技能劳动力。假设R&D部门产品的价格为 $p_{i,n,t}^A$，$p_{i,n,t}^A = m_{n,t}p_{i,n,t}$，R&D部门是完全竞争的，从而有如下无套利条件：$p_{H,n,t}^A \dot{A}_{H,n,t} = \omega_{H,n,t}H_{n,t}^b$，$p_{L,n,t}^A \dot{A}_{L,n,t} = \omega_{H,n,t}H_{n,t}^c$。

上述两个方程表示R&D部门新知识的价值等于该部门高技能劳动力的收入或劳动力成本。由上述两个方程可得：$p_{H,n,t}^A = \omega_{H,n,t}/A_{H,n,t}$，$p_{L,n,t}^A = \omega_{H,n,t}/A_{L,n,t}$。

（六）均衡求解

以上是各经济主体在静态时期的最优决策，长期内，高、低技能劳动密集型最终产品市场出清，高、低技能劳动力市场出清。由最终产品市场出清得到：$Y_{i,t} = C_{i,t}$；由式（6.9）和 $Y_{i,t} = C_{i,t}$ 可以得到：$C_{i,t} = A_{i,n,t}^{1/\alpha} X_{i,n,t}$；由式（6.12）、式（6.15）得到：$P_{i,t} = A_{i,t}^{(\alpha-1)/\alpha}(\omega_{i,n,t}/m_{n,t})(e^{m_{n,t} \cdot z} - 1)$。

根据前文可以求得均衡时高、低技能劳动密集型中间品生产过程中各环节的产量为：

$$X_{H,n,t} = m_{n,t}(\omega_{H,n,t}H_{n,t} + \omega_{L,n,t}L_{n,t})/A_{H,n,t}\omega_{H,n,t}(e^{m_{n,t} \cdot z} - 1)$$
$$[1 + (A_{L,n,t}/A_{H,n,t})^{(1-\rho)(\alpha-1)/\alpha}(\omega_{L,n,t}/\omega_{H,n,t})^{(1-\rho)}] \tag{6.16}$$

$$X_{L,n,t} = m_{n,t}(\omega_{H,n,t}H_{n,t} + \omega_{L,n,t}L_{n,t})/A_{L,n,t}\omega_{L,n,t}(e^{m_{n,t} \cdot z} - 1)$$
$$[1 + (A_{H,n,t}/A_{L,n,t})^{(1-\rho)(\alpha-1)/\alpha}(\omega_{H,n,t}/\omega_{L,n,t})^{(1-\rho)}] \tag{6.17}$$

高技能劳动力市场出清条件为 $H_{S,t}^a + H_{S,t}^b + H_{S,t}^c = H_{S,t}$，即 $\int_0^{A_{H,t}} \int_0^{z^e} X_{H,S,t}(z)\mathrm{d}z\mathrm{d}n +$

$H_{S,t}^b + H_{S,t}^c = H_{S,t}$。令 $\int_0^{A_{H,t}} \int_0^{z^e} X_{H,S,t}(z) \mathrm{d}z \mathrm{d}n = \mu H_{S,t}$，其中，$\mu$ 表示中间品生产所需的高技能劳动力占所有高技能劳动力的比例。低技能劳动力市场出清条件为 $\int_0^{A_{L,t}} \int_{z^e}^1 X_{L,S,t}(z) \mathrm{d}z \mathrm{d}n = L_{S,t}$，由式（6.16）、式（6.17）和高、低技能劳动力市场出清条件可得：

$$\ln(e^{m(\beta_S) \cdot z^e} - 1) = \mu \ln(e^{m(\beta_S)} - 1)(A_{H,S,t}/A_{L,S,t})^{(1-\rho)(1-\alpha)/\alpha}(\omega_{H,S,t}/\omega_{L,S,t})^\rho (H_{S,t}/L_{S,t}) \tag{6.18}$$

由求解均衡得到式（6.18），依据阿西莫格鲁（Acemoglu，2002）提出的测度技能偏向型技术进步的方法，$A_{H,S,t}/A_{L,S,t}$ 可以表征技能偏向型技术进步，对式（6.18）求导：

$$\begin{aligned} \mathrm{d}z^e/\mathrm{d}(A_{H,S,t}/A_{L,S,t}) = & [(1-\rho)(1-\alpha)/\alpha]\mu\ln(e^{m(\beta_S)}-1) \\ & (\omega_{H,S,t}/\omega_{L,S,t})^\rho (H_{S,t}/L_{S,t})(A_{H,S,t}/A_{L,S,t})^{[(1-\rho)(1-\alpha)/\alpha]-1} \\ & \cdot [e^{m(\beta_S) \cdot z} - 1/me^{m(\beta_S) \cdot z}] \end{aligned} \tag{6.19}$$

由式（6.19）可以看出，z^e 随着 $A_{H,S,t}/A_{L,S,t}$ 的变化而变化，说明技能偏向型技术进步对制造业价值链攀升存在一定的影响。一方面，技能偏向型技术的进步体现于产品关键核心技术的创新突破，关键核心技术的掌握可以实现制造业结构的优化，提高本国制造业在全球价值链中的分工地位；另一方面，技能偏向型的前沿技术需要高技能劳动力进行研发或应用，进而提高了对高技能劳动力的需求，高素质劳动力数量的增长和质量层次的提升，都将推动中国比较优势的动态变化和升级（刘梦和戴翔，2018），从传统的要素驱动向创新驱动转变，形成攀升价值链高端的新优势。基于以上分析提出以下假设。

H1：在假定其他条件不变的情况下，技能偏向型技术进步促进制造业价值链攀升。

由于知识产权保护水平 β_n 进入 $\mathrm{d}z^e/\mathrm{d}(A_{H,S,t}/A_{L,S,t})$ 的表达式，技能偏向型技术进步作用于制造业价值链攀升的过程会受到知识产权保护的影响。理论上，在知识产权保护水平不同的地区，制造业价值链攀升效应存在明显差异，因此，在相同的技能偏向型技术进步条件下，不同知识产权保护水平地区的制造业价值链也可能有所不同。对式（6.19）进行推导，由于 $\rho > 1$，$m'(\beta_S) > 0$，可推导出 $\mathrm{d}z^e/\mathrm{d}(A_{H,S,t}/A_{L,S,t})$ 先正后负，即技能偏向型技术进步对制造业价值链攀升的影响表现为倒"U"型。可见，由于受到知识产权保护的影响，技能偏向型技术进步对制造业价值链攀升的影响呈现非线性特征。

技能偏向型技术进步体现为技术与技能的互补，融要素集聚和技术载体功能于一体。伴随经济快速发展和国家对知识产权的重视，一方面，知识产权保护水平不断提升，知识产权体系发挥有效的"保护效应"，技能偏向型技术进步发挥效用的配套条件逐步具备，企业生产率提高，技能偏向型技术进步推动制造业价值链升级的效应也日渐明显；另一方面，在这一时期，高技能劳动力比重提升，可以有效掌握和使用先进技术并将其转化为现实生产力，促使高技能劳动密集型产品快速增多，进而使得制造业生产环节从价值链中低端向高端转化。但是当知识产权保护达到发挥作用的临界程度，会出现对高技能劳动力的"封锁效应"，给再创新者的借鉴和改进造成一定障碍，不利于技能劳动者创新成果的广泛传播和交流。由此，制度保障红利逐步消退，从而导致技能偏向型技术进步所发挥的效用有所下降甚至反向抑制，这可能是致使技能偏向型技术进步对制造业价值链产生负向影响的重要诱因。因此，技能偏向型技术进步对制造业价值链攀升的影响存在倒"U"型的门槛特征，基于以上分析提出以下假设。

H2：技能偏向型技术进步对制造业价值链的影响存在知识产权保护门槛效应，且技能偏向型技术进步与制造业价值链之间呈现出非线性的倒"U"型关系。

三、研究设计

（一）计量模型

依据理论模型，借鉴以往的研究，本节构建如下基准回归模型：

$$LEXPY_{kjt} = \alpha_0 + \alpha_1 SBTC_{kjt} + \lambda X_{kjt} + YEARfe + PROVINCEfe + INDUSTRYfe + \mu_{kjt} \tag{6.20}$$

其中，下标 k 表示省份，j 表示行业，t 表示年份；$LEXPY_{kjt}$ 表示制造业价值链攀升，$SBTC_{kjt}$ 表示技能偏向型技术进步，X_{kjt} 表示其他影响价值链攀升的控制变量，包括外商直接投资 FDI_{kt}、生产性服务业发展 PSI_{kt}、基础设施建设 INF_{kt}、政府支持 GOV_{kt}、产业规模 SCA_{kjt} 和行业的资本密集度 CAP_{kjt}；μ_{kjt} 是随机误差项，模型中同时控制时间（$YEARfe$）、地区（$PROVINCEfe$）和行业（$INDUSTRYfe$）固定效应。

理论分析表明，在探讨技能偏向型技术进步对制造业价值链攀升的影响时，知识产权保护会对两者关系产生影响。为此，在式（6.20）的基础上构建以知识产权保护为门槛变量的非动态面板门槛模型，作为讨论技能偏向型技术进步非线性作用的主要回归模型，避免了人为划分样本区间的主观性，门槛模型设定如下：

$$LEXPY_{kjt} = \theta_0 + \theta_1 SBTC_{kjt} \cdot I(IPP_{kt} \leq \gamma_1) + \theta_2 SBTC_{kjt} \cdot I(IPP_{kt} > \gamma_1) + \cdots + \theta_n SBTC_{kjt} \cdot I(IPP_{kt} \leq \gamma_n) + \theta_{n+1} SBTC_{kjt} \cdot I(IPP_{kt} > \gamma_n) + \lambda X_{kjt} + \mu_{kjt} \tag{6.21}$$

其中，知识产权保护 IPP_{kt} 为门槛变量，γ_n 表示待估计的门槛值，$I(\cdot)$ 表示指标函数。

（二）变量说明①

被解释变量是制造业价值链攀升（$EXPY$）。现有很多文献使用豪斯曼等（2007）构建的出口技术复杂度指标来测度行业或地区所处的价值链位置，即出口技术复杂度越高，表示出口的技术含量越高，说明其在整个价值链中处于高端的位置。本节借鉴李强和郑江淮（2013）等学者的做法，采用出口技术复杂度指标来测度中国各省（区、市）制造业在所处价值链中的位置来反映制造业价值链攀升情况，分两步测算各地区各年份的出口技术复杂度。由于计算所得的出口技术复杂度数值差异较大且较为分散，本节在进行回归分析时对其进行了取自然对数处理，目的是缓解可能存在的非正态分布问题。

核心解释变量是技能偏向型技术进步（$SBTC$）。巴蒂克冲击是一种偏向于高技能劳动者的冲击，与技能偏向型技术进步的作用机制相吻合。本节借鉴陈勇和柏喆（2018）的做法，采用戴蒙德（Diamond，2016）通过各行业高技能劳动者与低技能劳动者就业人数和工资水平计算巴蒂克冲击的方法衡量各地区各行业生产效率的变化情况，对各省（区、市）技能偏向型技术进步进行测定。

知识产权保护（IPP）采用樊纲等2003年发布的市场化指数中的知识产权保护这一分项指数来反映，即用各省（区、市）专利申请受理量占科技人员的比重与专利申请批准量占科技人员比重的算术平均值来衡量知识产权保护水平。

（三）样本与数据

本节将宏观数据与微观数据进行匹配，研究使用的微观数据来源于中国综合社会调查（Chinese General Social Survey，CGSS）2005年、2006年、2010年、2011年、2012年和2013年的数据。选用这六年的CGSS数据来计算技能偏向型技术进步的原因包括：第一，相对于其他同类型微观调查数据库，CGSS的样本不仅包含了个体工资收入、受教育程度、行业类别等研究所需的关键变量，而且采用多阶分层随机抽样方法，样本分布的省（区、市）覆盖率最广，能够有效代表全国的状况；第二，将这六年的数据整合在一起可以扩大样本量进而提高研究的可信度；第三，这六年CGSS问卷中的变量相同（都是选取核心模块调研数据），经过处理后能得到变量一致的样本。②

由于国内已公布的主要微观入户调查中均没有涉及行业出口的相关数据，且很难获得地级市及以下行政单位的统计数据，但基于省一级统计样本匹配CGSS

---

① 因篇幅所限，这里省略了变量具体的测度过程，感兴趣的读者可在《经济科学》官网论文页面"附录与扩展"栏目下载。

② 这里将劳动者样本范围限定在16~60岁，删除具有缺失值的样本。个体年龄是根据问卷中"您出生的日期是什么"这一问题进行判断，以调查当年减去出生年来衡量。

微观调查数据同样具有重要的研究意义。本节参考 2002 年版的《国民经济行业分类与代码》对制造业行业进行分类，最终选出 24 个主要的制造业行业。2005~2013 年 CGSS 数据中的行业分类采用的是 ISIC 行业分类标准，本节将其转化为 24 个大类的国民经济行业。由于西藏数据缺失严重，将其剔除，经过上述处理，样本包含的个体为横跨全国 30 个省（区、市）的 24 个制造业行业。制造业行业和地区层面相关数据来自国研网国际贸易研究及决策支持系统、Wind 数据库、EPS 数据库、《中国工业统计年鉴》、《中国知识产权统计年鉴》、《中国律师年鉴》、《中国科技统计年鉴》、《中国劳动统计年鉴》、《中国教育统计年鉴》及各省（区、市）统计年鉴等。

四、实证结果及分析

（一）基准模型估计结果与分析[①]

表 6-7 报告了技能偏向型技术进步影响制造业价值链攀升的线性估计结果。模型（1）至模型（4）结果显示了技能偏向型技术进步的系数总是在 1% 的水平上显著为正，符合理论预期。

表 6-7　　　　　　　　　　基准估计结果

变量	FE (1)	FE (2)	FE (3)	FE (4)	OLS (5)	FE (6)
$SBTC$	0.4481*** (35.46)	0.1063*** (12.4087)	0.0139*** (5.1743)	0.0337*** (6.2003)	0.3438*** (27.6554)	0.0085*** (2.8107)
$SBTC^2$						-0.0232*** (-3.9625)
控制变量	NO	YES	YES	YES	YES	YES
省份 & 行业 & 时间固定	YES	NO	YES		YES	YES
省份—行业 & 省份—时间 & 行业—时间固定				YES		
R^2	0.3511	0.8223	0.9932	0.4489	0.3833	0.9932
观测值	3600	3600	3600	3600	3600	3600

注：*** 表示在 1% 的水平上显著，括号内的数值表示系数检验的 t 值。

[①] 完整的基准模型估计结果及分析请见《经济科学》官网"附录与扩展"。

目前，中国正致力于促进人工智能等新一代信息技术的发展，这些前沿技术将会逐渐替代部分劳动力，特别是降低中低技能劳动力的需求，并不断增加对高技能劳动力的需求。与此同时，新一代信息技术的发展会提升高技能劳动力的边际生产率，偏向技能的技术进步会为一个国家的制造业升级提供原动力。目前中国的低技能劳动力优势使得中国承担了发达国家外包产品的生产，但前沿技术尚落后，要实现制造业从中低端向高端攀升，技能偏向型技术进步将发挥重要作用。表6-7中，模型（5）采用OLS回归对固定效应模型回归的结果做进一步验证，结果基本保持一致。另外，为了进一步研究两者的关系，本节在模型（6）中引入了技能偏向型技术进步的二次项来考察技能偏向型技术进步可能对制造业价值链攀升产生的非线性影响。结果表明技能偏向型技术进步对制造业价值链攀升的影响呈倒"U"型特征，并且存在一个门槛值：在达到门槛值之前，技能偏向型技术进步对制造业价值链攀升的促进作用显著；而跨过门槛值后，技能偏向型技术进步的促进作用减弱，甚至会抑制制造业价值链攀升。理论分析表明，知识产权保护可能在门槛值的位置上发挥了关键作用。因此，下面将进一步采用门槛模型进行检验。

（二）内生性讨论

考虑到技能偏向型技术进步与制造业价值链攀升之间可能存在的反向因果关系，本节拟找到一个与技能偏向型技术进步相关但外生独立于制造业价值链攀升的工具变量，并进行相关估计。

参照陈斌开和张川川（2016）的方法，本节利用1999年高校扩招这一外生性政策冲击来构建技能偏向型技术进步的工具变量，将各省（区、市）高校密度的异质性作为外生来源，在此基础上用扩招前1998年各省（区、市）高校密度与全国高等院校扩招规模的交互项作为各省（区、市）技能偏向型技术进步的工具变量，并采用两阶段最小二乘法（2SLS）进行估计。具体设定如式（6.22），为工具变量法的第二阶段估计模型，式（6.23）为工具变量法的第一阶段估计模型，其中，$COLLEGE_{k,j,t=1998}$表示各省（区、市）在1998年时的高校密度，用每百万人拥有高校数来衡量；$SCALE_{t-4}$表示滞后4年的全国高等院校招生规模增量。该工具变量满足外生性和相关性，首先，高校扩招政策是国家统一制定的，各地区不存在差异；其次，高校扩招带来的人力资本扩张显著提升了地区的劳动力技能水平，高校密度越高的地区越能在后续的高校扩招中实现高技能劳动力比重的提升，进而实现较高水平的技能偏向型技术进步。

$$LEXPY_{kjt} = \beta_0 + \beta_1 SBTC_{kjt} + \lambda X_{kjt} + YEARfe + PROVINCEfe + INDUSTRYfe + \mu_{kjt}$$

(6.22)

$$SBTC_{kjt} = \rho_0 + \rho_1 COLLEGE_{k,j,t=1998} \times SCALE_{t-4} + \gamma X_{kjt} + YEARfe + PROVINCEfe$$
$$+ INDUSTRYfe + \nu_{kjt} \qquad (6.23)$$

表 6-8 报告了 2SLS 估计结果，结果表明，考虑了工具变量后，技能偏向型技术进步对制造业价值链升级的正向影响依然存在。观察工具变量法的第一阶段估计结果后发现，构建的工具变量对技能偏向型技术进步有显著的正向影响，表明高校扩招为后期技能偏向型技术进步做出了重要贡献。此外，弱工具变量检验的 F 值大于 10，说明不存在弱工具变量问题。

表 6-8　　　　　　　　内生性问题估计结果

因变量	SBTC (1)	LEXPY (2)	LEXPY (3)
SBTC		0.3807*** (15.4081)	0.1004*** (17.72)
COLLEGE × SCALE	0.0176*** (7.8671)		
控制变量	YES	YES	YES
省份 & 行业 & 时间固定	YES	YES	
弱工具变量 F 值	27.09		
R^2	0.7857	0.9927	
观测值	3600	3600	2880

注：括号内的数值表示系数检验的 z 值；*** 表示在 1% 的水平上显著。

为了进一步验证上述结果的稳健性，本节采用系统广义矩估计（System-GMM）方法消除内生性问题，添加被解释变量的一阶滞后项作为解释变量。模型（3）满足 GMM 的有效性前提，由 Arellano-Bond 自相关检验发现残差项存在一阶自相关，在 1% 水平上显著，但不存在显著的二阶自相关，同时通过了 Sargan 检验，不存在显著的工具变量过度识别问题，工具变量是有效的。[1] 估计结果与前文基本一致。综上可见，考虑内生性问题后，本节的研究假设仍得到了验证。

五、进一步分析

（一）门槛模型估计结果与分析[2]

理论模型推导结果表明，技能偏向型技术进步与制造业价值链攀升之间呈倒

---

[1]　AR（1）检验 p 值为 0，AR（2）检验 p 值为 0.1154，Sargan 检验 p 值为 0.3218。
[2]　门槛效应存在性检验、门槛估计值估计及门槛模型完整估计结果请见《经济科学》官网"附录与扩展"。

"U"型关系,且知识产权保护可能会对技能偏向型技术进步影响制造业价值链攀升的结果产生作用。因此,本节进一步将技能偏向型技术进步和知识产权保护纳入同一回归方案,检验基于知识产权保护门槛的技能偏向型技术进步对制造业价值链攀升的异质性影响,克服人为划分样本区间造成的主观偏差,采用门槛回归模型进行实证检验。本节将知识产权保护作为门槛变量,为确定门槛的个数,依次在单一门槛、双重门槛和三重门槛假设下进行门槛自抽样检验,利用 F 统计量和采用自举法得到的 p 值来判断应选择的门槛模型。知识产权保护的单一门槛和双重门槛都通过了检验,而三重门槛没有通过检验。因此,在不同的门槛区间内,技能偏向型技术进步对制造业价值链攀升的影响存在显著差异,导致技能偏向型技术进步的影响效果呈现非线性的特征。

鉴于双重门槛值已通过显著性检验,且对于中国的现实状况分析更具合理性,因此,本节采用双重门槛模型来探讨在不同区间内,知识产权保护、技能偏向型技术进步对制造业价值链攀升的作用机制。表6-9给出了知识产权保护在不同门槛区间内,技能偏向型技术进步对制造业价值链影响的回归结果。从实证分析结果看,技能偏向型技术进步对制造业价值链攀升的影响并非是单调递增的,而是存在"门槛",具体可以分为三个阶段。当 $IPP \leq 0.203$ 时,技能偏向型技术进步对制造业价值链攀升的影响系数为 0.0816,存在较小但显著的促进作用。迈过第一个门槛,知识产权保护位于 [0.203,0.209] 这个区间时,影响系数增加为 0.8442,且在1%的水平上显著为正,技能偏向型技术进步发挥较大的促进作用。而当知识产权保护跨越第二个门槛值后,影响系数显著降低为 0.1911,且对制造业价值链升级产生了负面影响。因此,技能偏向型技术进步的价值链升级效应呈现出相对复杂的双重门槛特征。通过对系数变化的分析发现,当知识产权保护未达到一定的水平时,技能偏向型技术进步的促进作用微弱,一方面是由于高技能劳动力没有充分发挥作用的空间,另一方面是由于创新成果得不到合理的保护,会大大降低高技能劳动者创新的积极性。当知识产权保护达到最适宜水平时,技能偏向型技术进步在制造业价值链由中低端向高端迈进过程中可以发挥最优的促进作用。而当知识产权保护过强时,会对技能偏向型技术进步的作用形成较强的门槛,原因可能是知识产权保护过强,会干扰技能劳动者创新成果的传播和交流,给再创新者的借鉴和改进过程造成壁垒。因此,技能偏向型技术进步对制造业价值链攀升的影响并不总是呈现边际效应递增的趋势,二者存在非线性关系,只有当知识产权保护处于最适宜的水平时,技能偏向型技术进步才能够在制造业价值链攀升过程中发挥最优作用。另外,本节将所得到的门槛值引入非平衡面板的固定效应模型进行估计,估计结果见模型(2)。结果显示技能偏向型技术进步与制造业价值链攀升呈倒"U"型关系,虽然相关系数大小与门槛回归结果有些许差异,但是这在一定程度上进一步验证了H2。

表 6-9　　　　　　　　　　双重门槛模型估计结果

变 量	门槛回归 (1)	固定效应 (2)
SBTC1	0.0816 *** (7.08)	0.7617 *** (27.65)
SBTC2	0.8442 *** (13.46)	0.8044 *** (27.14)
SBTC3	-0.1911 *** (-14.74)	-0.6591 *** (-20.56)
控制变量	YES	YES
R^2	0.7663	0.8372
观测值	3600	3600

注：括号内的数值表示系数检验的 t 值；*** 表示在 1% 的水平上显著。

（二）稳健性检验[①]

考虑到前文回归可能存在结论受数据极端值的影响、指标测度是否科学准确、模型的结论是否只在特定的时间区间成立等问题，本节将进行一系列检验，验证门槛模型的稳健性。具体方法如下。(1) 剔除可能出现的极端值。为了减轻极端值对研究结论的影响，本节对分析中需要的连续变量进行了上下 1% 的缩尾处理。(2) 替换变量。首先，本节采用制造业利润率即规模以上工业利润占总产值比重作为制造业价值链攀升的替代指标进行估计。其次，本节采用专利司法保护指标即各省（区、市）法院新收知识产权一审案件量对数来表示知识产权保护水平。最后，现有文献常采用 GP（ginarte park）指数衡量知识产权保护强度，本节对 GP 指数进行修正，从立法和执法两个维度衡量各地区知识产权保护水平并进行检验。(3) 改变时间窗口。考虑数据的可获得性，本节选取 2009～2016 年互联网普及率数据来代表技能偏向型技术进步进而探究其对制造业价值链攀升的影响。另外，本节采用阿西莫格鲁（Acemoglu，2002）提出的测度技能偏向型技术进步的方法进行稳健性检验。上述方法的估计结果均支持前文的结论。

（三）异质性检验[②]

鉴于不同行业的技术水平、市场环境、要素流动等发展差异，本节分行业对技

[①] 稳健性检验的详细操作过程及估计结果分析请见《经济科学》官网"附录与扩展"。
[②] 异质性检验的详细操作过程及估计结果分析请见《经济科学》官网"附录与扩展"。

能偏向型技术进步与制造业价值链攀升的关系进行检验。检验结果如表6-10所示。

表6-10　　　　　　　　异质性检验估计结果

变　量	低技术行业(1)	中技术行业(2)	高技术行业(3)	东部地区(4)	中部地区(5)	西部地区(6)
$SBTC1$	0.1454*** (8.73)	-0.8989*** (-9.26)	0.1454*** (7.39)	0.0835*** (6.53)	-0.1345*** (-12.03)	0.6522*** (13.16)
$SBTC2$	1.5371*** (6.32)	0.0475** (2.22)	0.7954*** (5.95)	0.8043*** (13.82)		
$SBTC3$	-0.2965*** (-11.45)	0.1275*** (5.80)	0.2568*** (8.25)	-0.3042*** (-12.00)	0.1513*** (5.05)	-0.0550*** (-4.70)
控制变量	YES	YES	YES	YES	YES	YES
R^2	0.6986	0.8252	0.7361	0.8713	0.9582	0.9109
观测值	1650	900	1050	1320	960	1320

注：括号内的数值表示系数检验的 t 值；**、***分别表示在5%和1%的水平上显著。

门槛效应检验结果显示知识产权保护在低、中、高技术行业双重门槛均通过了5%的显著性水平检验，各行业双重门槛值，门槛效应和变量的显著性、影响方向、程度等存在差异。中技术行业技能偏向型技术进步的影响效应不同于全国的情况，当知识产权保护水平值超过第一个门槛值后其作用方向由负变正，当其依次超过两个门槛值时，技能偏向型技术进步对制造业实现价值链攀升的影响不断增强。技能偏向型技术进步对低技术行业制造业价值链的动态影响特征与全国基本一致，说明对于低技术行业来说最适宜的知识产权保护水平在两个门槛值之间，这可能与中国现阶段低技术行业生产所需的机器设备主要源于国外引进有关。强化知识产权保护将提高对国外专利技术的保护，增加本土的使用成本，不利于制造业价值链升级。对高技术行业来说，尽管知识产权保护水平越高，越有利于技能偏向型技术进步促进制造业价值链攀升，但是当知识产权保护达到一定程度时，技能偏向型技术进步促进制造业价值链攀升的边际效应会减弱，说明高技术行业价值链攀升过程中存在一个最适宜的知识产权保护区间。

考虑到区域的非均质性带来的要素禀赋、制度环境等差异，本节从区域层面对技能偏向型技术进步与制造业价值链攀升的关系进行检验。门槛效应检验结果显示知识产权保护在东、中、西部地区单一门槛均通过了5%的显著性水平检验，唯有东部地区存在双门槛效应。各区域单一门槛值之间存在一定差距，进一步说明区域的非均质性对门槛效应和变量的显著性、影响方向、程度等存在差异。具体分析发现，西部地区的门槛值低于中部地区的门槛值；技能偏向型技术进步对制造业价值链攀升的影响方向也有差别，在中部地区，技能偏向型技术进步的作用效果呈跨越式发展，只有当知识产权保护水平越过门槛值后，技能偏向型技术进步的系数增大且在1%水平上显著为正。技能偏向型技术进步促进制造业价值链的升级，这也体现出中部地区的后发优势较为明显。而西部地区在知识产权保护越过门槛后，技能偏向型技术进步的作用变为负向影响，说明其最适宜知识产权保护水平小于门槛值，西部地区制造业价值链攀升有相对较低的知识产权保护门槛约束。技能偏向型技术进步对东部地区制造业价值链的动态影响特征与全国相似，具有显著倒"U"型特征，东部地区存在影响制造业价值链攀升的最适宜知识产权保护水平区间。

六、主要结论与政策建议

本节尝试从技能偏向型技术进步的角度，探究其对制造业价值链攀升的影响效果。通过借鉴科斯蒂诺等（Costinot et al., 2013）使用工序生产函数反映价值链分工的理论思想及方法，这里将技能劳动和知识产权保护水平引入分析框架，构建开放经济模型，着重揭示和刻画了技能偏向型技术进步对制造业价值链攀升的作用机制。以理论模型为先导，运用 CGSS 2005~2013 年的调查数据和相匹配的省级数据进行实证检验，得出以下结论。第一，在假定其他条件不变的情况下，技能偏向型技术进步有利于促进制造业价值链攀升。第二，技能偏向型技术进步与制造业价值链攀升之间的关系呈倒"U"型特征，技能偏向型技术进步促进制造业价值链攀升存在显著的知识产权保护门槛效应，当知识产权保护未达到一定的水平时，技能偏向型技术进步作用微弱；当知识产权保护过强时，会对技能偏向型技术进步的作用形成较大的门槛；只有当知识产权保护达到最适宜水平时，技能偏向型技术进步在制造业价值链由中低端向高端迈进的过程中才可以发挥最优的促进作用。第三，不同技术层次行业及不同地区门槛值、影响系数、作用程度和方向表现出明显的差异。最适宜知识产权保护水平才能使技能偏向型技术进步在制造业价值链攀升的过程中发挥最优作用。

我国制造业面临"内忧外患"的局面，迫切需要加快实现创新驱动和结构调整。对此，我国应重点采取以下对策。首先，培育高技能劳动者，进一步加强高校对学生的技能培养，企业强化技能培训，推进产教融合、校企合作，实现学校培养与企业用人的有效衔接等。其次，现阶段提升知识产权保护水平，与中国的发展现实相符。但中国在知识产权保护水平快速提升的过程中，很有可能会出现"超调"，要选择合适的经济开放程度，争取一个合理的知识产权保护国际环境。考虑到技能偏向型技术进步对制造业价值链攀升影响的空间异质性和行业异质性，要实施有针对性的知识产权保护策略。最后，中国科技"大而不强，快而不优"，唯有实现关键核心技术突破，才能促使制造业融入全球价值链中高端。

第四节 制造业服务化对我国产业全球价值链升级影响的实证分析

一、问题的提出

当前,我国经济逐步由高速增长阶段向高质量发展阶段转变,推动制造业服务化,构建现代化的经济体系成为当前我国经济发展的重要目标。同时,一场以新一代信息技术广泛应用为特征的新工业革命逐步展开,推动人类生产方式和生活方式深刻变革。由此,新工业革命的推进与我国经济转型形成了历史性交汇。在这样的大背景下,制造业服务化能否推动我国全球价值链升级,将以怎样的机制并且能够在多大程度上推动我国全球价值链升级成为对我国经济发展研究中的重要议题。从既有研究来看,大部分研究认为通过制造业服务化能够实现全球价值链升级(Macpherson et al.,2008;Sun and Pleggenkuhle,2010;Leiponen,2012;刘斌等,2016;马盈盈和盛斌,2018)。部分研究认为制造业服务化能否推动全球价值链升级依赖于其他条件,包括发展阶段(刘玉荣和刘芳,2018)、企业创新网络构建(Windahl et al.,2006)、行业地位(Lay et al.,2010)、资源整合能力(黄新焕和王文平,2016)等。制造业服务化推动全球价值链升级的机制主要包括如下几点。一是制造业服务化深化价值链分工,进而推动全球价值链升级。制造业服务化发展既是行业细化、分工深化的结果,同时又进一步推动分工深化、行业细化(宣烨和余泳泽,2014;陈曦,2017)。二是制造业服务化通过溢出效应提升产品技术含量和附加值从而实现价值链地位提升(白清,2015;吕云龙和吕越,2017)。三是制造业服务化通过经济规模效应和产业关联效应推动全球价值链升级(贾根良和刘书瀚,2012;郑玉等,2018)。

综观既有研究,制造业服务化对全球价值链升级影响的研究大多基于理论推演,缺少梳理模型支撑,同时在理论分析中将"能否"与"如何"两个概念混淆。因此,本节尝试从"能否"与"如何"两个角度对制造业服务化影响全球价值链升级进行理论分析,实证分析了我国制造业服务化对全球价值链升级的真实作用,并为我国更好地实现全球价值链升级提出政策建议。

二、制造业服务化促进我国产业全球价值链升级的机制分析

(一) 制造业服务化能否推动全球价值链升级

本节以龙(Long,2001)建立的基于产品内分工的服务业发展与全球价值

第六章　新产业革命与经济高质量发展交汇下的中国产业国际价值链提升

链升级的理论模型为基础，同时参照国内学者唐海燕等（2009）对模型的发展和完善，结合本节的研究目的构建了一个制造业服务化推动全球价值链升级的数理模型。模型的改进体现在以下几个方面。第一，原模型[①]分析的是生产性服务业发展对全球价值链升级的影响，但是由于生产性服务业"自增强"机制的存在（曾世宏，2011），制造业服务化水平比生产性服务业规模更能反映生产性服务业发展对制造业的推进作用，因此，本节基于该模型分析了制造业服务化对全球价值链升级的作用。第二，原模型中将 B 国服务投入 C-D 生产函数中参数设定为 1/2，本节未对参数的取值进行限制，从而极大增强了结论的一般性。

假定在一个经济系统中，存在国家 A 和国家 B，其中国家 A 的全球价值链地位高于国家 B。国家 A 和国家 B 通过产品内分工的形式共同生产最终消费产品 D，其中国家 A 负责生产中间产品并出口到国家 B，国家 B 进口中间产品并完成最终消费产品 D 的生产。假设全球价值链的整个链条由 [0,1] 区间表示，整个价值链的环节 i 与分工区段越靠近 0 则表示分工地位越低，处于价值链的低端环节；分工区段越靠近 1 则表示分工地位越高，处于价值链的高端环节。国家 B 位于全球价值链低端，因而对应的价值链环节为 [0,k]。相应地，国家 A 负责的全球价值链环节为 [k,1]（0<k<1）。随着 k 值的增长，B 国在全球价值链分工中的地位不断提升。因此，我们需要进一步探究制造业服务化发展等因素是否能推动 k 值的升高，即处于价值链下游的 B 国是否能通过制造业服务化提升价值链地位。

假定 A 国和 B 国在每一个生产阶段均需要投入一单位普通劳动力 L 和服务要素组合 S。同时由于全球价值分工地位越高，所需要投入的服务要素量越大，因而假定第 i 生产环节所需要投入的服务要素量为 bi。因此，根据上述假设，A 国生产产品的成本函数可表示为[②]：

$$C_A = \int_k^1 (W_A + biP_A)di \quad (6.24)$$

其中，C_A 表示 A 国的单位生产成本，W_A 和 P_A 分别表示 A 国普通劳动力和服务要素组合的价格，由于每一生产工序只需要一单位普通劳动力，因而所支付的工资即为成本。bi 为 A 国生产一单位产品所需投入的服务要素组合的量，i 表示所处的全球价值链的位置，生产工序所处价值链位置越高，需要服务要素的投入量越大。同时当制造业和服务业融合水平越高时，服务要素在产品生产中的生产效

---

① 原模型指唐海燕和张会清（2009）的研究。
② 由于价值链是连续的，因而采用连续积分的方式表示成本函数。以 A 国为例，其离散形式为：$\sum_{i=k}^{1}(W_A + b\bar{i}P_A) = (1-k)W_A + bP_A(1-k)\bar{i} = (1-k)W_A + \frac{1}{2}bP_A(1-k^2)i = \int_k^1(W_A + biP_A)di$。同理，B 国也以类似形式给出。

率越高,因而单位产品生产所需要的服务要素投入越低,即 b 与制造业服务化水平呈反向关系。

同理,B 国生产产品的成本函数为:

$$C_B = \int_0^k (W_B + biP_B)\mathrm{d}i \qquad (6.25)$$

其中,C_B 表示 B 国的单位生产成本,W_B 和 P_B 分别表示 B 国普通劳动力和服务要素组合的价格,i 表示所处的全球价值链的位置,bi 为 B 国生产一单位产品所需投入的服务要素组合的量。

相应地,B 国生产 n 单位产品时所需的普通劳动力和服务要素的需求量分别为 L_B 和 S_B,由于每一生产环节需要一单位普通劳动力和 bi 单位的服务要素投入量,因而,其具体关系式可表示为:

$$L_B = kn \qquad (6.26)$$

注意 B 国生产产品由 k 个生产环节构成。

$$S_B = n\int_0^k (bk)\mathrm{d}k = nbk^2/2 \qquad (6.27)$$

除此之外,国家 B 需要投入普通劳动力 L_S 和人力资本 H_S 来生产服务要素,服务要素的生产函数为柯布—道格拉斯生产函数,其生产过程受到成本的制约。因而其生产函数和成本函数如式(6.28)和式(6.29)所示:

$$S_B = aL_S^\beta H_S^{1-\beta} \qquad (6.28)$$
$$C_S = L_S W_B + H_S W_H \qquad (6.29)$$

其中,L_S 表示普通劳动力投入量;H_S 表示人力资本投入量;a 表示服务投入的生产效率,在一定程度上反映服务化的发展水平;β 表示普通劳动力产出的弹性系数,$1-\beta$ 表示人力资本产出的弹性系数;W_B 和 W_H 分别表示单位普通劳动力和人力资本的价格。

B 国服务要素生产部门根据利润最大化的原则,决定服务投入的最优产量和最优定价,在生产成本的约束下,其最优化问题可表示为:

$$\max S_B = aL_S^\beta H_S^{1-\beta} \qquad (6.30)$$
$$\text{s. t. } C_S = L_S W_B + H_S W_H$$

根据最优化的一阶条件可得如下等式关系:

$$\frac{L_S}{H_S} = \frac{W_H(1-\beta)}{\beta W_B} = \eta \qquad (6.31)$$

$$S_B = aH\eta^{1-\beta} \qquad (6.32)$$

$$P_B = \frac{w_L \eta^\beta}{a(1-\beta)} \qquad (6.33)$$

其中,S_B 和 P_B 分别表示服务要素的最优产量和最优定价,其他符号的含义与前述公式相同。除此之外,由于 B 国实现完全就业,且生产的服务要素全部投入生产，生产的最终产品全部由消费者消费，因而产品市场出清和劳动力完全就业可由如下公式表示：

$$nP = LW_B + H_S W_H \quad (6.34)$$

$$L = L_S + L_B \quad (6.35)$$

其中，P 表示最终消费品 A 的价格，是由两国市场共同决定的，其他符号含义与前述公式相同。根据式（6.26）、式（6.31）和式（6.34）可求出 W_B 的表达式为：

$$W_B = \frac{P(L - \eta H)}{k(L + \eta H \beta / (1 - \beta))} \quad (6.36)$$

在价值链分割点处，国家 A 的企业通过两国生产成本的比较，将分割点以下环节的生产转移或者外包给国家 B 的制造企业，自身参与价值链分割点以上环节的生产。当 A 国和 B 国分工处于稳定状态时，两者在临界生产环节生产单位产品具有相同的成本，即：

$$W_B + bkP_B = W_A + bkP_A \quad (6.37)$$

其中，左侧为 B 国生产临界产品的单位成本，右侧表示 A 国生产临界产品的单位成本，具体符号的含义与前述公式相同。同时将式（6.32）、式（6.33）、式（6.36）代入式（6.37）进行替代，可得如下公式：

$$\frac{P(1 - \eta H)}{k(1 + \eta H \beta / (1 - \beta))} \left(\frac{bk\eta^\beta}{a(1 - \beta)} + 1 \right) - W_A - bkP_A = 0 \quad (6.38)$$

对式（6.38）关于 b 和 a 求偏微分可得如下公式：

$$\frac{\partial k}{\partial b} = -\frac{-k^2(P\eta^\beta(L + H\eta) + aP_A(L(\beta - 1) - H\eta\beta)k)}{a(P(\beta - 1)(L - H\eta) + bP_A(L(\beta - 1) - H\eta\beta)k^2)} < 0 \quad (6.39)$$

$$\frac{\partial k}{\partial a} = \frac{-k^2 bP\eta^\beta(L - H\eta)}{a^2(P(\beta - 1)(L - H\eta) + bP_A(L(\beta - 1) - H\eta\beta)k^2)} > 0 \quad (6.40)$$

由于 $0 < \beta < 1$，且 $L - H\eta = L - L_S = L_B > 0$，因而可以看出式（6.39）恒小于零，同时易知式（6.40）恒大于零。从数学含义来看，两式分别表明 k 与 a 存在正向相关关系，k 与 b 存在负向相关关系。从经济学含义来看，作为最终消费品生产的重要中间投入，随着 B 国服务要素生产效率的提升以及服务化水平的提高，B 国所获得全球价值链分工区段 $[0, k]$ 将会不断提高。由此得证本节的核心命题：价值链低端国家能够通过制造业服务化发展实现全球价值链升级。

（二）制造业服务化如何推动全球价值链升级

1. 技术创新效应和产业关联效应

制造业服务化能够通过技术创新效应推动全球价值链升级。制造业服务化发展提高了行业中知识、技术等高级生产要素的投入比重，从而提升了行业的知识密集度以及技术密集度。这种变化满足了生产制造精细化发展对高级生产要素不断提升的需求（戴翔等，2014）。现代意义上的技术创新是由组织管理创新、知识创新等共同组成的综合性创新成果。服务要素投入的增加推动制造企业不断由加工制造环节向研发设计、营销管理等环节扩展，通过服务创新提供更多基于产品硬件的服务，转变为面向客户的"产品＋服务"的供应商，推动综合性创新成果转化，从而增强自身竞争实力，提高国际分工地位。制造业服务化的产业关联效应是技术创新效应得以发挥的关键。一方面，服务要素全方位参与到生产过程中，依靠自身高知识密集度的特征为该环节提供研发设计等多种中间服务，并且能够有效地将在该环节积累的经验和成果推广到较低层次的制造环节从而发挥产业关联效应。另一方面，服务要素有效提升了各环节的衔接水平，加强了各环节的关联度。服务要素投入的增加实现了制造部门重心由产品生产到产品全生命周期的转变，这使得制造部门能够从整体的视角对生产作出统一布局，进一步优化要素配置以及生产方式，降低生产成本和交易成本，从而增强部门的国际竞争力。

2. 规模经济效应和范围经济效应

制造业服务化发展通过规模经济效应推动全球价值链升级。规模经济效应通过制造部门培育核心竞争优势实现转型发展以及生产性服务业专业化发展两种途径发挥作用，有效推动了全球价值链升级。一方面，制造部门依据自身发展的需求，选择性地将部分具有比较优势的核心服务环节内置，将具有高利润的核心服务环节转变为自己的竞争优势，并进一步在市场中扩张，通过服务化发展实现价值链升级。另一方面，基于制造部门服务外包派生的巨大需求，生产性服务业通过规模经济效应不断提升服务中间投入的供给水平、降低服务中间投入的成本。制造部门通过市场采购比过去自身提供的数量更多、成本更低、专业化更强的中间服务投入，从而进一步提升了制造部门的运营效率和盈利水平。同时制造业服务化能够通过范围经济效应实现全球价值链升级。一方面，制造企业不断向供应链下游拓展，通过提供产品的销售管理以及售后服务，不断缩短产品供应链的长度。企业改变了过去通过产品分销商、产品零售商等中间商销售产品的模式，而将自身转型为产品直销商，缩短了与客户之间的距离，能够更加准确地了解消费者的需求变化，有效避免了由于销售中间商过多导致的"长鞭效应"，提高了企业生产决策的准确性，增强了企业对于供应链的控制能力。另一方面，制造企业不断向产品研发、中间品生产等上游供应链环节拓展，通过更加积极、深入地参与新产品的设计研发，提升自身在供应链上的地位。

3. 差异化竞争效应和出口效应

制造业服务化能够通过差异化竞争效应推动全球价值链升级。随着全球分工深化以及信息化发展，生产制造环节的利润空间已经非常低，企业模仿制造的能力不断增强，产品同质化日益突出。因而只有通过服务化转型，才能够实现产品长久的差异化竞争优势（吴贵生等，2011）。为了满足消费者日益个性化、多样化的产品需求，一方面制造企业通过市场调研、数据分析等服务要素投入对产品市场进行全面分析，量化研究不同国家地区、不同年龄段、不同收入层次消费者的需求，全面了解消费观念、消费模式以及消费业态的转变，通过改进产品的外观、性能等实现产品的多元化。另一方面，制造企业通过将内部的生产性服务与产品进行多样化组合，有效将服务要素与各种实体产品相结合，最大程度上实现了企业最终产品的差异化，从而提升了制造企业产品的竞争实力，实现全球价值链升级。

制造业服务化的差异化竞争效应和出口效应存在着一致性。制造业服务化水平的提升有助于增强产品的差异化程度，增强在国际市场上的竞争力，进而产生出口效应。制造企业服务化发展的出口效应一方面体现在企业出口产品绝对规模的提升。与国内销售过程相比，企业出口产品往往需要支付更高的成本，包括商品关税、远途运输、出口国市场拓展等诸多成本。这需要企业自身具有较高的生产效率和较低的生产成本。制造企业服务化发展能够有效提升企业的生产效率，更好地承担在产品出口中增加的成本，从而积极开拓国际市场，扩大企业出口的规模。另一方面体现在企业出口产品质量和产品附加值的提升。与国内市场相比，国外市场往往具有更强的差异化需求，为了能够有效提升产品竞争力，企业必须从产品实物本身的质量以及相关服务两个层面提高。人力资本、知识技术等高级服务要素投入能够有效提升企业内部的研发设计能力，资本等服务要素的投入有效地满足了企业产品研发以及设备更新所需的资金，从而不断提升企业生产制造水平，企业产品的质量品质随之提高。

三、变量与数据说明

依据前文中对于制造业服务化推动全球价值链升级的理论机制分析，设定构建计量模型如下：

$$GVC_{it} = \beta_0 + \beta_1 Serv_{it} + \beta_2 X_{it} + \varepsilon_{it} \tag{6.41}$$

其中，GVC_{it} 表示制造行业 i 在 t 年所处的全球价值链参与度或全球价值链地位，$Serv_{it}$ 表示制造行业 i 在 t 年的服务化程度，X_{it} 表示控制变量，ε_{it} 为随机扰动项。

（一）制造业服务化程度

制造业服务化程度 $Serv_{it}$ 用完全消耗系数 b_{ijt} 表示。本节沿用完全消耗系数

（刘斌等，2016）的方法测度制造业服务化水平。

直接消耗系数记作 a_{ij}，是指 i 行业生产一单位的产品所需要直接投入的 j 行业产品的产品数量，公式如下所示：

$$a_{ij} = x_{ij}/X_i \tag{6.42}$$

其中，x_{ij} 表示 i 行业所需 j 行业的投入量，X_i 表示 i 行业生产所需的总投入量。

完全消耗系数记作 b_{ij}，是指某一行业 i 一单位产品生产中直接投入和间接投入的 j 行业的产品总量，是直接消耗和间接消耗的总和。从含义上来看，公式表示为：

$$b_{ij} = a_{ij} + \sum_{m=1}^{n} a_{im}a_{mj} + \cdots \tag{6.43}$$

其中，a_{ij} 表示部门 i 对部门 j 的直接消耗系数，第二项表示部门 i 通过部门 m 对部门 j 产生的间接投入，以此类推，累积的总和即为完全消耗系数。

（二）全球价值链参与度

全球价值链参与度用垂直专业化比率表示，计算如下：

$$VSS_i = (\vec{\beta} \times \vec{A} \times \overrightarrow{Exp_i})/\sum Exp_i \tag{6.44}$$

其中，$\vec{\beta}$ 为 $1 \times n$ 的行向量，元素全为 1；$\vec{A}$ 为进口产品的直接消耗系数矩阵，由部门 i 对部门 j 的直接消耗系数 a_{ij} 组成；$\overrightarrow{Exp_i}$ 表示由各行业出口额组成的列向量；$\sum Exp_i$ 表示各行业出口额的加总。

（三）全球价值链地位

全球价值链地位用出口产品的国内技术复杂度表示。本节借鉴杜传忠等（2013）、倪洪福（2017）的思路，以垂直专业化比率（VSS）为权重对出口技术复杂度（WTS）进行调整，商品 i 的出口的国内技术复杂度（DTS）公式如下：

$$DTS_i = \sum_i \left\{ \frac{(1-vss_i) \times Exp_{ij}}{\sum_i (1-vss_i) \times Exp_{ij}} \times (1-VSS_i) \times WTS_i \right\} \tag{6.45}$$

其中，WTS_i 为产品 i 的全部技术复杂度，Exp_{ij} 为国家 j 行业 i 出口商品的总额，VSS_i 为产品 i 的垂直专业化率。

（四）控制变量

控制变量 X_{it} 主要选取了行业劳动生产率、行业资本强度、行业国有化程度、行业对外开放度以及行业集中度，选取依据分析如下：

1. 行业劳动生产率

根据新新贸易理论，生产率（$Labo_{it}$）是决定企业出口最重要的因素（Melitz，2003）。因而具有较高生产效率的企业更倾向于拓展国际业务，所在的行业具有更高的全球价值链参与度。同时，生产率高的行业往往具有更高的竞争力，因而在国际分工中能够获取更高的收益，对应的国际分工地位也越高。但是由于我国存在"出口—生产率悖论"（李春顶，2015），在进一步佐证行业生产效率对全球价值链参与度和分工地位影响的同时，使得影响作用的方向和强弱成为研究重点。本节采用行业总产值与行业从业人数比值衡量行业劳动生产率。

2. 行业资本强度

行业资本强度（$Capt_{it}$）是资本深化发展的表现。具有较高资本强度的行业更倾向于增加研发投入，推动生产设备的更新，实现由生产低端产品向生产高端产品的转变，不断提升行业的生产能力，从而对行业的全球价值链参与度和全球价值链分工地位产生积极影响。本节采用行业固定资产净值与行业从业人数的比值来衡量行业的资本强度。

3. 行业国有化程度

由于国有企业在政企关系上的优势以及经营目标的多重性，导致国有化程度（$Stat_{it}$）高的行业市场化程度较低。当国有化程度较低时，市场化程度较高，市场价格成为决定生产要素等资源配置的决定因素，能够有效提升要素的流动性和配置效率，推动企业生产能力的提升，从而推动行业全球价值链升级。本节采用国有控股企业总产值和行业总产值的比值来衡量行业的国有化程度。

4. 行业对外开放度

行业对外开放度（$Fore_{it}$）的提升，一方面通过溢出效应推动行业内企业的发展。通过对外商企业的制造工艺和管理经验的模仿和学习，国内企业的生产制造能力得以提升，从而推动行业出口产品技术复杂度的增长。另一方面产生竞争效应。随着行业对外开放程度的提升，行业的专利保护、契约执行效率等都将显著提高，从而有利于高技术复杂度产品的生产，提升行业全球价值链的分工地位。本节采用外资及港澳台企业总产值与行业总产值的比重衡量行业对外开放度。

5. 行业集中度

行业集中度（$Clus_{it}$）对全球价值链升级的作用是双面的。依靠行政垄断的厂商往往倾向于依赖于对市场的操纵从而获取超额利润，忽视技术创新和产品升级，导致行业整体国际竞争力的停滞甚至下降。而通过市场竞争实现垄断的企业往往具有更强的创新能力，通过充分发挥规模经济效应和网络经济效应，不断推动产品升级，积极开拓国际市场，从而实现行业全球价值链升级。本节采用大型企业总产值与行业总产值的比值衡量行业集中度。

变量选取及描述如表 6 – 11 所示。

表 6 – 11　　　　　　　　变量的选取与描述

变量	指标	指标的测度
被解释变量	全球价值链参与度（VSS_{it}）	垂直专业化比率
	全球价值链地位（DTS_{it}）	出口国内技术复杂度
核心解释变量	制造业服务化程度（$Serv_{it}$）	完全消耗系数
控制变量	行业劳动生产率（$Labo_{it}$）	行业总产值/行业从业人数
	行业资本强度（$Capt_{it}$）	行业固定资产净值/行业从业人数
	行业国有化程度（$Stat_{it}$）	国有控股企业总产值/行业总产值
	行业对外开放度（$Fore_{it}$）	外资及港澳企业总产值/行业总产值
	行业集中度（$Clus_{it}$）	大型企业总产值/行业总产值

其中，制造业服务化程度、垂直专业化比率的数据主要来源于世界投入产出表 2000 ~ 2014 年的相关统计数据，出口国内技术复杂度指标测算所需的数据主要来源于联合国商品贸易分类统计数据库以及世界银行数据库 2000 ~ 2014 年的相关统计数据。控制变量数据均来自 2001 ~ 2015 年《中国统计年鉴》和《中国工业统计年鉴》。同时，为消除各变量数值量级对回归结果中各变量参数可比性的影响，对出口国内技术复杂度以 10 万为单位进行衡量，对行业劳动生产率进行标准化处理，产值数据均以 2000 年为基期进行价格平减调整。同时为降低异方差导致的估计偏误，对各变量进行取对数处理。最终通过将各具体变量代入式（6.41）得到本节实际回归中所用的计量模型：

$$\ln VSS_{it} = \beta_0 + \beta_1 \ln Serv_{it} + \beta_2 \ln Labo_{it} + \beta_3 \ln Capt_{it} + \beta_4 \ln Stat_{it}$$
$$+ \beta_5 \ln Clus_{it} + \beta_6 \ln Fore_{it} + \varepsilon_{it} \quad (6.46)$$

$$\ln DTS_{it} = \beta_7 + \beta_8 \ln Serv_{it} + \beta_9 \ln Labo_{it} + \beta_{10} \ln Capt_{it} + \beta_{11} \ln Stat_{it}$$
$$+ \beta_{12} \ln Clus_{it} + \beta_{13} \ln Fore_{it} + \varepsilon_{it} \quad (6.47)$$

四、实证结果及分析

（一）基准分析检验

依照回归式（6.46）和式（6.47），本节首先通过普通最小二乘估计（OLS）、固定效应面板模型（FE）、随机效应面板模型（RE）对制造业整体服务化推动全球价值链升级的作用程度进行实证分析，回归结果如表 6-12 所示。

表 6-12　我国制造业整体服务化影响全球价值链参与度的回归结果

被解释变量	lnVSS 混合 OLS	lnVSS 固定效应 FE	lnVSS 随机效应 RE	lnDTS 混合 OLS	lnDTS 固定效应 FE	lnDTS 随机效应 RE
lnServ	0.0882** (2.0483)	0.1041*** (3.3623)	0.0941** (2.2465)	0.1335* (1.7402)	0.1146*** (2.4244)	0.1238** (2.3445)
lnLabo	0.0290* (1.7162)	0.0299* (1.8312)	0.0296* (1.9888)	0.0193* (1.7643)	0.0190* (1.8425)	0.0184* (1.8955)
lnCapt	0.1241 (0.2144)	0.1145* (1.7364)	0.1043 (0.2283)	0.1248* (1.9672)	0.1228*** (3.9037)	0.1185*** (3.7671)
lnStat	−0.0245* (−1.6404)	−0.0450* (−1.9651)	−0.0048 (−0.256)	−0.0399*** (−4.4484)	−0.0377* (−1.7773)	−0.0329 (−1.2241)
lnClus	0.0263*** (4.3537)	0.0291*** (4.8021)	0.0280*** (4.6367)	0.0434*** (4.7268)	0.0427*** (4.6511)	0.0412*** (4.4883)
lnFore	0.0135* (1.8817)	0.0139** (2.3107)	0.0038* (1.7125)	0.0141 (1.0272)	0.0159* (1.9107)	0.0134* (2.0754)
常数项	0.0461*** (11.4366)	0.0454*** (12.6145)	0.0466*** (12.1799)	0.0974*** (6.4718)	0.0735*** (6.3682)	0.0219*** (6.1453)
时间固定效应	—	Y	—	—	Y	—
部门固定效应	—	Y	—	—	Y	—
观测值	240	240	240	240	240	240
R^2	0.3040	0.3766	0.3498	0.4665	0.4590	0.4430
F 检验	—	8.05***	—	—	9.11***	—
Hausman 检验	—	—	43.26***	—	—	52.09***

注：***、**和*分别表示在1%、5%和10%的水平上显著；小括号内数字为 t 统计量，Y 表示存在固定效应，—表示没有相应统计指标结果。

依据表 6-12 前三列估计结果，第二列中对应的 F 检验值为 8.05，拒绝所有个体截距项为零的原假设，表明固定效应模型优于混合回归，第三列对应的 Hausman 检验值为 43.26，拒绝个体截距项与解释变量不相关的原假设，表明固定效应模型优于随机效应模型。所以选取固定效应模型的结果进行分析。实证结果表明，制造业服务化对全球价值链参与度具有显著的正向影响，在其他影响因素不变的前提下，制造业服务化水平每提升1%，能够引起全球价值链参与度提高0.1个百分点，显著性水平达到1%。这一结果表明制造业服务化发展能够有效促进我国全球价值链参与度的提升，这与理论机制分析的结论是一致的。从控制变量的估计结果来看，劳动生产率、行业资本密集度、行业集中度和对外开放度对全球价值链参与度具有正向促进作用，国有化比率对全球价值链参与度具有反向抑制作用。

根据表6-12后三列的回归结果，第五列对应的F检验值为9.11，拒绝所有个体截距项为零的原假设，表明固定效应模型优于混合回归，第六列对应的Hausman检验值为52.09，拒绝个体截距项与解释变量不相关的原假设，表明固定效应模型优于随机效应模型。因此，同样选择固定效应的结果进行回归。实证结果表明，制造业服务化对全球价值链地位具有显著的正向影响，在其他影响因素不变的前提下，制造业服务化水平每提升1%，能够引起全球价值链地位提高0.1146%，显著性水平达到1%，这与理论机制分析的结论同样是一致的。从控制变量的估计结果来看，劳动生产率、行业资本密集度、行业集中度和对外开放度对全球价值链地位具有正向促进作用，国有化比率对全球价值链地位具有反向抑制作用。

（二）稳健性检验

1. 各类型制造业服务化

表6-13总结了制造业各类型服务化推动全球价值链升级的回归结果，根据各类型回归结果中对应的F检验值和Hausman检验值，均拒绝了"所有个体截距项为零"和"个体截距项与解释变量不相关"的原假设，因此应当采用固定效应模型进行回归。同时为突出分析的重点，本节的控制变量选取与表6-12一致，但并没有对具体的回归结果进行报告。

表6-13　　　　不同类型服务化推动全球价值链升级的回归结果

变量	全球价值链参与程度VSS			
流通服务化	0.1013*** (2.0442)			
信息服务化		0.1373* (1.3518)		
金融服务化			0.0843*** (5.0531)	

续表

变量	全球价值链参与程度 VSS				
科技服务化				0.0988 ** (1.6494)	
商务服务化					0.1123 *** (2.7919)
控制变量	是	是	是	是	是
常数项	0.9078 *** (5.9694)	3.0658 *** (22.6885)	1.1957 *** (8.5893)	1.5867 *** (12.0361)	1.6264 *** (12.337)
R^2	0.3273	0.4639	0.4281	0.3369	0.4528
F 检验					
Hausman 检验					

变量	全球价值链分工地位 DTS				
流通服务化	0.1046 *** (4.4271)				
信息服务化		0.1521 *** (2.4366)			
金融服务化			0.1032 *** (3.2852)		
科技服务化				0.1192 *** (2.8006)	
商务服务化					0.1011 *** (3.0414)
控制变量	是	是	是	是	是
常数项	0.0994 *** (26.7597)	0.0437 *** (7.4261)	0.0476 *** (16.6257)	0.0614 *** (2.3359)	0.0126 *** (2.1327)
R^2	0.5136	0.6694	0.4808	0.4063	0.3709
F 检验	12.07 ***	16.11 ***	15.09 ***	9.75 ***	18.16 ***
Hausman 检验	43.23 ***	72.09 ***	43.24 ***	52.03 ***	47.32 ***

注：*** 、** 和 * 分别表示在 1%、5% 和 10% 的水平上显著；小括号内数字为 t 统计量。

从以垂直专业化比率衡量的全球价值链参与程度为被解释变量的回归结果来看，各类型服务化均能够显著推动全球价值链参与程度的提升，但在作用的大小和显著性水平上存在差异。信息服务化推动作用最强，这充分显示了信息技术的应用在推动企业国际合作中的作用，同时也可以进一步预见新工业革命带来的新一代信息技术的广泛应用必将进一步提升信息服务化发展对全球价值链参与程度提升的作用。流通服务化提升1%，能够推动全球价值链参与程度提高0.1013%，这表明运输部门的发展是推动制造企业开拓国际市场的重要因素。在其他条件不变的前提下，金融服务化提升1%，能够推动全球价值链参与程度提高0.0843%，显著性水平达到1%。与其他类型的服务化发展相比，金融服务化的推动作用较小，为此应当进一步加快金融业的市场化改革。科技服务化和商务服务化提升1%，分别能够推动全球价值链参与程度提高0.0988%和0.1123%。为提升全球价值链参与程度，应当进一步推动商务服务业、批发零售业与制造业的融合发展。

从以出口国内技术复杂度衡量的全球价值链分工地位为被解释变量的回归结果来看，各类型服务化均能够显著推动全球价值链分工的提升，但在作用的大小和显著性水平上存在差异。具体来看，在其他条件不变的前提下，流通服务化提升1%，能够推动全球价值链分工地位提高0.1046%，显著性水平达到1%。这进一步佐证了运输部门的发展是推动制造企业实现价值链攀升的重要因素。在其他条件不变的前提下，信息服务化提升1%，能够推动全球价值链分工地位提高0.1521%，显著性水平达到1%。从各类型服务化作用大小的比较来看，信息服务化推动作用仍然最强，这进一步佐证了信息技术的应用在推动企业国际合作中的作用，同时也间接支持了对于新一代信息技术广泛应用的全球价值链分工地位提升作用的前瞻性分析。在其他条件不变的前提下，金融服务化提升1%，能够推动全球价值链分工地位提高0.1032%，科技服务化和商务服务化提升1%，分别能够推动全球价值链分工地位提高0.1192%和0.1011%。由此可见，不同类型制造业服务化推动全球价值链升级的异质性更多地体现在作用程度的大小上，与各类型服务部门的自身发展相关。这些实证结果在进一步佐证理论机制分析的同时，为我国制造业服务化发展指明了方向。

2. 不同制造业类型的分组回归

制造业内部之间存在着较大的差异，因此通过对不同制造业类型的分组回归能够进一步验证实证结论的可靠性。本部分借鉴樊茂清等（2014）、张为付等（2017）的方法，依照行业的密集度特征将16个细分制造行业分为劳动密集型制造业、资本密集型制造业和技术密集型制造业。具体分类如表6-14所示。

表 6-14　　　　　　　　　　制造业行业分类总结

产业分类	行业
劳动密集型制造业	C10~C12 食品、饮料和烟草制品的制造；C13~C15 纺织品、服装、皮革和相关产品的制造；C16 木材、木材制品及软木制品的制造（家具除外）、草编制品及编织材料物品的制造；C17 纸和纸制品的制造；C18 记录媒介物的印制及复制；C19 焦炭和精炼石油产品的制造；C31~C32 家具的制造、其他制造业
资本密集型制造业	C20 化学品及化学制品的制造；C22 橡胶和塑料制品的制造；C23 其他非金属矿物制品的制造；C24 基本金属的制造；C25 金属制品的制造，但机械设备除外；C29 汽车、挂车和半挂车的制造；C30 其他运输设备的制造
技术密集型制造业	C21 基本医药产品和医药制剂的制造；C26 计算机、电子产品和光学产品的制造；C27 电力设备的制造

表 6-15 显示了不同要素密集型制造业服务化发展推动全球价值链升级的实证结果。其中，第一列是劳动密集型行业的估计结果，第二列是资本密集型行业的估计结果，第三列是技术密集型行业的估计结果。前三列对应式 (6.46)，以全球价值链参与度为被解释变量；后三列对应式 (6.47)，以全球价值链分工地位为被解释变量。根据各类型回归结果中对应的 F 检验值和 Hausman 检验值，均拒绝了"所有个体截距项为零"和"个体截距项与解释变量不相关"的原假设，因此应当采用固定效应模型进行回归。

表 6-15　　　　　不同要素密集型制造行业服务化影响
　　　　　　　全球价值链升级的回归结果

被解释变量	lnVSS			lnDTS		
	劳动密集型行业	资本密集型行业	技术密集型行业	劳动密集型行业	资本密集型行业	技术密集型行业
ln$Serv$	0.0683** (1.3483)	0.1173*** (2.6326)	0.1042*** (3.3758)	0.1334** (1.6403)	0.1247*** (2.1532)	0.1358** (4.3254)
ln$Labo$	0.0357* (1.0768)	0.0185* (1.2431)	0.0237* (1.3096)	0.0206* (1.2786)	0.0175* (1.4327)	0.0167* (1.3231)
ln$Capt$	0.1267*** (2.1192)	0.1049** (1.7395)	0.1101* (0.2411)	0.1112*** (3.1838)	0.133*** (3.6265)	0.1427*** (4.5356)
ln$Stat$	-0.0234* (-1.1871)	-0.0509** (-1.4321)	-0.0251 (0.2703)	-0.0428*** (-4.7731)	-0.0354** (1.6511)	-0.0396* (1.4738)

续表

被解释变量	lnVSS 劳动密集型行业	lnVSS 资本密集型行业	lnVSS 技术密集型行业	lnDTS 劳动密集型行业	lnDTS 资本密集型行业	lnDTS 技术密集型行业
lnClus	0.0252*** (4.1665)	0.0329*** (5.436)	0.0296*** (4.8964)	0.0461*** (5.0719)	0.0397*** (4.3209)	0.0496*** (5.4039)
lnFore	0.0129* (1.2266)	0.0157*** (2.6157)	0.004* (1.386)	0.0151* (1.1022)	0.0148 (0.9389)	0.0161*** (2.4988)
常数项	0.0441*** (10.9448)	0.0514*** (14.2796)	0.0492*** (12.862)	0.1045*** (6.9442)	0.0683*** (5.9161)	0.0264*** (7.3989)
时间固定效应	Y	Y	Y	Y	Y	Y
部门固定效应	Y	Y	Y	Y	Y	Y
R^2	0.2940	0.2845	0.2879	0.3175	0.3327	0.3217
F检验	17.58***	11.45***	25.41***	12.46***	21.27***	17.54***
Hausman检验	77.46***	67.31***	83.42***	85.36***	48.39***	76.24***

注：***、**和*分别表示在1%、5%和10%的水平上显著；小括号内数字为t统计量；Y表示存在固定效应。

从表6-15中以垂直专业化比率衡量的全球价值链参与度为被解释变量的回归结果看，在其他条件不变的前提下，劳动密集型制造业服务化水平提升1%，能够推动全球价值链参与度提高0.0683%，显著性水平达到5%；资本密集型制造业服务化水平提升1%，能够推动全球价值链参与度提高0.1173%，显著性水平达到1%；技术密集型制造业服务化水平提升1%，能够推动全球价值链参与度提高0.1042%，显著性水平达到1%。从不同要素密集型制造业行业作用效果的比较来看，资本密集型行业最高，技术密集型行业次之，劳动密集型行业最低。从表6-15中以出口国内技术复杂度衡量的全球价值链地位为被解释变量的回归结果来看，在其他条件不变的前提下，劳动密集型制造业服务化水平提升1%，能够推动全球价值链分工地位提高0.1334%，显著性水平达到5%；资本密集型制造业服务化水平提升1%，能够推动全球价值链分工地位提高0.1247%，显著性水平达到1%；技术密集型制造业服务化水平提升1%，能够推动全球价值链分工地位提高0.1358%，显著性水平达到5%。从作用的效果来看，技术密集型行业最高，劳动密集型行业次之，资本密集型行业最低。

3. 动态面板模型估计

新新贸易理论认为已经参与到全球价值链中的制造企业支付了较多沉没成

本,随着参与时间的推移积累了大量专业经验,从而导致参与全球价值链行为存在持续性(Chaney,2008)。这导致制造业全球价值链参与度和分工地位会受到上一年发展状况的影响,因此在模型中引入被解释变量的滞后一期。控制变量的选取遵从式(6.46)和式(6.47)。同时为了突出研究重点,对控制变量的估计结果未予以报告。为克服引入该项后产生的内生性问题,本部分采用 GMM 两步法进行估计。具体估计结果如表 6 – 16 所示。从实证结果来看,Wald 联合显著性检验、Sargan-Hansen 检验均表明 GMM 两步法的估计结果是有效的。在其他条件不变的前提下,制造业服务化水平每提升 1%,能够引起全球价值链参与度提高 0.0852%,全球价值链地位提高约 0.1330%,显著性水平均达到 1%。这进一步证明了结论的稳健性,制造业服务化发展能够显著地推动全球价值链参与度和分工地位的提升。

表 6 – 16　　　　　　　基于系统 GMM 方法的估计结果

指标	ln*VSS*	ln*DTS*
ln*Serv*	0.0852 *** (5.2079)	0.1330 *** (4.4536)
被解释变量滞后一期	0.0385 * (1.8282)	0.0251 * (1.9246)
控制变量	是	是
常数项	0.2304 *** (12.9365)	0.1974 *** (12.5357)
AR(1)	-26.421 ***	-21.7793 ***
AR(2)	1.0963	0.8548
Hansen J 统计量	71.9298 ***	85.7854 ***
Wald chi(2)	395.9164 ***	239.6692 ***

注: *** 和 * 分别表示在 1% 和 10% 的水平上显著;括号内数字为 t 统计量。

(三)基本结论与对策建议

本节回答了制造业服务化能否以及如何推动全球价值链的问题,并采用实证方法验证了我国制造业服务化能够有效推动全球价值链升级。从数理分析来看,通过构建简化模型将价值链低端国家的制造业服务化与全球价值链升级纳入同一分析框架。均衡状态时两个国家在临界环节生产单位产品的成本相同。通过求解模型均衡状态下价值链低端国家服务投入的最优生产发现,随着服务化水平的提升,全球价值链位置向上移动。从具体作用机制来看,制造业服务化能够通过产业关联效应、规模经济效应、技术创新效应、差异化竞争效应、出口效应、范围经济效应等作用路径推动全球价值链升级。通过对我国发展现实的实证分析发现,制造业服务化能够显著推动我国全球价值链升级。实证分析的结果表明制造业整体服务化对全球价值链参与度和全球价值链分工地位具有显著的正向影响,各类型服务化都能够显著推动全球价值链参与度和分工地位的提升,但在作用的大小和显著性水平上存在差异。通过对不同要素密集型制造业行业采取分组回归、动态面板模型估计等方式进行检验,结果表明上述结论是稳健的。

在未来,面对新工业革命带来的机遇与挑战,我国应当进一步积极调整制造业服务化发展战略,积极嵌入全球价值链,实现全球价值链地位的提升。具体发展政策应从以下几点展开。一是提升核心技术自主创新能力,推动智能制造发展。包括推动智能制造关键技术的研发,推动智能制造标准体系建设。二是进一步丰富制造业服务化的类型,推动新型业态的发展。包括推动设计服务发展,实现研发设计服务与智能制造系统的融合;推广定制化服务,实现产品销售服务与智能制造系统的融合;创新服务模式,不断提升制造产品效能。三是积极参与国际贸易规则重构,提升我国在新型全球价值链构建中的话语权,包括进一步提升对外开放水平,积极参与国际贸易新规则的制定,提升参与贸易新规则制定的能力。四是完善制造业服务化发展的保障体系,实现全球价值链升级,包括健全法律法规和行业管理制度,加大对新兴业态发展的财税和金融扶持力度,推动人才培养体系改革。

第五节 第四次工业革命背景下全球价值链重构及我国的应对战略[①]

一、第四次工业革命引发全球价值链重构与全球产业竞争格局变化

(一)第四次工业革命引发全球价值链重构

第四次工业革命实质上是一个以制造业的数字化、智能化、网络化为核心,内涵十分丰富、部分已发生突破但整体仍处于演进过程中的整个工业系统的变革过程。其对于全球价值链产生的影响从根本上说仍来自技术创新,特别是来自互联网与云计算、大数据、人工智能、物联网、移动互联网等新一代信息技术的创

---

① 杜传忠、杜新建:《第四次工业革命背景下全球价值链重构对我国的影响及对策》,载于《经济纵横》2017年第4期。

新。制造生产领域的技术创新引发商品制造模式和生产组织方式的变革,并通过促进全球价值链分解、融合和创新,导致全球价值链结构重组,进而引起全球价值链各环节附加值关系的变化。具体来说,第四次工业革命推动全球价值链在以下方面发生深刻变革。

第一,第四次工业革命引致系统性技术变革。基础性的技术进步将从根本上改变原有技术各个组成部分间的关系。第四次工业革命的基础性技术进步以信息技术创新为核心,云计算、大数据、人工智能、物联网、移动互联网等共同组成新的技术群,推动着新产业、新业态的出现和新经济的到来。随着新工业革命的深入推进,增量性技术进步成为主导,在技术的推广过程中改变原有产业的固化消费理念、产品概念、商业模式与组织结构。根据世界经济论坛的预测,未来十年的科技创新可能产生无人驾驶汽车、植入式手机、3D打印消费品、万亿传感器等(施瓦布,2016),这些技术创新均以最初的技术群为基础,共同促进第四次工业革命的系统性技术变革。

第二,第四次工业革命推动工业制造业生产方式的变革。首先,生产过程智能化。通过采用信息处理技术、控制技术、大数据分析等,生产系统具有自检性,不仅可以对制造系统进行自我检测,还可以对制造过程中的次品进行甄别,从而实现对人力资源更大规模的替代。其次,制造系统控制一体化。在整个商品生产流程中,每个生产机器作为系统的一个模块,各模块与原材料输入系统以及产品输出系统构成一个整体系统。同时,在企业生产层面上制造系统同样实现了系统性控制,集成完整的生产网络。最后,制造能力全生命周期化。新时期产品需求呈现高度动态变化,产品生命周期趋短。过去的生产系统固定成本高、生产规模缺乏弹性,从而失去成本优势。新的制造系统具有更强的灵活性,能够依据需求变化及时调整生产,实现全生命周期产品生产,从而产生范围经济和规模经济。

第三,第四次工业革命推动产业组织发生深刻变革。首先,企业组织呈现扁平化、平台化。企业经营的外部环境和技术范式共同决定企业的组织形式。随着互联网技术在制造领域的应用,迅速多变的个性化、定制化消费成为主流。为准确、高效地获取用户需求信息,企业积极构建开放平台,内部结构趋于扁平化,从而提高信息传递效率(杜传忠和宁朝山,2016)。其次,企业规模呈两极化演进。大规模定制的用户需求使得分散合作的生产方式成为主流,企业追求生产网络的范围经济,中小企业将大量涌现。但大企业在技术创新、品牌建设等领域仍具有明显优势,特别是巨型平台企业为中小企业发展提供支撑作用,不同规模企业间的关系将由竞争合作转化为网络化协作(杨锐和刘志彪,2016)。最后,产业融合进一步加强。产品价值的实现将不仅依赖单一的生产环节,而是依靠价值链融合后的产业价值链区段。互联网技术有效提升了价值链上下游信息的传递效率,推动了产业链的垂直整合。制造企业以产品制造为中心不断向服务端延伸,同时服务企业不断推动自身产品化、标准化发展。服务业与制造业企业的边界日趋模糊。

由第四次工业革命带来的技术系统、生产方式和产业组织的变革必将引致企业分工价值链的重构,这一过程主要体现在三个方面。第一,价值链分解。技术创新推动全球价值链某一个环节分化独立,呈现专业化、模块化,进而使一个产业价值链分解成多个价值链,表现为产业模块化发展和企业专业化生产(刘明宇和芮明杰,2012)。例如,在价值链顶端的研发设计环节分解,推动产生了IC(integrated circuit)设计、CMF(color, material, finishing)行业等细分产业。第二,价值链融合。随着价值链分解导致分工不断细化,技术进步、需求多样化等因素导致生产工序边界模糊,进而重新组合。网络交易平台的出现是价值链融合的最好例证,其不仅为交易双方提供交易的虚拟场所,同时涵盖了借贷理财、即时通信、电子支付等相关服务,对相关传统行业产生深刻冲击。第三,价值链创新。新工业革命在原有价值链的基础上,不断地试错,创构出新的价值链环节。例如,众筹、人工智能、智慧城市、可穿戴设备联网、3D打印等新业态蓬勃发展,对经济增长的支撑作用逐步增强。价值链分解、融合、创构共生共长、共同演进。例如,共享平台最初仅限于消费领域,优步、爱彼迎等生活领域的共享,但随后出现了与金融科技融合的P2P网贷公司,与生产制造融合的沈阳机床I5智能系统等共享生产线。由此可见,几乎所有的行业都进行着分解、融合与创新,共同推动全球价值链的重构。

价值链重构将导致价值链各环节附加值发生变化(见图6-5)。首先,生产环节的制造者转变为智能制造者。随着智能制造模式的推广以及互联网技术的广泛应用,商品制造将由过去的流水线式简单加工组装转变为知识密集型、技术密集型的智能化生产流程。生产环节将具有更高的话语权,从而在价值链分工环节获取更高的附加值。其次,研发设计环节演变为标准制定。第四次工业革命背景下,大规模定制将消费者纳入产品的创新设计中,企业研发创新拓展为"消费者创新"以及"开放式协作创新",从而在一定程度上弱化研发所需的技术门槛和成本投入,降低企业在该环节所能获得的增加值。然而,通过制定行业标准以及专利保护等途径,研发设计环节的企业在该环节的附加值仍将维持在较高水平。最后,销售环节将演变成公众平台。公众平台依靠互联网技术等构建"巨平台+海量前端"的协作体系,集成销售以及售后服务等,智能化、精准化的为消费者提供产品(孟晔,2016)。公众平台存在规模经济和网络外部性,具有一定的垄断竞争特征,从而使该环节企业仍能够获得较高的利润份额。

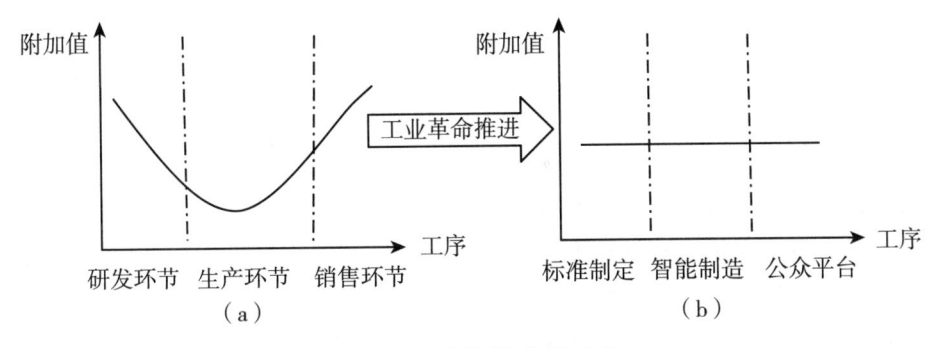

图 6-5 价值链曲线变化

（二）第四次工业革命对全球产业竞争格局的影响

面对价值链的重构，各国政府以及企业基于追求更大的价值链分工价值，重新制定产业和企业发展战略，调整分工方式，由此必将催生新的全球分工格局。

第一，发达国家"再工业化"战略导致制造业回流。面对新一轮工业革命的冲击，发达国家纷纷实施"再工业化"战略，力求将转移到国外的制造业企业重新引回国内。在此背景下，这些国家的部分跨国公司通过梳理全球价值链，舍弃过去制造外包的战略，纷纷将生产线转移至母国。从成本角度，智能制造的生产模式进一步强化机器对劳动力的替代作用，劳动力成本在企业生产成本中的比重大幅下降。2017 年英特尔宣布投资 70 亿美元完成美国亚利桑那州一家闲置工厂的升级改造，工厂投产后将创造约 3000 个就业岗位。[1] 在此背景下，如果新兴经济体和发展中国家不能及时采取措施，应对新产业革命的冲击，将进一步被锁定在国际"中心—外围"分工格局的边缘位置。

第二，产业生态系统间的竞争成为国际竞争范式的主流。在信息技术快速发展和普及的背景下，跨国公司和大量中小企业组成的产业生态系统成为产业竞争新的特征。一方面，跨国公司仍主导产业创新，前期基础性创新需要大量的资本投入，通过在全球各个国家和地区设置研发机构，搭建研发平台，实现研发、制造和销售的协同发展，从而优化全球创新资源配置。另一方面，中小企业在产业创新中越来越重要。"平台 + 海量前端中小企业"成为创新的重要平台，中小企业逐步获得增量创新的能力，推动新技术的商业化，从而发展壮大整个新兴产业。因此，企业为实现发展，必须突破自身企业的界限，共同搭建具有协同竞争优势的企业生态系统。比如"苹果应用商店 + 应用开发者"的创新模式将跨国公司的规模优势与中小企业对于多样化消费者需求的掌控能力相结合，推动手机应用市场的迅速发展。

---

[1] 江宇娟：《英特尔宣布在亚利桑那州投资 70 亿美元》，载于《北京商报》2017 年 2 月 10 日。

第三，新领域、新分工格局及新诉求推动国际贸易规则重构。新工业革命催生了众多新经济和新业态，从而加速了国际贸易规则改革，《多哈发展议程》、《信息技术协定》扩围、《环境产品协定》、《服务贸易协定》等贸易协定进入谈判的攻坚阶段。这些谈判显现出全球贸易规则重构的新特征。一方面，贸易规则涉及领域更宽。随着全球贸易内容的不断扩大，贸易议题由关税、服务贸易壁垒等传统的市场准入扩展到知识产权、监管一致性等边境后措施议题以及环境保护、电子商务等"面向21世纪的议题"。另一方面，贸易规则要求开放标准更高。随着新工业革命的推进，服务贸易、要素整合将在全球分工中发挥更为重要的作用，因此发达国家积极推动降低服务贸易壁垒，完善对海外投资者的权益保护机制，从而巩固自身发展的优势。

二、全球价值链重构条件下我国参与国际分工面临的机遇

第四次工业革命推动了全球价值链重构，从全球产业分工的微笑曲线结构看，将使"微笑曲线"型分工格局向"标准制定—智能制造—公众平台"的水平型分工格局转变，由此引致全球产业竞争格局的深刻变化。全球价值链的重组与国际竞争格局的变动，对我国参与国际产业分工与竞争既提供了一定的机遇，同时也提出了比较严峻的挑战。具体表现在以下几个方面。

第一，相对完整的制造业体系将为我国深度嵌入国际价值链并提升我国全球价值链地位提供坚实基础。我国具有相对完整的制造业体系，并且在装备制造、电信设备等重型制造领域已具有较强的竞争力。2016年，我国继续稳居全球第一制造大国，220多种主要工业产品产量居世界第一，全球500强企业中有56家中国制造企业。[1] 先进制造技术与庞大的制造业体系相融合将形成我国新时期全球价值链竞争的特有优势。通过把握新工业革命技术发展方向，提升新兴产业规模，完善新兴产业链条，我国很有可能成为新工业革命的最大赢家。

第二，快速增长的生产性服务业将为提升我国全球价值链地位提供新的动力。在新一代信息技术作用下，服务业将逐步成为新一轮国际产业转移和要素重组的核心。2016年我国服务业增加值高达56503亿美元，占GDP比重已上升为51.6%，生产性服务业同比增长9.5%，其中信息传输、信息技术服务业、商务服务业同比分别增长17.5%、16.6%、16.1%，实际利用外资同比分别增长58.9%、66.4%、112.8%。[2] 随着高标准自由贸易区建设，我国服务业进入壁垒将不断降低，服务贸易自由化水平将不断提升，生产性服务业发展将进入新的高速增长期。

---

[1] 苗圩：《中国稳居世界头号制造大国》，载于《北京日报》2017年2月18日。
[2] 许剑毅：《2016年我国服务业持续快速增长》，人民网，2017年1月22日。

第六章 新产业革命与经济高质量发展交汇下的中国产业国际价值链提升

第三，服务型制造发展将为提升我国全球价值链地位打造新的综合优势。《中国制造 2025》和"互联网+"战略的推进实施为我国服务型制造发展提供了强大的技术支撑和巨大的发展空间。2016 年，我国工业与互联网融合发展迅速，核心工艺流程数控化率超过 45.4%，企业设计数字化工具普及率达到 61.8%，企业业务加速由加工组装向"制造+服务"转变。① 2016 年 7 月，工业和信息化部、国家发展和改革委员会、中国工程院共同牵头并颁布了《发展服务型制造专项行动指南》，该指南的颁布将进一步推动我国服务型制造发展，增加服务要素在企业投入和产出中所占的比重，提升企业对于新技术和新设备的吸收和再创造能力，提高企业产品附加值和行业竞争力。我国参与全球价值链的竞争优势将逐步从过去不断强化的成本优势向新的综合竞争优势转变。

三、全球价值链重构条件下我国参与国际分工面临的挑战

面对新工业革命及其引起的全球价值链的重组与国际竞争格局的变动，我国参与国际产业竞争也面临着较严峻的挑战，主要表现在以下几个方面。

第一，核心关键技术缺失制约我国全球价值链升级。我国制造业大而不强，国际竞争力不高。在基础材料、元零件、基础产业技术、基础工艺等环节，我国严重依赖进口。在新兴产业领域，我国本土企业仍侧重于生产能力的提高以期较快获得市场回报，缺乏对于自主关键新技术的研发从而再次面临陷入"技术引进陷阱"的风险。2016 年我国新能源汽车产量全球第一，但是核心部件如变速箱、发动机完全依赖进口。在我国银行卡"磁条卡换芯"的升级换代过程中，超过 95% 的芯片来自荷兰恩智浦，其余来自韩国三星以及德国英飞凌等跨国公司。②

第二，"两头挤压"的国际竞争格局大大压缩了我国参与全球产业分工的空间。受我国劳动力成本上升以及发达国家先进制造技术推广的影响，我国通过加工贸易参与全球价值链分工的空间进一步被压缩。一方面，跨国公司秉承降低生产成本、优化资源配置的原则将部分劳动密集型生产工序转移到劳动力成本更低的东南亚国家，加大了这些国家企业在价值链中低端对中国企业的竞争；另一方面，智能制造技术的推广降低了发达国家制造业生产的成本，发达国家跨国公司逐步将制造业回迁。通过实施"再工业化"战略，对我国制造业向中高端攀升形成巨大的竞争压力。

---

① 苗圩：《中国稳居世界头号制造大国》，载于《北京日报》2017 年 2 月 18 日。
② 邓中豪：《中国金融 IC 卡遭外商垄断：95% 使用"荷兰芯"》，载于《经济参考报》2015 年 1 月 6 日。

第三,领军企业、国际知名品牌缺乏导致我国全球价值链升级乏力。虽然近年我国跨国公司发展迅猛,但是与发达国家仍存在较大差距。2016年全球500强中我国有110家企业入榜,但是主要集中在钢铁、煤炭等传统产业领域。而美国入榜企业则集中在信息技术、生物制药等新兴产业领域。同时我国上榜企业平均利润为32亿美元,远低于美国的51亿美元。① 与此同时,我国参与国际竞争的企业及产品缺乏国际知名品牌,在产业规则和标准制定方面话语权明显不足。在这种情况下,在全球特别是新兴产业领域,发达国家跨国公司将根据自身利益及偏好,制定游戏规则和产业标准,打造有利于自身的国际分工新格局,这对我国在新的条件下实现全球价值链攀升形成很大挑战。

第四,国际贸易规则重构增加我国价值链攀升难度。新工业革命发展使得国际贸易的内容更加丰富,各经济体围绕规则重构进行博弈。发达国家试图通过构建远高于发展中国家发展水平的高标准贸易投资规则,继续掌控未来全球价值链规则制定的主导权和话语权(桑百川,2016)。同时,发达国家将建立环境、劳工等新规则作为贸易谈判重点,试图改变未来的产品生产标准。由于我国经济发展阶段、市场经济体制与发达国家存在较大差异,高标准、宽范围的全球贸易规则重构将对我国经济改革和制度规范产生巨大压力,一旦相关协议达成将提高我国所需承担的成本和义务,我国价值链攀升的时间和空间将进一步被压缩。

四、全球价值链重构条件下中国价值链地位提升的应对战略

面对第四次工业革命条件下全球价值链的重构,以及我国面临的机遇与挑战,为加快推进我国价值链地位攀升,获取更多的全球分工利益,应采取以下对策。

第一,进一步强化自主创新能力,着力打造知名本土品牌。我国不仅传统产业被锁定在全球产业链低端,光伏、机器人等新兴产业也重蹈覆辙,究其原因主要在于缺少核心技术和知名自主品牌。面临国际价值链的重构和全球竞争格局的调整,我国必须大力提升自主创新能力,加紧培育自主国际品牌。一是要进一步增加研发投入,发挥新形势下举国体制优势,围绕产业关键核心技术进行集中攻关,加快突破一批制约产业竞争力提升的关键核心技术;二是完善以企业为主体,产学研政金有效结合的科技创新及成果转化机制,提高科技创新效率和成果转化水平;三是强化自主品牌保护意识,加强知识产权制度建设,重点预防、抵制跨国公司对于我国本土品牌的恶意收购;四是大力弘扬工匠精神,强化质量意识,提升产品品质,以更精良的产品质量,更强的自主品牌打造能力和标准制定能力,助推我国产业向国际价值链中高端跃升。

---

① 《2016年财富世界500强排行榜》,载于《财富》2016年7月20日。

第二，加快打造以本土企业为"链主"的产业分工体系，构建"以我为主"的全球价值网络。新产业革命改变了过去各生产工序的相对地位，"链主"企业将不再局限于研发和销售环节，具有核心竞争力和市场垄断地位的代工企业也有可能成为全球价值链的链主。为此，应采取以下对策。首先，优化代工企业市场结构。应执行更高的质量标准、安全标准以提升专业化代工市场的进入壁垒，并通过加强知识产权保护等措施打击恶性竞争行为，推动专业化代工企业的市场结构由自由竞争型向寡占型转变，并在这一过程中培育成长起具有较强国际竞争力的中国跨国公司。其次，引导、鼓励支配型本土企业强化自主研发创新能力，加快新工业革命技术成果的运用，大力发展网络型、数字型、智能型制造模式及生产方式，加快产品更新换代步伐，提升产品质量、品质，通过技术、标准、品牌等高端要素占据国际价值链的中高端位置（杜传忠等，2016）。最后，积极鼓励企业"走出去"，通过兼并重组给国外的研发机构、销售网络及产品品牌，实现高端要素优化组合，提升企业国际运作水平和竞争力。借助于"一带一路"建设，积极拓展全球制造、研发和销售网络，将本土技术创新、产品生产与市场销售策略不断更新，并与国际市场实现有效耦合，深度嵌入国际价值网络，谋取更大的网络溢出效应和网络外部性。

第三，顺应新工业革命发展的潮流，积极创新制造业生产方式和商业模式。推进传统大批量集中生产向分散化、个性化定制生产转变，发展网络众包、异地协同设计、云制造、大规模个性化定制、精准供应链管理等新型制造业生产方式和商业模式。首先，推广定制化服务。支持社会组织、互联网企业等共同建设消费者信息采集平台，推广增材制造，推动生产零件和生产部件标准化，鼓励企业开展定制产品服务，实现产品的个性化组装，提升企业的柔性制造能力。其次，发展云制造体系。鼓励制造企业采用云服务，推动企业信息化水平的提升，实现与信息服务企业的联合，构建合同协作体系，实现制造资源的共享。加快建设工业互联网框架，制定协同制造的服务规范和技术标准。再其次，发展服务型制造与生产性服务业。强化研发、设计、创意等服务环节，加强产品全生命周期管理、总集成总承包等。最后，发展绿色制造系统。发展新能源基础设施，建立现代能源体系，实现清洁能源、可再生能源的接入和输出。鼓励企业设计开发绿色产品，对产品生产实行全生命周期管理，实现废物资源化，推动再制造产业发展。

第四，积极主动参与国际贸易规则的制定，提升我国在全球经济治理中的话语权。针对新工业革命引起的全球贸易格局的变化，应进一步创新贸易模式，合理变革贸易方式，适时由国际贸易规则的执行者向新规则的制定者转变，在新一轮国际分工与价值链重构中占据有利地位。首先，进一步扩大对外开放程度。加快高水平自由贸易区建设，推进服务贸易自由化，放宽外资投资领域和准入条件，为外资营造良好的投资环境，同时提升国内资本市场开放程度，推进人民币汇率市场化建设。其次，推进自主开放，积极参与全球贸易规则重构。推动增加值贸易核算体系在全球范围内的普及，改革国际贸易统计制度。务实、有为地参与全球贸易规则方案的讨论，在维护我国利益的同时，承担相应的国际义务，提升我国在全球经济治理中的话语权，努力打造公平公正的贸易环境。最后，创新贸易谈判机制，加强专业人才培养。改革对外谈判机制，引进智库参与谈判决策，提升多边贸易谈判的科学性和针对性。加强外贸法律人才培育，提升我国谈判团队应对新型贸易摩擦的专业能力，合理利用国际规则，识别并抵制不断涌现的新型贸易保护行为。

第七章

"十四五"期间我国制造业合理比重与经济高质量发展研究

《中共中央关于制定国民经济和社会发展第十四个五年规划和二〇三五年远景目标的建议》明确指出,要保持制造业比重基本稳定,巩固壮大实体经济根基。制造业对一个国家产业体系整体竞争力和经济发展质量具有重要影响。"十四五"期间必须保持制造业的合理比重。本章重点分析"十四五"时期保持制造业合理比重对经济高质量发展的作用,并对"去工业化"对中国地区经济增长造成的影响进行实证分析。

第一节 "十四五"期间工业化仍将主导中国经济高质量发展

一、加快工业化进程仍是我国经济发展面临的重要任务

近年来,在我国学术界和实际经济部门存在着一种认识,认为我国已经跨过工业经济时代进入服务经济时代。事实果真如此吗?对这一问题有必要进行认真辨析和理性判断。所谓服务经济时代,是与工业经济时代相对应的,指服务业在整个经济体系占据主导地位的经济时代。这种主导地位可通过两方面指标来衡量:一是服务业增加值占全社会 GDP 的比重;二是服务业所实现的就业量在全社会就业量中的比重。自 20 世纪 80 年代以来,服务业增加值占发达国家 GDP 的比重已经超过 70%,服务业就业人员占发达国家就业人数的比重基本在 60%~75%。[①] 2013 年中国服务业增加值占 GDP 比重为 46.1%,首次超过第二产业成

---

① 笔者根据前瞻数据库、EPS 数据库数据整理。

为第一大产业，2014年的比重达48.2%。[①] 从就业角度看，2013年我国第三产业就业人数占比为38.5%，也超过第二产业就业水平（30.1%）。[②] 但这并不意味着，我国已告别工业经济时代进入了以服务业为主导的服务经济时代。

在今后相对较长的时期内，我国经济仍将处在以工业经济为主导的工业化中后期阶段，仍然是一个发展中的大国，工业特别是制造业在我国经济社会发展和国际竞争力提升方面的作用仍将是第一位的。

首先，我国尚未完成工业化发展的历史任务。在当今时代，现代化是每个国家追求的目标，而完成工业化则是实现现代化的基本前提条件。众所周知，我国是在工业基础较为薄弱的条件下开始工业化进程的，走的是一条"挤压式""血拼式"发展路径。在这一过程中，积累了大量经济、社会和环境方面的问题亟待解决。解决这些问题不可能主要靠服务业，还必须依靠制造业的进一步发展和提升。

其次，强大的工业制造业是我国实施创新驱动战略、实现科技自立自强的坚实产业基础。实施创新驱动战略、实现科技自立自强，是"十四五"乃至更长一个时期，我国产业转型升级和经济高质量发展的必然要求和基本条件。高度发达的制造业体系是一个国家技术创新的根本基础和源泉。加里·皮萨诺和威利·史在《制造繁荣：美国为什么需要制造业复兴》一书中，对制造业与研发创新的关系进行了深入研究。他们认为，在价值链上的制造和研发看起来像微笑曲线独立的两个环节，但在创新链上，制造和研发很多时候相辅相成，在很多产业二者密不可分，制造本身就是创新过程不可或缺的组成部分。他们还指出，如果将制造环节过度外包，引起的产业链外移最终可能导致创新链的迁移，从而削弱一个国家的创新能力。长期以来，我国技术创新能力特别是自主创新能力严重不足，其中一个不容忽视的原因是，制造业发展基础和水平相对较低，产业链与创新链没有实现有效耦合与协同互动。我国创新驱动战略的实施，必须建立在制造业高度发展和竞争力不断提升的基础之上。在皮萨诺和史看来，即使像美国这样创新水平极高的国家，制造业的衰弱也会在长期内侵蚀其创新能力，进而引起美国国力的衰弱。对我国这样技术创新能力相对薄弱的发展中国家来说，更应壮大提升制造业。

再其次，只有促进工业制造业与服务业协同发展，才能提升产业体系的整体竞争力。一个国家的经济和产业体系是一个复杂的系统，工业经济向服务经济的转变，是整个体系结构高度化和优化的整体演变过程，不可能将制造业与服务业截然分开。产业体系中的制造业与服务业之间，以及两大产业内部各具体产业之

---

① 笔者根据世界银行网站公开数据整理。
② 笔者根据《中国统计年鉴（2014）》数据整理。

间,都存在着共生的联系,由此使产业系统构成一个不断演变的网络。

美国等西方发达国家的再工业化,也并非是服务经济重新退化为工业经济,而是在现有服务经济基础上,重新发展可以为高度发达的服务经济发挥作用的先进制造经济,以此提高整个国家产业体系的创新能力和生产率水平。对我国来说,也不应简单地根据工业或制造业占GDP的比重或就业水平,简单地判断是工业经济还是服务经济,而应该基于产业体系的协同耦合要求,打造产业体系或产业网络的整体竞争力,尤其要促进制造业与生产性服务业的互动、协同发展,注重以制造业的升级促进生产性服务业的发展,又以生产性服务业的发展提升制造业的竞争力。

最后,2008年国际金融危机爆发后,发达国家的反思及其实践表明,制造业对于服务经济依然非常重要。瓦克拉夫·斯米尔在《美国制造:国家繁荣为什么离不开制造业》一书中,通过对美国制造业发展历史与美国崛起及衰退关系的考察,揭示了制造业对国家兴衰的重要影响。当前美国、英国、法国纷纷提出要重新回归制造业。2010年,奥巴马签署《制造业促进法案》,以进一步巩固制造业作为美国经济复苏关键动力的地位。英国自2008年开始,多次发布关于促进制造业发展的战略报告。2013年法国总统奥朗德设立了生产振兴部,以重振法国工业,刺激法国经济增长。德国于2011年提出的"工业4.0"概念,旨在以智能制造为主导的第四次工业革命,推动制造业向智能化转型,推动经济的长期增长。这些重大举措都是对长期形成的制造业与服务业扭曲关系的调整。向进一步发展壮大制造业的回归,成为抢占新一轮国际产业竞争制高点的战略选择。

二、正确看待服务业比重提升与产业结构优化升级的关系

近年来,我国服务业在GDP中所占比重越来越高,这被有的学者及官员看作产业结构优化升级的根本性标志,甚至被有的学者作为唯一依据。这种认识存在明显的偏差,必须从理论与实践上加以矫正,否则会贻误我国产业结构转型升级和经济高质量发展。

首先需要辨析,究竟是哪种服务业比重提升才是产业结构优化升级的标志。把服务业比重提升当作产业结构优化升级的认识来源于经济学上的配第—克拉克定理。该定理是1940年由英国经济学家科林·克拉克提出,内容是:随着人均国民收入水平的提高,劳动力首先由第一次产业向第二次产业移动;当人均国民收入水平进一步提高时,劳动力便向第三次产业移动。该定理只是描述了一个国家或地区经济发展过程中产业演进的一种趋势,主要是对劳动力在三次产业中的转移顺序进行描述,将这种变化简单等同于产业结构优化升级是不

恰当的。

实际上，真正的产业结构优化升级必须建立在技术进步和劳动生产率提高基础上。具体到工业与服务业的关系，只有当工业技术十分先进且得到广泛应用，工业竞争力很强，其发展潜力基本发挥殆尽的条件下，资本、劳动力等生产要素从工业转向服务业带来服务业比重的提升，才是真正意义上的产业结构优化升级。目前，我国工业大而不强，技术能力特别是自主创新能力严重不足，产业总体上处于中低端，竞争力不强。在这种情况下，生产要素大量流向利润率偏高的房地产、金融等服务业部门，并不代表产业结构的优化升级，恰恰是一种产业虚拟化、空心化的表现，是工业技术创新不强、升级受阻、潜力发挥不畅的结果。至于有人将服务业比重超过工业看作我国即将进入服务经济为主导的阶段，更是缺乏必要的依据。近几年，全球经济增速放缓，我国出口业务出现大规模滑坡，加之低端工业产能过剩，导致工业经济增速持续下滑。在这种情况下出现服务业所占比重超过工业，显然不应看作产业结构优化升级的表现。

美英等西方发达国家曾在20世纪七八十年代掀起一股"去工业化"浪潮，将国内大批中低端制造产业或生产环节转移到发展中国家或地区，由此造成国内较严重的产业空心化和经济虚拟化，并对接收转移的国家的劳动力就业、技术创新等造成不良影响，并成为2007年国际金融危机发生的一大诱因。金融危机过后，美英等发达国家痛定思痛，纷纷制定实施"再工业化"战略（如美国的"再工业化"、德国的"工业4.0战略"、法国的"新工业法国"、英国的"制造2050"等），目的即是重振制造业，提升实体经济竞争力，抢占未来竞争制高点。随着"再工业化"的实施，服务业所占比重可能有所下降。当然，这些国家的"再工业化"，不是将服务经济重新退回到工业经济，而是在现有服务经济基础上，重新发展可以为高度发达的服务经济发挥作用的先进制造经济，以此提高整个国家产业体系的创新能力和生产率水平。再看巴西、阿根廷等一些拉美国家的经历。1970～2001年，阿根廷服务业占GDP比重从48%升至65%，巴西从41.47%升至57.71%。但其间阿根廷人均GDP年均增速仅为1%，巴西也不过2.2%。① 这些国家的服务业增加值占比快速上升，但工业质量和竞争力提升却十分缓慢，这是导致这些国家陷入"中等收入陷阱"且难以摆脱的重要原因。我们在评价我国服务业发展水平时，不应简单将我国现实服务业所占比重与发达国家和其他发展中国家进行比较，应该汲取这些国家在处理工业化与服务业发展关系方面的教训。

当今世界，正在迅速发展的第四次工业革命发生的重要产业基础，依然是用

---

① 世界银行公开数据库，https：//data.worldbank.org/indicator/NV.SRV.TOTL.ZS?end=2001&locations=BR&start=1970。

先进信息技术特别是新一代信息技术等改造提升制造业,包括对传统制造业的升级改造和新制造业态的兴起。同时,深化生产性服务业与制造业的融合。发达国家推行再工业化战略,大力发展提升先进制造业,与我国制造业转型升级、向国际价值链中高端跃升形成直接竞争。为此,我国必须扎扎实实地改造提升制造业,加快实现制造业的转型升级。

第二节 "十四五"时期保持制造业合理比重对经济高质量发展的作用

制造业比重变动反映了消费需求升级和产业结构升级的过程,其"先升后降"的特征符合经济发展的一般规律;但制造业比重过早、过快下降又将对经济发展造成一系列不良影响。在我国经济进入高质量发展阶段和工业化总体进入发展后期的条件下,究竟应保持怎样的制造业比重,近年来我国制造业比重过快下降对经济高质量发展造成怎样的影响等,是值得高度关注的问题。

一、制造业比重变动对一国经济的影响

制造业作为对原材料及中间成品进行加工制造,从而转化为人们可使用产品的行业,是伴随着工业革命发展起来,并成为当今人类社会的重要产业。对于处于工业化进程中的国家来说,保持制造业的一定比重对经济发展及其质量具有重要影响。

第一,保持制造业的一定比重有利于提升技术创新水平。制造业是现代技术创新的载体,是实现技术创新的基本依托。现代技术创新都是与产业应用紧密相连的,只有及时将创新成果进行转化,才能实现产业发展与技术创新的相互推动。制造业作为一种迂回生产特征较为明显的产业,其产品生产过程伴随着技术创新的实现和成果的转化,有利于实现研发成果的产业化,激发技术创新。制造业还有利于构建全社会技术创新的产业公地,促进全社会技术创新。产业公地的概念是美国的两位经济学家加里·皮萨诺和威利·史提出的,指植根于企业、大学和其他组织之中的研发与制造的基础设施、专业知识、工艺开发能力、工程制造能力等。[①] 对一个国家而言,如果制造业比重过早、过快下降,将削弱这个国家的技术创新能力。当今的技术创新主要是一种需求导向型创新,主要是工业制

---

① [美]加里·皮萨诺(Gary P. Pisano)、[美]威利·史(Willy C. Shih):《制造繁荣:美国为什么需要制造业复兴》,机械工业信息研究院战略与规划研究所译,机械工业出版社2014年版,第32页。

造业需求引致下的创新。创新的基本主体也主要是工业制造业企业。从价值链视角看，现代制造和研发已不再是两个独立的环节，二者相辅相成，常常是密不可分的。在这种情况下，保持制造业的一定比重对提升国家的技术创新能力显得更为重要。

第二，制造业保持合适的比重是提升全要素生产率的必要条件。大量实证研究已经证明，从一般意义上说，制造业对生产率的提升效应明显高于一般服务业，服务业在效率性方面存在"鲍莫尔成本病"效应。所谓鲍莫尔成本病，是指服务业生产率整体低于制造业，产业结构调整中资源由高生产率部门（制造业部门）流向较低生产率部门（服务业部门），从而抑制了总体经济的增长速度。如果一个经济体过早出现"去工业化"，即在国民收入还处于较低水平上时制造业比重就出现快速下降同时服务业比重快速上升，意味着带动经济增长的"扶梯"被抽走了（丹尼·罗德里克，2016），造成经济增速的下降。由此，当制造业比重过快下降，服务业比重上升较快时，往往会整体拉低要素生产效率的水平。这种现象在西方国家的工业化过程中都曾出现过。

第三，保持制造业一定比重有利于促进城镇化发展。工业化和城镇化是社会发展的必经过程，两者之间相互促进、相互影响。在工业化初期，工业发展引起产业结构的变化，并产生一定的工业集聚效应，由此对城镇化产生明显带动作用（郭克莎，2003）。当然，城镇化在发展过程中也会对工业化产生一定推进作用。制造业的发展能够为城镇化进程提供有力的产业支持，制造业是吸收农村过剩劳动力的重要来源，另外，制造业的发展还为城镇的规模化发展提供必要的物质基础。如果制造业比重下降过快，还会滞缓城镇化发展的速度。

二、现阶段我国制造业比重下降及其对经济发展产生的不利影响

（一）近年来我国制造业比重存在过快下降问题

从总体上判断，现阶段我国制造业比重存在过快下降的问题。从制造业下降速度看，美英等发达国家制造业比重经历了几十年缓慢下降的过程，直到2008年金融危机之后，通过实施再工业化战略，这些国家制造业比重下降的趋势才得到一定的遏制。世界银行公开数据库数据显示，美国制造业比重从1997年的16.1%下降到2017年的11.2%，用了20年；英国制造业比重从1999年的14.4%下降到2017年的9.0%，用了18年；日本和德国制造业比重20年内几乎没有变动，始终保持在20%左右的水平。与之形成鲜明对比的是，我国制造业比重从2006年的峰值32.5%下降到2019年的26.8%（见图7-1），只用了13年的时间，下降速度远快于美英等发达国家。

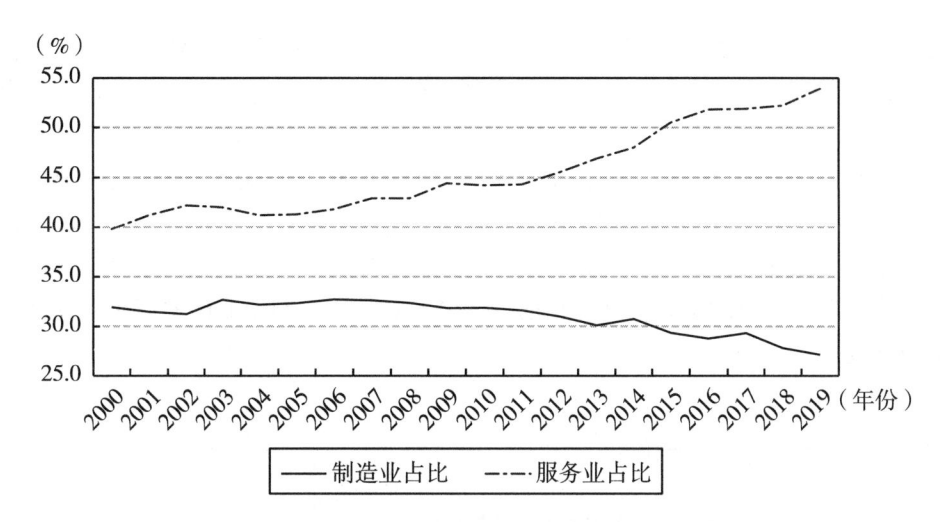

图 7-1 2000~2019 年我国制造业与服务业增加值占 GDP 比重

世界银行公开数据库数据显示，韩国作为成功跨过"中等收入陷阱"的新兴工业化国家，其制造业占比从 20 世纪 70 年代的 17.4% 上升到 2011 年的峰值 28.2%，而后从这一数值降到 2019 年的 25.4%，八年间下降了 2.8 个百分点，年均下降 0.35 个百分点。我国 2011~2019 年制造业比重从 32.1% 下降到 26.8%，下降了 5.3 个百分点，年均下降 0.66 个百分点，下降幅度和速度都远大于韩国。尤为值得注意的是，发达国家制造业比重缓慢下降是工业化发展到较高阶段后发生的一种现象。我国自 2001 年加入 WTO 后，生产制造能力被彻底激活，同时工业化进程不断推进，制造业占比却在 2006 年后不断下降，由此可知，我国存在较明显的制造业比重过快下降现象。与制造业比重过快下降同时发生的是，而制造业投资增速的大幅下降，正是制造业比重过快下降的重要诱因。

在某一特定经济体系中，制造与服务业比重作为同一枚硬币的两面，前者过快下降，往往意味着后者快速上升。事实正好是如此，我国服务业占 GDP 比重从 2011 年的 44.3% 上升到 2019 年的 54.3%，尤其是 2012 年以来，服务业占比年均增加 1.2 个百分点，远高于发达国家服务化转型时期服务业占比提升的速度（见图 7-1）。

从各国产业结构演进角度看，图 7-2 展示了中、日、韩、英四国在同一经济发展水平下工业的占比情况。横轴代表经济发展水平，以取对数后的人均 GDP（美元计）表示。由于部分国家缺少早期制造业比重数据，而制造业作为工业的主体，因此这里以工业增加值占 GDP 比重替代制造业占比，来考察制造业下降的速度和趋势。由图 7-2 可知，我国在人均 GDP 取对数后接近 8 的经济发展水平时制造业比重开始出现下降趋势，据笔者记算，经济发展水平为 7.65

时，我国工业比重为47.56%，此后随着经济发展水平的不断提高，工业比重逐渐降低，我国人均GDP取对数后的最高值为9.24，该水平下的工业比重为38.97%，下降了8.59个百分点，意味着我国以取对数的人均GDP衡量的经济发展水平每增长一个单位，工业比重降低5.4个百分点。而处于同一发展阶段的日本和韩国分别下降4.37和4.56个百分点，折算为取对数的人均GDP，每增长一个单位，工业比重分别降低2.68和2.76个百分点。可见，与日韩相比，我国工业或制造业比重的下降速度远超前于经济发展阶段，制造业比重存在较明显的下降问题。

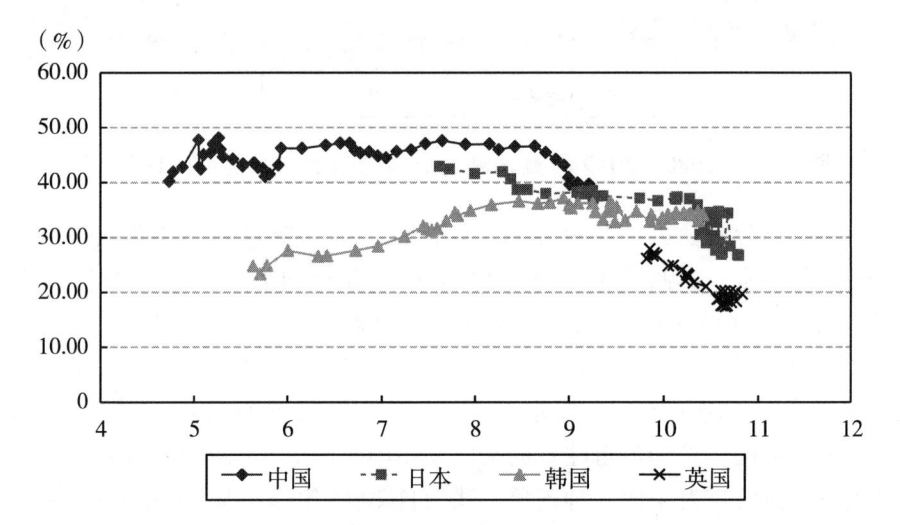

图7-2 同一发展阶段下中国与发达国家工业占比情况

资料来源：根据世界银行公开数据库和中国国家统计局公开数据整理。

（二）我国制造业比重下降过快对经济发展造成不利影响

第一，制约我国经济效率和竞争力提升。目前，我国尚未完成工业化，并且面临着加快推进城镇化、扩大投资强化基础设施建设的任务。在这种情况下，制造业比重过快下降，降低了投资增加速度，减弱了经济发展动力，不利于经济中高速增长。经济增速从2012年的7.7%下滑至2019年的6.1%，[①] 直接与制造业比重过低有关。制造业比重过快下降的领域主要是传统制造业，由于这些产业投资驱动的下降，必要的技术升级改造被延缓，导致许多制造企业特别是中小企业经营困难，利润空间趋窄。转型升级缓慢和产业竞争力的提升，制约了我国关键核心技术的创新突破。传统制造业是容纳就业较多的行业，其发展滞后甚至趋于

---

① 《盛来运：稳中上台阶 进中增福祉——〈2019年统计公报〉评读》，国家统计局官网，2020年2月28日。

萎缩，制约了我国劳动力就业水平的提高。另外，制造业比重下降或服务业比重上升过快，也是导致要素生产率下降的一大诱因。

第二，助推了资本等生产要素"脱实向虚"，加剧了"产业空心化"风险。制造业比重过快下降的同时，服务业比重快速上升，其中金融业、房地产业占比提高最为明显。2017年服务业占GDP比重达到51.6%，[①] 比2005年提高了11.3个百分点。同期，金融业和房地产业分别提高4.4个和2个百分点，两者合计贡献了服务业比重提高的56.6%。[②] 这说明金融业、房地产业比重过快提高是导致制造业比重快速下降的重要诱因。2004年，我国金融业占GDP比重从2004年的4%，提升至2015年的8.2%，只用了11年的时间。[③] 作为金融大国的美国的金融业占比从1970年的4.1%提高到2007年的7.3%，用了近40年。[④] 近年来，随着中央去杠杆方针的实施，金融业占比有所下降，但金融业增加值在全部19个大行业中，仍居于前列。金融的本质功能应是服务实体经济，金融业比重提升过快，很大程度上挤压了制造业和其他实体经济发展，必然助长虚拟经济过快发展，扭曲经济运行的正常关系，造成较严重的"脱实向虚"和"产业空心化"，并孕育一定的金融风险。同时，金融业过度扩张加重了实体企业负担，增加了国有企业的债务，制约了制造业国际竞争力的提升。与金融业类似，近年来伴随着制造业的比重下降，大量资金涌向房地产业，我国作为一个发展中国家，一些一线城市的房价已高过许多发达国家一线城市的房价水平。高房价同样导致大量资金通过炒房攫取高额利润，抬高了制造业及整个实体经济财务成本，恶化了经济运行环境。

第三，制约我国区域经济协调发展。实现区域协调发展，是新发展理念的重要内容，也是实现经济高质量发展的基本要求。经过多年的发展，我国在推进区域经济协调发展方面取得了重要成就，但也应看到，目前区域之间的差距仍较明显。从区域工业化发展水平看，根据中国社科院工业研究所2017年发布的《工业化蓝皮书：中国工业化进程报告（1995~2015）》显示，全国平均水平是84，长三角、珠三角、北京及天津等地为93~98，长江经济带地区是86，东北只有76，大西北和大西南只有58，个别省区更是只有50。加快中西部工业化发展，推进区域经济协调发展，一个重要的途径是加大对中西部产业、基础设施等的投资，进一步强化这些地区的产业基础和发展环境，加快传统产业技术改造，实现这些地区产业转型升级。而制造业比重过早过快下降，将制约对中西部地区产业的有效投资，制约这些地区的产业转型升级，从而不

---

① 《服务业在改革开放中快速发展 擎起国民经济半壁江山——改革开放40年经济社会发展成就系列报告之十》，国家统计局官网，2018年9月10日。
②③ 根据国家统计局公布的年度数据整理。
④ 艾媒咨询—艾媒数据中心：《美国：行业增加值占GDP比重——金融和保险业》。

利于实现区域经济协调发展。

第四,不利于抢占国际产业竞争的制高点。当今世界,一场以大数据、云计算、人工智能等新一代信息技术迅速发展和广泛应用为主要内容的新产业革命也即第四次工业革命在全球奔涌兴起,正引起全球科技革命和产业的深刻变革。全球主要国家纷纷采取对策加以应对,以抢占新产业革命的先机。第四次工业革命本质上仍是一场工业领域特别是制造业的革命,新一代信息技术与制造技术的深度融合形成新一代智能制造技术,正逐渐成为这场新产业革命的引领性技术,制造业是这次新产业革命作用的主战场。围绕制造业的国际竞争日趋激烈,发展智能制造、提升制造业能级,成为抢占新产业革命制高点的关键。如果我国制造业比重过快下降,将从根本上削弱我国应对第四次工业革命的基础,丧失采用第四次工业革命技术成果全面改造提升我国传统产业的能力,从而错失制造业体系升级和第四次工业革命发展的历史机遇。

三、"十四五"期间我国制造业比重的合理变化区间探析

(一)"十四五"期间我国制造业比重的合理区间

面对我国制造业比重过快下降的态势,"十四五"期间,进一步提升制造业占比水平是十分必要的。但我国制造业究竟应该保持怎样的比重区间,仍是一个值得探讨的问题,有必要借鉴国内外相关经验及做法。作为世界头号制造业强国的美国,在2018年发布的《美国先进制造业领导战略》提出,先进制造业是美国经济实力的引擎和国家安全的支柱。在这份政府文件中,尽管没有具体提出要保持的制造业比重,但从对制造业的重新重视,特别是近年来大力引导制造业回流,可以判断美国制造业占比存在进一步上升的态势。如果再考虑到其服务业中的70%左右是为制造业服务的生产性服务业,则制造业实质所占比重会比统计数据意义的比重更高一些。德国是世界制造强国,一直以高度重视维持制造业竞争优势而闻名于世。2019年2月德国发布《德国工业战略2030》,基本导向是增强德国工业的整体竞争力,牢牢掌握工业主权和技术主导力,其中提出,到2030年逐步将制造业增加值在德国和欧盟的增加值总额(gross value added,GVA)中所占的比重分别扩大到25%和20%。在国内,2001~2019年我国工业、制造业所占比重变动如图7-3所示。上海从"十三五"规划开始,多次提出制造业占比保持25%的底线,同时到2020年战略性新兴产业增加值占全市生产总值比重达到20%左右。2019年,上海提出要加快构建以现代服务业为主体、战略性新兴产业为引领、先进制造业为支撑的现代产业体系,并明确提出先进制造业比

重不能低于25%。① 深圳提出工业占GDP比重在2020年应守住34%的底线，制造业占GDP的比重守住31%的底线。② 对于上海、深圳这样经济发达地区制造业比重尚需要保持25%以上，工业化水平相对较低的中西部地区制造业比重应该更高一些。综合以上因素及分析，我们认为，"十四五"期间我国制造业比重应保持在28%~32%的区间范围内。③

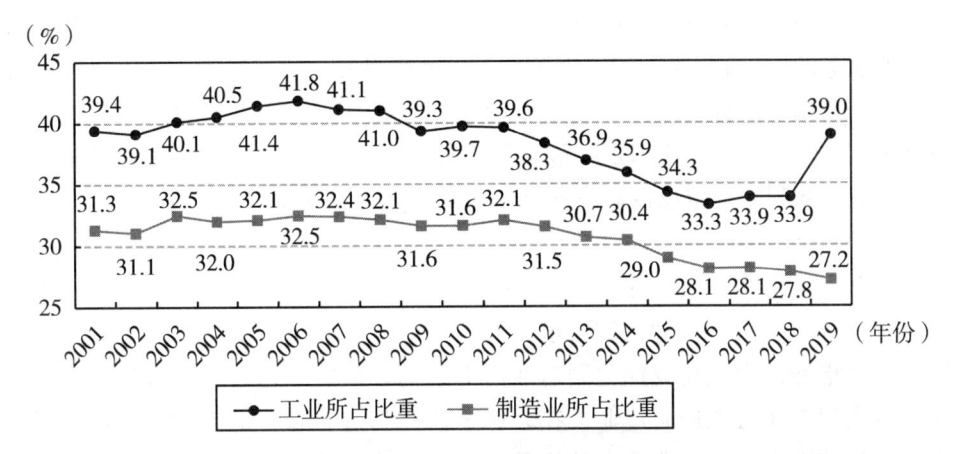

图7-3 2001~2019年我国工业、制造业所占比重变动情况

资料来源：根据相关年份的《中国统计年鉴》和世界银行网站数据整理。

（二）在保持制造业比重合理区间的同时应注意的问题

除了把握制造业比重的合理区间这一数量指标，还应与制造业质的提升结合起来。

首先，应把握产业结构演进的趋势，促进制造业与服务业融合发展。随着技术进步和产业分工的细化，制造业与服务业之间呈现出融合发展趋势，制造业服务化和服务型制造作为新型制造业生产模式越来越普遍。特别是伴随着第四次工业革命的兴起，新一代信息技术作用的日渐深入，进一步推进和深化了制造业与服务业的融合。从产业价值链微笑曲线看，产业升级表现为价值链微笑曲线的底端向两个方向上延伸，使制造过程的研发、设计、营销、售后服务等生产性服务业环节得到进一步强化，制造业升级与现代服务业发展同步实现。在这种情况

---

① 《上海对制造业占比提出"底线思维"像保护耕地一样保护先进制造业》，大众网-大众日报，2018年3月2日。
② 《李毅中谈深圳制造：工业占GDP比在2020应守住34%》，21世纪经济报道，2017年4月9日。
③ 史丹等（2020）认为，到2030年，我国制造业占GDP的比重应保持在约30%的水平为宜。参见史丹、李晓华等：《"十四五"时期我国工业的重要作用、战略任务与重点领域》，载于《经济日报》2020年7月13日。

下，关注制造业比重应进一步关注制造业中服务性环节即生产性服务的比重。制造业的价值分布从制造环节向服务环节不断转移，服务正在成为制造企业利润的重要来源。以苹果公司为例，虽然它并不直接生产手机，但却凭借核心技术、工艺设计和品牌运营等，获得手机硬件价值的一半以上。在发达国家，普遍存在"两个70%"现象，即服务业产值占GDP比重的70%，制造服务业占整个服务业比重的70%。2019年美国服务业占经济总量的81%，但其中60%以上都是为制造业服务的。[①] 近年来，我国服务业占比迅速提升，但在服务业比重迅速上升的同时，我国以制造业为主体的实体经济却遭遇了许多困难，效率提升缓慢，产业升级困难，一个重要原因是制造业服务化发展不足。为此，确定制造业整体比重，也有必要同时确定制造业服务化水平或生产性服务业占服务业比重的大小，并将二者结合、协调。

其次，要注重传统制造业与先进制造业及高端制造的比重。确定制造业的合理比重区间，只是一种量的要求，而对制造业发展，更重要的是质量、效率和竞争力指标，为此需要优化制造业内部结构。从技术先进性上制造业可以划分为传统制造业与先进制造业，在总体上保持制造业的一定比重的同时，还应注重提升其中先进制造业所占的比重。即使制造业总体比重不是太高，但如果其中的先进制造业占到一定比重，仍可保持一定的制造业竞争力。同样，如果传统制造业升级缓慢，所占比重过大，即使制造业比重较高，制造业的整体竞争力也不会太高。因此，应该将制造业的比重区间与其内部结构结合起来进行综合考虑。

需要注意的是，近年来制造业比重过快下降也与人们对传统制造业的不合理认知有关，如将传统制造业等同于产能过剩、低端产业或夕阳产业，有的直接进行关停并转或作为落后产能而关闭。实际上，制造业的传统与先进、中低端与高端之间都是相对而言的，是动态的。当今面临以新一代信息技术广泛应用赋能为主要内容的新一轮科技革命和产业变革，包括传统制造业在内的传统产业正在发生脱胎换骨式的变化，如传统汽车经过数字化网络化、智能化升级，成为智能网联电动汽车，传统汽车产业将升级为战略性新兴产业。德国将振兴纺织业作为工业4.0的首要产业，其基本认知便是纺织已不再是一个传统的行业，而是基于新材料、节能环保、智能产品等创造出的全新的行业、产品和服务。因此，保持制造业一定比重，应同时注重运用新一代信息技术改造提升传统制造业，促进产业数字化、网络化升级。当然，我国是一个人口大国，面临着较为沉重的就业压力，劳动力的素质和技术水平存在较大差异，为此保持一定比重的传统制造业特

---

① 2020年9月9日，国家发展改革委产业司原司长年勇在以"新制造时代"为主题的"2020中国互联网制造峰会"上的演讲。

别是劳动密集型制造业是必要的。这就意味着保持制造业的合理比重区间，还应考虑经济因素，有利于实现共享发展的新理念。

最后，不同区域之间制造业比重应体现出一定差异。对工业化水平较低的中西部地区，制造业的比重需适当高一些，而对于东部发达地区特别是像北京、上海这样的几乎媲美发达国家经济发展水平的地区，制造业比重应适当降低。但这些地区制造业比重降低，也需要有相应的下限，这些地区也面临着进一步增强产业创新能力、迎接新产业革命等历史任务，因而需要保持一定比重的制造业水平。考虑到"十四五"期间，我国经济将进入以内循环为主、内循环与外循环相互促进的新发展格局阶段，不同区域制造业的比重、结构应形成一定的协调关系，不同区域的制造业比重之间应体现出一定差异。

四、将制造业比重控制在合理区间需要采取的措施

在市场经济条件下，制造业所占GDP的比重，主要还是一个市场机制调节的过程，而不应是一个政府人为确定的过程，是要素流动、技术创新等因素作用的过程。在此基础上，应更好地发挥政府作用，主要通过产业政策等的制定实施，引导产业结构包括制造业比重的变动。

第一，实现消费与投资的共同驱动。要形成消费与投资协同配合的驱动经济增长的强力动力机制。要进一步深化金融供给侧结构性改革，疏通货币政策传导机制，增加制造业中长期融资，更好地缓解民营和中小微企业融资难、融资贵问题。积极引导资金投向供需共同受益、具有乘数效应的先进制造领域。

第二，进一步优化制造业结构。一方面，加强对传统制造业的技术改造和优化升级，支持加大设备更新和技改投入，推进传统制造业优化升级；另一方面，重点支持战略性产业发展，进一步推进去产能，落实减税降费政策，降低企业用电、用气、物流等成本，有序推进"僵尸企业"处置。

第三，大力发展智能制造。面对全球新一轮科技革命与产业深刻变革，智能制造成为我国制造业转型升级的主攻方向，也是制造业比重提升的主要部分。促进大数据、云计算、人工智能与制造业深度融合。为此，要加大对工业互联网、工业数据中心、5G等新基建的投资建设，夯实智能制造的发展基础。与此同时，加快制造企业的数字化、网络化、智能化改造升级。

第四，打造区域先进制造业集群。制造业的发展日趋集聚化、集群化，提升制造业比重必须加快制造业集群发展。在制造业相对发达的地区或园区，注重培育发展先进制造业集群，实现制造业集聚化、集群式发展。在京津冀、长三角、粤港澳大湾区及成渝经济区等制造业发达经济圈和都市群，加快培育发展具有国际竞争力的先进制造业集群，提升制造业基础能力和产业链现代化水平。

第五，切实降低制造业成本负担。首先，融资成本方面，既要完善现有融资渠道对产业的支持，又要开辟新的融资渠道和创造新的融资工具，继续完善制造业企业的融资环境，增强小微企业融资的能力和技巧及获得贷款的能力和机会；其次，在用地成本方面，考虑引入分期、分阶段等更为灵活的土地出让方式，让企业能够支付较少资金而获得土地使用权，有利于降低土地使用成本；最后，要大力降低各项制度性交易成本，为制造业发展创造良好的制度环境。

第三节 "去工业化"对中国地区经济增长影响的实证分析

一、去工业化影响地区经济增长的机制分析

（一）去工业化对地区经济增长的直接影响

作为一国生产力水平的直接体现，自工业革命以来制造业对国民经济发展的支撑作用逐渐增强，其产出不仅直接构成经济增长的重要部分，同时也为其他行业发展提供所需的机械设备等工业品，成为经济增长的主引擎。根据配第—克拉克定理，随着人均收入水平的提高，劳动力会逐渐沿着第一产业、第二产业和第三产业的顺序转移，可见工业和制造业在国民经济中的比重下降是符合传统经济学原理和发达国家历史经验的正常现象。但是，如果单纯以提高第三产业占比为目的，政策性降低制造业比重的去工业化，可能导致产业空心化现象，损害经济长期发展潜力。不仅如此，在人均收入水平尚未达到去工业化的条件时，服务业本身的劳动力素质和基础设施建设并不足以满足基础制造业的产业资本大规模转移的要求，该阶段下盲目去工业化可能导致国家面临着高端制造业回流到发达国家、低端制造业向更低成本发展中国家转移的"三明治陷阱"（易先桥等，2016）。因此，保持制造业固有的竞争优势，对于推动生产率提升具有不可替代的重要作用，盲目去工业化则会对经济增长产生严重的消极影响。

（二）去工业化对地区经济增长的间接影响

1. 技术创新

内生经济增长理论认为，创新是推动技术进步，进而促进长期经济增长的重要源泉，它可以通过创造新的生产方式释放出比原有生产要素更高的生产率增长效应。制造业作为高端要素的承载体，历来是创新最集中、最活跃的领域，也是

创新成果最丰富的领域。制造业通过提供先进材料、工具设备、新知识而成为向其他领域传播技术创新的基地和构建全社会技术创新的"产业公地"。制造业本身生产迂回程度较大的特性使其更有利于开发新技术、新产品，实现研发成果的产业化，激发技术创新。此外，当今的技术创新主要是一种需求导向型创新，以工业制造业需求引致下的创新为主。一方面，制造业是对先进技术需求最密集的领域，制造业对新技术的巨大需求形成了未来技术创新的方向；另一方面，随着新一轮科技革命和产业变革加速推进，尤其是新一代信息技术与制造业的深度融合，越来越多的制造企业开始进行数字化转型，海量数据使得生产流程得以优化，对于新技术的创新和扩散也具有一定促进作用。正因为如此，如果没有庞大的制造业为创新知识和先进技术提供市场需求、高端要素和发展平台，技术创新将会受到严重抑制。还需要注意的是，在当前以新一代信息技术为核心的第四次工业革命浪潮中，如果贸然进行去工业化，此类颠覆性技术将成为"无源之水"和"无本之木"，不利于国家创新与技术、制度等要素的培育和发展，从根本上损害了长期发展潜力（王展祥，2018）。

2. 城镇化

城镇化是与工业化紧密相连又相互促进的发展过程，是人口由乡村转移到城市、乡村型生产方式转向城镇型生产方式的综合过程（徐传谌，2017）。在工业化初期，工业部门的快速扩张对劳动力产生的巨大需求促使劳动力从收益较低的农业部门流向收益较高的工业部门，促进了人口城镇化进程。制造业集聚又会带动产业链上下游的生产性服务业发展，有利于地区基础设施和公共服务配套的完善，为城镇进一步发展提供了必要的物质基础和技术支撑。现阶段，我国还存在大量技术水平较低的农村劳动力，规模庞大的劳动密集型制造业对于吸纳这部分劳动力转移就业仍然发挥着不可替代的作用。因此，去工业化不仅会导致大量低技能水平劳动力的失业，造成收入差距的扩大，同时还会由于抑制了制造企业集聚而阻碍城乡二元经济结构转化，进而不利于地区总体经济增速提高。由于我国目前发展不充分、不平衡的问题较为严重，尤其对于中西部地区而言，工业是推进城镇化的重要产业载体，去工业化必然会造成当地城镇化进程缺乏工业产业支撑，掣肘地区的经济增长动力，进一步拉大了与东部发达地区的经济发展水平差距。

（三）去工业化对地区经济增长的空间溢出效应

地理学第一定律表明，地理事物或属性在空间分布上都互为相关，地理距离越近，相关程度越高（Tobler，1979）。空间溢出效应是中国地区经济发展不可忽视的重要影响因素（潘文卿，2012），随着交通基础设施的不断完善，以及信息通信水平的提高，地区间的经济联系和产业互动逐渐增多，本地区的经济发展可能受到邻近地区制造业发展的影响。首先，制造业在空间上的集聚形成了对周边城市的需求拉动效应。制造业的生产过程需要大量原材料和中间服务投入，周边城市由于距离较近、运输和物流成本较低而成为企业采购原材料的最优选择，进一步扩大了邻近地区上游企业的市场需求。这种"需求拉动效应"有利于企业产生规模经济和范围经济，进而提高经济增长率。相反，去工业化减小了制造业对邻近地区上下游关联产业的市场需求，弱化了关联企业的规模经济效应，通过需求拉动阻碍邻近地区经济增长。其次，被动去工业化需要吸引大量劳动力进入第三产业，主要途径便是提高服务业生产要素的相对价格（王文和孙早，2017），这一做法造成优质生产要素，如人力资本从邻近地区流入本地服务业，导致邻近地区高端生产资源减少，企业生产效率降低，进而对邻近地区的总体经济增长产生负面空间溢出效应。

二、研究设计

（一）动态空间面板模型

在针对去工业化影响地区经济增长建立计量模型时需要注意的是，我国31个省级行政区（不含港、澳、台），地区间经济增长存在空间相关性和空间依赖性，产业结构不仅会对本地区的经济增长存在影响，还可能对邻近地区产生溢出效应（徐敏和姜勇，2015），意味着去工业化不但会对本地区的经济增长产生直接影响，还会对邻近省（区、市）经济增长产生间接作用。此外，考虑到经济增长是个连续系统的变化过程，本期的增长水平受到前期积累的影响，因此本节采用动态空间面板模型考察去工业化对经济增长的影响。与静态模型相比，动态空间面板模型的优点在于，既考虑到了经济增长的动态演进和空间相关性（Zheng et al., 2014），又避免了其他未被纳入模型的影响因素可能造成的内生性问题（Elhorst, 2014），因而动态空间面板模型估计结果更加准确可靠。目前，常用的空间模型主要有空间滞后模型（spatial lag model，SLM）、空间误差模型（spatial error model，SEM）和空间杜宾模型（spatial Dubin model，SDM），为谨慎起见，本节首先构建同时考虑了经济增长的空间滞后项和滞后解释变量对经济增长影响的动态空间杜宾面板数据模型：

$$\ln Y_{it} = \tau \ln Y_{it-1} + \rho \sum_{j=1}^{N} W_{ij} \ln Y_{jt} + \beta_0 + \beta_1 \ln DMAN_{it} + \delta X_{it}$$
$$+ \sum_{j=1}^{N} W_{ij} (\ln MAN_{it} + X_{it}) \theta + \alpha_i + v_t + u_{it} \qquad (7.1)$$

其中，Y_{it} 表示 i 省第 t 年的经济增长水平，Y_{it-1} 为其时间滞后项，$DMAN_{it}$ 代表核心解释变量去工业化程度；τ、ρ 分别代表时间滞后系数和空间滞后（自回归）系数；W_{ij} 表示 $N \times N$ 维标准化后空间权重矩阵的 i 行 j 列元素，用以表征各地区之间空间依赖性；X_{it} 代表一系列控制变量；α_i 和 v_t 分别表示地区效应和时间效应，u_{it} 为模型的残差项。β、δ 和 θ 为待估参数，若 $\tau=0$，则可简化为静态空间面板模型；若 $\theta=0$，则该空间杜宾模型可简化为空间滞后模型；若 $\theta+\rho(\delta+\beta)=0$，则该模型可简化为空间误差模型。这一判断结果须通过拉格朗日乘数（lagrange multipliers，LM）及其稳健性检验来确定。

（二）空间权重矩阵的选择

在空间计量模型中，空间权重矩阵的选定是关键，既有文献大多从地理距离和经济距离两个角度设置空间权重矩阵。由"地理学第一定律"可知，地区之间的相互影响会随着距离增加而逐渐减弱，非相邻地区也可能存在一定空间相关性，因此本节构建空间地理权重矩阵 W_1 来捕捉地理距离造成的空间相关性，矩阵形式为：

$$w_{ij} = \begin{cases} 1/d^2 & i \neq j \\ 0 & i = j \end{cases} \quad (7.2)$$

其中，d 为两省（区、市）省会（首府）之间的球面距离。然而，考虑到不同省（区、市）经济水平存在相关性的客观事实，仅从地理距离考察空间相关性是十分粗糙的。考虑到地区经济发展存在空间依赖性的客观事实，本节建立了经济距离权重矩阵 W_2 对这一关系进行分析，其元素 w_{ij} 表示的是 i 省份人均 GDP 年均值与 j 省份人均 GDP 年均值绝对差值的倒数。

（三）变量选择

1. 被解释变量

既有文献大多以实际 GDP、GDP 增长率以及人均 GDP 作为经济增长水平的衡量指标，由于本节使用的是具有时间序列性质的面板数据，本身便暗含了增长率的性质，而且人均 GDP 可以更好地反映人民生活水平，是高质量发展的具体体现之一，因此本节采用平减后的人均实际 GDP 来表示经济增长水平。

2. 解释变量

"去工业化"直接表现为制造业比重持续下降，但由于数据可得性的限制，本节使用 31 个省（区、市）的工业比重（MAN）作为制造业比重的替代变量，相应地，本节借鉴王文和孙早（2017）的研究，将去工业化程度表示为 $DMAN = 1 - MAN$。

3. 控制变量

（1）产业结构合理化（*ER*）。产业结构合理化反映了产业间各部门资源的合理配置以及相互协调程度，常用的衡量指标为泰尔指数（干春晖等，2011）。但由于泰尔指数越大，体现产业结构不平衡程度越大，因此本节借鉴于彬彬（2015）的做法，采用泰尔指数的倒数作为产业结构合理化的衡量指标。具体计算公式如下：

$$ER = \frac{1}{TR} = \frac{1}{\sum_{i=1}^{N}\left(\frac{Y_i}{Y}\right)\ln\left(\frac{Y_i}{L_i} \Big/ \frac{Y}{L}\right)} \tag{7.3}$$

其中，*TR* 表示泰尔指数，*Y*、*L*、*i* 和 *N* 分别代表行业产值、从业人数、产业部门以及行业类型数。

（2）固定资产投资率（*INV*）。固定资产投资是资本积累的重要渠道，而资本积累则是实现经济持续增长的基础，是扩大再生产的前提。本节以固定资产投资占 GDP 比重作为衡量固定资产投资率的指标来考察固定资产投资对经济增长的影响。

（3）人力资本水平（*HC*）。人力资本是推动技术进步和创新发展的重要力量，也是吸收先进知识和技术信息的载体，人力资本素质越高，对经济增长的推动作用也越大。本节借鉴姚洋和崔静远（2015）的做法，使用各省（区、市）劳动力平均受教育年限作为人力资本水平的代理指标。

（4）政府干预程度（*GOV*）。作为市场经济的重要组成部分，政府是规则的制定者和秩序的维护者，也是产业政策的制定者和实施者，对经济发展方向和趋势有着深远影响。但是，实际中政府常常对企业的正常经营活动产生过度干预，导致资源配置扭曲、企业生产效率低下等问题，因此本节将政府干预程度纳入控制变量进行考察，并以政府财政支出占 GDP 的比重来衡量。

（5）外商直接投资（*FDI*）。随着地区开放程度的不断提高，外商直接投资的外溢效应逐渐显现，FDI 有利于加快国内技术进步，提高生产技术效率，是推动经济增长的重要因素（姚树洁等，2006）。本节采用外商直接投资额占 GDP 的比重这一指标来控制外商直接投资对经济增长的影响。

变量的符号和具体定义以及空间权重矩阵构建的内容与含义如表 7-1 所示。

表 7-1　　　　　　　　变量符号与具体说明

类别	变量符号	变量名称	指标说明
被解释变量	$\ln Y_{it}$	人均 GDP	各省（区、市）人均实际 GDP 的对数
解释变量	$\ln DMAN_{it}$	去工业化程度	1 - 工业增加值/地区生产总值，取对数

续表

类别	变量符号	变量名称	指标说明
控制变量	$lnER_{it}$	产业结构合理化	泰尔指数的倒数，见式（7.3）
	$lnINV_{it}$	固定资产投资	固定资产投资/GDP，取对数
	$lnHC_{it}$	人力资本水平	平均受教育年限，取对数
	$lnGOV_{it}$	政府干预程度	财政支出/GDP，取对数
	$lnFDI_{it}$	外商直接投资	外商直接投资/GDP，取对数
地理特征权重	W_1	地理距离权重	矩阵元素为两个直辖市或省会（首府）城市之间距离平方的倒数
社会经济特征权重	W_2	经济距离权重	矩阵元素为两省份人均实际GDP绝对差值的倒数

本节采用的统计数据均来源于2004~2018年的《中国统计年鉴》和各省（区、市）的统计年鉴，并采用插值法对个别省（区、市）缺失的数据进行补充，样本总量为465。为消除价格影响，以货币为单位衡量的指标均以2004年为基期进行平减处理。此外，为了解决由于变量数量级差异造成的模型异方差问题，本节所有变量均取对数。

三、实证结果及分析

（一）空间相关性检验

在进行空间计量模型检验之前，需要确定研究对象间是否具有空间相关关系，普遍的检验方法便是计算全域莫兰指数。本节使用地理距离权重矩阵计算我国31个省（区、市）2004~2018年的经济增长全域莫兰指数，结果如表7-2所示。可以看到，2004~2018年我国31个省（区、市）经济增长的莫兰指数均显著为正，且在0.352~0.485之间波动，意味着我国各省（区、市）之间经济增长存在显著的空间正相关性，表现出"物以类聚"的类似特征值集聚态势，可见在考察制造业比重对地区经济增长的影响时进行空间性分析尤为重要。考虑到地区个体差异和时期因素可能产生的估计偏差，本节主要采用时空双向固定效应的动态空间面板模型进行参数估计。同时为了便于对比，本节还展示了面板固定效应模型、动态面板系统GMM模型以及基于两种不同空间权重矩阵条件下的静态空间面板模型和动态空间面板模型的估计结果。

表7-2　　2004~2018年我国31个省（区、市）经济增长全域莫兰指数

年份	莫兰指数	z值	p值	年份	莫兰指数	z值	p值
2004	0.476	4.532	0.000	2012	0.444	4.147	0.000
2005	0.476	4.523	0.000	2013	0.419	3.930	0.000
2006	0.485	4.564	0.000	2014	0.396	3.732	0.000
2007	0.484	4.545	0.000	2015	0.376	3.466	0.001
2008	0.478	4.485	0.000	2016	0.352	3.336	0.001
2009	0.469	4.397	0.000	2017	0.356	3.383	0.001
2010	0.442	4.152	0.000	2018	0.377	3.578	0.000
2011	0.453	4.230	0.000				

（二）动态空间面板模型分析

为检验过早去工业化对地区经济增长带来的影响，同时也为了保证估计结果的有效性，本节首先根据埃尔霍斯特（Elhorst，2012）提出的无条件似然函数的极大似然法（maximun likelihood，ML）对动态空间面板杜宾模型进行估计。通过拉格朗日乘数误差和滞后及其稳健性检验，可知空间误差模型和空间滞后模型的拉格朗日乘数及其稳健性检验均显著，由此判断本节使用空间杜宾模型是合理的（Anselin，2004），估计结果如表7-3所示。可以看到，一方面，与非空间OLS模型（第（1）列）和面板固定效应模型（第（2）列）的结果相比，非空间动态面板模型（第（3）列）中被解释变量的时间滞后项系数为正，且在1%的水平上显著，说明在考虑去工业化对地区经济增长的影响时，对内生性问题的考察是必要的；另一方面，与未考虑空间相关性的动态面板模型相比，使用地理距离矩阵的动态空间面板模型（第（6）列）中去工业化和人均GDP的空间滞后项系数均显著，意味着考虑空间相关性也是必要的。可见，在考察去工业化和地区经济增长的问题时，对内生性和空间相关性的考虑缺一不可。不难发现，所有的模型结果均表明去工业化对地区经济增长产生了明显抑制作用，与前文理论分析相吻合。此外，大部分控制变量在第（1）~（7）列的结果中系数的方向保持一致，说明内生性问题很可能主要来自本节的核心解释变量——去工业化，从而进一步表明考虑内生性问题的必要性。由第（4）~（7）列的回归结果可知，使用不同空间权重矩阵的动态空间面板模型中去工业化系数的绝对值均显著小于相应的静态空间模型，且动态空间面板模型中人均GDP滞后一期的系数均显著为正。说明除了已纳入模型的控制变量外，还存在其他因素，如制度环境、文化传统对地区经济增长产生了明显作用。可见，未考虑时间滞后效应的静态空间面

板模型高估了去工业化对经济增长的负面影响,因此本节将主要对动态空间面板模型第(6)列和第(7)列进行分析。

表7-3　　　　　　　过早去工业化对地区经济增长的影响

变量	非空间 OLS (1)	面板固定效应模型 (FE) (2)	非空间动态面板模型 (sys-GMM) (3)	静态空间杜宾模型 (MLE) W_1 (4)	静态空间杜宾模型 (MLE) W_2 (5)	动态空间杜宾模型 (MLE) W_1 (6)	动态空间杜宾模型 (MLE) W_2 (7)
$L.\ln Y_{it}$			0.8149*** (54.06)			0.7793*** (35.27)	0.8345*** (49.48)
$\ln DMAN_{it}$	-0.8093*** (-9.68)	-0.8886*** (-13.47)	-0.2727*** (-8.23)	-0.9106*** (-14.62)	-0.8901*** (-12.59)	-0.3449*** (-8.83)	-0.3069*** (-9.31)
$\ln ER_{it}$	0.2159*** (4.62)	-0.0322 (-0.91)	-0.0388 (-1.53)	-0.0204 (-0.58)	-0.0443 (-1.02)	0.0573*** (3.02)	0.0502** (2.48)
$\ln INV_{it}$	0.1676*** (5.64)	0.2251*** (12.14)	0.0447*** (5.08)	0.2268*** (12.90)	0.2534*** (11.86)	0.0381*** (3.60)	0.0257** (2.48)
$\ln HC_{it}$	0.4583*** (23.92)	0.0779*** (4.28)	0.0357*** (13.70)	0.0796*** (4.48)	0.1297*** (6.96)	0.0163* (1.94)	0.0065 (0.79)
$\ln GOV_{it}$	0.1915*** (5.04)	-0.3850*** (-7.88)	0.0130 (1.03)	-0.3536*** (-7.74)	-0.1526*** (-3.01)	-0.0223 (-0.88)	-0.0028 (-0.12)
$\ln FDI_{it}$	0.1645*** (14.78)	0.0432*** (3.17)	0.0501*** (10.70)	0.0505*** (3.90)	0.0886*** (5.84)	0.0177** (2.57)	0.0202*** (3.23)
$W \cdot \ln Y_{it}$				0.4404*** (4.69)	0.3804*** (9.56)	0.0395*** (3.45)	0.0783*** (3.74)
$W \cdot \ln DMAN_{it}$				0.0888 (0.13)	-0.3879 (-1.49)	-0.1994** (-2.38)	0.0683 (1.08)
常数项	9.8919*** (109.86)	8.4913*** (79.51)	1.9489*** (12.49)				
R^2	0.9067	0.5888		0.6243	0.6976	0.9820	0.9872
Sargan 检验			0.5633				
AR (2)			0.8026				
Log-L				846.4577	847.2910	837.1603	824.4594
N	465	465	434	465	465	434	434

注:括号内为t值或z值,Sargan检验和二阶自相关检验显示的是其p值,***、**和*分别代表在1%、5%和10%的水平上显著。

核心解释变量去工业化程度的系数显著为负，表明去工业化抑制了我国地区经济增长。制造业作为地区经济发展的基础，是扩大再生产最重要的部门，同时也为经济中其他部门的生产提供资本积累，在现阶段我国人均收入水平不高、服务业存在结构性矛盾的现实条件下贸然减少制造业比重进行去工业化，不仅容易造成短期内大量劳动力失业，还会导致经济增长的长期动力不足。空间相关性方面，由第（6）列的结果可知，去工业化程度的空间滞后项在5%的水平上显著为负，意味着去工业化不仅抑制了本地区经济增长，还对地理邻近地区的经济发展水平产生了负向溢出效应。原因可能有两方面：一是地区制造业占比越低，对产业链上下游产业和部分配套产业需求越小，间接导致邻近地区间的上下游产业难以产生规模经济，不利于邻近地区的长期经济增长；二是地区之间在产业结构高级化方面存在竞争行为，容易引发地方不顾实际情况而一味追求较高第三产业比重的情形，继而导致本地区经济增长动力不足。第（7）列的结果显示，在经济距离矩阵条件下，去工业化程度的空间滞后项系数不显著，说明去工业化并未产生空间溢出作用。可能的原因是，作为产业结构的一部分，制造业主要是通过产业链上下游关联的需求拉动作用对邻近地区配套产业，如生产性服务业产生需求刺激，推动邻近地区相关产业规模扩大进而对经济产生促进作用。而对于地理距离较远但经济发展水平差距较小的地区，产业关联较小，去工业化不会造成明显的产业联动效应，因此经济距离矩阵条件下去工业化空间滞后项系数不显著。此外，两种空间权重矩阵条件下的人均GDP空间滞后项系数均显著为正，意味着无论是邻近省域还是经济发展水平相当的省域间，经济增长都存在明显的策略性竞争效应，即地区间的经济增长存在"逐底"竞争策略互动（邵帅等，2019）。

控制变量方面，动态空间面板模型中产业结构合理化的系数均为正，且分别通过了1%和5%水平的显著性检验，说明经济各部门间资源的有效利用明显有利于地区经济增长水平的提升。固定资产投资系数均显著为正，表明固定资产投资在一定程度上能够为经济增长积累所需资本进而促进本地区发展。人力资本系数在两种空间权重矩阵条件下都为正，但只有在地理距离空间矩阵条件下才显著，意味着人力资本水平提高能在一定程度上促进本地区经济增长，但由于目前我国地区间人力资本错配现象较为严重，各类体制机制因素阻碍了人力资本在地区和行业间的有序自由流动，尚不能完全发挥高学历人力资本对技术进步和经济增长的推动作用。政府干预程度的影响系数不显著，可能的原因是，一方面，财政支出提高了地区公共服务水平和基础设施质量，增强了对各类投资和优势企业的吸引力，有利于地区经济增长；另一方面，政府对经济活动的不恰当干预往往会造成资源配置扭曲，部分企业的研发创新动力蜕化为寻租动机，进而对经济增长产生抑制作用。外商直接投资的系数均显著为正，表明FDI推动了地区经济增长，与预期一致。

（三）稳健性检验

为了保证模型结果的可靠性，本节从两方面进行稳健性检验：一是替换核心解释变量去工业化程度的测算指标，采用 $DMAN = 1 - Labor$ 来表示去工业化程度，其中 $Labor$ 代表第二产业就业比重；二是更换空间权重矩阵，采用空间邻接矩阵 W_3 进行空间效应的检验。稳健性检验结果如表7-4所示。可以看到，去工业化的估计系数在两种稳健性检验下均保持为负，且都通过了显著性检验，意味着去工业化对地区经济增长的抑制作用是稳健的。同时，去工业化的时间滞后项显著为正，空间滞后项显著为负，与表7-3结果保持一致，表明地区经济增长会受到当地经济基础和邻近省（区、市）去工业化的显著影响，验证了去工业化对地区经济增长的空间溢出负效应。此外，大部分控制变量结果也与表7-3一致，进一步验证了前文的实证结果。

表7-4 稳健性检验结果

变量	替换衡量指标：$DLabor$ W_1	W_2	更换权重矩阵：空间邻接矩阵 W_3
$L.\ln Y_{it}$	0.8900*** (39.99)	0.8824*** (47.28)	0.7818*** (35.52)
$\ln DMAN_{it}$	-0.1338** (-2.53)	-0.1406*** (-2.62)	-0.3433*** (-8.85)
$\ln ER_{it}$	-0.0321 (-1.58)	0.0547*** (2.60)	0.0542*** (2.84)
$\ln INV_{it}$	0.0206* (1.76)	0.0234** (2.01)	0.0373*** (3.56)
$\ln HC_{it}$	-0.0130 (-1.47)	-0.0082 (-0.85)	0.0163* (1.92)
$\ln GOV_{it}$	0.0136 (0.48)	-0.0162 (-0.64)	-0.0279 (-1.06)
$\ln FDI_{it}$	0.0123* (1.70)	0.0131* (1.76)	0.0193*** (2.79)
$W \cdot \ln Y_{it}$	0.0653* (1.69)	0.0728*** (2.96)	0.0058 (0.16)

续表

变量	替换衡量指标：DLabor		更换权重矩阵：空间邻接矩阵
	W_1	W_2	W_3
$W \cdot \ln DMAN_{it}$	-0.4977* (-1.95)	-0.1957** (-2.40)	-0.1248* (-1.81)
R^2	0.9901	0.9858	0.9830
Log-L	789.8966	786.8230	837.4944
N	434	434	434

注：括号内为 t 值或 z 值，***、** 和 * 分别代表在1%、5%和10%的水平上显著。

（四）作用机制分析

1. 技术创新

作为实体经济的支柱，制造业集聚了大量创新要素，是国民经济中创新最活跃的部门，能够通过促进创新活动的发生进而推动地区经济增长，由此可知，在尚未达到工业化后期发展水平的情况下过早地去工业化可能导致地区创新活力的降低、创新活动的减少，进而造成经济增长水平的停滞。因此本节将技术创新视为去工业化对地区经济增长的影响路径之一，探讨在去工业化影响地区经济增长的过程中技术创新所发挥的中介作用。参考温忠麟和叶宝娟（2014）的做法，中介效应模型设定如下：

$$\ln Mediating_{it} = \alpha_0 + \alpha_1 \ln DMAN_{it} + \delta X_{it} + \theta_i + v_t + u_{it} \quad (7.4)$$

$$\ln Y_{it} = \beta_0 + \beta_1 \ln DMAN_{it} + \beta_2 \ln Mediating_{it} + \delta X_{it} + \theta_i + v_t + u_{it} \quad (7.5)$$

其中，$\ln Mediating_{it}$ 代表中介变量技术创新，本节以各省（区、市）专利授权量表示，系数 α_1 则表示去工业化对技术创新的影响，按照前文的理论分析，α_1 预期为负。若 α_1 显著为负，则可将技术创新纳入模型的解释变量中，进一步分析其中介作用，如式（7.5）所示。若 β_2 显著为正，表明技术创新促进了地区经济增长，即去工业化通过影响技术创新进而对地区经济增长产生作用。其他变量含义与式（7.1）保持一致，回归结果如表7-5第（1）列和第（2）列所示。由第（1）列可知，去工业化的估计系数为-0.4800，且在5%的水平上显著，说明去工业化对技术创新产生了明显不利影响。在此基础上将技术创新纳入解释变量，第（2）列结果显示技术创新的系数显著为正，说明技术创新能够促进地区经济增长，同时去工业化对地区经济增长的系数仍然保持为负，由此说明技术创新在去工业化和地区经济增长的关系中发挥了中介作用，与前面的理论分析吻合。

表7-5　　　　　　　　　　　　作用机制检验

变量	中介变量：技术创新		中介变量：城镇化	
	(1)	(2)	(3)	(4)
$lnDMAN_{it}$	-0.4800** (-2.14)	-0.8759*** (-13.24)	-0.1576*** (-4.08)	-0.7674*** (-12.75)
$lnMediating_{it}$		0.0266* (1.84)		0.7696*** (10.25)
$lnER_{it}$	-0.0111 (-0.09)	-0.0319 (-0.90)	-0.0154 (-0.74)	-0.0204 (-0.64)
$lnINV_{it}$	0.2602*** (4.13)	0.2182*** (11.57)	0.1205*** (11.11)	0.1324*** (7.01)
$lnHC_{it}$	0.2945*** (4.76)	0.0701*** (3.76)	0.0547*** (5.13)	0.0358** (2.13)
$lnGOV_{it}$	-0.0332 (-0.20)	-0.3841*** (-7.88)	-0.0453 (-1.59)	-0.3501*** (-7.99)
$lnFDI_{it}$	0.1426*** (3.08)	0.0395*** (2.87)	0.0503*** (6.31)	0.0045 (0.35)
常数项	7.7744*** (21.43)	8.2849*** (53.58)	-0.7955*** (-12.73)	9.1035*** (80.83)
R^2	0.4672	0.5887	0.5472	0.7530
N	465	465	465	465

注：括号内为t值，***、**和*分别代表在1%、5%和10%的水平上显著。

2. 城镇化

地区制造业集聚能够带动产业链上下游的生产性服务业发展，有利于地区基础设施和公共服务配套的完善，为新型城镇化提供了物质基础和技术条件。新型城镇化不仅推动产业向集约型、创新型发展，还通过"以工补农"效应推动农业生产率提升。由此可见，去工业化导致制造业占比降低，必然会对城镇化进程产生影响，进而抑制地区经济增长。因此本节将城镇化视作去工业化影响地区经济增长的另一渠道，考察城镇化在去工业化和地区经济增长关系中的中介作用。本节以城镇常住人口占该地区常住总人口比重作为城镇化的衡量指标，模型设定与式（7.4）和式（7.5）一致，检验结果如表7-5第（3）列、第（4）列所示。可以看到，第（3）列中去工业化的估计系数显著为负，表明去工业化对城镇化产生了明显的负面影响。在此基础上将城镇化纳入解释变量,如第(4)列结果所示,城镇化对地区经济增长的系数为 0.7696,且在 1% 的水平上显著,表明城镇化促进了地区经济增长。同时去工业化的系数仍然保持显著为负,这意味着城镇化在去工业化影响地区经济增长的过程中发挥了中介作用,即去工业化阻碍了城镇化进程,进而抑制了地区经济增长。

四、对最优制造业区间的讨论

(一) 去工业化的非线性影响:基于不同工业化阶段

由前述分析可知,当经济发展到一定阶段后,由于生活水平提高,人们对各类消费性服务需求逐渐增多,服务业超过制造业成为国民经济第一大部门。随着具有知识技术密集性和报酬递增性特征的生产性服务业日益发展,服务部门对经济增长的促进作用逐渐增强,此时制造业对经济增长的推动作用相对减弱,但由于服务部门的发展建立在制造业提供的资本积累和各类生产要素积累的基础之上,因此制造业仍然是长期增长的主要动力。可见,不同工业化阶段制造业对经济增长的推动作用呈现一定差异,导致去工业化的影响也会随着工业化阶段的不同发生变化,因此有必要探讨不同工业占比区间内去工业化对地区经济增长可能存在的非线性影响。本节采用分组回归的方法,以工业占比的 30% 分位数和 60% 分位数为依据将所有样本划分为 3 组,分别考察在不同工业区间内的去工业化对地区经济增长的影响。由于地理邻近和经济水平邻近地区间的制造业占比可能存在较大差异,难以判别空间溢出效应的来源是去工业化还是不同工业化阶段背景,因此本节采用非空间动态面板模型,直接考察不同工业占比阶段下去工业化对地区经济增长的异质性影响,检验结果如表 7-6 所示。表 7-6 第(1)列、第(2)列和第(3)列分别表示低于工业占比 30% 分位数、30% 分位数与 60% 分位数之间以及高于 60% 分位数的回归结果。不难发现,三种情形下去工业化对地区经济增长均呈现明显抑制作用,与前面结果一致。但由系数大小可知,当工业占比位于 [0.351, 0.415] 区间时,去工业化系数的绝对值最大,其次是工业占比低于 0.351 的区间,而在工业占比的较高区间内去工业化的系数绝对值反而最小。这表明在工业化初级阶段,工业占比较小,此时去工业化会对经济增长造成一定负面影响,随着工业化进程的推进,工业占比逐渐增高,去工业化的负面影响明显增强,而当工业化推进到一定阶段时,工业占比相对较高,此时去工业化的不利影响有所减小。总体而言,去工业化对地区经济增长的抑制作用在不同工业化阶段表现出一定差异,随着工业占比的不断提高,去工业化的负面效应呈现出先上升后下降的总体趋势。

表 7-6　　　　去工业化的非线性影响：不同工业化阶段

变量	low ($Man_{it} <$ 0.351)	middle (0.351 ≤ $Man_{it} <$ 0.415)	high ($Man_{it} \geq$ 0.415)
	(1)	(2)	(3)
$L.\ln Y_{it}$	0.7380***	0.7930***	0.8438***
	(11.74)	(19.70)	(22.13)
$\ln DMAN_{it}$	-0.2642***	-0.3733***	-0.2522***
	(-2.64)	(-3.60)	(-3.31)
$\ln ER_{it}$	0.1334**	0.0152	0.0126
	(2.22)	(0.42)	(0.38)
$\ln INV_{it}$	0.0859***	0.0152	-0.0232
	(2.84)	(0.95)	(-0.66)
$\ln HC_{it}$	0.0199	0.0522***	0.0008
	(0.82)	(3.25)	(0.04)
$\ln GOV_{it}$	0.0735	-0.0171	-0.0269
	(1.61)	(-0.40)	(-0.59)
$\ln FDI_{it}$	0.0277**	0.0062	-0.0087
	(2.09)	(0.56)	(-0.53)
常数项	2.7779***	1.8268***	1.3823***
	(4.69)	(4.79)	(3.65)
AR(2)	0.0633	0.2189	0.1713
Sargan 检验	0.3269	0.3605	0.4131
N	122	138	174

注：括号内为 t 值，Sargan 检验和二阶自相关检验显示的是其 p 值，***、** 分别表示在 1%、5% 的水平上显著。

这一结论与传统产业结构变迁理论和实际发展经验基本相符，在工业化初期，大量劳动力涌入第二产业，此时工业部门的扩张对经济增长率的积极作用十分明显。该现象既与制造业部门劳动生产率的增长及其引致的纯生产率效应有关，也与生产要素自低生产率部门向高生产率部门转移而出现的产业转移效应有关（Nordhaus，2002）。但由于此时工业部门总体发展尚不充分，总体比重仍然较低，工业内部以劳动密集型产业为主，产品质量和附加值相对较低，能够引致其他部门的生产率增长较小，因此这一阶段的推动作用主要以产业转移效应为主。若此时进行去工业化,必然抑制工业部门通过产业转移效应对经济增长的推动作用。当工业化进行到一定阶段时,工业尤其是制造业成为国民经济的支柱产业和主要引擎,虽然工业本身产值增长空间有所减小,产业转移效应相应减弱,但制造业内部大量高新技术行业得到了充分发展,能够为其他行业部门提供满足生产需求的原材料和各类要素,进而引致其他部门生产率水平的明显提升。若此时去工业化,不仅损失了作为国民经济增长主引擎的制造业生产率及其产生的产业转移效应,还减少了制造业引致的纯生产率效应。更为严重的是,由于该阶段下服务业尚未得到充分发展,本身生产率较低,农业生产率也处于相对稳定水平,二者难以支撑国民经济增长,因此该阶段下去工业化造成的生产率损失远远高于工业占比较低的初级阶段。随着工业占比的进一步提高,制造业的纯生产率效应和产业转移效应被逐渐弱化,总体经济增长率增速放缓,第三产业尤其是生产性服务业效率极大提高,此时去工业化虽然仍会对经济增长产生不利影响,但该负面效应会由于第三产业的充分发展而有所减弱。

(二)最优制造业区间:门槛效应检验

1. 模型设定与效应检验

(1)动态面板门槛模型设定。在前面已经验证了去工业化对地区经济增长存在的非线性影响后,本节进一步使用汉森(Hansen,1999)提出的门槛效应检验方法来进一步详细探讨不同工业占比区间内的工业比重增长对经济增长的推动作用,进而尝试性地提出制造业最优区间。门槛面板回归实质是一个分段函数模型,优点在于能够从数据特征入手来确定门槛值,客观反映不同区间内解释变量的异质性影响。考虑到地区经济增长在时间上具有连续性,因而在解释变量中纳入地区经济增长的一阶滞后项,利用动态面板门槛回归模型进行分析(邱兆林和王业辉,2018)。模型具体形式如下:

$$\ln Y_{it} = \alpha_0 + \alpha_1 \ln Y_{it-1} + \beta_1 \ln MAN_{it} I(\ln MAN_{it} < \gamma_1) + \beta_2 \ln MAN_{it} I(\gamma_1 \leq \ln MAN_{it} < \gamma_2)$$
$$+ \cdots + \beta_N \ln MAN_{it} I(\ln MAN_{it} \geq \gamma_N) + \delta X_{it} + \mu_i + \varepsilon_{it} \quad (7.6)$$

其中,$\ln MAN_{it}$为门槛变量工业比重,假设存在N个门槛值γ_1、γ_2、$\cdots$、γ_N,进而有$N+1$个区间,在每个区间内工业比重对经济增长的效应存在一定异质性。$I(\cdot)$为示性函数,若满足括号内的条件则取值为1,否则取值为0。本节的门槛变量和核心解释变量均为工业比重$\ln MAN_{it}$,X_{it}代表一系列控制变量,α_0为截距项,μ_i为个体效应,ε_{it}为随机误差项。

(2)面板门槛效应检验。在进行具体的门槛回归分析之前,有必要对变量间存在的门槛效应和具体的门槛个数进行检验。首先,进行单一门槛检验,原假设为不存在门槛值,若拒绝原假设则进行双重门槛检验,其原假设为存在一个门槛值,若拒绝原假设则进行三重门槛检验,以此类推。具体检验结果如表7-7

所示。由表7-7可知,模型通过了单一门槛检验和双重门槛检验,而在三重门槛检验中,F值为5.75,同时其p值为0.6133,表明不能拒绝模型存在两个门槛值的原假设。因此,检验结果显示样本内存在两个制造业占比门槛值。

表7-7 面板门槛效应检验（BS次数为300）

检验			自抽样临界值		
门限效应	F值	p值	10%	5%	1%
单一门槛	17.54*	0.0570	15.1967	18.4566	24.0540
双重门槛	15.63*	0.0800	13.4023	17.8340	26.0043
三重门槛	5.75	0.6133	15.8609	20.4877	33.4003

注:*表示在10%的水平上显著,p值为自抽样后得到的。

2. 门槛回归结果分析

在确定了门槛个数后,便可对经过空间过滤后的数据进行面板门槛模型回归。由表7-8的检验结果可知,门槛效应模型的组内R^2等于0.9906,F值对应的p值为0,通过了1%的显著性检验,回归方程整体显著。由结果可知,两个门槛值大小分别为-0.9931和-0.8166,指数化后分别为0.3711和0.4419,三个区间内工业比重的影响系数分别为0.083、0.052和0.008,但只有在工业比重小于0.3711和[0.3371,0.4419]的区间内才显著,说明工业对经济增长总体呈现促进作用,但越过一定门槛值后,促进作用有所减小,当工业比重超过44.19%时,这种促进作用不再明显。2004~2018年我国制造业占工业比重的平均值为69.43%①,计算可知相应的制造业占比门槛值分别为25.77%和30.68%。具体而言,当制造业比重低于25.77%时,制造业比重每增加1个百分点能促进人均GDP明显增长0.083个百分点,当制造业比重位于[0.2577,0.3068]区间时,制造业仍然对于经济增长有显著推动作用。这一结果证明,随着工业化程度的加深,制造业对经济增长的提升效应逐渐减弱,甚至越过某一门槛之后,制造业对经济增长的促进作用不再具有明显推动作用。但由前述分析可知,虽然这一阶段制造业自身占比对经济增长的直接提升效应有所减弱,但其作为其他部门资本积累的来源和物质生产要素的提供者,仍然是国民经济增长的支柱产业。即30.68%这一门槛数值可以视为现阶段我国制造业的最优比重。由世界银行公开数据库相关统计数据可知,中国制造业比重由2013年的30.67%降至2019年的26.8%,降幅达3.87%,低于制造业的最优比重,即我国制造业

---

① 经笔者计算,2004~2019年中国制造业占工业比重的波动区间为67.97%~70.91%,波动幅度大小为2.94%,平均值为69.43%。

整体上还存在一定上升空间。若此时盲目跟风发达国家进行所谓去工业化,而不考虑本地区实际经济发展水平和产业阶段,便有可能导致经济增长率大幅下降,造成经济增长长期动力不足,落入去工业化陷阱。

表 7-8 单门槛模型估计结果

解释变量	系数估计值	标准差	t 值	p 值	[95% Conf. Interval]
$L.\ln Y_{it}$	0.829	0.015	54.29	0.000	[0.7994　0.8595]
$\ln ER_{it}$	0.065***	0.020	3.18	0.002	[0.0247　0.1047]
$\ln IV_{it}$	0.029***	0.011	2.72	0.007	[0.0081　0.0504]
$\ln HC_{it}$	0.019**	0.009	2.26	0.024	[0.0025　0.0363]
$\ln GOV_{it}$	0.041*	0.021	1.19	0.057	[-0.0012　0.0825]
$\ln FDI_{it}$	0.029***	0.007	4.33	0.000	[0.0156　0.0416]
$\ln MAN_{it}(\ln MAN_{it} < -0.9931)$	0.083***	0.024	3.48	0.001	[0.0361　0.1298]
$\ln MAN_{it}(-0.9931 \leq \ln MAN_{it} < -0.8166)$	0.052*	0.029	1.81	0.071	[-0.0044　0.1084]
$\ln MAN_{it}(\ln MAN_{it} \geq -0.8166)$	0.008	0.033	0.25	0.804	[-0.0569　0.0734]
常数项	1.997***	0.177	11.30	0.000	[1.6494　2.3444]
F 值	5.86		p=0.000		
Within R^2	0.9906				
N	434				

注:***、**和*分别代表在1%、5%和10%的水平上显著。

五、主要结论与对策建议

基于以上实证分析,可得出以下基本结论:首先,去工业化对地区经济增长产生了明显抑制作用,对地理邻近地区的经济增长也具有负向溢出效应;其次,去工业化阻碍了地区技术创新和城镇化进程,进而对经济增长产生不利影响;再其次,不同工业化阶段下去工业化的经济效应有明显差异,随着工业占比的提高,去工业化对地区经济增长的抑制作用呈现先上升后下降的趋势;最后,当制造业占比超过30.68%时,制造业对经济增长的直接推动效应不再明显,这一数值可视为全国层面的制造业最优比重。

基于以上结论，应采取以下主要对策。

第一，基于本地工业化发展进程保持相应的制造业占比，实现以高质量发展为核心的深度工业化。全国层面上，需要始终重视制造业经济增长发动机的重要地位，把制造业的重要作用贯穿于中国高质量发展阶段的始终。地区层面上，大部分中东部地区已进入工业化后期阶段，制造业比重相对较低，但应达到一定水平。[①] 而中西部地区目前仍处于工业化中期阶段，制造业的比重应比东部更高些，不能盲目追求较高的第三产业比重。

第二，实行分类指导的差别化工业转型升级战略，缓解去工业化带来的空间溢出负效应。一是纠正现阶段把地区之间服务业占比的高低作为判断地区经济发展水平和所处发展阶段的唯一依据的做法，需要将制造业发展质量和发展效益放在核心位置，警惕地区间的"政治锦标赛"趋向；二是改革现有体制下政府对资源的行政性配置，实现要素在公开市场的竞争性配置，扭转地方政府过度干预本地产业发展的状况。

第三，充分重视技术创新和新型城镇化的经济增长效应，尽可能减少去工业化对地区创新和城镇化进程的不利影响。技术创新方面，一是采取有利于技术进步、创新发展和经济增长的税收激励政策，鼓励有条件的制造企业与高校和科研机构合作，加强"产学研"结合；二是充分借助新一轮科技革命带来的信息化和智能化机遇，大力发展智能制造和服务型制造，引导地区企业创新商业模式，形成新资源、新技术、新产业、新模式竞相迸发的良好生态。新型城镇化方面，一是创造良好的政策环境，积极引进其他地区先进管理经验，通过利用一系列产业结构升级优惠政策，吸引优质企业入驻当地，提升本地产业竞争力；二是通过提高城市的服务功能，如信息获取、创新创业和金融服务等，进一步推动当地制造业转型升级，实现产城协同发展。

[①] 例如，2019年，上海提出要加快构建以现代服务业为主体、战略性新兴产业为引领、先进制造业为支撑的现代产业体系，并明确提出先进制造业比重不能低于25%；深圳提出工业占GDP比重在2020年应守住34%的底线，制造业占GDP的比重守住31%的底线。

第八章

新发展阶段我国服务业转型升级研究
——以文化产业作为重点

服务业对一个国家的产业竞争力和经济高质量发展发挥着越来越重要的作用。历史上每次产业革命都对服务业发展起到重要推动作用,新一轮工业革命条件下服务业正孕育着深刻的变革,并为我国产业转型升级、国际竞争力提升及全球价值链升级提供了难得的历史机遇。本章主要分析工业革命对服务业发展的机理,并以文化创意产业作为分析对象,分析三次工业革命进程中文化创意产业的发展及演进,进而分析文化创意产业对我国制造业升级的作用。最后,对近些年来迅速发展的生产性文化服务业的特点及作用进行分析。

第一节 工业革命对服务业的影响:
机理分析与历史考察[①]

一、工业革命促进服务业发展的机理分析

工业革命以突破性科技进步为基础,以基础性技术变革为标志,新技术被广泛应用于社会生产的各个部门,从而引发主要国家产业结构、经济发展方式、国际分工体系等深刻变革的过程。工业革命一般首先发生在工业领域,通过推动工业发展,进而对服务业、农业产生重要影响,从而引起整个国家产业

---

① 杜传忠、杜新建:《工业革命与服务业发展——兼论第四次工业革命条件下我国服务业发展的趋向》,载于《江淮论坛》2018年第2期。

体系的变革与重构。具体来看,工业革命促进服务业发展的作用机理包括以下几方面。

第一,工业革命引致部门间劳动生产率的差异加大,由此推动服务业发展。从生产侧看,每一次工业革命都伴随着深刻的技术变革与进步,由此引致工业制造模式和组织方式的变革,并首先引发工业部门要素生产率的大幅提升;与此同时,服务业各部门间采用资本和新技术的空间不同,导致生产率增长出现差异,促使各行业非均衡增长。设相对劳动生产率为:

$$p = \lambda_Y / \lambda_L \tag{8.1}$$

其中,p 表示产业的相对劳动生产率,λ_Y 表示该产业占国民总收入中的比重,λ_L 表示该产业劳动力占就业总量的比重。由式(8.1)可知,某产业的相对劳动生产率是该产业的国民收入的相对比重与该产业从业人数的相对比重之比,可以衡量产业间生产率水平的差异。在工业革命推进过程中,各产业的相对劳动生产率上升速度不同,工业部门的相对劳动生产率增长显著高于服务业部门的相对劳动生产率增长。工业部门不断增加资本和技术含量导致实际工资的增长。由于不同部门之间工资水平的趋同要求,工业部门的工资增长会"溢出"到服务业部门,但却不能被劳动生产率的提高抵消,工资上涨更多地表现为单位服务价格的上涨。在这种情况下,以增加值衡量的服务业产出比重会逐步上升,服务业的增长是"名义上的增长"(王耀中和陈洁,2012)。随着工业生产方式的革新,原本企业内部的服务环节逐步从企业剥离,实现市场化、外部化经营,形成生产性服务业。生产性服务业相对劳动生产率远高于原有的消费性服务业,特别是以信息技术等为代表的技术进步对服务业的渗透导致了生产性服务业相对劳动生产率的真实提高。

第二,工业革命通过提高居民收入水平导致产品需求收入弹性变动,从而推动服务业发展。工业革命推动产业升级,进而推动居民收入水平显著提高,居民消费结构升级,这都有利于推动服务业的发展和升级。这种作用可通过产品需求收入弹性来加以说明。一般情况下,产业生产的产品需求收入弹性越高,则产业在国民经济中的比重越高(郭凯明等,2017)。人均收入水平较低时,消费结构中饮食的比重最高,食品的需求收入弹性高于其他产品,因此农业最先发展。随着收入水平上升,居民的消费需求向其他方面转移,非物质需求在社会需求结构中比重逐步增大。这种消费需求的转移必然导致消费结构的相应变化,进而导致产业结构的变化。同时,随着居民收入水平的提高,大量自我服务转变为市场化服务,成为有偿劳动从而推动家庭服务等相关服务业专业化、规模化发展。从服务业细分行业来看,居民对于家庭服务及通信等生存型服务、住宿及旅游等发展型服务、文化娱乐等享受型服务的收入需求弹性依次提高,相应地,家庭服务业、通信业、旅游业、房地产业、文化娱乐产业等相继高速发展,从而推动了服务业结构的演进。

第三,工业革命通过促进国际贸易发展扩大服务业需求,从而拉动服务业发展。工业革命的发生发展往往伴随着国际分工的展开、扩大和国际贸易的发展,而国际贸易发展往往成为推动服务业发展的重要力量。这里以开放型列昂惕夫投入产出模型为分析基础:

$$Z_i = (C_i + I_i) + \sum_{j=1, j \neq i}^{n} \alpha_{ij} Z_j + (E_i - M_i) \qquad (8.2)$$

其中,Z_i 表示 i 部门的产出;$(C_i + I_i)$ 表示国内最终需求,C_i 表示消费,I_i 表示投资;$(E_i - M_i)$ 表示净国际贸易,E_i 表示出口,M_i 表示进口;$\sum_{j=1, j \neq i}^{n} a_{ij} z_j$ 表示国内中间需求,参数 α_{ij} 为投入产出系数,Z_j 表示 i 部门以外的所有其他产业部门。国际贸易是促进产业结构演变的重要因素。最初,厂商研发新产品并在国内推广,国内市场逐步饱和后进一步拓展国外市场以扩大出口,国际贸易的繁荣推动了交通运输业的发展。随着国外市场的成熟,厂商积极在当地投资建厂,充分利用当地低成本劳动力优势,逐步形成产业转移。产业承接国工业化过程中的巨大资本需求,推动了金融产业的发展。最终,国外生产能力逐步提升,产品或服务以更低的价格销售到本国市场,更多的国内厂商将加工制造环节外包到产业承接国,国内企业专注于产品研发、销售管理等具有高附加值的环节,这种国际分工显著加速了国内服务部门的增长,形成产业升级。

与此同时,服务业发展对推进工业革命也发挥着重要推动作用。一方面,以生产性服务业为主的现代服务业,具有较强的技术溢出效应,有利于新技术的扩散,从而推动制造业生产效率的提升。同时生产性服务业的发展提高了对所需制造业产品投入的要求,通过质量控制及信息支持等途径提升制造业产品质量,从而推动工业革命的深入开展。另一方面,服务业的发展是国际分工进一步深化和发展的前提与条件,保障工业革命的顺利开展。随着工业革命的推进,生产分工不断细化,各生产环节间的协调成为影响生产效率的重要方面。交通运输、通信、商务服务、金融等生产性服务业有效地将各环节链接,降低了交易费用,提升了交易效率,从而推动国际分工进一步深化。因此,工业革命有效推动了服务业发展,同时也在服务业发展的支撑下不断深入推进。具体作用机制如图 8-1 所示。

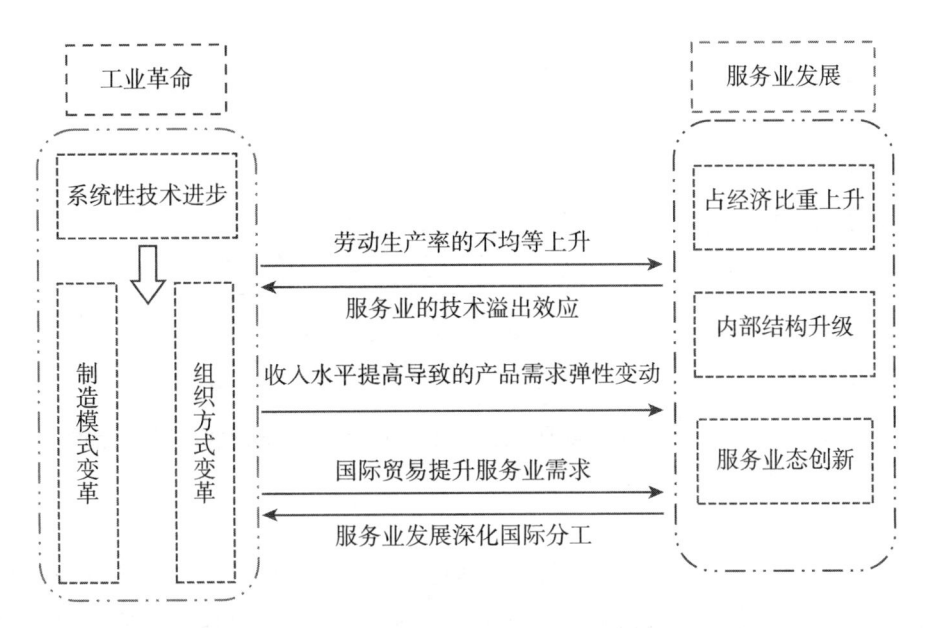

图 8-1　工业革命影响服务业发展作用机理示意

二、历史上三次工业革命促进服务业发展的历史考察

(一) 第一次工业革命中服务业的发展

第一次工业革命起始于18世纪60年代，19世纪中期结束，以蒸汽机的发明及广泛应用为标志事件，机器大工业生产逐步成为主要制造方式。这一时期，人们更多地认识到经济活动分为生产性和非生产性两种，而将服务业归于后者。主要原因是，工业革命主要发生于工业领域，带来工业技术水平的提高，劳动生产率显著提升，而服务业劳动生产率远低于工业。由此，人们认为，经济产出中只有用于工业投资的部分才能产生利润，才能带来社会财富的积累 (Adam Smith, 1776)。而人们用于服务的支出主要来源于利润，这种支出是消费性的，服务支出减少了资本积累，不利于工业扩张再生产。因此，当时人们普遍认为，服务活动虽然是必要的，但需进行严格的限制。

出于对扩大资本积累的目的，服务业的发展受到一定的人为抑制。但随着工业革命的推进，城镇化及居民收入水平不断提高，居民消费结构不断变化，用于食物的部分随收入水平上升而下降，表现为食品的收入弹性在下降，非食物消费品收入弹性相对上升，由此带来了以家庭服务、通信等为代表的生存型消费性服务业的绝对规模不断上升。如图8-2所示，1801~1901年，英国整体经济迅速增长，个人服务占国民经济的比重始终保持在5%左右。

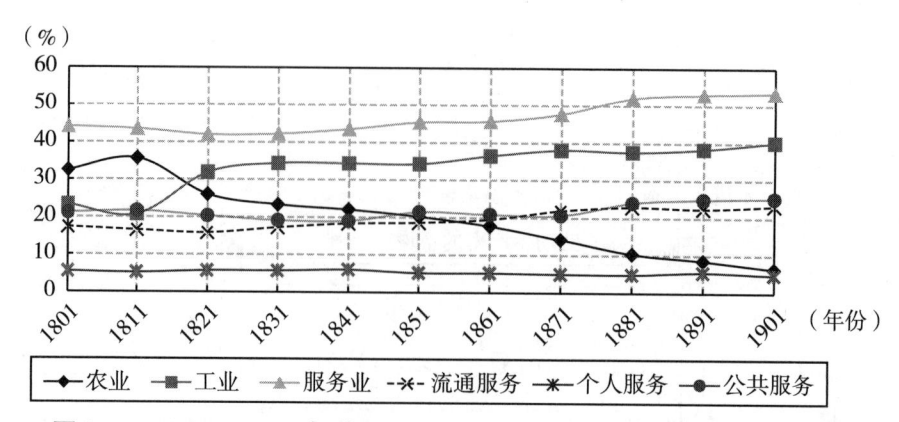

图 8-2　1801~1901 年英国三大产业与服务业分支行业的产值比重

资料来源：Phyllis Deane, W. A. Cole, *British*, *Economic Growth* 1688-1959, Cambridge at the University Press, 1967：88.

与此同时，国际贸易的发展带动交通运输业逐步发展起来。以英国交通运输业发展为例，随着蒸汽机应用于新型火车研制，英国铁道总长在 1850 年底达到约 10460 千米，进入铁路交通时代。同时蒸汽机广泛应用于轮船研制，蒸汽轮船迅速推动英国航海业的发展。交通运输产业的发展进一步促进了市场规模范围扩大，为英国工业革命的推进提供了有力的市场载体。1699~1701 年，英国的进、出口总吨位分别达到 359000 吨、235000 吨。① 英国航海业总吨位迅速增长，很大程度上满足了对外贸易对航运的需求。发达的航运业成为助推英国成为"日不落"帝国的强大力量。

（二）第二次工业革命中服务业的发展

第二产业革命起始于 19 世纪下半叶，20 世纪初结束。电力取代蒸汽成为主要的动力能源，内燃机的发明以及在交通运输、工业生产的应用推动人类社会进入电气时代。重工业取代轻工业成为全球主导产业。在工业规模迅速增长和结构不断升级的基础上，服务业发展迅猛。这一时期，服务业对社会经济发展的巨大作用逐步显示出来，人们对于服务业是否创造价值的争论相应消失，甚至有学者认为，所有的经济活动都可看作一种服务（Bastiat, 1851）。随着技术的进步和社会分工的深化，生产方式发生了显著的变化，表现为生产过程的复杂化和生产体系的多样化所导致的分工的细化和劳动的专业化，由此使服务的生产性内容不断增加，并导致大量专业性服务企业的发展。另外，在重工业逐渐占据主导地位的条件下，生产性服务业面临的需求市场进一步扩大，原有的交通运输等行业逐步演变为现代物流业，出现了商务服务、现代化的金融保险等新型服务业态。

---

① 邓于君：《第三产业内部结构演变趋势研究》，华南师范大学博士学位论文，2004 年。

同时，第二次工业革命过程中，居民收入水平进一步提高，服务业的需求收入弹性进一步加大，住宿、商贸流通等生活性服务业得到快速发展，与此同时，用来满足享受、发展需求的旅游业、娱乐业等行业快速发展起来。此外，第二次工业革命后期部分发达国家推动"福利国家"建设，社会福利方面的开支大量增加，由此带动公共服务业的快速发展。以美国为例，1900年公共服务业占国民经济比重仅为5%，1950年比重上升为20.8%（见图8-3）。

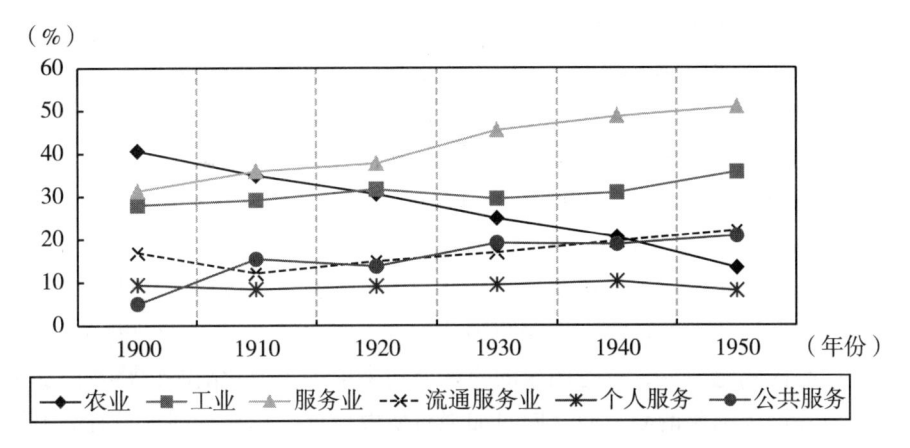

图8-3 1900~1950年美国三大产业与服务业分支行业的产值比重

资料来源：Seymour E.，*Harris American Economic History*，Mcgraw-Hill Book Company，1961：106.

从蒸汽时代进入电气时代，在生产力获得快速发展的同时，出现了无线电、电话、电报等新型通信方式以及汽车、铁制轮船、电车等新型交通工具，极大地降低了通信、运输的成本，有力推动了国际贸易的发展，也为发达国家商品出口、对外投资建厂等创造了条件。发达国家日益增长的对外直接投资改变了全球分工格局，将各国经济紧密联系起来，加快了全球交通运输、电信、金融保险等服务行业的发展。这些行业进一步降低了企业间交易费用、提高交易效率进而推动经济全球化。1900~1950年，美国流通服务业的产值比重由16.9%增长为20.8%，为美国第二次工业革命的成功提供了有力支撑。[①]

（三）第三次工业革命中服务业的发展

第三次工业革命始于20世纪40年代，标志为电子计算机、原子能以及空间技术的发明与应用，涵盖了生物制药、新材料、新能源等众多领域。全球工业发展呈现高级化、服务化、复杂化趋势。以大量关键性技术突破及其生产应用为基础，数字化生产逐步成为主导性生产方式，基于高度自动化的标准生产成为主

---

① 资料来源：Seymour E.，*Harris American Economic History*，Mcgraw-Hill Book Company，1961：106.

流。生产性服务业面临的需求不断提升,在工业生产中的作用由"润滑剂"转变为重要的中间投入,能够显著提升生产效率和产品附加值。生产性服务业内部专业化水平和细分程度不断提升,研发设计、信息服务等知识密集型服务业在新技术的研发和应用中发挥着重要推进作用。1970~1986年,美国生产性服务业的产值增长173.3%,接近同期服务业产值增长速度(91.0%)的两倍。1987~1997年,OECD国家金融保险、商业服务等生产性服务业占国家经济总量的平均比重由15.4%上升到18.6%,占就业总量的平均份额增长16%。[1]

在第三次工业革命推动下,居民收入水平显著提升,可供居民选择的社会消费品逐步增多,居民的消费需求呈现多样化、高质化趋势,消费领域不断向高层次发展。居民享受型消费的需求不断增长,从而导致了教育医疗、卫生保健、文化娱乐等行业的快速增长。1990年美国教育医疗、文化娱乐产值占GDP比重分别为11%和1%,较1970年分别增长1%和0.9%。[2]

与此同时,第三次工业革命进一步推动了全球经济一体化。全球市场规模的扩大,信息通信技术的进步,推动跨国公司在全球范围内进行专业化分工合作。为提升产品国际竞争力,发达国家的跨国公司采取去工业化战略,将生产加工环节外包给发展中国家的制造商,同时加强对研发设计、销售管理等具有高附加值环节的控制,由生产商品的制造企业向提供生产性服务的企业转变。例如,全球最大的体育品牌公司耐克采用"虚拟经营模式",企业总部以产品设计研发、营销管理为主,采取创意广告和明星代言的方式推动品牌建设(靳代平等,2016)。同时企业将商品制造以及零售业务外包给发展中国家厂商,降低生产成本以获取更高利润。这种"微笑曲线"型的全球分工格局极大地推动了全球,特别是发达国家生产性服务业的发展。

三、第四次工业革命对服务业作用的前瞻性分析及启示[3]

(一)第四次工业革命对服务业作用的前瞻性分析

当今世界,一场以移动互联网、大数据、云计算、物联网、人工智能等新一代信息技术的应用为特征的新工业革命正在孕育发生,包括服务业在内的全球产业结构正在发生深刻变革。新一轮工业革命对服务业发展的影响主要表现在以下方面。

---

[1] 王涛、张源:《现代服务业演进特征与启示》,载于《经济论坛》2006年第22期。
[2] Service Statistics on Value Added and Employment Publishers OECD, *Stat*, 1997.
[3] 杜传忠、杜新建:《工业革命与服务业发展——兼论第四次工业革命条件下我国服务业发展的趋向》,载于《江淮论坛》2018年第2期。

第一，服务业和制造业融合程度进一步加深，服务型制造迅速发展，并逐步成长为一种重要的制造模式。生产性服务业以制造业的发展为基础，随着制造业内部结构的升级和生产制造模式的革新，生产性服务业与制造业间的融合发展趋势日益显著，在信息技术推动下二者的融合程度不断深入。伴随着第四次工业革命中新一代信息技术的应用，将出现服务型制造这一新的业态，标志着制造业与生产性服务业的融合达到一个新水平。服务型制造是服务与制造高度融合的新型生产制造模式，制造商通过革新经营方式及组织形式，面向产品全生命周期提供"生产+服务"，从而提升企业利润和产品竞争力。随着服务型制造模式的成熟，众多传统制造商逐步将企业核心业务由生产型制造转变为服务型制造。例如，美国通用电气公司提供涵盖发电设备、飞机发动机等产品生产、销售及技术支持的产品全生命周期服务，同时公司业务逐步向能源金融等方面扩展。美国服装企业 Knot Standard、中国酷特智能等通过大数据分析等方式收集和挖掘客户需求信息，推动产品零部件标准化、模块化，从而实现大规模定制生产。IBM 公司逐步退出电脑和服务器等硬件设备生产，依托自身在云服务、大数据技术分析的优势，转型为提供信息技术和业务解决方案的公司。

第二，新一代信息技术应用改造提升传统服务业。新工业革命对于传统服务业的影响是全方位的，改变了产业组织形式、产业资源配置以及产业布局，从而全面推动传统服务业转型升级。首先，新一代信息技术推动传统服务业组织变革。互联网技术在传统服务业领域的应用涌现了一批互联网企业，这些互联网企业凭借商业模式创新对各自所在的行业产生巨大冲击，彻底改变了行业内原有的竞争格局。其次，新一代信息技术改变了传统服务业的资源配置。互联网技术的应用使得消费者偏好、分布等数据成为重要的资产，改变了传统服务业的附加值分布。同时传统服务业领域的互联网企业致力于整合业务和资源，采取多元化的经营战略，打造产业生态，为用户提供全流程服务。这迫使传统服务业企业加快转型升级，通过企业并购等实现对用户数据等新型服务业资源的掌控。最后，新一代信息技术改变了传统服务业的分布格局。变革突出表现在传统服务业的城乡一体化以及国际化发展。受城乡二元结构影响，城市和农村服务业长期割裂，发展水平严重不平衡。随着移动互联网等新一代信息技术的普及以及现代物流业的发展，跨行业、跨地区、跨国境消费得以实现，城乡间部分服务业的差距逐步缩小。众多传统服务业企业实行国际化发展战略，利用互联网不断开拓国际市场。

第三，新工业革命催生众多服务业新业态。在新一代信息技术的推动下，全球范围内涌现了众多新型服务业态，各种新业态之间相互交叉融合，呈现出高速更迭和替代的态势，多元化的新业态逐步成为推动服务业发展的重要力量。从当前服务业新业态发展来看，共享经济与平台经济发展较为成熟。共享经济是基于移动互联网、云计算、大数据、第三方支付等信息技术，通过第三方平台暂时让渡闲置资源的使用权,提高了资产的使用效率,同时也满足了购买方的多样化需求(刘奕和夏杰长,2016)。共享经济具有网络化、平台化以及社会化的属性,推动生活方式和生产方式向绿色化、智能化转变,有助于实现社会的可持续发展,目前,共享经济已被应用到交通、金融、住宿、装备制造等众多生活和生产领域,涌现了共享单车、P2P网络信贷等新型商业模式。平台经济依托新一代信息基础设施和数据等新型生产要素建立虚拟交易空间,促成买卖双方进行信息交换或者商品交易。平台经济具有交叉外部性、高成长性和强竞争性,推动企业由追求规模经济转变为追求范围经济,不断进行商业模式创新和技术创新(孟晔,2016)。同时平台不断整合产业资源和市场资源,充分发挥集聚效应,加速了信息流动,成为推动服务业增长的重要引擎。谷歌、Facebook、阿里巴巴等平台企业的成功就在于分别汇集了信息交换、个体间的联络、商品交易,体现出平台经济巨大的发展潜力。

第四,服务业在全球分工中的作用进一步凸显。新工业革命将引起全球价值链重构。在价值链前端,大规模定制将消费者纳入产品的创新设计从而将研发创新拓展为"开放式协作创新",在一定程度上降低了研发的成本和技术门槛,然而通过制定行业标准以及专利保护等,研发设计环节的附加值仍将维持在较高水平。在价值链中部,随着服务型制造、智能制造等模式的推广,商品制造将由简单加工组装转变为智能化生产流程。在价值链末端,公众平台将依靠互联网技术等构建"巨平台+海量前端"的协作体系,集成销售及售后服务等,智能化、精准化的为消费者提供产品。"微笑曲线"型价值链向"标准制定—智能制造—公众平台"的水平型价值链转变(杜传忠和杜新建,2017),服务业在全球价值链中前端、中端、末端都将发挥重要作用,服务业在全球分工中的地位进一步提升。同时,在新一代信息技术推动下,服务外包逐步成为全球分工的关键环节和核心节点,进一步促进了全球"碎片化"生产。服务外包的市场结构和技术复杂度不断提升,研发、咨询、技术支持等高端环节的外包比重提高。服务外包与新一代信息技术融合催生了众多新模式,新型服务外包形式不断涌现。众包(crowdsourcing)是一种增长迅速的新型服务外包,对全球外包格局产生重大影响。众包将传统上由指定给个人或机构完成的任务利用互联网技术以公开征集的形式外包给非特定的网络用户(Saxton et al., 2013)。伴随着移动互联网技术的发展,大量众包应用软件涌现,涵盖产品设计研发、科学研究等众多领域。

(二)对我国服务业转型升级的启示

新一轮工业革命与我国产业转型升级形成历史性交汇。我国产业转型升级的一个重要方面是加快服务业转型升级。根据新一轮工业革命对服务业发展的影响,我国服务业转型升级应把握以下重点。

第一，加快运用新一代信息技术改造提升传统服务业。一是提升传统服务业的服务品质。面对居民消费结构升级导致的高端服务产品供不应求以及低端服务产品的相对过剩，应加快推进互联网、物联网等新技术在传统服务业领域的应用，优化要素资源在行业间的配置，提升传统服务业企业的管理水平和运营能力，提高服务业产品的质量和高端服务产品的供给水平，不断适应居民服务消费的结构变化。二是挖掘居民多样化服务产品需求。通过大数据、云计算等新一代信息技术挖掘长尾市场，深入了解居民多样化的消费习惯及模式，不断开拓新的服务需求空间，通过发展线上—线下（online to offline，O2O）、消费者—消费者（person to person，P2P）等新兴商业模式，在家政、餐饮等传统服务行业形成基于互联网应用的新业态，推动传统服务业品质化、多样化发展。

第二，在实施《中国制造 2025》过程中加快发展服务型制造。一是大力发展智能制造。制造智能化是发展服务型制造的重要内容。通过提升企业自主创新能力，围绕智能制造领域的核心关键技术进行攻关，加快工业互联网核心支撑软件的研发，积极参与全球智能制造标准体系建设，推动先进制造工艺和生产设备在制造企业的普及应用，充分发挥我国庞大制造产业规模的基础支撑作用。二是推动服务型制造新业态发展。加快破除服务型制造发展的体制障碍，推动投资主体多元化，鼓励制造企业由提供产品向提供产品全生命周期服务转变，推动逆向信贷、仿真设计、网络精准营销、网络协同研发等新业态发展（童有好，2015）。选取服务型制造发展中的突出领域和示范企业，总结发展经验，在其他相关产业领域内进行推广。

第三，加快发展服务业新业态。一是培育多层次发展主体，提升我国服务业新业态的国际竞争力。面对具有极强规模经济和高成长性的新业态，一方面应打造一批具有较强自主创新能力、产品竞争力强、影响范围广的大型企业，鼓励和支持企业在全球范围内扩张业务，充分发挥大型企业的竞争优势和示范带动作用；另一方面，应鼓励创新创业，进一步推广众筹、众创等新型创业模式，充分发挥中小企业创新活力强、市场适应能力强的优势。二是建立和完善服务业新业态选择培育机制。加强企业—政府—高校间的创新合作，构建服务业新业态创新网络以推动技术创新和商业模式创新。改革政府统计制度和方法，建成与服务业新业态相适应的统计体制。推动服务业新业态"成本投入—产出效益"评估体制建设，科学量化新业态的商业化潜力，有效支撑新业态的发展。

第四，推进共享经济等服务业新业态健康发展。一是创新新业态监管模式。面对新经济、新业态发展所需的高包容性、高开放性的市场环境，应突破现有的行业监管模式及立法策略，制定科学的、先进的政府监管机制，加快行业自律协会建设，打造政府监管与行业协会相互配合的监管体系。通过建立多部门合作的信息安全监控系统，推动我国具有自主知识产权的硬件设施和网络软件的应用等,加强信息安全管理。二是加快我国个人信用体系建设。共享经济等新业态的发展在很大程度上依赖个人信用体系。应尽快制定与个人诚信相关的法律法规,明确相关的失信惩罚措施,扶持一批现代化的征信部门和信用评级机构,引导和壮大社会对于相关信用产品的需求,逐步建立与新业态发展相适应的个人信用体系。

第二节 基于工业革命视角的文化创意产业发展演进历史分析[①]

一、第一次工业革命:创意产业发展的萌芽期

第一次工业革命主要发生在18世纪60年代至19世纪40年代的英国,以蒸汽机的广泛应用为标志,最终机器大工业在国民经济中取得优势地位。在此过程中,创意产业并未形成独立、完整的产业形态,而是更多地表现为发明创造、技术创新以及文化领域的变化等。

总体来说,在第一次工业革命中,英国经济获得快速增长,相应的产业结构也得到较快调整。1801~1881年,英国国民收入从2.32亿英镑增加到10.51亿英镑,增长了近4倍。国民收入中农业占比从34%下降至12%,工业占比从28%增加至43%,贸易与交通占比从16%上升至25%,房屋建筑也从4%上升到9%,三者总和在1881年已达到国民总收入的77%(见表8-1)。与此同时,就业结构也发生了相应变动,工业就业人员比重从29.7%上升至43.5%,占比近一半;而农业就业比重则急剧下降,到1881年下降为12.6%(见表8-2)。

表8-1 1801~1881年英国国民收入与经济结构

项目	1801年	1811年	1821年	1831年	1841年	1851年	1861年	1871年	1881年
国民收入(亿英镑)	2.32	3.01	2.91	3.40	4.52	5.23	6.68	9.17	10.51
农业占比(%)	34	37	30	28	24	21	19	15	12
工业占比(%)	28	27	34	37	39	40	41	42	43
贸易、交通占比(%)	16	14	16	16	17	19	20	25	25
政府、国防占比(%)	8	10	6	5	4	4	5	4	4
房屋建筑占比(%)	4	5	6	6	8	4	8	8	9

资料来源:高德步,《英国的工业革命与工业化》,中国人民大学出版社2006年版,第164页。

[①] 杜传忠、郭美晨:《基于历史与逻辑视角的工业革命与创意产业发展关系研究》,载于《东岳论丛》2015年第9期。

表8-2　　　　　　　1801~1881年英国工农业就业结构　　　　单位：%

分类	1801年	1811年	1821年	1831年	1841年	1851年	1861年	1871年	1881年
农业	35.9	33.0	28.4	24.6	22.7	21.7	18.7	15.1	12.6
工业	29.7	30.2	38.4	40.8	40.5	42.9	43.6	43.1	43.5

资料来源：高德步，《英国的工业革命与工业化》，中国人民大学出版社2006年版，第165页。

这一时期，英国产业结构所发生的最为深刻和显著的变化是近代工业体系的建立。蒸汽动力的发展以及生产的机械化推动了纺织、煤炭和冶金业的崛起，与此同时，机器制造业和现代交通运输体系的建立，促使世界第一个大工业体系真正建成。值得注意的是，这一时期伴随着近代工业体系的建立，英国城市化得到快速发展，相应地第三产业迅速兴起。大工业发展所需的劳动力和交通运输的进步促使农村人口大规模向城市转移，商品化的城市经济替代农村自然经济，许多新兴工业城市发展起来。随着城市人口的逐渐增多，在经济专业化达到一定水平后，运输、通信、金融、保险、医疗、卫生、教育、娱乐、旅游、商业等城市服务业快速发展成为独立的专业化行业，行业的劳动就业不断增加，1700~1850年，英国农业比重从36%下降到21%，而工业和服务业比重则分别从30%和34%增加到43%和36%，服务业成为城市中吸纳劳动力仅次于工矿企业的重要产业。[①]

在第一次工业革命中，作为服务业一个具体行业的创意产业的概念尚未提出，但在当时英国服务业中，与科技发明密切相关的产业已经开始发展，这实际上就是创意产业的萌芽。当时英国的社会价值观向提倡科学、理性、创造性的工业文明转变，政府也更加重视脑力劳动创造的财富与价值，并通过专利制度鼓励和保护创造发明。1624年英国颁布了世界上第一部现代意义的专利法——《垄断法规》，刺激了大量的技术发明及其生产应用。如通用蒸汽机获得专利权后蒸汽锤等更多新工艺被发明并运用于机器制造与生产，通过专利技术建造大型工厂也极为普遍（曹交凤，2010）。随着钢铁业的发展，除了武器和农具，餐具、装饰品等工艺品也是主要的制造产品。贱金属装饰品适应了大众消费，发展为具有一定规模的产业，金属餐具开始在社会下层流行。金属纽扣、胸针、表链等都是19世纪上半叶最流行的装饰品，餐具、厨房器具、缝纫机等作为耐用消费品进入家庭生活且款式不断多样化，质量不断提升，陶瓷、玻璃、家具等五金器具也开始向大众化发展（高德步，2006）。这些产品中都包含一定程度的创意成分，因而可以看作创意产业的萌芽。

[①] 龙福元：《产业革命论》，吉林大学出版社2008年版，第90页。

二、第二次工业革命：创意产业发展的起步期

19世纪70年代，以电力的广泛应用、内燃机和新交通工具的创造以及新通信手段的发明为特征的第二次工业革命在西方国家出现，人类社会由此进入电气时代。这一时期美国、德国后来居上，成为当时最发达的国家，工业结构也相应地由以轻工业为主转为以重工业为主导。

伴随着工业的快速发展和结构的调整，创意产业得到快速发展。首先，电影、广播行业萌芽并迅速发展。工业革命提高了社会收入水平，促进了社会消费结构的变化，民众开始关注更高层次的精神需求。无线电、电视机、放映机等新技术的推广带来文化产品制造规模和传播途径的扩张，美国的电影、广播等文化行业萌芽并快速发展，版权产业①开始出现。20世纪20年代中后期，电影产业已成为美国的重要产业，1926年总投资达10亿美元，即使在1929年大萧条期间众多产业受到重创的情况下，电影业的发展也未受影响，反而成为美国国内唯一赚钱的行业。1920年世界第一家广播电台——美国KDKA正式运营，无线电广播成为新的大众传播手段，并极大地提升了收音机的购买需求，1924年收音机销售额达3.58亿美元。20世纪二三十年代成立的美国著名的三大广播网——全国广播公司、美国广播公司和哥伦比亚广播公司至今仍是美国广播电视产业的中流砥柱。②

其次，广告业的出现。由于工业规模的扩大和技术的提升，工业品产量大增，厂商为了尽快将生产出的大量产品销售出去，开始进行产品推销和广告宣传。美国是现代广告的发源地，1869年费城成立的埃尔森（AyerSon）广告公司是现代广告公司的先驱。在现代化通信传播手段发展下，1922年美国商业广播电台首次开播广告业务。1923年美国最大的广告公司——杨·罗比肯广告公司创办，并利用一切可能利用的媒介，为消费品制造业和消费服务业提供全面的服务。广告与企业建立起了紧密联系，为企业提供产品与市场分析、检查销售方法、研究媒介、制订广告计划并测量广告效果等全方位服务，并起到了行销商品的先驱作用。

最后，科技发明与专利保护的加强。第二次工业革命中，美国依靠鼓励本国科技创新，同时引进和创造性地应用外国先进科学技术，快速推动产业革命进程和新兴产业的发展。美国尤其重视科技的发明创造，并通过制定实施专利法保护

---

① 也是美国之后对创意产业的定义，包括核心版权产业、交叉版权产业、部分版权产业和边缘版权产业。

② 江肖文：《美国文化产业的发展分析及对我国的启示》，首都经济贸易大学经济学院硕士学位论文，2013年。

创新和知识产权。1790年颁布首部专利法，1836年进行了大规模修订，由此奠定了现代美国专利制度的基础，并极大地促进了美国技术创新和产业发展。可以说，伴随着第二次工业革命的发展，发达国家创意产业的某些业态已开始出现，如核心版权产业中电影、广播电视、广告服务，交叉版权产业中电视机、收音机等设备的制造等。

三、第三次工业革命：创意产业发展的加速期

（一）第三次工业革命的兴起为创意产业提供了十分有利的发展机遇

早在20世纪70年代，美国就开始第三次工业革命的探讨。信息技术的快速发展和变革推动经济体系进入第三次工业革命，产业研发结构由大企业主导下的封闭式创新转向了以中小企业为主的开放式创新。进入80年代后，能源枯竭和全球可持续发展的压力使传统工业经济模式向"后碳时代"的新模式转型。2011年杰里米·里夫金提出"第三次工业革命"，即互联网和绿色能源的使用和融合所催生的新工业革命；2012年保罗·麦基里指出第三次工业革命的核心即制造业数字化，同时部分制造业将重返发达国家。

第三次工业革命使全球产业结构和经济模式发生巨变，并为创意产业的发展提供了诸多机遇。第一，产业结构重心趋向信息化和知识化。发达国家产业结构由资本技术密集型转向知识密集型产业，各国纷纷实施科技创新战略，将信息与知识在投资、生产、贸易各领域高度运用，创新改造传统制造业生产模式，更加注重研发在制造业中的导向作用，大力发展以高新技术为支撑的生产性服务业。知识活动产业化和社会知识经济化成为各国产业转型和经济发展的主要推动力，创新经济时代到来。第二，传统生产方式转向分散式和社会化生产。建立在可再生能源、新材料的利用以及互联网的整合与分配之上的、以3D打印为基础的数字化生产，使每个经济个体都可以成为生产者，并利用互联网进行产品设计、研发、制造和销售，客户个性化、定制化需求不断得到满足。第三，二、三产业更加深度融合。数字化、网络化、智能化、服务化、绿色化、个性化的新制造模式即将全面出现，制造业更加关注研发、工业设计、物流、市场营销、品牌管理和产品维护等价值链上的服务环节，企业的组织方式、产业链、商业模式越来越多地受到服务环节的影响。制造业产品不仅是实体价值的体现，更是与该产品配套的包括信息系统、配套软件、操作程序和维护服务在内的完整服务系统（王晓红等，2013），制造业服务化趋势更加明显。

伴随着生产性服务业的发展，作为其中重要组成部分的创意产业也迅速发展起来。英国最早以政府名义在1998年《英国创意产业路径文件》中明确提

出创意产业，即"那些源于个人创意、技术及才华，以及那些通过创造和利用知识产权从而创造财富和就业岗位的产业"，并在2014年重新划分产业分类，包括广告及市场营销、建筑、艺术、设计、影视、IT软件及计算机服务、出版、博物馆、音乐表演及视觉艺术。联合国教科文组织（2006）将创意产业定义为：结合创意生产和商品化等方式，运用无形的文化内涵，创造出内容密集型的产业活动，且这些内容基本上受著作权保护，形式是物质的商品或非物质的服务。《2008创意经济报告》中指出，创意产业以知识为基础，将创意与知识资本作为初期投入，涵盖了从传统到更加技术密集型与服务导向型的经济类型，是创作、生产和销售产品与服务的循环过程。由此可见，创意产业在第二产业面临转型，第三产业不断壮大，二、三产业加快融合的基础上应运而生，它以原创性和创造力为核心，利用数字化的高新技术超越传统文化产业，并不断产生创意新业态，是现代服务业的高端形态以及制造业和经济发展的新增长点。

（二）第三次工业革命条件下创意产业发展的基本态势

自20世纪末欧美发达国家开始重视创意产业并推动其快速发展以来，创意产业对发达经济体经济增长与就业的贡献巨大。在世界知识产权组织对30多个国家和地区以版权产业为基础的创意产业经济贡献度调研中显示，创意产业对GDP贡献度均大于3%，最高的超过10%，平均值达5.4%，对就业的贡献率平均值高达5.6%。在第三次工业革命的全新制造模式下，创意产业发展主要呈现以下发展新态势。

第一，创意产业加速全球化。联合国贸易和发展会议2008年发布的《创意经济报告》指出，创意产业现已成为全球贸易中最有活力的新兴产业之一。全球对创意产品和服务的需求持续增长，贸易结构也不断优化。联合国贸易和发展组织提供的数据显示，2002年全球创意产业出口总额为2606亿美元，到2010年已达5595亿美元，其中创意产品和创意服务分别占68.5%和31.5%，设计产品的份额持续几年保持40%以上。在创意产业全球化进程中，跨国公司和国际合作起着重要的推动作用，同时发达国家占据着主导地位。各大跨国公司凭借其技术先发优势和全球经营优势，加强全球范围内的知识产权保护，整合资源，加快并购重组，通过创意产品的直接出口、资本扩展、品牌推广、管理模式输出等形式推动创意产业的国际化扩张，并占据着世界创意市场的主要份额。发达国家具备核心技术和关键创意优势，通过制造或服务外包、引进专利进行生产、品牌授权经营等方式进行创意产业的海外扩张，同时也推动着全球创意产业向高科技化、规模化和垄断化方向发展（王羽，2010）。

第二，创意产业数字化与高技术化。保罗·麦基里（2012）认为，第三次工业革命是"以数字化制造为标志的工业革命",其核心"制造业数字化"即网络信息革命和材料技术革命的结合,包括智能软件、工业机器人、3D打印机和一系列更加专业的网络服务等新技术和高科技产品不断涌现,不仅使大规模定制的制造业新模式得以实现,同时还降低了人力成本,发达国家海外代工的产品因此逐步移回本土进行生产。制造业数字化的要求使得创意产业与科技高度融合,并呈现出数字化和网络化特征。大数据和云计算等新技术的运用,不仅使创意产品的制作周期缩短、制作成本降低、内容形式更加创新、销售渠道更加便捷,有效提升了创意产业回报率并吸引了更多投资,还催生了互联网创意产业、数字内容创意产业等新业态,创意新业态又为新技术提供了内容支撑。在互联网经济下,网络传播与扩散使创意产业产品与服务的正外部性得到加强,从而使数字化、网络化、科技化的创意经济模式更加深刻地植入制造业产业链中。

第三,创意产业与传统制造业深度融合。随着第三次工业革命的发展,特别是互联网时代的到来,经济一体化的趋势更加明显,融合创新成为一国经济与产业持续发展的动力源泉。创意产业作为低污染、低能耗、高附加值、高知识性的新型高端服务业,在与制造业融合发展、跨界合作上有着先天优势,不仅可以改善产品和服务的质量,满足多样化消费需求,还能催生新业态,带动就业,推动产业创新和结构优化。第三次工业革命创造了模块化组织形式和开放式网络状生产的新型制造模式,产业链也由原本封闭的线性逻辑转化为模块之间相互链接的网络状关系(李健,2011),创意产业可参与、渗透并嵌入制造业产业链的各环节,实现产业链的延伸与增值。众多制造业企业为突破发展"瓶颈",纷纷从以制造环节为主的价值链向注重服务环节转型,从设计、研发、质控、采购、生产、营销和服务各个环节发挥互联网大数据的智联效应,从营销智能化、客户资源化、服务规范化、自我设计体验化等多方面准确响应客户的个性定制需求,建立以客户服务与品牌价值双驱动的价值创造模式,最大限度提高制造业产品附加值。在重塑制造业竞争力上,对于高端装备制造业,创意产业尤其是工业设计可基于新技术、新工艺、新装备、新材料的设计应用研究,加强对产品外观、结构、功能等的设计能力,推动服务领域的延伸和服务模式的升级;对于消费品工业,创意产业可提升新产品的设计和研发能力,通过传统文化与现代时尚元素的结合,打造品牌、提高质量、增加多样化供给;同时,作为从创意、策划、设计、制造到营销的完整商业创新行为,创意产业通过创新管理经营模式,可形成并强化制造业企业的自主品牌价值,提升其经营效益和竞争力。

第四,知识产权保护提升至新高度。知识产权是创造性的智力劳动对其智力成果的专有权,一般包括文化产权(版权)和工业产权(专利和商标)。许多发达国家如美国直接将创意产业称为版权产业。知识产权作为一种高知识含量的生产要素，被认为是创意产业的基石。随着世界经济竞争与产业竞争日趋激烈，创意产业与制造业融合发展态势日益深化，设计专利成为各国和各大制造业企业争夺的焦点，知识产权成为创意产业与制造业融合下的核心竞争力。利用知识产权制度实现知识和技术资源的产权化和资本化，进而在国际经济活动中占据主导，已经成为发达国家的一项基本国策（刘秀莲，2009），如韩国的《纺织产业、技术外流及保护产业技术法》、日本的《国际标准综合战略报告》。作为全球创意产业最发达的国家，知识产权一直是美国经济发展的首要引擎。美国政府公开的2012年数据表明，知识产权集约型工业已经成为美国经济的支柱，仅2012年就新提供了至少4000万个就业岗位，对美国经济的贡献超过5万亿美元，占当年国内生产总值的34.8%。[①] 美国的知识产权体系保护涵盖了政府、企业、学术界等社会各主体，学术界尤其是高校和国家实验室在申请专利、产学研结合、技术转移及创办高新技术企业方面作用巨大。如美国"高校—产业"科技转让领域最活跃的机构——斯坦福大学技术授权办公室（Office of Technology Licensing，OTL）能够自主管理斯坦福大学创新技术的知识产权，接收来自学校的发明，评估其商业可行性，并决定何时将它们授权给产业界以便把科技成果转化为生产力。谷歌便是从斯坦福大学技术授权办公室中通过网页排名专利孵化的（徐志强，2006）。可以说，美国如今在全球科技、经济中的领先地位与其强大的创新能力和严格的知识产权保护密不可分。

四、工业革命演进与创意产业发展的内在逻辑与机理分析

通过对三次工业革命演进以及其间创意产业的萌芽、产生与发展的分析可知，工业革命的演进与创意产业的发展之间存在着内在逻辑关系，创意产业从工业革命中产生又不断推动着工业革命向前发展。

（一）工业革命演进与创意产业发展的内在逻辑

第一次工业革命中的创意产业只是体现为一些发明与创新。工业部门不断扩张的生产需求推动了一系列重大发明和技术创新的出现，最初的创意经过科学家的不断改造与实践，最终变为创新成果并运用于农业和工业领域，推动了生产力的提高和产业的发展。第二次工业革命中，科学技术的突飞猛进在产业结构、生产关系和整个社会经济领域引发了重大变革。生产力的极大提升、市场需求的扩大以及政府对科技和教育的重视催生了更多的发明创新，推动了产业发展并产生了新的创意业态。伴随着社会收入水平的提高和物质资料的日益

[①] 赵建国：《美国GDP：知识产权"入列"》，载于《中国知识产权报》2013年7月10日。

丰富，民众开始关注更高层次的精神消费需求，无线电、放映机等新技术的推广扩张了文化产品制造规模和传播途径，广播、电视、电影、音像等影视文化类的内容创意产业产生。随着工业化的推进，新工艺不断出现，工业规模持续扩大，企业为了将产品尽快销售出去，开始进行产品推销和广告宣传，广告业等咨询策划类创意产业产生。在知识经济时代，互联网、新能源、新材料的使用和融合催生了第三次工业革命，制造业向数字化、智能化、信息化方向发展，发达国家产业结构转向知识密集型产业，创新成为一国保持产业和经济竞争力的源动力，创意经济和创意产业受到前所未有的关注。计算机、信息技术、互联网的飞速发展使得一系列基于网络服务的新产品和服务出现，互联网信息服务、软件和计算机服务等互联网创意产业在信息经济和知识经济下快速发展，极大地促进了技术的推广以及不同行业之间的沟通与合作。设计服务、咨询策划、电信与网络服务等创意产业加速向现代制造业生产的前期研发、设计，中期管理、融资，后期物流、营销、售后、信息反馈等全过程渗透（刘秀莲，2009），制造业与创意产业融合趋势愈发明显，创意产业成为重塑制造业竞争力的重要战略选择。

三次工业革命演进中的创意产业发展情况如表 8-3 所示。

表 8-3　　　　　　三次工业革命演进中的创意产业发展

进程	第一次工业革命	第二次工业革命	第三次工业革命
时间	18 世纪 60 年代到 19 世纪 40 年代	19 世纪 70 年代到 20 世纪初期	20 世纪末至今
代表	英国	美国	世界范围内
经济结构特征	国民收入快速增长，以重工业为主的近代工业体系建立，工业机械化和交通运输业发展，城市化带来第三产业的兴起	基本实现工业化，以钢铁、煤炭、机器制造、电气等重工业为主的工业占据国民经济主导；橡胶、石油、电力等新兴工业部门崛起	产业结构重心转向信息化和知识化；世界制造业格局变动，发达国家重塑制造业竞争优势；分散式、社会化生产模式；二、三产业深度融合
创意产业情况	尚未形成单独产业，更多表现为工艺的改进、发明创造和技术创新；消费需求的多样化促使娱乐、旅游、商业等服务业产生；科学、文化、教育得到重视	电影、广播、电视行业迅速发展；广告宣传出现；专利制度建立，更加注重科技发明和知识产权保护	创意产业全球化进程加快，并向数字化、高科技化方向发展；创意产业与传统产业尤其是制造业深度融合；知识产权保护提升至新高度

（二）创意产业发展演进的内在机理

1. 创意产业的形成机理

首先，持续增加的市场需求是创意及创意产业产生的动因。第一次工业革命中棉纺织部门的市场需求和生产发展催生了创意思维的形成，创意思维进而转化为新工艺和发明创造，推动了生产规模的扩大和生产能力的提高，随后又在生产的推动下继续创新与改进，如此循环往复推动工业革命不断向前。人们物质生活水平极大提升后，需求结构也呈现出个性化和多元化的发展趋势，由追求功能价值向观念价值和精神价值转移。各种创意产品和服务以产业的方式批量生产，出版业、电影业、广告会展业等蓬勃发展。随着知识经济时代到来，知识资本和智力资本取代传统的实物资本成为决定产业价值增长的核心要素，创新成为保持产业竞争力的主要因素，为满足个性化定制需求，以工业设计等为代表的创意产业，通过文化内涵和创意元素的投入以及品牌营销的创新服务，在提升传统产业尤其是制造业附加值中发挥的作用越来越大。

其次，科技进步是创意产业不断发展的动力源泉。科技进步是推动产业结构高级化的最重要因素。技术创新使传统产业部门利用新工艺、新装备来提高生产效率，推动了原有产业组织结构和产品的更新换代，新技术、新产品、新传播途径为创意产业的发展演进提供了物质基础。如无线电等通信技术革命使得广播电台、电视、电影等近代电讯事业产生，内容创意产业出现；交通运输技术的进步为旅游业的发展提供了物质条件。20世纪80年代后高速发展的信息技术成为世界各国尤其是发达国家改造传统产业、提高资源利用效率、提升产品附加值和产业国际竞争力的主要手段。信息化使得全球资源得到共享，推动了一系列基于信息网络的创意产品和服务的出现，消费型创意产业稳步发展，设计服务和咨询策划类创意产业成为改造传统产业的有效手段，创意产业的门类更加齐全，产业结构更加合理，产业链不断延伸。

2. 工业革命进程中创意产业对制造业的渗透与扩散机制

在工业革命的推进下，创意产业从萌芽、产生到发展，受到经济社会越来越多的关注，产业规模持续增大，对制造业等其他产业以及经济转型的推动作用也更加强大。创意产业以创造力、知识产权为核心要素，不仅包括传统的物质资本，还综合了人力资本、智力资本、文化资本、社会资本，由创意主导的核心产业可以衍生出大量的支持产业、配套产业和衍生产业（曹如中等，2010），产业关联效应和辐射、渗透效应明显。在科技的作用下，创意元素渗透到传统制造业部门，与传统制造业互有交互，并位于价值链的高端位置，通过创意强大的辐射效应和知识溢出效应，促成不同行业领域之间的交流、合作与重组，进而推动传统制造业的升级。创意产业价值链的延伸将激发创意市场和制造市场的双重潜力,通过对制造业的嵌入与渗透,从前端提高研发设计能力,专注制造业产品的性能、质量、外形,提升产品设计的顶层起点,同时在后端将创意理念注入制造业的品牌营销与服务渠道,优化制造业的商业模式与经营效率,不仅能够促进制造业持续强劲发展,由点到面的规模化效应反过来又可增强创意产业的整体实力(陈慧颖等,2012)。

创意产业在发展与传递过程中往往出现核心趋向和集聚趋势,由此创意产业园区或创意产业集群涌现,并将学习效应、竞争与创新激励、知识溢出效应加速扩散,增大创意产业发展规模,拓展市场需求,助推众多产业融合发展。在集聚形成的创新网络和学习系统下,区域内的创新与竞争能力得到强化,从而在创意设计、工业设计、软件开发、网络服务、电子商务等各领域为制造业提供更好的创新产品与服务,实现价值链高端延伸。创意产业园也成为各国增强创新能力、服务制造业、重塑产业竞争力的重要战略选择。

3. 第三次工业革命完成后创意产业对其他产业及经济社会的支撑机制

杰里米·里夫金(2012)认为第三次工业革命就是最后一次工业革命,在第三次工业革命的过渡下人类社会将进入协作时代。第三次工业革命将带来大量智能化的基础设施建设,制造业更多的转向技术,众多自动化工作间将取代工厂车间的大规模劳动;服务业通过语音技术、人工智能技术等应用朝智能化方向发展,市场将由少量专业职业人士通过专业技术来经营管理。创意产业不仅仅是生产性服务业,作为高智能化和现代知识密集型的高附加值产业,它的创意资源存在于第一、第二、第三产业的产业链高端。这些高附加值的资源经过重新整合,在拓展传统三大产业内容的同时也将不断创造出全新的产业部门,极大地提高三大产业的附加值,带动三大产业高级化发展,同时提供更多的创业与就业机会。在技术创新和文化创意两大引擎下,创意产业将为推动经济各领域创新、传统产业转型升级和社会经济可持续发展构建起强大的支撑体系。

总之,创意产业从工业革命中萌芽、产生、发展壮大,并对制造业和经济发展产生越来越强的促进作用,推动着工业革命不断向前发展。在知识经济和互联网时代,凭借第三次工业革命引发的制造业数字化、智能化、网络化变革契机,创意产业与制造业等其他产业更加深入融合,成为世界各国尤其是发达国家重塑制造业创新竞争力、占据新一轮国际竞争主导地位的重要战略选择。创意产业在以创新设计引领第三次工业革命走向的同时,也必将凭借其高知识密集度、高附加值、高产业关联性,为产业转型升级以及社会经济可持续发展构建起强大的支撑体系(杜传忠和郭美晨,2015)。

第三节 我国文化创意产业促进制造业升级的作用机理及效应分析[①]

一、问题的提出

自20世纪90年代英国政府正式提出创意经济的概念后，文化创意产业受到越来越多国家，特别是发达国家的关注，成为推动经济与产业转型发展的战略重点。随着第三次工业革命的到来以及发达国家"再工业化"战略的实施，我国制造业升级面临的机遇与挑战并存，产业模式亟须向创新驱动与低碳化方向转变。在知识经济与互联网时代，以创新、科技和知识为核心的文化创意产业无疑是促进制造业升级的重要驱动力。

文化创意产业对于引领自主创新、整合优化价值链高端要素资源、促进制造业转型升级以及创新型经济的发展具有重要推动作用。阿迪力（Adil，2008）指出经济社会已从"产品制造"转向"思想创造"，从依赖大规模劳动力进行生产的时代转向基于知识、科技和文化创造力的知识经济时代。波茨（Potts，2009）认为文化创意产业是服务经济所不断创造的新产业中的核心环节，是经济演化机制中至关重要的组成部分，文化创意产业通过知识创造等多种形式的创新推动着经济增长与技术进步，是产业与经济转型升级的催化剂。我国学者厉无畏和王慧敏（2006）指出文化因素与科技含量有机融合的文化创意产业能够通过资源转化、价值提升和结构优化来促进经济增长转向"以人为本"的创新经济增长模式，同时使传统制造业结构趋于柔性化。路甬祥（2012）也多次强调以创新设计为主导的文化创意产业必将引领未来制造业绿色智能、交叉融合、共创共享和可持续发展的新模式。因此，以创新作为产业结构调整和竞争力提升动力，通过促进文化创意产业与制造业相互渗透与融合，提升制造业发展能级，是当前我国实现制造业转型升级的重要路径，也成为本节研究的切入点与重点。

二、我国文化创意产业促进制造业升级的作用机理分析

文化创意产业最早由英国于1998年提出，是一种以创意思想和创造力为核心，以先进技术和创造性活动为手段，进行知识产权的开发利用，生产创意产品

[①] 杜传忠、郭美晨：《我国创意产业促进制造业升级的作用机理及效应分析》，载于《江淮论坛》2015年第4期。

并实现价值增值的新兴产业。文化创意产业融文化创意、科技创新和经济效益于一体（张京成和刘光宇，2007），附加值与产业关联度高，融合性、渗透性与带动性强，作为以创新为核心的高知识密集型服务业，其在数字化、智能化、信息化、绿色化的制造业发展新态势中具有重要驱动作用。文化创意产业促进我国制造业升级主要通过以下机理来实现。

（一）创新机理

随着全球产业分工的不断深化和第三次工业革命的到来，我国制造业要摆脱依赖低成本比较优势的出口导向型增长模式，就必须抢占创新高点，通过创新驱动提升产品的创意内涵与创新价值，开拓新的市场。因此以创意、创新为主要元素的文化创意产业无疑是传统制造业升级的重要驱动力。

首先，创新机理包含了内生性自主创新，一方面主要是指通过文化创意产业作用于制造业从而引发制造业的产品创新。在日益严峻的竞争压力下，制造业企业只有加速增强自主创新能力，建立产品的差异化竞争优势，才能在激烈的国内外竞争中获取利润、拓展市场。通过文化创意产业对制造业的渗透、融合与优化，全方位提升制造业产品的文化含量、附加值与创新性，进而增强差异化竞争优势。苹果公司在制造业领域的强大竞争力很大程度上依靠的就是创意，通过技术与艺术的完美结合，更好地满足了客户对于产品内涵的心理需求。

另一方面，创意企业在研发新产品时所产生的知识溢出效应，对于制造业企业（尤其是产业集群或产业园区中的制造业企业）的技术进步也会带来促进作用。知识溢出即企业的研发活动对其他企业的生产所产生的正外部效应（孙晓华，2012），企业研发所得的新技术与新知识可快速通过不同的渠道（如人员流动、中间产品投入）传播给其他企业。文化创意产业的知识溢出效应十分强大，制造业企业可以不断吸收创意企业的创新知识、创新人才与创新思维，利用创意企业的知识溢出效应强化自身的技术创新，进而降低技术更新与产品研发成本，提高对关键技术研发的投入，增强制造业企业的生产和自主创新能力。

其次，外生性商业模式创新。商业模式创新即从客户的角度出发，以客户与企业自身创造和增加价值作为重点，将全新的商业模式引入制造业生产体系。商业模式创新是系统的、集成的创新形式，包括提供全新的或以全新的方式提供产品与服务、拓展全新的产业发展空间等，从而提高企业的盈利能力和战略性竞争优势。商业模式创新一般有四种方式，分别是改变收入模式、改变企业模式、改变产业模式（尹一丁，2012）。通过文化创意产业融入制造业，引发制造业的商业模式创新，进而推动制造业升级的具体实现路径如下。第一，改变收入模式，即开发消费者的新需求来确定新的产品价值定义。在消费经济时代，消费导向已取代产品导向，消费者既是产品的消费主体也是设计主体，不仅满足于产品的物质性功能，更加追求其精神价值。传统制造业的重复生产、大规模制造及追求低成本更多带来的是一般性消费品，通过注入文化创意产业的新思维、新模式，使制造业产品增添更多的创造性及文化内涵，不仅能够满足消费者对产品设计与创新的内在价值需求，还能够通过产品的创意提升来增强消费者的潜在购买力，从而形成新的市场需求，极大地提高制造业产品的差异性和竞争优势，带动制造业转型升级。第二，改变企业模式，即改变制造业企业在产业链中的角色与定位。当前制造业企业越来越多地将自己不太擅长的工业设计与品牌营销环节外包给创意企业与设计公司，自身则重点发展具有竞争优势的关键战略环节。这一方面可以集中有限资源投入核心环节运作，降低生产成本，提高生产效率；另一方面可以补足企业在设计、营销上的短板，增加产品附加值并提升品牌形象，从而改变制造业企业的商业模式及其在产业链中的位置，实现产业链的整合、完善与延伸。第三，改变产业模式，即通过整合现有资源进入新的产业领域。在当前制造行业竞争日益激烈的情况下，通过文化创意产业尤其是工业设计等对制造业的融入，对市场需求进行细分，进而研发出能够开拓产业新领域的具有创意性的全新制造产品。如顺德的"中国南方智谷"基地已启动建设老年产品研究中心，与设计机构、高等院校、运营公司等共同进行老年产品（如智能拐杖、服药提醒器等）的研发设计，工业设计由此带动了一个专门针对老龄用户群体使用习惯开发的新产业的形成。[①]

最后，开放式海外合作创新。我国文化创意产业发展历史较短，与发达国家相比，我国在文化创意产业的规模、产权保护、人才培养、投融资体系以及与其他产业的互动融合等方面仍有很大差距。因此，在依靠本国创意企业与制造业有机融合，提升自主创新能力以推动制造业升级的同时，也要主动学习发达国家和地区文化创意产业发展经验，特别是知识产权保护、创意人才培养以及与制造业互动融合等方面的做法。我国制造业已经越来越深地融入全球产业链体系，因而更要基于全球产业分工进行资源整合与利用，实现包含技术、产品、模式等在内的全方位创新过程的开放，对所引进的先进技术和经验加以学习、消化、吸收并进行再创新，实现我国制造业持续创新能力的快速提升。

（二）价值链机理

1985年，迈克尔·波特（Michael Potter）在《竞争优势》一书中指出，企业的价值链是由一系列价值创造活动构成的，这些活动相互联系又相互分离，分布于从供应商的原材料获取到最终产品消费时的服务之间的每一个环节中。随着产业内部分工不断深化，许多企业都把价值创造活动中的非战略性核心环节外包

---

① 张培发：《"顺德设计"升级"广东制造"》，载于《南方日报》2011年11月10日。

出去，将企业内部有限资源集中于价值创造力高、比较优势强的核心战略环节并重点发展，即拆除"短板"与加长"长板"，降低成本、提高生产效率，从而最大幅度提高价值。

从制造业价值链的微笑曲线看，前端为研发、设计、采购、材料等环节，以知识经济和知识产权为主导；后端为品牌、物流、营销、金融、服务等环节，以品牌和综合服务要素为主导；中端是着重生产制造的加工、组装环节（见图8-4）。随着工业化进程的不断推进，制造业微笑曲线的两端更加陡峭，产业附加值向前后两端不断聚集，中端的制造环节价值下沉并进一步被摊薄。我国当前制造业主要处于附加值低、创新能力弱的加工、组装环节，制造业要得到永续发展，就必须向上下游的高附加值环节延伸，向两端索取更多的增加值。随着我国新型工业化的发展，以文化创意产业优化制造业的产业结构，通过创意对制造业的渗透、嵌入与融合，重构制造业价值链，无疑是促进制造业升级的有效选择。在制造业价值链的前端，通过加强创意研发设计能力，提升制造业产品的性能、质量、外形，注重创意内涵，从而提升产品设计的顶层起点；在价值链的后端，将创意理念注入制造业的品牌营销与服务渠道，从而优化制造业的商业模式与效率（叔平，2012）；同时贯穿整个制造业价值链始终的是提高工艺和技术水平，以降低生产成本。文化创意产业嵌入制造业价值链以推动其升级，可以通过单环节的价值链升级与多环节的价值链升级来实现。

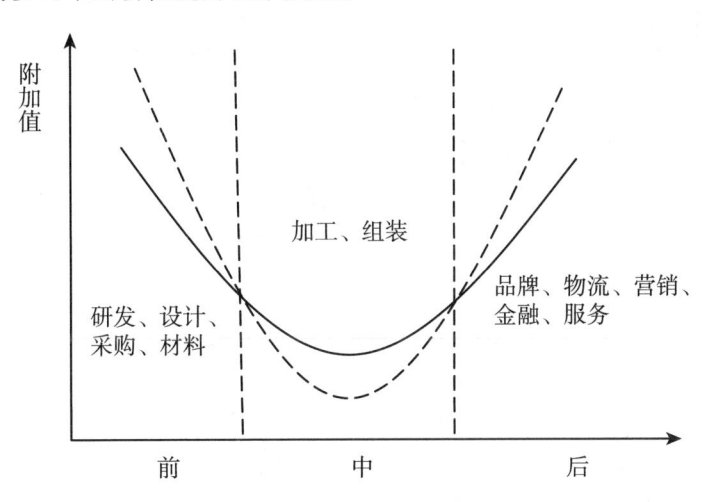

图8-4 制造业价值链

单环节价值链升级是指由于某些文化创意产业的行业专业性较强，由此可将这些文化创意产业嵌入制造业价值链的某些特定环节，为该环节提供专业化服务（见图8-5）。对我国制造业来说，在盯住价值链高端环节的同时，也不应放弃价值链的低端环节，通过"高成低就"，促进整个价值链的攀升。工业设计作为文化创意产业中发展潜力最强的行业之一，同时也是与制造业联系最密切、结合度最高的行业，其主要处于价值链的上游，可重点服务于制造业产品的研发设计环节，以提升工业产品附加值。文化创意产业中的咨询服务业与广告会展服务业等主要处于价值链下游，主要服务于企业的品牌营销，可与制造业价值链后端的品牌、物流、营销、金融、服务等重点环节结合，通过重塑制造业的营销模式与物流服务，使制造业产品顺利进入市场并被市场所接受，产业自身价值也能相应得到实现与提升。即使在制造业附加值较低、获利空间相对较小的加工、组装环节，也可以嵌入与结合相关文化创意产业，如网络信息业、软件与计算机服务业，通过发挥这些产业自身的信息优势与技术优势，降低制造业企业生产成本，提高生产效率以及企业管理效率。

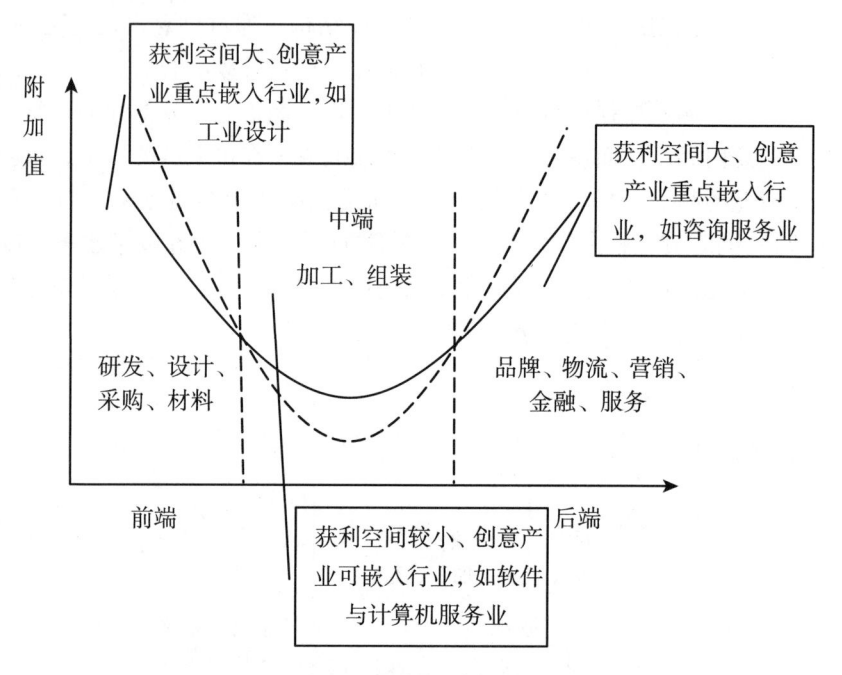

图 8-5　单环节价值链升级

多环节价值链升级要求文化创意产业在广度与深度上都有所拓展，从而形成一个全面嵌入制造业价值链各环节的产业互动网络。文化创意产业要针对制造业价值链各环节的特点与模式要求，在嵌入制造业相关环节的同时，整合并提供系统的服务，从上游到下游全面提升制造业价值链的整体经营效率与附加值。这种多环节的价值链升级不仅有利于深化文化创意产业在制造业价值链单环节上的服务，而且有利于拓展不同环节交叉领域的服务，实现整条价值链上服务的拓展与深化，从而优化价值链结构，提高价值链附加值，增强制造业竞争力。其具体作用环节和过程如图 8-6 所示。

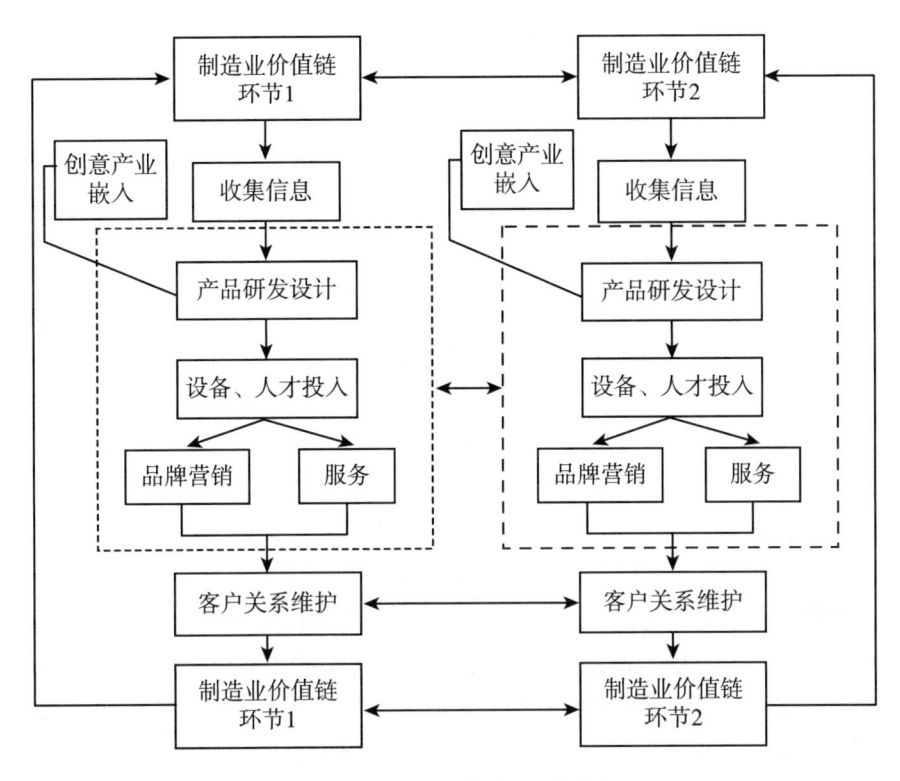

图 8-6 多环节价值链升级

(三) 产业融合机理

在当前高新技术快速发展的形势下,产业融合往往能出现新的产业形态与新的经济增长点,从而产生巨大的经济效应。文化创意产业作为具有高度渗透性和高度关联性的朝阳产业,与制造业存在着天然的耦合关系(刘友金等,2009),通过推动文化创意产业与制造业的融合,使创意理念、文化价值等注入制造业各环节,从而提升产品附加值与产业竞争力,推动制造业升级。而文化创意产业也可以依托制造业的资源优势来获得自身发展的支撑。文化创意产业与制造业的融合包含企业内部重组融合、产业链延伸融合以及市场融合,这三个层次的融合又是相互渗透、共同作用于两个产业之间,进而共同推动制造业进步的(见图 8-7)。

首先,企业内部重组融合。传统的制造业往往着重于生产制造,产品形式比较单一。文化创意产业的附加值与投资回报都较高,目前许多大型企业已涉足文化创意产业的开发,将企业的生产制造活动与创意设计活动逐渐融合,并越来越重视企业的创意服务功能,工业设计、咨询策划、营销宣传、信息服务等环节在制造过程中的作用和利润占比也越来越大。当前我国制造业结构同质化突出,产

```
制造业 ←→ 企业内部重组融合 ←→ 创意产业
        ←→ 产业链延伸融合 ←→
        ←→ 市场融合       ←→
```

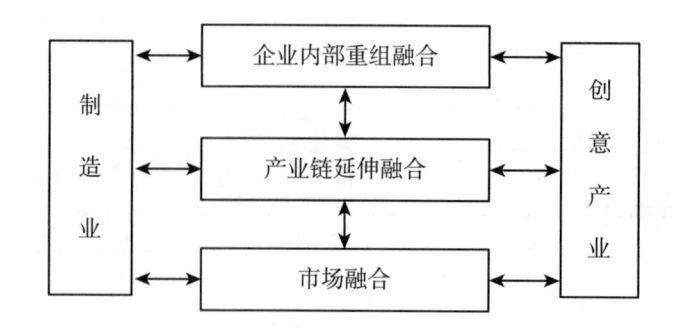

图 8-7 文化创意产业与制造业的产业融合

品差异化程度低（刘奕，2011）。许多制造业企业之间同质化产品的低价竞争非常激烈，利润却十分微薄，而文化创意产业和制造业的融合恰恰能够提升制造业企业产品与服务的差异性，进而增强竞争力。

其次，产业链延伸融合。许多中小制造企业一般将一些自己不擅长的工业设计或品牌营销等环节，通过外包形式交给创意企业进行设计经营，从而保证并进一步提升产业链的价值。制造业升级的重点发展战略之一应是产业链的两端延伸：文化创意产业融入制造业的研发设计环节，将其特有的文化与创意元素注入新产品的开发，使其具备新的价值与多样化的竞争力，增加产品附加值；文化创意产业融入制造业产业链终端的品牌营销与服务环节，使制造业产品顺利进入市场并被消费者快速接受，加强品牌打造和售后服务力度，获取更高的利润和市场份额。产业链的延伸融合需要注意两个方面：一是文化创意产业提供服务的数量规模应足够满足制造业的产业需求；二是由于制造业经济活动中的环节众多、专业化水平要求高，因此文化创意产业应不断增加与丰富创意服务的类型，提高创意服务的专业化水平。

最后，市场融合。文化创意产业与制造业融合最终能否实现，要看产业融合所产生的新产品能否适应市场消费需求，能够充分开发产品与服务的市场需求也是文化创意产业与制造业融合的价值所在。文化创意产业与制造业融合要以市场为导向，鼓励制造业企业在文化创意产业的嵌入下不断开拓新的产品市场，促进不同市场的融合，并提升制造业企业连接不断升级的新的价值网络[①]的能力。同时也要注重与海外市场的融合，在国内资金与企业的结合下引导创意融入的制造业新产品"走出去"，充分利用迅速发展的海外市场，促进国内外市场的协作共赢。

---

① 价值网络即公司为创造资源、扩展和交付货物而建立的合伙人和联盟合作系统，包括公司的供应商和供应商的供应商以及他的下游客户和最终顾客，还包括其他有价值的关系，如大学里的研究人员和政府机构。主要有以顾客需求为中心、高度协作、快速反应、低成本等特质。

三、我国文化创意产业促进制造业升级效应的实证分析

无论从理论上,还是从发达国家产业发展的实践看,文化创意产业对促进制造业转型升级、增强竞争力,都具有十分重要的作用。尤其对于作为世界制造业大国的中国而言,文化创意产业与工业制造业互动融合发展的必要性和紧迫性更加凸显。本节接下来对文化创意产业对我国制造业发展和转型升级的作用效应究竟有多大进行了简单的实证检验。

(一)变量选取、模型设定与数据来源

本节在检验文化创意产业对制造业升级的效应时,主要分析文化创意产业与制造业的融合对制造业绩效提升所产生的影响。因此选取文化创意产业与制造业的融合度为重要解释变量,由此检验文化创意产业对制造业的促进作用。首先建立如下计量模型:

$$\log Y_{it} = \alpha_i + \beta \log con_{it} + \mu \tag{8.3}$$

其中,Y_{it}是制造业产业绩效的测度变量,con_{it}是文化创意产业与制造业融合度的测度变量。考虑到制造业的产业绩效除了受文化创意产业与制造业的融合度影响之外,还会受到其他因素的影响。根据传统产业组织理论的市场结构—市场行为—市场绩效(structure-conduct-performance,SCP)分析范式,行业绩效要受到外部冲击、行业结构、企业行为等的影响。外部冲击可归纳到随机误差项之中,而企业行为的测定指标难以获取。另外,行业绩效还会受到产权结构、外部竞争以及行业开放度的影响。因此将以下控制变量加入计量模型之中:s_{it}表示制造业的市场规模,d_{it}表示制造业的产业所有权结构,o_{it}表示制造业的市场开放度。修正后的模型如下所示:

$$\log Y_{it} = \alpha_i + \beta_1 \log con_{it} + \beta_2 \log s_{it} + \beta_3 \log d_{it} + \beta_4 \log o_{it} + \mu_{it} \tag{8.4}$$

为消除异方差,所有变量都取其对数形式。模型中变量的设定如表8-4所示。

表8-4 变量设定

变量性质	变量名称	变量说明	计算方法
被解释变量	Y	制造业的产业绩效水平	制造业行业i的总产值/制造业行业i的就业人数
解释变量	con	文化创意产业与制造业的融合度	(投入产出表中的属于文化创意产业的五大行业对制造业行业i的中间投入之和/行业i的总产出)×100%

续表

变量性质	变量名称	变量说明	计算方法
控制变量	s	制造业的市场规模	制造业行业 i 的总产值/行业 i 的企业数目
	d	制造业的产权结构	(制造业行业 i 中国有企业的总产值/行业 i 的总产值)×100%
	o	制造业的市场开放度	(制造业行业 i 的(外商投资+港澳台投资)/行业 i 的实收资本)×100%

考虑到文化创意产业在我国的快速发展主要是在 21 世纪以后，因此本节选取了有投入产出表和延长表的 2005 年、2007 年和 2010 年的相关数据进行截面分析。所有数据均来源于《中国统计年鉴（2006）》《中国统计年鉴（2008）》《中国统计年鉴（2011）》《中国工业经济统计年鉴（2006）》《中国工业经济统计年鉴（2008）》《中国工业经济统计年鉴（2011）》，以及 2005 年中国投入产出延长表、2007 年中国投入产出表和 2010 年中国投入产出延长表。同时，由于目前我国在文化创意产业的概念、行业界定、统计口径等方面尚未形成统一标准，因此本节考察的文化创意产业数据是将信息传输、计算机服务和软件业，科学研究事业，综合技术服务业，教育，文化、体育和娱乐业合并作为替代变量，以便进行实证检验。制造业具体行业包括投入产出表中的 16 个细分行业[①]。

（二）计量结果及其分析

由于文化创意产业在我国起步较晚，所收集的数据时间较短，故这里不适于使用面板模型，而是利用计量软件 Eviews 7.0，分别对 2005 年、2007 年和 2010 年的截面数据[②]进行回归分析。实证结果如表 8-5 所示。

---

① 制造业 16 个细分行业分别是：食品制造及烟草加工业，纺织业，纺织服装鞋帽皮革羽绒及其制品业，木材加工及家具制造业，造纸印刷及文教体育用品制造业，石油加工、炼焦及核燃料加工业，化学工业，非金属矿物制品业，金属冶炼及压延加工业，金属制品业，通用、专用设备制造业，交通运输设备制造业，电气、机械及器材制造业，通信设备、计算机及其他电子设备制造业，仪器仪表及文化办公用机械制造业，工艺品及其他制造业（含废品废料）。

② 所有数据均来源于《中国统计年鉴（2006）》《中国统计年鉴（2008）》《中国统计年鉴（2011）》《中国工业经济统计年鉴（2006）》《中国工业经济统计年鉴（2008）》《中国工业经济统计年鉴（2011）》，以及 2005 年中国投入产出延长表、2007 年中国投入产出表和 2010 年中国投入产出延长表。

表8-5　　　　文化创意产业与制造业融合对制造业绩效影响的分析结果

变量名称	2005年 系数	2005年 t值	2005年 p值	2007年 系数	2007年 t值	2007年 p值	2010年 系数	2010年 t值	2010年 p值
con	0.054461	1.301213	0.2198	0.026682*	2.006491	0.0700	0.042821**	3.203182	0.0442
s	0.517742*	7.731444	0.0000	0.438764*	6.317911	0.0001	0.466540**	6.743991	0.0000
d	-0.144640	-1.180770	0.2626	-0.190380*	-1.832920	0.0940	-0.354060**	-4.562210	0.0008
o	0.146612*	0.146612	0.0700	0.259921*	3.407890	0.0058	0.143790**	2.861751	0.0155
调整后的 R^2	0.939698			0.920792			0.943959		
F值	59.43742			44.59353			64.16534		

注：*和**分别表示在10%和5%的水平上显著。

通过对回归结果进行分析，可以得出以下结论。

第一，对2005年的相关数据进行回归分析，发现作为解释变量的文化创意产业与制造业的融合度和作为控制变量的制造业的产权结构都没有通过显著性检验。原因是：2006年一般被称为我国文化创意产业发展的元年，2005年我国文化创意产业刚刚起步，产业基础发展还相对薄弱，对制造业的促进作用也较为微弱。

第二，对2007年的相关数据进行回归分析，发现文化创意产业与制造业的融合度在10%的置信水平下通过了显著性检验，变量系数为0.026682，相应p值为0.07。这说明，文化创意产业与制造业融合度同制造业的产业绩效呈现出正相关关系，且这一融合度每增加1个百分点，制造业的产业绩效提升约0.027个百分点。与此同时，制造业的市场规模、产权结构以及市场开放度等变量也都在10%的置信水平下通过了显著性检验，其中产权结构与制造业绩效负相关，行业的国有化程度越高，相对国有垄断势力所导致的低效率影响就越大，这也与产权经济理论是相关的；市场规模以及市场开放度与制造业绩效呈正相关，扩大对外开放一方面给本土制造业尤其是资金密集型行业注入更多的资金，并促进技术创新，另一方面可以给国有及本地资金投入带来竞争压力，从而提高资金使用效率。

第三，对2010年的相关数据进行回归分析发现，首先，文化创意产业与制造业融合度、制造业市场规模、产权结构、市场开放度等变量均在5%的置信水平下通过了显著性检验，文化创意产业与制造业融合度变量的系数提高至0.042821，即该融合度每提高1个百分点，制造业的产业绩效提升约0.043个百分点。很明显，与2007年相比，文化创意产业与制造业的融合度对于提升制造业绩效的促进作用进一步增强，只是产业融合度的系数仍然较小，说明我国通过推进文化创意产业与制造业的融合,以提升制造业产业绩效、促进产业转型升级还有较大的发展空间。其次,制造业的市场规模与制造业绩效呈显著正相关关系,市场规模越大,市场集中度越高,对提升制造业产业绩效的作用越明显。再其次,制造业中国有产权比重与制造业绩效呈负相关关系,说明行业的国有化程度越高,制造业产业运行绩效越差,这与我国通过推进制造业企业产权改革,提升产业运行绩效的现实是相符的。最后,制造业的市场开放度和产业绩效水平正相关。通过扩大制造业对外开放,产业竞争程度和技术创新水平进一步提高,由此提升了制造业效率水平。

四、主要结论与对策建议

(一)主要结论

首先,文化创意产业对提高制造业的产业绩效确实有着促进作用,并且随着文化创意产业自身发展的不断完善,这种促进作用越来越强,文化创意产业不断推动着制造业各环节的自主创新,嵌入制造业价值链并与之融合的路径也持续深化。文化创意产业作为高增值性的新兴产业,主要在制造业调整升级和服务业不断细化的基础上,打破制造业和服务业的原有界限,对制造业进行服务化、创意化和增值化拓展,促成不同行业和领域的重组与合作,开拓新的产业增长方式、产品与市场,以达到增强产业联动、推动制造业升级、促进经济发展的作用。我国文化创意产业从起步到现在,包括政府、企业、科研院所和机构等在内的社会各界对其重视程度日益加深,随着各种促进文化创意产业发展政策的不断出台,创意企业的研发创新能力持续增强,文化创意产业在实现自身跨越式发展的同时,与制造业及其他服务业的互动融合也不断加深,成为推动制造业自主创新、加快创新成果产业化、最终促进制造业转型升级的重要源泉。

其次,制造业的产业规模以及市场开放度与制造业的产业绩效呈正相关关系,市场规模的不断扩大、对外开放水平的不断提高可以促进制造业绩效的提升。

最后,制造业中国有产权占比同制造业绩效有着负相关关系,因此企业的产权改革仍是提升制造业运行绩效所面临的重要问题和有效路径之一。

(二)对策建议

根据以上分析,提出以下促进文化创意产业发展、实现制造业转型升级的对策建议。

第一,强化文化创意产业以及与其他产业融合发展的政策引导。要强化政府部门对文化创意产业的重视，尤其是与制造业等产业密切相关的工业设计，将文化创意产业提升到建设创新型国家的发展战略高度。可成立国家文化创意产业委员会，组织专业学者、产业协会以及相关政府部门共同研究制定文化创意产业发展规划，出台促进文化创意产业发展以及与制造业等其他产业互动融合的相关政策；可设立文化创意产业发展专项资金，支持创意人才培养和创意项目的开展，建设国家工业设计重点实验室等公共技术研发服务平台（路甬祥，2012），加快创意成果的产业化。

第二，提升集成创新能力。制造业的发展需大力提升系统集成创新能力，通过创意元素和创新活动的运用，将关键技术创新、系统技术集成和工程集成能力进行有机统一，并与经营、服务模式的创新相结合，不仅形成有自主知识产权的高附加值制造业产品，而且整合创意—制造产业链，实现工程化、规模化和产业化。在此过程中要注重形成以企业为主体、市场为导向、政策与金融为支持、产学研结合的协同创新体系，设立与完善创意成果转化平台，建立文化创意产业与制造业的产业战略联盟，在技术、信息、产权等方面实现功能共享，在设计研发、生产制造、营销服务等方面合理分工协作，加快推进创意企业与制造企业的有效对接。

第三，促进创意设计的开放合作。随着文化创意产业受到越来越多的关注，全球范围内的创意活动与交流合作更加密切。我国文化创意产业的发展，尤其是在促进制造业自主创新上，不能闭门造车，要面向世界，开放合作，激活和提升设计创新活力。要立足自主，充分发掘国内丰富的创意文化资源，同时充分利用国际创新资源，借鉴发达国家创意与制造互动融合的经验，提升我国创意设计能力。一方面，应支持有条件的企业走出去，积极参加国际创意设计交流展会，设立境外设计研发机构，并购境外设计企业，吸引国外优秀的设计人才；另一方面，大力吸引外商来华投资，合资举办创意设计展会、创办创意设计服务机构等，不断拓展利用外资新领域。

第四，全面建设复合型创意人才的培养体系。重视创意教育，整合当地教育与创意资源，培养高素质创意人才；营造充满创意活力的文化环境，引进国际高端创意人才，完善人才激励机制。制造业企业要注重对研发设计、营销服务等高端环节的专业人才和管理人才的培训，加强对具备综合知识、技术基础、创新能力、实践能力和管理能力的复合型创意人才的培养，积极引进文化创意产业发展与经营管理方面的领军人物和创新创业团队（张文珍，2012），加强创意人才与团队的交流合作，促进创意人才、创意企业与制造业企业、市场之间的紧密结合。

第五，发展创意金融，加强对关键领域的支撑力度。健全文化创意产业金融体系建设，尤其是加大对文化创意产业与制造业融合的关键领域的金融支撑力度。鼓励与支持有自主创新能力、发展前景良好的重点企业上市融资；相关部门可设立文化创意产业投资基金、风险补偿基金等，为创意企业、制造业企业和各种创意研发项目提供专业化金融服务；建立多元化、多层次的资本市场体系，拓宽投融资渠道，满足各种类型投资者的投资需求以及各种规模的创意企业和相关制造业企业的融资需要（杜传忠和郭美晨，2015）。

第四节 生产性文化服务业：我国应重点发展的新兴文化产业[①]

近年来，随着我国产业结构的不断调整和优化，特别是随着生产性服务业和文化产业的快速发展和融合，一种新型文化服务业业态——生产性文化服务业在我国许多地区特别是发达城市迅速发展起来，并对拉动区域经济增长、推动产业结构优化升级和提升企业国际竞争力发挥着越来越明显的作用。明确这种新型文化服务业的内涵与特征，把握其对我国经济发展与转型升级的重要促进作用，揭示其发展过程中存在的问题和制约因素，并在此基础上提出有针对性的发展思路及对策，是现阶段我国文化产业研究的重要课题。

一、生产性文化服务业的基本内涵与特征分析

从内涵来看，生产性文化服务业与文化产业、生产性服务业之间存在着密切的联系。

首先，生产性文化服务业着重体现了文化产业的生产性功能。文化产业包括多种类型，但从所提供产品（服务）的功能角度来看，文化产业可以分为两类：一类是消费性文化产业，如娱乐业、消费性媒体行业、电影电视行业等，主要满足人们的最终消费需求；另一类产业提供的产品（服务）则主要是以中间性产品、要素投入的形态，满足社会生产性需求，或为生产活动提供辅助性服务，体现出文化的生产性功能和特征，如工业设计、广告会展、文化信息传输服务等，这类文化产业可称为生产性文化服务业。

其次，生产性文化服务业体现了生产性服务业的"文化"元素。加拿大学者格鲁贝尔和沃克（Grubel and Walker, 1989）认为，生产性服务是指"那些为其他商品和服务的生产者用作中间投入的服务"，因而也称为中间投入服务，它

[①] 杜传忠、王飞：《生产性文化服务业：我国应重点发展的新兴文化产业》，载于《江淮论坛》2014年第3期。

与那些用来直接满足最终消费需求的消费性服务相对应,用来满足商品和服务的生产者对服务的中间性使用需求。因此,从满足生产性消费需求的角度看,生产性服务业与生产性文化服务业存在明显的相似之处,二者的功能取向基本相同,均用来满足中间性生产需求而非最终消费需求。但就所提供的服务内容来看,生产性服务业与生产性文化服务业仍存在一定区别。生产性文化服务业直接以文化为要素参与生产,或通过在其产品(服务)中渗入大量文化或创意元素的方式来实现其生产功能。当然,这里的文化可以有多种表现形式。

与一般文化服务业相比,生产性文化服务业主要具有以下特征。

第一,广泛的产业融合性。生产性文化服务业不是文化产业和生产性服务业的简单叠加,而是两者功能和内容的有机交叉与高度融合。以工业设计为例,它跨越了IT产业、文化产业、现代服务业、高端制造业等多个行业,内容延伸到通信技术、文学、艺术、金融等众多领域,具有广泛的行业融合性和领域交叉性。特别是随着信息、数字技术的快速发展和广泛应用,各产业间的边界越来越模糊,生产性文化服务业表现出突出的产业融合特征,既包括有形产品和无形产品之间的交叉融合,又包括传统产业与新兴产业之间的跨产业融合。

第二,密切的产业关联性。生产性文化服务业包括研发设计、咨询、培训、广告及会展等多种行业,几乎覆盖了产业价值链上游、中游和下游的全部环节,具有明显的产业前向关联、后向关联及旁侧关联特征,并通过这种产业关联,进一步发展为产业集群,关联性与集聚性逐渐成为生产性文化服务业发展的基本形态。以北京的制造业为例,早在2002年,北京制造业文化服务化指数(即制造业文化服务化程度,用以测度制造业与生产性文化服务业的关联程度)就已达到21.7%,而上海这一指数在2007年也达到了20.6%。[①] 可见,生产性文化服务业具有较强的产业关联带动能力。

第三,突出的产业创新、创意性。生产性文化服务业主要以文化要素实现自身功能,其中包含着文学、艺术、科学、技术、知识、智力等要素的作用,特别是随着信息、网络技术的应用,科技创新因素在生产性文化服务业中的作用越来越突出。生产性文化服务业的发展以先进的科学技术为支撑,如信息服务业离不开先进的计算机、网络技术和软件知识,工业设计离不开科学设计理论。创新、创意对生产性文化服务业的作用越来越明显,以文化创意产业为例,创意的新颖性、奇特性和实用性是决定文化创意产业功能大小的主要因素。甚至可以说,只有通过创新才能维持生产性文化服务业的发展,更好地实现其自身的功能。

第四,明显的区域差异性。生产性文化服务业的功能主要通过文化要素来实

[①] 邱灵等:《北京生产性服务业与制造业的关联及空间分布》,载于《地理学报》2008年第6期。

现，而文化植根于特定地域的经济发展水平、社会习俗、历史传统等众多因素之中，呈现出明显的地域性，由此也使生产性文化服务业表现出明显的地域性特征。不同地区的生产性文化服务业体系具体构成区别明显，同一类生产性文化服务业，在不同的区域也往往体现出不同的特征。以创意设计业为例，北京的创意设计业主要包括时装设计、平面广告设计、集成电路设计、工艺美术设计等；上海的创意设计业则侧重于研发、工业设计、建筑设计；而深圳则更加注重IC设计、平面设计和建筑设计。

二、生产性文化服务业对我国经济发展与转型升级的作用机理分析

现阶段，我国经济发展面临的国内外环境条件发生了巨大而深刻的变化，在新的环境条件下，实现经济的稳定增长、促进经济转型升级成为我国面临的艰巨任务，在这一方面生产性文化服务业将发挥十分独特而重要的作用（见图8-8）。

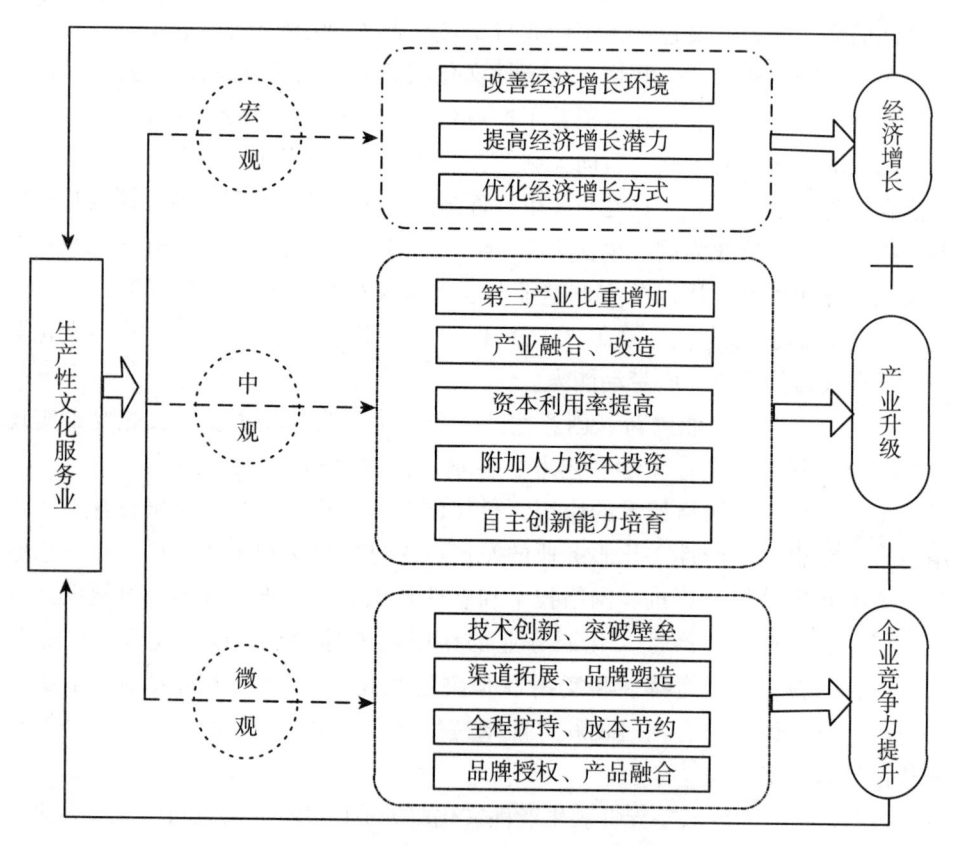

图8-8 生产性文化服务业促进经济发展的作用机理

第一，生产性文化服务业是拉动我国经济持续快速增长的新引擎。文化产业不仅发展速度保持较快增长，而且在国民经济中的份额也稳步提高，正逐步向国民经济的支柱产业迈进。但需要指出的是，只从满足最终消费角度发展文化产业，对文化产业乃至整个经济增长的拉动只能是一个渐进和线性的过程，除非新的重大消费业态出现。而基于我国现阶段工业化进程和产业升级的现实，从满足生产消费角度发展文化产业，则易于出现爆发式、跨越式发展态势。伦敦的文化创意产业早在2003年对经济发展的重要性就已超过了金融业。我国艺术授权产业2010年的产值即高达2.5万亿元，以2011年国内艺术品拍卖总成交金额968.46亿元人民币推算，中国艺术授权所带来的生产总值可达近3000亿元。[①] 可见，生产性文化服务业在我国发展的前景十分广阔，正成为拉动我国经济又好又快发展的新引擎。

第二，生产性文化服务业正成为撬动我国产业结构优化升级的有力杠杆[②]。生产性文化服务业具有更为明显的高增长性、高附加值和低碳环保等特征，是典型的无烟产业、绿色产业、朝阳产业，对促进我国经济转型升级、加快产业结构优化升级具有重要推动作用。现阶段，我国产业结构优化升级主要有三大重点：一是大力发展服务业，特别是提升现代服务业的比重；二是重点发展战略性新兴产业，积极应对新产业革命的冲击；三是大力发展先进制造业，着力提升产业国际竞争力。生产性文化服务业在以上三个方面都大有可为。首先，生产性文化服务业本身即为现代服务业的重要组成部分。同时还是现代服务业中创新创意性较强、附加价值较高、文化艺术特质突出的新兴服务业。其发展不但有利于提升现代服务业比重，更有利于优化现代服务业内部结构，提升现代服务业整体素质和竞争力。其次，生产性文化服务业是一种重要的战略性新兴产业。虽然我国前几年已确定了重点发展的七大战略性新兴产业，但这并不意味着不再发展其他新兴产业，因为战略性新兴产业是一个动态范畴，其内容和要求会随着国内外产业、技术竞争环境的变化而变化。在我国，生产性文化服务业完全具备战略性新兴产业的特质与要求，是一种重要的战略性新兴产业。特别重要的是，它还具有现有战略性新兴产业难以具备的文化、创意特质与内容。随着经济的进一步发展，技术服务、创意产业、教育和科学研究等产业将在自主创新中发挥越来越重要的作用，这些产业具有高度的创新性，其创新力度和强度将会超过工业企业（吴丰华和刘瑞明，2012）。这对提高我国自主创新能力，发展战略性新兴产业，应对新产业革命冲击具有重要意义。最后，生产性文化服务通过融通文化产业与传统

---

① 《我国文化产业发展现状及导向探讨分析》，中国行业研究网，2012年8月9日。
② 一般来说，产业升级包括四种含义，一是第一、第二、第三产业依次转移；二是国民经济各产业部门的升级；三是行业（产品）结构升级；四是产业内部企业升级。此处产业升级主要指前三种情形。

制造业,成为我国先进制造业发展的有效途径。一般认为,现代国际制造业发展呈现出明显的智能化、绿色化和网络化趋势,实际上还应加上一个"创意化"。创意、文化、设计等要素越来越多地融入现代制造业,成为创立知名品牌的上佳要素。早在1996年,美国的软件和娱乐产品在世界上的销售额高达602亿美元,首次超过其他产业,成为出口的支柱产业(魏恩政和张锦,2009)。事实证明,通过融入文化、创意要素形成的品牌,往往具有更为持续和久远的影响力。企业从产品竞争到服务竞争,再到品牌竞争,最终归结为文化、创意的竞争。制造业产品的创意性正成为现代制造业发展的重要方向,也是先进制造业的重要内容。目前,我国正在快速发展的文化产业,存量规模巨大的传统制造业,无疑是当前中国经济生活中较为受人关注的两大领域。前者已被确定发展为国民经济的支柱产业,而后者正面临着转型升级的严峻挑战。如果能将两大产业内容打通,形成相互融合、互动发展的良性循环,那么,我国产业结构优化升级将因此注入新的强大驱动力,而大力发展生产性文化服务业,即是打通文化产业和传统制造业,实现二者互动、融合发展的有效通道。

第三,生产性文化服务业是提升我国企业国际竞争力的强力催化剂。现阶段,我国企业国际竞争力不高的突出表现是在全球价值链中仍处于中低端位置,从价值链分工中分得的利益较低。一项研究表明,每台iPhone4的生产线上,掌握产品设计、软件开发、产品管理和销售等高利润环节的苹果公司攫取了绝大部分利润,而负责制造与装配的中国公司获得的利润仅占整机利润的1.8%,[①] 面临着被长期锁定在价值链低端的危险。面对新的国际产业分工,中国必须着力推动研发和设计能力的提升,加快培育自主品牌,推动全球价值链的利益再分配。而研发、设计、品牌建立等高端环节无不与文化、创意要素息息相关,借助特定文化、创意要素形成的品牌,往往具有更为持续和久远的影响力。在当今国际竞争中,如果说技术曾是超越资本、劳动、土地等传统要素的企业制胜法宝,那么,文化、创意、设计等正逐渐成为超越技术的新的制胜利器。生产性文化服务业的发展,能够将更多的中国先进文化要素和创意理念融入制造业,创立更多在国际上具有独特优势和文化特质的中国知名品牌,是提升企业国际竞争力,使我国企业尽快攀升到国际价值链中高端的有效途径。

从微观层面来看,生产性文化服务业对企业国际竞争力提升作用体现在其微笑曲线上位置的变动(见图8-9)。一是技术创新成为我国企业获得长足发展的关键,最终决定了其在国际产业链上的位置,研发和设计处于产业链条的初始端,对下游制造和营销环节具有决定性的作用,是企业获得技术创新和产品创新的关键。而产品设计、工业设计、包装设计等研发设计产业的发展,有

[①] 《全球价值链固化,中国国际贸易如何突围》,人民网,2013年7月23日。

利于企业实现技术积累,突破其在工艺、产品种类及功能上的壁垒,是企业优先获取高附加值的重要途径,主要表现为微笑曲线左半段向上扬,原曲线向曲线1的移动。① 二是在技术更新加快、产品生命周期和盈利周期大大缩短的背景下,广告设计、广告策划及产品展览能够将产品特性快速、有效地展示给消费者,成为企业发掘市场潜在需求、拓展渠道、塑造品牌、提高企业获利能力的有效途径,表现为微笑曲线右半段上扬,原曲线向曲线2的移动。三是与研发设计和广告会展作用具有明显的业务边界和周期限制不同,咨询、策划、教育、培训、软件开发等生产性文化服务业则对企业生产和获利的全过程和全周期提供支持和保障作用。以职业培训为代表的培训业除了对企业员工提供基础岗位培训,以保证产品或服务生产和提供的连续性外,还通过知识溢出和"干中学"效应提高员工队伍素质,降低企业人力成本。而以计算机维护、软件开发等为代表的信息服务业则为企业业务环节提供了技术支持和信息支撑,对提高企业运行效率、扩大利润空间具有重要作用。此外,随着以动漫游戏为代表的授权经济的崛起,企业产品边界趋向模糊,开始出现融合,产品创新层出不穷,融实用性、观赏性、技术性、艺术感为一体,且文化作为垄断性竞争要素的注入,显著提升了企业获利能力和国际竞争力,表现为微笑曲线整体向上,原曲线向曲线3的移动。

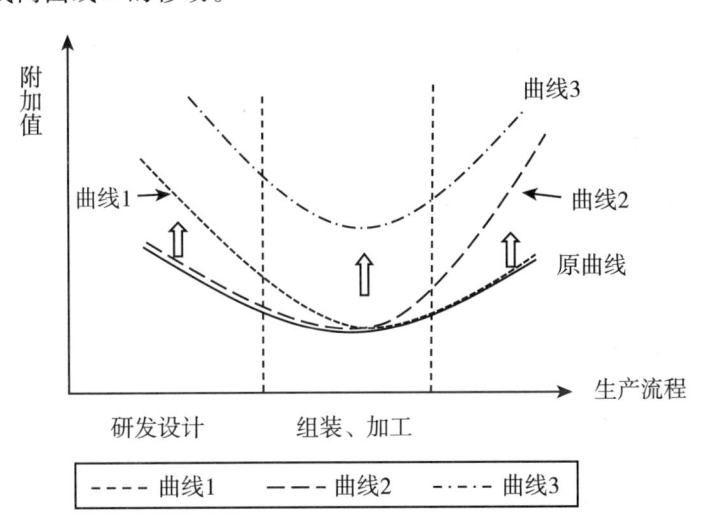

图 8-9 生产性文化服务业与企业竞争力变化

在经济发达国家,生产性文化服务业随着经济、技术和文化的发展得到快速

---

① 毛蕴诗、郑奇志:《基于微笑曲线的企业升级路径选择模型——理论框架的构建与案例研究》,载于《中山大学学报(社会科学版)》2012年第3期。

发展,在经济发展和升级过程中曾发挥了十分突出的作用,并已形成了各具特色的发展模式。在我国,生产性文化服务业的发展方兴未艾,对我国经济转型发展、产业结构优化升级和国际竞争力提升作用正逐渐体现。正是由于生产性文化服务业所表现出来的重要作用和远大发展前景,2012 年国家在对 2004 年文化产业分类所作的调整和补充中,增加了文化创意、软件设计服务等产业门类,而新增加的这些产业门类主要属于生产性文化服务业。

三、我国生产性文化服务业发展现状的实证分析

为全面客观地把握我国生产性文化服务业的发展现状,有必要对我国生产性文化服务业的发展进行实证分析,为此,首先需要对我国生产性文化服务业包含的主要门类进行划分。这里我们根据生产性文化服务的内涵、特征,以联合国教科文组织颁布的《文化统计框架—2009》、中国国家统计局颁布的《国民经济行业分类(GB/T 4754—2011)》及《文化及相关产业分类(2012)》等为标准和依据,对生产性文化服务业行业及门类进行初步划分(见表 8-6)。

表 8-6　　　生产性文化服务业主要行业类别及行业代码

类别名称	国民经济行业代码
一、文化信息传输服务	
互联网信息服务	6420
其他电信服务——增值电信服务(文化部分)	6319
二、文化创意和设计服务	
广告业	7240
集成电路设计	6550
建筑设计服务——工程勘察设计*	7482
专业化设计服务*	7491
三、软件和信息技术服务业	
软件开发*	6510
信息系统集成服务*	6520
数字内容服务*	6591
四、会展服务	
会议及展览服务	7292

续表

类别名称	国民经济行业代码
五、教育及培训	
职业初中教育	8232
中等职业学校教育	8236
职业技能培训	8291
六、咨询服务	
社会经济咨询	7233
信息技术咨询*	6530
其他专业咨询	7239

注：*表示该行业具有延伸层。其中，专业化设计服务主要指除建筑设计、集成电路设计、软件设计之外的专业化设计服务，如工业设计、模型设计、服装设计等创意设计服务；工程勘察设计指房屋建筑工程设计、室内装饰设计和风景园林工程专项设计；软件开发指工业软件、支撑软件、多媒体、动漫游戏软件开发；信息系统集成服务指信息系统设计、集成实施、运行维护等；数字内容服务指数字动漫、游戏设计制作；信息技术咨询指信息技术管理咨询、信息化规划、信息技术培训等。

我国生产性文化服务业主要包括文化信息传输、文化创意和设计服务、会展、教育培训等七大行业，各行业又可进一步划分为相应的子类。由于生产性文化服务业是一种知识、技术含量相对较高的行业，主要在我国经济、技术相对发达的城市得到较快发展，并体现出较为明显的作用。因此，这里对生产性文化服务业发展状况的实证分析主要以北京、上海等主要大城市为考察对象。总体上看，目前我国生产性文化服务业表现出以下发展特征及态势。

第一，产业规模持续扩大，增长迅速。国际金融危机之后，我国经济增长速度整体呈下行趋势，但生产性文化服务业规模持续扩大，增长迅速，增速显著高于同期地区 GDP 增长率，呈现出明显的逆经济周期特征。以北京为例，2011 年北京市广告会展、设计服务、咨询服务等主要生产性文化服务业增加值约 1291.8 亿元，同比增长 22.2%，[1] 高出同期 GDP 增速（8.1%）13.92 个百分点。同样，上海 2012 年生产性文化服务业增加值达 1605.42 亿元，较上年增长 20.05%，超出当期 GDP 增速（7.5%）12.55 个百分点（见表 8-7）。可见，与欧美日韩等发达国家相比，我国生产性文化服务业起步较晚，但在国际经济金融危机冲击后仍保持了高速增长，显示出良好的成长性。这可能与近年来我国居民文化需求不断上涨，文化体制改革逐渐深化，政府各项扶持政策日趋完善等有较

---

[1] 邱灵等：《北京生产性服务业与制造业的关联及空间分布》，载于《地理学报》2008 年第 6 期。

大关系。生产性文化服务业正在成为地区乃至全国经济的新的增长点。

表 8-7　　　　北京、上海主要生产性文化服务业增加值及增速情况

项目	北京			上海		
	2009 年	2010 年	2011 年	2010 年	2011 年	2012 年
增加值（亿元）	885.4	1058.70	1291.80	1158.25	1337.28	1605.42
增速（%）	—	19.57	22.02	—	15.46	20.05
GDP 增速（%）	10.2	10.30	8.10	10.30	8.20	7.50

资料来源：根据相关年份的《北京市统计年鉴》《上海市统计年鉴》《上海市文化创意发展报告》整理。

第二，占 GDP 比重稳步提升，经济贡献率显著提高。统计显示，2012 年我国文化及相关产业增加值 18071 亿元，占 GDP 的比重为 3.48%，文化产业对当年经济总量增长的贡献为 5.5%。同年，上海生产性文化服务业所占比重为 7.95%，而在 2011 年，北京生产性文化服务业占 GDP 比重既已达到这一水平，显著高于同期文化产业所占比重（见表 8-8）。不难看出，在北京、上海这类经济较为发达的城市，生产性文化服务业也已然成为经济发展的支柱行业。生产性文化服务业占 GDP 比重的不断攀升，有效提升了现代服务业在国民经济中所占的比重，并可通过与制造业良性互动、艺术授权经济的融合发展，推动区域经济实现产业结构优化升级。

表 8-8　　　　北京、上海主要生产性文化服务业增加值占
GDP 的比重、贡献率及拉动率

项目	北京			上海		
	2009 年	2010 年	2011 年	2010 年	2011 年	2012 年
增加值（亿元）	885.40	1058.70	1291.80	1158.25	1337.28	1605.42
占 GDP 比重（%）	7.29	7.50	7.95	6.75	6.97	7.95
对 GDP 增长的贡献率（%）	—	8.84	10.90	—	8.82	27.19
对 GDP 增长的拉动率（%）		0.91	0.88		0.72	2.04

注：在计算生产性文化服务业对 GDP 贡献率和拉动率时，生产性文化服务业增加值和 GDP 增量均使用现价计算。

资料来源：相关年份的《北京市统计年鉴》《上海市统计年鉴》《上海市文化创意发展报告》。

随着在国民经济中所占比重的持续增加，生产性文化产业对国民经济的贡献率和拉动率迅速提升。2011 年，北京和上海主要生产性文化服务业对 GDP 增长

的贡献率分别达到 10.90% 和 8.82%，2012 年上海主要生产性文化服务业对 GDP 增长贡献率更是高达 27.19%，显著高于同期文化产业 5.5% 的贡献率水平（见表 8-8）。2012 年上海生产性文化服务业对经济的拉动率达到 2.04，即 GDP 8.1% 的增长率中有 2.04 个百分点是生产性文化服务业拉动的。表明生产性文化服务业作为新兴产业，对国民经济具有强劲的辐射和带动作用。

第三，产业门类齐全，初步形成了完整的产业体系。经过多年的发展，北京、上海、广州等重点城市初步形成了特色鲜明、重点突出、门类齐全、相互补充的生产性文化服务业体系。从产业地域分布来看，生产性文化服务业作为一种具有大量文化元素的产业，植根于当地特定的文化、历史、经济环境，在一定的发展阶段带有明显的地域色彩。以设计服务业为例，尽管北京、上海、深圳等发达城市现阶段均存在工业设计、建筑设计、集成电路设计等细分行业，但彼此之间又有区别，特点突出，比如北京、上海的建筑设计、工业设计、时装设计发展迅速，较为领先，而深圳则更为注重集成电路设计、平面设计等设计服务业。从行业发展来看，我国生产性文化服务业包含了工业设计、建筑设计、咨询策划、广告会展、文化软件、教育及培训等众多行业，门类较为齐全，但各细分行业在产值、增速、就业带动等方面存在结构性差异。例如，软件、网络及计算机行业在京沪广深等城市发展较早，在产值、比重及吸纳就业人数等方面高居各行业之首，正在成长为区域经济发展的支柱产业，广告会展业紧跟其后，但设计服务业则相对处于较低水平，需要通过提高技术水平、企业组织管理水平、改善从业人员素质等方式提升其发展速度和水平。

四、现阶段我国生产性文化服务业发展的主要制约因素分析

尽管我国生产性文化服务业发展已取得了快速发展，并对促进区域和城市经济增长及产业转型升级起到越来越明显的作用，但在发展过程中也存在诸多问题和制约因素，概括来说主要包括以下几方面。

第一，体制机制约束较为突出。长期以来，我国生产性文化服务业处于文化事业范畴，游离于市场经济体制之外，缺乏活力和竞争力（郑世林和葛珺沂，2012）。行业发展中长期存在政企合一、政府垄断经营等体制问题，必然导致市场竞争的不规范，弱化竞争机制配置生产性文化服务业资源的基础性作用，抑制和削弱了工业企业外包生产性服务的内在动力，严重影响了生产性文化服务业的发展活力。

第二，制造业需求及拉动能力有待增强。目前，我国的工业经济中仍然是劳动密集型产业占主导地位，受竞争环境和自身素质的影响，有相当数量的工业企业在采用比较传统的运作模式，竞争优势单一，产品研发、技术创新和产业结构

升级的速度较为缓慢。企业价值链过度集中于实体产品生产，对产品生产相关的咨询、设计、研发、营销、金融等潜在需求挖掘不够，直接制约了我国生产性文化服务业的发展。

第三，产业的技术、人才支撑能力有待提升。生产性文化服务业就其本质而言是"科技＋文化"双驱动的产业，横跨工学、经济、文学等多学科，因而高科技水平及高素质、复合型的高端人才尤其重要。而目前我国科技水平与欧美日等发达经济体仍有较大差距，自主创新能力有待提高。同时，人才培养与引进机制尚待完善，企业相关培训投入较少，缺乏一流的具有国际市场经验的开放型、创新型人才，这导致我国生产性文化服务业发展缺乏足够的技术、人才支撑能力。

第四，产业发展组织及发展模式有待优化。目前，从组织形式上来讲，我国生产性文化服务业集聚区分布较为分散，地区分布不合理，功能定位不清晰，空置率居高不下。从发展模式来看，我国生产性文化服务业企业规模化程度较低，以中小企业为主，产业市场呈现出"散、乱、小"的特征，企业资金、研发实力有限，难以形成独创性的特色品牌和龙头、骨干企业，不利于地区工业核心竞争力的培育。

第五，产业标准分类较为混乱。统一的行业标准、行业分类是发展生产性文化服务业的前提和关键，是产业健康、快速、持续发展的基础和保障。现阶段，我国生产性文化服务业发展尚处于初级阶段。政府、企业及研究机构对此关注较少，对其认识存在较大不足。尤其对生产性文化服务业产业定义、行业分类缺乏统一认识，缺乏统一的产业指导目录和官方统计口径。为企业进入认定、扶持政策制定和行业研究带来了较大困难，不利于行业协会的建立和作用的发挥。

五、加快发展我国生产性文化服务业的思路及对策

随着我国产业转型升级步伐的加快和文化产业大发展、大繁荣时代的到来，我国生产性文化服务业发展也迎来了难得的发展机遇和条件。而生产性文化服务业的快速发展，又必将促进制造业与生产性服务业的融合发展，为我国产业特别是制造业转型升级和国际竞争力的提升注入强大动力。为促进我国生产性文化服务业快速发展，现阶段应重点采取以下主要对策。

第一，进一步推进体制机制创新，为生产性文化服务业发展提供良好的体制环境。首先，积极强化市场竞争机制。借鉴国外发展生产性文化服务业的实践经验，深化改革，理顺管理体制，完善监管制度和运行机制；积极引导非国有集体经济参与行业竞争，提高市场化程度；加大对内和对外开放力度，出台扶持政策，利用多种渠道和手段吸引先进的生产要素投向生产性文化服务部门，形成有

利于生产性文化服务业快速发展的体制机制（张自然，2008）。其次，发挥政府的引导作用。有效发挥政府对产业发展的引导作用；建立相应的支持产业发展的公共服务平台，包括技术研发中心和信息服务平台等；通过规范市场竞争，维持市场秩序，为产业发展提供良好的市场环境；进一步完善产业分类和细分目录，完善产业统计制度，引导产业健康快速发展。最后，制定合理的发展规划。针对地区发展不平衡、功能定位不明确、各自隔离发展的问题，统筹各省（区、市）间及省（区、市）内部生产性文化服务业布局，制定总体发展规划，形成集聚区错位发展格局。制定统一的生产性文化服务业产业指导目录，确立产业细分目录，发布官方统计口径，形成每年的生产性文化服务业发展报告，定期披露产业发展信息。

第二，强化自主创新能力提升和人才培养，为生产性文化服务业发展提供强有力的技术、人才支撑。首先，强化自主创新能力。通过知识创新、技能创新和管理创新，培育扶持知识密集型生产性文化服务业，利用丰富的高校资源和科研院所优势，发展科技中介，推进产学研合作，为全社会特别是中小企业的生产性文化产业创新搭建平台；完善知识产权创造、保护管理制度，引导企业提高保护和管理知识产权的能力。其次，实施品牌发展战略。集中力量树立特色品牌，优化整合和推广开发区域性文化资源，推动多产业融合发展。对新确定的国家、省、市驰名商标，以及中国名牌产品、中国世界名牌产品给予奖励。鼓励服务业规模化、网络化、品牌化经营，促进形成一批拥有自主知识产权和知名品牌，具有较大规模和较强实力的企业集团（陈洁民和尹秀艳，2009）。最后，加快人才引进与培养。利用高校科研优势，积极引导和鼓励各高校培养文化、设计、咨询等专业人才，建立人才培训基地和人才输送机制，有效提高输送人才的服务水平和专业素质；突出生产性文化服务业职业资格标准体系建设，建立健全生产性文化服务业从业人员的市场准入制度；积极创造有利条件，并出台一系列相关政策，吸收和引进国外尖端的生产性文化服务业人才，为生产性文化服务业发展提供智力支持。

第三，促进与制造业的互动、融合发展，创新产业发展组织和模式。以已有的制造业集聚区为依托，实施高级生产性文化服务业嵌入制造业集聚区战略，促进传统制造业集群的改造升级，形成产业共同提升机制，改善产业配套环境，打造现代生产性文化服务业集聚区；加强生产性文化服务业为制造业服务的支持力度，大力发展如研发、设计、咨询等文化服务，形成新的产业部门，发挥生产性文化服务业产业集聚效应；依托制造业转移和结构调整，大力发展与之配套的信息通信、研发服务等生产性文化服务业，同时加快本土制造业的创新与升级，努力寻求与之相应的高端知识型生产性文化服务业产业的发展模式，全面提升生产性文化服务业的服务等级。

第四，大力改善社会环境。从"硬环境"来讲，政府要合理引导政府的投资方向，科学规划与生产性文化服务业高度关联的基础设施项目建设，形成职能配置合理、比较优势突出的区域分工体系，构建公平、合理的产业发展环境，实施区域协调发展战略。从"软环境"来讲，政府要进一步健全完善法律法规，建立和规范促进生产性文化服务业发展的政策体系，包括财政政策、融资政策、土地政策等，为生产性文化服务业创造良好的、宽松的发展环境。同时，要构建信用体系平台，在平台上完善信用机制，优化社会信用环境，促进企业间的良性合作；要建立完善各种信息共享与交流平台，为生产性文化服务业发展提供便捷顺畅的交流渠道与充足透明的信息（杜传忠和王飞，2014）。

第九章

新产业革命与中国农业转型升级的作用研究

党的十九大明确提出要实施乡村振兴战略,加快推进农业农村现代化。推进农业转型升级是实现农业农村现代化的重要条件和动力。正在迅速发展的新一轮产业革命,不但对工业、服务业产生深刻影响,也正在对农业发展产生重要影响。面对新一轮产业革命的冲击,我国应加快推动信息化与农业深度融合与协同发展,充分利用互联网、大数据、人工智能等信息技术,推进农业转型升级,实现农业高质量发展,加快我国农业现代化进程。

本章首先对我国信息化与农业现代化协同发展及其影响因素进行实证分析;进而分析互联网及新一代信息技术对我国农业转型升级的具体作用机制;最后基于农村居民创业的视角对目前在我国农村作用较为广泛的电子商务对我国农村产业转型升级的影响进行实证研究。

第一节 我国信息化与农业现代化协同发展及影响因素实证分析[①]

一、问题的提出

促进工业化、信息化、城镇化、农业现代化同步发展是党的十八大提出的我国经济发展的重要战略,其中信息化和农业现代化的协同发展是"新四化"的重要内容。2016 年 9 月 1 日农业部发布的《"十三五"全国农业农村信息化发展

[①] 杜传忠、宁朝山、刘新龙:《中国信息化与农业现代化协同发展及影响因素》,载于《中国科技论坛》2017 年第 8 期。

规划》指出，未来5年内信息化将成为创新驱动农业现代化发展的先导力量。现阶段，伴随着互联网以及大数据、云计算、物联网和移动互联网等新一代信息技术的快速发展和广泛应用，信息化对缓解目前我国农业发展存在的农产品价格封顶、生产成本抬升、资源环境约束趋紧、国际竞争更加激烈等诸多难题和挑战，加快农业经济转型升级，促进农业现代化发展，都将产生巨大的推动作用。全面而准确地把握现阶段我国信息化与农业现代化之间的耦合协同与相互作用，进而采取有针对性的对策、措施，发挥信息化对我国农业经济发展的带动作用，是信息化时代加快我国农业现代化发展面临的重要课题。

对于我国信息化与农业现代化协同发展问题，国内学术界已进行了一定的研究。在研究方法上，除了信息化与农业现代化互动关系的定性研究之外，在定量研究方面关于二者发展指数的测算多采用德尔菲法、AHP法或各指标按照均等权重处理（李裕瑞等，2014；尹鹏等，2015）。有的学者还利用模糊综合评价矩阵和各因素的输出熵来确定各因素权系数的熵权法，从而避免基于主观因素确定权重产生的偏误，提高了分析结论的可靠性。钱丽等（2012）、张琳和邱少华（2014）、徐维祥等（2014）分别采用复杂系统理论模型、PLS通径模型、空间距离测度模型对信息化与农业现代化协同发展关系进行了研究。此外，董梅生和杨德才（2014）基于VAR模型分析了工业化、信息化、城镇化和农业现代化互动关系。以上学者的研究多是静态测度二者的互动特征，对二者之间协调发展的动态演变趋势分析有待加强。在研究区域上，既有以全国为考察对象的研究，也有以特定经济区或一个省为单位的研究（袁晓玲，2013；钱丽等，2012；石涛，2014；黄祥芳，2015）。总体上看，现有研究针对我国现阶段信息化与农业现代化协调发展影响因素的分析有待加强。本节在已有研究的基础上，基于熵权法和主成分分析法通过构建信息化与农业信息化综合指标体系，首先系统测度中国31个省（区、市）2003~2012年信息化与农业现代化综合发展指数变化，进而构建系统耦合协同度模型以测度我国现阶段信息化与农业现代化的耦合协同发展水平；在此基础上采用固定效应面板数据模型，深入分析目前影响我国信息化与农业现代化协同发展的主要因素；最后，提出进一步促进我国信息化与农业现代化协同发展的对策建议。

二、信息化与农业现代化协同发展作用机理分析

（一）信息化成为拉动我国农业现代化的强力引擎

信息化与农业现代化存在内在的相互作用关系。伴随着新一轮产业革命的孕育发生，互联网已日益成为引领经济发展的重要引擎，正全方位地向各领域、各

行业延伸和渗透，对产业商业模式、组织结构、营销方式、供应链管理等都产生深刻的影响和变革。具体到我国农业经济发展，信息化正成为拉动我国农业现代化快速发展的重要引擎，具体表现在以下几个方面。

第一，信息化促进农业种植的科学化，助推农业生产由经验式向精准式转变。伴随着大数据、云计算等新一代信息技术的快速发展和广泛应用，信息搜集和应用的边际成本呈现递减趋势，利用现代信息技术建立信息数据库并对这一庞大的农业信息数据进行分析判断变得切实可行，基于大数据基础上的精准分析能够有效实现对农业市场行情走向的预估，提高预判的准确性，降低过去经验种植的市场预期偏差，降低农业经营市场风险，助推农业生产由经验式向精准式转变。

第二，信息化促进农业经营管理现代化，为农业价值链提供可溯源信息支持。随着互联网向物联网的发展演进，农业领域生产设备智能化的普及进程加快，基于GPS（Global Positioning System）、GIS（Geographic Information System）等物联网技术连接起来的农业生产设备能够以较低的成本实时监测影响作物生长的环境指标，监视作物生长状况，为农业科学管理决策提供数据信息支撑。同时，智能设备和物联网技术能够精确分析作物所需化肥、农药的数量，记录作物收割日期等相关农事信息并能长期保存农产品的交易记录和物流配送的全过程，进而构筑起链接各生产经营主体和市场流通与消费界面的农产品质量安全追溯体系，实现农产品从农田到餐桌的可溯源。

第三，信息化促进农资采购与产品销售平台化，提高整体交易效益。随着智能移动终端的发展，电商发展所需的外在基础日趋完善，通过电商平台，卖方与终端客户实现直接对接，打破了信息不对称和物理区域所产生的壁垒，削减产品到达用户的中间渠道环节，降低了购销双方大量的时间和经济成本，实现了帕累托改进，提升了整体经济效益。同时，互联网渠道采购和营销拓展了商家市场，增强了市场透明度和公平竞争性，不仅使市场价格能够正确反映农资和产品的稀缺程度，而且提供了农业经营主体进行质量改善的外围激励机制和自我约束机制，确保产品质量安全。

第四，信息化有效降低了信息不对称，促进了农业金融多元化发展。当前，互联网已开始向金融行业全面渗透、融合。互联网金融作为一种普惠金融，能够依靠其在成本低、效率高，有效解决信息不对称等方面的优势，为农业发展提供更灵活、更多样性、更能吸引投资的农业众筹融资模式，部分解决农业生产经营规模化和资金投入扩大的需求，缓解农业发展过程中的融资难、融资贵问题。同时，农业经营主体风险意识逐步增强，农业保险逐渐成为农业发展所必需的金融产品，基于互联网高效信息采集能力以及大数据分析能力建立的农业经营者征信系统可有效纾解农业产业链因信息不对称产生的痛点，推动新的保险种类的衍生，有效降低农业经营风险。

（二）农业现代化成为支撑信息化快速发展的重要力量

农业现代化水平的提升有力地促进了信息化的发展。

首先，农业现代化为信息化提供需求空间。以家庭为主的小农经济对信息化的需求相对较低。随着农业现代化发展水平的提高，农业现代化经营主体间的分工进一步细化，其对信息要素以及信息化技术的需求愈发强烈，农产品的种养殖决策、生产过程以及仓储运输、市场营销等农业产业链条的各个环节对信息技术和信息服务的依赖性增强，农业现代化过程中信息化需求的增加扩展了信息化在农业市场的应用空间（薛桂霞，2015）。同时，随着农业现代化水平的不断提升，农村人均 GDP 不断增加，农村居民人均可支配收入增加，增强了农村人口对于信息化产品和服务的购买能力，进而提高了对信息化产品和服务的有效市场需求。

其次，农业现代化为信息化发展提供要素供给。信息产业既是知识和技术密集型产业，也是资金密集型产业，因此，信息化的发展需要具备相应技术的专业人才和足量资金的支持，而农业现代化可以为信息化的发展提供最基本的人才和资金积累需求。一方面，农业现代化发展所倡导的完善产业链、打造供应链、提升价值链理念内生发育出的农产品加工、流通和休闲旅游等消费相关型产业，使得原本流向农业外部的产业附加值内在化，有效提升了农业的市场竞争力，增强了农产品的价值创造能力，拓展了农业的增值空间，进而为信息化发展积累了原始资本，满足了信息化发展的部分资金需求。另一方面，随着农业现代化的发展，农业高素质人才不断涌现，为信息化在农业领域的应用提供了有力的人才支撑。

三、我国信息化与农业现代化发展水平测度

对我国信息化与农业现代化发展水平的测度可使用熵权法。熵权法作为一种客观赋权的方法，一般用于多对象多指标体系的综合评价，与德尔菲法和 AHP （analytic hierarchy process）法相比，其依据各个指标传递信息量的大小确定不同指标的权重，不仅能够有效克服多变量间的信息重叠，而且不易受到专家主观性的影响，能够较好地避免基于主观因素确定权重产生的偏误，因而具有更高的客观性。运用熵值确定权重法进行综合评价的步骤是：首先，根据公式 $U_{ij}^2 = [X_{ij} - \min(X_{ij})] / [\max(X_{ij}) - \min(X_{ij})]$，$i = 1, 2, \cdots, m$，$j = 1, 2, \cdots, n$，对原始数据进行无量纲化处理，其中 X_{ij} 表示第 i 个省份第 j 个指标的取值；然后，通过 $U_{ij}^1 = 1 + U_{ij}^2$ 对无量纲化数据进行坐标平移，计算 $U_{ij} = U_{ij}^1 \left/ \sum_{1}^{m} U_{ij}^1 \right.$ 求出第 i 个省份第 j 个指标的比重；根据公式 $E_j = -1 \left/ \ln m \sum_{1}^{m} U_{ij} \ln U_{ij} \right.$，$F_j = 1 - E_j$，计算出第 j 个指标的熵值

E_j 和差异化系数 F_j；最后，通过计算 $W_j = F_j \Big/ \sum_1^n F_j$ 得出第 j 个指标在综合指标中的权重。计算出的指数越高说明相对发展水平越高，且各指数在数值上是对等的，具有可比性。

（一）我国信息化发展水平测度

综合以往学者的相关研究，这里选取互联网普及率、人均电信业产值、农村每百户移动电话拥有量、农村居民家庭平均每百户计算机拥有量4个指标作为评价我国31省（区、市）信息化发展水平的指标。所用指标数据均来自国家统计局数据库以及国研网宏观经济数据库，本节所用数据时间跨度为2003~2012年。

根据熵值确定权重法进行综合评价的计算步骤，结合信息化指标体系相关数据，计算得出2003~2012年我国31个省（区、市）信息化综合发展指数（见表9-1），进而计算出各省（区、市）平均发展指数排名（见表9-2）。

表9-1　　2003~2012年我国31个省（区、市）信息化综合发展指数

省（区、市）	2003年	2004年	2005年	2006年	2007年	2008年	2009年	2010年	2011年	2012年
北京	0.05330	0.05247	0.05168	0.05120	0.05117	0.05117	0.05040	0.05022	0.04846	0.04785
天津	0.03905	0.03925	0.03917	0.03926	0.03736	0.03841	0.03738	0.03650	0.03753	0.03714
河北	0.02963	0.02981	0.02959	0.02962	0.02935	0.02967	0.02995	0.02985	0.03151	0.03182
山西	0.02874	0.02922	0.02946	0.03013	0.03036	0.03079	0.03106	0.03060	0.03179	0.03210
内蒙古	0.02930	0.02929	0.02916	0.02945	0.03034	0.02969	0.03026	0.03015	0.03089	0.03083
辽宁	0.03182	0.03148	0.03194	0.03199	0.03159	0.03203	0.03287	0.03346	0.03294	0.03257
吉林	0.03126	0.03138	0.03115	0.03121	0.03138	0.03061	0.03122	0.03118	0.03128	0.03137
黑龙江	0.03076	0.03092	0.03085	0.03060	0.03035	0.03000	0.03063	0.03036	0.02959	0.02925
上海	0.05005	0.04934	0.04961	0.04953	0.04905	0.04908	0.04735	0.04687	0.04376	0.04281
江苏	0.03371	0.03307	0.03292	0.03550	0.03670	0.03340	0.03367	0.03453	0.03601	0.03640
浙江	0.03959	0.03914	0.04024	0.04098	0.04100	0.04172	0.04147	0.04155	0.04012	0.03978
安徽	0.02872	0.02847	0.02824	0.02791	0.02814	0.02759	0.02754	0.02812	0.02698	0.02718
福建	0.03625	0.03716	0.03635	0.03687	0.03706	0.03816	0.03821	0.03868	0.03926	0.03975
江西	0.02917	0.02901	0.02953	0.02898	0.02914	0.02819	0.02808	0.02755	0.02732	0.02733
山东	0.03093	0.03122	0.03107	0.03104	0.03049	0.03117	0.03219	0.03256	0.03192	0.03189
河南	0.02806	0.02827	0.02877	0.02871	0.02933	0.02856	0.02878	0.02883	0.02867	0.02828

续表

省（区、市）	2003年	2004年	2005年	2006年	2007年	2008年	2009年	2010年	2011年	2012年
湖北	0.03037	0.03057	0.03065	0.03048	0.02981	0.02965	0.03006	0.03054	0.03106	0.03115
湖南	0.02896	0.02873	0.02912	0.02868	0.02869	0.02835	0.02849	0.02816	0.02826	0.02811
广东	0.03958	0.04142	0.04228	0.04193	0.04148	0.04186	0.04076	0.03990	0.04135	0.04092
广西	0.02864	0.02897	0.03014	0.02943	0.02911	0.02849	0.02878	0.02879	0.02912	0.02919
海南	0.03040	0.03134	0.03089	0.03154	0.03095	0.03141	0.03087	0.03083	0.03167	0.03193
重庆	0.03021	0.02993	0.02965	0.02943	0.02983	0.02993	0.02990	0.03024	0.03011	0.03023
四川	0.02922	0.02923	0.02944	0.02911	0.02881	0.02819	0.02852	0.02832	0.02764	0.02760
贵州	0.02749	0.02711	0.02699	0.02673	0.02688	0.02687	0.02666	0.02638	0.02589	0.02612
云南	0.02875	0.02868	0.02830	0.02792	0.02787	0.02773	0.02797	0.02757	0.02733	0.02737
西藏	0.02781	0.02712	0.02667	0.02676	0.02759	0.02739	0.02679	0.02723	0.02637	0.02670
陕西	0.02965	0.03027	0.03127	0.03125	0.03084	0.03104	0.03120	0.03163	0.03261	0.03243
甘肃	0.02881	0.02851	0.02784	0.02749	0.02754	0.02743	0.02814	0.02791	0.02768	0.02775
青海	0.02879	0.02827	0.02865	0.02815	0.02848	0.03044	0.02993	0.03011	0.03108	0.03141
宁夏	0.03066	0.03040	0.02932	0.02913	0.02932	0.02958	0.03049	0.03059	0.03116	0.03229
新疆	0.03018	0.02984	0.02890	0.02884	0.02989	0.03124	0.03028	0.03067	0.03051	0.03031

表9-2　2003~2012年我国31个省（区、市）信息化发展平均指数及排名

省(区、市)	指数	排名	省(区、市)	指数	排名	省(区、市)	指数	排名
北京	0.050796	1	天津	0.038110	5	辽宁	0.032274	8
山西	0.030428	14	内蒙古	0.029939	20	上海	0.047749	2
吉林	0.031209	11	黑龙江	0.030335	15	安徽	0.027892	29
江苏	0.034595	7	浙江	0.040564	4	山东	0.031453	9
福建	0.037779	6	江西	0.028435	26	湖南	0.028558	25
河南	0.028630	23	湖北	0.030438	13	海南	0.031186	12
广东	0.041153	3	广西	0.029069	22	贵州	0.026717	31
重庆	0.029951	19	四川	0.028610	24	陕西	0.031223	10
云南	0.027954	27	西藏	0.027048	30	宁夏	0.030299	16
甘肃	0.027914	28	青海	0.029535	21			
新疆	0.030069	18	河北	0.030085	17			

如表 9-1 和表 9-2 数据所示，由于中国地域广阔，各区域间社会经济、产业基础、资源环境、交通区位及自然地理等要素存在较大区别，我国 31 个省（区、市）信息化综合发展指数存在明显的空间差异性。从时间轴来看，我国 31 省（区、市）信息化综合发展指数总体上呈现递增演变趋势；从省（区、市）横截面来看，我国东部经济较发达省（区、市）由于经济整体发展水平和农村发展水平相对较高，城乡公共基础设施相对完善，城乡居民的收入差距和消费差距相对较小，信息化综合发展指数相对发展水平比经济相对落后的中西部地区表现出更明显的优势，我国信息化综合发展指数整体上呈现自东向西递减趋势。

（二）我国农业现代化发展水平测度

考虑到全国各省（区、市）农业生产条件、经营管理方式、农业发展水平、农村经济发展情况以及资源与环境条件的差异，本节借鉴已有学者的研究，选取单位耕地农机总动力、劳均粮食产量、农业增加值占 GDP 的比重、农村居民家庭人均纯收入 4 个指标衡量全国 31 省（区、市）农业现代化发展水平。

同样根据熵值确定权重法进行综合评价的计算步骤，结合农业现代化指标体系相关数据，计算得出 2003~2012 年我国 31 个省（区、市）农业现代化综合发展指数（见表 9-3），进而计算出各省（区、市）平均发展指数及其排名（见表 9-4）。

表 9-3 2003~2012 年我国 31 个省（区、市）农业现代化综合发展指数

省（区、市）	2003 年	2004 年	2005 年	2006 年	2007 年	2008 年	2009 年	2010 年	2011 年	2012 年
北京	0.03482	0.03511	0.03472	0.03438	0.03803	0.03516	0.03511	0.03458	0.03261	0.03529
天津	0.03544	0.03583	0.03477	0.03442	0.03655	0.03407	0.03399	0.03356	0.03238	0.03599
河北	0.03408	0.03448	0.03374	0.03353	0.03555	0.03406	0.03398	0.03388	0.03268	0.03738
山西	0.02792	0.02851	0.02750	0.02731	0.02854	0.02759	0.02742	0.02737	0.02637	0.02943
内蒙古	0.02937	0.02965	0.02925	0.02940	0.03132	0.03072	0.02968	0.02929	0.02811	0.03073
辽宁	0.02995	0.03056	0.03002	0.03000	0.03175	0.03030	0.02943	0.02940	0.02853	0.03136
吉林	0.03258	0.03316	0.03261	0.03301	0.03431	0.03330	0.03164	0.03155	0.03039	0.03319
黑龙江	0.02990	0.03097	0.03054	0.03234	0.03383	0.03331	0.03282	0.03283	0.03181	0.03482
上海	0.03236	0.03264	0.03167	0.03198	0.03461	0.03237	0.03254	0.03231	0.03113	0.03306
江苏	0.03240	0.03329	0.03236	0.03288	0.03519	0.03337	0.03327	0.03271	0.03148	0.03485
浙江	0.03461	0.03497	0.03386	0.03375	0.03588	0.03393	0.03390	0.03364	0.03235	0.03609
安徽	0.02990	0.03062	0.02959	0.02965	0.03153	0.03071	0.03048	0.03044	0.02924	0.03288
福建	0.03154	0.03167	0.03047	0.02988	0.03149	0.03040	0.03025	0.03000	0.02898	0.03232
江西	0.02966	0.03034	0.03015	0.03064	0.03299	0.03235	0.03266	0.03277	0.03202	0.03710

续表

省（区、市）	2003年	2004年	2005年	2006年	2007年	2008年	2009年	2010年	2011年	2012年
山东	0.03381	0.03424	0.03375	0.03381	0.03552	0.03387	0.03401	0.03386	0.03276	0.03737
河南	0.03137	0.03223	0.03164	0.03167	0.03335	0.03242	0.03230	0.03226	0.03102	0.03520
湖北	0.02939	0.02973	0.02904	0.02878	0.03095	0.03022	0.03001	0.03009	0.02903	0.03232
湖南	0.03105	0.03161	0.03095	0.03061	0.03251	0.03175	0.03162	0.03166	0.03065	0.03487
广东	0.03023	0.03022	0.02891	0.02831	0.02994	0.02907	0.02900	0.02908	0.02815	0.03135
广西	0.02887	0.02869	0.02799	0.02761	0.02895	0.02848	0.02811	0.02810	0.02718	0.03023
海南	0.03045	0.03011	0.02896	0.02861	0.03021	0.02993	0.02963	0.02953	0.02860	0.03156
重庆	0.02768	0.02793	0.02731	0.02598	0.02818	0.02743	0.02715	0.02718	0.02621	0.02875
四川	0.02804	0.02808	0.02737	0.02667	0.02930	0.02862	0.02810	0.02792	0.02699	0.02986
贵州	0.02629	0.02592	0.02532	0.02487	0.02630	0.02600	0.02556	0.02552	0.02431	0.02718
云南	0.02679	0.02660	0.02592	0.02557	0.02679	0.02639	0.02624	0.02615	0.02539	0.02811
西藏	0.03024	0.02866	0.02847	0.02875	0.03038	0.02951	0.02916	0.02919	0.02851	0.03272
陕西	0.02589	0.02595	0.02527	0.02500	0.02677	0.02627	0.02606	0.02625	0.02547	0.02828
甘肃	0.02674	0.02653	0.02583	0.02544	0.02659	0.02626	0.02610	0.02619	0.02504	0.02781
青海	0.02694	0.02700	0.02620	0.02587	0.02768	0.02691	0.02685	0.02702	0.02593	0.02897
宁夏	0.02853	0.02880	0.02816	0.02836	0.03020	0.02895	0.02887	0.02874	0.02740	0.03036
新疆	0.02987	0.02922	0.02872	0.02843	0.02974	0.02870	0.02924	0.02940	0.02766	0.03043

表9-4　　　　2003~2012年我国31个省（区、市）
农业现代化发展平均指数及排名

省(区、市)	指数	排名	省(区、市)	指数	排名	省(区、市)	指数	排名
北京	0.034987	1	天津	0.034704	2	辽宁	0.030135	15
山西	0.027799	25	内蒙古	0.029755	18	上海	0.032470	8
吉林	0.032580	7	黑龙江	0.032320	10	安徽	0.030509	14
江苏	0.033184	6	浙江	0.034302	5	山东	0.034304	4
福建	0.030705	13	江西	0.032073	11	湖南	0.031732	12
河南	0.032350	9	湖北	0.029961	16	海南	0.029763	17
广东	0.029430	20	广西	0.028425	23	贵州	0.025731	31
重庆	0.027384	26	四川	0.028101	24	陕西	0.026124	30
云南	0.026400	28	西藏	0.029562	19	宁夏	0.028841	22
甘肃	0.026257	29	青海	0.026941	27			
新疆	0.029146	21	河北	0.034341	3			

同样，根据表9-3和表9-4可知，随时间推移，我国31个省（区、市）农业现代化综合发展指数总体上亦呈现递增演进趋势。同时，我国农业现代化综合发展指数亦存在明显的空间差异性，东部经济较发达省（区、市）经济整体发展水平和农村发展水平相对较高，农业现代化综合发展指数的相对发展水平比经济相对落后的中西部地区具有明显优势，整体上呈现自东向西递减的趋势。

根据以上测算结果，分别以31个省（区、市）2003～2012年信息化与农业现代化平均发展水平为分界点对其进行分类，各省（区、市）所属类型如表9-5所示。由表9-5可知，我国信息化与农业现代化发展两极分化现象依然严重。从数量上来看，信息化和农业现代化发展水平均超过全国平均水平的仅有6个省（区、市），而信息化与农业现代化发展水平都在全国平均水平之下的却有15个省（区、市），近50%的区域信息化和农业现代化发展水平相对滞后。

表9-5 我国31个省（区、市）信息化与农业现代化发展水平所属类型

类型	区域特征	省（区、市）分布
Ⅰ	信息化水平高；农业现代化水平高	北京、天津、上海、江苏、浙江、福建
Ⅱ	信息化水平高；农业现代化水平低	辽宁、广东
Ⅲ	信息化水平低；农业现代化水平高	河北、吉林、黑龙江、安徽、江西、山东、河南、湖南
Ⅳ	信息化水平低；农业现代化水平低	山西、内蒙古、湖北、广西、海南、重庆、四川、贵州、云南、西藏、陕西、甘肃、青海、宁夏、新疆

（三）稳定性检验

为进一步验证基于熵权法计算的信息化和农业现代化综合发展指数的可靠性，本部分采用主成分分析法分别测度信息化与农业现代化发展水平。采用主成分分析法一方面可以有效解决所选取的指标间的相关性问题，另一方面主成分分析法在计算得分时以主成分的方差贡献率作为权重，避免了主观赋值的偏差。对信息化和农业现代化指标原始数据进行标准化处理之后，经过主成分分析法的适用性检验，KMO值均大于0.75，Bartlett的球形度检验结果相伴概率均为0，拒绝Bartlett球形度检验的零假设，因此，认为本节研究数据适合运用主成分分析法进行分析。

基于主成分分析法计算得出的我国31个省（区、市）信息化和农业现代化

综合得分如表9-6和表9-7所示。比较得出，采用两种方法计算得出的我国31个省（区、市）信息化和农业现代化的相对发展水平及其演变趋势具有一致性，这也证明了本节研究结论的可靠性。

表9-6　　　2003~2012年我国31个省（区、市）信息化综合得分

省（区、市）	2003年	2004年	2005年	2006年	2007年	2008年	2009年	2010年	2011年	2012年
北京	3.439	3.289	3.102	2.983	3.050	3.062	3.101	3.105	3.041	3.031
天津	1.112	1.146	1.165	1.134	0.852	0.931	0.819	0.655	0.930	0.892
河北	-0.429	-0.404	-0.461	-0.457	-0.529	-0.530	-0.507	-0.495	-0.105	-0.060
山西	-0.564	-0.512	-0.497	-0.364	-0.370	-0.347	-0.325	-0.407	-0.109	-0.052
内蒙古	-0.491	-0.500	-0.528	-0.458	-0.295	-0.372	-0.307	-0.368	-0.236	-0.274
辽宁	-0.076	-0.146	-0.065	-0.062	-0.123	-0.107	0.021	0.088	-0.007	-0.064
吉林	-0.170	-0.141	-0.147	-0.130	-0.045	-0.144	-0.044	-0.108	-0.147	-0.133
黑龙江	-0.245	-0.219	-0.212	-0.243	-0.280	-0.292	-0.250	-0.318	-0.473	-0.550
上海	2.902	2.823	2.758	2.689	2.594	2.568	2.437	2.459	2.069	1.955
江苏	0.235	0.165	0.158	0.585	0.781	0.261	0.289	0.470	0.690	0.822
浙江	1.147	1.129	1.355	1.468	1.506	1.575	1.601	1.619	1.444	1.431
安徽	-0.576	-0.596	-0.642	-0.681	-0.680	-0.713	-0.808	-0.684	-0.971	-0.961
福建	0.625	0.804	0.726	0.845	0.922	1.069	1.129	1.199	1.283	1.403
江西	-0.498	-0.522	-0.419	-0.476	-0.466	-0.592	-0.642	-0.746	-0.850	-0.875
山东	-0.200	-0.144	-0.194	-0.203	-0.288	-0.103	0.028	0.095	-0.049	-0.030
河南	-0.683	-0.650	-0.552	-0.536	-0.421	-0.503	-0.546	-0.514	-0.598	-0.694
湖北	-0.288	-0.246	-0.204	-0.207	-0.323	-0.346	-0.321	-0.244	-0.209	-0.194
湖南	-0.531	-0.565	-0.492	-0.563	-0.598	-0.649	-0.669	-0.725	-0.723	-0.779
广东	1.144	1.441	1.650	1.583	1.645	1.639	1.599	1.457	1.669	1.621
广西	-0.575	-0.541	-0.308	-0.420	-0.489	-0.570	-0.542	-0.552	-0.519	-0.544
海南	-0.305	-0.160	-0.230	-0.124	-0.211	-0.173	-0.244	-0.272	-0.130	-0.097
重庆	-0.322	-0.374	-0.419	-0.459	-0.391	-0.378	-0.436	-0.360	-0.434	-0.426
四川	-0.481	-0.472	-0.431	-0.473	-0.544	-0.605	-0.612	-0.669	-0.852	-0.885
贵州	-0.772	-0.844	-0.897	-0.947	-0.985	-0.959	-1.037	-1.078	-1.183	-1.167
云南	-0.566	-0.583	-0.673	-0.727	-0.751	-0.705	-0.694	-0.742	-0.858	-0.878
西藏	-0.715	-0.865	-0.998	-1.008	-0.964	-1.051	-1.181	-1.136	-1.194	-1.141

续表

省(区、市)	2003年	2004年	2005年	2006年	2007年	2008年	2009年	2010年	2011年	2012年
陕西	-0.416	-0.324	-0.120	-0.116	-0.154	-0.103	-0.088	-0.026	0.109	0.066
甘肃	-0.547	-0.605	-0.746	-0.802	-0.856	-0.852	-0.764	-0.801	-0.827	-0.829
青海	-0.562	-0.657	-0.584	-0.670	-0.620	-0.309	-0.366	-0.326	-0.198	-0.175
宁夏	-0.258	-0.303	-0.487	-0.515	-0.464	-0.306	-0.145	-0.115	-0.127	0.059
新疆	-0.335	-0.423	-0.610	-0.646	-0.502	-0.393	-0.496	-0.462	-0.436	-0.474

表9-7　　2003~2012年我国31个省（区、市）农业现代化综合得分

省(区、市)	2003年	2004年	2005年	2006年	2007年	2008年	2009年	2010年	2011年	2012年
北京	1.131	1.167	1.328	1.336	1.303	1.260	1.267	1.168	1.104	1.151
天津	1.079	0.959	0.958	0.919	0.956	0.765	0.804	0.774	0.793	0.827
河北	0.024	-0.090	-0.079	-0.051	-0.060	-0.256	-0.328	-0.420	-0.414	-0.486
山西	0.207	0.216	0.186	0.204	0.184	0.153	-0.052	0.003	0.004	0.003
内蒙古	0.252	0.264	0.355	0.377	0.422	0.648	0.623	0.595	0.604	0.639
辽宁	0.602	0.539	0.480	0.408	0.450	0.461	0.331	0.390	0.447	0.451
吉林	1.178	1.168	1.049	0.940	0.864	1.037	0.838	0.967	0.962	1.016
黑龙江	0.917	1.086	1.000	1.120	1.000	1.237	1.276	1.392	1.365	1.280
上海	1.498	1.530	1.542	1.627	1.634	1.620	1.735	1.776	1.853	1.784
江苏	0.876	0.952	0.959	0.971	1.092	1.001	1.061	0.983	0.933	0.968
浙江	0.760	0.767	0.713	0.696	0.698	0.579	0.560	0.513	0.485	0.482
安徽	-0.513	-0.453	-0.474	-0.446	-0.403	-0.404	-0.380	-0.377	-0.374	-0.353
福建	0.033	0.017	-0.029	-0.064	-0.061	-0.098	-0.084	-0.099	-0.107	-0.101
江西	-0.308	-0.276	-0.235	-0.225	-0.167	-0.238	-0.241	-0.305	-0.337	-0.435
山东	0.276	0.210	0.298	0.260	0.294	0.100	0.055	-0.056	-0.106	-0.155
河南	-0.453	-0.506	-0.422	-0.337	-0.258	-0.375	-0.389	-0.464	-0.450	-0.483
湖北	-0.071	-0.129	-0.119	-0.163	-0.141	-0.186	-0.078	-0.089	-0.098	-0.090
湖南	-0.393	-0.482	-0.478	-0.456	-0.498	-0.586	-0.516	-0.576	-0.612	-0.648
广东	0.43	0.381	0.297	0.242	0.202	0.161	0.156	0.168	0.177	0.195
广西	-0.864	-0.926	-0.925	-0.937	-0.985	-0.941	-0.894	-0.847	-0.875	-0.840
海南	-1.118	-1.253	-1.373	-1.366	-1.294	-1.259	-1.281	-1.224	-1.175	-1.104
重庆	-0.179	-0.214	-0.207	-0.280	-0.171	-0.072	-0.050	0.013	0.016	0.055
四川	-0.593	-0.631	-0.608	-0.616	-0.681	-0.608	-0.490	-0.423	-0.412	-0.392

续表

省 (区、市)	2003年	2004年	2005年	2006年	2007年	2008年	2009年	2010年	2011年	2012年
贵州	-0.980	-0.914	-0.857	-0.845	-0.829	-0.723	-0.708	-0.666	-0.667	-0.650
云南	-0.824	-0.847	-0.872	-0.886	-0.903	-0.794	-0.839	-0.711	-0.720	-0.720
西藏	-1.213	-0.758	-0.782	-0.723	-0.732	-0.776	-0.793	-0.775	-0.772	-0.796
陕西	-0.423	-0.409	-0.386	-0.393	-0.435	-0.370	-0.345	-0.307	-0.307	-0.277
甘肃	-0.626	-0.643	-0.640	-0.665	-0.709	-0.637	-0.670	-0.637	-0.599	-0.589
青海	-0.607	-0.584	-0.549	-0.487	-0.524	-0.540	-0.559	-0.567	-0.542	-0.547
宁夏	0.061	0.064	0.047	0.033	0.046	0.051	0.114	0.105	0.061	0.089
新疆	-0.159	-0.206	-0.176	-0.192	-0.294	-0.210	-0.122	-0.303	-0.236	-0.272

四、我国信息化与农业现代化耦合协同度测算

(一) 系统耦合协同度测算模型构建

信息化与农业现代化综合发展指数分别反映了信息化与农业现代化的综合发展水平，但不能反映两者之间的协同发展程度。测算二者之间的协同发展程度，需构建相应的协同度测算模型。

协同度是度量系统内协同作用高低的定量指标。这里我们把信息化与农业现代化分别看作经济发展大系统中的两个子系统，但是由于各省（区、市）的信息化和农业现代化发展水平存在不平衡和动态发展的特征，当某些省（区、市）的信息化和农业现代化发展水平都较低且相近时，会出现较高协同度的假象。因此，本节在基于耦合度模型具体测算二者之间的耦合发展水平的基础上，借助于系统耦合协同模型测算不同省（区、市）信息化和农业现代化的协同发展程度。本节将系统耦合协同度定义为：$D = \sqrt{d \times T}$。其中，D 表示信息化与农业现代化的耦合协同度；$d = (X \times Y)/[(X+Y)^2/2]^2$，表示信息化与农业现代化的耦合度；$X$ 表示信息化的综合发展水平，Y 表示农业现代化的综合发展水平；$T = \alpha \times X + \beta \times Y$，由于在信息化和农业现代化的协同发展中二者各自的发展水平同等重要，因此，在计算信息化与农业现代化综合发展指数过程中权重 α 和 β 均取值为 0.5。

(二) 全国31个省（区、市）的信息化与农业现代化协同度测算

根据计算得出的信息化综合发展水平 X 和农业现代化综合发展水平 Y 以及耦合度模型 $d = (X \times Y)/[(X+Y)^2/2]^2$ 计算得出我国信息化和农业现代化的耦

合协同度（见表9-8），并根据信息化与农业现代化耦合协同度发展水平绘制了演变趋势（见图9-1）。

表9-8　　2003~2012年我国31个省（区、市）信息化与农业现代化耦合协同度

省(区、市)	2003年	2004年	2005年	2006年	2007年	2008年	2009年	2010年	2011年	2012年	均值
北京	0.8154	0.8028	0.7760	0.7577	0.8404	0.7744	0.7562	0.7406	0.6617	0.7049	0.7630
天津	0.5356	0.5463	0.5257	0.5211	0.5252	0.5003	0.4812	0.4594	0.4571	0.5114	0.5063
河北	0.3623	0.3707	0.3570	0.3545	0.3795	0.3626	0.3655	0.3626	0.3692	0.4455	0.3730
山西	0.2702	0.2832	0.2738	0.2796	0.2978	0.2912	0.2924	0.2862	0.2885	0.3322	0.2895
内蒙古	0.2948	0.2982	0.2916	0.2972	0.3339	0.3171	0.3111	0.3046	0.2990	0.3325	0.3080
辽宁	0.3353	0.3391	0.3380	0.3384	0.3572	0.3431	0.3428	0.3503	0.3314	0.3654	0.3441
吉林	0.3642	0.3744	0.3632	0.3697	0.3912	0.3652	0.3504	0.3486	0.3340	0.3745	0.3635
黑龙江	0.3205	0.3370	0.3302	0.3514	0.3691	0.3567	0.3586	0.3551	0.3303	0.3676	0.3476
上海	0.6895	0.6804	0.6660	0.6707	0.7160	0.6697	0.6379	0.6239	0.5428	0.5607	0.6458
江苏	0.3974	0.4011	0.3850	0.4324	0.4901	0.4074	0.4100	0.4146	0.4185	0.4793	0.4236
浙江	0.5303	0.5287	0.5285	0.5400	0.5797	0.5566	0.5514	0.5484	0.5001	0.5608	0.5424
安徽	0.2942	0.3003	0.2843	0.2811	0.3077	0.2903	0.2867	0.2934	0.2651	0.3127	0.2916
福建	0.4232	0.4396	0.4083	0.4071	0.4351	0.4353	0.4338	0.4372	0.4302	0.4931	0.4343
江西	0.2970	0.3034	0.3078	0.3070	0.3404	0.3190	0.3216	0.3162	0.3034	0.3726	0.3188
山东	0.3771	0.3878	0.3783	0.3788	0.3959	0.3817	0.3987	0.4021	0.3763	0.4465	0.3923
河南	0.3045	0.3185	0.3172	0.3168	0.3478	0.3248	0.3261	0.3262	0.3079	0.3591	0.3249
湖北	0.3087	0.3158	0.3079	0.3024	0.3217	0.3102	0.3129	0.3201	0.3130	0.3590	0.3172
湖南	0.3120	0.3163	0.3129	0.3027	0.3277	0.3132	0.3133	0.3095	0.2979	0.3520	0.3157
广东	0.4555	0.4857	0.4782	0.4625	0.4820	0.4739	0.4546	0.4420	0.4504	0.4966	0.4681
广西	0.2805	0.2823	0.2882	0.2748	0.2873	0.2739	0.2730	0.2730	0.2660	0.3044	0.2803
海南	0.3231	0.3311	0.3099	0.3137	0.3272	0.3296	0.3183	0.3166	0.3154	0.3592	0.3244
重庆	0.2852	0.2849	0.2738	0.2557	0.2866	0.2788	0.2749	0.2794	0.2663	0.2988	0.2784
四川	0.2774	0.2781	0.2721	0.2599	0.2879	0.2720	0.2698	0.2653	0.2467	0.2799	0.2709
贵州	0.2373	0.2290	0.2213	0.2140	0.2307	0.2274	0.2204	0.2170	0.1998	0.2320	0.2229
云南	0.2571	0.2541	0.2422	0.2341	0.2470	0.2410	0.2420	0.2366	0.2258	0.2564	0.2436
西藏	0.2871	0.2599	0.2525	0.2567	0.2861	0.2732	0.2620	0.2674	0.2495	0.3043	0.2699
陕西	0.2571	0.2650	0.2689	0.2654	0.2817	0.2781	0.2774	0.2850	0.2875	0.3213	0.2787
甘肃	0.2573	0.2513	0.2360	0.2280	0.2411	0.2363	0.2423	0.2408	0.2257	0.2573	0.2416

续表

省（区、市）	2003年	2004年	2005年	2006年	2007年	2008年	2009年	2010年	2011年	2012年	均值
青海	0.2593	0.2540	0.2493	0.2399	0.2643	0.2786	0.2717	0.2759	0.2745	0.3168	0.2684
宁夏	0.3016	0.3016	0.2801	0.2803	0.3057	0.2931	0.3037	0.3032	0.2934	0.3476	0.3010
新疆	0.3125	0.2997	0.2819	0.2777	0.3071	0.3111	0.3056	0.3128	0.2887	0.3216	0.3019

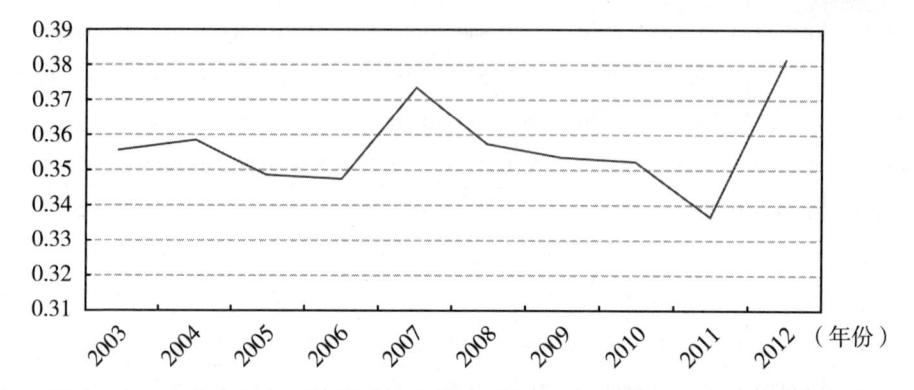

图9-1　2003~2012年我国信息化与农业现代化耦合协同度演变趋势

通过对表9-8和图9-1进行分析可以看出，近年来，我国31个省（区、市）的信息化和农业现代化耦合协同度水平总体上呈现震荡上升的趋势，两者的耦合互动具有逐步加强的时变特征，这与信息化和农业现代化各自发展水平的演变趋势是一致的，说明随着我国信息化和农业现代化发展水平的提高，两者亦趋于协调发展。为进一步具体分析我国信息化和农业现代化协调发展的区域差异，本节基于协同发展理论和我国信息化与农业现代化的发展现实，依据2003~2012年信息化与农业现代化发展水平及耦合协同度平均值的大小，借助ArcGIS空间分析工具将我国31个省（区、市）的信息化和农业现代化耦合协同度划分为优质协调、良好协调、中级协调、一般协调四种协调类型。我国31个省（区、市）信息化与农业现代化协同度类型具体分布如表9-9所示。

表9-9　我国31个省（区、市）信息化与农业现代化耦合协同度类型分布

协同度类型	省（区、市）
优质协调	北京、上海、浙江
良好协调	天津、江苏、福建、山东、广东
中级协调	河北、内蒙古、辽宁、吉林、黑龙江、江西、河南、湖北、湖南、海南
一般协调	安徽、广西、山西、重庆、四川、贵州、云南、西藏、陕西、甘肃、青海、宁夏、新疆

从表 9-8 和表 9-9 可以看出，我国东部、中部、西部三大区域信息化与农业现代化的耦合协同发展程度存在着明显差异。东部经济比较发达的北京、天津、上海、江苏、浙江、福建、广东和山东，2003~2012 年信息化与农业现代化耦合协同度平均发展水平处于全国领先地位，达到优质协调和良好协调的发展水平。这主要是因为这些省市借助于改革开放的先行优势和良好的产业基础，经济发展起步较早，工业和第三产业发展速度较快，产业结构改善明显（杜传忠等，2013），进而带动信息化和农业现代化的快速发展。这些地区最显著的特征是无论是信息化还是农业现代化都处于较高的发展水平，信息化和农业现代化相对同步发展，从而两者呈现出优质或良好协同发展的态势。河北、辽宁和海南三个省份虽属东部经济较发达地区，但由于河北信息化发展水平、辽宁农业现代化发展水平以及海南信息化和农业现代化发展水平与其他东部沿海经济发达省份相比，发展水平相对较低，这三个省份的信息化与农业现代化发展水平不能相互匹配，因而，两者的耦合协调度水平并不突出，处于全国的中级协调水平。相比之下，对于广大的中西部省（区、市）来说，近些年来信息化与农业现代化耦合协同度处于不断上升的发展态势，这与我国近几年来大力实施西部大开发战略和中部崛起战略以及中西部地区积极承接东部沿海产业转移密切相关。这些战略的有效实施使得我国中西部地区投资力度日益加大，经济发展速度相对加快，城乡基础设施日趋完善，带动信息化和农业现代化发展进程显著加快，二者的协调发展水平不断提高，但这些地区与东部沿海较发达地区相比，仍存在较大进步空间。作为西部地区的青海、甘肃、云南、贵州四个省份信息化和农业现代化耦合协同发展相对滞后，处于全国最底层。主要是因为这四个区域自然地理条件复杂多变，造成产业发展困难，农业生产条件欠佳，城镇化进程发展缓慢，基础设施建设相对滞后，阻碍了传统农业转型和现代农业规模化效应的发挥（龙冬平，2014），区域内无论是信息化发展水平还是农业现代化发展水平都处于较低发展层次，并且信息化与农业现代化的发展呈现各自为政的局面，导致信息化和农业现代化难以实现协调发展。

五、我国信息化与农业现代化协同发展的主要影响因素分析[①]

为更好地理解我国信息化与农业现代化协调发展的时空变化差异的原因，以期为科学制定发展决策提供依据，本节采用面板数据回归模型检验分析两者协同发展的影响因素。结合已有研究，主要考察以下变量。

---

① 杜传忠、宁朝山、刘新龙：《中国信息化与农业现代化协同发展及影响因素》，载于《中国科技论坛》2017 年第 8 期。

(1) 城镇化率（CZ）。城镇化建设不仅为农业现代化发展提供基础条件，促进农业部门内部结构优化调整，而且有利于城乡基础设施的不断完善，能够为信息化发展提供市场支撑，进而会影响信息化与农业现代化的协调发展。

(2) 产业结构（CY）。当前我国正处于经济转型的关键时期，产业结构优化可能会对信息化与农业现代化协同发展产生积极正向影响，这里用非农产业产值比重变化衡量产业结构的变化。

(3) 就业结构（JY）。就业结构的变化显示了劳动力资源在不同产业部门的流动变化，劳动力由农业部门流向非农部门，是农业现代化水平提高的体现，本节采用非农产业就业人员比重变化衡量就业结构的变化。

(4) 城乡居民收入差距（SR）。缩小城乡居民收入差距，逐渐增加农民收入有利于释放农民对信息产品和服务的消费需求，这也是统筹城乡一体化发展，推动现代农业乃至整个国民经济健康发展的需要。

以上变量的统计特征如表9-10所示。通过变量冗余性检验（F检验）和Hausman检验，p值为0.000，强烈拒绝原假设，检验结果说明采用固定效应模型更为合适，具体回归结果如表9-11所示。

$$D_{it} = \alpha_i + \beta_1 CZ_{it} + \beta_2 CY_{it} + \beta_3 JY_{it} + \beta_4 SR_{it} + U_{it}, i = 1, 2, \cdots, n, ; t = 1, 2, \cdots, T \tag{9.1}$$

表9-10　　　　　　　各变量特征的描述性统计

变量	均值	标准差	最小值	最大值
D	0.357	0.121	0.200	0.840
CZ	0.479	0.148	0.221	0.942
CY	0.872	0.070	0.630	0.990
JY	0.587	0.150	0.270	0.970
SR	9454.645	3592.989	4169.960	22384.600

表9-11　　　信息化与农业现代化协同度影响因素回归结果

变量	系数	T统计量	p>|T|
CZ	0.145***	2.80	0.006
CY	0.113*	1.74	0.083
JY	0.096**	2.29	0.023
SR	-0.00000282***	-3.58	0.000
常数项	0.159***	3.12	0.002
R^2	0.75	—	—
F-统计量	53.10	—	—

注：*、**和***分别表示在10%、5%和1%的水平上显著。

由表9-11可知，城镇化率变量在1%的水平上显著，且与协调度呈正相关关系，城镇化率越高，二者协调发展程度越好，这主要是因为城镇化的推进能够有效扩大农产品的市场需求。同时，城镇化作为农业信息化的主要载体，城镇化建设的有序推进也会促进农业信息化的快速发展，提高了农业现代化水平和城乡基础设施的完善，进而促进两者协调发展。产业结构、非农就业结构两个变量分别在10%和5%的水平上显著，且与协调度呈正相关关系，这主要是因为产业结构和就业结构优化，能够促使资金、劳动力等各种生产要素资源实现更有效率的优化配置（张勇等，2013），不仅带来信息化和农业现代化发展水平的提升，同时促进二者协调发展。城乡收入差距变量在1%水平上显著，与协调度呈负相关关系，城乡收入差距的缩小，尤其是农村居民人均收入的增加，增强了农村人口对于信息化产品和服务的购买能力，进而提高了信息化产品和服务的有效需求，有利于实现二者更好地协调发展。通过以上检验结论的分析也进一步说明，我国工业化、信息化、新型城镇化、农业现代化之间可以相互作用，互为补充，"四化"的协调发展所带来的自身发展水平的提高及产生的巨大外溢效应能够更好地促进经济社会稳定健康发展。

六、主要结论与对策建议

基于以上的理论和实证分析，可得出以下主要结论。第一，信息化与农业现代化可以实现良性互动发展。信息化为农业现代化带来产业化经营思路、规模化经营方式、标准化生产技术、组织化生产形式，是我国农业现代化的强力引擎，农业现代化为信息化发展提供广阔市场空间和要素供给。第二，从时间轴来看，我国信息化与农业现代化发展水平总体上呈现递增演变趋势。从省（区、市）横截面来看，不同省（区、市）信息化和农业现代化发展水平之间存在明显的空间差异，总体上呈现由东到西递减的趋势。第三，我国信息化和农业现代化耦合协同度水平总体上呈现不断提升的趋势，这与信息化和农业现代化各自发展水平的演变趋势是一致的，但东部、中部、西部三大区域间信息化与农业现代化的协同发展程度存在明显差异，这与区域经济发展水平、产业基础、交通区位、自然环境等因素密切相关。第四，城镇化率提高、产业结构和就业结构优化以及城乡收入差距缩小有利于促进信息化与农业现代化协调发展。

基于以上研究结论以及我国信息化与农业现代化协同发展的现实要求，为进一步提升我国信息化与农业现代化协同发展水平，应重点采取以下对策。

第一，加快推进农业和农村信息化建设。以政府为主导，坚持市场化运作方式，通过政府、市场、政策和机制的配合，引导社会资本增加对农业信息化基础设施建设的投资，逐步引导城镇信息化基础设施和公共服务等高级生产要素向农村延伸和普及；建立完善的农业信息化技术应用系统，依靠农村电子商务平台打通消费品下乡和农产品进城的双向流通渠道，推进信息化建设与现代农业生产、经营、管理和服务的深度融合；积极开展农民科技教育和技能培训，提高农村主体应用现代信息技术和信息服务的意识和能力。

第二，着力提高农业现代化发展水平。改革土地制度，健全土地承包经营权流转市场，鼓励分散的农户土地以转包、入股等形式向农业企业、家庭农场、农业专业合作社等新型农业经营主体流转；加快现代农业基地、农田水利和道路建设，提高农业规模化生产、组织化经营和农副产品标准化程度；逐步完善农村现代物流配送体系，丰富农产品交易的电子支付手段，提升农业现代化发展水平。

第三，因地制宜进行战略调整，推进不同区域信息化与农业现代化协调发展。从具体省（区、市）来看，各省（区、市）应着重发展和提升自身相对滞后的一个方面，进而实施不同的双向互惠路径安排，通过形成两者发展水平的良性匹配，实现两者联动发展。从三大区域来看，东部地区应充分发挥科技、人才优势，采用先进物质装备改造农业，从而辐射带动中、西部地区信息化与农业现代化发展水平的综合提升；中西部地区应积极主动学习东部地区先进的现代信息技术和经营管理经验，形成东、中、西信息化与农业现代化竞相发展格局。

第四，优化产业结构、就业结构，促进信息、技术、劳动力、资本等生产要素在农业和非农产业之间的合理配置；有序推进新型城镇化建设，以城镇发展和产业融合带动农村居民集中化和市民化，完善农村信息化和公共服务等基础设施建设；加快农村剩余劳动力向非农产业和城镇转移，全方位拓宽农民增收渠道，增加农村居民收入，增强农村地区对信息产品和服务的购买能力，实现信息化与农业现代化的协调发展。

第二节 互联网及新一代信息技术对我国农业转型升级的作用

一、互联网与新一代信息技术促进我国农业转型升级状况

近年来，我国在利用互联网与新一代信息技术促进农业转型升级方面取得了一定进展，主要表现在以下几个方面。

第一，推行智能化农业生产方式。近年来，在政府、科研机构及农业生产企业等的共同努力下，部分地区在农业物联网技术应用方面进行了积极探索，

已取得初步成效，国内已经有很多现代化农场实现了农产品种植、养殖的智能化，如大棚智能生产技术的应用。甘肃、河南、辽宁、陕西等不少地区利用温度、湿度、气敏、光照等多种传感器对蔬菜生长过程进行全程数据化管控，保证蔬菜生长过程绿色环保，有机生产。例如，陕西秦龙现代生态智能创意农业园，从播种、浇水、施肥到打药、采摘，全部实现了机械化自动作业，通过雷达定位和 GPS 导航，无人驾驶飞机可以自动飞到园区上方对农作物进行喷药和施肥；通过传感器传回数据，机器人可以自动判断果实是否成熟，自动进行采摘。田间种植信息化建设应用方面也取得明显进展。黑龙江、河南等地通过物联网技术对农作物生长土壤等进行实时准确地监测，实现农田施药施肥、作物远程诊断管理等。在智能养殖方面，北京密云的海华云都是一家经营智能养殖业务的生态农业公司，通过对奶牛信息的监测，完成智能挤奶、喂养等环节的工作，全程由机器完成，大大节省了人力成本。在实现智能化生产全过程的同时也大大提高了农产品生产的标准化水平，可以实现基于环境感知、实时监测、自动控制的网络化农业环境监测系统，农产品质量安全得到保障，便于建立农产品质量安全可追溯体系。

第二，通过互联网与新一代信息技术打造现代化的农产品流通销售模式。随着农产品电子商务交易平台的建立和大数据技术的应用，基于订单农业、众筹、O2O 模式、家庭会员制度等新的农产品销售模式不断涌现；新一代信息技术通过数据挖掘等手段对农产品市场前景进行有效预测和判断，从而掌控农产品消费变动趋势，也为农产品品牌培育创造了有利条件。

第三，农业综合服务信息化智能化水平不断提高。互联网及大数据技术等具有明显的信息收集与大数据处理优势，新型农业经营主体利用互联网及大数据等技术可以有效综合各类市场供求信息，开展技术协作，有助于对农业生产活动进行科学决策。例如，一些发达地区的农民利用互联网信息化技术获得未来市场供需信息，准确把握需求情况，及时调整生产方向，减少盲目生产；在生产过程中，依托互联网，通过农业专家系统、病虫害防治决策支持系统等信息化手段获得详细、科学的技术指导与经营决策。

当然，互联网与新一代信息技术在我国农业中的应用尚处于起步阶段，在发展过程中还存在一定问题。

首先，对互联网及新一代信息技术应用的推广应用力度有待加强。目前，随着宽带技术、5G 技术、智能终端的普及，物联网、云计算等新一代信息技术在大棚设施等农业领域已得到一定应用。我国农业信息技术应用与推广的势头也良好，但总体上仍处于起步阶段，技术研发与集成和使用标准等均有待突破。加上相应基础设施还不够完善，农业信息技术推广应用仍较缓慢。农业物联网由感知层、传输层和应用层构成，目前农业物联网技术应用更多体现在环境信息感知、数据传输和监测环节，终端的智能控制应用环节较少，有感知无决策、有决策无控制的单向环节应用比较普遍，尚未形成"感知—决策—控制"的应用闭环，从而大大降低了农业物联网对改造传统农业的作用。

其次，新一代信息技术在我国农业领域的产业化进程相对缓慢。目前，新一代信息技术在我国农业领域的应用还处于试验示范阶段，规模小且分散，农业传感、控制设备等关键技术产品难以实现批量生产，导致产品价格较高，用户难以接受。如农业物联网技术产品投放市场前缺乏严格质量检测，当设备暴露在恶劣自然环境下，设备稳定性差，故障率高，维护成本高，后续技术服务落后，技术应用系统不能持续正常运行，导致技术产业化进程缓慢。

最后，新一代信息技术在农业领域的应用尚缺乏统一的技术标准。目前，新一代信息技术在农业领域的应用，还没有建立起较为规范的技术标准体系，由此造成技术在农业领域的规范化应用发展受到一定制约。例如，农业传感器标准化程度不够，可靠性难以保证，难于实现广泛的集成应用；农业信息资源杂乱制约农业生产、科研、服务，不能满足农业标准化生产对资源的需求，也不利于农业科研工作对农业信息进行全面、广泛的获取。传感网络建设缺乏统一的指导规范，多采用自定义传输协议，随意性较大；感知数据的融合应用和上层应用系统的开发也没有标准可循，无法实现互联共享，不利于产业化技术发展。

二、新一轮产业革命背景下我国农业转型升级的机遇及有利条件

在新一轮产业革命发生背景下，我国利用互联网与新一代信息技术促进农业转型升级面临诸多机遇。

第一，国家政策的大力支持。我国是农业大国，农业人口占总人口的比例较大，促进农业转型升级、提高农业要素生产率的任务十分艰巨。在此背景下，我国政府高度重视互联网与新一代信息技术在农业中的应用，并出台了一系列相关文件。例如，2015年中央一号文件《关于加大改革创新力度加快农业现代化建设的若干意见》提出，创新农产品流通方式，支持电商、物流、商贸、金融等企业参与涉农电子商务平台建设，开展电子商务进农村综合示范。集中对农村传统流通网络进行信息化改造，建设农业生产资料电子商务平台，发展农产品电子商务，以及拓展农村电子商务服务等。另外，《"十三五"农业科技发展规划》《"十三五"全国农业农村信息化发展规划》《全国农业现代化规划（2016—2020年）》等文件，都提到促进农业信息化发展、加快推进农业转型升级的内容。政府的高度重视及制定的相关促进措施，将有力推进互联网与新一代信息技术在我国农业领域的广泛应用，为我国农业转型升级注入强大动力。

第二,农业产业与市场规模巨大更加有利于互联网与新一代信息技术作用的发挥。随着我国城镇化进程的推进、消费结构的升级、农村劳动力的转移以及城乡收入差距的缩小,我国居民农产品消费需求规模还有很大增长空间(黄季焜,2012)。根据联合国粮食和农业组织(以下简称"联合国粮农组织")统计,2011年我国食用植物油和肉类人均消费量不到欧美国家的一半,食糖和乳制品人均消费水平仅为世界平均水平的1/3。根据国际经验,我国肉、奶等农产品的人均消费量将保持快速增长(杨军,2013)。市场规模大、信息密集度高的行业,互联网与新一代信息技术应用带来的交易成本节约将更为明显,对要素生产率提升的作用效应更显著,从而更有利于促进我国农业转型升级。

第三,我国农业转型升级进程加快对互联网与新一代信息技术的应用提出巨大的需求。我国农业产业化发展速度不断加快,2000~2012年,农产品加工产值与农业产值之比从0.8:1变为1.7:1,食品工业占农产品加工业产值的比重由30%上升为58%。[1] 农业产业化发展对农村电商发展提出巨大需求。全国涉农的网站已经超过3000个,有24个省份、31个地县在阿里平台设立了"特设馆",在淘宝网正常经营的注册地为乡镇和行政村的网店更是达到163万家,其中经营农产品的网店已经接近40万个,河北、浙江、江苏、山东等地出现了各种各样的淘宝村212家,农产品网络零售额达到1000多亿元。[2] 除了农业生产资料电子商务、农产品电子商务等农村电子商务方面的内容,互联网已经深入生产、加工、销售的农业产业链的各个环节,包括金正大、大北农、新希望等多家农业上市公司已经开始在农资电商、农业信息化、农村互联网金融等领域进行布局,互联网与新一代信息技术对农业的融合趋势愈来愈突出。

三、互联网及新一代信息技术促进我国农业转型升级的制约因素

受我国农业产业基础、技术水平、劳动力素质等方面的限制,我国农业利用互联网与新一代信息技术促进产业转型升级存在诸多制约因素。

第一,产业链上下游相对分散。由于受农业自身自然属性和社会属性的限制,我国现阶段农业产业链尚不完整,农业的生产、销售、加工、运输等产业环节基本处于一种割据、分散的状态,大大降低了农业流通效率,不利于互联网与新一代信息技术在农业中的应用。

---

[1] 倪洪兴:《我国重要农产品产需与进口战略平衡研究》,载于《农业经济问题》2014年第12期。
[2] 任明杰:《"互联网+"重塑大农业》,载于《中国证券报》2015年3月18日。

第二，农业标准化程度较低。目前，我国农业龙头企业、示范性合作社数量相对较少，规模相对较小，农业经营规模化、组织化程度不高，农业生产仍以一家一户的分散形式为主。达到一定规模的企业、合作社依靠其规模效应，在生产、经营标准化农产品过程中享受到政策扶持，而分散经营的农户由于受规模限制，享受不到政策扶持，标准化投入（如有机肥投入等）成本相对较高，农业标准化生产经营的积极性不高。这都不利于互联网与新一代信息技术在农业的融合与应用。

第三，与互联网和新一代信息技术应用相关的基础设施及技术水平落后。总体上看，我国农村互联网基础设施建设不完善，物流发展滞后，物流成本较高，科技、装备水平低，标准化、信息化程度不高，服务水平较低，与现代化农业发展的要求存在较大差距，制约了互联网与新一代信息技术的应用。

第四，农业品牌意识相对薄弱。当前，我国农产品产量大、附加值低，产品多、品牌少的现状制约着农业转型升级，不利于提升农产品市场竞争力。农业生产的规模小、标准化程度低、营销方式落后等造成农产品缺乏进行品牌建设的基础；农产品市场主体的市场观念有待提高，政府重视和支持力度不够等，造成农产品品牌创建和培育相对落后。农产品网络营销平台相对分散，影响力和辐射力不大。

四、借助互联网及新一代信息技术促进我国农业转型升级的思路及对策

（一）加快农业互联网及新一代信息技术应用的基础设施建设

互联网及新一代信息技术在农业经济中的应用需要具备相应的基础设施，包括网络基础设施、数据基础设施和标准接口基础设施等。与发达国家相比，我国互联网及新一代信息技术的基础设施还存在一定差距。同时，在互联网发展方面，我国农村与城市相比也存在较大差距。据中国互联网络信息中心2020年9月发布的第46次《中国互联网络发展状况统计报告》显示，截至2020年6月底，我国城镇网民数量占比达到69.6%，规模6.54亿，而农村网民仅占30.4%，规模2.85亿，农村网络基础设施亟待改进与提升。为此，应加大政府对农村互联网基础设施、数据基础设施等的重视程度，并加大建设力度，同时建立完善互联网标准接口，提升产品兼容性和适配性，建立健全数据资产交易机制，促进农村数据资产的交易，打破农业信息孤岛。加强农村信息服务站建设，对农村传统流通网络进行信息化改造升级，整合农产品网络营销平台，打造品牌农产品电商平台，建立以物联网技术为核心的农产品质量追溯系统，实现分布式

农资和农产品的可溯源，建设农业电商服务中心，完善乡村物流配送系统建设，激活农村电商生态体系，创新农村代购服务，促进农村互联网的数据化、信息化、实时化，打造农业互联互通的数据网络生态圈。

（二）建立统一的农业互联网及新一代信息技术应用标准

标准化是农业产业化、现代化发展的趋势，是实现农业现代化的基本前提。建立健全农业标准体系，应注重农业标准化宣传培训，强化农业标准化意识，突出标准化示范基地和示范项目的示范效应，着力培育农产品品牌，通过互联网、移动互联网打造食品安全和现代农业品牌，拓展农产品品牌传播途径和信息载体的选择空间，积极推进农业标准化工作。促进互联网及新一代信息技术在农业的应用，需要建立统一的农业互联网及新一代信息技术应用标准。要加快研发符合农业多种应用的高可靠、低成本，适应恶劣环境的农业物联网专用传感器，解决农业物联网自组织网络和农业物联网感知节点合理部署等共性问题，建立符合我国农业应用需求的农业物联网基础软件平台和应用服务系统，为农业物联网技术产品系统集成、批量生产、大规模应用提供强有力的技术支撑。

（三）加快构建农业智能化生产管理体系

互联网及新一代信息技术在农业的广泛应用，将从根本上改变传统农业生产方式，实现农业生产及管理的精准化、智能化和数据化。为此，需要加快完善农业信息化基础设施，优化农业基础数据智能化技术水平。从生产主体最关心的生产环节入手，加强技术研发，运用互联网、云计算、物联网等最新技术，整合农业生产每个环节，形成融感知、传输、控制、作业于一体的智能农业生产系统。在田间生产中，将精确定量生产与产能监测深度融合，通过 GPS 与自动化机械、土壤肥力资源 3S 系统结合，形成精确定量生产系统，同时，利用"互联网＋"技术，整合品种、土肥、植保、栽培数据库，完善优化各类农业生产决策系统，结合大数据、云计算、云平台，对接农业产能监测大数据，研发智能农业生产数据模型，指导生产者调整播种茬口与品种布局。在设施农业、畜禽水产等领域，可将物联网技术与生长环境监控、产品质量追溯、联产联销相结合，引导农业生产向规模化、集约化、品牌化发展，加快形成我国现代农业智能化生产管理体系。

（四）借助于互联网及新一代信息技术创新农村金融服务体系

农村金融对农业转型升级具有重要影响，而在我国现阶段农村金融体系不完善，制约着农业的转型升级。既要充分发挥农村现有各类金融机构的优势，同时应大力培育和发展新型农村金融服务主体，特别是要发挥互联网金融成本低、效率高，可有效解决信息不对称问题等方面的优势。鼓励建立农村产业投资基金、农业私募股权投资基金和农业科技创业投资基金，促进农村金融供应主体的多元化发展，形成大、中、小、微多层次的农村金融机构共存的新体系。借助互联网平台在农业生产、加工、销售等全流程的资源、数据方面的优势，掌握借贷主体的相关信用和经营信息，整合平台资源，创新互联网金融工具，实现资金融通的差异化。发展农业产业链金融，利用互联网、大数据进行信贷风险控制，利用互联网金融为农业注资，并引导社会资金促进农业转型升级。

（五）借助于互联网与新一代信息技术推进农村一二三产业融合发展

农村一二三产业融合发展，是实现我国农业转型升级的重要途径。从国际经验来看，日本、韩国为提高农民收入和农业的竞争力，都在完善农业产业链和供应链、发挥农业的多种功能性、发展"第六产业"等方面取得了一定的成就。现阶段，我国农业的转型升级也必须通过促进一二三产业的融合发展来实现，而互联网及新一代信息技术凭借其突出的技术渗透性、要素扩散性和产业融合性，将有力地促进农村"六次产业"发展，实现农业与相关联行业间资本、技术、人才、市场、管理方式的交叉渗透和优化重组，从而显著提升了农业经营效率。当前，要借助于制造业数字化、网络化、智能化的发展优势，更加有效地反哺农业发展，实现农业与制造业的对接与融合。借助于互联网及新一代信息技术的作用，不断延伸农业产业链，推进农业多功能开发，进一步拓展农业经营的门类范围，为农业一二三产业融合发展、促进农业转型升级提供强有力的保障。

五、建立完善相关制度，保障互联网及新一代信息技术在农业中的有效利用

相对完善的制度是促进互联网及新一代信息技术与农业深入融合的重要保障。目前，在农地所有权、承包权、经营权三权分置的产权设计之下，经营权流转普遍存在时间过短的问题，影响流转效率和农业投入激励。为此，应深化土地制度改革，建立农村产权流转交易市场，尽快在确权基础上落实土地承包权长久不变，鼓励土地流转，建立健全完善的政策保护机制，发展适度规模化农业。在积极优化并培育农村金融服务主体的同时，健全农村金融机构风险处置机制。加快完善互联网管理体制，加强互联网领域立法和信息安全保护。借助互联网平台，构建新型职业农民教育与电子商务培训长效机制，培养一大批既懂农业又懂电子商务的复合型人才。

第三节 电子商务对我国农村产业转型升级影响的实证分析
——基于农村居民创业视角

一、问题提出

鼓励农村居民创业就业，对于促进一二三产融合发展、扩宽增收渠道、推动农业转型升级具有重要意义。近年来，以电子商务为主的互联网应用在我国农村得到推广，中央及地方政府出台相关政策加以支持、鼓励，大量农村居民以"开网店"形式进行创业，并形成了一批创业集聚地。据统计，截至 2017 年底，我国农村居民互联网使用量达到 2.05 亿，农村居民开设的活跃网店超过 49 万，"淘宝村" 2118 个。[①] 电子商务对促进农村居民创业发挥了怎样的作用，其作用机制是什么，对这些问题有必要进行深入研究。

目前，关于电子商务与农村居民创业关系的研究主要基于"淘宝村"这一极具中国特色的现象，大部分学者关注电子商务对于电商创业集聚的影响，通过案例分析提出电商创业集聚是社会网络、行业协会、组织印记与生态位、社会资本、政府支持、全球市场等因素作用的结果。事实上，电子商务已经覆盖我国 1900 多个县域，远远超越了"淘宝村"的地域范畴，这也意味着电子商务对于农村居民创业可能有着更为广泛的影响。在影响机制方面，一些研究将电子商务归类于互联网技术，并认为互联网技术的应用提升了农村居民创业选择的可能（Cumming and Johan，2010），但从本质上讲，互联网仅仅是电子商务依赖的基础结构，电子商务则是超越了具体的技术平台、跨越区域限制的虚拟市场。然而，在技术属性之外，有关电子商务如何影响农村居民创业的既有研究还略有不足。基于此，针对电子商务对农村居民创业选择的影响及其作用机制的研究在研究对象和内容上都还存在可拓展的空间。这里主要通过匹配北京师范大学中国收入分配研究院课题组调查的城乡居民收入分配与生活状况调查数据（CHIPS2013）、《阿里巴巴电子商务指数（2013）》和《中国县域经济统计年鉴（2014）》等数据，对电子商务对我国农村居民创业的选择展开研究。

[①] 参见阿里研究院 2017 年 12 月 2 日发布的《中国淘宝村研究报告 2017》，其中"淘宝村"的定义为活跃网店数量达到当地家庭户数 10% 以上、电子商务年交易额达到 1000 万元以上的村庄。

二、电子商务与农村居民创业选择：信息、资源和社会资本

经济学中将电子商务定义为基于互联网基础设施的商务和经济活动。[①] 与互联网等信息通信技术类似，电子商务具有平台展示与沟通等功能，是信息有效展示、传递、流动的载体。但与一般的信息通信技术不同，电子商务更为重要的属性是虚拟市场，随着信息技术的不断完善，电子商务不仅带来了在线买方、卖方等市场参与者，更带来在线中介、虚拟市场介质及在线化的市场过程等。具体来说，电子商务带来了在线售后评价机制[②]、电商虚拟社区等社交及学习渠道[③]，还带来了基于信用制度与体系的线上线下支付、信贷或保险等金融服务[④]。因此，电子商务对于农村居民创业选择的影响将是多维度的，根据电子商务的属性可将这种影响分为信息获取、市场资源和社会资本三个方面。

第一，信息获取效应。由于信息的不均衡分布和获取者的个体差异，早获取信息的人往往更能识别创业机会（Xiao and Marino，2010）。作为互联网基础设施，电子商务同样具备信息沟通和产品展示平台的功能，消除了信息在时间和地理区位上的差异，拓宽了农村居民信息搜寻、获取的渠道，降低其创业初期的信息壁垒（Glavas and Mathews，2014），有利于农村居民快速识别创业机会或发现市场（王聪，2012），还有利于农村居民持续地获得商业、技术、资本、服务等方面海量的动态信息，提高其创业成功的概率。

第二，市场资源效应。作为全球化的市场，电子商务在组织市场和交易开展方式上与实体市场有着巨大区别，电子商务提供了在线化的多边交易平台，为农村居民提供跨区域、消除地理隔离的市场，使得农村居民有可能进入"全球乡村"的市场体系：一方面，农村居民能直接接触到广泛化的消费者，获取更多

[①] Kalakota, R., A. B. Whinston, "Electronic Commerce: A Manager's Guide", *Addison-Wesley Professional*, 1997, 6 (1).

[②] 以淘宝网为例，买卖双方在淘宝网上购买或销售后，需要在有效期内进行相互评价。以买方对卖方的评价为例，主要包括产品与描述是否相符、售后服务、客服态度、发货速度、物流服务等，给出好评、中评、差评结果，为卖家形成信用积分，并累计所有评分结果，成为该用户的信用度和信用记录，用来反映该用户的长期信用状况，为其他买家提供决策参考。

[③] 如淘宝论坛、淘宝大学、敦煌网电商论坛、敦煌大学等为创业者提供了交流和学习的渠道。以淘宝论坛为例，淘宝论坛在淘宝网首页，其中包含卖家经验、淘宝圈、创业访谈等交流栏目，并在这些栏目内因不同兴趣而产生了各种各样的QQ或微信等的交流群，包括如何创业、如何运营淘宝店等主题交流群，甚至还会在交流群里产生合作。

[④] 电商金融服务包括支付宝、微信支付、蚂蚁花呗、蚂蚁借呗等应用，而花呗、借呗等服务是基于芝麻信用这一个人信用评分。个人信用评分越高，越有可能获得更高的信贷额度。以蚂蚁金服为例，自2014年至2017年间，已有1.63亿农村居民选择使用蚂蚁金服提供的支付、保险及信贷服务，其中有175.7万家农村小企业、个体工商户及养殖户利用信用获得相应的金融服务。

全球化、多样化的市场需求（Avgerou and Li，2013）；另一方面，电商市场为农村居民提供了在线化的支付服务、金融服务、培训服务等，从而使得农村居民能突破缺乏创业孵化条件的地域性限制，获取更多的创业资源（Turban et al.，2003）。

第三，社会资本效应。电子商务将部分破除传统社会资本带来的限制，对农村居民创业选择产生积极影响。根据帕特南（Putnam，1993）对社会资本的定义，社会资本由信任关系、社会网络和社会规范等三部分组成，且分别对创业选择具有积极影响。首先，电子商务影响农村居民对于信任关系的认识。电子商务使得农村居民认识、了解售后信用评价、信用评价等交易规则，这一认知观念的建立可能使得农村居民消除了与"陌生人"之间的不信任感，甚至能够克服匿名化电子商务市场带来的信息不对称性以及不确定性，进而更愿相信并与各种类型的人完成交易甚至发生社会交往，从而使农村居民建立基于交易的普遍性信任态度（谢康等，2016）。而这种信任感越强，居民捕捉到的创业机会就可能越大，尤其是与陌生人建立的"弱联系"更能在经济活动中起到更大的作用（Kwon and Arenius，2010）。其次，通过使用电商虚拟社区，农村居民有可能获得更多的社会网络资源。由于电商虚拟社区最主要的内容是讨论以电商为中心的相关问题，包括如何进行网上销售、如何为网商供货、如何为网销服务等，农村居民可能通过虚拟社区结识志趣相投者及有经验的人，在这种情况下农村居民获得的信息更具有异质性和广泛性，与此同时，农村居民也可能与志趣相投者展开业务上的往来甚至组织创业团队。按照索伦森（Sorenson，2003）、刘杰和郑风田（2011）的研究，创业者根植于一定的社会网络中，其创业选择与其拥有的社会网络具备强烈的相关关系（Shane and Cable，2002），创业者在社会网络中的真实或潜在的资源总和有助于个体开展创业活动并带来行动优势（Alder and Kwon，2002），也即电子商务有可能通过提升农村居民的社会网络来影响创业选择。最后，通过对基于信用制度与体系的线上线下支付、信贷或保险等金融服务以及商品信用评价等一系列应用，电子商务很可能激励农村居民认知并接受有效的市场信号，建立非人格化的市场信用机制和商业信用观念[①]，并愿意服从一套基于"信用"制度的隐形的市场合约或者规则（Doney et al.，1998），从而使得农村居民这一市场主体也具有了新的社会规范意识。这种市场规范是各种合作中的隐性或显性成本，也决定着创业活动中隐含的交易成本。理论上讲，电子商务应用程度越高，市场上对于信用规范的普及程度就越高，创业选择面临的交易成本就越低，这有利于增加农村居民创业的概率。

事实上，传统农村居民选择创业的比率较低，与其拥有的社会资本较少有强

[①] 以淘宝平台为例，淘宝平台会根据用户的信用历史、行为偏好、履约能力、身份特质、人脉关系五个维度测算用户的芝麻信用得分，然后决定蚂蚁借呗、蚂蚁花呗等金融服务的额度，这就使得用户在日常行为中更注重遵守信用，注重商业规范。

烈的相关关系（张鑫等，2015）。我国农村处于社会阶层底部，享受较少的社会资源，长期以来维持在基于亲缘、地缘的社会网络当中（Bian and Ang，1997），随之附着的则是"乡里乡亲"之间的信任关系和社会规范，导致农村居民很难获得广泛的、跨越阶层的有效信息和资源，更难识别"圈子"外的创业或就业机会，严重制约我国农村居民创业。也就是说，如果电子商务能改善农村居民社会资本，那么就有可能提高农村居民的创业选择。然而，现有文献主要基于信息获取或市场资源获取的角度对电子商务如何影响农村居民创业这一问题展开研究，基于社会资本视角的研究还不多见，而忽略电子商务的非技术属性可能会大大低估其经济社会影响。因此，本节首先验证电子商务会对农村居民创业选择产生何种影响，而在电子商务如何影响我国农村居民创业选择的具体机制中，本节将着重验证电子商务对于农民社会资本的影响。

三、模型设定、指标选取与数据说明

（一）计量模型设定

本节主要采用 Logit 模型来验证电子商务对于农村居民创业决策的影响，模型设置如下：

$$Y = 1(\alpha\, idx\_b + X\beta + \mu > 0) \tag{9.2}$$

其中，$\mu \sim N(0, \sigma^2)$；Y 是哑变量，等于 1 表示选择创业，等于 0 表示没有选择创业；idx_b 是本节关注的电子商务水平；X 为其他控制变量。此外，本节将使用 Tobit 模型进一步估计电商对创业投资、创业人员雇用规模的影响，模型如下：

$$y^* = \alpha\, idx\_b + X\beta + \mu \tag{9.3}$$

$$Y = \max(0, y^*) \tag{9.4}$$

（二）数据准备和变量释义

本节关于农村居民的数据主要来自北京师范大学中国收入分配研究院课题组调查的城乡居民收入分配与生活状况调查数据（CHIPS 2013）。该数据取自国家统计局 2013 年城乡一体化常规住户调查大样本，按照东、中、西部进行分层，根据系统抽样方法抽取到 CHIPS 样本，覆盖了从 15 省（区、市）126 个市（县、区）抽取的 18948 个住户样本和 64777 个个体样本，包括 7175 个城镇住户样本、11013 个农村住户样本和 760 个外来务工住户样本。本节采用农村住户部分的数据。[①] 本

[①] 农村住户是指户主有农业户口（包括改为居民户口时的户口性质是农业户口），而且户口所在地是现住的乡镇（街道）内。

节另外一个关键数据为阿里巴巴电子商务发展指数（a-EDI），该指数是由阿里巴巴集团借鉴"中国信息社会指数"（ISI）、"国际电信联盟ICT发展指数"（IDI）等指数的编制方法，根据B2B网商密度、零售商密度、规模以上网店占比、网购密度、规模以上网购消费者占比等指标，加权计算出精确到县级行政单位的网商指数和网购指数，并汇总计算出县域电子商务发展指数。进一步地，本节将CHIPS2013、a-EDI和相关年份的《中国县域经济统计年鉴》等数据进行匹配，得到79个样本县，共分布在山西、辽宁、江苏、安徽、山东、河南、广东、湖南、湖北、四川、云南、甘肃12个省份。

解释变量。这里参考王金杰和李启航（2017）的研究，首先考虑到网购作为一种网络消费行为，对当地居民创业贡献较为微弱；其次电子商务水平衡量的是县级层面，农民创业选择是微观层面，微观个体选择对县域影响较小，这在一定程度上还能降低双向因果导致的内生性问题。因此，本节选择使用网商指数[①]衡量农村居民所在地的电子商务水平。2013~2016年的网商指数分布在0~100之间，指数越高，说明当地电子商务水平越高。2013年共计1965个样本县，其中浙江省义乌市电子商务水平最高，为40.65，而西藏自治区尼玛县电子商务水平最低，为0。

被解释变量。参照温兴祥和程超（2017）的研究，本节将CHIPS2013中"您从事（非农工资性收入）这份工作的就业身份是？"的回答作为衡量创业行为选择的二值虚拟变量，若受访者选择"雇主/自营劳动者"则代表受访者选择创业，而选择"雇员/家庭帮工"则代表受访者并未选择创业；使用关于"在正式营业前，您的全部资金投入是多少元？"的回答来衡量创业资金规模；使用关于"您雇用了多少个家庭以外的成员？"的回答来衡量雇用规模。

控制变量。本节选取常见于文献中的影响居民创业选择的决定因素作为其他控制变量，主要为个体特征和县级经济特征两类变量。个体特征变量主要包括农村居民的性别、民族、年龄、婚姻状况、教育年限、政治面貌、是否为干部、健康状况、信任水平、所在行业及职业等；县域经济特征变量包括当地生产总值、产业结构、财政自主率[②]、财政占比等。在回归中，我们依次加入微观个体特征和县域经济特征控制变量，以验证关键解释变量估计值的稳健性。

---

① 电子商务发展指数由B2B网商密度、零售网商密度和规模以上网商占比组成。B2B网商密度=B2B网商数量/人口数量，其中B2B网商数量取截至2013年12月底诚信通付费和中国供应商付费会员数，人口数量来自"第六次全国人口普查数据"；零售网商密度=零售网商数量/人口数量，其中零售网商数量取截至2013年12月淘宝和天猫网商店铺数，人口数量来自"第六次全国人口普查数据"；规模以上网商占比=全年成交额超过24万元的零售网商数量/零售网商数量，其中全年成交额取淘宝和天猫网店在2013年1~12月的交易金额。

② 本指标参照陈硕（2010）对于财政自主性的定义，即地方财政自主性=地方财政净收入/地方财政总支出。

工具变量。参考陈硕（2015）的研究，基于中国地市级市委书记及市长数据库（2000~2012年）建立工具变量。在对部分缺失数据进行补齐之后，我们以2012年地级市领导数据与县级数据进行对接，将农村居民所在市的市长是否有经济学职称、是否具有经济学科学历作为工具变量。后面实证部分会进一步讨论工具变量的选取原则。

此外，为了验证电子商务对农村居民创业影响机制，本节还选取了信任关系、社会网络及社会规范等变量，关于变量的指标选取过程在后文中将详细介绍。主要变量的统计性描述如表9-12所示。

表9-12　　　　　　变量定义与描述统计

变量		定义	样本数	均值	标准差	最小值	最大值
因变量	创业	正从事创业活动赋值为1，否则赋值0	8724	0.160	0.366	0.000	1.000
	创业投资规模	创业投资金额之自然对数	8724	1.258	3.305	0.000	14.560
	雇佣规模	雇用家庭外成员个数的自然对数	8724	0.103	1.490	0.000	62.000
核心解释变量	电商水平	基于a-EDI中的网商指数	8724	2.241	2.459	0.313	15.780
控制变量（个体特征）	政治面貌	党员=1，其他=0	8724	0.064	0.244	0.000	1.000
	是否任干部	担任干部=1，其他=0	8724	0.034	0.180	0.000	1.000
	婚姻状况	已婚或同居=1，其他=0	8724	0.777	0.417	0.000	1.000
	年龄	周岁	8724	38.280	12.800	14.000	82.000
	民族	汉族=1，其他=0	8724	0.949	0.220	0.000	1.000
	学历教育	受正规教育年限（年）	8724	3.253	1.332	1.000	9.000
	健康程度	健康=1，其他=0	8724	1.815	0.750	1.000	5.000
	行业	所在国民经济行业分类代码	8724	6.548	4.682	1.000	20.000
	职业	所在职业代码	8724	33.270	13.380	1.000	51.000
控制变量（县级特征）	GDP对数	县域GDP的自然对数	8724	14.370	0.934	12.250	17.110
	产业结构	第二产业与总产值比重	8724	0.710	0.151	0.264	0.990
	财政自主率	地方财政净收入/地方财政总支出	8724	2.654	2.932	-0.070	17.450
	财政占比	地方财政/GDP	8724	0.303	0.209	0.110	1.409
工具变量	经济学背景	市长有经济学科学习经历=1，其他=0	8248	0.229	0.420	0.000	1.000
	经济学职称	市长有经济学职称=1，其他=0	8423	0.066	0.248	0.000	1.000
社会资本（信任关系）	强联系	很不信任=1；不太可信=2；一般=3；比较可信=4；非常信任=5	8724	3.847	0.856	1.000	5.000
	弱联系	很不信任=1；不太可信=2；一般=3；比较可信=4；非常信任=5	8724	3.238	0.808	1.000	5.000

续表

变量		定义	样本数	均值	标准差	最小值	最大值
社会资本（社会网络）	广泛性社会网络	当您考虑您的家庭经济和生活状况时，您主要和哪些人比较？亲戚朋友=1，同一个乡村（小区/街道）的人=2，本县（区）的人=3，乡村人=4，城市人=5，全国人=6	8773	2.504	1.547	1.000	6.000
社会资本（社会网络）	异质性社会网络	与您所在村的平均生活水平相比，您家有以下各类生活水平的亲戚朋友吗？其生活比您所在村庄水平高很多=1；其生活水平比您所在村庄平均水平略高=2；其生活水平与您所在村庄持平=3；其生活水平比您所在村庄平均水平略低=4；其生活水平比您所在村庄平均水平低很多=5	8775	1.728	1.105	1.000	5.000
社会资本（社会规范）	礼治规范	最近3年您或您的家人仅向您的亲戚朋友提出过借钱的需求=1，其他=0	8775	0.045	0.206	0.000	1.000
社会资本（社会规范）	信用规范	在过去3年中您或您的家庭成员仅从银行、农村信用社、其他商业金融机构或其他民间借贷者提出过贷款申请或要求=1，其他=0	8775	0.238	0.426	0.000	1.000

以每个县选择创业的样本数占全县总人口数比重代表各县农村居民创业比例，我们绘制了接受调查的79个样本县平均创业比例与电商水平的散点图（见图9-2），可以看出县级电子商务水平与县域农村居民创业比例呈现较为明显的正相关关系。图9-3为受访者创业投资规模与电子商务水平的散点图，可以看出，电子商务水平和农村居民创业投资规模之间也存在着较为明显的正相关关系。

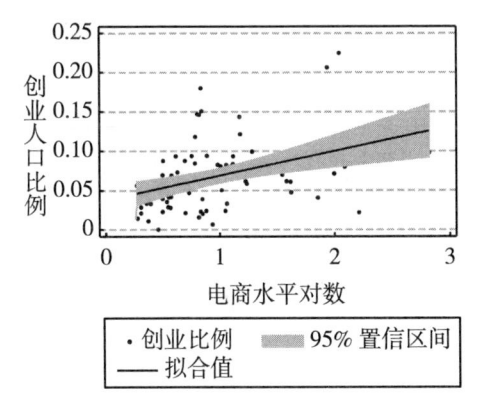

图9-2 县级层面的电商发展水平与农村创业人口比例的关系

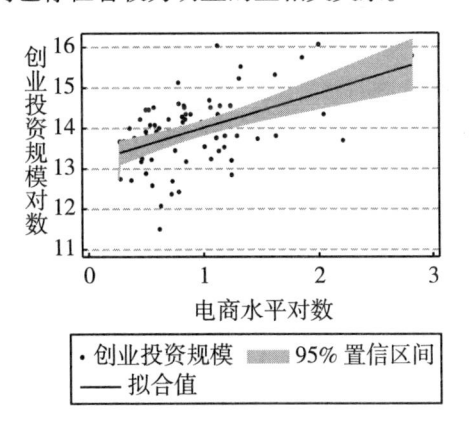

图9-3 县级层面的电商发展水平与农村居民创业投资规模的关系

四、电子商务对农村居民创业选择的影响

(一) 基准回归结果

根据式 (9.2) 进行回归,表 9-13 显示了各个变量的平均边际效应以及其相应的 t 值。第 1 列结果显示,当式 (9.2) 中仅加入电子商务水平这一变量,电子商务水平每上升 1 个单位,农村居民创业概率提高 6.1 个百分点。为了剔除其他变量的干扰,第 2 列中加入了性别、年龄、民族、教育、健康等个体控制变量,发现关键解释变量系数的显著性和大小都较为稳定。第 3 列在第 2 列的基础上加入了县级控制变量后,电子商务水平对农村居民创业选择的影响为 3.6%,说明新加入的控制变量中可能消除了一些遗漏变量的影响,在控制其他变量的基础上,电商水平每提高 1 个单位,农村居民选择创业的概率将提高 3.6 个百分点。

表 9-13　　电子商务影响创业选择的 Logit 模型估计结果

变量	(1) 创业选择	(2) 创业选择	(3) 创业选择
电商水平	0.061*** (4.37)	0.034** (2.23)	0.036* (1.89)
政治面貌		0.312* (1.83)	0.323* (1.91)
是否任干部		-0.549*** (-2.81)	-0.567*** (-2.85)
婚姻状况		0.989*** (5.06)	0.977*** (4.99)
年龄		0.121*** (4.38)	0.120*** (4.36)
年龄平方		-0.105*** (-3.61)	-0.103*** (-3.56)
民族		0.443*** (2.64)	0.389** (2.37)
学历教育程度		0.319*** (3.30)	0.295*** (3.20)

续表

变量	(1) 创业选择	(2) 创业选择	(3) 创业选择
学历教育程度平方		-0.044*** (-4.20)	-0.041*** (-4.21)
健康程度		0.043 (0.79)	0.047 (0.86)
GDP对数			-0.062 (-0.53)
产业结构			-0.492 (-0.42)
财政自主率			0.026 (0.65)
财政占比			-1.403** (-2.05)
职业固定效应		控制	控制
行业固定效应		控制	控制
N	8529	8529	8529

注：本表中报告了各个变量的平均边际效应，括号内为回归系数的t值；*、**和***分别表示在10%、5%和1%的水平上显著。

在个人特征变量中，年龄对个人的创业概率具有显著的倒"U"型影响，即年龄对创业概率的影响随着年龄的增长先上升后下降。受教育年限对个人创业概率也具有显著的倒"U"型影响，即随其受教育年限增长，其创业概率先升后降，这与谭华清等（2015）的研究结论类似。婚姻状况显著地影响了农民创业概率，与其他婚姻状况相比，结婚或同居者有更高的创业概率，这可能是因为配偶成为创业伙伴能一定程度上缓解融资约束问题，进而提高创业概率。与少数民族相比，汉族农村居民具有较高的创业概率，而健康状况对于农民创业选择的影响并不显著。担任干部级别越高则农村居民创业选择概率越低，这种负相关也与事实相符，我国有"国家工作人员不允许经商"的明确规定。而政治面貌对于农村居民创业选择有显著的正向影响，即居民为中共党员的创业概率较高，即党员等政治因素对农户的创业选择或农户收入具有显著的正向作用。

在县域特征变量中，财政占比对农村居民创业有较为显著的负向影响，这可能是因为政府对投资、企业和创业的税费是财政收入的主要来源，因此财政收入占比越高,可能对于创业的税收要求越高,对创业存在抑制作用。但 GDP 对数、产业结构及财政自主率对农村居民创业选择的影响均不显著。

(二)稳健分析:电子商务对于创业规模的影响

前面考察了电子商务对于农村居民创业选择的影响,但没有考察对创业规模的影响。本部分以"创业投资规模"和"雇用家庭以外的员工规模"为代理变量估计电子商务水平对农村居民创业规模的影响。由于大量的家庭并未创业,所以这个变量满足左侧截断特征,因此,本部分使用 Tobit 模型进行估计,控制变量与表 9-12 保持一致。

表 9-14 中显示了 Tobit 模型中的估计结果。其中第(1)~(3)列被解释变量为创业投资规模的对数值,第(1)列仅加入电子商务水平作为自变量,第(2)列中加入微观个体特征控制变量及行业固定效应和职业固定效应,第(3)列为加入其余县级特征控制变量之后的回归结果。通过三列结果的对比发现,电子商务水平对于农村创业投资规模具有显著的正向影响,且结果比较稳健。在控制个人和县域特征后,当地电子商务水平每提高 1 个单位,创业投资规模则增长 29.8%,这在统计意义上和经济意义上都具备显著性,表明电子商务发展显著增加了农村居民创业投资的规模。表 9-14 中第(4)~(6)列显示了电子商务对于雇用家庭外员工规模的影响,控制变量增加方法与前三列相同。由估计结果可知,电子商务水平对于农村居民雇用家庭外成员数量也有显著的正向影响。在控制个人和县域特征后,电商水平每提高 1 个单位,农村居民创业的雇用规模将扩大 57%,这些结果与第(1)~(3)列回归结果方向一致,都反映出电子商务对于提升农村居民创业规模的积极作用。

表 9-14 电子商务影响创业投资规模、雇用规模的 Tobit 模型回归结果

变量	(1) 投资规模	(2) 投资规模	(3) 投资规模	(4) 雇佣规模	(5) 雇佣规模	(6) 雇佣规模
电商水平	0.587 *** (5.77)	0.372 *** (4.05)	0.298 ** (2.36)	0.884 *** (4.86)	0.852 *** (4.29)	0.570 ** (2.07)
政治面貌		1.319 (1.24)	1.530 (1.44)		6.052 ** (2.56)	6.233 *** (2.61)
是否担任干部		-0.489 (-0.31)	-0.698 (-0.45)		2.650 (0.76)	2.638 (0.76)
婚姻状况		6.437 *** (7.05)	6.289 *** (6.89)		4.050 * (1.69)	3.775 (1.58)

续表

变量	(1) 投资规模	(2) 投资规模	(3) 投资规模	(4) 雇佣规模	(5) 雇佣规模	(6) 雇佣规模
年龄		0.985*** (6.99)	0.972*** (6.90)		1.580*** (3.78)	1.577*** (3.76)
年龄平方		-0.956*** (-5.92)	-0.951*** (-5.90)		-1.750*** (-3.57)	-1.777*** (-3.60)
民族		3.637*** (2.97)	2.572** (2.08)		1.045 (0.34)	0.627 (0.20)
教育程度		2.232*** (2.59)	1.868** (2.17)		3.079 (1.37)	2.854 (1.27)
教育程度平方		-0.284*** (-2.86)	-0.243** (-2.46)		-0.309 (-1.23)	-0.298 (-1.19)
健康程度		0.239 (0.75)	0.416 (1.30)		-1.362 (-1.60)	-1.276 (-1.48)
GDP对数			1.435** (2.13)			-0.811 (-0.48)
产业结构			3.017 (1.15)			10.793 (1.59)
财政自主比率			0.269* (1.80)			-0.344 (-0.80)
财政占比			-6.155** (-2.18)			0.347 (0.05)
行业固定效应		YES	YES		YES	YES
职业固定效应		YES	YES		YES	YES
N	8529	8529	8529	8529	8529	8529

注：本表中报告了各个变量的平均边际效应，括号内为回归系数的t值；*、**和***分别表示在10%、5%和1%的水平上显著。

(三) 内生性的解决：工具变量

尽管上述结果说明电商与农村居民创业之间存在相关性，但两者之间也可能存在内生性问题。内生性可能来源于多种渠道。一是可能存在反向因果的机制。

电子商务对于居民创业选择存在影响，但居民创业行为也可能引致当地电商的发展，虽然微观主体对于区域层面的指标影响程度可能有限。二是可能存在遗漏变量问题。由于没有多年数据对个体和家庭的不可见特征进行剔除，可能会遗漏个人特征、当地制度等与创业选择相关的变量，而这些遗漏变量可能与县域电商发展水平这一解释变量相关，从而引起了内生性问题。本部分一方面将尽可能多的可控变量加入基准回归以减少遗漏变量的影响，如以人均 GDP 控制地方经济发展，以财政支出占比控制当地市场化水平，以创业者所在行业、职业虚拟变量控制住不同类型个体的无法观察的其他特征；另一方面，选择工具变量尝试解决可能存在的内生性问题。

本部分参照罗煜等（2016）的研究，认为地级市行政区负责人（市长）是否具有经济学教育背景、是否具有电子商务方面的工作经历可以充当县域电子商务水平的工具变量。主要有两方面原因。一是市长作为"一把手"的关注对电子商务发展具有重要的推动作用。市长主管全市的经济建设，具备控制财政、人事任免等权利。尽管我国的社会治理模式是"法治"而非"人治"，然而领导人个人的思维方式、影响力也是不容忽视的。就发展电子商务而言，市长之前是否具备电子商务、"互联网＋"思维可能对该市电子商务发展有直接影响。莫问剑和金苗妙（2016）以吉林通榆、云南弥勒、山东济宁为例，提出地级市党政"一把手"的关注对电商发展具有推动作用。而什么因素决定了市长的这种治理思维和方式呢？我们认为如果市长任职之前拥有电子商务相关的教育背景、工作经历，那么他们对发展电子商务则会有更深入的理解，会塑造他们关注电子商务、发展电子商务的思维模式。二是市长的电子商务相关的教育经历、工作经历可能会直接影响市长作为"一把手"制定电子商务发展战略，推动电子商务发展，但并没有证据显示市长若具备电子商务相关教育经历、工作经历这一变量与被解释变量农村居民个体的创业选择之间存在直接的相关性，因而本节认为这一变量可作为电商水平的外生工具变量。另一方面，相较于县级电子商务发展水平而言，市长是否拥有过电子商务方面的教育经历、工作经历是针对地级市层次的变量，对于农村居民个体的创业选择更具有外生性。

具体而言，我们仍然参考陈硕（2015）的研究，基于中国地市级市委书记及市长数据库（2000～2012 年）建立工具变量。但由于电子商务在市长的工作安排中仅归属于经济工作，因此，我们选取地级市行政区域负责人（市长）是否拥有经济师职称充当电子商务水平的工具变量；同时，由于电子商务作为二级学科一般归属于经济管理专业，由于数据可得性，我们选取地级市行政区域负责人（市长）是否接受过社科类专业教育充当电子商务的工具变量。在对部分缺失数据进行补齐之后，我们以 2012 年地级市领导数据与县级数据进行对接。两步法 IVProbit 模型估计结果如表 9-15 所示。Wald 检验表明，在所有回归结果中皆拒绝原假设，表示使用工具变量的结果与不使用工具变量有显著差异，但是电商水平对于农村居民创业选择的影响依然显著为正，而且在逐步加入个体特征、县域特征等控制变量后，这一结果依然稳健。

表 9-15　　　　　　　　　工具变量回归结果

变量	(1) 创业选择	(2) 创业选择	(3) 创业选择
电商水平	0.157*** (8.31)	0.094*** (4.60)	0.130*** (5.88)
个体特征		YES	YES
县级特征			YES
行业固定效应		YES	YES
职业固定效应		YES	YES
一阶段回归结果			
是否有经济师职称	1.532*** (14.58)	1.459*** (13.96)	1.297*** (12.52)
是否拥有经济学学历	1.423*** (20.50)	1.511*** (22.56)	1.500*** (22.50)
第一阶段 F 值	323	28	141
Wald 检验	41.15	12.03	21.32
Prob > chi2	0.0000	0.0005	0.0000
Chi2（1）	8.88	3.79	1.66
Prob > chi2	0.0029	0.0514	0.19
N	8248	8248	8013

注：本表采用工具变量 IVPorbit 模型进行估计，chi2 为第二阶段卡方统计量，Prob > chi2 为 Wald test of exogeneity 的 p 值。括号内为回归系数的 t 值，*** 表示在 1% 的水平上显著。

五、进一步验证：电子商务、社会资本与农村居民创业

前面的实证结果表明，电子商务对于农村居民创业选择存在显著的正向影

响,本部分进一步基于社会资本的角度验证其促进农村居民创业的具体机制。

(一) 电子商务对信任关系的影响

信任是促进合作的社会资本之一 (Fukuyama, 1995),在信任程度较高的情况下,人们更愿意分享知识、组建创业团队。大部分研究将信任分为基于亲缘地缘关系的强联系和基于业缘等关系的弱联系 (Granovetter, 1973),参照这一划分标准,本部分使用"您认为亲戚朋友可信吗?"作为衡量"强联系"的代理变量,使用"您认为除了亲戚朋友以外的其他人可信吗?"作为衡量"弱联系"的代理变量,剔除"不清楚"这一选项,使用"很不可信、不太可信、一般、比较可信、非常可信"五个选项作为以上两个问题的答案。分别估计电子商务对这两种信任的影响效果,结果如表9-16所示。

表9-16　　　　　　　电子商务对信任关系的影响

变量	(1) 强联系	(2) 强联系	(3) 强联系	(4) 弱联系	(5) 弱联系	(6) 弱联系
电子商务	-0.968*** (-2.93)	-1.013*** (-2.65)	-1.075* (-1.81)	-0.326 (-1.30)	-0.335 (-1.28)	-0.677 (-1.53)
个体特征	NO	YES	YES	NO	YES	YES
县级特征	NO	NO	YES	NO	NO	YES
行业固定效应	YES	YES	YES	YES	YES	YES
职业固定效应	YES	YES	YES	YES	YES	YES
N	8780	8780	8780	8780	8780	8780

注:表中显示了各个变量的平均边际效应,括号内为回归系数的t值;*和***分别表示在10%和1%的水平上显著。

表9-16的回归结果中,第(1)~(3)列显示,电子商务对农村居民亲戚朋友的信任具有显著的负向影响;第(4)~(6)列显示,电子商务对于其他人的信任影响并不显著。由于我国属于信任程度相对较低的国家之一 (Fukuyama, 1995),我国农村居民的信任关系主要是建立在基于血缘亲缘关系之上的强联系,而较少拥有基于弱联系的信任关系,虽然弱联系往往能提供更多的创业机会和信息。一种可能的解释是,电子商务可能降低了农村居民对于强关系信任的依赖性,而试图依赖基于弱联系的信任关系,以便于获得更多的创业信息和机会。但由于电子商务对于其他人的信任关系的影响并不显著,这一推论还有待进一步证明。

（二）电子商务对社会网络的促进

社会网络是社会资本产生的条件（Bourdieu，1999）。大部分研究对于居民社会网络的度量主要采取"家里有几个亲戚在政府部门"[①]与"家庭在春节、中秋节等假日及红白喜事方面的现金或非现金收入与支出总和"[②]作为社会网络的代理变量，但这一变量主要衡量的是基于亲缘地缘的社会网络关系，对于基于业缘或其他关系的社会网络则难以衡量。而社会网络的异质性成为成员获取信息、控制资源的决定要素之一（Zolin et al.，2011），社会网络的广泛性则反映了通过接触社会网络成员获得嵌入资源的多样性（Lin Nan，1999），从而更广泛地影响农村居民创业选择。基于此，本部分使用"当您考虑您的家庭经济和生活状况时，您主要和哪些人比较？"来衡量农村居民社会网络的广泛性。剔除了"不清楚"这一类，该问题的回答主要包括"亲戚朋友、同一个乡村（小区/街道）的人、本县（区）的人、乡村人、城市人、全国人"等。我们构造顺序变量"广泛性社会网络"，选择比较的范围越大，说明该社会网络广泛性越强。此外，本部分选择"与您所在村的平均生活水平相比，您家是否有以下各类生活水平的亲戚朋友？"作为社会网络异质性的代理变量，剔除"不清楚"这一选项后，使用"其生活水平比您所在村庄平均水平高很多""其生活水平比您所在村庄平均水平略高""其生活水平与您所在村庄平均水平持平""其生活水平比您所在村庄平均水平略低""其生活水平比您所在村庄平均水平低很多"五个选项构造一个虚拟变量——异质性社会网络，若五项都选则表示家庭社会网络的异质性较强，若只选一项，则表示社会网络异质性较低。

表9-17的回归结果显示，电子商务对于这两类社会网络指标都有显著的正向影响，电商水平每提高1个百分点，社会网络广泛性就会提高16.1%，而社会网络异质性则提高7.8%。这些结果都说明，电子商务显著扩大了家庭的社会网络，基于亲缘地缘关系的社会网络的限制将被打破，并可能进一步促进农村居民创业过程中的沟通合作。也说明，电子商务对社会网络的促进有可能是其影响创业的机制之一。

[①] 赵剑治、陆铭：《关系对农村收入差距的贡献及其地区差异——一项基于回归的分解分析》，载于《经济学（季刊）》2010年第1期。

[②] 张博、胡金焱：《民间金融发展能缩小城乡收入差距吗?》，载于《山东大学学报》2014年第6期。

表 9-17　　　　　　　　电子商务对社会网络的影响

变量	(1) 广泛性社会网络	(2) 广泛性社会网络	(3) 异质性社会网络	(4) 异质性社会网络
电子商务	0.126*** (9.57)	0.161*** (10.79)	0.031** (2.27)	0.078*** (5.01)
个体特征	NO	YES	NO	YES
县级特征	NO	YES	NO	YES
行业固定效应	YES	YES	YES	YES
职业固定效应	YES	YES	YES	YES
N	8780	8780	8778	8778

注：表中显示了各个变量的平均边际效应，括号内为回归系数的 t 值；** 和 *** 分别表示在 5% 和 1% 的水平上显著。

（三）电子商务对社会规范的影响

社会规范是社会成员共同持有的行为准则和标准，人们需要意识到规范的存在并内化成个体的信念，从而激活个体行为（Kallgren et al., 2000）。个体一旦持有社会规范的观念将有利于降低社会经营成本、降低信息不对称等（Fukuyama, 1995），并对创业选择产生正向的激励作用（郑馨和周先波，2018）。根据费孝通（1985）的观点，传统农村的社会规范主要是"礼治规范"，农村居民遵从这一社会规范展开经济和社会活动。而随着市场化程度的提升，农村出现大量市场化交易，而市场交易与信用规范具有内在的统一性（郭新明和杨俊凯，2006）。因此，农村社会拥有基于市场经济的信用规范，农村居民也将感知这种"信用规范"，并由此支配其经济行为。因此，本部分将社会规范分为两种类型：一种是基于亲缘信用产生的非正式的礼治规范；另一种是基于商业信用产生的正式的信用规范。具体而言，本部分使用"最近三年您或您的家人是否向您的亲戚朋友提出过借钱的需求？"代表农村居民依据礼治规范做出的借款行为选择，若回答"是"则赋值为1，若回答"否"则赋值为0，并剔除同时选择从其他渠道贷款的样本，得到仅依据礼治规范做出的借款行为选择的样本。同理，使用"在过去三年中您或您的家庭成员是否从银行、农村信用社、其他商业金融机构或其他民间放贷者那里提出过贷款申请或要求？"代表农村居民依据信用规范做出的行为选择，若回答"是"则赋值为1，若回答"否"则赋值为0，并剔除多选样本。

表 9-18 的回归结果中，第（1）~（2）列显示，电子商务对礼治规范的影响并不显著；第（3）~（4）列显示，电子商务对于信用规范影响也不显著。这

可能是由于社会规范是经济主体在长时间的社会交往基础之上形成的一种相对稳定的行为规则,而本部分采用的截面数据,可能在对社会规范的测度上存在一定偏误,这也是未来值得继续研究的方向。

表9-18　　　　　　　　电子商务对社会规范的影响

变量	(1)礼治规范	(2)礼治规范	(3)信用规范	(4)信用规范
电子商务	-0.002 (-0.11)	-0.003 (-0.17)	-0.004 (-0.13)	-0.005 (-0.15)
个体特征	NO	YES	NO	YES
县级特征	NO	YES	NO	YES
行业固定效应	YES	YES	YES	YES
职业固定效应	YES	YES	YES	YES
N	8562	8562	8773	8773

注:表中显示了各个变量的平均边际效应,括号内为回归系数的t值。

六、结论与对策含义

通过以上分析可知,电子商务的发展确实对我国农村居民创业选择、创业投资规模扩大和雇用人数增加等产生了积极影响。基本机制是:电子商务提高了农村居民社会网络的异质性和广泛性,降低了对基于亲缘地缘的信任关系的依赖,即电子商务部分破除了传统农村社会资本的限制,改善了农村居民的社会资本积累,从而促进农村居民创业。

基于上述分析结论,提出以下对策建议。政府应积极推进电子商务进农村的相关政策、项目及工程,为更多地区的农村居民创造良好的创业环境。与此同时,政府也应鼓励农村居民深入学习、了解、掌握电子商务的交易规则和评价制度等,鼓励农村居民利用电子商务平台提升社交范围,建立良好的社交网络、信任关系,加强与同行之间的交流,建立良好的市场经济观念,以打破农村居民的地域限制、思维局限,为农村居民创业提供更大的可能。

第十章

新产业革命条件下中国产业组织创新

产业组织优化是推动产业转型升级的重要驱动力。当今社会,在新一轮工业革命迅速发展的背景下,产业数字化、网络化、智能化趋势越来越明显,正在引起产业组织的深刻变革。深刻认识与把握新产业革命条件下产业组织变革的趋向,推进产业组织创新与优化,是现阶段加快我国产业转型升级的重要内容。本章首先分析、考察了产业革命促进产业组织变革的机理与历史,进而揭示企业组织演进的历史逻辑及新产业革命条件下企业组织变革趋向,进一步对第四次工业革命条件下产业组织创新与变革的方向进行了分析和概括,最后基于大数据与产业链融合的视角,具体分析、揭示数字化、智能化发展对产业组织形态的影响。

第一节 产业革命促进产业组织变革的机理与历史考察[①]

一、产业革命促进产业组织变革的机理分析

(一) 产业革命推动产业组织变革的路径

产业革命往往是技术、需求、制度等多种因素发生集中性改变的时期,这些因素的变化带来了产业组织内外部环境的变化,并导致产业组织发生变革。从变革的动力来源于系统内部还是外部来看,产业革命主要通过他组织和自组织两条路径作用于产业组织变革。他组织路径是指由技术进步、制度变迁、分工与专业化、市场需求变动、生产方式变革及政府干预等产业组织外部环境因素及其相互关系构成的产业组织演进的动力体系,它提供了产业组织变革的环境条件和外生

[①] 杜传忠、王飞:《产业革命与产业组织变革——兼论新产业革命条件下的产业组织创新》,载于《天津社会科学》2015年第2期。

动力;自组织路径则是指由产业组织系统内部企业的技术研发、流程创新、行为方式(合作、竞争、并购、重组、进入和退出等)、市场集中与产业蜂聚等构成的产业组织整体性变革的动力系统,它是一个主要依靠知识的主动获取和创新实现的不可逆、不连续的累积性非线性变化过程。以上两种产业组织变革路径相互交叉、协同,共同推动产业组织变革。

在产业革命的不同历史阶段,不同国家和地区产业组织变革的主导力量各不相同。例如,第二次产业革命时期的核心国家——美国,其产业组织变革主要是在重大技术创新取得突破以后,由产业内大量企业的兼并、重组、进入、退出等自组织行为促成产业组织整体的变迁。而同时期以亚洲的印度尼西亚、泰国、马来西亚和菲律宾为代表的外围国家和地区,市场经济刚刚起步,存在大量不完善的地方,其产业组织变革的初始动力主要来自国际贸易、外国投资、技术专利转让、产业转移等方式带来的国内技术、制度环境的转变,即产业组织变迁的主要动力来源于他组织。值得注意的是,第三次产业革命中信息与互联网技术的发展,使核心国家企业的竞争、合作、兼并等自组织行为得以跨越国界,在全球范围内寻求利润最大化。这种自组织行为兴起并扩散至外围国家,演变为外围国家产业组织的他组织变革过程,大大缩短了其产业组织的变革时间,使得产业组织变革的两种动力源泉变得难以区分,并极大地促进了以跨国公司为主导的全球化产业组织网络的形成。

(二)产业革命推动产业组织变革的内在逻辑

与一般经济变革类似,产业革命作用条件下的产业组织变革并不是一种稳定加速的形态,而是随着技术、市场、制度等外部条件的变化呈现渐进、突变、涌现、衰退的阶段性变化过程(见图 10-1)。不同过程中,产业革命推动产业组织变化的内在逻辑存在较大差异。

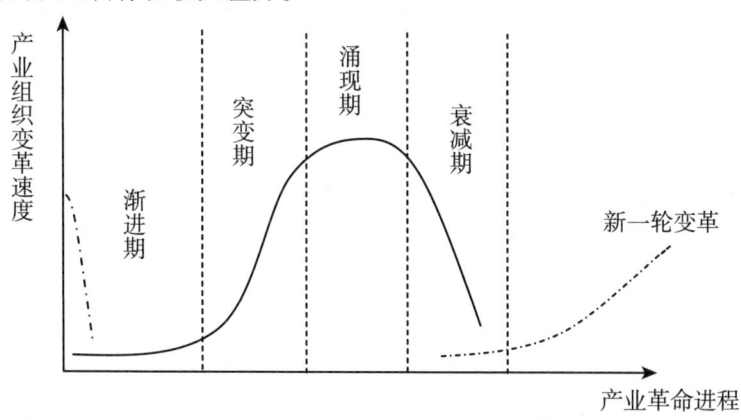

图 10-1 产业革命中产业组织的变革形态

1. 渐进期

在新一轮产业革命的孕育期，技术创新决定了新产品的技术工艺和生产流程，带来新产品的出现和对原有产品的改良，并引发生产方式发生变革。在率先取得突破性技术进步的先导性行业，少数企业开始尝试变革组织形态以适应新技术或提高效率。这一时期，整个社会经济的组织形态变革由技术进步他组织体系主导，这构成了产业组织变革的基础性、根本性动力。而伴随着社会对新技术—经济范式吸收过程中的制度性调整，新的产业组织形态开始出现。可见，这一时期产业组织变革的主导动力来自以技术创新为代表的其他组织体系。

2. 突变期

随着产业革命的发展，新兴技术取得突破性进步，以先导性技术为核心的技术创新集群开始出现，进而产生新的产业形态和商业模式。与此同时，渐进期束缚产业组织变革的制度性因素逐步得以消除，新的制度相继确立。制度与技术、资本、人力等其他经济因素的耦合共同构成了产业组织变革的动力（诺斯，1994）。需要注意的是，即使在突变期，产业革命浪潮带来的也不是所有产业普遍的、平衡的变革，而是以少数先导性产业为主的、以不平常速度发生的变革过程。这一时期产业组织变革的动力仍然以他组织体系为主，动力源由单一的技术因素逐渐转变为制度、需求异质性等多种因素的共同作用，并且为组织内部企业的后期兼并、合作等自组织行为提供了相应的基础。

3. 涌现期

这一时期生产技术趋于成熟，市场规模进一步扩大。斯密定理表明，市场规模决定了分工和专业化的水平。新技术、新组织的出现以及组织间新的分工会衍生出新的产业形态，并使某些传统产业的组织形态处于不稳定的状态，由此促成产业组织的变迁。同时，市场结构的改变使企业竞争环境和行为发生变化，为了在新技术和新产业中获得竞争优势，企业开始了大规模的兼并、重组、合作以及进入、退出等策略性行为。企业行为的动态性积累促进了新型产业组织形态的加速形成。可以说，这一时期企业的自组织行为构成了产业组织变革的主导性力量。

4. 衰减期

进入产业革命后期，在经历了技术进步、制度改进、需求扩张、分工与专业化程度加深和企业大规模的兼并、重组、合作以及进入、退出自组织行为之后，新的产业组织形态业已形成，产业组织变革的速度转而迅速下降，仅限于对已建立的产业组织的局部性调整。这一时期产业组织的变革主要以企业微观层面的进入、退出、自我调整等自组织行为为主。同时，这一时期企业层面的创新行为构成了新一轮产业革命和产业组织变革的重要动力。

这里主要参考德国联邦教育研究部发布的《德国工业4.0战略计划实施建

议》，对以往三次产业革命①做如下划分：第一次产业革命从 18 世纪末至 19 世纪五六十年代，以蒸汽技术、棉纺织业和资本主义机器大工厂制度为标志；第二次产业革命从 19 世纪末至 1970 年左右，以电气技术和纵向一体化组织为标志；第三次产业革命从 1970 年至 21 世纪初，以信息通信技术和产业组织的垂直解体为标志。

二、历史上的三次工业革命推进产业组织变革的历史考察

（一）资本主义工业化大生产和工厂制度的确立：第一次产业革命条件下产业组织的变革

第一次产业革命开始之前的西欧，在制造业中占统治地位的产业组织形态是工场手工作坊。资本主义经济萌芽尽管已经出现，但市场规模仍然较小，地区性、封闭性较强。社会生产活动主要由一系列原子型企业完成，规模经济和市场集中程度较低，企业在地理空间上呈现明显的分散性特征。产业组织变革主要依靠大量原子型企业的分散性创新、缓慢的规模扩张等自组织行为实现，进程缓慢。由于组织结构分散，技术创新缓慢，工场手工作坊越来越难以适应市场的需要。

1765 年以詹姆斯·哈格里夫斯（James Hargreaves）手摇纺纱机为代表的技术创新浪潮的出现，为手工工场向工厂的过渡奠定了技术基础，标志着第一次产业革命的开始。随后阿克莱特和卡特莱特分别发明了水力纺纱机和水力织布机，沿河建立的纺纱厂和织布厂开始出现，标志着资本主义大工厂制的诞生。而 1785 年蒸汽机在纺纱业的成功运用则打破了水资源造成的季节和空间局限性，使工厂制度进一步发展。可见以重大技术创新为主导的他组织动力主导了这一时期产业组织的变革。

18 世纪末 19 世纪初，随着技术创新的不断涌现和持续扩散，社会分工进一步深化，产生了人与机器之间、机器与机器之间的简单分工与协作，同时合伙制的资本组织形式赋予了新兴工业更大的活力和灵活性。以运河、公路和铁路的大规模修建为标志的英国近代运输革命使分散的地方市场得以连接，市场规模开始急剧扩大，集聚经济出现，并形成了一些较有名的产业集聚区。这一时期，以技术创新为主的组织动力逐渐让位于以企业行为为主的自组织，且二者的交叉和互动作用较为明显。

---

① 产业革命是一个十分复杂的产业、技术变革过程，一次产业革命的先导性技术一般发端于前一次产业革命的中后期，因此，三次产业革命存在时间上的重叠和交叉。

到 19 世纪 20 年代，第一次产业革命进入后期，使用机器生产的大工厂成为占支配地位的产业组织形态，其主要包括：单人业主制或合伙制的资本组织形式、所有者与经营者同一的内部组织管理形式、只从事单一产品或服务生产及供应的生产经营组织形式（杜传忠，2009）。尽管这一时期的棉纺织产业仍在增长，但行业整合开始加剧，1826~1842 年，英国棉纺织产业破产企业数量由 33 家增加至 241 家。[①] 可以说，企业并购、重组、进入、退出等自组织行为主导了这一阶段产业组织的变革过程。

（二）纵向一体化与垄断组织的出现：第二次产业革命条件下产业组织变革

早在第一次产业革命后期的 19 世纪三四十年代，小公司间的竞争日趋激烈，且已出现了少量雇用人数达到几千人的大企业。新型投资方式和股份有限公司的出现为企业大规模运营提供了制度可能。经历第一次产业革命之后，作为当时最发达的国家，英国的产业集中度明显上升，规模经济和一体化初见端倪，为新一轮产业革命提供了相应的产业组织基础。而 19 世纪 60 年代末，电力照明、铜电解工艺和染料工艺的出现，则为新一轮产业革命和产业组织变革提供了技术条件。

以 1875 年卡内基第一座转炉炼钢工厂和 1882 年第一座直流发电厂的建立为代表的技术创新集群的出现，标志着第二次产业革命的发端，随后石油的大规模开采和内燃机的应用促进了汽车工业的崛起，此后钢铁、电力和汽车迅速崛起并成为这一时期国民经济的先导部门。从市场需求来看，运输和通信方式（铁路和电报）的革命促进了大规模、同质化市场的形成，为大规模生产提供了需求基础。19 世纪 80~90 年代，企业开始探索组织结构和管理方面的革新，其中最为突出的是泰勒主义的传播和流行，大幅度提升了劳动生产率；所有权和管理权实现分离，催生了职业经理人阶层的出现（谢富胜，2005）。由此，社会分工水平进一步深化。1913 年福特汽车流水线的引入和通用零件的使用标志着大规模生产方式的诞生。这种规模经济逐渐演变为社会生产的标准范式。可见，技术、需求和分工的发展带来的生产组织方式的变化，构成了这一时期产业组织一体化发展的强大动力。

1879 年美国第一个工业托拉斯——美孚石油公司建立，标志着垄断组织开始出现。随着技术创新的持续涌现和市场竞争的加剧，德国、英国、法国等工业化国家相继出现了卡特尔、辛迪加、康采恩等多种类型的垄断组织形式，这些组

---

① ［英］克里斯·弗里曼等：《工业创新经济学》，华宏勋等译，北京大学出版社 2004 年版，第 60~63 页。

织遍及采矿、化学、运输、水泥、烟草等多个工业部门。到 19 世纪末 20 世纪初，西方发达国家基本形成了以寡头垄断为主要特征的市场结构。企业层面，19 世纪 80 年代后开始流行的股份制为企业通过并购、契约等形式实现横向、纵向一体化提供了强有力的资金保障。到 20 世纪初，与一体化的生产组织相适应，企业内部原有的直线职能式组织结构逐渐被等级制职能式组织结构（即扩展的"U"型组织结构）所代替。总的来说，这一时期企业的并购、组织调整等自组织行为主导了产业组织的变革和演进。

20 世纪 20 年代开始，市场需求猛烈而持续性下降，使分权型事业部制（"M"型组织结构）迅速在美国企业扩散。股份制和流水线作业方式使企业规模进一步扩张，纵向一体化的巨型企业成为占主导地位的产业组织形态。由此，美国形成了大规模生产与大规模消费互相促进的良性循环，并开始了二战后长达 20 年的经济增长过程。总之，企业内外部战略的主动性调整成为这一时期产业组织变革的主要动力源。

（三）垂直一体化解体及网络化组织的兴起：第三次产业革命条件下产业组织变革

20 世纪 70 年代末 80 年代初，计算机技术在工业领域的大规模应用标志着第三次工业革命的开端。在此期间，布雷顿森林体系的瓦解和两次石油危机引发的世界性经济衰退，以及大规模生产导致的消费市场饱和，均不同程度地破坏了标准化产品的大规模市场，市场需求开始向多样化、个性化转变。技术创新和市场需求的双重冲击为新一轮产业组织变革提供了巨大动力。企业层面，符合多元化战略的"M"型组织结构取代"U"型组织结构成为发达国家企业的主导组织形态，其特征是：资本组织形式主要为股份制，规模经济与范围经济显著，分工与协作能力突出，技术创新以大企业主导的系统性和集成性创新为主，创新效率较高。

进入 20 世纪 90 年代，互联网技术的广泛应用，洲际铁路、远洋船舶和航空运输构成的综合运输体系的形成，为企业在全球范围内配置资源、寻求利润最大化提供了可能性，建立在国际分工基础上的大型跨国公司开始兴起。与此同时，随着经济全球化进程的不断加快和市场竞争的日益激烈，企业无法在所有环节上保持持续竞争优势，开始越来越多地专注关键资源和核心能力，剥离非核心业务，部分垂直一体化的产业组织开始解体。在企业实施"归核化"战略和外包制迅速发展的条件下，由制造商和供应商通过层级分包制形成的"核心—外围"型网络化组织开始出现。

随着产业组织由纵向一体化向网络化组织的转变，社会分工由传统的产品分工、产业间分工转变为产业内国际分工和产品内国际分工；技术创新由大企业主导的突破性创新为主向持续性创新转变;企业间由单纯的竞争关系转向竞合关系,并导致了战略联盟、企业集团等大量中间型组织的出现。除了不同生产环节上所有权的分离以外,垂直解体的产业组织同样在地理空间上形成一定的空间集聚结构,由此产业集群重新在全球复兴并获得迅速发展。

第二节 基于工业革命视角的企业组织演进及其逻辑

企业组织是产业组织的基本构成部分,企业组织结构对企业行为及竞争战略选择具有重要影响。本节进一步基于产业革命发展视角对企业组织的演进历史及其动力驱动机制进行分析。

一、从单体企业到网络组织结构——企业组织演进的基本路径

(一)从单体企业到现代企业的演进

企业组织是产业组织的重要组成部分。企业组织随着外部环境条件和内在作用动力的变动而变动,其中技术创新与产业变革是导致企业组织结构变革的重要因素。企业组织的演变大致可划分为相互衔接的三个阶段:手工业作坊、古典企业与现代复杂性企业。从原始社会后期手工业与农业分离直到16世纪中叶工场手工业形成的漫长时间里,工业生产主要以个体手工业者或家庭手工业生产为主,到后期出现了家庭手工业作坊。在作坊中各项活计不加区分连续操作,并不实行有效分工(布罗代尔,1992)。随着生产的日趋复杂化,"较多的工人在同一时间、同一空间(或者说同一劳动场所),为了生产同种商品,在同一资本家的指挥下工作,这在历史上和逻辑上都是资本主义的起点"[1]。同时也标志着企业的产生。16世纪中叶,工场手工业开始出现。在马克思看来,工场手工业主要包括两种方式。一种是不同的独立手工业的工人在同一资本家指挥下联合在一个工场里,产品必须经过这些工人之手才能最后制成。这种方式将不同种独立的手工业者结合在一起,使他们在同一产品的生产过程中从事具有互补性的局部操作,事实上构成一种简易的纵向一体化形式。另一种方式是许多从事同一个或同一类工作的手工业者,在同一个工场里为同一资本所雇佣。这是一种较为简单的协作形式。[2] 这种方式则是将同种而独立的手工业者集中在同一工场内同时进行

---

[1] 《资本论》(第一卷),郭大力等译,人民出版社1975年版,第358页。
[2] 《资本论》(第一卷),郭大力等译,人民出版社1975年版,第373~375页。

劳动，产品的生产是局部合作的各个手工业者的联合生产，因而属于一种简单的横向一体化形式。18世纪60年代工业革命出现后，蒸汽机械在生产中得到广泛应用。这种机械的使用有利于实现操作工人的集中，并根据机器的需要进行相应的分工，按照一定的规章制度进行生产，从而形成了工厂组织。无论是工场手工业还是机器大工业的工厂组织，都属于传统企业且是单体企业，主要特点是：从财产组织形式看，是单人业主制或合伙制；从组织管理形式看，是所有者兼经营者的简单的管理层次；从生产经营组织看，企业只从事单一产品或服务的生产。企业规模较小而数量较多，生产技术关系相对简单且产品单一。企业之间的关系主要是一种市场交易或竞争关系，企业相互间的重组和协调关系还较少。这种企业组织形态是与资本主义经济发展初期市场的相对封闭性、区域性和结构单一性等有关。

根据著名企业史专家钱德勒的研究，在美国，由单体企业到现代企业的转变发生在1840年之后，特别是随着第一次工业革命的兴起，现代企业得到快速发展。在此之前，主要是传统企业组织制度占主导地位，企业间的资源配置主要由市场来协调。当时，除了纺织、钟表等少数行业以外，商品都是由小型的家族企业制造的。19世纪40年代以后，特别是伴随着第一次工业革命的兴起，市场范围进一步扩大，市场竞争不断加剧，科学技术迅速发展，特别是运输、通信技术等的迅速发展和广泛应用，推动着被钱德勒所称的"现代企业"的快速发展。到19世纪70年代出现第二次工业革命，现代企业的规模和组织结构等得到进一步发展、完善。第二次工业革命中"孵化"出的钢铁、汽车等新兴产业对巨额资本及复杂性企业组织产生巨大需求，由此股份公司这种新型企业资产经营方式应运而生。与此同时，股份公司也促进了大规模生产方式的发展，并为企业间的并购、重组等创造了条件。随着企业规模的迅速扩张，企业组织进一步复杂化，层级制管理模式开始形成。企业组织对市场组织的替代范围进一步扩大，并促使"单一单位"的企业发展为现代的"多单位企业"。例如，19世纪80年代的美国，铁路、轮船、电报的网络已完全一体化，仅西方联合公司下属的单位就多达1200多个。[①] 现代企业组织产生后，随着企业所处外部环境条件的变化和内部制度调整，企业组织进一步趋向复杂化，逐步衍生出企业集团、纵向一体化大企业等复合体企业组织形式。随着经济全球化的发展，巨型跨国公司也发展起来，并成为日趋重要的企业组织形态。

（二）第三次工业革命条件下网络型企业组织的产生与发展

20世纪90年代以后，以计算机和网络信息技术的快速发展与应用为标志，

---

① [美] 小艾尔弗雷德·D. 钱德勒：《看得见得手——美国企业的管理革命》，重武译，商务印书馆1994年版，第333页。

发生了第三次工业革命,由此导致企业面临的经济、技术及市场竞争环境发生了巨大变化。首先,随着收入水平的提高,人们的多样化、个性化需求特征更趋明显。其次,市场需求变动迅速,要求企业对不断变化的市场需求作出快速反应,由此驱动企业组织结构发生新的变革。技术创新始终是企业赢得市场竞争的关键手段。计算机及网络信息技术的广泛应用不仅节省了人力、降低了劳动成本,还为企业组织变革创造了条件和提供了强有力的技术支持。企业经营环境、条件的巨大变化,对原有企业组织提出新的挑战。纵向一体化企业组织适应于市场环境相对稳定的条件,而20世纪末经济、技术条件的变化使企业经营环境的不确定性大大增加,纵向一体化企业组织的局限性也越来越明显,包括对市场机会的把握能力不强、企业从事了许多并不擅长的业务活动,以及在每个业务领域都直接面临众多的竞争对手等。在此条件下,20世纪末,全球纵向分解成为企业组织变革的重要趋势,变革的方向是突破企业自身条件的限制,利用企业外部资源较快地适应和满足市场需求,使企业从事其最核心的业务,实现优势互补,协作经营,提高企业的核心竞争力(杜传忠,2003)。与此同时,企业主要由追求竞争转向竞争与合作兼顾,或者说进行合作性竞争。由此,出现大量企业战略联盟、虚拟企业等企业网络组织。网络型组织成为第三次工业革命背景下企业组织的基本形态。

二、第四次工业革命条件下企业组织的变动趋向[①]

进入21世纪,特别是2008年国际金融危机之后,在第三次工业革命基础上,以大数据、云计算、物联网、人工智能等新一代信息技术的广泛应用为主要内容的第四次工业革命迅速发展。与前三次工业革命一样,新一轮工业革命也正在引发企业组织的深刻变革。主要表现在以下几个方面。

第一,扁平化、去中心化成为企业组织变革的基本趋向。如前所述,工业经济条件下的企业组织结构经历了原子型单体企业→现代复合体企业→纵向一体化大企业→网络型企业组织的变动和演进。企业组织发展演进的基本动因是企业外部经营环境的变化以及技术创新的推动。任何一种新型企业组织的产生都是企业为应对新的市场竞争环境变化而出现的,与此同时,新兴技术创新及其系统设备等又支撑了新型企业组织的产生和运行。网络经济条件下,企业面对的外部经营环境最明显的变化是消费的个性化、时效性和定制化。如何更好地满足消费者迅速变化而又个性化的需求成为企业组织变革的主要考虑因素。为此,网络型、扁

---

① 杜传忠、王飞:《产业革命与产业组织变革——兼论新产业革命条件下的产业组织创新》,载于《天津社会科学》2015年第2期。

平化、平台化企业组织大行其道。海尔集团组织结构的变革实践最能突出地体现出网络经济条件下企业组织结构演进的特征及趋势。海尔从传统科层制改变成共创共赢的生态圈，原来自成体系的机构变成了互联网分布中的节点，通过共享产生并实现价值。传统销售模式顺着产品生产→经销商→分销商→顾客的顺序推进，而网络经济时代，用户是中心，企业经营的核心或者企业组织变革的主旨是创造用户的最佳体验。企业越来越趋于平台化，颠覆科层制，甚至将整个企业变成一个网络（里夫金，2012）。在海尔，通过变革企业组织，使用户变为领导，企业只有三类人：平台主、小微主、创客。围绕用户个性化生产经营，颠覆了传统的产销分离制。同时还实现员工创客化，颠覆传统的雇用制，实现员工的自创业、自组织和自驱动。海尔通过不断合并业务单元、削减边缘业务等方法来实现制造企业运作的扁平化，将8万多名员工变成2000多个自主经营体的"小海尔"，最小的自主经营体仅有7人，形成了以销定产的敏捷供应链。[①]

从技术层面说，按照《德国工业4.0战略计划实施建议》的设想，伴随着新产业革命中数字化、智能化制造技术、物联网和服务网在制造业中的应用，企业可以把它们的机器、存储系统和生产设备融入信息物理系统，利用嵌入式制造系统在工厂和企业之间实现业务流程的横向、纵向及贯穿整个价值链的端到端的工程数字化集成。由此，企业间的集成不再依赖改变所有权来实现。以智能工厂为核心的全球生产网络将使社会生产表现出显著的网络经济特征，企业组织形态将更加扁平化、网络化。企业组织结构层次更加精简，结构更加灵活敏捷，信息的获取和传递也更加高效。

在第四次工业革命时代，用户与企业之间的距离无限接近，实现无缝隙实时连接，商业机会正是蕴藏在与用户的零距离接触中，未来企业竞争将是用户选择权的竞争。海尔的企业组织变革、小米的互联网模式，实际上都是探索如何通过去中心化，尽可能实现与用户零距离接触，架构起快速配置资源的新平台。如小米采用互联网开发模式，研发人员根据微博、微信、论坛渠道汇集的网友需求对产品进行改进，手机系统的更新有4/5是根据网友建议产生的，1/3是由用户直接研发的。[②] 如果说传统的层级企业组织结构主要强调资产的专一性与一体化竞争优势，那么在网络经济条件下，企业更加重视生产的互补性与生态系统的竞争优势。企业愈来愈打破组织边界，寻求合作共赢，成为互联网时代企业组织变革的基本要求。例如，小米公司总部只有研发设计人员，其生产、物流、销售等业务全部外包给合作企业，并通过互联网与合作伙伴进行业务联系，运营着庞大的

[①] 王钦、赵剑波：《价值观引领与资源再组合——以海尔网络化战略变革为例》，载于《中国工业经济》2014年第11期。

[②] 李培根：《中国院士谈创新：小米是个好榜样》，快科技，2015年9月11日。

企业网络。由此，企业组织将进一步趋向数字化、智能化和去中心化。

第二，企业规模两极化与企业边界模糊化。新产业革命下，信息技术、数字智能技术和新能源技术的应用将会大大提高企业的生产效率，而分散合作的生产方式和扁平化的组织结构能够利用全球化的资源以低成本、大规模的方式生产出个性化定制产品。单个企业内部的规模经济弱化，转化为全球化生产网络的外部规模经济和范围经济（戚聿东和刘健，2014）。企业规模壁垒的大幅度降低将为初创企业和中小企业带来良好的发展机遇，但这并不意味着经济社会将会回到以小企业为主的组织状态。新型智能化、数字化、可重构生产系统的重要内容之一是对传统生产系统的升级和改造，对此大企业仍然具有小企业无法比拟的资金、市场及品牌优势，尤其是在新技术引进及生产网络集成时的动态资源获取能力方面，大企业的优势更为明显。而且利用网络化生产专注于核心能力的大企业将保持规模的持续扩大。因此，新产业革命下的企业规模将趋于两极化，一方面是小企业功能的进一步强化，另一方面是大企业优势的进一步凸显，二者之间的关系将由原来的竞争、协作关系向"平台企业"与"支撑企业"转变。

在以知识为基础的经济和市场中，企业间以网络方式跨越边界与环境的紧密联系已成为最常见、最普遍的现象（徐梦周等，2012）。新产业革命下分布式、发散式的网络化生产方式和互联网通信技术的发展，极大地提高了资源利用率和市场交易效率，交易成本大幅降低。这为企业摆脱边界约束，以网络协同方式参与社会生产提供了有利条件。而新产业革命条件下，市场需求的异质性和快速多变性，也要求企业积极打破边界，加强与外部市场的联系，实现融合协同发展。

第三，企业关系网络化与合作普遍化。新产业革命带来的产业组织运行环境的深刻变化使传统的竞争模式不再适合企业发展。首先，网络经济的一个重要特征是网络外部性，其基本含义是连接到一个网络的价值取决于已经连接到该网络的其他单位的数量。网络外部性的存在使企业之间的合作成为必要，并对企业关系结构提出新的要求。其次，如果说工业经济时代的规模经济主要来源于资产的专用性和不可分割性，那么知识和网络经济下的规模经济则来源于信息产品的共享（杜传忠，2004）。基于互联网和数字化智能制造的网络化生产组织的建立，使社会生产呈现出显著的网络外部性特征，即连接网络的价值取决于已经加入该网络的其他企业的数量。这种网络外部性吸引着企业采取合作的行为策略。再其次，买方市场下消费者需求的个性化、差异化和多变性要求企业能够以低成本、高质量的产品迅速做出回应，这需要借助多个企业组成的合作体系才能完成。最后，新产业革命下产品更新速度加快，企业需要通过持续不断地创新才能实现发展，技术创新的不确定性和高投入特性也促使企业采取全面合作战略。因此，新产业革命提供了企业合作的现实基础和条件，并通过互联网通信技术的发展为企业合作提供了相应的技术支撑。可以预见，随着新产业革命的不断深入，企业间关系将进一步趋于竞合一体化乃至全方位合作，甚至原有的竞争对手也将基于技术、产品或业务的横向联系形成新型竞争协作关系网络。

第三节　第四次工业革命条件下产业组织的变革趋势[①]

一、市场垄断与竞争的关系形态发生变化

市场结构是产业组织理论研究的基本内容，垄断与竞争的关系形态及结构是市场结构的基本内容。根据垄断或竞争的程度，产业组织理论将市场结构划分为完全垄断市场、寡头垄断市场、垄断竞争市场和完全竞争市场四种类型（卡布罗，2002）；还有其他关于市场类型的划分方法，如植草益（Masu Uekusa）根据市场集中度的高低将市场结构划分为：极高寡占型，高、中度寡占型，低集中竞争型，分散竞争型。但不论如何划分，工业经济条件下的市场垄断与竞争的关系是一致的，二者之间是一种此起彼伏、强弱交替的关系形态。市场垄断的取得主要靠对产品市场份额的占有，表现为市场集中度的提高，而从微观企业的视角，获得较高的市场份额及垄断市场地位的主要途径是通过企业规模的扩张、成本降低、效率提升等来实现。当然，在行政垄断条件下，市场的垄断是借助政府或部门的行政权力来攫取的。并且，处于市场垄断的企业往往制定垄断高价，对消费者福利水平造成损害，政府对此垄断行为通过反垄断法加以规制。

在网络经济条件下，企业竞争的焦点转移到对技术、标准、产业生态系统、组织网络、产品订制化水平等的竞争。建立在技术、标准、专利、网络、生态系统等基础上的市场进入壁垒成为形成垄断的主要因素。以成本为基础的定价原则和某些市场供求数量的变化不再最终决定信息产品的价格，产品价格变化更主要的是依据顾客对产品的体验和对价格的敏感程度。技术因素构成网络经济条件下市场垄断与竞争的主导性因素，同时也成为改变市场垄断、竞争形态的基本要素。对技术、标准等的追求和通过技术、标准等追求垄断或打破已形成市场垄断的冲动，大大加强了企业进行技术创新和其他创新的动机，由此使网络经济条件下的技术与市场创新速度加快，形成一种"市场垄断形成→被打破→形成新的市场垄断"的快频率循环。与工业经济条件下的垄断企业不同，网络经济条件下的市场垄断者不敢高枕无忧，必须进行持续不断的创新，因为即使是暂时的市场垄断也可能因核心技术创新的迟滞而被追随者超越（布莱恩约弗森等，

[①] 杜传忠、宁朝山：《网络经济条件下产业组织变革探析》，载于《河北学刊》2016年第4期。

2014)。新兴的企业特别是以创新为主导的企业，往往会形成一种加速成长的态势，成为行业的领先者。由此使工业经济时代的百年老店在网络经济条件下很难出现，市场上处于企业或寡头垄断企业的变动频率大大加快。工业经济条件下垄断与竞争之间此起彼伏、强弱交替的关系形态，在网络经济条件下相应地发生了巨大变化。这时，垄断的出现并没有减弱，更没有消除竞争，而代之以更为激烈的对技术、标准和产业生态网络的竞争，垄断、竞争与创新之间形成互为激发、相互推动的关系形态。垄断既是技术创新及竞争的结果，也是企业进一步打破垄断的基本手段。

二、合作成为与竞争、垄断并列的基本市场行为范式

垄断与竞争是工业经济条件下的两种基本的市场行为方式，合作行为虽也存在，但与垄断、竞争行为相比要弱得多，并且工业经济条件下的一些企业合作表现为市场价格或产量上的合谋，是政府反垄断法要规制、打击的对象。到工业经济后期，企业间的合作组织才大量出现，如战略联盟、合作研发组织、供应链等。但总体上看，工业经济下的企业基本行为方式是垄断与竞争（杜传忠，2004）。但在网络经济条件下，企业合作大量出现，合作组织十分普遍，合作行为成为企业的基本行为范式，甚至网络经济在很大程度上可以称为一种合作经济。导致网络经济条件下企业合作行为普遍化的原因包括内、外两个方面。从内部说，网络经济内在的运行逻辑及机理就蕴含着促使企业合作的"基因"，如网络外部性、技术与标准兼容性、平台经济特征、共享经济理念、产业生态系统的构建等，都需要企业之间的协同与合作（杜传忠，2003）。从外部看，在网络经济条件下，市场竞争环境发生巨大变化，消费者主权市场得以形成，客户至上成为企业经营的基本原则，单个企业难以及时满足消费者日益个性化、专门化、瞬时化的偏好，必须通过研发、设计和运营等方面的协作，才能创造价值、实现价值和增殖价值，由此使企业的技术研发、产品设计、生产制造、销售、物流、营销推广以及融资等更加趋于集成化和协同化。同时，网络经济条件下被广泛应用的网络信息技术为企业的合作行为与合作组织运行提供了强有力的技术支持和平台支撑。还需指出的是，网络经济条件下的企业合作被赋予了更多的知识、技术、创意特质和内涵，因为在网络经济时代，创意、知识与技术的积累、创造、激活与整合成为企业更为重要的资产。

三、企业之间竞争的形态越来越演变为企业生态系统之间的竞争

所谓企业生态系统，是指企业与那些与其在业务活动上存在相关性的利益

主体或机构组成的生态性系统,它既可以包括企业内部的利益相关方,也包括企业外部的利益相关方,如供应商、分销商、融资提供机构、技术合作伙伴、互补产品制造商和客户等。例如,截至 2018 年,亚马逊生态系统在全球范围内涵盖了 200 万家第三方卖家;沃尔玛的成本优势大多也来自其对商业伙伴组成的生态系统的有效管理。

工业经济时代,单个企业之间的竞争是基本的市场竞争形态,传统产业组织理论也是基于这种单个企业之间的竞争建构起一套系统的理论体系和分析框架。但在网络经济条件下,单个企业之间的竞争逐步让位于企业生态系统之间的竞争,后者越来越成为主导性企业竞争形态。以手机行业的企业竞争为例。诺基亚时代的竞争属企业个体间的竞争,首先是诺基亚超越摩托罗拉成为手机行业的绝对领导者;而后又形成诺基亚与三星两强争霸的市场竞争格局。在企业个体竞争占主导的时期,竞争主体参与竞争的手段主要是围绕客户、产品和区域展开,比拼的是对不同区域消费者细分市场需求的深入了解和掌握,注重产品的更新速度、成本控制和对新兴市场的不断开拓等。当时的诺基亚、摩托罗拉和三星,在商业模式上大致相同,都是力争通过出售更多的手机获得更多的收入和利润。

2007 年苹果公司携 iPhone 智能手机加入手机行业的竞争,从此改变了该行业的游戏规则和竞争方式。从单个企业个体竞争层面看,苹果每年都会推出定位高端的新机型,并使其手机品牌成为科技与时尚的代名词。但苹果并没有停留在这一步,它同时注重构建手机行业的生态系统,尤其注重增强第三方软件供应商的实力,从而构建起"iPhone + iOS + App Store"的新商业模式。该模式通过将硬件、系统、应用软件整合为一体,给消费者提供最佳的消费体验并因此带动手机硬件的销售。这样,苹果以 iPhone 这一卓越的手机硬件为切入点,以 iOS 为系统平台,加上海量的应用软件和内容供应商,构成整体竞争能力相对较强的企业生态系统,由此奠定了在行业竞争中的优势地位。

三星同样采取了超越单纯基于个体企业层面的竞争策略。在企业竞争层面,通过主打的旗舰机型 Galaxy S 系列与 iPhone 进行品质上的竞争,并利用自己的全价值链优势推出 Galaxy Tab 抗衡 iPad,着力打造自身高端品牌形象。除此之外,三星在加快对自有 Tizen 收集操作系统研发的同时,加快打造三星社区体系,着力打造具有三星特色的企业生态系统,也取得了可观的市场竞争优势。

小米的快速成长也得益于企业生态系统的构建。2010 年,创立之初的小米即意识到移动互联网对传统手机发展可能带来的重要机遇,将互联网元素纳入传统手机生态系统的构建逻辑中。引入小米网电商平台直销,取代了传统手机销售环节中渠道商的角色,仅渠道成本就比其他手机节约了 20% 左右。在具体业务活动方面,小米充分发挥互联网营销模式的优势,通过小米社区、论坛与用户进行互动,培养粉丝,利用微博、微信等社交媒体进行口碑营销,将小米迅速推向全国,既节约了品牌建立初期的市场营销成本,同时通过网上预约销售的方式降低了库存成本与风险。改造后的小米手机,在研发、制造、维修、服务和市场渠道等方面全部加起来的费用仅占小米手机营业额的5%,而行业内手机相关成本要占到35%以上。这样,小米凭借手机硬件掌握了移动互联网的入口,通过提供移动互联网增值服务获得持续收入,借助于小米官网这个有力的电商平台和分销渠道销售更多的产品品类和品牌,进而凭借打造的手机品牌效应和电商平台销售势能,进一步投资入股小米手环、空气净化器等25家智能硬件公司,在丰富了小米电商销售品类的同时,形成更具销售和使用协同效应的智能硬件生态系统。现在的小米已很难说是一个单纯的手机企业,它已成为一个以手机为切入口,具有独特运营系统的软硬件一体化的互联网企业。

手机行业企业竞争与发展过程表明,如果说传统企业设计、运营和竞争策略的核心是围绕着企业自身展开,而在网络经济条件下,企业的设计、运营和竞争策略愈来愈超越企业自身的边界,朝着构建具有协同效应和整体竞争优势的企业生态系统方向发展。近年来,国内多家家电企业正在布局、构建的智能家居生态系统,也是基于产业生态系统竞争而采取的一种经营战略。可以说,企业生态系统竞争将成为网络经济条件下企业竞争的主要形态。

四、生产模式从大规模流水线生产转向大规模定制化生产

大规模生产作为一种生产模式,产生于第二次工业革命时期,最先是由福特通过引进生产流水线开始,它是在第一次工业革命时期的手工生产转向机器生产的基础上发展起来的,从此开辟了大规模批量化生产的先河。整个工业经济时代,规模化生产、降低生产成本、提高规模经济效益成为企业追求的重要目标。新产业革命条件下,随着网络经济的迅速发展,企业生产模式进一步转向大规模定制化生产和服务型制造(见表10-1)。

表10-1　　　　　　　　技术革命与生产模式变革

技术革命	技术应用	生产模式
第一次工业革命	蒸汽机发明和应用	手工生产转向机器生产
第二次工业革命	电气技术发明和应用	机器生产转向大规模流水线生产
第三次工业革命	信息技术发明和应用	大规模流水线生产转向大规模定制和服务型制造

大规模个性化定制是一种兼顾了规模化节约成本、个性化满足消费者个人偏好两方面的优势,是产业组织的新发展。大规模个性化定制建立在制造业的数字

化、网络化、智能化技术基础之上。在此之前，经济学家一般认为规模制造与柔性制造、个性化生产是不相兼容的，规模制造的成本优势无法在柔性制造和个性化生产过程中实现。而在网络经济时代，借助于第三次工业革命产生的数字化、网络化、智能化技术，就可以使生产模式从大规模标准化生产转向个性化、定制化、柔性化规模生产（冯飞等，2014）。个性化定制生产方式已成为德国工业4.0战略、《中国制造2025》等追求的重要目标。以上战略及规划，目的都是通过互联网及物联网、云计算、大数据、移动互联网等建立一个高度灵活的个性化和数字化的产品及服务生产模式。目前，大规模个性化定制的生产方式已在我国多个企业开始推行，并取得了显著成效。例如，红领集团建立的个性化服装数据系统满足超过百万亿种设计组合，个性化设计需求覆盖率达到了99.9%。顾客只需按照红领量体法采集身体18个部位的22个数据，形成专属于该顾客的版型，客户自主决定工艺、价格、服务方式。成衣数据自动分解到各个工序，跟随电子标签流转到车间每个工位。可在7个工作日交付成品。用工业化的流程生产个性化的产品，成本只比批量制造高10%，但利润至少是2倍以上。年均销售收入、利润增长均超过150%。2015年2月，平均1分钟已达到定制服装几十单，仅纽约市场每天定制产品就已达400套件。①

五、平台竞争越来越普遍

平台这一概念起源于一种通过提高重复使用的频数来降低成本的思想，平台的实质是一种交易空间或场所，是企业提供产品、服务或技术的基础与媒介。随着互联网时代的到来，各种类型的平台不断涌现，平台作为一种新的特殊的产业组织形式，也更加受到企业的重视，平台竞争越来越普遍。在网络经济时代，消费者需求变得更加分散、多变，面对这一变化，企业的最佳选择是"筑巢引凤"，实施平台化战略，构建一个基于客户需求的开放平台，企业的工作重心是为平台上的价值交换活动提供服务，最大限度地满足平台上不同客户的差异化需求。这种网络平台的一个重要特征是具有明显的网络外部性，且其大小主要取决于相异而又相容，处于平台不同接口的客户群体的消费偏好，平台竞争力的潜力取决于平台群体参与的深度与广度。基于这一特征，平台企业通常首先是以低价或者免费甚至付费提供服务的方式为某一方客户提供参与平台的激励，然后再"各个击破"，吸引各方客户在平台上集聚。在平台上，由一方补贴另一方成为一种常见的现象，这就使得平台企业的价格确定不同于一般的定价原则，对于平台某一方的最优定价有可能低于所需的边际成本，其所享受的"优惠"程度主

---

① 谭天鹏：《红领：3D打印工厂化逻辑实现互联网工业升级》，新华网，2015年2月13日。

要由客户群体的需求弹性及其消费需求所引起的网络外部性大小决定。这种平台化竞争策略使得平台企业能够最大限度地挖掘潜在客户市场。同时，平台化有利于维护和巩固领先者的市场势力。由于领先者拥有一定的用户基数，其在产品或服务提供方面具有明显的成本优势，且用户基数越大，平台所能提供的相关互补性辅助产品或服务也就越多，这种正反馈机制增加了平台用户的效用（徐晋，2007）。除此之外，如果消费者更换平台，会产生较大的转换成本，这就使现有用户被"锁定"在该平台，同时吸引更多用户加入平台，由此使平台竞争成为网络经济条件下一种较为普遍的竞争方式。

六、产业融合加强与产业集中趋势下降

新产业革命将进一步加深产业融合，特别是高端制造业和现代服务业的融合。制造业和服务业不仅在产业链上纵向融合，产业链本身也将重组。而物联网和服务网在制造系统中的应用，使动态的、实时优化和自我组织的价值网络成为可能，并最终实现数字世界和实体世界的深度融合。从产业集中度看，随着市场规模壁垒的降低、大量中小企业的进入和企业合作关系的转变，将使产业的市场集中度下降，但下降的幅度会受到组织网络化带来的集中度上升的影响。从空间集中来看，产业集群将逐渐虚拟化，基于互联网的新一代通信技术使得企业无须依靠地理位置上的集中也能实现交易费用的降低。产业的空间分布将以要素禀赋为主向以客户需求为主转变。从产业国际分布来看，新产业革命下的分散协作式生产网络将使"分散生产，就地销售"成为国际贸易的新模式，并由此将改变国家间的比较优势条件和产业竞争的关键资源基础，进而重塑全球经济地理和国际产业分工新格局。

七、开放式、持续性创新将成为推动产业组织变革的根本性力量

新产业革命将会带来企业技术创新主体、创新方式和方向的全方位改变。从创新主体来看，以CPS和智能工厂为核心的数字化、智能化生产网络能够实现对所有生产环节的实时、动态、全程管理，将工人从执行例行任务中解放出来，使他们专注于创新与增值活动，一种新的学习型组织将被建立。创新不再是研发部门的"专利"，全员创新将成为可能。另外，以3D技术为代表的个性化制造系统中，消费者将由单纯的商品购买者转变为创新参与者，直接参与到产品与服务的创新过程，成为重要的创新主体。从创新方式来看，市场需求性质的变化和技术创新的不确定性，将使技术创新由大企业主导下的系统集成性、突破性创新向模块化、开放性、平台性和协同性创新转变，合作、共享将成为企业创新成功

的重要条件。从创新方向来看,伴随新产业革命的持续发展,围绕新能源、互联网、信息技术和智能制造等领域的大批创新成果将不断涌现。可以预见,随着新型能源和信息网络等新兴产业和技术的发展,这种开放式、持续性的技术创新将成为驱动产业组织变革的根本性力量。

第四节 大数据与产业链融合:数智化时代产业组织演进的基本态势

产业链是当今产业组织的重要形态,数据是基本生产要素,大数据与产业链融合是数智化时代产业组织演进的重要形态,也体现了产业组织演进的基本趋向。

一、数智化时代大数据与产业链融合促进产业组织形态演进

早期产业链的概念建立在传统的映射式线性链条结构之上,从资源配置角度看,技术链、产业链和技术创新链三者之间存在的结构性失衡是阻碍规模经济或者范围经济形成的根本原因(林森等,2001)。产业链是从一种或几种资源通过若干产业层次不断向下游产业转移直至到达消费者的路径(张耀辉,2002)。强调一种最终产品的生产加工过程中所包含的各个环节而构成的整个的生产链条,包括从最初的自然资源到消费者手中的最终产品。产业链的类型可分解为两个相关产业之间或相邻市场之间的关系,这可以看成产业链构成的"元素"(郁义鸿,2005)。产业链的结构随着市场需求的变化而变化,而互联网可以承载复杂的市场需求变化,因而逐渐形成了产业链的网络融合与多维度理论。即以不同产业的企业所构成的一种空间组织形式为主要研究对象,分析相互独立的企业之间信息流、物质流、资金流和知识流的连接关系。

产业链的内涵拓展为供需链、空间链、企业链、价值链四个维度,并在宏观、中观和微观三个层次之间相互对接。产业链不是静态的,它会随着技术进步和市场需求的变化等动态演进,由此引起产业的横向与纵向变化(唐浩和蒋永穆,2008)。由于全球创新模式升级演化出网络状产业链,其与传统产业链的根本不同在于新的供需关系的形成(姚凯等,2009)。2011年之后多数学者认可产业链的空间演进理论,产业链以产业融合的形式形成新的链条或者转型升级,产业链的内涵也从点线网拓展到更大的空间范围。产业链的空间动态演化,是产业链内涵深化和空间范围扩大的有机统一,它推动着区域生产要素的重组,引起区域产业结构、空间布局的变动(程李梅等,2013)。

近年来，大数据、人工智能等与产业发展紧密结合，从而为产业组织变革以及产业转型升级等问题引导出新的研究方向，但由于国际市场竞争加剧和数字技术的迅速更迭以及理论研究的滞后，导致大数据与产业链之间关系的研究成果仍然十分匮乏。现有的相关研究领域主要集中在大数据平台、产业链大数据创新以及案例分析和产业生态研究等方面，例如，利用产业链、创新链、资金链"三链"融合对智慧健康产业发展的案例进行研究（袁继新等，2016）；将产业链与创新链、服务链、资金链一起作为创新生态系统的主要部分（李晓锋，2018）；产业互联网的发展推动了全产业链业务活动的互联网化（宋华，2018）。总体来看，目前关于大数据与产业链关系的研究尚处于起步阶段。针对数据融合下的产业链结构变化，缺少关于大数据与产业链融合的机理分析。

二、大数据对产业链演变的作用机理分析

国外相关研究常见的术语是"供需链"（supply chain）、"价值链"（value chain），而"产业链"则较少提到。基于已有研究，这里主要从狭义层面将产业链概括为供需链，即采购原材料并转换为中间产品和产成品，直至到达消费者手中，涉及有形与无形产品以及企业与消费者关系的网状链接；从广义层面将产业链分成供需链、价值链、企业链、空间链四个维度。产业链本身是一个空间概念，需要从微观基础层面加以协同整合，而大数据正是起到这样的基本功能。

（一）大数据对供需链的作用

由于狭义的产业链可以理解为供需链，因此供需链在产业链理论中十分重要。供需链的产生可以从供给和需求两个方面进行解释，是一个消费需求与生产需求互相联动的过程。从原始需求开始，通过宏观—中观—微观的消费需求与生产需求的高级—中级—初级层次分别进行循环对接（邵昶，2006），在对接过程中发生技术创新以保证供需链不发生断裂，其中企业的生产制造能力是供需链联动过程的必要保证。

供需链柔性化是传统企业转型的一种途径，通过增加供需链弹性，更快地对客户需求作出反应，使企业快速而经济地处理生产经营活动中环境或由环境引起的不确定性。定制化需求的出现引起供需链柔性化转型，而大数据资源能力嫁接到供需链中，最核心的功能是需求分析及预测，强化企业与客户的连接，在企业端提升企业绩效和商务运营能力并创造新产品，同时在客户端增强客户体验。以大数据为核心的资源配置，能更快应对市场机制及宏观调控波动对企业和消费者的影响。

供需链中的企业成员之间，通过大数据信息共享减少信息不对称的问题，优

化企业或部门之间的协调配合机制。传统供需链主要有计划、采购、制造、物流以及销售等环节，经大数据渗透之后，通过统计分析、综合评价、收益回报分析等解析方法为企业制定精准的战略计划以及预测模型，增强前端控制能力。在提高供需链效率方面，通过大数据分析对采购、库存以及物流进行匹配和优化，以此提高供需链运营效率。而制造精细化以及工业互联网的发展也是以供需链为基础的，消费端则通过定制需求参与到整个供需链的运营过程中，尤其在大数据应用渗透到供需链各节点的时候，节点企业或者部门之间协同将必不可少，并且供需链的融合效率大幅提升，如图 10 – 2 所示。当然在这个过程中大数据的数据质量尤为重要，重点刻画了需求分析和消费者参与的过程，但大数据的预测潜力不能够完全释放，而缺乏训练有素的技术人才是影响其发挥作用的主要障碍（Schoenherr and Speier-Pero，2015）。企业要面对的问题是在哪一个环节加强数据控制，在哪一个环节的大数据搜集能带来收益或者节约成本等。

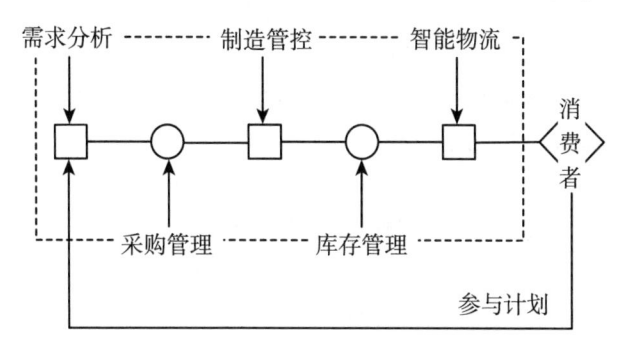

图 10 – 2　大数据融合下的供需链

（二）大数据对价值链的作用

波特的价值链思想更多体现为企业的工艺流程以某种形式不断创新，进而创造价值的过程，信息作为支撑因素发挥作用。而现代观点则更倾向于各节点企业或者节点部门经过协同效应重新创造价值的过程。基于企业价值链的视角，米勒和莫克（Miller and Mork，2013）认为数据价值链的形成涉及数据获取、数据管理以及利益相关者和技术架构，通过不同的数据组合形式为企业的决策、生产提供增值信息。微笑曲线理论提出在价值链的两端，上游的设计研发和下游的营销部分附加值较高，中间的生产制造部分附加值较低，大数据与价值链融合之后，大数据的价值系统与原价值链系统叠加，形成 1 + 1 > 2 的效果，最终整体提升企业价值链附加值。同时，由于消费者对全流程参与程度的加深也缩小了价值链中间与两端的利润差距，表现为价值链向上平移以及价值链趋于平缓，如图 10 – 3 所示。

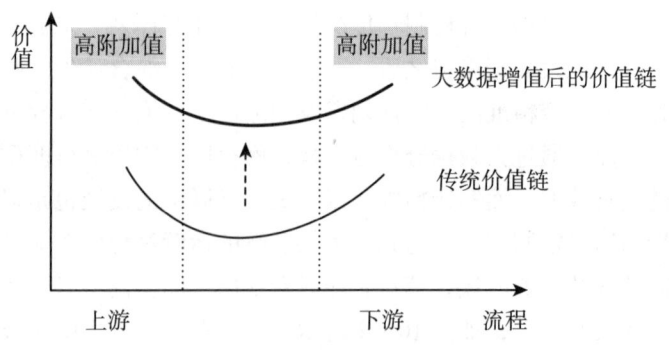

图 10－3　大数据影响下的微笑曲线

大数据具备知识服务的特征，是对嵌入式协作化知识服务模式的一种创新，为用户提供大数据获取、存储、组织、分析和决策等基础服务以及一系列附加增值服务（秦晓珠等，2013）。大数据服务生态沿着数据聚合上云启动、大数据服务平台接续、数据智能化服务升级的演进路径持续发展（张影等，2018）。从产业发展的角度来看，大数据的本质是数据信息链（网），其参与价值链增值的过程可以表现为信息要素的增值过程。

新经济时代，企业对数字化变革趋势变得异常敏感，大数据资源形成的信息链网可以反映企业战略和流程导向以及消费市场状况。首先企业有多种渠道获取数据资源，通常主要有三种方式，即互联网以及企业、政府的开放数据，企业内部信息门户数据，经由信息反馈机制获得的数据。获取大量数据资源之后，企业的信息管理部门需要进行数据处理工作，包括清洗、分析、整合等，经过处理的数据转化成十分重要的数据知识要素，从而实现了企业的第一次价值增值过程。其次，数据知识要素开始进入企业经营的核心流程。大数据、物联网平台的云端转移直接影响企业的战略管理流程，为决策者制定战略以及研发提供新的依据。在生产制造和销售环节，价值链和供需链通过大数据资源实现微观联通，支持企业内部或者企业间数据共享，促进产业链的协同效应，从而实现了企业的第二次价值增值过程，引发产业升级。最后，在最终的消费市场输出端，建立客户反馈机制，通过收集数据信息资源对整个经营流程后端控制，并且反馈后的信息资源成为连接价值链输入端和输出端的纽带，从而实现了第三次价值增值过程，如图10－4所示。

图 10－4　大数据对价值链的增值机理分析

(三) 大数据对企业链的作用

大数据与物质、资金、技术等共同构成连接各企业生命体的微观资源，形成网状企业链，拓展为空间链。通常同种类型企业之间的连接具有分工与交易属性，不同种类的企业之间的连接具有协作与扩张属性，无论哪种类型的企业连接最终都会形成以核心生态企业或者核心区域为主导的产业生态集群，延伸出产业链的中观接口。企业链和空间链的对接主要是产业配套半径问题，产业配套半径的大小和远近决定了产业链迂回的形态（吴金明等，2005）。在传统产业链理论中，企业之间形成的连接严格地受到地域、物流、交通情况的限制，上述条件会引发企业链的长度较短、扩展范围狭窄以及物流成本激增等问题，从而导致产业链在空间范围内的拓展速度缓慢。大数据资源和技术通过降低沟通成本，使合作范围可以根据需求灵活调整，也从市场和宏观层面刺激了创新的产生。企业链中的核心生态企业会影响其他企业的创新策略选择，但是核心生态企业的利润与其所在链条位置无关，在战略选择上不会选择实力较强的企业进行创新合作（王腊银和罗福周，2018）。这些特征是发展到大数据时代之后才演化出的新型特征，数据资源在企业链的应用除了缩减成本和增强创新之外，还可以提升协作效率、降低运营风险等。

如图 10-5 所示，大数据平台作为企业链的载体，通过大数据服务主体之间的价值交换以及分工协作等交易活动，以企业为主导连接的企业链与大数据融合，由各方利益联合体共同参与形成基于网络环境的大数据平台，包括资金流、创新流、人才流，并且衍生出各种数据服务商、各类企业组合以及互补合作伙伴等。这种企业网络协同化可概要地解释为企业以不同场景为依托，让其他企业能够协调参与，从而使企业间的产品和服务实现网络化经营（何大安，2019），最

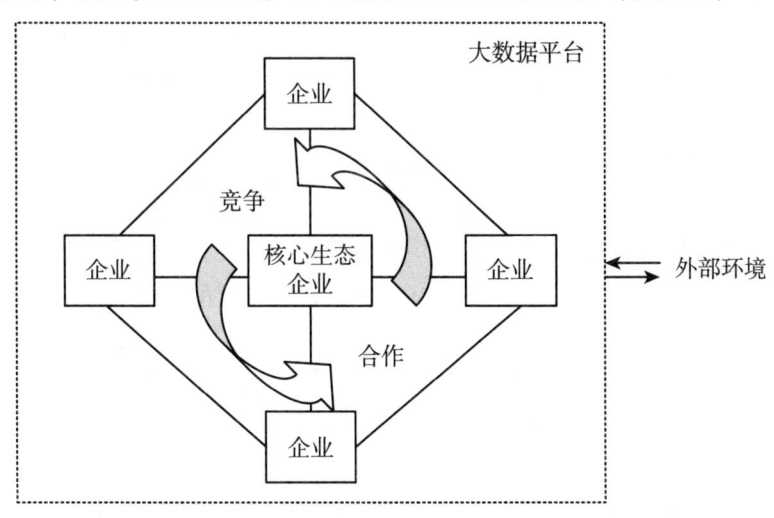

图 10-5 大数据对企业链的影响机理分析

终形成竞争、协作、开放、可持续的更加复杂的网群结构，在区域环境上演化成数据生态循环系统。

（四）大数据对空间链的作用

空间链反映了产业链的空间联系强度和范围广度，具有调节区域承载能力的作用。空间链是一个更加抽象的概念，不仅指地域之间的距离，还包括时空以及环境、人文状况等复杂的因素，以空间坐标、链网密度、经济水平等因素测度的空间状况已不能完全反映数字经济时代的空间复杂程度，导致空间维度对产业链的影响也愈来愈复杂多变。在网络支持的基础上，大数据的精准分析主要从降低环境风险，增强产业链的整体稳定性以及空间辐射能力三个方面进行控制，链网内的企业越多，覆盖范围越广，网络协同效应增益效果越强。现代产业链理论对空间链部分没有足够的重视，仍然是以波特价值链和 SCP（structure-conduct-performance）范式为主。但是产业链不同于产业或者企业，产业链强调的是产业的整体和企业间的竞合关系，研究的重心不是产业或企业间的竞争，而是产业与产业、企业与企业间的对接（吴金明和邵昶，2006）。此种对接即为一种空间的延伸，能够为产业或者企业的生长输送养分，透过外部环境找到发展机遇。

大数据通过提高产业链从微观（供需链）到中观（价值链、企业链）再到宏观（空间链）的层级提升速度，解决产业链容易中断以及资源配比不协调等制约产业升级的"瓶颈"问题。就大数据融合下的产业链协同整合而论，传统产业链需要在单一维度拓展出大数据微观接口，以此作为协同和升级的基础，目前较多传统制造业仍旧停留在自动化的水平上，并不具备转型升级的条件。

产业链协同整合模型的运作体现为三个关键步骤。在供需链上利用大数据分析找到企业的竞争要项，以此减少企业的随机行为，获取的信息在企业各部门间传递，企业内部被强化的横向连接优化价值增值模式；在消费端的大数据控制系统，通过甄别有效的潜在市场，形成以数据驱动为主的资源配置模式，企业之间按照细分市场服务，主要解决产业链管理中供需匹配的难题，"合作"式的生存形态增多；以数据分析与共享作为一种潜在趋势，影响跨地区、跨国战略合作效率，其中形成正向提升的突出原因，是消除和减少了人为操控的环节以及设置不当的边界，当然，很多优化整合需要有较好的大数据模型和度量标准作为基础。

三、基于大数据与产业链融合的企业价值链升级分析——以海尔智能制造价值链升级为例

在数字化、智能化时代，大数据是智能制造的核心驱动力，智能制造在物联网的架构下运作，而物联网又能生成大数据，三者相互影响，给制造企业的价值链升级带来根本性的变革。在这方面,海尔的智能制造升级路径较为典型。

早在2005年,海尔集团就开始向互联网转型,要把传统制造变成大规模定制,倒逼企业从以自身为中心转变为以用户为中心。2012年海尔开始建设互联工厂,变产销分离为产销合一,同年在日本成立海尔亚洲,提出"构筑家电产品的新商业模式",探索智能住宅发展路径。2015年海尔集团作为中国首批智能制造试点示范企业,从大规模制造转型大规模定制,探索转型智能制造模式的实践路径。2017年海尔自主创新打造出工业互联网平台COSMOPlat,成为物联网范式下用户全流程参与的、涵盖企业、用户、资源要素的共创共赢多边平台。转型过程中大数据的获取以及供应链、价值链的转型两个方面可以突出产业链协同整合的优势。本部分着重从大数据来源和供应链、价值链的转型两个方面分析海尔产业链升级的路径。

(一) 海尔大数据来源

海尔提出"无交互不海尔,无数据不营销",从两个层面运营用户数据。一是底层数据平台。海尔的社交化客户关系管理(social customer relationship management,SCRM)数据平台,存储八类数据资产,核心是1.2亿用户数据。该平台设计的数据模型可以进行地址匹配,对用户地址添加分类标签,经由标签映射回中国邮政的名址数据库,找到有相似特点的所有小区,实现细分市场,精准营销。二是上层会员平台。海尔"梦享+"会员俱乐部2015年活跃会员超过1500万。用户注册"梦享+"会员后,生成大量数据存放在SCRM数据平台,包括产品销售数据、售后服务数据、官方网站数据、社交媒体数据等,使得数据孤岛得以连接成大数据平台。

(二) 海尔供需链、价值链升级路径

第一,大数据分析技术应用。传统制造升级方面以海尔亚洲的家电平台为例,实现大规模定制,数据分析嵌入供需链和价值链的全部环节(设计、制造、销售、服务等)。在设计开发环节,经由收集到的数据提取消费者实际和潜在需求,数据融合形成第一次价值增值。在生产制造环节中,将设计落实到可供生产制造的工艺流程上,例如在冰箱内搭载Wi-Fi和安卓系统,作为数据控制平台,再根据图纸制订生产计划,合理安排定制产品和预制产品流水线,内部协同形成第二次价值增值。在销售服务环节中,与零售商配合并提供家电的安保和餐饮服务,例如数据控制平台监控到冰箱内食材不足,会提醒客户在网上超市下单等,以此拓展消费服务范围,数据回流形成第三次价值增值,全部流程反映了大数据价值系统对价值链增值的过程。

第二,大数据对产业链的柔性化改造。新产业革命带来的主要冲突是制造企

业的规模化生产与用户主导时代的用户个性化需求之间的矛盾,海尔智能制造云平台 COSMOPlat 以用户体验为中心,削减规模化与个性化之间的矛盾,生成用户与生产制造的并联体系,不同于传统企业的生产模式。海尔 COSMOPlat 是一种从创意到交付的用户全流程参与的需求驱动型生产模式,如图 10-6 所示,在这种体系下用户既是消费者也是设计者、生产者。

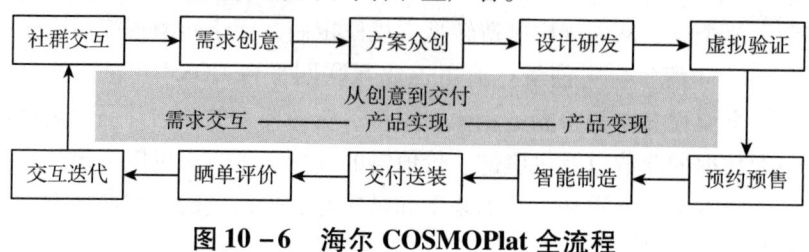

图 10-6 海尔 COSMOPlat 全流程

例如,在过去洗衣机大同小异,但如今人们对洗衣机外观、联网、音乐以及智能家居等功能均有要求,传统生产线显然无法灵活掌控。在 COSMOPlat 平台上,消费者提出需求后,由全球上百万设计类资源提供创新设计生产服务,与用户共同进行产品和设计的改进,通过迭代盘旋修改的过程,使用户主导下的产品有了实现的可能,再通过智能制造,将用户订单直达全流程节点,最终完成用户从创意到产品交付的全流程参与。

四、大数据价值链与企业分类

大数据与价值链融合后形成大数据价值链,根据所提供价值的不同来源,舍恩伯格(Schönberger,2013)将大数据公司分为三类:基于数据本身的公司、基于技术的公司、基于创新思维的公司,另外一类则兼具前三种能力或者某两种能力的组合,其各自特点如表 10-2 所示。

表 10-2　　　　　　　价值来源与企业分类

类型	价值来源	数据量	应用技能	典型例子
1	基于数据本身	大量数据或者可以收集到大量数据	不一定具有提取数据和创新思维的能力	Twitter
2	基于技术	不一定拥有数据	具备专业技术分析能力	天睿、商汤科技
3	基于创新思维	以创新思维作为新价值,数据和技术为非关键因素		航班预测
4	兼备型	大量数据、专业技术与创新思维的组合		百度、阿里巴巴、腾讯、谷歌、亚马逊

(一) 基于数据和基于技术的企业大数据价值链

美国的航空业极其发达,早在 2003 年就有通过大数据分析对机票价格进行预测的系统——Farecast。国内真正意义上专注于机票价格预测的工具型产品在 2018 年初才推出,是由比度(北京)国际旅行社有限公司开发的"蜻蜓旅行"App,蜻蜓旅行自行开发的算法价格预测模型是实现精准预测机票价格的关键,其产品的票价预测准确度达 95%,目前蜻蜓旅行价格信息的获取渠道,主要是合作伙伴开放给蜻蜓旅行的数据接口导入以及抓取航空公司和第三方网站数据。而 Farecast 的数据是由机票预订软件厂商 ITA Software 提供的,由于 ITA 与 Farecast 的公司在商业定位和核心竞争力方面均有不同,以致在大数据价值链上的位置也十分不同,ITA 的创始人之一卡尔·德马肯表示过,ITA 一直在避免因任何数据而暴露航空公司的利润问题。但是 ITA 公司在提供服务的过程中必定会产生大量数据,ITA 公司在大数据价值链上游将收集到的数据授权给 Farecast,Farecast 通过数据分析服务获取了大数据价值链上的大部分价值,其余价值则转移到用户身上。蜻蜓旅行弱化了从上游吸收数据的环节,以积累的航班数据和开放数据为主,将数据和技术融合在一起,成为大数据价值链的主导,并掌控下游的利润分配,如图 10-7 所示。

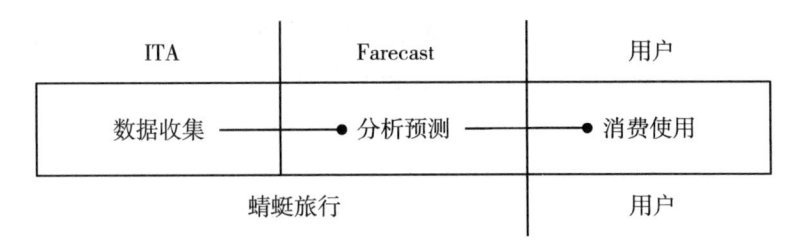

图 10-7 蜻蜓旅行与 Farecast 的数据价值链对比

企业在价值链中的位置极大地影响了利润状况,如果是处在大数据价值链的核心位置,企业就能扩大规模,充分挖掘数据价值。通过为客户提供定制化服务或者免费的支付服务,企业还可以从用户端获取更多数据回报,经过数据分析预测或者卖掉分析结果获取循环的价值增量。但目前有大量拥有数据来源的企业还没有意识到价值链中数据增值的巨大利润空间。

(二) 基于创新思维的企业大数据价值链

通常具有创新思维企业的领导者并不拥有数据资源或者专业技术,这类企业的优势在于不被传统行业运行模式和制度缺陷所束缚,从而能在时代发展的过程中建立起大数据思维。这类企业考虑的关键问题是如何运用大数据为群体解决难题提供可行的方案,这类企业不局限于既得利益,而具备先行一步的决胜思维能力。布拉德福德·克罗斯(Bradford Cross)是一位成功运用大数据思维的创业者。他具有计算机和金融学科背景,在2009年与朋友创立了航班服务公司(Flight Caster),提供的服务能够对航班晚点做出预报。由于缺少资金,为了控制初期投资,其庞大的数据处理都是在亚马逊的云计算平台上完成的。而在当时,很多拥有数据的企业却没能想到将它们拥有的资源加以利用,后来当其他企业意识到这一点的时候,克罗斯和他的合伙人已经把航班服务公司卖掉,转而投入另外的行业,创立了一个极具个性化的新闻媒体应用(Prismatic),为年轻一代与媒体之间的交流架起了桥梁。2011年,克罗斯作为陀螺科技(DCVC)的创始合伙人,支持透过技术深度改造产业,目前该公司已发展成为领先的深度技术风险投资公司,资产超过20亿美元。[①]像克罗斯这样的优秀企业家和创业者,每一次跨越都得益于卓越的创新思维,并将企业和个人置于大数据价值链之中,基于创新思维,构建企业的大数据价值链。

(三)兼备型企业大数据价值链

有些大型公司兼有数据资源、技术和创新思维三种能力,较为典型的例子是亚马逊。该公司成立于1995年,总部在美国西雅图,是业内最早将云物流、大数据、人工智能等运用于商业运营、物流仓储管理的电商企业之一。亚马逊在大数据价值链中同时充当三种不同的角色,早在1997年的时候亚马逊就产生了一个运用数据分析的想法,叫作"协同过滤",但那时并没有充足的数据资源,发展至今它已经成为被争相模仿的推荐系统。相较于其他企业,亚马逊并没有在调研等工作上投入较多,而是将新产品的评论和消费信息在短时间内收集起来,对这些信息进行大数据分析从而准确地评估新产品,适时推广。通过践行消费者全流程参与的理念,2015年亚马逊设立实体店,打通了图书销售线上线下的全渠道。亚马逊强大的数据库信息一方面用来做库存决策,另一方面通过预测更早发现某种书的走红趋势,利用数据制定决策而不是凭直觉。不仅在图书销售市场的大数据收集与分析方面实现价值增值,2017年亚马逊启用了智能供应链系统,整个过程几乎零人工干预,这种价值增值具备短期内不易被复制的优势。

---

① 根据 bradfordcross.com 资料整理。

五、大数据与全产业链生态系统：小米、美团的产业链生态系统比较分析

在企业链和空间链中应用大数据分析技术极其重要的一点，是企业之间的合作对大数据分析能力的提升。许多例子表明，单一企业的大数据分析能力十分有限，依据分工原则，建立合作者之间的"数据产业链生态系统"可以显著提高效率。数据产业链生态系统由供需链、价值链、企业链、空间链协同整合而成，具备分属不同类型的价值创造合作伙伴，如采购商、分销商、数据分析外部服务商、设备提供商等。但由于企业的核心竞争力不同，多数企业不仅无法完成大数据分析，而且跟不上技术进步，这就需要企业借助供应商、软硬件提供商以及分析服务商等的不同服务来推动企业内部的流程改造。企业之间一定程度的资源共享，扩充了产品线，萌生新的产业联盟。在大数据对产业链干预的过程中，企业在制定数据分析策略的同时，应当清楚核心合作伙伴、内部保留以及外包技术（桑德斯，2015），明确是提供有针对性的专业化服务还是面向所有行业的服务。我国较为典型的数据驱动下的产业链生态系统主要有小米智能互联、美团区域服务、阿里全球化生态圈等。本部分选取小米智能互联产业链生态系统和美团区域服务产业链生态系统进行对比分析。二者都在2010年成立，前者是以"互联网＋制造业"为策略思想，后者是以"互联网＋服务业"为策略思想，但两者均形成了大规模的产业链生态系统，具体如表10－3所示。

表10－3　　小米、美团产业链生态系统对比

项目	小米智能互联	美团区域服务
策略思想	"互联网＋制造业"	"互联网＋服务业"
产品理念	坚持做具有高品质、高颜值、高性价比特征的产品	提供"本地精品消费指南"服务
商业逻辑	以手机销售为中心，通过投资孵化的形式将业务拓展到手机周边、智能产品再到生活产品，层层传递品牌影响力	以线上团购业务起步，融合信息技术与营销手段，搭建线上平台，实现与商户的供需对接，通过互联网"放大器"功能，形成批量需求，扩大影响
组织管理	小米产业链与产业链企业之间是投资关系，但小米不控股，不做大股东，有助于激发产业链企业的积极性，以及双方的平等协作关系	大流量入口，源源不断的活跃用户，并不能支撑整个生态的正常运转，美团深入产业链赋能B端（商家），并采用"合伙人＋员工激励"的生态股权架构

续表

项目	小米智能互联	美团区域服务
协同机制	制订投资+孵化的"生态链计划",小米组建专业的服务与管理团队,向合作伙伴产业链公司输出资本、资源以及产业要素能力,生态链计划以合作共赢、协同创新为特征,遵循互联网的免费原则、长尾理论和共享经济三大逻辑。布局智能物联网,提供创新创业孵化、智能硬件接入以及大数据人工智能的增值服务,使资本、渠道、品牌、供需链、研发、设计与合作企业的产业链形成纵横交叉的"孵化矩阵"	依靠逐个城市的地面推广,美团由美食消费开始,将服务的方向深入产业链B端,通过用户的消费大数据和技术手段,为商家降本提效,提供决策。横向为C端(客户)提供更丰富的服务,增加特种服务,将整个区域的饮食、娱乐、休闲等各类活动联系在一起。纵向赋能B端,加强连接的同时实现用户体验的跃升。并且提出将服务与产业层面进行连接
发展经验	·以用户为中心,做质量过硬的产品 ·缩短反馈路径,加强产业连结 ·搭建网络化协同制造平台	·极大化用户广度和用户深度 ·关注AI、大数据、云计算等底层科技 ·面向全球化市场

小米是全产业链整合的制造企业,以产品和供应链作为核心竞争力,美团则是借助实体商业发展的,以本地服务为导向的电子商务型企业。由于企业的策略思想和产品理念的不同导致二者协同机制和未来的差异化发展。小米产业链直接连接了生产者和消费者,缩减了大量渠道成本,从单一产品的成本结构向跨群生态链的收益结构调整(周密和盛玉雪,2018)。而严格地说,美团不能形成完全闭环的产业链生态系统,其构建的是"商家—美团—用户"的服务闭环,强调服务在区域范围内的持续滚动。由此在"技术"与"效率"何者为先的抉择之下,小米倾向于前者,美团倾向于后者。总而言之,企业发展面临诸多风险和不确定性,但是产业转型对于互联网、大数据的依赖将是确定不移的。

六、基本结论及启示

当今世界,数字化、网络化、智能化技术的应用正在促使产业链结构从传统的线性映射结构演化为多维空间结构,包括供需链、价值链、企业链、空间链四个维度,协同整合需要企业提高自身的数字化、智能化能力,这是新时期产业组织转型升级的基本方向。企业的生产制造能力是大数据与供需链融合的必要保证,在这个过程中大数据提升了供需链的柔性化水平,一方面通过需求分析及预测创造新型消费体验,另一方面通过数据信息共享优化企业部门的协作机制,并作为网络协同的微观基础影响价值链增值。进一步地，大数据的价值系统与原价值链系统叠加，将整体提升企业价值链附加值，并引发企业价值增值结构的变化，导致微笑曲线各段的附加值差距趋于缩小。从案例分析和宏观层面来看，产业链升级路径的选择应考虑发展阶段、区域范围和行业特征等因素，而产业链的升级动力需要依靠大数据与产业链的多维度协同整合。大数据与产业链的协同融合已成为产业生态系统构建的基础，也成为数字化、网络化、智能化时代产业组织优化和重构的基本内容。

第十一章

新发展阶段中国技术创新对产业转型升级的作用分析

技术创新是促进我国产业转型升级的根本动力。在新产业革命与经济高质量发展交汇条件下，技术创新对我国产业转型升级的重要性更为突出。本章主要从区域技术转移、突破性技术创新对产业转型的作用、绿色制造业技术对产业国际竞争力的作用以及我国制造业关键核心技术创新等视角，揭示技术创新对我国产业转型升级的重要作用。

第一节 基于三大经济圈的我国区域技术转移绩效及提升路径实证分析[①]

一、问题的提出

当今社会，一场新产业革命正在孕育发生，全球产业面临深刻变革。与此同时，中国经济进入新常态。在新的环境条件下，中国必须将创新驱动作为拉动经济发展的根本动力。为此，必须促进区域技术转移，加快科技创新成果转化。京津冀、长江三角洲和珠江三角洲三大经济圈作为中国科技创新实力最强的地区，集聚了丰富的科技创新资源和创新成果，准确把握这些区域的技术转移绩效，制定更加科学合理的政策促进其科技成果转化，是中国实施创新驱动战略的重要一环。

关于技术转移的含义，目前学术界的认识并不一致。联合国把技术转移定义

---

① 杜传忠、冯晶、张咪：《中国三大经济圈技术转移绩效评价研究》，载于《财经问题研究》2017年第7期。

为关于制造产品、应用生产方法或提供服务的系统知识的转移，其转移的内容是知识、信息和专利等软件，不包括货物、设备的单纯买卖或租赁。经济合作与发展组织和欧盟统计署（2011）认为技术转移是指一国做出的发明（包括新产品和新技术）转移到另一国的过程。章琰（2008）认为技术转移包括两层含义：一是技术在不同背景间的水平运动；二是技术由实验室向市场的运动，即技术商业化过程。这里的第二层含义即人们常说的科技成果转化。可见，技术转移范围要大于科技成果转化。杨善林等（2013）将技术转移定义为具有商品属性的技术在两个利益主体（技术供体和技术受体）间进行所有权或使用权让渡的过程。

综合已有研究，技术转移是指具有商品属性的技术通过一定的技术服务中介机构或其他渠道，在技术供给方和技术需求方之间进行的所有权转移；这种转移既可发生在不同国家或地区之间，也可发生在同一国家的不同地区之间以及同一地区的不同行业之间。因此，技术转移便表现出跨区域的空间转移特征和跨部门的时间转换特征。基于此，可从空间（横向）、时间（纵向）两重维度对技术转移活动进行类型划分（徐耀宗，1991）。从空间维度看，技术转移是技术跨区域的转移，既包括跨国转移，也包括国内不同地区之间以及同一区域不同企业之间的转移；从时间维度看，技术转移是指从技术生成部门（研究机构）向技术使用部门（企业或商业经营部门）的转移，即通常所说的科技成果转化。按照技术转移的具体表现形式，可将其归纳为三种基本类型：一是国家（地区）之间以及国内跨区域技术转移；二是从技术生成部门（研究机构）向技术使用部门（企业或商业经营部门）的跨部门技术转移，即科技成果转化；三是既跨区域又跨部门的技术转移。

基于以上关于技术转移的内涵界定及表现形式，考虑到相关数据的可获得性，本章主要基于国内跨区域技术转移以及技术生成部门向使用部门的跨部门技术转移两个层面，通过构建技术转移绩效评价指标体系，对中国三大经济圈技术转移绩效加以测算并进行评析。

二、中国三大经济圈跨区域技术转移绩效评价

基于目前中国技术转移的特征，本书主要从跨区域和跨部门两个角度对三大经济圈技术转移绩效进行测算。在评价指标体系构建上，考虑到现行规范划分下的京津冀、长江三角洲和珠江三角洲经济圈包括的省市数量较少，导致样本数量过少，不利于全面准确把握中国区域技术转移的绩效。为提升研究的科学性，这里将三大经济圈的范围扩大到泛环渤海经济圈[①]、泛长江

---

① 泛环渤海经济圈指环绕着渤海全部和黄海部分沿岸地区所组成的广大区域，由三个次级的经济区组成，即京津冀圈、山东半岛圈和辽宁半岛圈。

三角洲经济圈①和泛珠江三角洲经济圈②。同时为了便于比较，在各经济圈内分别选取7个主要省（区、市）作为考察对象：泛环渤海经济圈选择北京、天津、河北、山东、辽宁、吉林和黑龙江；泛长江三角洲经济圈选择上海、江苏、浙江、福建、江西、安徽和河南；泛珠江三角洲经济圈选择广东、广西、湖南、海南、四川、云南和贵州。本节所选用的数据分别来自2009～2015年③的《中国科技统计年鉴》、《中国统计年鉴》和各省（区、市）的统计年鉴等。

（一）跨区域技术转移绩效评价指标体系构建

跨区域技术转移是指技术在区域之间的流动，既包括跨国技术流动，又包括国内各地区、各企业以及企业内部各部门之间的技术转移。以中国为例，跨国技术转移的国外技术引进主要通过国际贸易和外商直接投资（foreign direct investment，FDI）两种途径（沈坤荣和傅元海，2010）；国内技术转移主要包括技术输出和技术吸纳两个层面。现阶段，中国跨区域技术转移主要通过技术市场来实现，因而可通过测算技术市场的交易活动来衡量区域技术转移状况。据此可采用各地区国外技术引进合同数与合同金额衡量各地区跨国技术转移活动，采用各地区国内技术输出和技术吸纳的成交合同数与合同金额衡量各地区的国内技术转移活动（冯锋和李天放，2011）。

（二）跨区域技术转移绩效测算

坎特韦尔和简（Cantwell and Janne，2000）在研究创新全球化环境下跨国公司和政府作用时指出，20世纪60年代，日本经济快速发展的初期，技术吸纳金额远高于技术输出金额，随着日本经济日益发展，技术"纯输出"由负转正。说明技术市场交易活动与经济发展阶段密切相关，在经济相对落后阶段，技术交易主要是技术吸纳，先进技术的吸纳有利于推动经济发展；而到经济发达阶段，技术交易则主要表现为技术输出。对中国而言，跨区域技术转移也具有相似的特征。一方面，从国际看，与发达国家相比，中国经济发展总体水平偏低，跨国技术转移主要表现为从国外引进技术，引进技术越多，跨区域技术转移水平越高；另一方面，从国内看，与其他地区相比，三大经济圈经济发展水平相对较高，技

---

① 泛长江三角洲经济圈包括上海、江苏、浙江和安徽4个省市。为了与泛环渤海经济圈和泛珠江三角洲经济圈的数据样本一致，本书将临近长江三角洲且积极对接长江三角洲城市群的福建、江西和河南3个省份涵盖在内。

② 泛珠江三角洲经济圈包括中国华南、东南和西南的9个省区（广东、广西、湖南、海南、福建、江西、四川、云南和贵州）以及2个特别行政区（香港和澳门）。

③ 2008年的金融危机给国际和国内各项技术活动带来较大冲击，这一年的数据相较其他年份发生较大波动，而跳跃点的存在会影响时间序列数据拟合的有效性，因而本节从2009年开始考察。

术输出更能体现一个地区的技术转移水平,向其他区域输出技术越多,跨区域技术转移水平越高。冯锋等(2009)采用跨省级区域技术纯输出来衡量跨省级区域技术转移。技术纯输出是指某个省份跨省域输出的技术成交金额减去该省份跨省域吸纳的技术成交金额。

根据前面构建的跨区域技术转移绩效评价指标体系,本节在参照纯输出指标基础上,考虑到中国跨国技术转移的现状和特征,用国外引进技术成交额 TF_I 加纯输出额 T_{NOF} 考察跨区域技术转移绩效情况,即考虑跨国技术转移的纯输出指标 $P = TF_I + T_{NOF}$。由于技术市场合同数与技术市场合同金额高度相关,两个指标反映的技术转移水平大致相同,所以进行跨区域技术转移绩效评价时仅考虑技术市场合同金额。

2009~2014年三大经济圈各省(区、市)跨区域技术转移绩效值如表11-1所示。

表11-1　　　　2009~2014年三大经济圈各省(区、市)
跨区域技术转移绩效值

经济圈	省(区、市)	2009年	2010年	2011年	2012年	2013年	2014年	均值	标准差
泛环渤海	北京	998.782	1284.327	1588.836	1691.681	2149.785	2082.751	1632.694	408.000
	天津	26.541	98.068	87.500	180.118	200.814	183.644	129.447	63.200
	河北	-27.588	-102.255	-34.634	-68.436	-55.086	-115.638	-67.273	32.500
	山东	33.871	27.949	-34.011	-14.890	-9.465	-101.478	-16.337	44.900
	辽宁	68.934	29.251	-213.944	-131.332	-22.304	36.004	-38.899	101.100
	吉林	23.142	8.204	35.386	26.378	30.729	20.975	24.136	8.600
	黑龙江	11.815	3.937	-0.519	35.106	20.383	13.543	14.044	11.600
	合计	1135.496	1349.483	1428.613	1718.623	2314.857	2119.801	1677.812	669.900
泛长江三角洲	上海	466.977	333.214	407.863	419.925	489.047	458.983	429.335	51.100
	江苏	106.534	150.990	305.470	499.113	248.719	48.166	226.499	148.900
	浙江	11.466	16.896	12.476	-168.540	168.064	-45.022	-0.777	99.400
	福建	6.224	36.682	-8.829	-116.566	-247.851	-278.235	-101.429	123.900
	江西	-5.337	-1.596	4.455	-13.506	-52.526	-15.539	-14.008	18.500
	安徽	-4.775	31.143	33.681	23.602	36.671	58.515	29.806	18.800
	河南	10.345	1.485	-7.914	-8.580	-62.002	-73.072	-23.290	32.100
	合计	591.435	568.815	747.203	635.448	580.122	153.795	546.136	492.700

续表

经济圈	省（区、市）	2009年	2010年	2011年	2012年	2013年	2014年	均值	标准差
泛珠江三角洲	广东	154.358	216.029	115.670	135.095	488.437	234.460	224.008	125.600
	广西	-2.991	0.705	3.551	-20.946	-114.006	-101.152	-39.140	49.200
	湖南	11.898	12.154	2.740	-0.020	-0.902	-19.497	1.062	10.600
	海南	-6.141	-11.425	-2.197	-124.922	52.657	-56.758	-24.798	54.900
	四川	21.258	9.723	27.593	18.835	-77.551	-3.668	-0.635	35.80
	云南	-11.347	-20.511	-20.928	-31.803	-56.139	-47.797	-31.421	15.900
	贵州	-26.028	-13.801	-16.966	-32.195	-18.090	-105.116	-35.366	31.800
	合计	141.007	192.875	109.463	-55.956	274.406	-99.528	93.711	323.800

从表11-1可知，位于泛环渤海经济圈的北京技术转移绩效值最大，且远高于其他省（区、市），说明北京国外技术引进和国内技术输出成交金额最大，且增长速度较快（廖述梅和徐升华，2009）。这与北京对外交流活跃、技术创新水平高和技术市场交易活跃等有关，也显示出北京作为全国技术创新与成果转移中心的地位。其次是位于泛长江三角洲经济圈中的上海和江苏。上海技术转移绩效值的标准差较小，说明近年上海技术市场交易活动增长速度较低，维持相对稳定状态；而江苏技术市场交易波动较大，2009～2011年呈现快速增长态势，2012～2014年国外引进技术交易大幅度减少致使技术转移绩效值快速下降，导致江苏技术转移绩效值的标准差偏大；紧随其后的是泛珠江三角洲经济圈的广东和泛环渤海经济圈中的天津，其技术转移绩效值也较大，且增长速度较快。值得注意的是，福建技术转移绩效标准差与广东不相上下，但其均值仅为-101.429，说明福建主要是国内技术吸纳，且吸纳速度增长较快。综合来看，北京、上海、江苏、广东和天津是跨区域技术转移绩效值最大的五个省份，且这五个省份的技术转移绩效值在各自经济圈中也远高于其他省份。这表明三大经济圈中各有一两个省份处于技术转移的"领头羊"地位，它们一方面大力吸引国外技术，另一方面大量输出本地技术，并且这些省份本身也是所在经济圈经济技术发展水平相对较高的地区。此外，吉林、黑龙江、湖南和安徽的技术转移绩效平均值为正，但与绩效值最高的五个省份相比仍存在不小的差距。其余12个省份的技术转移绩效平均值均为负，其中福建跨区域技术转移绩效值最小，四川和浙江跨区域技术转移绩效值相对较大。总体来看，现阶段中国技术转移水平总体偏低，且区域差异明显，这与区域创新要素分布及创新能力的非均衡性直接相关。

三大经济圈跨区域技术转移绩效存在较明显的差异。泛环渤海经济圈技术转移绩效值的领先主要得益于北京较高的技术转移绩效值，且近年来该经济圈内部省份技术交易活动较活跃。泛长三角经济圈内既包括经济、技术较为发达的江苏、浙江和上海，也包括近几年快速发展的安徽等，技术转移绩效值也较高。泛珠江三角洲经济圈内除广东、湖南外，其余省份技术转移绩效值均为负值，且该经济圈内技术转移绩效值最高的广东与北京、上海相比仍存在较大差距。泛珠江三角洲经济圈是在仅包括广东的9个城市的珠三角经济带基础上建立起来的，经济圈内其余省份与广东的经济交流相对偏少，内部技术溢出效应较差，从而导致经济圈内部各省份技术转移差异较大（廖述梅和徐升华，2009）。

跨区域技术转移绩效值最高的五个省份均为中国经济较为发达的省份，这说明跨区域技术转移绩效与区域经济发展水平直接相关，二者事实上存在相互促进的关系（Griliches，1986）。一方面，跨区域技术转移绩效越高，说明该区域技术交易活动越活跃，从而越有利于促进当地经济发展；另一方面，经济发展水平越高的区域，技术创新能力和技术交易活跃度越高，从而越有利于促进跨区域技术转移。相应地，区域经济的差异性或不均衡性也导致了跨区域技术转移水平的差异和不均衡。

三、中国三大经济圈跨部门技术转移绩效评价

（一）跨部门技术转移绩效评价指标体系构建

跨部门技术转移是指从技术生成部门（研究机构）向技术使用部门（企业或商业经营部门）的转移，这种转移也即是技术从研发到应用的转化过程。技术的供给方一般包括大学、科研院所和企业研发机构，技术使用部门主要是企业。技术的跨部门转移需要相应的中间平台支撑，它们是为有效实现技术转移提供各类服务的中介机构。可见，影响跨部门技术转移绩效的因素，既包括技术供给方的研发能力，也包括中介平台的支撑条件，当然还包括技术需求方对转移技术的使用效果（石善冲，2003）。根据以上三方面的因素，可构建跨部门技术转移绩效的评价指标体系。

技术研发能力受技术要素投入的影响，主要包括人员投入和资金投入，其中以研究与发展（research and development，R&D）活动人员折合全时当量衡量人员投入，以R&D经费内部支出和R&D经费投入强度衡量资金投入；技术转移能力主要受技术市场活跃程度的影响，用技术市场成交合同数和技术市场成交合同金额衡量；技术转移效果指技术成果转化为现实生产力的能力，用相应的经济效益和社会效益衡量，其中经济效益用新产品销售收入、企业工业增加值、国内地区生产总值、企业工业总产值占规模以上工业企业总产值比重和出口交货值衡量，社会效益用新增利税、新增从业人员和全员劳动生产率衡量（郑伟，2008）。

由于无法获取全部产业因使用技术带来的产值和销售收入等数据，本节以高技术产业①作为考察对象近似反映跨部门技术转移绩效。

（二）跨部门技术转移绩效测算

本节运用 SPSS 20.0 软件进行主成分分析，得到三大经济圈各省份每年技术转移绩效的综合得分，据此可对三大经济圈技术转移绩效情况进行评价。为消除各变量间的量纲关系使数据具有可比性，首先对数据进行标准化处理，然后进行 KMO 和 Bartlett 球形度检验。根据方差大于1即为主成分的标准，取前三个成分作为主成分，前三个主成分累加占到总方差的 85.049%，说明解释力较大。

根据主成分得分系数矩阵可求出前三个主成分的系数，方法为各自主成分载荷向量除以各自主成分方差的算术平方根。其中，系数的平方和等于1，将各个系数分别乘以13个原始变量标准化之后的变量即为各主成分的函数表达式（高铁梅，2006）。提取主成分之后，即可计算各指标的权重，进而得到各样本的综合得分情况。2009~2013年三大经济圈各省份跨部门技术转移绩效值如表11-2所示。

表11-2　　　　2009~2013年三大经济圈各省（区、市）
跨部门技术转移绩效值及排名

经济圈	省（区、市）	2009年 得分	排名	2010年 得分	排名	2011年 得分	排名	2012年 得分	排名	2013年 得分	排名
泛环渤海	北京	0.298	4	0.342	4	0.427	3	0.244	5	0.284	4
	天津	0.126	7	0.124	10	0.146	8	0.112	8	0.120	9
	河北	0.024	15	0.054	14	0.067	16	0.037	15	0.022	15
	山东	0.223	6	0.313	6	0.300	5	0.264	4	0.245	5
	辽宁	0.053	10	0.089	13	0.119	13	0.054	14	0.044	14
	吉林	0.002	17	0.006	19	0.060	17	0.007	18	0.008	17
	黑龙江	0.034	14	0.045	17	0.064	17	0.008	17	0.002	18
泛长江三角洲	上海	0.282	5	0.395	3	0.309	4	0.203	6	0.205	6
	江苏	0.498	2	0.621	2	0.661	2	0.585	2	0.564	2
	浙江	0.339	3	0.315	5	0.287	6	0.332	3	0.319	3
	福建	0.105	8	0.173	8	0.147	7	0.092	10	0.088	10
	江西	0.015	16	0.053	15	0.082	14	0.057	13	0.059	13
	安徽	0.046	11	0.141	9	0.140	10	0.065	12	0.060	12
	河南	0.035	13	0.097	12	0.136	12	0.104	9	0.134	7

---

① 高技术产业是指用当代尖端技术（主要指信息技术、生物工程和新材料等）生产高技术产品的产业群，该产业研发投入高、研发人员所占比重大。与中低技术产业相比，高技术产业对于技术的需求更大，可看作技术市场上的主要需求主体。

续表

经济圈	省(区、市)	2009年 得分	排名	2010年 得分	排名	2011年 得分	排名	2012年 得分	排名	2013年 得分	排名
泛珠江三角洲	广东	0.886	1	0.883	1	0.773	1	0.740	1	0.817	1
	广西	0.000	18	0.051	16	0.067	15	0.019	16	0.015	16
	湖南	0.042	12	0.111	11	0.144	9	0.068	11	0.084	11
	海南	-0.040	20	-0.020	20	0.028	20	-0.010	20	-0.010	20
	四川	0.104	9	0.205	7	0.139	11	0.122	7	0.122	8
	云南	-0.060	21	-0.020	21	0.023	21	-0.030	21	-0.030	21
	贵州	-0.010	19	0.013	18	0.032	19	-0.010	19	-0.010	19

注：限于跨部门技术转移绩效评价指标体系中技术市场合同数和全员劳动生产率这两个指标 2014 年的数据不可得，而这两个指标又比较重要，故本节仅计算了 2019~2013 年跨部门技术转移绩效值。

从表 11-2 可知，2009~2013 年三大经济圈各省份跨部门技术转移绩效值的排名并未发生明显变化，广东一直处于第一名的位置，且综合得分远高于其他省份；江苏一直位居第二名，北京、山东、上海和浙江则分别在第三名至第六名之间徘徊。其中，北京和山东位于泛环渤海经济圈，该经济圈中天津跨部门技术转移绩效值也较高；江苏、上海和浙江位于泛长江三角洲经济圈，该经济圈中福建跨部门技术转移绩效值相对较高；在泛珠江三角洲经济圈，除广东之外，四川跨部门技术转移绩效较高。这些跨部门技术转移绩效值较高的省份，一个共同的特点是制造业都比较发达，且大多数处于东部开放地区，市场化程度较高，市场机制作用较充分。

为对 2009~2013 年三大经济圈各省份技术转移绩效进行综合比较，将这五年的数据进行加权平均得到技术转移绩效综合值，权重为每一年价格指数的倒数，结果如表 11-3 所示。

表 11-3 2009~2013 年三大经济圈各省（区、市）跨部门技术转移绩效综合值及排名

经济圈	省(区、市)	得分	排名	经济圈	省(区、市)	得分	排名	经济圈	省(区、市)	得分	排名
泛环渤海	北京	0.300	4	泛长江三角洲	上海	0.284	5	泛珠江三角洲	广东	0.791	1
	天津	0.137	7		江苏	0.591	2		广西	0.040	16
	河北	0.046	15		浙江	0.399	3		湖南	0.103	10
	山东	0.235	6		福建	0.129	8		海南	-0.01	21
	辽宁	0.076	13		江西	0.065	14		四川	0.113	9
	吉林	0.013	18		安徽	0.087	12		云南	-0.02	20
	黑龙江	0.016	17		河南	0.100	11		贵州	0.011	19
累加排名			67	累加排名			55	累加排名			96

从表11-3可知，三大经济圈各省（区、市）跨部门技术转移绩效综合排名前五位的依次为广东、江苏、浙江、北京和上海。泛长江三角洲经济圈各省份排名较靠前；泛珠江三角洲经济圈中除广东外，其他各省份排名均不理想；泛环渤海经济圈中北京、山东和天津排名相对靠前，而其余省份排名则处于中下游，该经济圈整体排名情况好于泛珠江三角洲经济圈，但相较泛长江三角洲经济圈还存在一定差距。

三大经济圈跨部门技术转移绩效的综合排名与现实区域经济、技术发展状况大致吻合。近年来，泛长江三角洲经济圈高技术产业激增，在三大经济圈中高技术产业产值最高，大大提高了该区域的技术转移水平。同时，泛长江三角洲经济圈中江苏、浙江和上海总体经济发展较高，制造业较发达，极大地带动了该区域的技术转移能力。相比之下，泛珠江三角洲经济圈曾是全国改革开放的前沿阵地，但近年来随着全国其他地区改革开放的不断推进，该区域政策优势逐渐减弱。该经济圈其余各省份经济发展水平都与广东存在较大差距，这在一定程度上降低了该经济圈整体的技术转化能力。京津冀地区科技成果转化能力也较强，并在泛环渤海经济圈中发挥了重要带动作用。值得注意的是，囿于数据可得性，本节仅测算了基于本省份跨部门技术转移的绩效，难以对既跨省份又跨部门的技术转移绩效进行衡量，而现实中这种"双跨"型的科技成果转化现象并不罕见，尤其是北京和上海这样在全国科技创新中心中表现突出，甚至可能表现出跨区域技术转移绩效优于跨部门技术转移绩效的情况。如北京跨区域技术转移绩效排名第一，而跨部门技术转移绩效则排名第四。导致这种现象的原因是多方面的，现实中很重要的一点是作为技术成果承接地的长三角地区，体制机制较灵活，市场反应速度快，对北京的科技创新成果承接吸纳能力很强；相比之下，长期以来天津和河北的政府行政力量较强，国有经济比重较大，民营经济发展相对滞后，且市场竞争不充分，区域性要素市场发展滞后，导致技术及其他生产要素的跨区域流动不通畅，在承接北京丰富的科技创新成果方面反而劣于长三角地区。

四、提升中国技术转移绩效的基本思路

从跨区域和跨部门两个角度对中国泛环渤海、泛长江三角洲和泛珠江三角洲三大经济圈及所属省份技术转移绩效进行评价，可以得出以下基本结论。

第一，泛长江三角洲经济圈技术转移绩效值相对较高，这主要与以下因素相关：泛长江三角洲经济圈产业结构以技术密集型产业为主；科技力量雄厚；城市群建设全国领先，区域产业及技术创新协同度高；上海、江苏对国外先进技术吸纳能力较强。泛珠江三角洲经济圈在中高端产业竞争实力、区域研发及创新能力和经济圈内部产业及技术协同水平等方面与泛长江三角洲经济圈还存在一定差

距，由此导致该经济圈技术转移绩效低于泛长江三角洲经济圈。泛环渤海经济圈整体上技术转移绩效水平低于泛长江三角洲经济圈，主要是由于产业、技术协同性差，导致技术转移水平偏低。

第二，中国三大经济圈中龙头城市技术转移绩效最突出。北京、上海和广东的技术转移绩效水平最高，都属于所在经济圈的龙头，是所在经济圈经济、技术占主导地位的省份。其中，北京跨区域技术转移绩效值最高，广东跨部门技术转移绩效值最高。北京是全国教育及人才集聚的中心城市，教育及科技实力雄厚，拥有89所高校和全国近1/3的科研机构[①]，技术人员密度全国最大，人才资源十分丰富，向其他地区转移技术的能力很强。但由于北京服务业比重较高，制造业所占比重相对不高，在技术转移方面，其跨部门技术转移绩效并不是最高，即技术成果转化能力不是最强的。相比之下，广东制造业较为发达，且不乏高技术产业集聚，从而具有较强的技术成果转化能力。

第三，吉林、黑龙江、海南和云南的技术转移绩效相对较低。其中，吉林和黑龙江隶属东北老工业基地，长期以来，由于受体制机制、科技创新能力和人力资本等因素的影响，技术转移绩效偏低，制约了经济的持续快速增长；反过来，经济发展滞后进一步制约了这些地区科技创新及技术转移绩效的提升，由此形成恶性循环。海南自然禀赋及区位因素的特殊性，决定了其产业结构以旅游业为主体的服务业比重较高，工业制造业包括高新技术产业的数量较少，比重较低，由此表现为其技术转移绩效水平偏低。云南地处偏远地区，经济发展和科技创新长期相对滞后，由此导致技术转移绩效水平不高。

为此，提升中国技术转移绩效的基本思路应包括以下方面。

首先，强化高质量科技创新成果的供给以及需求能力和消化能力。从供给角度，提高科技创新设备、人员等的利用率，改革科技创新成果收入分配制度，强化科技创新及成果转化激励约束机制，以提供更多高质量科技创新成果，同时加强对国外高质量科技成果的吸收利用能力。从需求角度，通过强化市场竞争、促进产业转型升级，提升对技术创新成果的需求能力和消化能力。

其次，完善区域性技术创新及成果转化服务平台和相关中介机构。建立和完善包括知识产权服务、创新要素聚集、创新主体协同、科技人才培训、创新信息收集、整理与发布等在内的科技创新及成果转化平台，完善科技服务中介机构，为各类创新主体更好地进行创新及成果转化提供优质服务。

再其次，完善区域创新协作及成果转化机制。借助于京津冀协同发展、长江经济带建设、中部崛起和西部大开发等国家重大区域发展战略的实施，加强特定经济圈内部区域创新主体之间的创新协作与成果转化。探索构建包括创新资源共

---

① 《中国统计年鉴（2021）》和《北京统计年鉴（2021）》。

享、创新平台共建、创新要素流动和创新成果有效转化的一整套体制机制。特别是对于市场化程度相对较低的地区,应加快完善市场机制,消除要素、技术流动壁垒,提升技术市场交易活跃度,促进区域技术协作与成果有效转化。

最后,充分发挥国家及区域中心城市在科技创新及成果转化中的带动、辐射作用。北京、上海正在建设具有全球影响力的科技创新中心,深圳已成为全国重要的科技创新中心,天津、武汉正在打造具有国际竞争力的产业创新中心。充分发挥全国及区域中心城市在技术创新、知识扩散、成果外溢与转化过程中的极化效应,以点带面,以面推体,构建完整、高效的区域创新及成果转化网络,实现科技创新成果在各区域间的高效转化(杜传忠等,2017)。

第二节 新一轮产业革命背景下突破性技术创新与我国产业转型升级

伴随着新一轮科技革命和产业革命的加速推进,全球范围内突破性技术创新正在不断涌现①,这将为我国产业转型升级、实现经济高质量发展提供重要驱动力。在技术创新体系中突破性技术创新的地位与所发挥的作用愈加突出。党的十九大报告提出,要瞄准世界科技前沿,强化基础研究,突出关键共性技术、前沿引领技术、现代工程技术、颠覆性技术创新,"十四五"规划与2035年远景目标明确提出要实现科技自立自强。上述目标的实现都需要大力推进突破性技术创新研究,促进产业转型升级,这已成为我国现阶段产业转型升级面临的十分关键的课题。

一、突破性技术创新的基本内涵及特征分析

创新管理的研究中,按照创新的强度将其分为突破性技术创新与渐进性技术创新。从已有研究文献来看,国内外学者对突破性技术创新的研究由于研究视角和侧重点不同,概念和内涵的界定存在较大的差异。从产品和技术创新视角,强调产品或技术是核心,突破性技术创新是指缔造新技术轨道和技术经济范式基础的创新,且对现有主流技术和产品具有强大的颠覆作用(陈劲,2002;Hill and

---

① 美国权威科学杂志《麻省理工科技评论》认为,在新产业革命推动下,未来突破性技术创新的出现会更加频繁。自2001年起,该杂志每年都会发布"全球十大突破性技术",这一权威新兴科技榜单在全球范围内具有巨大影响力,是很多机构和政府判断科技商业化发展趋势的重要依据。2016~2018年的突破性技术如强化学习、自动驾驶等,也有涉及新能源、量子计算、生物医疗等领域的重大突破,其中一些技术已经应用到现实生活中,如360°全景相机、刷脸支付和基因疗法等。

Rothaermel, 2003; 付玉秀, 2004)。哈佛大学教授克里斯滕森(Christensen, 1997) 指出, 突破性技术创新是建立在新的科技和工程知识基础上的创新, 会对企业价值网络结构带来调整, 彻底改变企业原有发展的技术基础, 产生新的技术轨道。科捷利尼科夫(Kotelnikov, 2000) 研究认为, 突破性创新是使产品、工艺、服务具有前所未有的性能特性的一类创新, 具体体现为全新产品的发明创新, 或者使原有产品性能获得巨大提升, 使生产成本明显下降。肖海林(2011) 同渐进性创新对比分析认为, 突破性创新是指基于与原有主导技术不同的新技术, 通过开辟新的技术规范、形成新的技术轨道和新的市场主导产品, 能够带来技术和市场变革的一类创新。从技术演化和市场应用角度进行考察, 此类研究代表性的观点认为突破性技术创新在技术系统演化过程中存在技术的非线性跳跃及技术轨道转换, 能够更大范围替代现有市场主流技术和产品的创新模式(Godoe, 2000; Zhou, 2005)。张可(2013) 将突破性技术创新定义为脱离原有技术轨道, 给企业带来了巨大变化, 是一种非连续、非线性的技术和价值跃迁, 对市场潜在客户产生巨大的吸引力, 同时可能重置行业的规则和标准。突破性技术创新不仅创造出新的市场和技术体系, 也会带来产业层面的深刻变革和广泛的社会影响(Dewar and Dutton, 1986)。邵云飞等(2017) 从技术和商业模式变革两大维度将创新活动分为激进性创新、颠覆性创新(破坏性创新)、突破性技术创新、渐进性创新, 同时指出突破性技术创新是用全新技术替代旧有技术, 产生新的产品应用, 并且革新产品架构形成新的市场和产业。也有学者从技术专利角度对突破性创新进行界定, 认为突破性技术创新是那些具备独特性和新颖性, 对未来技术具有重要影响的发明专利(Dahlin and Behren, 2005)。还有研究直接利用专利前向引用次数作为衡量突破性技术创新的指标(陈傲和柳卸林, 2013; Schoenmakers and Duysters, 2010)。

通过梳理已有研究成果发现, 学者们主要从产品和技术创新、技术演化和市场应用、专利引用等角度对突破性技术创新的内涵进行界定和研究, 有的侧重微观创新主体行为, 有的侧重对中观或宏观层面的影响, 但尚未发现聚焦于突破性技术创新对产业转型升级影响机理的研究。本节从产业转型升级视角出发, 认为突破性技术创新是指跨越原有技术轨道, 针对潜在市场进行非线性的技术研发, 引起产业链和价值链发生巨大跃升, 并对现有市场格局和产业形态产生根本性影响的创新。

与渐进性技术创新相比, 突破性技术创新主要具有以下特征。

1. 具有显著的技术颠覆性

突破性技术创新一旦出现, 将形成对主流技术的替代, 并对现有市场竞争格局产生重大甚至是颠覆性影响。相比之下, 渐进性技术创新一般是对现有主流技术的互补或部分替代, 主要是对现有工艺、产品、服务一定程度的调整和改进,并不改变现有市场竞争的基本格局。如自动驾驶技术的出现及其产业化将会给传统汽车产业带来革命性影响。汽车将由传统的交通工具进化为移动终端的智能化互联产品，从而在很大程度上改变了人们的消费模式和生活方式，并导致汽车基本属性及其商业模式的根本性改变，因而它是一种突破性技术创新。

2. 对基础科学或通用技术较强的依赖性

突破性技术的诞生关键在于基础知识的创新，只有知识和技术积累到一定程度才有可能形成技术的突破，而其背后则是基础科学的长期积淀和通用技术的强力支撑。基础科学研究是所有创新的源泉和根本动力，只有当技术本身有了重大突破，才能为其后的科学研究技术化和技术商业化打下坚实的基础，并且基础研究的突破性越显著，技术化和商业化的时间窗口越长，越有利于技术的市场化。最为典型的例子是人类历史上的三次工业革命，每一次工业革命都是在突破性技术创新的驱动下发生的，蒸汽动力、电力、信息技术等具有代表性的突破性技术创新的发明为三次产业革命提供了直接动力。第一次工业革命以瓦特发明的蒸汽机为标志，实验基础科学的长期发展和社会生产直接推动了蒸汽机的发明以及在不同行业中的应用改良。第二次工业革命中电的发明是在法拉第1831年电磁感应规律这一"里程碑"式的科学发现的基础上形成的。第三次工业革命是以原子能、电子计算机、空间技术等的发明为标志，而这些突破性技术创新成果的诞生也是在核物理、半导体、信息通信技术等基础科学领域或通用技术基础上发展起来的。

3. 技术市场需求的不确定性和难预测性

渐进性技术创新一般是根据现有市场主流用户需求的变化，对现有技术进行调整、改进的结果；而突破性技术创新则是针对潜在或未来市场需求开展的根本性创新，因而具有较大技术前景的不确定性和市场前景的不确定性，这是由技术创新产业化过程这一固有特性决定的，相应地蕴含的市场风险也在增加。突破性技术创新不仅需要知识、技术、研发基础等方面的长期积累，也可能需要多学科的交叉融合创新，一般研发周期较长，相应的技术风险也会增加，加上不确定性所造成的市场风险，因而导致现实中突破性技术创新的失败率较之渐进性技术创新要高得多。

4. 较强的产业关联带动作用

突破性技术创新一般最初出现在某一特定领域，作用于特定的企业或行业，随后会逐渐向其他技术和产业领域扩散、渗透。相对渐进性技术创新，突破性技术创新对产业的外溢、渗透作用更加突出，从而对产业结构的影响也更为广泛，甚至会引发对整个国家产业体系的根本性变革。依据产业关联理论，产业关联关系与技术变革具有强相关关系（文雁兵，2015），技术创新的出现会带来产业间关联关系的变化。突破性技术创新具有较强的通用性和产业关联性，会对众多关联产业产生重要影响，并引发产业间关联关系的深刻改变。技术的渗透作用使产业间的关联关系更为紧密，一方面，突破性技术创新可以为关联产业提供各种形式的技术支撑和技术服务，加速关联产业的发展，提升产业的竞争优势；另一方面，关联产业的发展为新技术产业提供了市场空间，加速了新技术产业崛起。

5. 技术演进的高度发散性、非线性与非连续性

突破性技术创新的发散性产生于创新理念与思路的发散性，具有非连续和非线性的技术轨迹和价值特征（詹坤和邵云飞，2017）。这类创新的源头来自原创性理论或理念，属于科学理论的革命性变革产生的新技术，是发散性思维或方法作用的结果。如第二次工业革命过程中汽车技术的发明，并非在传统交通工具马车的基础上渐进性改进，而是通过将内燃机和车轮结合的突破性创新进而带动汽车产业的发展。类似的典型产业还有尼龙材料、水泥、玻璃等，从技术演化的过程来看，技术性能的改进直观地反映了技术的突破性和不连续变化。相对渐进性技术创新，则是对原有技术轨道的线性扩展，是现有理论的常规性拓展或深化作用的结果，具有明显的线性与连续性特征，突破性创新与渐进性创新具有不同的"S"型技术曲线和演化轨迹（Sood and Tellis，2005）。如英特尔的微处理器和微软的操作系统，都在不断更新升级，给消费者带来越来越好的用户体验，但其基本原理和技术平台基础都没有发生根本性变化。

二、突破性技术创新推动产业转型升级的机制与路径分析

（一）突破性技术创新促进产业转型升级的机制

产业转型升级是由产业链、价值链、创新链、生产要素等的转型升级所构成的有机整体，是产业从低附加值、低技术水平的状态向高附加值、高技术水平状态演变的过程（苏杭等，2017），主要体现在工艺升级、产品升级、功能升级和跨产业升级等方面。突破性技术创新是实现产业转型升级的重要驱动力，也是后发经济体摆脱技术依赖，实施跨越式赶超的必由之路。新一轮产业革命和科技革命背景下，突破性技术创新正不断涌现，如何认识突破性技术创新对产业转型升级的作用机理及路径是本节进行探索分析的主要目的，所构建起的理论框架如图 11-1 所示。

第一，激发产业技术轨道跃迁。从技术轨道转换的视角，每项技术的发展演化均呈现出"S"型运行轨迹，并沿着各自的技术轨道运行。与渐进性技术创新技术轨道不同，突破性技术创新往往创造出新的技术轨道和经济范式，对现有技术轨道造成颠覆式冲击。实现技术轨道跃迁的同时，进一步形成新的产业技术轨道，具体表现为从一条"S"型曲线跳跃至另一条"S"型曲线，即从旧的技术

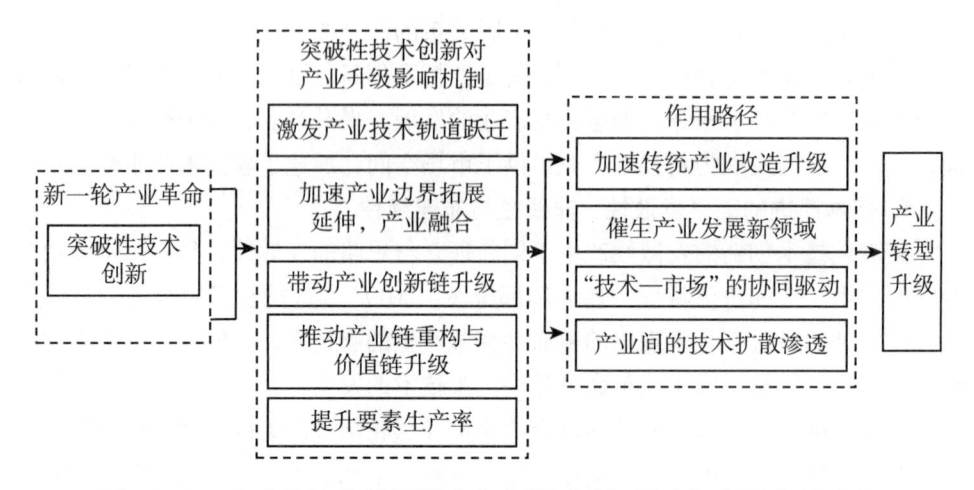

图 11-1 突破性技术创新驱动产业转型升级影响机制及作用路径

轨道向新的技术轨道跃迁的过程，是一种非线性的技术跨越。而技术跨越的应用表现则是利用突破性的技术创新成果开发应用新技术、新产品进而提高产品竞争力的过程。技术轨道跃升所实现的技术跨越在主导产业升级过程中发挥着重要作用，一方面突破性技术创新会促进形成新的产业技术体系，通过核心技术的突破带动整个产业系统的升级；另一方面产业技术轨道的跃迁带动产业链和价值链的延伸和拓展，创新主体也因此获得产品、技术、市场上的竞争优势。

第二，加速产业边界拓展延伸，促进产业融合。技术变革是促进产业融合的内在动力，技术创新扩散应用，在企业范围经济及市场需求等因素的作用下，使得不同产业之间的边界趋于模糊，横向产业之间形成相互竞争协同的新型产业组织形式。突破性技术创新在微观层面促使企业向价值链微笑曲线的两端转移，形成企业的核心竞争优势，从而改善企业绩效；技术创新驱动下的产业融合也会改变产业的市场结构和产业绩效；在宏观层面上推动产业结构和经济增长方式的改变，如在新一代信息技术的驱动下我国制造业呈现出服务化的趋势，而服务业不断趋于产品化。在经济发展过程中，突破性技术创新与传统产业的深度融合不仅是提升产业竞争力的重要方式，有利于产业结构转型升级，也会在经济增长中释放出乘数效应。

第三，带动产业创新链升级。产业创新链由基础研究、技术研发、实际运用、产业化与市场化等一系列创新活动组成，是产业生态系统的重要组成部分。重大技术的突破为产业发展提供创新知识和技术供给，在不同产业间渗透扩散，并不断实现技术产业化和市场化。突破性技术创新也会带动互补性创新的升级，既包括核心、共性、关键技术的突破，也包括在原始创新、引进消化吸收创新、集成创新、协同创新等方面的拓展和升级。在技术产业化和市场化应用层面，前沿性、颠覆性技术创新的应用推广，形成新产品、新业态和新的商业模式，在产业链的中下游发挥创新的迭代升级作用。从创新链和产业链的关系来看，二者双向互动相互依存，创新链嵌入产业链当中，是产业链上各环节价值增值的基础，尤其是研发、制造环节；产业链的每一个环节都可能成为创新的突破口，从而产生新的创新链条。

第四，推动产业链重构与价值链升级。技术创新驱动下的产业升级的重要表现是产业链的重构和价值链的升级，往往会改善和优化产业链中各企业主体之间的分工协作与要素组合，提升产业体系的功能状态，从而推动产业向价值链高端延伸。企业作为技术创新的主体和产业转型升级的微观基础，突破性技术创新是提升企业核心竞争力和价值创造能力、引领行业发展的关键因素。技术创新衍生出的新产品、新技术或者产品功能的升级与改进，加速了产品更新换代，从而促进价值链升级。对于企业，突破性技术创新成果不仅会提升产品附加值，在基础研发、市场竞争力等方面也会获得竞争优势，进而实现价值链提升。以华为公司为例，连续十几年来，其研发投入占销售收入比均在10%以上，欧盟委员会数据显示，华为2017年研发投入全球排名第六，中国第一，超过苹果、谷歌、微软等企业。华为的成长历程是产品不断从产业链低端走向高端的过程，高强度研发在通信领域积累的突破性技术形成了企业的国际品牌知名度和竞争力，也是企业逐步跻身电信设备供应产业链、价值链高端环节的重要原因。

第五，提升要素生产率。一是随着突破性技术创新不断地向更多经济部门扩散和溢出，会大幅度提高资本、劳动、管理等要素的配置效率，而且会加快传统产业生产技术、业务流程、组织结构与商业模式的创新，提升了企业生产与管理效率。如人工智能技术的出现，在教育、医疗、司法、制造、娱乐等领域的广泛应用以及与传统产业的深度融合过程中将不断增强现有劳动、资本和技术要素的利用效率，提升全要素生产率。二是突破性技术创新会催生一系列较高生产效率的新业态、新产业的出现。如以物联网、大数据、云计算等一系列突破性技术的重大创新与融合应用为代表的新一代信息技术产业的兴起和发展，带动了整个组织结构、制造模式、运营方式、产业形态等的深刻变革。这些产业相对传统产业具有要素生产率上的比较优势，技术驱动加上要素间的系统协同优化效应，更大程度上转换为对生产率的提升。三是突破性创新会生发新的更高端的生产要素，从而提高要素生产率。数据、信息、知识、文化创意、品牌、标准等全新的生产要素将成为产业变革的关键要素和重要资源，会大大提升创新力和要素生产率。

（二）突破性技术创新促进产业转型升级的作用路径

第一，加速传统产业改造升级。传统产业通过结构性调整和突破性技术的应用改造，不仅能够使企业提高生产效率和改善经营绩效，而且使企业生产的重心向产品附加值更高的产业领域或价值链环节转移。尤其是以数字化、网络化、智能化为重点的技术升级,不断强化先进基础工艺、核心元器件、产业技术基础设施等作用的发挥,甚至会颠覆传统的生产经营方式。如 3D 打印技术在制造业领域的应用是一种典型的突破性技术创新,让原本不太可能实现的大规模个性化定制成为现实,增材制造的新型工艺取代了传统的减材制造方式。将对传统工艺流程、生产线、产业链组合产生深刻影响,为制造业智能化转型升级提供了良好的技术支撑和发展空间。目前,3D 打印技术在工业制造、航天、汽车、建筑、医学、文化创意、考古文物修复等领域都有广泛的应用,市场前景广阔。

第二,催生产业发展新领域。在突破性技术创新的带动下,商业模式、生产组织方式、产业形态也会发生革命性改变,开拓产业发展的新空间,并不断演化出新的产业形态,从而成为新的经济增长点。如物联网等新一代信息技术的发展,推动 5G、窄带物联网(NB-IoT)、边缘计算等网络技术的演进升级,促进信息技术产业的发展和应用水平的提升。而且,随着新一代信息技术驱动下的一系列突破性技术创新的扩散渗透,会不断催生产业发展新领域,实现生产力的跃升。近年来,人工智能、大数据、云计算等一系列信息技术与物联网技术的融合发展带动了智能网联汽车、无人机、机器人等产业的蓬勃发展。在工厂环境中应用的物联网技术其价值不仅在于生产效率的提升,而且在安全生产、设备维护、库存优化等方面每年可创造 1.2 万亿美元到 3.7 万亿美元的经济价值。[1]

第三,"技术—市场"的协同驱动。莫维利和罗森伯格(Mowery and Rosenberg, 1979)提出的"市场与技术创新"互动机制理论表明市场需求会促进企业实现技术研发创新的良性循环。技术层面,突破性技术创新最显著的特征是新技术的颠覆性对原有主流技术的替代,并对市场形成冲击。而企业技术的形成和竞争优势的保持需要不断地积累、投入和自我突破,否则面对多变的市场环境和技术创新竞争,获得突破性技术的领先企业将在下一轮竞争中面临创新危机。如诺基亚手机在智能手机时代被淘汰,柯达相机被数码相机取代等案例。因此,企业在突破性技术创新研发方面在不断地更新迭代,寻求新的技术突破,发挥市场引领作用,这一过程通过技术不断的升级自然而然会推动产业升级。市场层面,潜在市场需求是诱发企业创新的内在动力,颠覆式技术革新不仅可以改变现有市场格局,获取新的市场,极大地拓展了企业利润空间,而且可以形成企业新的增长点。赫尔曼等(Herrmann et al., 2007)指出,突破性技术不仅能够更好地满足现有市场中的用户需求,还能进一步发掘潜在市场,满足用户更高层次的需求。

---

[1] McKinsey Global Institute (MGI), The internet of things: mapping the value beyond the hype, http://custom.cvent.com/F6F80CC765A94B949C1A96D98D89BCC5/files/3258bfacd8464fcea8bcc4ddccef9d39.pdf

整体来看，突破性创新的技术与市场两个子系统协同共生、双向互动，市场需求促进了突破性技术的诞生，技术加速了创新产品的形成，引发新的市场变革和带动相关产业发展。

第四，产业间的技术扩散渗透。新技术一旦形成，并在产品应用和市场需求方面得到认可后，便会在产业间不断扩散，这一点通用目的技术（general purpose technology，GPT）表现尤为明显。尽管渐进性技术创新与突破性技术创新都具有这种扩散效应，但二者存在较大差异，突破性技术创新的扩散渗透效应更为广泛。突破性技术创新随着市场需求的扩大，市场占有率逐渐提高，甚至拥有一定的市场垄断势力，由此导致市场竞争格局发生改变。随着新行业新进入企业的增多，通过模仿创新、技术改进或产品更新使得突破性技术的市场扩散。与此同时，突破性技术发明或产品的应用扩散和渗透到其他产业，形成一批又一批新型的知识密集型产业。如第五代通信技术（5G）被公认为是信息技术领域的典型突破性技术创新，不仅给传统通信产业链的上下游产业带来巨大变化，而且在加工制造业、能源、金融、零售、运输等多个产业不断扩散渗透。

三、突破性技术创新促进产业转型升级的现实考察：以新一代人工智能为例

人工智能技术经过半个多世纪的积累和发展，成为引领新一轮科技革命和产业变革的战略性技术，被公认为是当今世界三大尖端技术（能源技术、空间技术、人工智能）之一，尤其是大数据驱动下的新一代人工智能技术是科技驱动型突破性技术创新的典型例子（李平，2017）。伴随着大数据、机器学习等相关技术的发展，人工智能将在生产、消费等各领域加速扩散渗透，特别是在提升社会劳动生产率、有效降低劳动成本、优化产品和服务等方面带来革命性的转变，不断推动三次产业转型升级。

（一）人工智能技术推动农业现代化和智能化发展

新一代人工智能技术的发展为现代农业注入新活力和新动能，在农业生产的各环节都有广泛的应用场景，为农业发展带来新的机遇，不断提升现代农业的自动化、智能化水平。一方面，在田间耕作、养殖、农产品采收等规模化的农业生产中，自动化农业机械、机器人等智能装备替代了传统的人工操作，节省了人力成本，提高了生产效率和质量；另一方面，在农业生产各环节，智能化技术的应用提升了生产决策的科学性和准确性。人工智能的人工神经网络、深度学习、智能识别等技术在农业生产过程中对土壤成分和肥力的监测分析、农作物种子品质的识别、灌溉用水的分析及控制、养殖、设施农业、病虫草害识别、农产品智能

化采收、品质检测等方面都有巨大的应用价值。农业生产过程中利用传感技术对农作物生长所需要的光照、温度、湿度、二氧化碳浓度、水分等数据进行实时采集和大数据技术的智能化分析,以便为生产管理人员提供决策依据。阿里巴巴"ET农业大脑"将人工智能应用于生猪养殖、瓜果种植管理等领域,实现了农业数字档案管理、全生命周期管理、智能农事分析、全链路溯源等功能。人工智能在农业领域中的应用真正实现现代农业资源的优化配置、产供销一体化的精细化管理,还会推动农业向智慧化、绿色健康、高品质方向发展。

(二) 人工智能技术加速工业智能化转型升级

工业是人工智能应用最为广泛的领域,人工智能这一突破性技术创新正推动工业进入智能化时代。发达国家竞相布局人工智能战略,抢占新一轮经济增长过程中工业领域的战略制高点,如美国的工业互联网、德国的工业4.0、日本的超智能社会5.0战略、英国开启的现代工业战略等。人工智能的独特优势可以有效解决劳动力不足、用工成本高等问题,工业机器人的应用、智能工厂、无人工厂、智能制造将会降低劳动力需求,同时大幅度提升工业生产效率。德国的弗劳恩霍夫研究中心指出:人工智能可以将生产率每年提高0.8%~1.4%。[①] 人工智能技术也会带来工业生产模式的改变,传统大规模生产会逐步走向柔性化制造,适应消费者个性化需求的大规模定制生产成为可能。人工智能技术贯穿产品研发、供应链运营、智能服务等生产全周期,其中,自动识别、人机交互、大数据和机器学习等人工智能核心技术在智能设计、大规模生产、远程管理、健康评估、故障预测等领域具有广泛的应用。人工智能技术的应用为提升产品制造质量、增强制造业的国际竞争力、实现价值链升级创造了有利条件,工业智能化发展已成为振兴实体经济的核心环节。

(三) 人工智能技术引领服务业革新

服务业智能化是新一代信息技术驱动的新兴服务业发展趋势,也是加快服务业转型升级的关键路径。充分利用人工智能技术大力提升服务业效率和服务质量,通过大数据、人工智能等技术挖掘市场信息、研究消费者偏好,可以提供满足消费者个性化需求的产品,进一步开发市场潜能;同时,构建人工智能技术导向的供应链系统,提升服务质量,提高企业运行效率。服务业智能化会带动新兴服务业的发展,目前人工智能产业发展在教育、医疗、养老、金融服务、智慧家居、文化创意、公共服务等领域发展迅速,传统服务业不断开发人工智能技术,应用市场前景广阔,服务机器人产业的发展比较直观地反映了我国智能服务业的

---

① 刘宗长:《从人工智能到工业智能》,载于《软件和集成电路》2018年第6期。

发展状况。前瞻产业研究院数据显示，我国服务机器人发展迅速，2017年市场规模为13.2亿美元，同比增长约28%，2018年上半年我国服务机器人市场规模达16.4亿美元，[①] 超过上年全年规模。在"AI+新兴服务业"层面，加强智能物流、智能交互、智慧出行、智能穿戴设备、科技金融等领域的开发，人工智能将会产生巨大的经济效益和社会效益，加快服务业高质量发展。

四、推动突破性技术创新发展，促进我国产业转型升级的思路及对策

目前，以新一代信息技术应用为主导的第四次工业革命正加速推进，随着技术的逐步扩散渗透并与实体经济深度融合，催生出许多突破性技术创新，如无人驾驶、区块链、量子通信、3D打印、智能机器人等。这些突破性技术创新的诞生不仅改变了人们的生产生活方式，而且在提升社会劳动生产率、降低劳动成本、推动传统产业转型升级等方面带来革命性影响，甚至会重塑全球产业竞争格局。为充分把握第四次工业革命的战略机遇，加快突破性技术创新形成，促进我国产业转型升级，应重点采取以下思路及对策。

第一，强化基础性研究创新，促进突破性技术创新的形成。突破性技术创新背后是长期基础研究的积累，基础研究具有先导性、战略性等特征，是产出重大原始创新成果的关键领域。白春礼（2009）指出，没有基础研究的长期储备和雄厚的积累，技术创新与突破、应用与开发就成为无源之水。一是通过国家科学基金项目与重大科技研究规划项目重点扶持突破性技术创新研究，引导企业从事产业需求的基础研究，并建立全国性的技术交流、合作和转换平台。二是发挥财政资金的导向作用。相对于应用研究，基础研究具有周期长、风险大、失败率高的特点[②]，因而，对于社会效益大、影响范围广的基础研究项目，政府应给予大力支持，如财政补贴、专项支持和税收优惠等，降低企业投资风险。三是完善技术创新的制度环境，通过改革完善相应的产权制度、研发与科技转化制度、金融制度等影响突破性技术创新实现的关键变量，通过优化制度设计，吸引各类市场和创新主体进入突破性技术创新相关领域。

第二，加大具有行业共性的突破性技术创新的支持力度，奠定产业升级的技术基础。随着技术创新的全球化竞争日益激烈，我国一些产业的核心关键技术受制于人、共性技术支撑体系无法满足产业转型升级的需求等问题仍非常突出。首先，要统筹规划，加强行业突破性关键共性技术的战略布局，由国家科技部门牵

---

① 前瞻产业研究院：《2018~2023年中国工业机器人行业战略规划和企业战略咨询报告》，2018年8月。

② 长期统计数据表明，基础研究的成功率在2.5%左右，应用研究的成功率在10%左右。

头建立行业共性关键技术发展规划,以制约行业发展的核心关键技术为主攻方向,集中资金、人才、创新平台等优势资源,通过项目引领、市场化运作等方式提升创新效率。其次,要加强产业共性突破性技术创新组织建设,构筑创新生态系统。这类创新组织的主要发展目标是攻克产业发展亟待解决的突破性技术;开展前沿基础性技术的研发和人才储备;整合创新资源,实现产学研结合,做好共性关键技术的扩散转移和商业化应用。借鉴美国国防部高级研究计划局、日本颠覆性技术创新计划、俄罗斯先期研究基金会、欧洲联合颠覆倡议等突破性技术创新培育孵化专业机构的做法,建立适应我国未来产业发展需求的研发创新组织。同时,新一轮科技和产业革命背景下,创新载体由传统的单个企业向跨领域协同、网络生态化的创新体系转变,构建突破性技术创新生态系统,不仅有利于为创新主体提供互补性资产,降低交易成本,而且能有效降低突破性技术创新过程中的技术和市场的风险与不确定性。

第三,利用新一代信息技术和产业融合推动传统产业转型升级。以物联网、大数据、云计算、人工智能等为代表的新一代信息技术是突破性技术创新的典型代表。目前,我国的新一代信息技术发展迅速,不断向各领域渗透融合,催生出一批新产业、新业态,成为传统产业转型发展和经济增长的新动能。与此同时,新一代信息技术作用下的传统产业趋于融合化发展,制造业服务化已成为传统产业转型升级的发展趋势。制造类企业不再局限于产品的生产、销售和简单的售后服务,而是不断向个性化定制、综合解决方案提供、智能信息服务等高附加值的业务范围拓展,而且成为企业利润新的增长点。打造完善的新一代信息技术产业链条,搭建区域技术创新服务平台,重点发展配套生产性服务业,提高产业集群发展优势等是发挥新一代信息技术经济效应并实现产业转型升级的重要方向。

第四,发挥金融在突破性技术创新及产业转型升级过程中的重要作用。从资本市场来看,我国创新投资多集中于追求短期盈利、技术含量较低的项目,缺乏内在技术壁垒高的长期投资。而境外资本市场如美国等创新领先国家的投资更多地流向产生革命性技术创新的长期投资项目,主要集中于能源、生物医药、电信数据处理、软件开发等领域,而这些领域大多被美国《2016—2045年新兴科技趋势报告》认定是20项最值得关注的科技发展趋势。发挥金融在突破性技术创新和产业转型升级的造血功能应从以下几方面着手。一是通过设立政府专项产业发展基金,引导基金向存续时间长、产业影响广泛的突破性技术创新项目倾斜;通过市场化运作、广泛吸纳社会资金参与,发挥金融杠杆作用,推动突破性技术创新的实现和产业化。二是提升金融供给质量和对中小微企业的金融服务水平,创新融资产品和服务手段,提高企业的融资效率,有效降低隐性交易成本和风险;加大对中小微企业的信贷投放力度,推动金融机构向服务实体经济过程中的产业链融资、金融租赁、创新投资等服务。三是优化政银企合作与联结机制，加强重点产业项目、重点企业的金融合作对接，完善多层次企业融资担保体系，为企业投融资提供保障。

第三节 绿色技术进步提升我国制造业国际竞争力的作用机制分析

一、绿色技术进步对制造业国际竞争力提升的驱动机理分析

制造业国际竞争力表现为一个国家或地区特定制造业行业在全球市场上的竞争能力和竞争结果，前者取决于制造业的研发能力、生产能力、市场能力和服务能力；后者表现为在全球贸易中较高的市场份额和利润水平。根据新要素禀赋理论，研发、技术与管理等和劳动、土地、资本一样，都属于生产要素。研发与技术的差距是形成产业比较优势的重要因素，研发与技术进步能够带来不同行业的生产效率差异，在技术进步与经济发展的乘数效应、循环累积效应的作用下，会出现制造业行业竞争能力的"马太效应"。技术进步能够通过增强特定国家或地区的制造业行业比较优势实现国际竞争力提升。在中国产业经济快速发展的过程中，由于长期的粗放型增长模式，导致高能耗、高污染、低产出的问题突出，现实的生态环境压力要求通过绿色技术进步推动产业技术升级和结构优化，提升制造业产品绿色品质，使之能够超越发达国家严苛的产品环保标准，突破全球贸易中的"绿色壁垒"，从而扩大全球产品贸易份额，提升制造业国际竞争力。绿色技术进步是以绿色、创新发展为理念，以资源节约与环境保护为导向，实现制造业的环境效益与经济效益双赢的技术突破过程。由于对环境投入与研发方向要求更严格，导致短期内的产品研发与成本降低难度增大，绿色技术进步能否提升制造业国际竞争力？绿色技术进步作为更为高级和稀缺的制造业生产要素，主要通过推进制造技术向生产前沿面靠近、提升技术应用效率和促进产业结构优化等机制与途径，有效驱动制造业国际竞争力提升（见图11-2）。

首先，绿色技术进步通过推动制造技术向生产前沿面靠近驱动制造业国际竞争力提升。绿色技术进步是以绿色、创新发展为理念，以资源节约与环境保护为导向，推动制造技术向生产前沿面持续靠近，实现环境效益与经济效益双赢的技术突破过程。一是绿色技术进步能够优化制造业生产与贸易过程。一方面，积极加强制造业生产中的绿色创新，推进绿色技术进步，采用生态环保设备，有助于实现生产流程的优化升级，提高能源综合利用效率，减少污染物排放，生产绿色产品，降低生产成本。另一方面，绿色技术进步通过减少污染物排放和提高生产

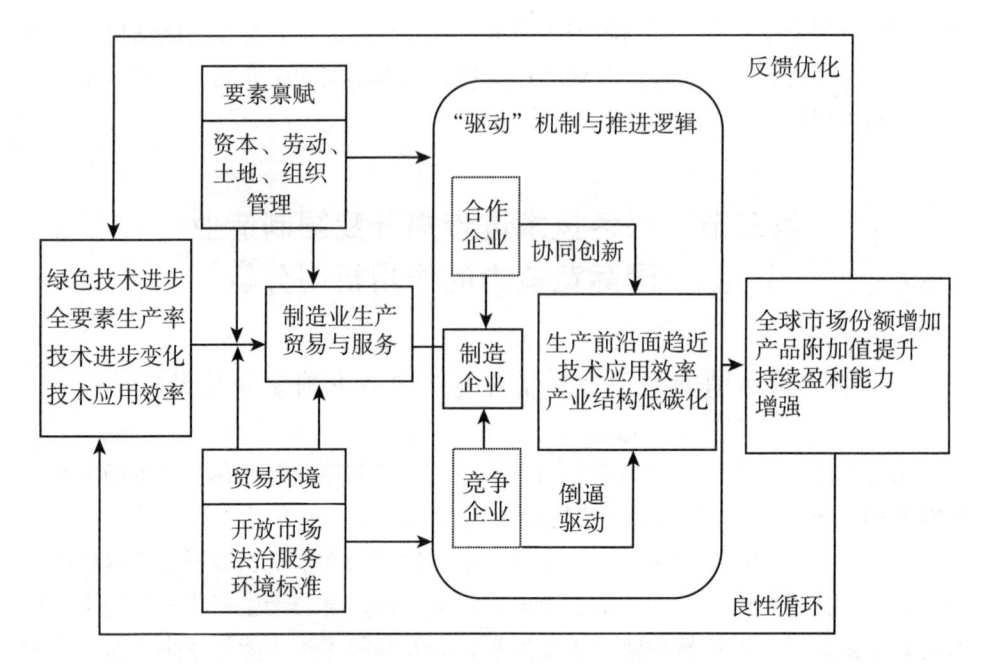

图 11-2　绿色技术进步对制造业国际竞争力的驱动机理及逻辑框架

效率,既能够降低制造业企业的环境治理成本,更有助于提升出口贸易中的产品附加值,增强贸易竞争力。二是绿色技术进步是在兼顾生态环保效益与经济效益的基础上推动制造技术向生产前沿面靠近,能够提升生产资源综合利用效率,高效率推进新产品低碳化,符合国际市场绿色标准和消费者需要,从而推动绿色制造业规模扩大,促进制造业转型升级。绿色技术进步水平越高,自主创新、研发与消化吸收能力越强,产品的绿色品质越符合环境标准,产业发展越迅速,进而赢得国际竞争优势。三是绿色技术进步推动制造业产品攀登全球制造业价值链高端环节。在全球制造业贸易中,绿色技术进步有助于削减发达国家碳关税、绿色壁垒等制约因素,提升我国制造业在全球价值链中的核心竞争力,为制造业健康发展开拓空间。综上所述,绿色技术进步能够通过向生产前沿面靠近促进制造业国际竞争力提升,但由于绿色技术进步的作用周期长、投入成本高,导致其对制造业国际竞争力的驱动作用呈现非线性特征。

其次,绿色技术进步通过提高技术应用效率推进制造业国际竞争力提升。技术应用效率是技术进步中资源最优利用能力和价格既定下生产要素最优组合能力的测度及表征。绿色技术应用效率提高有助于加速推进制造业生产过程的绿色工艺、生态环保材料创新与应用过程,生产出适合国际市场发展趋势、满足消费者需要且难以模仿与超越的高品质制造业产品。一是绿色技术应用效率对制造业企业先进技术再学习能力、管理效能及综合竞争力提升具有直接的促进作用。绿色技术应用是制造业转型升级和创新发展的最终体现，绿色技术进步的实现需要环境规制作为导向，离不开绿色消费需求的激励，更要依靠知识资本、人力资本等高级生产要素转化为技术研发能力。现阶段，只有加强自主绿色技术创新，拓展绿色技术应用才能进一步提高技术研发效率，培养高素质绿色技术研发人才，提升技术应用效能，减少对国外先进设备与绿色核心技术的依赖，增强制造业产品附加值。二是绿色技术应用效率提升有助于培育制造业产品的品牌价值，提升生产经营能力。随着全球环境污染日趋严峻和生态环保意识增强，消费者的绿色消费需求持续增加。制造企业在参与全球贸易竞争过程中，树立绿色品牌意识，积极提高绿色技术应用效率，规划科学的绿色品牌战略和架构，瞄准合适的目标消费者，向市场提供能够满足消费者绿色消费需求的产品，有效扩展市场空间，从而提升制造业在国际贸易市场中的品牌竞争力。由此可见，绿色技术进步能够通过技术应用效率提高促进制造业国际竞争力提升，但在参与国际贸易活动过程中，企业绿色技术应用效率提高受制于资源配置过程、管理体制机制等多种因素，使其对制造业国际竞争力提升的作用见效相对缓慢，但具有长效性。

绿色技术进步通过促进产业结构优化影响制造业国际竞争力提升。阿西莫格鲁等（Acemoglu et al., 2012）认为，绿色技术进步是促进"经济—环境"协调发展的内生性、关键性因素，绿色技术进步及应用对促进清洁行业快速发展、产业结构低碳化，以及推动制造业国际竞争力提升具有重要意义。在"低能耗、低排放、低污染和高附加值"的清洁生产与"高能耗、高排放、高污染和低附加值"的污染生产之间，基于特定的环境规制与市场竞争因素，偏向于清洁生产与节能环保的绿色技术进步能够直接影响产业结构变革。适应新一轮全球工业革命和绿色消费需要的先进制造业主要是在绿色技术进步中发展壮大起来的，对污染密集型行业改造升级更离不开绿色技术进步及应用效率提升的推动。现阶段，"高投入、高消耗、高排放、高污染"的传统增长模式已经不能适应国内环境规制标准，也不符合全球制造业发展趋势和绿色消费需要，污染密集型行业发展后劲将逐渐削弱，失去市场竞争力，最终被淘汰。具有绿色技术创新能力的清洁行业则能够利用绿色技术进步提高能源综合效率，生产绿色新产品，拓展新产品市场空间，进而推动制造业国际竞争力提升。绿色技术进步具有较强的辐射功能与扩散效应，能够基于市场需要和环境规制优化生产方式，改造传统制造业，推动制造业结构优化。在参与全球市场竞争过程中，企业进行的生产、研发活动是以追求利润或价值最大化为目的，稀缺的研发人才及资源禀赋向利润前景好的产业部门流动，在适应国内环境规制标准与降低国外绿色壁垒过程中推进各行业实现绿色技术进步，进而影响生产要素流动和配置合理化，推动清洁行业的相对规模扩大，促进清洁行业在制造业结构中的比重增加，推进中国制造业国际竞争力提升。总体上看，绿色技术进步对污染密集型行业与清洁行业的国际竞争力作用程度及效果存在差异,能够有效促进清洁行业实现价值链升级,推动污染密集型行业进行转型升级和实现优胜劣汰,进而通过产业结构优化对制造业整体的国际竞争力产生正向作用。

二、绿色技术进步对制造业国际竞争力影响的实证分析

(一) 模型设置

为有效检验绿色技术进步通过生产技术向前沿面靠近、技术应用效率提高及产业结构优化对制造业国际竞争力的驱动机制及影响程度,构建计量模型。考虑到绿色技术进步受环境规制、研发投入及生产设备改造等要求更严格,以至于短期内会出现产品研发难度增大和成本增加,其对制造业国际竞争力的影响可能存在非线性特征,故将其平方项纳入计量模型。

$$\ln RCA_{it} = \alpha_0 + \alpha_1 \ln RCA_{it-1} + \alpha_2 \ln GTC_{it} + \alpha_3 \ln GTC_{it}^2 + \alpha_j Z_{it} + v_i + v_t + \varepsilon_{it}$$

其中,RCA_{it}表示中国制造业i行业t时期的产业国际竞争力,由于产业国际竞争力具有连续性,存在着自身滞后影响效应,将RCA一阶滞后项纳入解释变量;GTC_{it}表示制造业i行业t时期的绿色技术进步指数,具体包括制造业绿色全要素生产率(TFP)、技术进步变化(生产技术向前沿面靠近程度,$TECH$)和技术应用效率变化($EFFCH$);Z_{it}代表其他可能影响制造业国际竞争力的控制变量,包括资本深化程度(CD)、经济开放程度($OPEN$)、环境规制强度(ER);v_i、v_t分别表示行业和时间效应;ε_{it}代表随机扰动项。在计量模型中,由于将被解释变量的滞后项列为解释变量,为了有效避免估计的有偏性等问题,本节选择广义矩估计法(GMM)进行实证分析并采用两阶段最小二乘法(two stage least square,2SLS)进行稳健性检验。

(二) 变量说明与数据来源

1. 被解释变量

制造业国际竞争力是一个国家或地区制造业在全球贸易中的综合竞争实力,表现为该国制造业产品在全球贸易市场拥有较高的市场占有率,能够持续获得较高的市场价值份额。借鉴余东华等(2017)的研究方法,选择显示性比较优势(即巴拉萨指数)作为制造业国际竞争力指数,具体计算公式为:

$$RCA_{it} = (ex_{it}/ex_t)/(ex_{iwt}/ex_{wt})$$

其中,ex_{it}表示i行业t时期的出口额,ex_t表示t时期产品出口总额,ex_{iwt}表示全球制造业i行业t时期的出口总额,ex_{wt}表示全球制造业t时期的产品出口总额;RCA_{it}是用中国制造业i行业t时期的出口额占制造业出口总额的比重除以全球贸

易中全球制造业 i 行业 t 时期出口额占全球制造业出口总额的比重作为代理变量。若 $RCA_{it}>1$，说明制造业 i 行业 t 时期具有较强的国际贸易竞争优势；若 $RCA_{it}<1$，说明制造业 i 行业 t 时期的出口额占本国制造业出口总额的比重小于全球该行业出口额占全球制造业出口总额的比重，不具有显示性比较优势。

2. 解释变量

绿色技术进步。运用 SBM 函数和龙伯格生产率指数进行绿色技术进步指标测算。将行业作为决策单元构造生产前沿面，设每个决策单元有 N 种要素投入 $(x_1, x_2, \cdots, x_N) \in R_N^+$，$M$ 种合意产出 $(y_1, y_2, \cdots, y_M) \in R_M^+$，在生产中伴随着 I 种非合意产出 $(b_1, b_2, \cdots, b_I) \in R_I^+$，则 t 时期 k 行业的生产可能性集可以描述为 $P^{t,k}(x) = (x^{t,k}, y^{t,k}, b^{t,k})$。借鉴福山和韦伯（Fukuyama and Weber, 2009）的方法，构建方向性距离函数：

$$S^{G,Kt}(x^{t,k}, y^{t,k}, b^{t,k}) = \max_{s_x, s_y, s_b} \frac{1}{2N} \sum_{n=1}^{N} \frac{S_{n,x}^{G,Kt}}{x_n^{t,k}} + \frac{1}{M+I}\left(\sum_{m=1}^{M} \frac{S_{m,y}^{G,Kt}}{y_m^{t,k}} + \sum_{i=1}^{I} \frac{S_{i,b}^{G,Kt}}{b_i^{t,k}}\right)$$

$$s.t. \sum_{k=1}^{K} \lambda_k^t x_{k,n}^t + s_n^x = x_{k,n}^t, \forall n; \sum_{k=1}^{K} \lambda_k^t y_{k,m}^t + s_m^y = y_{k,m}^t, \forall m; \sum_{k=1}^{K} \lambda_k^t b_{k,i}^t + s_i^b = b_{k,i}^t, \forall i$$

$$\sum_{k=1}^{K} \lambda_k^t = 1, \lambda_k^t \geq 0, s_n^x \geq 0, s_m^y \geq 0, s_i^b \geq 0, k \in [1,K], n \in [1,N], m \in [1,M], i \in [1,I]$$

其中，$S^{G,Kt}$ 表示决策单元 k 的方向性距离函数，即制造业 k 距"全局"生产前沿面的距离，$(S_{n,x}^{G,Kt}, S_{m,y}^{G,Kt}, S_{i,b}^{G,Kt})$ 表示第 n 种生产要素、第 m 种合意产出和第 i 种非合意产出的松弛向量，当松弛向量 $(S_{n,x}^{G,Kt}, S_{m,y}^{G,Kt}, S_{i,b}^{G,Kt})$ 均为正值时，生产要素投入、非合意产出过度，而合意产出不足，表明实际的投入与非合意产出大于前沿边界的投入与非合意产出，而实际的合意产出小于前沿边界产出。GTC_t 在构成上包括绿色全要素生产率、技术进步变化与技术应用效率变化。其中，技术进步变化代表了向生产前沿面靠近的程度；技术应用效率代表了通过技术扩散、应用和管理效率等实现的资源利用程度和要素组合能力等。借鉴钱伯斯等（Chambers et al., 1996）的 Luenberger 生产率指数，测度 t 期和 $t+1$ 期间的全局 Luenberger 指数 GTC。在测算制造业绿色技术进步过程中，要素投入中的劳动投入量为制造业各行业全部从业人员年平均人数，资本投入量为固定资产净值年平均余额，能源投入指标为制造业各行业能源消费总量。合意产出是以 2001 年不变价格表示的制造业各行业总产值，非合意产出选择制造业各行业的二氧化碳、二氧化硫排放量。

3. 控制变量

（1）对外开放度（$OPEN_{it}$）。对外开放是一个国家与世界市场在产品、资金、要素等方面密切联系的基础，对外开放程度越高，越有利于学习先进国家技术与管理经验，进而提升行业国际竞争力。选择行业进出口总值与行业总产值之比作为替代指标。

（2）资本深化程度（CD_{it}）。资本深化程度是制造业国际竞争力提升的物质基础。选择各行业固定资产净值与行业劳动力投入总数之比表示。

（3）环境规制强度（ER_{it}）。借鉴景维民和张璐（2014）的方法选择制造业行业的废水、废气年度处理费用与环境污染治理投入之和除以行业总产值作为代理变量。

以上数据均来源于 2004~2017 年的《中国工业统计年鉴》、《中国科技统计年鉴》、《中国统计年鉴》、《中国环境统计年鉴》、联合国 UN comtrade 数据库。

各变量的简单描述性统计如表 11-4 所示。

表 11-4　　　　　　　　各变量的简单描述性统计

项目	RCA	TFP	TECH	EFFCH	OPEN	CD	ER
最大值	2.4843	2.0610	2.0015	1.5261	71.6313	102.8017	7.2990
最小值	0.1696	1.0000	1.0000	0.9377	0.6232	2.1241	0.1467
平均值	0.9144	1.3654	1.2572	1.0838	19.5053	18.6697	1.5952
中值	0.7769	1.3407	1.2060	1.0737	12.9220	13.5412	1.2921
标准差	0.4832	0.2614	0.2019	0.0950	16.5594	16.6718	1.1683

（三）总体回归分析

为了避免因随机误差项存在非正态分布、异方差和序列相关，以及部分回归变量是先决变量而非严格外生等导致的 OLS 估计偏差，选择 GMM 估计法进行回归分析。表 11-5 的第（1）、第（3）、第（5）列分别是绿色全要素生产率、技术进步累积变化与技术应用效率累积变化指标及其平方项为核心解释变量的回归分析结果，第（2）、第（4）、第（6）列分别为上述各指标及其平方项为核心解释变量且加入控制变量的回归分析结果。

表 11-5　　　　　　　　　总体回归分析结果

变量	(1)	(2)	(3)	(4)	(5)	(6)
ln*RCA*（-1）	0.667 *** (9.398)	0.674 *** (5.205)	0.671 *** (4.376)	0.676 *** (5.135)	0.689 *** (8.861)	0.668 *** (4.648)
ln*GTC*	-5.781 *** (-7.816)	-4.554 *** (-5.109)	-2.89 * (-1.816)	-7.068 * (-1.702)	-5.456 *** (-10.632)	-4.716 *** (-7.557)
ln*GTC2*	8.742 *** (7.815)	8.880 *** (5.111)	2.627 * (1.761)	5.695 * (1.702)	4.968 *** (10.628)	3.658 *** (7.553)

续表

变量	(1)	(2)	(3)	(4)	(5)	(6)
lnOPEN	—	0.029*** (4.836)	—	0.021*** (2.702)	—	0.026* (1.966)
lnCD	—	0.004 (0.174)	—	0.014 (1.042)	—	0.019 (1.207)
lnER	—	0.009* (1.926)	—	0.013** (2.490)	—	0.025*** (4.891)
Sargan 检验	26.905 (0.256)	23.119 (0.301)	27.224 (0.311)	25.993 (0.205)	26.244 (0.199)	23.993 (0.210)
AR (1)	0.0022	0.0023	0.0022	0.0023	0.0022	0.0029
AR (2)	0.451	0.456	0.449	0.451	0.471	0.487
样本量	338	338	338	338	338	338

注：括号内为回归系数的 t 统计值，***、**和*分别表示在1%、5%和10%的水平上显著。

表11-5中，第（1）列、第（3）列、第（5）列的回归结果显示，制造业绿色技术进步各指标对制造业国际竞争力的回归系数均为负值，而其平方项的回归系数则均显著为正值，这说明绿色技术进步对制造业国际竞争力的作用机制呈"U"型特征，短期呈现负向作用特征，而长期呈现显著的正向作用趋势。绿色技术进步对制造业国际竞争力存在显著的非线性作用特征，其原因在于绿色技术进步是在高研发投入、高环境规制强度下进行的，制造业国际竞争力提升需要经历一个过程，短期会带来制造业生产成本增加而产生负向影响，但长期看其正向作用是显著的。加入控制变量后第（2）列、第（4）列、第（6）列的回归结果显示，绿色技术进步各指标及其平方项的回归系数的显著性和作用方向与无控制变量的结果一致，绿色全要素生产率和技术进步变化平方项的回归系数在数值上更大，印证了绿色技术进步对制造业国际竞争力的非线性作用具有显著性，说明向生产前沿面靠近程度越高，其正向作用程度越大。从控制变量看，对外开放度和环境规制强度对制造业国际竞争力的回归系数显著为正，而资本深化程度对制造业国际竞争力的回归系数为正值，但不显著。

上述实证结果验证了理论分析的正确性，即从长期看，绿色技术进步能够通过向生产前沿面靠近促进制造业国际竞争力提升，通过技术应用效率提升促进制造业国际竞争力提升，二者均呈"U"型作用趋势。

(四) 基于行业差异的回归分析

为了检验绿色技术进步通过产业结构优化影响制造业国际竞争力的程度,借鉴童健等(2016)的行业分类方法,以行业污染物排放强度的中位数为分界线,将制造业行业分为清洁行业和污染密集行业两类。如果绿色技术进步对清洁行业国际竞争力的回归系数显著大于污染密集型行业时,说明绿色技术进步能够通过产业结构优化促进制造业国际竞争力提升。表 11 - 6 中的第(1)列、第(3)列、第(5)列分别为以绿色技术进步各指标为核心解释变量对清洁行业国际竞争力的回归分析结果,第(2)列、第(4)列、第(6)列分别为以绿色技术进步各指标为核心解释变量对污染密集型行业国际竞争力的回归分析结果。

表 11 - 6　　　　　　　　分行业回归分析结果

变量	(1)	(2)	(3)	(4)	(5)	(6)
lnRCA(-1)	0.606*** (6.427)	0.676*** (3.575)	0.520*** (6.071)	0.714*** (4.237)	0.585*** (11.096)	0.677*** (4.401)
lnGTC	-6.289*** (-2.748)	8.949 (0.382)	-6.726 (-1.093)	3.571 (0.366)	-5.669*** (-3.563)	-6.374 (-0.628)
ln$GTC2$	2.376*** (2.747)	-3.841 (-0.382)	6.870** (1.902)	-7.452 (-0.367)	3.833*** (3.565)	1.156 (0.629)
ln$OPEN$	0.083*** (3.643)	-0.014 (-0.411)	0.087*** (2.701)	-0.025 (-0.570)	0.080** (2.300)	-0.032 (-0.754)
lnCD	0.042 (0.451)	-0.169 (-0.307)	0.078** (2.003)	0.180 (0.440)	0.011 (0.283)	-0.066 (-0.659)
lnER	0.001** (2.098)	-0.018 (-0.189)	0.015* (1.805)	0.032 (0.455)	0.009 (0.901)	0.071 (1.086)
Sargan 检验	109.101 (0.221)	115.901 (0.208)	89.321 (0.291)	124.658 (0.213)	116.515 (0.198)	204.836 (0.301)
AR(1)	0.0026	0.0015	0.0026	0.0015	0.0026	0.0015
AR(2)	0.302	0.146	0.283	0.188	0.299	0.156
样本量	216	132	216	132	216	132

注:括号内为回归系数的 t 统计值,***、** 和 * 分别表示在1%、5%和10%的水平上显著。

由表 11-6 可知，绿色技术进步中的全要素生产率、技术应用效率变化对清洁行业国际竞争力的回归系数显著为负值，而技术进步变化对清洁行业国际竞争力的回归系数为负值，但不显著。各指标平方项的回归系数均显著为正，说明绿色技术进步变化及技术应用效率对清洁行业国际竞争力提升呈非线性作用特征，绿色技术进步对清洁行业国际竞争力提升具有长效机制。控制变量中的对外开放度、资本深化程度和环境规制强度对清洁行业的回归系数与基准回归结果一致。由第（2）列、第（4）列、第（6）列可知，绿色全要素生产率、技术进步变化对污染密集型行业国际竞争力的回归系数为正值，其平方项的回归系数为负值，但均不显著，技术应用效率变化的回归系数为负值，平方项的回归系数为正值，也不显著。说明绿色技术进步对污染密集型行业国际竞争力提升的驱动作用尚未显现。绿色技术进步各指标的平方项对清洁行业国际竞争力的回归系数显著大于污染密集型行业国际竞争力的回归系数，表明着力发展清洁行业，促进污染密集型行业转型升级，推动产业结构优化是实现制造业国际竞争力提升的长效机制之一。表 11-6 中的控制变量对外开放度、资本深化程度和环境规制强度的回归系数均不显著，说明污染型密集行业在国际贸易方面依然停留在粗放型发展阶段，转型发展、绿色发展依然是亟待实现的目标。上述结果进一步验证了理论分析。

（五）稳健性检验

由于绿色技术进步和制造业国际竞争力之间可能存在内生性，为了克服回归系数的有偏性和非一致性，在选择工具变量纳入实证模型以克服内生性问题的基础上运用两阶段最小二乘法（2SLS）进行稳健性检验。经过多次检验显示制造业国际竞争力、绿色技术进步一阶滞后项作为工具变量较为合理。对总体回归分析结果和行业差异性回归分析结果进行稳健性检验。

首先，表 11-7 中的第（1）列、第（3）列、第（5）列以制造业绿色全要素生产率、技术进步变化与技术应用效率变化各指标平方项为核心解释变量的估计结果显示，绿色技术进步各指标及其平方项对制造业国际竞争力的回归系数和总体回归分析结果相似，绿色技术进步各指标对制造业国际竞争力的回归系数均为负值，而其平方项均为正值，其中绿色全要素生产率、技术进步及其平方项的回归结果均显著，除了技术应用效率及其平方项的回归结果不显著外，运用 2SLS 的估计结果与运用广义矩 GMM 估计结果类似，说明实证分析具有稳健性；加入控制变量后第（2）列、第（4）列、第（6）列的估计结果显示，除了第（6）列中绿色技术应用效率的回归系数符号与总体回归系数符号不显著一致外，其他回归系数的显著性和作用方向与前面的实证结果一致，印证了绿色技术进步对制造业国际竞争力的影响具有显著的非线性特征。

表 11-7　　　　　　　总体回归分析的稳健性检验结果

变量	(1)	(2)	(3)	(4)	(5)	(6)
ln*GTC*	-6.710** (-2.767)	-90481** (-2.260)	-7.412* (-1.889)	-3.886*** (-4.535)	-4.129 (-0.955)	-12.684 (-0.922)
ln*GTC2*	5.648*** (2.767)	6.601** (2.260)	6.641* (1.889)	3.981*** (4.535)	2.839 (0.954)	10.871 (0.922)
ln*OPEN*	—	0.503* (1.813)	—	0.5565** (2.193)	—	0.391* (1.842)
ln*CD*	—	-0.140 (-0.721)	—	0.275 (0.841)	—	0.092 (0.646)
ln*ER*	—	0.085* (1.812)	—	0.027* (1.807)	—	0.074* (1.822)
R^2	0.841	0.783	0.503	0.777	0.966	0.858
F-统计值	488.153	509.867	539.163	604.081	403.433	406.431
p 值	0.000	0.000	0.000	0.000	0.000	0.000
样本量	377	377	377	377	377	377

注：括号内为回归系数的 t 统计值，***、**和*分别表示在1%、5%和10%的水平上显著。

其次，对行业差异性回归分析的稳健性检验。表11-8 的第（1）列、第（3）列、第（5）列分别为以制造业绿色技术进步各指标及其平方项为核心解释变量对清洁行业国际竞争力的回归结果，第（2）列、第（4）列、第（6）列分别为以制造业绿色技术进步各指标及其平方项为核心解释变量对污染密集型行业国际竞争力的回归结果。由第（1）列、第（3）列、第（5）列结果可见，绿色技术进步各指标对清洁行业国际竞争力的回归系数为负值，其平方项的回归系数均显著为正值，与表11-7 的回归分析结果一致。控制变量中的对外开放度、资本深化程度和环境规制强度对清洁行业的估计系数与实证结果基本一致。由第（2）列、第（4）列、第（6）列结果可见，绿色全要素生产率对污染密集型行业国际竞争力的回归系数显著为负值，其平方项则显著为正值；技术进步的回归系数为正值，其平方项为负值，但不显著；技术应用效率为负值，其平方项为正值，均不显著。与前面基于行业差异性的回归分析结果基本一致，实证分析结果具有稳健性。

表11-8　　　　　　　　行业异质性回归的稳健性检验结果

变量	(1)	(2)	(3)	(4)	(5)	(6)
lnGTC	-1.435*** (-4.134)	-3.399** (-1.699)	-3.217*** (-2.821)	3.135 (0.823)	-4.253*** (-2.619)	-2.007 (-1.037)
lnGTC2	3.196*** (4.134)	8.145** (1.699)	3.999*** (2.821)	-4.266 (-0.824)	5.697*** (2.619)	2.793 (1.037)
lnOPEN	0.413*** (3.327)	-0.045 (-1.471)	0.076** (2.435)	-0.573*** (-2.654)	0.553** (2.200)	-0.982*** (-4.955)
lnCD	0.580*** (4.169)	-0.096 (-1.581)	0.054 (0.383)	0.115 (0.457)	0.293 (1.304)	-1.654 (-0.981)
lnER	0.211 (3.632)	-0.018 (-0.524)	0.146*** (2.898)	0.026 (0.578)	0.225** (2.061)	-1.212 (-0.828)
R^2	0.560	0.918	0.499	0.645	0.511	0.572
F-统计值	663.016	86.655	472.325	106.979	662.618	162.253
p值	0.000	0.000	0.000	0.000	0.000	0.000
样本量	234	143	234	143	234	143

注：括号内为回归系数的t统计值，***、**分别表示在1％、5％的水平上显著。

三、基本结论与对策建议

本节在对制造业国际竞争力的绿色技术进步驱动机理进行系统分析的基础上，对绿色技术进步影响中国制造业国际竞争力的程度进行了实证检验，得出以下初步结论：一是绿色技术进步对制造业国际竞争力提升的驱动路径主要包括通过促进制造技术向生产前沿面靠近、技术应用效率促进管理与技术效能提升、产业结构优化等实现；二是绿色技术进步指标中的绿色全要素生产率、技术进步变化及技术应用效率累积值对制造业国际竞争力提升的作用呈"U"型特征，说明绿色技术进步对制造业国际竞争力的作用短期呈负向影响，长期具有显著正向驱动作用；三是绿色技术进步对制造业国际竞争力提升呈现明显的行业差异特征。绿色技术进步各指标对清洁行业国际竞争力提升具有显著的长效作用机制，而对污染密集型行业国际竞争力提升的促进作用尚不明显。且绿色技术进步各指标平方项对清洁行业的回归系数显著大于对污染密集型行业，说明绿色技术进步支持的产业结构优化有助于制造业国际竞争力提升。对外开放、环境规制、资本深化程度对清洁行业呈显著正向促进作用，而对污染密集型行业的作用不明显，也印证了产业结构优化是促进制造业国际竞争力提升的重要途径。

基于上述结论，提出以下对策建议：一是坚持绿色、创新、开放发展，推动制造业生产技术持续向生产前沿面靠近和提高技术应用效率，系统推进中国制造业在参与全球贸易竞争中从数量竞争向质量竞争导向转变；二是建构绿色技术发展的长效机制，强化环境规制与市场竞争机制，实现污染密集型行业向清洁行业转变，通过产业结构优化促进制造业国际竞争力持续提升；三是优化绿色技术进步路径，在坚持通过环境规制约束促进强制性绿色技术创新的基础上，积极增加政府研发补贴，鼓励研发投入与知识资本生产，树立全球市场竞争观念，推动企业扩大诱致型绿色技术创新比例，实现绿色技术进步的可持续性，进而促进中国制造业国际竞争力提升。

第四节　中国制造业关键技术缺失成因及创新突破路径分析[①]

从国际竞争格局看，新一轮科技革命与产业深刻变革正在全球展开，围绕制造业及其技术创新的竞争成为世界各国竞争的核心，而围绕制造业关键核心性技术创新的竞争成为制造业乃至整个产业技术竞争的焦点。总体上看，现阶段我国制造业技术创新总体水平偏低，许多制造业关键核心技术缺失，已成为制约我国制造业转型升级和国际竞争力提升的根本性因素（余江等，2019）。加快实现制造业关键核心技术创新突破，已成为我国有效应对日趋激烈的国际竞争，抢占未来发展制高点的基本条件和路径。

一、现阶段中国制造业关键技术缺失的基本状况

关键技术指在一个系统或一个环节或一项技术领域中起到重要且不可或缺作用的技术，可以是技术点，也可以是某种工艺，还可以是对某个领域起到至关重要作用的知识。从技术网络的角度看，关键技术占据了技术网络的"结构洞"位置，起到连接其他技术、工艺和产品的作用。由于关键技术在产业和技术发展过程中所具有的关键性、要害性的作用特性，一旦缺失这类技术，将形成产业升级、发展的"瓶颈"制约或"卡脖子"现象。对制造业而言，关键性技术的作用更为突出。

改革开放之初，我国制造业特别是高技术制造业技术水平较为落后，其迅速

---

① 杜传忠、任俊慧：《中国制造业关键技术缺失成因及创新突破路径分析》，载于《经济研究参考》2020年第20期。

提升主要是源于我国所推行的大规模进口原材料、零部件等中间产品，经过加工组装之后再大规模出口最终产品的贸易和技术发展模式。以这种模式嵌入全球价值链，虽然在短时间内使中国的制造业技术体系实现了与国际接轨，但由此获得的都是非关键技术。从发展战略的层面看，我们采取的是"以市场换技术"的开放战略。对于发达国家的制造企业，来中国投资主要看到的是我国庞大的市场规模及低成本要素，特别是低工资劳动力、便宜的地价，以及相对宽松的环境约束等，它们并不对我国企业转让关键技术，所谓的"用市场换技术"战略，虽然换来一定的技术，但不是关键核心技术（甄志宏和刘长喜等，2012）。与此同时，在国内企业过分追求产量规模和增长速度的情况下，对关键技术的研发创新普遍重视不够，相应的资金投入严重不足，企业研发人员比重不高，由此导致我国制造业关键技术的缺失较为严重。主要表现在以下几个方面。

第一，制造业关键技术缺失主要集中在中高技术产业以及高技术产业。根据 OECD 有关低、中、高技术产业的划分，再结合我国国民经济行业分类标准，可以将制造业分为低技术密集度产业、中低技术密集度产业、中高技术密集度产业和高技术密集度产业（郭克莎，2005）。其中，中高技术密集度产业和高技术密集度产业的发展关系到制造业转型升级和国际竞争力提升，而我国制造业对于这些产业的主要关键技术始终没能掌握，制造业关键技术缺失的情况的一直存在[①]。

第二，制造业产品链或者产业链所需的核心关键零部件、关键材料缺失，制造技术基础工艺落后（毛蕴诗等，2014）。通过工业和信息化部 2018 年对全国 30 多家大型企业中的 130 多种关键基础材料的调查，最后发现，中国仍有大约 32% 的关键材料是处于空白的，大约 52% 的关键材料依靠进口。[②]

制造业关键技术的缺失对我国制造业乃至整个产业转型升级和国际竞争力提升造成许多不利影响，并对国家产业安全造成重大威胁。多年来，由于关键技术缺失，我国制造业的一些重要零部件和工艺技术主要从国外引进，部分领域不但未能实现自主创新，甚至未能有效进行引进吸收再创新，而是陷入了"引进—

[①] 在中高技术产业中，新能源汽车制造业中的驱动电机、自动变速器等，化学原料及制品制造业中水性聚氨酯树脂技术等，通用设备制造业中高档数控机床、工业机器人以及农业机械专用传感器、电力装备中蒸汽发生器等为代表的专用设备制造业关键技术存在短板；在高技术产业中，航空航天器制造业涉及的传感器、SoC/SiP 器件等，计算机、通信和其他电子设备制造业所涉及的高端芯片、光刻机等，生物医药及高端医疗器械，顶尖精密仪器等制造业关键技术仍然存在受制于人的窘况（参见《中国制造 2025》）。

[②] 以计算机、通信以及其他电子设备制造业涉及的半导体领域为例，嵌入式 CPU、智能终端核心芯片、量子器件、FPGA 及动态重构芯片等核心关键零部件受制于人。8 英寸/12 英寸集成电路硅片、显示材料、光刻胶、高端靶材、集成电路制造材料和封装材料等自给率仍然较低，几乎完全依赖进口。16/14 纳米 FinFET 制造工艺、CPU 专用工艺、存储器超精密度工艺等存在不足，其中光刻是集成电路生产中的核心工艺，光刻机的精度决定芯片的集成程度，上海微电子装备是我国唯一的光刻机生产企业，其光刻机的加工精度为 90 纳米，而荷兰的 ASML 是光刻机行业的领军企业，其加工精度已达到 10 纳米，我国制造技术工艺与欧美发达国家存在较大差距（参见《工业强基实施指南（2016—2020）》）。

落后—再引进"的恶性循环。在贸易相对自由的背景下，我国以昂贵的价格购买关键材料和零部件，造成产业链的大部分利润外流。制造业关键技术缺失对我国产业安全造成很大威胁。面临新的国际竞争格局，以美国为首的发达国家对我国的产业遏制、企业打压和技术封锁等不断加剧，制造业关键技术是这些国家遏制和打压我国的重点领域。要从根本上突破美国等发达国家对我国的遏制、打压，以增强我国产业国际竞争力和综合国力，最根本的一条是加快实现制造业关键技术创新突破。

二、中国制造业关键技术缺失的成因及制约因素分析

制约我国制造业关键技术创新的因素是多方面的，由此造成我国制造业关键技术缺失的原因也是多重的、复杂的。

（一）基础研究能力有待加强

制造业关键核心技术能否突破，很大程度上依赖于我们的基础研究能力和水平。目前，我国对目标考核、资源配置与绩效管理的普遍性、时效性、精准性要求往往与基础研究工作的长期性、积累性、不确定性等特征存在明显差异，不利于基础研究能力的积累和增强。尽管基础研究已取得长足发展，但整体水平与世界先进水平相比还存在较大差距。一是基础研究经费投入不足。基础研究对关键核心技术创新具有重要影响。近年来，美国基础研究经费占研发经费的份额一直稳定在16%以上，日本基础研究经费占研发经费的份额大约在12%，而中国的基础研究投入强度仅为5%左右，远远低于美国和日本的投入水平（见表11-9）。基础研究投入不足造成我国"只模仿不创新"的局面，最终落入"技术追赶陷阱"。二是基础研究投入比例失衡。我国研发结构主要偏向应用型研发活动和试验发展，其中，试验发展投入占研发经费的份额在80%以上，远高于日本和美国，而基础研究投入强度则与美、日等发达国家存在较大差距，持续上升的科研投入中应用研究投入相比于基础研究投入始终维持在一个较高水平。三是企业基础研究投入不足。企业是创新的主体，近年来，中国企业研发经费中基础研究的比例在逐渐上升，2018年为0.22%，而美国和日本的企业研发经费中基础研究占比则在6%以上，远高于中国（见表11-10），企业参与过低是制约我国基础研究成果转化效率的重要原因之一。另外，我国原创科学思想、重大理论创新或代表新的学科方向的重大成果比较少，很多研究仍处于跟踪模仿和低水平重复的状态，论文平均被引用率仍低于世界平均水平；基础研究队伍整体水平有待提高，具有国际影响力的杰出科学家为数不多，人才队伍的结构和区域分布不尽合理；科技基础设施和研究环境与国际先进水平存在明显差距；基础

研究的创新环境有待改善,科学争鸣和学术批评的氛围亟待加强,急功近利的学术作风尚比较普遍,学术失范行为时有发生。以上问题导致我国对制造业关键技术的基础研究重视不够,创新投入不足,重大原创性成果不多,由此形成许多重大技术存在难以突破的"瓶颈"。

表 11-9　2009~2018 年中、美、日不同类型研发经费投入占比　　单位:%

年份	中国 基础研究	中国 应用研究	中国 试验发展	美国 基础研究	美国 应用研究	美国 试验发展	日本 基础研究	日本 应用研究	日本 试验发展
2009	4.66	12.60	82.75	18.15	18.64	62.89	12.46	22.34	60.49
2010	4.59	12.66	82.75	18.31	20.30	60.94	12.13	21.25	61.94
2011	4.74	11.84	83.42	17.39	19.55	62.85	12.26	21.03	62.12
2012	4.84	11.28	83.87	16.87	20.05	62.91	12.46	20.75	62.08
2013	4.68	10.71	84.60	17.28	19.40	63.13	12.63	20.87	61.83
2014	4.71	10.74	84.54	17.24	19.27	63.27	12.26	19.93	63.43
2015	5.05	10.79	84.16	16.87	19.64	63.20	11.91	19.86	63.69
2016	5.25	10.27	84.48	17.16	20.29	62.36	12.57	18.85	64.04
2017	5.54	10.50	83.96	16.66	19.82	63.32	13.11	18.67	63.89
2018	5.54	11.13	83.33	16.59	19.77	63.37	12.57	18.99	64.27

资料来源:根据 OECD 历年公布的数据整理。

表 11-10　　2009~2018 年中、美、日企业研发支出中基础研究占比　　单位:%

年份	日本	美国	中国
2009	6.68	5.24	0.10
2010	6.86	5.87	0.08
2011	6.58	4.43	0.11
2012	6.65	4.40	0.09
2013	6.85	6.05	0.09
2014	6.73	6.44	0.10
2015	6.67	6.12	0.10
2016	7.46	6.58	0.21
2017	8.31	6.21	0.21
2018	7.81	6.21	0.22

资料来源:根据 OECD 历年公布的数据整理。

（二）政产学研深度融合的技术创新体系不健全

尽管制造业关键技术创新与一般技术创新在实现机制上存在一定差别，但从总体上看同样需要政产学研深度融合的技术创新体系。经过多年的推进、建设，我国政产学研融合机制取得了很大进展，但仍存在诸多不足和缺陷，成为制约我国制造业关键技术创新突破的重要原因。

第一，产学研合作的长效机制缺乏，难以满足重大或关键技术创新的需求。制造业关键技术具有研发周期长、资金投入高等特点，因此其突破就要求形成长期、稳定的产学研合作机制，但从总体上来看，目前我国产学研主要围绕项目进行短期合作，对关键技术领域缺乏长期的跟踪性研究，不利于解决制造业关键技术缺失问题。大学、科研单位与企业合作关系仍然比较松散。例如，产学研合作各主体以及各主体内部在制造业关键技术的成果价值和知识产权归属上存在分歧，不清晰的利益分配容易导致产学研合作失败，严重制约了制造业关键技术创新突破。尤其是企业、科研院所、高校结成技术创新战略联盟，作为一种重要的产学研合作组织形式，其在发展战略、项目开发、平台建设、人才培养等方面结成利益共同体推进制造业技术创新的机制还有待进一步探索。

第二，条块分割的体制性障碍仍然是制约我国制造业关键技术创新的最大障碍。面对制造业关键技术缺失这一难题，单个主体实现创新突破面临较大困难，需要科技界、教育界、产业界集聚资源协同攻关。但是，我国科技与教育、科技与经济以及教育与经济长期处于分离状态。我国科技系统有其独特的任务、目标、体制、组织机制和评估体系，因此与教育系统、产业界没有形成紧密联系，与人才培养、知识转移、成果转化和整个产品链处于脱节状态，无法紧紧围绕企业生产中面临的"卡脖子"技术难题进行研究，成果也不容易进入市场。科技、经济、教育分离，产、学、研难以协同互动，缺乏国家宏观协调机制，不利于整合集成利用全社会有限的科技资源以及协调有序地运作科技力量，严重制约了制造业关键技术创新。

第三，人才交流障碍阻碍了制造业关键技术创新。制造业关键技术需要更高层次、更加复杂的产学研技术创新体系，我国高校、科研院所和企业之间的人才流动是实现产学研深度融合的关键。但是，目前我高校、科研机构与企业的在人事管理、人才评价、社会保障等方面的制度差异性较大，很难达成目标一致的合作，也阻碍了人才交流以及深度融合。我国大学是基于论文等学术成果的评价体系，缺乏实践经验，而企业的人才不仅有丰富的实践经验，且擅长解决应用性技术问题，但是难以适应发表论文等要求，长此以往，导致大学、科研院所和企业的科研人员内部自我循环，制造业企业重大技术创新缺少顶尖科研人员的支持。

总体而言，制造业关键技术的创新是高风险、高投入的重大技术创新，企业有限的资源投入难以从根本上解决制造业关键技术缺失问题，只有在政府推动下，大学、科研院所、中介机构、企业等共同组成"政产学研金"合作机制，形成内在机制顺畅的技术创新体系，才能解决当前面临的制造业关键技术缺失问题。可以说，目前我国政产学研融合机制不健全，已成为我国制造业关键技术缺失的重要因素。

（三）企业创新主体的自主创新能力有待提升

企业是实现制造业关键技术创新的主体，当前我国企业特别是制造业企业存在创新能力不足的问题，对制造业关键技术创新突破形成很大制约。

第一，许多企业尚未建立完善的企业创新机制。部分企业在体制上未能把开展关键技术的创新活动作为公司发展的战略来全面布局，导致缺乏一套企业层面的创新推进机制，仅把创新看成某一部门或技术人员的职能，缺乏必要的系统性机制支撑；同时，企业管理层不重视科研人员的创新成果，既不把创新成果的技术价值、商业价值和经济效益结合起来，又不能提供有效的经济激励（李廉水等，2015）。

第二，企业二次创新能力不强。二次创新能力是指在技术引进基础上，囿于已有技术范式，沿一次（原始）创新所定义的技术轨迹所进行的创新，一般用技术引进与消化吸收投入之比来衡量（吴晓波和倪义芳，2001）。做好国外引进技术的消化吸收与创新工作是实现引进技术本土化的重要条件，也是后发国家制造业企业实现技术创新的主要方式。中国制造业存在较严重的重引进、轻消化，忽视二次开发，不利于实现国外技术的本土化，并使中国制造业企业愈来愈在核心技术环节趋于劣势，陷入"引进—落后—再引进—再落后"的困境，造成制造业整体技术水平难以得到根本性提升（肖利平和谢丹阳，2016）。尤其是在当前国际格局下，欧美等发达经济体制造业企业掌握着较为先进的技术，如制造业关键芯片和高级发动机等技术，并且通过技术的不断迭代使得研发该技术的门槛不断提高，后发国家企业难以通过技术积累达到国外企业技术水平。在这种情况下，遵循比较优势，嵌入国际产业链分工体系，放弃关键技术的研发，只专注于产品的制造和销售成为我国大部分制造业企业的最优选择。即使部分企业选择增加科技资源投入以提升企业创新水平，但由于受市场规律的作用，依然会绕开国外企业所擅长的先进技术，而选择一些市场竞争风险相对较小且符合企业短期收益的创新项目。长此以往，导致制造企业难以实现关键技术的创新突破。

第三，企业创新融资较为困难。制造业企业关键技术创新具有高风险、高投入、高度不确定性等特征，迫切需要政府和社会各界给予一定的资金支持和金融配套服务。目前，我国制造企业的创新资金来源渠道相对狭窄，现有以银行为主体的金融体系不能满足制造业的创新需求，创新资金定向服务和金融产品有限。

金融保障机制如征信信息的核查、企业信用评级机制等尚在建设之中。另外，受市场准入机制的限制，民间资本进入创新金融体系的程度还较低，出现了民间资本投资难、创新企业融资难等尴尬局面，制约了制造业关键技术的创新突破。

（四）科技创新成果转化体制机制不健全

科技创新成果转化是技术由理论到应用的关键环节。现阶段，我国科技创新成果转化的体制机制尚不健全，严重制约了我国制造业关键技术商用生态的建立，具体表现在以下几方面。

第一，科技成果转化的法律、制度和政策环境有待完善。近几年，我国相继出台、修订了《中华人民共和国促进科技成果转化法》《科技评估准则》《关于进一步加大授权力度 促进科技成果转化的通知》等一系列有关科技成果转化的法律法规、指导意见和行动方案，但这些法律法规和政策仍有待进一步完善，特别是在所有权归属、成果定价、产权处置、转化流程、收益分配等方面仍然存在体制机制障碍。面对制造业关键技术高风险以及巨额投入等难题，完善的法制、政策环境更容易促进其成果快速转化，形成规模商用。

第二，科技成果转化的资金支持有待进一步加强。资金问题是科技成果的转让方和受让方共同面临的一个大问题。制造业关键技术具有高度复杂性，实验室开发出的样机到产业化还需经过中试、工程化等环节，需要较大的资金投入。但是长期以来，我国科技成果的推广和转化阶段一直缺乏强有力的资金支持，导致许多很有应用前景的产品和项目停留在小试或样机阶段，这种状况极大地损害了高等院校科研人员从事科技开发的积极性，制约了科技成果及时高效地转化为生产力，特别是关键核心技术创新仍停留在实验室的试验阶段，这不仅造成我国有限科技资源的浪费，也降低了科技进步的贡献率。

第三，科技成果转换过程中的中介机构作用有待进一步发挥。发达国家科技成果转化最为核心的特征是市场化，包括定价、风险投资、收益分配等，而这需要专业的中介机构发挥不可缺少的独特作用。目前，我国在成果定价、风险投资、知识产权服务等方面的中介机构数量较少，且职能单一，中介机构体系建设较为薄弱，一些中介机构很难从科技成果转化的过程中获益，这都制约了制造业关键技术成果的转化。

（五）新型举国创新体制构建相对缓慢

在计划经济时代，我国在物质技术基础相对匮乏的条件下，依靠社会主义制度集中力量办大事的优势，通过建立技术创新的举国体制，实现了包括"两弹一星"在内的一系列重大技术突破。事实上，美国等西方发达国家也并没有放弃举国体制，这些国家历史上的一些重大科技创新及工程，也是凭借这种举国体制完成的,较典型的如美国"曼哈顿计划"和"阿波罗登月计划"等。总体上看,我国计划经济条件下的举国技术创新体制自身存在诸多不足,可能造成一定的负面效应,且在市场经济体制基础条件下这种体制的适应性也存在一定问题(眭纪刚,2019)。但从加快推进包括制造业关键技术创新,以及其他颠覆性、突破性技术创新角度看,这种举国创新体制仍具有其重要优势和合理性,甚至在某种程度上说是不可缺少的。特别是我们实行的是社会主义市场经济体制,理应发挥社会主义集中力量办大事的制度优势,通过构建新型举国创新体制,加快突破制造业关键技术的创新。然而,这些年来我国对这一问题的认识上存在一定偏差,在现实建设和完善新型举国创新体制的实践方面相对滞后,致使传统的举国创新体制的优势难以实施,新型举国创新体制又没能建立起来,而现行市场经济体制基础上的技术创新体制对包括制造业关键技术创新在内的一些重大技术创新的突破效能不高。这也是造成制造业关键技术缺失的不可忽视的重要原因。

(六)对全球高端创新资源的集聚利用能力有待提升

全球化条件下,通过加强全球化科技合作,集聚全球高端创新资源,对我国制造业关键技术创新突破具有重要促进作用。然而,我国无论在技术产品贸易、投资,还是创新合作平台建设等方面都还存在明显不足,制约了制造业关键技术创新水平的提高,具体表现在以下几个方面。

第一,吸引国外人才和投资的能力较弱。我国制造业企业、科研机构等不仅难以吸引国外高水平人才,且国内人才也存在大量流失现象。据研究统计,跨国公司在华研发中心中有95%的科研人员属于中国本土人员,我国每年软件专业的毕业生有50%进入外企或走出国门,近45%国有企业软件高端人才转向外企工作。[①] 这种人才管理体制的漏缺严重妨碍了我国制造业企业技术水平的提高。跨国公司为了获取领先技术,采取各种优越条件招纳国际高水平技术人员,吸引更多的大学与科研院所与之合作,造成我国科技资源流失和研发机构研究能力的损耗。

第二,技术联盟平台建设缓慢。搭建中外技术联盟是中外技术合作的重要方式和平台。我国在技术联盟建设中存在的问题主要包括:一是合作伙伴选择具有一定的盲目性,导致无法准确定位联盟的作用,缺乏通过结成联盟获得发达国家跨国公司先进技术的有效对策;二是合作管理水平相对较低,我国企业与国外企业存在管理理念、方式等方面的差距,管理的效率有待提高;三是多数企业技术

---

① 韩平、黄念、杭文菁:《我国IT企业科研人才流失现状及预警模型构建》,载于《科技管理研究》,2016年第18期。

合作尚处于初级阶段，合作产品较为单一，跨行业合作较少，联盟合作的层次较低。

第三，参与国际技术合作的能力相对较弱。首先，参与科技合作的科技层次偏低，贸易结构不合理。近年来，我国的国际技术合作发展迅速，数量逐年增加，但高技术出口的比例偏低，特别是与发达国家相比差距较大。其次，受到技术贸易壁垒的一定限制。发达国家为了保持在技术上的垄断，保持其在军事和经济上的绝对领先优势，通过立法对发展中国家的技术出口采取严格限制，实施技术性贸易壁垒政策，以此来控制技术输出，不让其他国家掌握其核心技术，由此限制了我国企业及科研机构通过技术合作提高科技水平的能力。最后，专利保护意识低，法制不完善。在与外方合作中，时常出现因保护意识和法规的缺失，研发创新技术成果、专利权被国外合作方独占的情况。一些国家采取各种方式吸引我国科研人员出国留学或去海外工作，以此取得研究成果的所有权。国内一些企业在进行技术引进方面也缺乏专利意识，盲目引进，花费大量资金买进了一些不合法的专利技术或无效的技术，给企业带来一定法律纠纷和经济损失（周煊等，2012）。技术进出口方面法律法规的缺失，知识产权保护不力，制约了我国进出口产品技术创新水平的提高。

第四，跨国公司在华投资机构的制约。为了保持技术上的垄断优势，外资企业在我国设立研发中心，采取技术封锁的垄断策略，在输出技术时对关键部件封装，在技术溢出时收取专利费。如在计算机、汽车、通信等产业中，跨国公司一直对中国企业封锁核心技术。长期以来，研发资源被资本雄厚、技术先进的跨国公司大量垄断，使国内研发机构无法超越，并对中国制造业特别是高新技术产业关键技术持续控制，一定程度上制约了国内研发机构对关键技术的创新能力的提升。

三、中国制造业关键技术创新突破路径

（一）进一步完善科技体制机制，构建产学研一体化的协同创新体制

体制机制因素始终是影响我国制造业技术创新包括关键技术创新的基础性、根本性制约因素。要实现制造业关键技术创新突破，必须深化科技体制机制创新，重点是构建完善的产学研一体化的技术协同创新体制，加强对产学研结合的统筹协调机制和政策落实。进一步调整、优化政府科技资源的组织和配置方式，引导高校和科研院所将研究兴趣尽可能转向为企业、产业实际需求服务，扭转以论文、专利和课题验收等为主要形式的政府目标影响。在政府科技资源配置的组织上，采取产学研联合组织重大技术创新项目的形式，形成合理的利益分工，充分发挥各自的优势。进一步完善产业创新链条，积极探索应用开发类科研机构建

设的新机制和共性技术研发提供的新形式，弥补创新链条的不足，为产学研有效结合奠定良好基础。组建产业技术创新战略联盟，并且通过金融、财税政策等的支持，保证联盟持续运作，完善产业协同创新的有效机制。

（二）构建新型高效的举国技术创新体制

构建新型举国创新体制，关键是要合理界定政府和市场在制造业关键技术创新中的作用。一方面，不能片面地将举国创新体制归结为"计划"的方式，而忽视市场在科技创新资源配置中的决定性作用，应运用市场方式、经济手段解决国家重大或关键技术创新工程中立项、决策、预算投入、利益分配等问题。另一方面，要利用政府在科技创新资源配置方面的行政手段和政策设计优势，引导创新资源的优化配置。政府既要进行有组织创新，积极推动国家战略目标实现，也要高度重视自组织创新，优化科研环境，提高企业活力，重视公众参与，维护和激发科技主体的活力，实现政府规划引导与科学研究自由探索的完美结合。新型举国体制并非通过行政计划来推动科研活动，而是需要构建多元创新主体协同创新的体系，将高校、科研院所、企业等创新主体的力量整合起来，围绕制造业关键核心问题和技术"瓶颈"等，进行集中攻关，以期早日实现突破。为此，应探索建立政府官员、企业家、公众、科学家良性互动的协商治理模式，促进新型举国创新体制有序、高效运行。

（三）进一步强化、提升企业自主创新能力

企业是制造业关键技术创新的主体，企业自主创新能力的提升对我国加快突破制造业关键技术创新至关重要。应完善企业自主创新机制，健全企业自主创新的管理体制和治理机制。要健全和规范政府对企业的管理体制，减少政府部门对微观经济活动的直接干预；加快建立现代企业制度，完善公司治理结构，形成合理的法人治理结构；健全企业自主创新的激励机制，企业应建立健全生产要素参与分配的长效激励机制，以激发参与者的创新热情。对通过高新技术企业认定、获得发明专利、建立研发中心等创新活动，要给予奖励和扶持，对有突出贡献的科技人员和经营管理人员，可通过期权、技术入股、股权奖励、分红权等激励形式，有效激活、释放企业人员的创新动力。企业要努力解决科技资源重复分散的现象，着力加强实验室、中试基地等基础平台建设，打造一批世界一流的科研开发平台，同时加大科技投入力度，建立有利于自主创新的内部技术开发机构。企业应积极与高校、科研院所合作设立实验室或研发机构，加快科技成果向生产力转化的进程；增强企业自主创新意识，形成积极进取、勇于探索、鼓励创新、宽容失败、开放包容、追求卓越的企业创新文化，全面提升我国企业技术创新能力，特别是关键技术的攻关能力。

（四）构建制造业关键技术创新的政策体系

制造业关键技术创新突破需要构建政府相关政策保障体系，各种政策之间应相互配合、相互支持，形成一种内在作用协同一致的政策体系。完善制造业关键技术创新财政支持政策，增加对重大技术创新的财政支出力度。资金短缺是限制我国制造业关键技术创新的重要因素，且资金来源渠道较为单一，特别是持续的研发资金没有保障，要加大财政对技术研发的投入，并以此带动市场资金投资于新技术的研发，以形成多元的投资、融资渠道，同时对企业采取税收优惠政策，鼓励科研院所、企业对制造业关键技术进行研发。

完善技术创新人才培育和引进政策。加强科技创新人才的培养，把创新精神培育纳入国民教育体系，中小学阶段注重激发引导学生的创新兴趣、科学意识，培养青少年的创新精神；高等教育阶段建立基础研究人才培养的长期稳定支持机制，保证基础研究队伍的源头供给。重视满足核心技术人才的物质需求，比如提高核心技术人才的薪酬待遇、股权期权激励等政策充分激发核心技术人才的创新活力。实施重大人才工程，重点引进能够突破关键核心技术的优秀人才，促进制造业技术创新。

（五）增强基础研究能力，为制造业关键技术突破提供源源不断的驱动力

随着我国向现代化强国和科技强国迈进，诸多领域面临巨大的转型升级压力，既要着力发展支撑当前的支柱产业，也要着力发展引领未来的战略产业，这都迫切需要进一步提升基础研究能力，夯实制造业关键技术创新的根基。完善基础研究布局，强化基础研究系统部署，完善学科设置，加强对制造业关键领域重大科学问题的超前部署，强化重大原创性研究和前沿交叉学科研究；优化国家科技计划基础研究支持体系，发挥国家自然科学基金支持源头创新的重要作用，加强国家科技重大专项与国家其他重大项目和重大工程的衔接，拓展实施国家重大科技项目，健全技术创新引导专项（基金）运行机制；推进国家重大科技基础设施建设，依托高校、科研院所等布局，鼓励和引导地方、社会力量投资建设重大科技基础设施；壮大基础研究人才队伍，聚焦科学前沿建设高水平创新团队，优化科研队伍结构，稳定支持一批优秀创新团队持续从事基础科学研究活动。

（六）构建自主创新与开放创新耦合协同的制造业技术创新新体系

制造业关键核心技术是换不来、讨不来、模仿不来的，只有靠自己强大的自主研发与创新能力才能实现突破。同时，当今世界是经济全球化时代，我国的制造业技术创新包括关键核心技术创新不可能完全封闭起来去搞，必须充分借助新的对外开放条件，善于聚集利用国外高端技术创新要素和平台，助推我国制造业

关键核心技术创新突破。应进一步采取多种途径、方式和措施，吸收聚集国外高端科技创新人才；积极推动国内企业与国际先进研发机构联合建立新型研发机构或重点实验室等，形成各具特色的技术创新共同体，借鉴国外研发机构和重点实验室运作经验和研发模式，提高制造业关键技术创新效率；打造国际产业链和技术创新链，以国际产业链支撑国际创新链，以国际创新链带动国际产业链。借助跨国技术创新资源，围绕国际产业链关键环节与重要节点的关键共性技术进行研发。通过跨国产业链上下游企业合作创新，实现技术成果共享与创新知识溢出，为我国制造业关键技术创新突破提供新的路径及动力。

第十二章

新产业革命条件下金融资本对新兴产业发展作用研究

产业转型升级主要表现在两个层面，一是传统产业的转型升级，二是新兴产业特别是战略性新兴产业的成长与发展，大力发展新兴产业是促进我国产业转型升级的重要一环。在现代经济体系下，金融资本作为重要生产要素对新兴产业发展具有重要影响，特别是作为金融资本重要组成部分的风险投资对新兴产业成长的作用十分突出。基于此，本章首先分析金融资本对新兴产业发展作用的机理分析，进而基于产业革命视角对发达国家金融资本促进新兴产业成长的作用进行历史考察；进一步实证分析金融资本对中国战略性新兴产业成长的作用效应；最后对风险投资促进我国战略性新兴产业发展的机制及效应进行实证分析。

第一节 金融资本对新兴产业发展作用的机理分析[①]

一、问题的提出

当今一场新的科技革命和产业革命正在全球孕育发生，为中国新兴产业发展提供了难得的历史机遇，同时也提出了严峻的挑战。从历史上几次产业革命的实践看，新兴产业的发展需要诸多支撑要素和成长条件，其中较为重要的一个是具有发达、高效的金融资本体系，使金融资本在新兴产业从萌芽到成长，最后达到成熟阶段发挥重要的推动和支持作用。面对新一轮产业革命的机遇和挑战，加快培育、发展我国新兴产业，必须高度重视金融资本的作用，特别是全面、准确地

[①] 杜传忠、曹艳乔：《金融资本与新兴产业发展》，载于《南开学报（哲学社会科学版）》2017年第1期。

把握现阶段金融资本对我国新兴产业发展作用的现状,针对存在的问题,采取有针对性的措施。

西方学者一直都在关注金融资本和技术创新、产业发展之间的关系。希克斯(2009)考察了金融资本在促进英国工业化过程中的关键作用,认为金融资本因促进技术创新进而促进了英国工业化的进程;金和莱文(King and Levine,1993)分析了金融系统影响企业家行为进而影响长期经济增长的机制;拉詹和津加莱斯(Rajan and Zingales,2001)研究了金融发展对企业外部融资成本的影响,进而研究了金融发展对行业成长的促进作用;沃格勒(Wurgler,2000)通过对65个国家的制造业在1963~1995年的总投资及产业增加值的数据进行回归分析,揭示了金融市场发展与制造业发展之间的相关性。

国内学者主要对几种具体的金融资本形式,包括政府补贴、银行信贷、风险投资和资本市场等对战略性新兴产业发展的影响展开研究。政府补贴是极为重要的一种金融资本形式,战略性新兴产业的初期发展很大程度上得益于政府的补贴,但对于政府补贴是否真正起到了应有的促进作用,学者们得出的结论并不完全相同,大致可分为两派。一些学者认为政府补贴对战略性新兴产业创新绩效的影响是显著的(陆国庆等,2014),其作用在于政府补贴在企业创新过程中起到明显的信号传递效应,有助于债务融资和风险投资的增加,缓解融资约束(傅利平和李小静,2014)。另一部分学者认为政府补贴并没有对战略性新兴产业的发展发挥显著作用,具体观点包括:一是政府补贴加剧了企业的过度投资现象,并未缓解企业的投资不足问题(张中华和杜丹,2014);二是政府补贴扭曲了企业投资行为,影响了战略性新兴产业的良性发展(肖兴志和王尹攀,2014);三是在政府补贴诱导下,潜在进入企业会理性选择进入战略性新兴产业,而一旦进入,大部分企业则又把补贴资金用于与产业发展无关的其他高收益途径,由此导致政府补贴并没有真正起到促进战略性新兴产业发展的作用(汪秋明等,2014)。银行信贷资金是战略性新兴产业技术创新所需研发投资的主要来源(石璋铭和谢存旭,2015),也是新兴产业规模化发展的重要融资来源(顾海峰,2014)。但现实是,战略性新兴产业的发展特性与银行金融风险分担机制不匹配,进而导致战略性新兴产业中的企业在融资过程中面临难以逾越的"麦克米伦缺口"(刘晓燕和姚志坚,2015),加之中国目前银行部门的竞争是不完全的,缺乏一个灵活的利率形成机制(简泽等,2013),信贷资本的配置方式没有实现充分的市场化,尤其是较高的国有银行垄断程度对中国工业技术创新产生了一定的效率损失(齐兰和王业斌,2013),且这种垄断性市场结构对中小企业创业也产生了明显的阻碍作用(蒋含明,2014)。除政府补贴、银行信贷资金之外,风险投资和资本市场也是有效支撑战略性新兴产业发展的金融资本形式。由于目前中国资本市场尚不完善,多数学者研究发现资本市场对新兴产业发展尚未产生显著的促进作用（谷鑫，2012），股权融资甚至会对战略性新兴产业上市公司的经营绩效产生负面作用（黄建康等，2015）。风险投资也未能产生显著的促进作用，其主要原因在于风险投资具有事前选择特性，但不具有事后监督性，只有高持股比例的风险投资才能显著提升战略性新兴产业的业绩，而高声誉和联合投资的风险投资对战略性新兴产业的业绩几乎无显著影响（赵玮和温军，2015）。

从现有文献看出，尽管从理论上分析政府补贴、银行信贷资金、风险投资和资本市场对战略性新兴产业发展具有一定的促进作用，但在对现实产业发展的实证研究中，对这种作用是否一定会发生以及作用的大小等，仍存在较大争议。本节在此基础上，进行更深一步的研究。首先，从逻辑上揭示金融资本对新兴产业发展的内在作用机理；其次，基于三次产业革命中金融资本对新兴产业的作用实践对这一作用机理加以验证；再其次利用中国战略性新兴产业上市企业成长的数据，通过构建面板回归模型，实证分析现阶段我国金融资本对战略性新兴产业发展的作用；最后基于国际经验和对我国实证分析的研究结论，提出相关对策建议。

二、基于产业成长阶段的金融资本对新兴产业作用机理分析

新兴产业的形成或源于新技术的运用与普及，或源于分工的深化，其本身的发展不是一个简单的线性过程，而是一个复杂的具有不确定性和生命周期性的动态演化过程。在这个过程中，新兴产业受到多种因素的影响，其中金融资本是较为重要的一个，且其对新兴产业发展的作用机理也十分复杂。

从服务实体经济与促进新兴产业发展的角度看，金融资本的功能主要包括服务功能、中介功能、资源配置功能、经济调节功能、风险规避功能及其他一些衍生功能，其中衍生功能又具体包括项目甄选和筛查功能、信息传递功能、公司治理功能、激励提供功能等。金融资本具有多种具体形式，其中对新兴产业发展作用最为显著的是天使投资、风险投资、银行贷款和政府资金。在以上四类金融资本中，前三类属于盈利性、风险厌恶型金融资本。一般情况下，由于资金来源的分散性，这三类金融资本承担风险的能力依次递减，而风险厌恶程度却依次增强。政府资金是一种非营利性、具有风险中性的金融资本形式，能够弥补和纠正私人盈利性资本投资不足所产生的外部性。新兴产业的发展除了受到金融资本的作用外，一般还要受到技术创新、基础设施、人力资本、市场需求和政府支持等诸多因素的影响。金融资本对新兴产业的作用，除了直接影响新兴产业发展外，还通过间接影响其他因素，从而影响新兴产业的发展。

一个产业一般要经历形成、成长、成熟、衰退四个阶段，对新兴产业而言，新技术的产生与扩散是其发展的重要阶段，一旦发展到成熟期和衰退期，也就不

第十二章　新产业革命条件下金融资本对新兴产业发展作用研究

再是"新兴"产业而是变为传统产业。从这一角度说，新兴产业的生命周期事实上只包括萌芽期、形成期、成长期三个阶段。在新兴产业成长的不同阶段，其行为主体、技术特征、不确定性程度以及市场结构状况等都存在一定的差异，由此决定了金融资本对新兴产业发展的作用机理也存在一定差异。

（一）金融资本对处于萌芽期的新兴产业发展的作用

新兴产业的萌芽期是科学发明与发现集聚并孵化为新技术的时期，是知识创新和技术生产的阶段。在这一时期，技术发展方向及其在现实经济领域中的应用尚不确定，正是这种不确定性减弱了私人资本对新兴产业投资的热情，从而导致私人金融资本供给不足。由于技术发展方向不明确，该时期推进产业发展的行为主体主要是大学、科研机构等公共部门，投融资行为主要表现为政府资金对公共部门基础研究的资助。随着知识转化为技术发明，以及科技成果市场化、产业化进程的推进，新技术的高盈利性特征越来越明显，并逐步为私人金融资本所认可和捕获，从而激发这些资本向技术孵化机构投资的欲望并付诸行动。而政府投资作为有利的市场信号，传递出一定的技术和产业发展方向的信息，从而对私人金融资本投资方向的选择发挥一定的引导、示范效应。这主要是由于政府掌握一定的公共行政资源，能够使新技术以相对大一些的概率按照选定的产业发展方向发展，在一定程度上减少了投资的盲目性和不确定性。从这一角度说，当政府和私人共同投资一项产业发展基金，政府投资本身便发挥了私人金融资本投资风险的隐性担保作用，从而有利于激发私人金融资本对处于萌芽期的新兴产业的投资热情。在新兴产业发展的萌芽期，新兴产业发展除了受到金融资本的作用外，还受到技术创新、人力资本、政府支持等多重因素的影响，这些因素与金融资本之间相互影响、相互作用，共同促进新兴产业的发展。金融资本对基础研究领域的资助，一方面有利于提高整个社会经济的人力资本水平，进而提高新技术产生与应用的概率；另一方面这种资助又受到政府支持的正面影响，而政府的支持除了政府资金直接投资公共科研部门的基础研究之外，还包括政府支持新技术研发的各种政策，以及政府对新技术的特殊市场需求。

（二）金融资本对处于形成期的新兴产业发展的作用

新兴产业形成期是指从新兴产业出现到形成产业主导设计[①]的时期，是新兴产业发展的关键时期。在这一时期，新兴产业主要表现出两大特点。一是技术处

---

① 主导设计是厄特巴克（Utterback，1996）在《把握创新》一书中首次提出的，是特定时期融合多种单个技术创新并以一种新产品的形式表现出来的技术与市场相互作用的结果，只有确立了主导设计，才能明确具体的技术创新方向，进而明确产业具体的技术标准。产业中最先提出主导设计的企业将成为未来产业中的主导企业，其所坚持的技术创新方向与结果将成为产业的核心标准。

于实验和多样化发展状态，出现某些核心性、主导性技术突破，但核心技术和主导设计尚不成熟，下一步的技术应用还处于多个方向相互竞争的状态，技术创新和产品创新都具有较大的发展空间，其不确定性虽然比萌芽期要小一些，但仍在核心技术、产业化、市场需求和创新获利等方面表现出较大的不确定性。二是从市场结构特征看，该时期的产业市场份额较为分散，占主导地位的是将新技术作为无形资产的创业企业，但其规模和实力都相对较小，市场容量远未饱和，采用新技术、推出新产品的盈利空间较大，产业内企业的进入、退出行为较为频繁。

在这一时期，金融资本对新兴产业发展的作用主要通过以下途径实现。

首先，从融资角度来看，这一时期产业发展的不确定性及市场结构特征决定了创业企业具有较大的融资需求，但在具体融资过程中将面临较大的债务融资约束。主要原因包括：该时期的创业企业缺少有形资产担保，无法降低企业与债权人之间的信息不对称；创业企业的创新性和高成长性导致企业对技术创新投资的增加，进而导致自由现金流减少；企业规模过小导致主营业务单一，经营风险难以分散；债务融资约束致使企业的融资需求无法从银行得到满足，只能通过天使投资和风险投资进行融资。

其次，从投资选择看，政府资金、天使投资、风险投资是这一时期投向新兴产业的主要金融资本类型。由于核心技术的研发和产业化仍存在较大的不确定性，企业对研发的投入从整个社会来看仍显不足，为纠正这种外部性，政府仍需积极进行投资，资助和引导新兴产业核心技术的开发、应用。但政府投资行为与新兴产业萌芽期有所不同，这一时期政府资金的投资重点从公共部门的基础研究转移到引导私人盈利性金融资本投向突破性技术创新的方向。具体引导方式包括两种：一是政府资金直接支持创业企业的核心技术研发，承担信号传递功能；二是牵头建立产业投资基金，与盈利性金融资本合作，共同促进新技术的商业化，支持新兴产业形成期的创业企业。

再其次，新兴产业形成期创业企业的现金流一般呈正偏态分布（Winton and Yerramilli，2008），市场需求和创新获利都存在较大的不确定性，而这一特征正好与天使投资和风险投资偏好高风险、高回报的特性契合。这两类投资在提供资金支持的同时也为新兴产业提供高质量的人力资本，这种人力资本带来了更加专业化的增值服务和广泛的社会网络。前者降低了创业企业创新获利的不确定性；后者则降低了市场需求和企业发展的不确定性，进而提高了企业创业成功的概率。相比之下，风险投资相对天使投资的资金来源更为分散，承担风险的能力相对更弱，导致创业企业向风险投资融资的成本更高，由此使得天使投资对新兴产业形成期的作用更加明显。

最后，与一般金融资本一样，天使投资和风险投资行为的最终目的也是为获取巨额投资回报，因此，退出是二者运作的最终和最重要的环节。在首次公开上市（initial public offerings，IPO）、企业并购、回购和清算四种退出方式中，IPO是回报率最高、运用最为广泛的退出方式，但 IPO 依赖于发展成熟的多层次资本市场，由此决定了资本市场的发展程度成为影响天使投资和风险投资积极投向新兴产业的重要诱因。倘若资本市场发展滞后，则天使投资与风险投资将会因缺乏良好的退出渠道而无法发挥其对新兴产业创业企业的促进作用。

以上是金融资本直接作用于处于形成期的新兴产业发展，金融资本还通过影响其他因素对该时期新兴产业的发展产生一定的影响。首先，政府对创业企业的支持能够加强金融资本投资新兴产业的信心，引导和鼓励盈利性金融资本对新兴产业进行投资；其次，金融资本在为新兴产业提供一定资金支持的同时，还能提供高质量人力资本，而高质量人力资本反过来又能够提高金融资本的服务效率，从而促进新兴产业的发展；最后，处于形成期的新兴产业，因其固定资本投资比例较大、投资回报相对较快等特点，与新技术相关的基础设施成为吸引盈利性金融资本的主要投资领域，金融资本通过对这些基础设施投资，从而助推新兴产业发展。当然，一旦金融资本对基础设施的投资出现过热势头，也会对新兴产业发展起到一定的抑制作用。

（三）金融资本对处于成长期的新兴产业发展的作用

新兴产业成长期始于新兴产业主导设计形成之后。该时期新兴产业发展主要呈现出以下特点：技术创新表现为渐进性的工艺创新；通过追加投资或并购所实现的规模扩张行为是企业的基本行为；市场结构由分散性逐渐过渡到以主导企业为主、大量中小企业集聚的群落式发展态势；企业的进入、退出行为依然存在，但产业市场结构的总体竞争态势趋于稳定；企业发展仍面临一定的不确定性，但不确定性程度较之前两个阶段要小些。

在新兴产业成长期，金融资本对新兴产业发展的作用主要表现在以下几方面。首先，从融资角度看，具有主导设计的大企业成为该阶段的行为主体，其规模逐渐扩张，能力逐渐提升，在向银行融资时受到的债务融资约束大为降低，由此使企业往往将银行融资作为产业融资的最佳选择。此外，与传统产业的成熟企业相比，该阶段企业成长与发展所面临的不确定性导致企业仍面临较大的融资缺口，从而使企业仍存在对风险投资等其他金融资本的融资需求。其次，从投资选择看，有形资产担保的信贷模式限制了银行投资该阶段企业的意愿，因此金融创新尤其是担保模式的创新成为银行贷款积极投向新兴产业的重要前提。企业相对较高的成长性保证了金融资本的投资存在较大的盈利空间，风险投资有能力捕捉到这种成长潜力。同时，由于风险投资资本来源的多样化导致风险投资阶段的后移，因此风险投资继续成为该阶段除银行贷款之外企业重要的融资来源，其主要功能除弥补债务融资缺口外，还可甄别真正有发展潜力及高成长性的企业，并为其提供专业化的指导，协助企业与供应商和客户拓展联系，从而为企业创造更高的产品市场价值。最后，金融资本通过与基础设施、人力资本、市场需求等因素的相互影响，强化对新兴产业发展的作用，表现为：一是金融资本对相关基础设施的投资保证了基础设施的先行发展，为新兴产业的生产与贸易提供了便利条件及相应配套服务，从而有利于拓展新兴产业的市场需求空间；二是金融资本对企业挖掘利基市场的支持，使得新技术得到更进一步的运用与商业化，这无疑有利于促进新兴产业及其群落的发展；三是金融资本通过消费信贷、信用工具、付款模式、交易模式等的创新，形成与新生产模式相匹配的新消费模式，这一方面提高了市场交易效率，另一方面则促进了上下游新兴关联产业的形成与发展。

第二节 基于产业革命视角的发达国家金融资本对新兴产业成长作用的历史考察

新兴产业往往在产业革命发生、发展过程中得到"潮涌式"显现，由此，基于产业革命视角考察金融资本对新兴产业发展的作用，能够更为集中和充分地揭示这一作用的过程及机制。

一、第一次产业革命金融资本对新兴产业发展的作用

第一次产业革命[①]始于18世纪60年代蒸汽机的改良和应用，主要发生于英国，以蒸汽动力为基础的新兴产业、相关上下游产业以及新兴基础设施产业共同构成了当时的新兴产业群，包括机械化的棉纺织业、铁矿业、煤矿业、铁路、公路等。私人资本、中央银行、乡村银行等构成当时的金融资本体系，共同促进了以蒸汽动力为基础的新兴工业及其相关产业的发展。首先，私人资本是推动当时新兴产业发展的关键力量，主要作用是：为新兴产业提供突破性技术创新的资金

---

① 关于产业革命，存在不同的分类方法，经济历史学派如冯·图泽尔曼和钱德勒通常将其分为第一次、第二次、第三次产业革命；长波论学者或持长波分类法观点的创新派学者，如弗里曼则将产业革命史与五次康德拉季耶夫长波对应起来。从时间上来看，第一和第二次康德拉季耶夫长波与历史学派的第一次产业革命相对应，第三次、第四次康德拉季耶夫长波和第二次产业革命相对应，第五次康德拉季耶夫长波则被看成与第三次产业革命相对应。本节采用经济历史学派的分类方法，该方法下的第三次产业革命发生的时间与目前流行的里夫金（Rifkin）的观点有所不同，里夫金认为第三次产业革命刚刚发生，是基于互联网的通信技术和可再生能源系统融合发展的结果，其具体的技术方向还未明确。但本节并不执着于争论三次产业革命的起始年代，只是借用一种更简便和清晰的划分方法来考察金融资本对新兴产业发展的作用。具体说，本节采取大多数学者的看法，将二战后信息和远程通信时代看作第三次产业革命的开始，现仍在进行中，尚没有结束。

来源；为公路、运河等基础设施建设提供资金供给；投建用于知识积累与传播的社会性基础设施，如公共图书馆。其次，作为中央银行的英格兰银行是稳定新兴产业资金来源的坚实基础。英格兰银行承担了强有力的公共信贷机构的功能，有利于稳定英国资本市场，支持新兴产业发展。再其次，一系列金融制度创新为新兴产业发展提供了新的空间。一是伦敦证券交易所的建立为资本供给方和需求方提供了自由交易的场所，为闲置的金融资本提供了投资渠道，同时还满足了新兴产业企业由于运输体系不发达所产生的短期信贷需求；二是抵押、汇票、期票等改革为当时新兴产业产品的商业交易提供了便利，扩大了可用资本总量，进而满足了新兴产业对大规模资本的需求（罗森堡等，2009）。最后，票据交换银行和乡村银行分别承担了短期贷款和长期贷款的职能，二者分工合作，共同促进了新兴产业的发展。18世纪的票据交换银行一方面以贴现的方式收购伦敦和其他地方可以流通的汇票，另一方面为从事长途贸易者提供短期贷款，从而为新兴产业产品贸易的平稳发展提供便利。与此同时，乡村银行发展迅速。1750年全英国只有12家乡村银行，到1810年发展到600多家，到19世纪30年代超过1000家。[①] 乡村银行的发展为新兴产业成长提供了长期信贷支持，成为票据交换银行的有力补充。

二、第二次产业革命金融资本对新兴产业发展的作用

第二次产业革命始于19世纪后半叶，主要发生于德国和美国等国家，新兴产业主要是电力、电力设备、钢铁等重化工业。德国银行主导型的金融体系、美国投资银行及资本市场等对以大规模生产方式为核心的新兴重化工业的发展起到重要促进作用。

德国和美国的金融资本具有不同的特征，促进新兴产业发展的方式也存在一定差别，具体体现在以下几个方面。

第一，德国以银行为中心的金融体系，契合了工业规模扩张所产生的对大规模资本的需求，有力保障了大规模生产方式的发展，从而促进了电力、钢铁等重化工业的发展。在这种银行主导型金融体系中，各种金融机构之间存在一种互补的分工合作关系，其中，中央银行是帝国银行，主要承担为综合银行提供贴现服务的功能；综合银行主要为大企业提供贷款服务，并深度参与企业的日常经营管理，支持企业并购。地区储蓄银行、私人钱庄和合作互助银行等小银行则成为综合银行的有益补充；满足那些无法从综合银行获得融资的中小企业的资本需求。

---

① ［美］托马斯·K.麦克劳：《现代资本主义——三次工业革命中的成功者》，赵文书、肖锁章译，江苏人民出版社2006年版，第66页。

这样,德国帝国银行、综合银行和诸多小银行构成了一个相互协作、运行良好的银行主导型金融体系,有力保障了大规模生产方式的推广和发展,促进了电力、钢铁等新兴产业的发展。

第二,相对来说,美国的金融体系呈现一种权利分散、相互竞争的市场结构,这种金融体系本身并不适合重工业的发展要求,但它所催生的一种特殊金融创新形式——投资银行,为重工业发展和大规模生产方式提供了直接资金支持。投资银行一方面从资本市场筹集资金,另一方面凭借其专业能力通过兼并、重组来打造大型重工业企业,从中获利并得到进一步的发展。摩根银行与卡内基钢铁公司[①]就是最好的例证。这样,美国投资银行事实上承担了德国综合银行的功能,既直接为重工业发展提供资本支持,又为企业成长提供综合性服务。

第三,美国权利分散、相互竞争的"自由银行制"体系下的小型商业银行、互助储蓄银行、信托公司和保险公司等也各自承担了一定的职能,满足了新兴产业发展对金融中介的需求(休斯等,2011),同时为消费信贷的发展提供了机会,保证了与大规模生产模式相适应的大规模消费模式得以实现,这对保障新兴产业发展的市场需求,无疑是十分重要的。

第四,美国资本市场对保证金融资本促进新兴产业发展发挥了重要作用。这种作用主要通过三个途径来实现:一是通过基础设施建设促进新兴产业发展;二是通过为新兴产业发展提供投融资场所,促进新兴产业发展;三是通过为投资银行提供稳定的资金来源促进新兴产业发展。证券交易所与大规模铁路建设之间形成一种相互维持、相互促进的关系。一方面,证券交易所为大规模的铁路建设提供资金;另一方面,沿铁路铺设的电报线路为证券交易所提供了可用的硬件设施,同时铁路公司的股票和债券也是支撑早期资本市场发展的关键因素。随着重工业的发展,资本市场逐步形成直接为工业发展提供投融资场所的工业证券市场,且成为投资银行获得稳定资金来源的重要场所。

第五,国际资本流动为美国新兴产业发展提供了必要的资金供给。第二次产业革命中美国基础设施所需的大量资金主要来自欧洲资本市场上的外国资本。"如果投资仅限于美国国内储蓄的话,那么到 19 世纪末,财富的增长将明显变慢……如果没有外来资本,作为美国 19 世纪下半叶主要经济成就的铁路系统的发展速度将大大减缓。"[②] 美国利用外国投资的两个重要手段是政府债券和铁路

---

① 卡内基钢铁公司是美国钢铁公司的前身,其创始人为安德鲁·卡内基,在美国,"钢铁大王"卡内基与"汽车大王"福特、"石油大王"洛克菲勒的名字是连在一起的,经过不断的联合兼并,卡内基钢铁公司成为当时美国最大的钢铁垄断跨国公司——美国钢铁公司,几乎垄断了美国整个钢铁市场,其成长过程中所需要的大量资金均是由美国当时最大的投资银行——摩根银行提供的。

② [美]斯坦利·L. 恩格尔曼等:《剑桥美国经济史(第二卷:漫长的 19 世纪)》,高德步、王珏总译校,王钰、李淑清本卷主译,中国人民大学出版社 2008 年版,第 519 页。

债券，对铁路债券的投资直接促进了与新兴产业相关的基础设施的发展，对政府债券的投资大部分又转化为国家金融部门和基础设施部门的投资。有数据显示，1838年，41%的外国资本进入国家银行部门，投入运河建设、铁路建设和公路建设的分别占25%、15%和4%。而这些投向金融部门和基础设施部门的资金最终又进一步用于推动新兴产业的发展。① 可以说，美国借助于资本市场，有效吸纳大量欧洲金融资本，有力地促进了本国新兴产业的发展。

三、第三次产业革命金融资本对新兴产业发展的作用

第三次产业革命一般指二战后发生的信息技术革命，主要技术包括晶体管、半导体、计算机、控制器、生物技术等，赖其发展起来的新兴产业主要有计算机、软件、通信等信息产业，以及生物技术和新材料产业等。在这次产业革命中，对新兴产业起到重要推动作用的金融资本主要是政府资本和风险投资。

政府资本对新兴产业发展的作用主要体现为对重大技术创新和基础设施的支持，以美国最为典型。首先，美国政府对军用技术的支持以及对高等学校科研的支持推动了信息技术的演化及计算机、互联网等产业的发展，如晶体管技术方面所有的重大突破均来自军需品采购市场中私人部门的发展（斯泰尔等，2006）。第一台电子计算机ENIAC②的产生也是美国军方与宾夕法尼亚摩尔学校合作项目的成果（凯斯勒，2011），而生物技术产业的发展则更大程度上依赖于政府对生物医学基础研究的巨额公共投入。其次，政府资金在构建美国基础设施网络方面发挥了重要作用。从硬性基础设施的建设来看，一方面，美国国家科学基金（National Science Foundation，NSF）直接资助建立了一系列因特网交换点和网络接入点，以推动大学和商业企业合作建立区域性计算机网络；另一方面，政府通过制定一系列政策鼓励因特网基础设施的标准化。从软性基础设施来看，政府资本大力支持高等学校的科研工作，提升整体科研水平，从而实现了基础理论和核心技术的逐步积累。最后，美国政府资本作用于新兴产业发展的方式主要是通过组建研发基金，如国家科学基金和生物技术基金，并通过基金的形式资助新技术的研发、商业化及新兴产业的发展，这与欧洲国家支持新兴产业发展的方式存在明显差异。以生物技术产业为例，美国主要是通过基金代理机构对基础科学研究与临床研究进行资助，而欧洲国家对生物技术产业的培育与发展则采取直接给予

---

① ［美］斯坦利·L. 恩格尔曼等：《剑桥美国经济史（第二卷：漫长的19世纪）》，高德步、王珏总译校，王钰、李淑清本卷主译，中国人民大学出版社2008年版，第524页。
② ENIAC，世界上第一台电子计算机，英文全称为Electronic Numerical Integrator And Computer，电子数字积分计算机。也有说法认为ENIAC是第二台电子计算机，ABC（Atanasoff-Berry Computer）是世界上第一台电子计算机。但ENIAC远比ABC出名。

企业财政和资金补贴政策。相对来说,美国的方式效率更高,尤其有利于企业在原创技术和核心技术上率先取得突破,而欧洲、日本的生物技术公司更热衷于生物技术的商业化应用,对技术研发有所忽视。

风险投资是第三次产业革命中对新兴产业培育、发展起到重要作用的金融资本形式。计算机技术、半导体技术、网络技术及生物技术等在走向商业化过程中,均不同程度地得到过风险投资的有力支持。风险投资的作用不只是提供资本,它同时也是技术的孵化器,为科技成果、创业企业家和金融资本三者提供结合的纽带。从美国仙童到英特尔公司,再到 DEC,一直到后来的雅虎、eBay、苹果等,在其成长过程中,均得到了风险投资的大力支持。尤其是 ARD 与 DEC 的关系,一直被看成是风险投资与创业企业的楷模。[1] 生物技术产业更是如此,1900 年前后的圣迭戈生物技术企业的资金来源中,有 28.1% 的资金来源于正式的风险投资机构和其他机构性私募投资,相比之下,债务资金只占到整个资金来源的 5%。[2]

四、三次产业革命金融资本对新兴产业发展作用的比较及启示

综合比较三次产业革命中金融资本对新兴产业发展的作用,可以得出以下几点结论。

第一,三次产业革命中金融资本与新兴产业发展之间的关系具有明显的递进性。新兴产业发展具有明显的时代特征,金融资本对新兴产业发展的作用方式也因时而变。第一次产业革命时期,金融资本与新兴产业之间的关系仅仅停留在借贷、信用等简单关系上,且对新兴产业发展发挥明显作用的金融资本形式较为有限。这时,尚不存在独立的政府资本支持新兴产业发展的作用渠道,代表政府的中央银行也仅起到维持公共信贷秩序的作用;私人资本、票据清算银行与乡村银行等金融组织形式比较松散,对新兴产业发展的作用多具有一定的被动性。这时,资本市场发展较为滞后,对新兴产业发展的作用不明显。金融创新仅限于抵押、汇票、期票等产品贸易支付方式的创新,对新兴产业发展的促进作用也不明显。到第二次产业革命时期,金融资本与新兴产业发展之间的关系得到明显强化。典型的是德国银行主导型金融体系顺应了重工业发展对大规模资本的需求,

---

[1] ARD,美国研究与发展公司,是第一个现代化的风险投资公司,该公司以 7 万美元投资数字设备公司(Digital Equipment Corporation,DEC),十余年后获得 4.9 亿美元的回报。ARD 一直伴随 DEC 直至 1966 年 DEC 成功上市,这期间,ARD 不仅为 DEC 提供巨大的资金支持,而且积极参与 DEC 的日常运营管理,当时 DEC 的大多数董事会成员都是由 ARD 的成员担任。

[2] [美] W. D. 比格利夫等:《处于十字路口的风险投资:美国风险投资的回顾与展望》,刘剑波等译,山西人民出版社 2011 年版,第 134 页。

保证了大规模生产方式的推广应用,而美国的投资银行更是重工业发展与大规模生产方式的直接产物。德国综合银行与美国投资银行有力推动了新兴产业中企业的并购,促进了新兴产业快速成长,也体现了金融资本与新兴产业发展之间的关系更加紧密。与此同时,资本市场得到快速发展,为新兴产业发展提供了资金融通的场所,也加快了新兴产业基础设施的建设。另外,相互竞争、权利分散的金融体系促进了消费信贷的发展,催生了与大规模生产模式相适应的大规模消费模式,有力带动了新兴产业的发展。到第三次产业革命时期,金融资本与新兴产业发展之间的关系更加紧密。这时,政府资本成为促进新兴产业发展的主要金融资本形式,政府直接资助高等学校的科研及高等人才的培养,直接资助重大技术及通用技术的研发,直接资助军用技术的民用化及商业化,对相关产业基础设施进行直接投资与间接支持。风险投资的作用也充分发挥出来。它不仅为新兴产业发展提供资金支持,还为新兴产业企业的发展提供高附加值的服务,并成为科技成果、企业家与资本三者之间实现结合的有效纽带。同时,政府资金与风险投资之间呈现出一种合理分工、有效合作的紧密关系,以便在由新技术的发明创新到新兴产业发展的整个链条上能够全程提供资金支持和服务。

第二,相对完善的资本市场是保障金融资本对新兴产业作用有效发挥的重要载体。在新兴产业发展过程中,新技术通常掌握在创业企业手中,而创业企业的规模与发展程度不足以使其直接从资本市场获得融资,资本市场可通过其他多种形式为新兴产业发展提供资本支持。第二次产业革命中证券市场的发展为基础设施建设提供投资场所,而投资银行的资本运作基本上也是通过资本市场来完成的,投资银行从资本市场筹集资金,为大型企业提供兼并、重组服务,有力促进了重工业的发展和大规模生产方式的实现。第三次产业革命中资本市场成为风险投资最主要的退出渠道,其发达程度直接决定了风险投资退出的难易程度,也相应决定了风险投资对新兴产业发展的关注度。可以说,资本市场的不断完善有效保障了金融资本对新兴产业发展的促进作用。

第三,金融创新对促进新兴产业的发展至关重要。第一次产业革命时期,英格兰银行、伦敦证券交易所、支付工具的改革等金融创新,对以蒸汽为动力的新兴产业发展发挥了明显的促进作用;第二次产业革命时期,投资银行的出现迎合了重工业发展和大规模生产模式对金融资本的需求,资本市场不断发育本身也可看作是金融创新的结果;到第三次产业革命时期,作为现代金融制度重要创新成果之一的风险投资对新技术研发及其商业化、新兴产业孵化及培育的作用更为为显著,尤其在美国新兴产业发展中的作用表现得更加突出。

第四,金融资本对新兴产业发展的作用离不开其他多种因素的作用。新兴产业发展是一个受多重因素影响的复杂过程,不仅包括金融因素,还包括技术创新、基础设施、人力资本、市场需求、政府支持等因素的作用,这些作用的发挥直接影响着金融资本对新兴产业发展的作用。第一次产业革命时期的公路、运河、水道、公共图书馆等,第二次产业革命中的铁路、电报线路等,第三次产业革命中的电缆、互联网、各种公共教育科研机构等,均对促进新兴产业发展发挥了重要作用。除直接投资之外,金融资本对新兴产业发展的作用还通过投资基础设施得以实现。第一次产业革命中,票据交换银行与乡村银行实现了短期信贷与长期信贷的分工合作;第二次产业革命中,德国的中央银行、综合银行、小型储蓄银行、私人钱庄、合作互助银行等,以及美国的投资银行、分散竞争的商业银行与资本市场之间都形成了合理分工、共同融通资金的金融体系,共同发挥对新兴产业发展的促进作用;第三次产业革命中政府资金与风险投资分别代表了公共部门和私人部门的资本,二者相互补充、相互促进,共同作用于新兴产业的发展。

第五,借助于国际金融资本可有效促进本国新兴产业发展。第二次产业革命中,美国利用欧洲资本市场的外国资本发展美国的基础设施,进而促进了新兴产业的发展;第三次产业革命中,欧洲和日本生物技术产业的发展相当程度上依赖于大型的美国生物技术公司的资金,以色列的风险投资则在更大程度上与国际资本进行合作,共同成立风险基金,且将其退出渠道定向于被跨国大公司并购。与国际资本合作,一方面可利用国际市场上相对充足的资本供给,另一方面可为本国新兴产业发展带来高层次的人力资本和先进技术及管理经验。对风险投资比较欠缺的国家而言,通过吸引国际风险投资,不失为一条借助国外资本促进本国新兴产业发展的有效路径。

第三节　金融资本对中国战略性新兴产业成长作用的实证分析

大力发展新兴产业是我国现阶段应对新产业革命冲击的重要举措。借鉴历史上发达国家的经验,充分发挥金融资本对新兴产业发展的作用,是实现我国新兴产业发展的重要途径。新兴产业发展壮大最终要依托产业内企业的成长来实现,金融资本对新兴产业的作用也必然通过影响企业成长来实现。据此,实证考察金融资本对中国战略性新兴产业的作用,也就可归结为考察金融资本对该行业企业成长的作用。现阶段,银行贷款和政府资本是企业融资最主要的两大来源,其中政府资本主要体现为政府对企业的各项补贴。相比之下,天使投资与风险投资的发展起步较晚,发展速度相对较慢,企业获得这方面的投资还较为困难,且目前关于风险投资与天使投资的微观数据仍不具有广泛的统计可得性。因此,本节的实证模型主要考察银行贷款和政府补贴对中国新兴产业上市企业成长的作用。

一、模型构建

(一) 样本选择及数据来源

本节所用到的样本均来自在中国上海证券交易所和深圳证券交易所正式上市的企业，这些企业均属于战略性新兴产业。样本选取过程如下：从东方财富网概念股中按照云计算、新材料、新能源、物联网、节能环保、风能、太阳能、生物医药、核能核电、低碳经济等战略性新兴产业板块选取 345 个企业；从 CCER 经济金融数据库中获得各企业资产规模、银行贷款的数据，同时删除一些严重缺失数据的企业，最终筛选出 184 家企业；从各企业年度财务报表中筛选计量模型所需要的各类数据，删除数据严重缺失的企业，最终选定深圳证券交易所主板上市的 9 家企业、中小板上市的 4 家企业和在上海证券交易所主板上市的 37 家企业，共 50 家上市企业。由于国有企业股上市的特殊性，样本舍弃股票代码为 "601" 开头的所有企业，因创业板市场成立的时间较短，模型并没有选用创业板的上市企业。中国 2007 年开始实施新企业会计准则，为避免统计时因参考标准的不一致造成指标理解上的分歧，本节将时间跨度定为 2007~2013 年。最终模型设定为 50 个企业 7 年的面板数据，每个变量共 350 个观测值。

(二) 模型构建

企业成长除受到银行贷款和政府补贴的影响外，还受技术、人力资本、年龄等因素的影响。本节采用柯布 – 道格拉斯生产函数，对新兴产业中上市企业的营业收入和各影响因素进行回归，回归的基础模型如下：

$$\ln revenue = \alpha_0 + \alpha_1 \ln asset + \alpha_2 \ln personel + \varepsilon \tag{12.1}$$

$$\ln revenue = \alpha_0 + \alpha_1 \ln asset + \alpha_2 \ln personel + \alpha_3 \ln rd + \varepsilon \tag{12.2}$$

$$\ln revenue = \alpha_0 + \alpha_1 \ln asset + \alpha_2 \ln personel + \alpha_3 \ln rd + \alpha_4 \ln credit + \alpha_5 \ln subsidy + \varepsilon \tag{12.3}$$

$$\ln revenue = \alpha_0 + \alpha_1 \ln asset + \alpha_2 \ln personel + \alpha_3 \ln rd + \alpha_4 \ln credit + \alpha_5 \ln subsidy + \alpha_6 \ln rdp + \alpha_7 \ln age + \varepsilon \tag{12.4}$$

根据以上理论分析的结论，金融资本对新兴产业的发展除了直接作用之外，还会通过技术创新等因素产生间接作用，对于该方面作用，本节通过在模型中添加金融资本和技术创新的交叉项来进行考察。因实证分析加入研发人员和年龄之后，所有模型中研发人员均不显著，因此采用以下两个模型来考察交叉项的作用。

$$\ln revenue = \alpha_0 + \alpha_1 \ln asset + \alpha_2 \ln personel + \alpha_3 \ln rd + \alpha_4 \ln credit + \alpha_5 \ln subsidy + \alpha_6 \ln rd \times \ln credit + \ln age + \varepsilon \tag{12.5}$$

$$\ln revenue = \alpha_0 + \alpha_1 \ln asset + \alpha_2 \ln personel + \alpha_3 \ln rd + \alpha_4 \ln credit + \alpha_5 \ln subsidy$$
$$+ \alpha_6 \ln rd \times \ln subsidy + \ln age + \varepsilon \quad (12.6)$$

二、变量定义及描述

模型共选取 8 个变量来实证考察银行贷款和政府补贴对新兴产业发展的作用。变量符号及定义如表 12-1 所示，其统计性描述如表 12-2 所示。

表 12-1　　　　　　　　　　　变量符号及定义

影响因素	变量	符号	定义
企业成长	营业收入	revenue	主营业务收入和其他收入之和
金融资本	银行贷款	credit	长期贷款和短期贷款之和
	政府补贴	subsidy	企业从政府得到的直接补贴
其他因素	企业总资产	asset	企业拥有或控制的全部资产
	企业从业人员	personnel	从企业取得劳动报酬或收入的人员
	企业研发支出	rd	企业研究与开发过程中所支出的费用
	企业研发人员	rdp	包括研究人员、技术人员和辅助人员
	企业年龄	age	从企业建立开始计算到 2013 年

表 12-2　　　　　　　　　　　变量统计描述

变量	样本数	均值	标准差	最小值	最大值
revenue	350	2880000000	3370000000	176000000	22900000000
asset	350	4630000000	4910000000	276000000	42600000000
personnel	350	3778.426	3392.778	53	17850
rdp	350	686.8229	813.2043	17	7130
credit	350	1070000000	1770000000	3060000	13400000000
subsidy	350	22600000	38500000	24321	365000000
rd	350	59100000	110000000	17205	976000000
age	350	15.08	3.88287	6	27

资料来源：作者计算整理。

本节用上市企业的成长来代替新兴产业的发展程度，模型的被解释变量是上市企业成长，用上市企业的营业收入来测度，采用这种做法的文献占到所有研究企业成长文献的 30%（杜传忠和郭树龙，2012）。因此，这里用企业营业收入来衡量上市企业成长是合理的。

银行贷款包括长期贷款和短期贷款，以贷款期限一年为划分界限，长期贷款对企业成长的作用可通过支持更新改造、科技开发、新产品试制等体现出来，短期贷款则对上市企业日常经营活动中的资金缺口具有很大的补充作用，理论分析显示二者均对企业成长具有显著作用。因此，本节所用的银行贷款采用长期贷款和短期贷款之和来测度；政府补贴数据从企业财务报表中"计入当期损益的政府补助"一项获得。政府补贴既能解决企业的研发资金缺口问题，又能影响企业的技术研发策略，从这两个方面促进企业的成长。

企业总资产与企业从业人员两个变量分别测度资本和劳动两个基本生产要素，前者指企业拥有或控制的全部资产，后者指企业在岗的劳动人数。企业研发支出与研发人员分别测度技术创新和人力资本两个因素。研发支出通常包含对科研人员等高技术含量人力资本的报酬支出，因此两个变量之间可能存在共线性；企业从业人员中包含研发人员，因此研发人员与从业人员之间也可能存在共线性；企业研发支出受银行贷款和政府补贴的影响，尤其是政府补贴的获得能够改变企业的研发策略，直接提高企业用于研发的投入，因此政府补贴和银行贷款这两项可能与测度研发的指标存在共线性。企业年龄是企业特征的一个测度变量，对企业成长具有一定的影响，一定程度上可用来消除变量存在的时间效应。

三、估计方法选择

现阶段，我国不同战略性新兴产业的企业在生产工艺、技术水平和产品特性以及所处的成长阶段等方面都存在较大差异，实证考察政府补贴和银行贷款对企业成长的影响应考虑到企业的异质性对估计结果的影响。为控制企业之间的个体差异，降低因遗漏不可观测异质性所导致的估计结果有偏性的概率，本节使用面板数据回归方法进行计量分析。面板数据一般采用 F 检验、Hausman 检验和 LM 检验三种方法来选择回归模型，但面板数据回归的普通标准误并不是十分有效，本节实证过程中又发现有效的聚类稳健标准误与普通标准误相差较大，因此 F 检验和传统的 Hausman 检验并不十分可信。本节利用 LSDV（最小二乘虚拟变量模型）中个体虚拟变量的显著性来进一步判断是否存在个体效应，即是否应该使用 FE 模型。同样，在选择 FE 模型与 RE 模型时，本节首先使用稳健标准误进行随机效应回归，之后采用过度识别检验来判断个体异质性是否与解释变量不相关，进而在 FE 模型与 RE 模型之间进行选择。所有变量均用对数值表示，选择模型的检验结果如表 12 - 3 所示。

表 12-3　混合效应、固定效应和随机效应模型选择检验结果

项目	模型 M1	模型 M2	模型 M3	模型 M4	模型 M5	模型 M6
F 检验	17.96*** (0.0000)	17.51*** (0.0000)	17.38*** (0.0000)	19.47*** (0.0000)	19.20*** (0.0000)	19.39*** (0.0000)
LSDV 个体虚拟变量	大部分显著	大部分显著	大部分显著	大部分显著	大部分显著	大部分显著
LM 检验	519.32*** (0.0000)	505.78*** (0.0000)	480.70*** (0.0000)	481.27*** (0.0000)	456.46*** (0.0000)	483.08*** (0.0000)
Hausman 检验	0.43 (0.8047)	1.30 (0.8618)	5.02 (0.5409)	12.51 (0.1298)	33.53*** (0.0000)	13.71* (0.0566)
过度识别检验	0.422 (0.8097)	1.418 (0.7012)	11.573** (0.0411)	42.689*** (0.0000)	56.607*** (0.0000)	21.572*** (0.0030)
选择结果	RE 模型	RE 模型	FE 模型	FE 模型	FE 模型	FE 模型

注：括号中是 p 值，***、** 和 * 分别表示在 1%、5% 和 10% 的水平上显著。

四、实证结果及其分析

如表 12-3 所示，应该用随机效应模型对 M1 和 M2 进行回归，用固定效应模型对 M3~M6 进行回归，回归结果如表 12-4 所示。

表 12-4　金融资本影响上市企业成长的回归结果

变量	lnrevenue					
	模型 M1	模型 M2	模型 M3	模型 M4	模型 M5	模型 M6
lnasset	0.701*** (0.116)	0.648*** (0.135)	0.494*** (0.135)	0.451*** (0.148)	0.464*** (0.152)	0.461*** (0.151)
lnpersonel	0.296*** (0.103)	0.284*** (0.0985)	0.217** (0.0964)	0.138 (0.0882)	0.166* (0.0862)	0.169* (0.0879)
lnrd		0.0496** (0.0238)	0.0409* (0.0227)	0.00175 (0.0168)	0.293 (0.218)	0.0886 (0.138)
lncredit			0.129** (0.0637)	0.133** (0.0602)	0.377** (0.180)	0.134** (0.0600)

续表

变量	lnrevenue					
	模型 M1	模型 M2	模型 M3	模型 M4	模型 M5	模型 M6
ln*subsidy*			0.0728*** (0.0203)	0.0452** (0.0199)	0.0526** (0.0211)	0.139 (0.142)
ln*rdp*				0.0432 (0.0341)		
ln*age*				0.746*** (0.264)	0.756*** (0.266)	0.762*** (0.265)
ln*rd* × ln*credit*					−0.0146 (0.0111)	
ln*rd* × ln*subsidy*						−0.00547 (0.00840)
常数项	3.641** (2.160)	4.059* (2.444)	4.349* (2.445)	4.681 (2.864)	−0.555 (4.852)	2.930 (4.209)
观测值	350	350	350	350	350	350
股票数量	50	50	50	50	50	50

注：括号中数字为标准差，***、**和*分别表示在1%、5%和10%的水平上显著。

由表12-4可知，随着金融资本和控制变量的添加，主要生产要素总资产和从业人员的系数逐步有所下降，但其显著性一直很高，这符合基本的经济学原理；在添加了金融资本的模型 M3 中，银行贷款在5%的水平上显著，政府补贴在1%的水平上显著；进一步添加控制变量之后，银行贷款与政府补贴依然分别在5%和1%的水平上显著，且系数有所下降。对于模型 M5 和 M6，交叉项的系数均不显著，且为负，尤其在 M6 中，交叉项的添加导致了政府补贴的系数变得不显著。具体分析如下。

1. 银行贷款

所有模型中银行贷款均在5%水平上显著，但其系数只有模型 M5 与其他模型的结果存在较大差异，主要原因是在添加了银行贷款和研发支出的交叉项之后，该交叉项系数为负，且导致常数项的系数也是负值，两项系数为负是银行贷款系数值偏大的主要原因。对比 M3、M4、M6，在添加了控制变量和不涉及银行贷款的交叉项之后，虽然从业人员、研发支出和常数项的系数及显著性均有不同程度的改变,但银行贷款的系数值并没有太大变化,比较稳定,相对来说,M3、M4 和 M6 估计出来的系数值 0.129、0.133 和 0.134 比较可信。

以上分析结果表明,在我国,银行贷款对新兴产业企业成长的作用比较显著,当企业获得的银行贷款增长 1% 时,能够使企业的营业收入增长 0.13% 左右。银行贷款的显著性作用,是与中国上市企业融资特征紧密相关的。首先,本节所选样本采用的是证交所主板上市的企业,这些企业通常已积累了一定的无形及有形资产,相对创业企业而言,上市公司的负债能力较强,债务融资约束较小,从商业银行获得贷款并不是一件很困难的事情,导致银行贷款对其成长具有明显的促进作用。其次,本节所选企业最小年龄为 6 年,平均年龄为 15 年,而我们的模型只考察 2007~2013 年的指标,这说明在本节所分析的样本范围内,企业基本上已度过了最艰难的创业期,企业创业时的技术创新投入、人力资本投入,包括固定资本投入等经过几年的时滞,正好开始发挥作用,而银行贷款在弥补上市企业资金缺口的同时,能够通过这些影响因素对其成长产生正向的促进作用。

2. 政府补贴

政府补贴的系数在 M3、M4 和 M5 中都比较显著。在模型 M3 中,政府补贴的系数不显著,这是由于加入政府补贴和研发支出的交叉项导致的。对比 M4 和 M6 会发现,研发支出的系数从 0.00175 上升到 0.0886,提高了将近 50 倍,且不显著;政府补贴的系数从 5% 显著性水平上的 0.0452 上升到 0.139,但却不显著,交叉项为负,且不显著。首先,从直观上分析,虽然研发支出仍不显著,但是系数值的大幅提高是政府补贴不显著的潜在原因。此外,交叉项与政府补贴之间存在的共线性也是导致政府补贴不显著的潜在原因之一。其次,研发支出、政府补贴系数及其显著性的重大变化说明,在加入政府补贴和研发支出的交叉项后,破坏了原有模型系数的稳定性,M6 的回归结果并不可信。M3、M4 和 M5 关于政府补贴的系数回归值基本可信。由于没有年龄做控制变量,M3 回归的政府补贴系数值偏高,M4 中研发人员的系数又不显著,因此 M5 中政府补贴的系数比较合理,表明当企业获得的政府补贴增长 1% 时,以企业营业收入所衡量的企业成长指标能够增长 0.53%,足以说明政府补贴对新兴产业企业成长具有明显的促进作用,但比银行贷款的系数值低得多,说明政府补贴对新兴产业发展的作用不及银行贷款的作用大。此外,加入年龄变量之后,政府补贴的系数值出现明显下降,说明政府补贴对新兴产业企业成长的作用可部分表现为企业年龄对企业成长的显著作用,这主要是由于政府补贴对上市企业前期发展具有明显的影响。

3. 企业总资产与企业从业人员

在逐步添加变量的过程中,M1、M2 和 M3 回归的企业总资产与企业从业人员这两项的系数均出现逐步下降,但其显著性基本没有改变,这符合经济学的一般原理。但模型 M4 中从业人员的系数由显著变为不显著,其潜在原因主要包括:一是研发人员与从业人员存在明显的共线性,导致这两个变量都不显著;二是年龄的系数在 1% 的水平上显著,且系数值较大,随着企业年龄的增长,企业从业人员也是逐年增加的,年龄分担了从业人员的显著性;三是由于新兴产业技术密集性的特点,导致简单劳动的投入并不具有十分重要的作用,当然这一点也说明总资产的系数值明显高于从业人员的系数值。以模型 M3 为基准,总资产和从业人员的系数表明,当企业总资产增加 1% 时,能使以企业营业收入所衡量的企业成长指标增长 0.49%;当企业从业人员增加 1% 时,能使以企业营业收入所衡量的企业成长指标增长 0.22%。

4. 研发人员、研发支出及企业年龄

M2 和 M3 表明企业的研发支出对于企业成长具有显著正向作用。系数表明,当研发支出增长 1% 时,能使以企业营业收入所衡量的企业成长指标增长 0.05% 和 0.0409%。虽然这两个系数分别在 5% 和 10% 的水平上显著,但系数值与总资产和银行贷款的系数值相比太小,并不能够显示出研发支出对企业成长的巨大促进作用,尤其是在加入研发人员和年龄变量之后的 M4 中,研发支出的系数值更小,变为 0.00175,且不显著。这与基本的经济学常识和本节前面的理论分析结论不相符,究其原因可能有以下几点。一是研发支出中的一部分用于研发人员的报酬支出,二者之间存在共线性,有可能导致研发支出和研发人员都不显著。二是研发支出中有一部分作为无形资产包含于总资产之中,因此研发支出对企业成长的作用部分是由总资产对企业成长的作用来体现的。三是研发支出与年龄之间存在共线性,因为一般来说,研发支出本身对于企业成长的作用并不是立竿见影的,研发支出的回报在多年之后才能体现出来,由此研发支出对企业成长的作用部分表现在年龄对于企业成长的显著作用中。四是研发支出、研发人员与金融资本之间存在多重共线性,这是因为:一方面,研发支出、研发人员的数量和稳定增长是企业传递给银行和政府的可视信号,企业通常会通过这两项投入来显示其对技术创新的重视,以便更顺利地获得银行贷款和政府补贴;另一方面,银行贷款和政府补贴又使得企业有更多的资金用于研发支出和吸引更高层次的科研人员,正是它们之间的多重共线性导致银行信贷和政府补贴的系数显著,但研发支出、研发人员的系数不显著。企业年龄在含有该项的所有模型中均在 1% 水平上显著,且系数值比较稳定,说明企业年龄确实是衡量企业成长性的一个有效变量。

5. 研发支出和金融资本的交叉项

M1~M4 的逐步回归结果显示,银行贷款和政府补贴对于企业成长具有显著促进作用。本节前面的理论分析表明,金融资本对新兴产业发展的作用不仅体现在提供资本供给，也体现在通过技术创新进而促进新兴产业的发展，模型 M5 和 M6 通过研发支出和金融资本的交叉项来考察这一间接作用。但在加入交叉项之后，交叉项的系数为负且不显著，这与前面的理论分析结论并不一致。且在 M5 中，交叉项的加入导致银行贷款的系数值和研发支出的系数值出现了较大变化；在 M6 中，交叉项的加入导致原本显著的政府补贴的系数也变成了不显著，这足以说明交叉项的加入导致了系数估计的不一致，从而不能够较好地阐释金融资本通过技术创新促进上市企业成长的作用渠道。实际上，这一结果也许正表明了中国新兴产业发展的现实状况。"金融资本通过技术创新促进新兴产业发展"只是理论上的推演，而在现实中，新兴产业上市企业技术创新的强度如何，研发资金用于新兴产业核心技术创新的比例，银行贷款和政府补贴的真实去向等问题，都是值得进一步探究的问题。

此外，本节实证模型虽然用上市企业成长来替代新兴产业发展，但这种替代只是一种近似替代，事实上新兴产业发展并不仅仅是上市企业的成长问题，萌芽期小企业的成长、技术的扩散等也是新兴产业发展的核心问题。金融资本通过技术创新促进新兴产业发展的渠道仅从上市企业的成长方面进行考察则无法完全显示出来，交叉项的不显著也不能说明金融资本通过技术创新促进新兴产业发展的渠道不存在，要想验证"金融资本通过技术创新促进新兴产业发展"，还需从其他角度进行更深入的研究。

五、实证分析结论及其进一步说明

通过实证分析金融资本对中国新兴产业发展的作用，可得到以下主要结论及启示。

第一，银行贷款对新兴产业上市企业成长具有显著促进作用。这和本节理论分析的结论是一致的。这一结论还可由以下几点得到进一步的逻辑证实：一是上市企业的有形资产相对创业企业较大，债务融资约束较小，因此容易从商业银行处获得贷款；二是上市企业的财务制度和状况是公开的，在向银行进行贷款时双方之间的信息不对称程度较小，因此容易从商业银行处获得贷款；三是上市企业从商业银行获得的长期贷款可转化为固定资产投资、更新改造、技术研发、新产品试制等企业成长多方面的影响因素，而这些通常都是促进企业成长的因素。因此，银行贷款对新兴产业上市企业的成长具有明显的促进作用。

第二，政府补贴对新兴产业上市企业成长也具有显著促进作用。基于现实，对这一结论还可从以下几方面加以解释。首先，近年来政府对战略性新兴产业给予大力资金支持。从现实操作层面看，由于上市企业的"公开"性质，企业与政府之间的信息不对称程度相对较低，将补贴直接投向上市企业成为政府支持新兴产业发展的有效途径。其次，政府补贴不仅为上市企业弥补融资缺口，同时影响企业的研发策略。对企业来说，政府补贴有利于企业更加宽松地支配资金，将更多的资金投向技术研发和产品开发，这样就使政府补贴通过影响企业研发策略促进上市企业成长。

第三，银行贷款和政府补贴对于上市企业成长的直接作用得到验证，但其通过技术创新对上市企业成长的间接作用未得到验证。尽管上市企业成长对于新兴产业发展意义重大，但技术创新的扩散与创业企业的成长对于新兴产业发展的作用更显著。相比之下，金融资本投向创业企业能够更好地弥补创业企业用于技术创新所产生的融资缺口，加速技术创新成果的扩散，进而通过技术创新间接促进新兴产业发展。鉴于银行贷款的逐利性和风险规避性，政府补贴更应该适时投向新兴产业形成期的创业企业。

第四，实证分析所考察的样本均是在证交所上市的企业，且样本所考察的时间跨度是 2007～2013 年，这些企业所属行业均是战略性新兴产业，企业均具有成长期新兴产业企业的特征，与新兴产业形成期的创业企业存在较大差别。银行贷款对企业成长的正向促进作用也主要是由于这些企业对银行融资的约束更小，成本更低，从银行处获得的长期贷款基本已转化为企业的固定资产及创新能力等其他更具体的影响因素。相反，如果是形成期的创业企业，银行对企业成长的作用就不会如此明显。这主要是由于创业企业本身的资产规模较小，所形成的有形资产规模更小，向银行贷款时缺乏贷款担保，导致二者之间的信息不对称程度加大，银行向企业贷款的意向较低，从而使企业面临相对较大的融资约束。因此，要想使银行贷款更多地投向新兴产业形成期的创业企业，应在金融领域采取更多的创新，尤其是在担保方式、贷款方式、信用评估方式、风险分散和补偿机制等方面进行创新，增强银行贷款对新兴产业形成期创业企业的支持力度。

第五，本节的实证分析未考虑风险投资对新兴产业企业成长的影响，主要原因包括以下几点。首先，目前风险投资微观数据的可获得性较差，其一般在企业上市之后就会完全退出，因此，要考察企业上市之前风险投资对产业的支持状况难度很大。其次，我国风险投资本身发展相对滞后，企业获得天使投资与风险投资目前还存在较多困难。《2010 中国风险投资年鉴》数据显示，从各行业 2010 年首次公开上市的企业得到风险投资支持的金额比例来看，医药保健行业占 6.31%，新能源行业占 7.16%，高端装备制造业占 4.85%，节能环保业占 1.73%，新材料占 1.4%，生物技术占 1.03%，互联网占 0.58%，这几个新兴产业的占比总和只有 16.16%；从结构上来说，在 7 个战略性新兴产业中，风险投资最为关注的是节能环保产业，而关键技术有待进一步突破的生物技术产业与新一代信息技术产业是最不受风险投资关注的两个产业。这说明，在现有风险投资中，相当大一部分仍投向传统产业而非战略性新兴产业,且风险投资存在投资阶段后移的趋势,真正需要风险投资支持的处于关键技术创新期的创业企业却很难得到风险投资的有力支持。要想增强风险投资对战略性新兴产业发展的支持力度,需要从两个方面加以推进:一是加强风险投资本身的发展;二是拓宽风险投资与新兴产业创业企业之间的投融资渠道,尽量减少新兴产业创业企业获得风投资金的障碍。

六、主要政策建议

基于以上分析,本节提出以下通过金融资本促进中国战略性新兴产业发展的政策建议。

第一,发展新兴产业金融支持的相关配套服务体系。一是完善相关法律法规建设,尽早完善与修改相关法律法规中存在的诸多阻碍金融支持新兴产业发展的条款;二是建立资金提供者与资金需求者之间的信息共享平台,降低二者之间的信息不对称,更好地发挥金融资本对新兴产业发展的促进作用;三是建立知识产权评估交易体系,支持社会资本通过市场化方式设立以知识产权投资基金、集合信托基金、融资担保基金等为基础的投融资平台和工具,以解决中小企业知识产权质押贷款的难题,缓解中小企业向商业银行融资过程中遭遇的信贷配给;四是联合金融机构、中介机构、担保机构等共同建立适合于新兴产业发展的企业信用评价系统,及时为金融资本支持新兴产业发展提供服务。

第二,创新新兴产业发展的金融服务模式。一是创新商业银行支持新兴产业发展的模式,提倡银行对企业的科技创新成果、自主知识产权、产品商标、商誉等无形资产进行专业评估,并将其作为贷款的抵押担保依据,以解决新兴产业形成期创业企业有形资产不足的难题;二是创新商业银行的金融产品和金融业务,采取期权组合创新和资产抵押创新分散风险,开发多种投资工具组合,拓展"投、贷、债、租"相结合的多元化投资方式,为处于不同发展阶段的新兴产业提供相应的金融支持;三是创新商业银行的担保模式,完善企业的信用担保体系,降低金融资本与企业之间的信息不对称程度,避免逆向选择和道德风险的发生;四是加强银行与证券、保险、租赁等机构的合作,形成一整条融资支持链,为新兴产业提供从银行贷款、股权投资到辅助上市等"一条龙"金融服务。

第三,构建服务新兴产业发展的多层次资本市场,风险投资和天使投资提供更加透明、合理、高效的退出渠道。一是加快完善创业板市场的制度建设,如完善创业板市场的退市制度、完善公司高管离职的股份套现制度,使创业板真正发挥促进新兴产业发展的作用;二是建立面向非上市、非公众公司的全国统一的场外交易市场，将代办股份系统建设成为柜台交易市场，增加资本市场的筹融资功能，拓宽新兴产业与金融资本之间的投融资渠道；三是建立主板、中小企业板、创业板与新三板之间的转板衔接机制，为企业自主选择进入不同层次的资本市场提供更大空间；四是建立健全针对不同资本市场的互补的信息披露机制，有效防范风险，尽可能发挥资本市场的资源配置功能。

第四，进一步发展完善风险投资体系，更有效地促进战略性新兴产业发展。一是建立天使投资网络平台和社会化服务体系，降低天使投资与企业之间的信息不对称，拓宽新兴产业的融资来源，积极推动天使投资与专业风险投资机构、投资银行等金融机构的合作；二是允许金融机构参与风险投资，在投资组合分散风险的基础上，逐步放开金融机构参与风险投资的限制，以此增加风险投资的资金来源，进而拓宽新兴产业发展的融资渠道；三是通过多层次资本市场的建设、场外交易市场的构建、资本市场内转板机制的完善等途径拓宽风险投资的退出渠道，使天使投资与风险投资的利益能够尽快得以实现，以此促使更多的风险投资与天使投资投向新兴产业。

第四节　风险投资促进中国战略性新兴产业发展的机制及效应分析[①]

经济高质量发展条件下，风险投资作为金融发展的最活跃的部分，对新兴产业的培育、发展具有十分重要的影响。以美国为代表的主要发达国家十分注重发挥风险投资的作用，形成了相对成熟的以风险投资为主、多种投融资方式结合，共同促进新兴产业发展的投融资机制。相比之下，目前我国风险投资对新兴产业发展的作用还不明显。进一步完善风险投资机制，促进战略性新兴产业快速发展，是我国金融体系创新与新兴产业培育发展面临的迫切任务。

一、风险投资促进我国战略性新兴产业发展的作用机制分析

战略性新兴产业发展的微观载体是企业，企业发展的起点是人力、技术、组织、资本等资源的投入，中间产品是专利技术等科技产业成果的产生与转化，最终发展目标是提供被市场所认可和接受的产品或服务。区别于传统产业和一般性高新技术产业，战略性新兴产业多以破坏性技术、关键性技术创新为核心，以重

[①] 杜传忠、李彤、刘英华：《风险投资促进战略性新兴产业发展的机制及效应》，载于《经济与管理研究》2016年第10期。

大的市场需求为拉动，同时还可能伴有技术—经济范式的转变与巨大发展前景的形成，对上下游或相关产业乃至整个国家产业体系产生较大的辐射和带动作用。风险投资作为金融资本中最具活力、创新性最强的金融投资方式，不仅能够按照促进一般产业发展的机理推进战略性新兴产业的人才、技术、资本集聚，还能通过其阶段投资、联合投资与提供增值孵化等手段，降低战略性新兴产业发展过程中在技术、组织、市场等方面的不确定性，强化战略性新兴产业发展中的技术关联性、辐射性以及战略性新兴产业对其他产业的渗透、带动作用，促进战略性新兴产业快速成长与发展（见图12-1）。

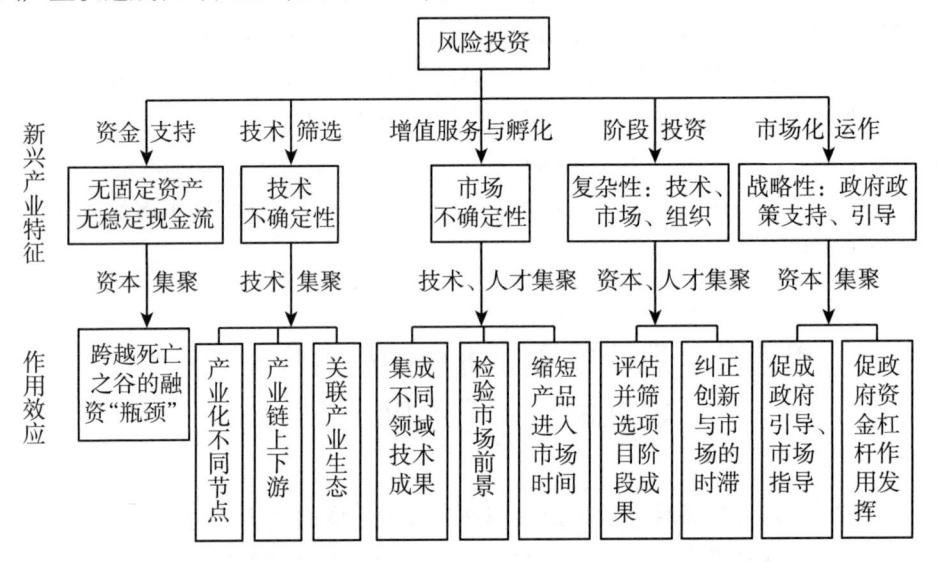

图12-1 风险投资促进我国战略性新兴产业发展的作用机制

（一）风险投资对战略性新兴产业发展的资金支持效应

现代社会，资本对产业发展的作用越来越重要，特别是对于处于孕育、成长过程中的战略性新兴产业来说，资本助推作用更为重要。根据克莱珀（Klepper, 2002）的产业生命周期理论，产业在发展的萌芽和初创期，一般会面临生产设备的不完善、市场需求小、产品设计和功能不稳定等诸多难题。事实上，现阶段我国多数战略性新兴产业正是处于产业发展的初始期，急需大量资金支持，但由于尚未形成相对固定的产业资产和稳定的资金流，产业发展面临较大风险和不确定性，导致银行等传统金融机构不愿提供足量的资金介入这类产业的发展。战略性新兴产业属于技术高度密集型产业，发展的基本驱动力是技术创新，特别是具有突破性质的关键核心技术的创新。但技术创新必然蕴含一定的风险，这种风险极可能来自技术研发风险、企业经营风险和新产品试制，也可能来自创新成果转化和产业化风险等。无论是银行贷款的间接融资，还是资本市场的直接融资，都可能在新兴产业面临的多重技术与市场风险面前望而却步。在这种情况下，风险投资作为一种创新性金融制度安排，在很大程度上能够有效化解战略性新兴产业发展存在的风险与所需资金缺口之间的矛盾。同时，与政府对战略性新兴产业的补贴或扶持资金相比，风险投资以其独特的优势，能够更加快捷、有效地克服战略性新兴产业成长遇到的资金难题，帮助尚处于孕育、成长期的战略性新兴产业跨越融资的"死亡之谷"，驱动战略性新兴产业顺利步入成长、成熟期。而政府补贴或扶持资金往往会因信息不对称等原因偏离政府投入资金的初衷，还可能因此引发过度投资或重复建设等低效投资和产业无序发展现象。

（二）风险投资对战略性新兴产业发展的技术筛选与集聚效应

由于创新技术的发展充满不确定性，战略性新兴产业在成长中可能会出现众多企业就某一相同关键技术开展背对背竞争的现象。如何使一项特定技术发展为主导技术，有待于风险投资功能和作用的发挥。青木昌彦（2000）曾提出，风险投资的帮助能够让不确定的技术实现研发、中试与产业化。龙勇和时萍萍（2012）的研究发现，风险投资还会增加企业技术创新绩效、降低技术创新风险。因此，有风险投资支持的技术最有可能成为产业发展过程中的主导技术设计，风险投资的这种作用就表现为对新兴技术的筛选作用。勒纳（Lerner, 1994）在研究中也发现，在产业发展的早期阶段，风险投资机构通过考察其他风险投资机构的投资意愿，将众多关联信息汇总到一起，可以筛选出更好的技术解决方案。风险投资对技术创新的筛选与促进作用具体体现在两个方面：一是风险投资带动某一创新技术实现产业化后，产业链上下游的技术创新也会随之不断涌现，而风险投资出于对特定新兴产业的战略投资布局，会主动寻找相关产业链上下游的技术创新，由此使技术、资本与产业发展之间形成一种良性互动关系；二是风险投资会对同一类型的技术项目产业化过程中不同节点的技术创新项目进行投资，由此将加速主导技术的完善和应用，促进特定产业领域获取竞争优势。技术产业化节点上不同的技术创新会在风险投资驱动下形成多个关联技术创新项目，并形成资本、技术和组织的集聚，从而显著提高技术创新效率，促进战略性新兴产业发展。

风险投资介入战略性新兴产业一般会产生两种类型的技术集聚：相似技术的主动集聚与风险投资主导的技术集聚。前者是指风险投资介入某一创新技术的产业后，其他相似的技术会主动把科研基地转向获得风险投资资助的项目。这主要是由于包含技术创新的项目对风险资本所具有的迫切需求。技术的产业化会面临一定的融资困难，当某一类型的技术创新获得风险投资资助后，同一类型的相似技术便会向该技术创新项目蜂拥集聚，以增加获得风险投资支持的概率。这种技术的主动集聚能够产生显著的知识溢出效应，从而快速提高技术创新水平。风险投资主导的技术集聚效应主要表现为：当风险投资介入某一产业的技术项目后，会希望项目能够在具有相似技术创新集聚的地区进行商业化，进而实现产业化发展，由此使技术创新项目向强孵化性地区集聚。这种集聚的动因往往与技术集聚地的软环境有关，包括相关的企业发展配套条件、研发机构数量、金融服务体系、中介服务组织等。

（三）风险投资对战略性新兴产业发展的孵化和增值服务引致效应

风险投资首先具有股权投资的特点，为新创企业提供资金融通作用；其次能够为企业提供众多增值服务。因此，风险投资属于典型的关系型投资，在企业发展的不同阶段提供人员招聘、上下游产业联系、吸引融资、调整并完善股权结构等增值服务功能。它能够介入公司的经营管理，为公司提供生产管理以及市场开拓指导，规范公司的股权结构和治理结构。达维拉等（Davila et al.，2010）的研究发现在规范公司管理的前提下，风险投资是帮助创业企业度过"创业危机"的重要力量，使公司的团队管理代替个人管理。风险投资的孵化功能不仅是因为其所具有的广泛的社会资源、管理智囊以及关系网络，而且由于其所具有的独特联合投资方式。单一的风险投资机构都具有最为擅长的某一方面的增值服务功能，联合投资的方式使不同风险投资机构间在资源、信息以及合同约束条款等方面更快捷地实现共享，为新创企业提供更为完善和高效的增值管理服务。霍赫贝格等（Hochberg et al.，2007）实证研究了美国风险投资的交易数据，证明联合投资方式对新创企业的孵化能够提供增值服务。因此，风险投资不仅能够为战略性新兴产业提供发展所需的资金，而且能够提供专业的管理指导和增值服务，并且能够帮助企业进行技术和项目的筛选，检验产品和服务的市场前景。发达国家的新兴产业发展实践表明，无论是信息技术的发展、生物医药技术的传播，还是清洁能源技术的爆发等，其产业价值增值都得益于风险投资的进入和推动。李欣和黄鲁成（2014）也指出，依靠风险投资的特有功能，新兴产业的技术创新能顺利实现从研发到初试、中试，再到商品化、产业化的过程，进而不断扩大企业市场份额，促进产业快速成长。

（四）风险投资对战略性新兴产业发展的阶段性投资及其激励效应

风险投资一般采取多轮投资的方式。在企业发展初期，风险投资一般只会注入少量资本帮助其实现项目的启动，之后会视项目的发展情况进行阶段性投资，这种投资方式被萨尔曼（Sahlma，1990）定义为阶段性的资本承诺。我国战略性新兴产业在技术、市场和组织等方面都面临较大的不确定性，表现在以下几个方面。首先，战略性新兴产业作为新兴产业，没有固定可循的产业发展经验和技术成长路线，研发投入相对较大，产业发展模式和技术形态面临较大的不确定性，同时孕育较大的技术、市场风险。其次，根据产业创新动态发展理论可知，面对较大的不确定性，战略性新兴产业需要经历不断的试错和纠正，才能缩短需求与创新的时滞，降低消费者的转换成本和交易费用等，这一过程也会面临较大的市场不确定性。最后，战略性新兴产业的技术创新及产业化组织形式及实现方式也是不确定的。波和亚费（Ber and Yafeh，2007）的研究认为，风险投资在投资前，会对项目进行严格筛选和评估，由此形成一种识别功能，对新兴产业进行阶段性投资。风险投资的这种阶段性投资机制倒逼新兴企业为获取下一轮融资机会加速企业技术研发，加快技术转化和产业化的进程，提升企业市场价值。当风险投资成功退出后，又能产生一示范效应，吸引其他资本进入新兴产业领域，从而形成对战略性新兴产业发展的阶段性、持续性投资。

二、风险投资对我国战略性新兴产业作用效应的实证分析

以上从理论上揭示了风险投资对我国战略性新兴产业发展的作用机制和具体过程，但要从定量角度实证考察这种作用效应存在一定困难，这主要是与战略性新兴产业特有的技术复杂度高、投资规模大、发展周期长和企业经营波动性大等特征有关。这类产业在产业发展定位与具体产业细分方面，相对于其他产业而言都更为复杂，加之目前我国风险资本对这类产业的投资意愿并不很强，致使定量考察风险投资对其作用的效应变得较为困难。相比之下，在我国现阶段重点发展的战略性新兴产业中，节能环保产业发展相对迅速，受风险投资的关注度也比较高。根据《中国风险投资年鉴（2013）》提供的数据进行统计研究显示，在七大战略性新兴产业中，无论是从总体风险投资角度，还是从本土和外资的风险投资角度，节能环保产业都是风险投资关注度最高的产业，且运用风险投资促进产业发展的机制也相对完善。[①] 据此，本节选择节能环保产业作为研究对象，考察风险投资的作用效应。

（一）样本及变量选取与模型构建

1. 样本选取

目前，国内尚没有统一的关于战略性新兴产业分类的统计数据，本节选取节能环保概念上市公司的数据进行实证分析。在数据获取上，基于提供产品或服务

---

① 《节能环保产业"十二五"发展规划》明确指出，到"十二五"期末，国内节能环保产业总产值要达到4.5亿元。节能环保产业受风险投资的关注度最高，对风险投资促进该产业发展的效应研究中，实证分析的结果具有更强的现实指导意义，实证研究的结论能够广泛适用于战略性新兴产业其他领域的发展实践。

的公司或企业共同构成产业，产业发展具体体现为产业内公司的发展状况，二者所实现的经济价值和市场绩效从逻辑上说应是一致的。而上市公司作为产业中相对具有技术优势、治理机制相对完善、经营绩效较为稳定的公司的代表，其发展状况能在较大程度上代表所在产业的成长情况。基于此，这里选取节能环保产业上市公司的数据实证考察风险投资的作用效应。

在公司选取方面，本节基于2012年工信部牵头起草的《战略性新兴产业分类目录》、国家发展和改革委于2013年发布的《战略性新兴产业重点产品和服务指导目录》，以及和讯网、东方财富网概念股的分类（见表12-5），选取了深证中小板和创业板[①]43家上市时间截至2012年的节能环保产业上市公司。

表12-5　　深圳中小板和创业板节能环保概念股

股票代码	公司名称	股票代码	公司名称	股票代码	公司名称
300355	蒙草抗旱	300187	永清环保	300055	万邦达
300343	联创节能	300172	中电环保	300012	华测检测
300334	津膜科技	300165	天瑞仪器	300007	汉威电子
300332	天壕节能	300156	天立环保	002672	东江环保
300293	蓝英装备	300153	科泰电源	002665	首航节能
300272	开能环保	300152	燃控科技	002660	茂硕电源
300266	兴源过滤	300145	南方泵业	002654	万润科技
300263	隆华节能	300137	先河环保	002652	扬子新材
300262	巴安水务	300125	易世达	002573	国电清新
300257	开山股份	300124	汇川技术	002499	科林环保
300249	依米康	300105	龙源技术	002479	富春环保
300232	洲明科技	300102	乾照光电	002340	格林美
300203	聚光科技	300072	三聚环保	002549	凯美特气
300197	铁汉生态	300070	碧水源		
300190	维尔利	300056	三维丝		

---

① 在创业板开启之前，中国节能环保产业以境外上市为主；随着2009年底创业板开启，节能环保产业被列为战略性新兴产业之首，我国多层次资本市场逐渐形成，2010~2012年上市的节能环保公司中，创业板、中小板以及境外上市的公司分别占比为52%、25%和24%。因此，这里选取了深证中小板和创业板的公司作为研究对象。

2. 变量定义及描述

本节从风险投资介入节能环保产业后对产业发展产生的影响角度，考察风险投资对节能环保产业的作用效应，相关变量定义及统计性描述如表 12-6、表 12-7 所示。

表 12-6　　　　　　　　　　变量符号及定义

变量		符号	定义
被解释变量	主营业务收入增长率	OIGR	(t+1年主营业务收入 - t年主营业务收入)/t年主营业务收入×100%
解释变量	上市前是否有风险投资介入	VEN	无风险投资介入，设为0；有风险投资介入，设为1
	风险投资是否采取联合投资形式	UVEN	未采取联合投资设为0；采取联合投资设为1
	风险投资是否有政府背景	GVEN	无政府背景设为0；有政府背景设为1
控制变量	总资产对数	lnTA	年末总资产数取自然对数
	研发支出占营业收入的比率	RDTI	年末资产负债表研发支出/年度利润表营业收入
	期间费用率	FEE	年度利润表期间费用总额/年度利润表营业收入
	净资产收益率	ROE	年度利润表净利润总额/年末资产负债表净资产总额
	总资产周转率	TOTC	年度利润表营业收入额/(资产总额年初数+资产总额年末数)/2
	资产负债率	ALR	年末资产负债表总负债额/总资产额

表 12-7　　　　　　　　　　变量的统计性描述

变量	样本数	均值	标准差	最小值	最大值
OIGR	200	0.3499	0.3760	-0.4403	2.7976
lnTA	206	2.1173	0.9646	-0.8449	4.3981
RDTI	206	0.0482	0.0270	0.0034	0.1478

续表

变量	样本数	均值	标准差	最小值	最大值
FEE	206	0.1699	0.1026	-0.0127	0.4739
ROE	206	0.1561	0.1184	0.0135	0.5777
ALR	206	0.3205	0.1767	0.0439	0.8082
TOTC	206	0.7017	0.5035	0.1355	3.3991
VEN	215	0.5814	0.4945	0.0000	1.0000
UVEN	215	0.4651	0.4999	0.0000	1.0000
GVEN	215	0.2558	0.4373	0.0000	1.0000

资料来源：根据 Stata 12.0 运行结果整理。

考虑到企业的成长性反映了产业的发展情况，故本文选取描述企业成长性的指标反映产业发展状况。国外学者大多通过企业员工增长率[1]这一替代变量来反映风险投资对企业成长的作用，国内学者多采用主营业务收入增长率（张祥建等，2004）、净资产增长率（吕长江等，2006）等指标作为企业成长的替代变量。本节选取主营业务收入增长率作为模型的被解释变量来衡量企业的成长性，以反映产业的发展情况。主营业务收入增长率间接反映了企业市场需求的大小和企业能够实现的市场供给能力。因此，该指标在反映企业成长性的同时，也反映了企业的综合绩效。同时根据现代企业成长理论，企业成长的动力主要来源于企业对规模经济和范围经济的追求，而企业规模经济与范围经济的实现也是建立在企业主营业务收入增长的基础之上。

关于解释变量的选取，基于以上对风险投资作用于战略性新兴产业发展的机理分析，本节主要从三个方面考察解释变量的特征：产业发展中是否有风险投资介入[2]；风险投资是否采取联合投资的形式[3]；风险投资是否有政府背景[4]。考虑到风险投资所固有的对技术创新的青睐、能够为企业发展提供增值服务以及一般采取阶段性投资方式等特征，这里仅用是否有风险投资介入这一变量来衡量前面分析的前三个作用机制的效应；用是否联合投资、是否有政府背景来衡量后两个作用机制的效应。

---

[1] 德尔玛（Delmar，1997）分析前人研究文献发现，30.1%的文献用销售额增长率表示企业成长性，29.8%的文献用从业人员增长率表示企业成长性。
[2] 公司招股说明书中，上市前公司前十大股东是否有风险投资机构。
[3] 上市前十大股东是否有两个或以上风险投资机构，且在同时期、同融资背景下对公司进行投资。
[4] 风险投资机构的主要股东中，是否有政府引导基金、政府财政性资金或其他国有资金股东。

另外，企业经营情况的不断改善主要取决于两方面因素的影响。一是随着公司市场占有率的提高，营业收入会出现持续性增长，综合表现为净资产收益率的提高，而销售能力的不断增强会提高资产的利用效率，加快总资产周转，促进企业成长。二是企业的运营管理会更加有效率，成本和费用会逐渐降低，期间费用率会保持在可接受水平或有所降低。已有的研究多采用期间费用率、净资产收益率以及总资产周转率作为研究企业成长性的控制变量。从理论上分析，期间费用率为负，净资产收益率为正，总资产周转率为正。

战略性新兴产业是以技术创新为先导的，相比传统产业而言，企业的研发投入及创新对企业的成长作用显著，特别是在现阶段技术创新十分活跃的时期。因此，本节选择研发支出占营业收入的比率（$RDTI$）作为控制变量之一，预期该变量符号为正。除此之外，公司面临的财务风险及财务状况也对公司成长性造成较大影响，公司负债会使企业的自由现金流减少，有助于约束企业管理层行为，同时负债会发挥财务杠杆的作用，使公司利用较少的自由资本投资创造较多的经营资产，从而促进企业的成长，由此这里选取资产负债率（ALR）作为控制变量之一。从理论上看，资产负债率对营业收入增长率的贡献为正。企业规模的不同会对被解释变量产生一定影响，且企业规模是企业进行扩张和实施多元化经营的重要基础，由此为避免该差异对被解释变量的影响，这里对总资产的规模值取对数并将其作为控制变量之一。综上所述，本节采用总资产对数、研发支出占营业收入的比率、期间费用率、净资产收益率、总资产周转率、资产负债率作为模型的控制变量。

3. 模型构建

本节重点考察风险投资对节能环保产业发展的作用效应，从实证角度验证风险投资是否从资金支持、技术创新、增值服务、阶段投资与激励、优化政府与市场功能定位等方面促进了节能环保产业的发展。为此，构建以下线性回归模型。

$$OIGR_{it} = \alpha + \beta_1 \times \ln TA_{it} + \beta_2 \times RDTI_{it} + \beta_3 \times FEE_{it} + \beta_4 \times ROE_{it} + \beta_5 \times ALR_{it} + \beta_6 \times TOTC_{it} + \beta_7 \times VEN_{it} + \beta_8 \times UVEN_{it} + \beta_9 \times GVEN_{it} + e_{it}$$

（二）计量分析及其结果

1. 单因素方差分析

为研究风险投资参与以及风险投资特性对企业成长的影响，有必要对解释变量风险投资的三个特性和被解释变量主营业务收入增长率指标分别做单因素方差分析，分析结果如表12-8所示。

表 12-8　　　　　　　　　　　单因素方差分析结果

变量		均值	组间、组内离差平方和	自由度	均方和	F 值	p 值	巴特利特检验（p 值）
有无风险投资	无	0.2914	0.5055	1	0.5055	3.62	0.05	0.042
	有	0.3931	27.6364	198	0.1396			
是否联合投资	否	0.2997	0.5792	1	0.5792	4.16	0.04	0.001
	是	0.4076	27.5627	198	0.1392			
有无政府背景	无	0.3279	0.2749	1	0.2749	1.95	0.16	0.720
	有	0.4124	27.8670	198	0.1407			

资料来源：根据 Stata 12.0 运行结果整理。

根据表 12-8 可知，对于有无风险投资，其 p 值略等于 0.05，表明两组数据均值有显著性差异，巴特利特（Bartlett's）检验的 p 值小于 0.05，认为方差并不相等，无显著齐性，近似服从正态分布；对于是否联合投资，结果表明两组数据均值有显著性差异；对于有无政府背景，表明均值无显著性差异。总体上说，在有无风险投资介入、是否进行联合投资条件下，公司成长性即主营业务收入增长率的均值差异在 0.05 水平上显著，这说明有风险投资参与的上市公司、采取联合投资形式的被投资公司表现出相对更高的成长性，这在一定程度上证明了风险投资有利于促进节能环保产业的发展。

2. 面板数据回归模型分析

面板数据回归模型由于综合考虑了截面数据和面板数据，从而具有单纯一维数据所不可拟的优点。通过相关检验，发现各变量之间不存在复共线关系，但面板回归方程存在自相关，为此利用广义差分对模型进行修正。面板回归模型计量结果如表 12-9 所示。

表 12-9　　　　　　　　　　面板回归模型计量结果

变量	固定效应模型	随机效应模型	修正后固定效应模型
$\ln TA$	-0.0670 (-2.61)***	-0.1010 (-1.98)**	-0.0617444 (-2.75)***
$RDTI$	0.2137 (2.15)**	1.3536 (2.82)***	0.4513353 (2.53)**
FEE	-0.2229 (-2.58)**	-0.1895 (-2.40)**	-0.1873776 (-2.73)***

续表

变量	固定效应模型	随机效应模型	修正后固定效应模型
ROE	0.7528 (3.89)***	0.7147 (2.63)***	0.7451669 (2.65)***
ALR	-0.4558 (-2.19)**	-0.4976 (-2.14)**	-0.1516574 (-2.98)***
TOTC	-0.0893 (-3.11)***	-0.0129 (-2.13)**	-0.0527 (-2.95)***
VEN	0.0347 (2.37)**	0.0367 (2.29)**	0.0487 (2.88)***
UVEN	0.0519 (2.59)**	0.0613 (2.52)**	0.0277 (2.56)**
GVEN	0.0186 (0.27)	0.0090 (0.10)	0.0516 (1.03)
常数项	0.0701 (0.37)	-0.0268 (-0.12)	0.0675 (0.49)
N	200	200	200
Wald chi 2	23.03	F = 2.69	48.82
p	0.0061	0.0058	0.000
固定效应 VS. 随机效应	Hausman 检验	chi2 = -12.98	

注：*** 、** 分别表示在1%、5%的水平上显著。

由表12-9可知，总资产对数（lnTA）、研发支出占营业收入的比率（RDTI）、期间费用率（FEE）、净资产收益率（ROE）、资产负债率（ALR）、总资产周转率（TOTC）、上市前是否有风险投资介入（VEN）、风险投资是否采取联合投资形式（UVEN）等变量均会对企业主营业务收入增长率（OIGR）产生明显影响，其中，总资产规模、期间费用率、资产负债率、总资产周转率的回归系数为负数，说明这几个变量的增加对企业主营业务收入增长率产生显著的负向影响。作为具有较好发展性的上市公司，总资产规模、总资产周转率与成长性表现出显著负相关性，说明在资产规模扩张的同时，市场需求仍有大部分没有被发现或开发，公司并没有表现出明显的成长性，这说明现阶段我国节能环保产业仍处于发展的初期，也预示着节能环保产业在我国还有很大的发展空间。期间费用率与企业成长性表现出负相关，表明节能环保上市公司具有较高的公司治理和经营管理效果，产业发展总体处于健康状态。资产负债率与公司成长性表现出负相关关系，则说明节能环保上市公司尚没有较好地发挥财务杠杆的作用，达到以较少量的自由资本撬动更多经营资产的效应，这也印证了前面得出的战略性新兴产业难以获取债务性融资的论断。

实证结果还表明，研发投入占营业收入比率、净资产收益率与公司的成长性显著正相关。作为以技术创新作为主要发展动力的节能环保产业，其发展需要保持持续的技术创新能力，这就导致研发投入占营业收入比率的增大会促进企业成长，同时也说明现阶段我国节能环保产业较为注重研发投入，这无疑十分有利于该产业的持续发展。而净资产收益率表现出与公司成长性显著正相关，这符合资本市场对公司发展的预期，但却未必能反映现实产业的发展状况，因为净资产收益率是上市公司披露的财务数据中对投资人具有较大参考价值的数据，往往存在一定程度的人为操纵特征，对研究结论的参考价值并不大。在风险投资作用于战略性新兴产业的过程中，是否有政府背景这一变量与公司的成长性并没有表现出明显的相关性，这说明现阶段我国战略性新兴产业发展中的政府引导、市场主导型风险投资发展环境尚未形成，现行某些政策性、制度性因素对战略性新兴产业发展还存在一定的限制作用，风险投资促进战略性新兴产业发展的政策、制度环境有待进一步完善，风险投资的资金来源、运作方式、退出渠道以及中介服务组织也需进一步健全，特别是应注重发挥市场机制的主导性调节作用，使更多的社会资本和境外资本进入风险投资领域，支持战略性新兴产业发展。

三、健全风险投资作用机制、促进我国战略性新兴产业发展的对策

基于以上分析结论，为有效发挥风险投资对我国战略性新兴产业发展的作用，应主要采取以下对策。

第一，进一步拓宽风险投资资金来源。逐渐取消对金融机构进行股权投资的限制，鼓励并引导社保基金、商业银行、非银行类金融机构、保险基金等机构参与风险投资活动。鼓励大型企业以及非银行类金融机构以股份制形式参与组建风险投资基金。同时鼓励私人财富拥有者作为一般合伙人参与风险投资。政府引导基金应探索更加规范的风险补偿机制、信用补偿机制等，以更加规范化的形式支持战略性新兴产业发展。此外，积极引入境外风险投资，不断拓宽风险投资的资金来源。

第二，进一步规范政府引导基金的运作。国家相关部门，如国务院、科技部、商务部以及税务部门等应适时出台并制定配套性政策法规，来规范政府引导基金的运作、管理和监督，健全绩效评价体系。通过立法形式规定政府基金参与风险投资公司的运作。适时出台符合战略性新兴产业特点的风险投资优惠税收政

策。政府引导基金需以信用为基础融入中介机构，借力科技金融服务平台，更多地由专业性管理人才和机构进行管理和运作，更好地发挥其对战略性新兴产业的作用。

第三，进一步强化风险投资中介服务机构的作用。提升中介机构人员素质，建立有效的中介机构监督体系。强化对于实体经济的风险评估，据此为风险投资机构提供技术评估、风险评估、风险咨询与预警服务等。强化风险投资中介机构的独立性，确保其功能作用的独立发挥。将风险投资中介服务机构与风险投资企业的利润挂钩，加强对风险投资中介服务机构的激励。

第四，进一步完善多层次资本市场体系。降低战略性新兴产业公司的上市门槛，促进企业上市，为企业知识产权转让、股权转让以及企业兼并收购等活动提供高效的资本运作场所和通道。进一步完善风险投资退出机制，完善多层次股票市场，进一步拓展战略性新兴产业的主板上市，充分发挥主板上市公司对战略性新兴产业发展的支撑作用。逐步使创业板成为战略性新兴产业公司上市的主阵地，发挥其对主板的补充机制。鼓励并支持不满足上市条件的公司通过企业回购、并购、重组等方式实现股权的流转并退出（杜传忠等，2016）。

第十三章

基于第四次工业革命的标准、标准竞争与我国产业转型升级

伴随着第四次工业革命的到来,标准作为高端生产要素,对于技术创新和产业转型升级的作用不断提升。与此同时,国际上围绕技术与产业标准的竞争日趋激烈,甚至可以说,标准竞争正在成为新产业革命条件下全球技术竞争与产业竞争的新焦点和制高点。在新产业革命与经济高质量发展交汇下实现我国产业转型升级,必须高度重视标准及标准竞争的作用。本章首先分析标准化战略对我国制造业转型升级的作用及应对;进而分析标准影响产业转型升级的技术效应和标准对产业国际竞争力的影响机制;最后基于第四次工业革命的背景,以人工智能和5G技术为例,分析全球新一代信息技术标准竞争态势及我国的应对战略。

第一节 标准化战略与我国制造业转型升级

一、标准化促进制造业转型升级的作用及其机理分析

标准是经济社会活动的技术依据,是产业发展和质量技术基础的核心要素,是实现技术创新产业化、市场化的关键环节,对制造业发展方向和市场竞争格局具有重要影响,越来越成为产业竞争的制高点。它有利于为制造业生产活动形成最佳秩序和效益,在加速技术创新效率、提高不同供给者所生产产品的兼容性、降低企业成本、保障产品和服务质量、消除贸易壁垒等方面发挥重要作用。

标准化是标准形成与发展的复杂动态过程,是企业提升产品竞争力、加速产品产业化,实现产业创新与升级的重要基础。国外有关标准化的研究主要是运用标准化相关理论阐释标准化的作用及其形成过程,并通过典型行业实证研究和案例比较,揭示标准化的过程差异、关键影响因素以及政府行为对标准化的影响

等。英国标准化专家桑德斯（Sondes，1974）认为，标准化的本质为行为主体通过有意识地努力达到简化以减少目前和预防以后的复杂性。以卡茨和夏皮罗（Katz and Shapiro，1985）为代表的一些学者对标准化的网络效应、规模经济、转换成本等方面进行了创新性理论研究，形成了一些重要研究成果。苔丝（Tassey，2000）通过对基于技术市场的标准化作用的研究，认为标准化具有提高产品质量稳定性、提供产品相关信息、促进产品间兼容和协作、减少多样化形成规模经济四大作用。英国贸易与工业部（2005）的一项研究成果得出，技术标准每年为英国的贡献大概为 25 亿英镑，标准化战略的实施对劳动生产率增长的贡献达到 13%。[1] 汤之上隆（2015）在《失去的制造业：日本制造业的败北》一书中提出，日本制造业优势丧失的原因之一即是忽视了产品的标准化与通用化，严重缺乏低成本规模化生产能力。而阿西莫格鲁（Acemoglu，2012）通过对创新和标准化两大经济增长引擎的比较研究发现，标准化在引领经济增长的同时，也可能成为经济增长的潜在障碍，标准化率与经济增长之间并非简单的线性关系，而是呈现出非线性的倒"U"型关系。

我国的标准化理论研究起步于 20 世纪 80 年代。关于标准化的研究主要包括企业微观层面的标准化行为与策略、产业中观层面的标准化联盟、国家宏观层面的政府标准化政策等方面。林毅夫和潘士远（2005）在内生经济增长理论框架内证明，技术创新只有通过标准化和专利制度的约束才会带来最优的经济增长。在实证经验研究方面，已有成果多集中于电子信息、通信等网络型产业的研究。随着传统产业和网络型产业的渗透融合，关于标准化的研究范围正逐渐从网络型产业拓展到所有工业部门甚至更广的范围。

目前，发达国家纷纷出台战略规划，对制造业进行前瞻布局。德国联邦教育研究部发布的《实施工业 4.0 战略的建议》，将工业 4.0 优先开展的八个关键领域中的标准化和参考框架列在首位。在新一轮产业革命背景下，我国加快制造业转型升级、提升产业国际竞争力过程中，通过实施标准化战略，不断提高产品质量，增强高质量产品供给能力，是现阶段我国供给侧结构性改革面临的一项重要任务。

标准化对我国制造业转型升级的作用主要表现在以下几个方面。

第一，标准化有利于加快技术创新和扩散效率，提高产品的竞争力。当前世界各国技术创新的速度加快，技术更新周期缩短，产品研发和更新换代周期缩短，标准与标准化在提高创新效率和加快创新成果扩散方面起到了重要的作用。一方面，标准化使产品开发在较高的研究基础之上使用模块化设计、标准件、通用件等，减少了研发过程中的重复性劳动，节省了再次试验验证零部件的各项性能指标的时间，大大缩短产品设计、试制和生产周期，提高了创新效率，同时降

---

[1] 陈维宣：《标准竞争影响产业国际竞争力的机制与效应研究》，南开大学博士论文，2018 年。

低了产品市场风险,提高了市场竞争力。另一方面,当某一产业或产业的某一环节技术标准较高时,对处于该产业上下游的产业以及相关产业产生巨大的波及效应,与其相衔接的上下游配套产品为增强产品兼容性必须加快技术创新的速度,推进全产业链的协同发展,带动整个产业生产技术水平、产品质量提高。同时,也有助于相关产业的技术创新和扩散,推动相关产业的发展。

第二,标准化有利于降低企业成本,形成规模经济效应。在市场交易过程中,买卖双方由于信息不对称,消费者难以确定产品的质量。而标准化所产生的以标准为媒介的技术信息披露、传递机制和外溢效应,提高了产品的兼容性,使产品品种简化,减少产品甚至技术的种类,从而形成规模经济。标准化在产品的原材料、生产加工、包装运输等各环节都有明确规定,减少了生产过程中的"不确定性",在生产经营的全过程增强了产品质量的稳定性,提高企业生产过程中产品的合格率,降低了风险成本。另外,其所倡导的模块化生产为产业链上下游企业提供一种共同的"语言",促进了技术兼容,有助于降低信息不对称和市场搜寻成本,减少交易双方谈判次数和时间,从而降低谈判和签约成本。同时,标准化有利于技术创新联盟合作的形成,增强再次创新的能量集聚,通过其形成的网络效应促进规模效应的产生(唐富良,2009)。

第三,标准化有利于规范企业的生产经营行为,维护市场竞争秩序。标准化实施的主旨是致力于保护消费者利益、促进沟通和理解。在信息不对称的情况下,市场很难区别同类产品质量的高低。对于生产者来说,标准化的作用保证了生产过程的秩序性,要求其生产出的产品质量必须符合产品最低质量标准要求。在标准及标准化的"硬约束"下,企业需要按照一定的技术标准为社会提供产品或服务,有利于规范市场结构和竞争秩序,使同业之间的竞争处于公平、有序状态之中,推动产品质量从低档逐渐向中高档发展,促进产品结构调整和升级换代,实现产业转型升级。从市场监管的角度看,只有完善的相关市场标准的存在,使执行部门能够做到有法可依,才能有效地打击市场假冒伪劣等投机取巧行为,保护消费者合法权益,促进市场公平竞争,维护市场合理竞争秩序。

第四,标准化有助于降低或消除贸易壁垒,促进国际贸易发展。在国际贸易中,标准是进行贸易仲裁的依据,共同而一致的标准和技术规则能消除技术性贸易壁垒,促进国家整体产品质量的提升,并能提高产品在国际市场的兼容性,促进贸易的发展。诸多学者的研究已经证明标准化在国际贸易中的积极作用。皮特·斯万(Peter Swann,1996)运用经济计量的方法分析了标准对进出口的影响,认为标准化同时增加了进口和出口。甘斯兰特和马库森(Gansland and Markusen,2001)通过构建一个国际贸易的标准和监管模型证明兼容性和质量标准不仅有利于促进产业间的贸易,而且由于规模经济的实现进而促进产业内贸易的实现。我国学者龚艳萍和屈玉颖(2009)在交易成本的视角下研究了产业标准化对国际贸易的影响，研究认为标准化的实施可以有效克服经济主体的有限理性、改善信息的不完全性与不对称性，通过打破贸易双方之间的锁定等一系列途径，降低国际贸易过程中的准备成本、合同成本、控制成本，进而降低综合交易成本，促进国际贸易发展。

二、现阶段我国制造业标准竞争过程中存在的主要问题

在新一轮产业革命的影响下，制造业发展所呈现出的集成化、协同化、知识化、服务化等新的特征对标准化提出了新的要求，标准化应体现数字化、网络化、智能化、绿色化等产业发展的新要求，同时要具有更加灵活的动态性与适应性。然而，目前我国制造业标准体系虽已建立，但制造业标准基础差，标准体系系统性和协同性不强，行业间发展不平衡，智能制造、绿色制造等高端制造业相关标准缺失，标准化体系服务产业跨界融合的适应性相对较弱，难以有效适应产业发展的市场需求，标准化在推进制造业转型升级中的基础性和引导性作用远没有得到发挥。我国标准化发展存在的主要问题包括以下几方面。

第一，标准缺失或更新滞后，不能适应产业快速变化和发展的需求。与时俱进地推进完善的标准体系建设对提高产品质量、规范产业发展具有重要的引领作用。当前我国标准制定主要是政府导向，由于管理体制的问题，目前标准的制定与产业技术的研究和发展严重脱节，标准研制和科技研发紧密结合的协调机制尚未建立，尤其是在先进制造技术领域，技术发展与更新周期缩短，一些先进制造技术的高技术化标准不能及时出台，造成标准缺失、老化滞后，标准"超龄服役"现象较为普遍，不能及时适应市场及技术快速变化和发展的需求，导致一些产业尤其是现代新兴产业的某些领域中存在标准不适用或者根本无标可依的状况。总体上看，当前虽然我国在制造业的重点领域或者关键环节的标准有了一定程度的完善和改进，但是我国制造业标准化的整体水平仍然相对较低，难以支撑我国当前制造业转型升级的需求。新一轮产业革命的孕育、发生正在加快改变传统产业业态，我国现有标准的整体水平和中高端标准的欠缺不能适应这种变革，尤其是"互联网+"类标准和"制造+服务"类标准亟待完善和升级（曹祎遐，2017）。正是由于这些标准的缺失或滞后使得市场主体研发活力不能得以充分激发，客观上阻碍了我国科技创新能力的提升，同时也造成大量的科技创新成果无法及时转化为现实的标准，影响了我国产业升级和产品的更新换代，不利于产业竞争力的快速提升。

第二，重"采标率"、轻"参标率"，标准国际化水平亟待提升。当今时代，全球技术竞争日益激烈，能否掌握国际标准的制定权已成为衡量一个国家技术实力的重要指标。当前，在先进制造业领域由我国主导制定的标准比率相对较低，

由于技术标准和技术专利的关系，我国一般参照国际行业标准来制定标准或者直接采用国际标准，现有标准中的大量技术参数或者标准技术指标都是直接或间接来源于国外相关标准体系，标准的专有技术和自主知识产权缺乏，这相当于强制实施国外标准，导致我国产业标准的实行需要付出巨大的转换成本，限制了我国产品参与国际竞争的能力。在参与国际标准活动中，我国虽已取得一定发展，但与美国、德国、英国、法国、日本等发达国家相比，仍存在较大差距。按照一般规律，一国 GDP 占世界总量的比例与该国国际标准化参与度呈正比例关系。当前我国 GDP 总量位居世界第二位，但我国制定的标准数量仅占世界标准总数的 0.7%，在国际标准化的参与度上位列第六。[1] 相比之下，德国 GDP 总量世界排名第四，但在国际标准化的参与度上位列第一，[2] 这一比较，充分显示了我国在国际标准制定中的差距。因此，我国应该在提高行业采用国际标准和先进标准的比率（采标率）的同时，更多地参与国际标准的制定工作，提升参标率，以提高行业国际竞争力。

第三，标准化协调推进机制不完善，制约了标准化管理效能提升。健全的标准化协调推进机制是提升标准化管理效能的重要保障。我国现有标准化协调机制带有明显的政府色彩，国家标准化管理委员会更多承担了管理职能而非协调职能，忽视了标准的市场属性。标准的制定、修订权力过于集中，标准供给方式单一，标准制定和修订过程的开放性和透明度不高，标准实施的反馈机制缺乏，标准立项过程的市场驱动机制不强，给企业自主操作空间不大，企业参与制定标准的动力不足，从而形成了一个恶性循环，导致我国标准化的推进与经济发展的适应性不强。在当前技术变革周期逐渐缩短的新形势下，现有的标准化协调机制不利于我国的标准创新，制约了标准化管理效能的提升，难以支撑我国制造业转型发展的需求。

此外，标准化理论研究和实践作为一项基础性工作，需要大量财力、物力投入。目前，我国政府在标准化建设方面的公共财政投入虽然年年都有所增加，但与实际需求的差距仍然很大。与此同时，由于缺乏标准投资利益回报机制，因而不能有效吸纳社会资金弥补公共财政投入的不足，造成我国标准化研究和应用的资金缺口依然较大，再加上我国标准化专业人才尤其是高素质国际标准化人才的缺乏，较大程度上制约了我国实质性参与国际标准化活动的广度和深度。上述一系列问题的存在严重影响了我国标准化战略的有效实施，标准化在制造业转型升级和质量提升中的引领和倒逼的双重效应不仅不能得以有效发挥，反而成为我国制造业转型升级的一大"瓶颈"，阻碍了我国制造业向中高端迈进。

---

[1] 王晓易：《推动中国标准成为世界标准》，载于《南方日报》2016 年 9 月 14 日。
[2] 《首任 ISO 中国主席：中国 GDP 全球第二，制定标准不到 1%》，澎湃网，2016 年 4 月 5 日。

三、实施标准化战略促进我国制造业转型升级的对策选择

坚持标准引领，建设制造强国，实现制造业标准化是推动我国制造业转型升级、迈向中高端的重要条件，也是落实《中国制造 2025》重大战略的重要手段和抓手。因此，应抓住当前我国制造业转型升级的机遇，充分借鉴国外标准化理论研究和实践探索的先进视角和方法，探索形成以政府主导制定与市场自主制定的标准协调发展，同时兼具灵活性和包容性的新型标准体系，着力推进标准体系结构性改革，以标准化战略推进我国制造业转型和质量升级，提高制造业市场竞争力，实现我国由制造大国向制造强国、质量强国的转变。

第一，充分发挥我国制造业市场规模优势，弥补技术创新劣势。标准的基础是市场，市场规模转化为用户基础就可以服务于标准战略。一项标准的技术指标是否先进是决定该项标准能否在市场中具有竞争力和得到国际认可的主要决定因素，但是如果没有足够大的市场规模或市场潜力的支持，技术标准就难以实现规模经济，就不具有生产的低成本优势，也就难以在市场的竞争中生存，能否率先实现规模经济同样是决定一项标准能否在市场中生存的关键因素（赵英，2007）。当前，一些新兴产业在全球范围内都是发展中的产业，尚未形成主导的技术标准，我国可以凭借所拥有的巨大市场规模潜力这一后发优势在技术创新和标准化战略中的影响力，通过自主创新和技术标准化能力的提升，加快确立新兴产业前沿技术标准，强化我国在新兴产业领域的竞争优势。

第二，建立基于企业联盟的技术标准协调机制。标准的协调机制是产业标准战略的核心问题，其过程涉及市场、政府、企业联盟等众多组织的互动。产业标准制订的协调机制主要有三种基本形式：政府协调、非官方委员会协调和市场（企业）协调。美国基于其强大的产业和技术基础，建立了以企业为主体，以产业界自律、自治为特征的标准协调机制，而德国则采用典型的"自上而下"和"自下而上"相结合的标准化协调机制（韩汉君，2005）。结合我国的现实发展基础，我国技术标准的协调机制可以考虑采用一种基于企业联盟的技术标准协调机制，这种机制将市场机制和组织机制的优势结合起来，具有影响用户预期，支持相关企业进行互补产品开发，采用有利于市场渗透的定价策略等作用，从而率先建立起规模化的用户安装基础，加快在技术标准的市场竞争中赢得领先优势。

第三，重视政府在标准制定和实施中的引领性作用。标准化并非仅取决于技术，而是受到社会、经济和政治利益等综合因素影响，无论是发达国家还是发展中国家，政府在技术标准化中的作用都不容忽视。标准化选择所具有的路径依赖性决定了政府在标准化竞争中进行战略指导的必要性和重要性，尤其是标准化决策更是受到国家政治势力的影响（吕铁，2005）。根据主要发达国家的标准化实

践经验，我国在标准化制定和推行过程中要突出政府在顶层管理标准、通用基础标准、安全标准、环境标准和资源标准等领域的强制性约束作用，而其他方面的标准应更多地交由市场进行配置，政府应主要通过产业技术政策和竞争政策的实施来发挥在标准制定和实施中的引领性作用。

第四，加快完善与标准化相关的知识产权保护政策。科技政策、产业政策、金融政策、对外贸易政策等因素都会影响一国在国际标准竞争中的格局，但是知识产权政策特别是专利政策对标准化的影响最为直接（Bekkers Rwest，2009）。因此，以标准化战略推进我国制造业的转型升级就必须具备完善的保护知识产权的环境，要逐步建立并完善我国的知识产权战略和政策，实现知识产权政策、产业研发政策和标准化政策的相互协调。包括政府、产业联盟和企业在内的各类标准制定机构都应该强化知识产权意识，制定和完善与技术标准化相关的知识产权政策，促进技术标准与知识产权保护的互动，以培育重点产业链为依托，引导高技术企业树立"科研—标准—产业"同步、自主知识产权与标准相结合的理念，促进实现科技成果产业化、产业标准化、标准国际化。

第五，推动标准开发与科技研发之间的协调发展。技术创新和标准联系密切，两者具有双向互动效应。技术创新推动技术标准的发展，技术创新速度决定技术标准更新频率（Allen and Sriram，2000），技术标准也直接或间接地促进技术创新。针对我国在标准开发与科技研发之间相互脱节的实际状况，有必要加强技术标准开发与科技研发两者的协调发展。具体包括：顺应制造业产业和关键技术领域的发展趋势，加快智能制造、绿色制造标准体系建设，突破共性关键技术与工程化、产业化"瓶颈"，强化技术标准研制开发与科技创新、产业升级协同发展，加强服务型制造和生产性服务等关系制造业转型和质量升级的关键技术标准研制，以"前导+研发"模式实现标准化和先进技术研发的同步，以标准化促进前沿科技创新成果的产业化、市场化和国际化。

第六，建立与时俱进、持续进行的标准完善机制。标准的先进性、协调性和系统性决定了标准化实施的有效性。制造业转型是一个动态发展的庞大系统，随着新一代信息技术、物联网技术、智能制造技术的发展，制造业新模式、新业态将不断涌现。但标准占有市场之后，就会形成一定的垄断力量，标准的"锁定"效应就会产生，技术路径将很难被改变（David，1985），技术演进的轨迹将难以"逃离"被锁定的次优技术选择（奥西奥拉等，2015）。正如克努特·布德林在《标准经济学》中所指出的"错误的标准、过早或过晚引入的标准都会降低标准在技术革新中的潜在的积极影响，甚至转变为负面影响"[1]，因此，制造业标准

---

[1] ［德］克努特·布林德：《标准经济学——理论、证据与政策》，高鹤等译，中国标准出版社2006年版，第36页。

体系必须依据制造业产业生态链的发展状态进行动态调整和完善，保证标准体系的配套性、系统性以及技术指标的先进性以适应创新进展和市场需求，通过对标准体系的制定、修订，构建与时俱进、相互衔接和协同配套的现代标准体系，提高产品进入市场的门槛，迫使企业及时进行技术升级，促使企业从数量增长的"粗放型"发展模式向质量增长的"集约型"发展模式转变。

第七，建立标准联盟对接国际制造业标准，加快我国标准国际化进程。标准化组织及联盟是各国技术标准化活动的重要推动者和有效运作载体。提高标准开放度的主要途径就是组建尽可能广泛的基于专利交叉许可的专利联盟。瓦格斯帕克（Waguespack and Fleming, 2009）的研究表明，新企业参加一个开放的标准组织能够显著受益，更有可能首次公开发行和收购。因此，要进一步利用中国的市场优势，吸引以跨国公司为主的外国企业加入由中国企业主导的专利联盟，不断提高中国技术标准的开放程度，增加标准互认的国家和标准数量。为适应新一轮产业革命背景下相关产业的发展动向，鼓励和支持我国企业、科研院所、行业组织等借鉴发达国家的先进经验，加快组建工业4.0平台、工业互联网联盟、伊科利普斯（Eclipse）基金会和开放服务网关协议（OSGi）联盟跨学科的标准化组织，通过与先进制造国家和国际标准化组织进行参照，开展制造业领域标准比对分析、外文版翻译、标准互认，尽快实现与国际制造业标准的接轨。支持有较强国际竞争力的相关企业，将自主创新成果通过专利联盟等方式形成产业联盟标准，并以此为基础积极参与国际标准的市场竞争，打造"中国制造"金字品牌。

第二节 标准影响产业转型升级的技术效应分析

技术创新特别是突破性技术创新对全球产业竞争格局具有重要影响，同时也成为我国产业转型升级的关键性决定因素，而标准能够影响突破性技术创新及其扩散，从而产生明显的技术效应，进而影响我国产业转型升级。

一、标准影响产业转型升级的技术创新效应

技术标准对技术创新具有显著且重要的影响，它代表了技术发展形成的内在因素，影响技术创新的规模、速度和方向。朱等（Zoo et al., 2017）指出，技术标准通过规模中创新、证明中创新和协调中创新三条途径对创新产生影响。

技术生命周期理论已经表明，技术发展必然会经历类似导入、成长、成熟和衰退的"S"型的发展周期。在导入期的高度活跃的创新环境中，创新性技术通过相互碰撞与融合形成新技术族群，但是由于相应标准的缺乏，高度活跃的技术

族群之间的相互竞争将会使得整个技术体系不稳定（Jiang et al., 2018）。此时，品种简化标准对于恢复技术系统稳定并为后续创新提供技术基础起到了关键的作用。首先，品种简化标准通过对市场中相互竞争的技术族群进行"修剪"，使处于无序状态的技术族群得到规范，有助于把重点放在特定技术上，从而促进关键技术的发展，为后续创新及互补性创新提供了参考依据与技术轨道，有效地降低了企业研发风险与成本。其次，品种简化标准限制了产品种类，这意味着制造商可以通过采用品种简化标准来优化生产流程，从而降低生产成本并实现规模经济，规模经济的开发则有助于新产品的产量扩张。最后，技术多样性的降低是新兴技术或市场发展的必要条件，因为必须要找到能够达到技术发展主导路径的市场临界容量，从而发挥新兴技术的网络外部效应以吸引更多的投资与互补性技术创新（Blind and Jungmittag，2008）。概而言之，品种简化标准通过创造规模经济和市场临界容量为新工业革命的发展确立了技术轨道，这一技术轨道在获得进一步发展之后，将成为使新一轮工业革命得以确立的技术经济范式。

  在新工业革命发展的早期阶段，新的通用目的技术虽然已经出现，但此时旧的技术范式仍在经济体中占主导地位，市场和消费者缺乏对新技术新产品的了解。一方面，新技术新产品在健康、安全和环境方面往往具有更高的风险水平，这些风险将会危及它们被市场和政府的接受程度。因此，最低质量/安全标准通过设定商品和服务的属性要求，以确保达到一定的质量水平，禁止供应商提供劣质商品并在市场上流通（Zoo et al., 2017）。通过这些措施，最低质量/安全标准通过降低用户和社会的各种风险，建立起消费者对新产品和服务的信任，缩短新产品和服务的上市时间。另一方面，最低质量/安全标准除了建立消费者对新产品的信任之外，还能够避免市场中的逆向选择。逆向选择的根源在于买卖双方之间的信息不对称，即使在新兴产品市场中同样存在普遍的逆向选择问题。在突破性技术创新发展初期存在着围绕该突破性创新的多样化的技术族群，质量/性能较差的新产品更容易被开发并率先投入市场，而且能够以更低的价格与质量/性能优异的产品进行竞争。消费者在缺乏有关新产品的完整信息的情况下，根据产品平均价格做出购买决策，劣质产品从而能够利用其价格优势将优质产品挤出市场，甚至能够导致新兴市场的完全萎缩。最低质量/安全标准为消费者对新产品比较提供了技术依据，尤其是对"后验品"更是如此，从而使消费者能够鉴别产品质量并做出消费决策。

  在新兴技术族群发展的早期阶段，面临的另一个重要问题是能否与其他系统实现兼容或协调，"协调"是由市场机制强制执行的，不兼容的产品将会被逐出市场，除非新产品非常强大以至于足以占据市场的关键份额（Baller，2007）。首先，新通用性技术需要与旧通用性技术实现兼容，才能在旧技术革命的基础上实现新的技术轨道跃迁，而且新兴技术族群内部的细分技术领域之间也迫切需要

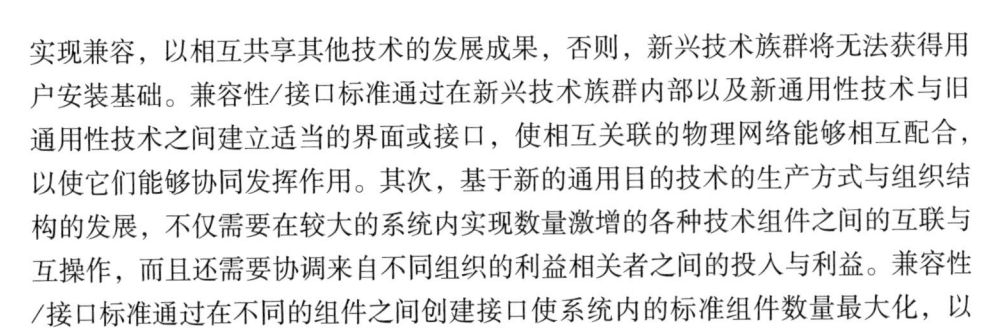

实现兼容，以相互共享其他技术的发展成果，否则，新兴技术族群将无法获得用户安装基础。兼容性/接口标准通过在新兴技术族群内部以及新通用性技术与旧通用性技术之间建立适当的界面或接口，使相互关联的物理网络能够相互配合，以使它们能够协同发挥作用。其次，基于新的通用目的技术的生产方式与组织结构的发展，不仅需要在较大的系统内实现数量激增的各种技术组件之间的互联与互操作，而且还需要协调来自不同组织的利益相关者之间的投入与利益。兼容性/接口标准通过在不同的组件之间创建接口使系统内的标准组件数量最大化，以及使产品平台和制造商可以同时生产兼容模块，并将模块重新组合为不同的功能形式（Peng et al.，2011），扩大了创新范围，增加了系统的多样性，从而推动互补性创新的发展。

二、标准影响产业转型升级的技术扩散效应

为了使通用目的技术能够充分发挥推动经济进步的重要潜力，它们必须扩散到很多行业，而决不能仅仅停留在一个领域（布莱恩约弗森和麦卡菲，2014）。标准化不仅影响技术创新，而且影响技术扩散，还可以影响行业结构，从而确定哪些企业能够从技术变革中受益，而哪些则不能（Tassey，2000）。

从技术内容的角度来看，专利和标准都是对技术知识的编码，根据排他性质的不同，可以将编码知识分为两个部分：一部分是由于受到知识产权保护而限制他人使用的技术（如专利）；另一部分是几乎向所有人免费公开提供技术标准。标准发展组织发布的标准对于新技术的传播具有决定性作用，它们只需很少的费用就可以向所有人提供有关新技术的信息，几乎成为公共产品和技术基础设施的一种典型形式（Ju et al.，2008；Tassey，2000），因此可以很容易地在不同的企业或整个行业中进行技术知识的分配（Cohendet and Steinmueller，2000）。从理论角度而言，技术标准的公共品性质降低了企业甚至行业之间进行技术扩散的交易成本，技术标准传播新技术知识的速度越快，关联企业或行业可获得公开信息就越多，对技术扩散的影响也就越强烈，尤其对于具有通用性的新技术而言更是如此。

兼容性/接口标准是行业发展的关键因素，因为它们确保了相关产品之间的无缝连接和互操作性，从而促进了通用目的技术的扩散（Zoo et al.，2017）。兼容性/接口标准通过促进不同系统之间的互联和互操作性来实现创新的扩散。无论是生产设备或者消费产品，都涉及复杂的技术及不同功能模块的整合，与制造商或者消费者使用的现有技术的兼容可以加速技术的扩散。一方面，兼容性标准通过使新技术与原有设备之间实现互操作性，降低了企业采用新技术时的不兼容风险，可以使企业以较低的成本实现生产设备的改造升级；另一方面，由于加入

一个较大的网络能够获得更大的效用，兼容性标准可以通过网络外部效应促进新技术在消费者之间的扩散。

标准推动技术扩散的作用还体现在对劳动力的影响方面。在突破性技术创新的初始阶段，其工艺流程往往非常复杂，需要熟练技术工人才能进行操作，此时它们在经济中的使用受到专利和专有技能的限制；突破性技术创新的扩散与普及首先需要这些新技术所涉及的任务变得更加常规化和标准化，最终使它们能够以低成本的非熟练劳动力进行操作。因此，新技术的扩散往往伴随着产品和工业创新的标准化（Acemoglu et al., 2010）。此外，技术变革的速度显然高于教育体制的改革速度，技术变革的成果如果不能被当代人尤其是年轻人所掌握，那么当老一辈人才逐渐凋零的时候，技术变革的成果也将迅速成为历史。因此，从长远来看，技术变革的成果必须通过当前的教育体系迅速扩散到市场劳动力与潜在劳动力中，才能确保未来不会出现后继无人的情况。品种简化标准与信息标准为新技术知识在教育体系中的扩散提供了一个重要的平台，前者为教育培训体系进行教学内容改革指明了道路并提供了可供选择的方向，后者通过编纂最新的技术知识为教学内容改革提供了可供参考的范本。

从国际层面而言，虽然产品出口基本上取决于一个国家的技术组合，但是标准可以作为促进产品出口的催化剂，推动新的技术知识的迅速扩散，从而确保一国在国际竞争中获得优势地位并加强国家创新体系。纵观历次工业革命的发展史，突破性技术创新与通用目的技术发明总是率先在某些国家或地区取得重大进展，然后再逐渐向其他国家扩散，形成了通用目的技术扩散的"核心—外围"模式，表现在产业转移方面就是日本学者赤松要等（2007）总结的雁阵形态模式。标准为通用目的技术从核心国家向外围国家的扩散提供了技术转移的关键机制与产业平台。首先，品种简化标准是创新成果在发展中国家大规模扩散的一种工具，因为它不仅提供了将经过验证的解决方案复制到其他类似环境并扩展创新的影响范围的机会，而且通过利用规模经济来获得价格竞争优势，还通过扩大边缘人群获得创新的机会来实现包容性创新（Zoo et al., 2017）。其次，国际质量/安全标准是全球价值链中垂直控制的普遍机制，特别是在许多发展中国家作为主要出口产业的农业部门中，获得国际质量标准和认证有助于生产者向消费者表明他们遵循良好的做法，并获得向发达经济体出口产品的机会以增加收入（Pena-Vinces and Delgado-Marquez, 2013）。虽然这些国际质量/安全标准中不一定含有最新的全球技术创新，但往往涉及生产工艺和流程的改进，这些方法或技能对发展中国家来说却是新的。最后，发展中国家建设和维护信息基础设施的成本通常相对较高，信息系统往往缺乏架构蓝图和中央协调，往往导致关键领域内的信息系统不兼容问题，而兼容性标准则有助于解决发展中国家的信息基础设施异质性和信息系统碎片化问题，从而确保尽可能多的系统具有最低水平的互操作性,最大限度地利用网络效应并促进新技术在发展中国家的扩散。综上所述,标准在技术发展的早期阶段就确立了使突破性技术创新得以发展成为通用目的技术的条件,并进一步推动了突破性技术创新的在行业、国家和代际间的扩散,进一步明确了通用目的技术在经济中的主导地位。总之,如果技术标准的更新速度与技术创新速度不相称,新产业革命就难以实现包容性发展。当技术创新速度快于技术标准更新速度时,在强大的创新文化影响下,技术不会长期处于稳定或成熟状态;而当技术标准更新速度比技术创新速度更快时,则会导致技术发展的滞后,不利于创新技术的产生(Jiang et al., 2018)。无论哪种情况发生,都不会导致资源的最优配置与企业最优生产规模和社会福利的最大化,其典型后果就是通用目的技术在推动经济增长率方面的滞后效应,目前来看,技术标准更新速度滞后于技术创新速度的可能性更大一些。

第三节 标准影响产业国际竞争力的机制分析

一、标准影响产业国际竞争力的规模经济、范围经济效应

标准通过模块化生产体系促进产业分工与集聚,从而获取规模经济效应与范围经济效应。信息通信技术革命以来,信息技术制造业在全球范围内得到快速发展,在此背景下,经济学家提出应如何评价半导体制造业、计算机制造业、集成电路制造业等电子信息制造业的国际竞争力问题。哈佛大学商学院的鲍尔温和克拉克(Baldwin and Clark,1997)指出,信息技术制造业的国际竞争力取决于如何在生产过程里划分模块以及构建与之相适应的最优结构这两个因素。然而,模块的划分并不是随意进行的,需按照事先制定的标准来划分。且模块并不直接作用于产业国际竞争力,它只有通过改变规模与创新才能发挥作用,其中分工与集聚扮演了重要的角色。

(一)兼容性、标准与模块化

标准化和模块化作为一种生产模式已具有很长的历史,且在多个领域得到广泛应用。亚当·斯密在《国富论》中描述的制针业的生产过程,也深刻揭示了通过将工业品分解为标准模块来进行制造的机械化大生产体系(青木昌彦和安藤晴彦,2003;胡晓鹏,2004)。上述案例都是对早期模块化的概述,真正的现代模块化是随着信息通信技术革命的爆发而发展起来的,1964年国际商业机器公司(International Business Machines Corporation,IBM)最早推出模块化计算机——360系统,标志着现代模块化的诞生。

在 IBM 推出其模块化计算机之前,所有的主机制造商向市场上投放的电脑机型都是相互独立的,各种机型都有其独特的操作系统、处理器、应用软件和周边产品。这种生产模式不仅使不同厂商之间的硬件设备和软件系统无法实现相互兼容,即便同一厂商的不同机型之间在软硬件设施上也难以兼容。不同计算机之间的不兼容,既降低了生产技术的创新与变革,也难以发挥网络外部效应,从而限制了计算机产业的发展和产品市场规模的扩张。可以说,计算机产品系统的兼容性问题直接催生了现代模块化(Baldwin and Clark,1997)。

根据青木昌彦和安藤晴彦(2003)的经典定义,模块是指半自律性的子系统,通过和其他同样的子系统按照一定的规则相互联系而构成的更加复杂的系统或过程。模块化则包括模块分解和模块集成两种不同的行为过程,前者是指将复杂系统按照一定的规则分解为不同模块的过程,后者则是指不同的模块按照一定的规则整合为复杂系统的过程。模块化过程要求设计者明确区分显性规则和隐性规则[①],只有在完全明确地界定了两种规则后模块化才能有效实施。其中,显性规则是所有设计者和生产厂商都必须遵守的设计规则或联系规则,它能够影响模块系统和子模块的设计决策;隐性规则是仅由特定模块的生产和设计者所掌握和确定的信息,通常不会影响其他模块的设计与生产。一般显性规则可以划分为三种类型(见表 13 - 1)。

表 13 - 1 显性规则的三个种类

规则种类	具体内容
结构	明确规定构成系统的模块要素及其功能
界面	详细说明模块之间的位置安排、联系、信息交换与作用机制等
标准	测试模块是否符合设计规则,测定模块的性能差异等

资料来源:根据鲍尔温和克拉克(1997)的相关研究整理得到。

由表 13 - 1 可知,显性规则与标准之间存在密切的关系,其中的"结构"规则与标准的适用性目的具有密切的对应关系,两者同样都是对产品的功能做出规定。对于"界面"规则而言,当不同的模块之间能够在一个界面上实现相互兼容时它们就构成了一个网络,界面相当于集成模块的平台而不同的模块则是网络中的各个节点,这就要求不同的模块要遵循共同的界面标准,而且就"界面"规则的内容来看,与按经济功能分类的兼容性/界面标准的主要内容基本一致。显性规则中的"标准",主要指的是按经济功能分类的信息/测试标准。由此可

[①] 在不同的学者那里,显性规则和隐性规则有不同的名称,鲍德温和克拉克(2000)将其分别称为看得见(明确规定的)设计规则和隐性(看不见)的设计规则,青木昌彦(2001)则将其分别称为系统信息和个别信息。

以认为，显性规则与标准之间具有较强的对应关系。由此，显性规则又被称为标准化信息，而隐性规则则被称为非标准化信息（郭岚和张祥建，2005）。可见，标准是进行模块化的基础和前提，所谓的设计规则即是标准，只有在明确了技术标准的条件下才能进行模块化生产。因此，模块化规则的特征决定了各子系统或模块的双重属性，这两个属性之间既具有一定矛盾性又具有辩证统一性。标准化信息的统一特征决定了模块的兼容性，非标准化信息的分散化特征决定了模块的独立性。由此，每个模块都是可以由不同的组织进行独立设计与生产的，而不受其他模块的研发与生产过程的影响，但要确保不同的模块最终能够整合成更复杂的系统并实现更高级的功能。

（二）模块化的标准设计、应用效率及其实现

模块化的产品生产体系通过影响创新与生产的规模经济，改变产业的国际竞争格局。

首先，产品模块化提升了创新效率。在明确的显性规则或技术标准条件下，隐性规则使得各模块的研发制造过程可以独立进行并相互保密，这使得各模块可以在内部的多个主体之间同时展开竞争并发挥各主体的专业化优势，从而提升研发与创新水平，生产出更高质量的产品。同时，市场上的众多企业围绕同一模块进行"背对背"式竞争，在遵守统一的技术标准条件下，只要有一家企业能够率先成功，它就能获得该模块的全部价值并占据竞争先机，这种具有白热化"淘汰赛"效果的竞争方式激励众多模块设计与开发企业加快提高创新速度（李平和狄辉，2006）。

其次，组织模块化促进了分工与集聚。20 世纪 60 年代以来，与大规模生产范式相适应的统一的大市场逐渐被需求多样化分解为一系列的细分市场，企业需要对消费者的需求多样性做出快速响应与灵活应对，才能维持并提高自身的竞争优势。纵向一体化的科层制组织已经难以适应市场的快速变化，对企业组织结构调整势在必行。在这种背景下，模块化不仅在技术上通过将复杂系统分解为半自律性的独立子系统从而提高了技术创新的效率，而且在组织上推动了纵向一体化大企业的解体与网络型组织结构的形成。组织模块化允许企业集中在组成复杂系统的某一部分的模块上，可以把不同的工作任务分配给独立组织，让这些组织独立自由地进行研发试验，创新并改进各自的子模块，由此提高了产品创新速度，缩短了模块的开发周期，并增加了产品的多样性。

通过将复杂系统的不同模块及其工作任务分配给不同的组织，模块化推动了产品内分工。这种分工模式已经超出了在同一企业内进行分工的范畴，而是以产品价值链为基础，将整个价值链划分为不同的价值模块，不同的公司甚至全球各国的企业组织都可以根据自身的比较优势，参与到模块的设计与生产过程中，由

此促进了产品内国际分工格局的形成。在这种分工模式下，技术标准保证了模块的兼容性，相互独立的半自律性模块可以在兼容性/界面标准下集合成更复杂的功能系统，同时也将设计生产各个模块的企业组织联系起来形成一个网络，形成网络型组织结构。

产品模块化和组织模块化推动了产品内分工和网络型产业组织的形成，而信息通信技术的发展则提高了组织间信息传递的效率，使得散布于全球各地的模块组织能够进行高效率的信息交流。在信息技术和模块化的协同推动作用下，大量的模块供应商和模块集成商在某一特定的地理空间上集聚，在特定区域内形成了具有专业化、同进化的产业集群，共同从事模块化产品的设计、制造与集成（郭岚和张祥建，2005）。

模块化通过促进分工与集聚两种方式推动了规模经济与范围经济的发展。从分工的角度而言，将复杂系统分解为模块的行为本身就是一种分工，在企业内对同一模块组件不同方向的研发设计团队也是一种分工，企业选择不同的模块进行设计与制造也是一种专业化分工。专业化分工带来了效率的提高与成本的节约，从而促进规模经济的发展（Haldi and Whitcomb，1967）；夏普（Sharpe，1983）也以计算机行业为例，指出标准通过降低固定成本，可产生巨大的规模经济。从集聚的角度而言，集聚是分工的空间组织形态（梁琦，2009），在本质上就是一种外部规模经济，企业在空间上的集聚能够获得分散状态下没有的经济效率与规模报酬递增（林金忠，2002）。更进一步，有学者提出生产组合、上下游关联和区域内分工协作均可以带来范围经济（周天勇，2005）。

有学者对范围经济进行分解后发现，范围经济为规模经济、催化产出、产出互补性和技术凸性四种效应之和，并指出规模经济可以作为范围经济的来源，在其他条件不变的情况下，规模经济的扩张将导致范围经济的同步扩张（Chavas and Kim，2007）。可见，模块化通过不同模块的专业化分工与空间集聚实现了更为显著的规模经济和范围经济，价值链模块化在本质上即是一种特殊的横向一体化组织结构与分工形态（朱有为和张向阳，2005）。

二、标准影响产业国际竞争力的生产率提升效应

从标准的应用实践和实证研究看，标准存量的增加能够显著促进生产率的提升，然而，标准并不能独自提高生产率，它需要与其他因素，如教育改善和技术进步等协同作用，并通过一定机制促进生产率提升（CEBR，2015）。从技术进步角度看，标准通过影响技术进步的三种机制对生产率产生影响。一是技术基础设施机制。所有类型的技术标准都是对技术知识的编码，从非竞争性使用的角度上看，编码技术知识具有良好的公共品特征，由此可以较容易地在不同的企业或

整个行业中进行分配（Cohendet and Steinmueller, 2000）；与受到知识产权保护的创新（如专利）限制他人使用的技术相比，技术标准通常是公共产品和技术基础设施的一种形式（Tassey, 2000），影响着以技术为基础的整个经济活动周期的效率（Tassey, 2015）。二是技术学习与扩散机制。标准为机器资本和劳动力提供了规范的操作流程，一方面，标准化的产品或生产方法及工艺流程是进行机器大规模生产的基础；另一方面，标准化降低了技术在熟练劳动力和非熟练劳动力之间以及标准密集型企业和标准非密集型企业之间扩散的难度。由此，技术标准传播与扩散技术知识的速度越快，企业和劳动力可获得的公开信息就越多，对增长与生产率的影响也就越显著。三是技术创新机制。标准中包含的信息是创新、互操作性和贸易的技术基准，代表了技术发展形成的内在因素，技术标准的形成是技术规制的过程，它促进了技术要素的匹配与混合，从而影响技术创新的规模、速度与方向。一方面，当技术创新在现有技术标准的基础上进行时，技术标准可以为技术创新提供参考样本，降低企业进行技术创新的风险并减少因创新失败造成的资源浪费（Jiang et al., 2017）。而且标准能够通过缩短新产品的上市时间促进新产品的市场扩散，为新产品的开发创造公平的竞争环境，起到创新催化剂的作用。另一方面，当次优技术率先成为行业标准并广泛扩散后，将在市场中获得控制地位，并凭借网络外部效应得到进一步加强，会在一定程度上对技术创新起到创新抑制剂的作用。

在标准与技术创新的关系方面，标准与技术创新是对立统一的关系。标准为创新准备必要的条件和平台，对技术创新具有显著的影响。标准主要通过系统的、独立的、渐进的技术创新来促进技术进步（Kano, 2000），与标准相关的创新是工业生产率的主要驱动力（David and Greenstein, 1990）。从标准影响创新的不同路径看，标准主要通过规模中创新、证明中创新和协调中创新三条途径对创新产生影响（Zoo et al., 2017）。以信息通信技术为例，布林德等（Blind et al., 2010）利用专家意见表明，标准对信息通信技术创新产生了积极影响，特别是在产品种类、新产品和新服务的采用程度和速度方面。李和索恩（Lee and Sohn, 2018）进一步证实了布林德等（2010）的结论，发现电信和消费电子领域的技术多样性随着标准化程度的提高而增加，而且标准化对计算机设备行业的技术多样性有着长期的滞后效应。

在标准与生产率的关系方面，国别和行业的实证分析结果都支持标准促进生产率提升的结论。从标准对生产率影响的行业差异来看，高生产率增长的行业往往是标准密集型行业，标准对高生产率行业的影响要大于对低生产率行业的影响，甚至能够抵消在经济衰退期间某些行业出现的生产率负增长；更为具体地，在所有行业中标准对信息通信技术（information and communications technology,

ICT）产业生产率的影响效应最大，标准使 48% 的 ICT 企业的生产率得到提高。[1] 从标准对生产率影响的国际比较来看，虽然标准对各国生产率的影响存在一定程度的差异，但均能促进劳动生产率和全要素生产率的提高。在劳动生产率方面，标准促使英国和新西兰的劳动生产率均提高 0.054%[2][3]，促使加拿大的劳动生产率提高 0.356%[4]；在全要素生产率方面，标准促使新西兰、法国和澳大利亚的全要素生产率分别提高 0.10%、0.12% 和 0.17%[5]。

第四节 全球新一代信息技术标准竞争态势及我国的应对战略[6]
——以人工智能和 5G 技术为例

人工智能、5G 等新一代信息技术是第四次工业革命的主导性技术，影响新一代信息技术发展、应用的因素是多方面的，其中一个十分重要的方面是其标准制定及其框架体系的完善程度。标准的制定有利于保障新一代信息技术更好地实现互操作性目标，并提高技术应用的可靠性、安全性和广泛性。标准发展水平及完善性直接关系到一个国家新一代信息技术及产业发展的水平及国际竞争地位。对新一代信息技术标准的竞争已成为当今主要国家竞争的焦点。把握新一代信息技术标准发展态势，加快制定新一代信息技术标准战略及内容体系，对于促进我国新一代信息技术创新与产业化发展，抢占未来国际竞争的制高点，具有十分重要的意义。

一、新一代信息技术标准竞争：第四次工业革命条件下国际产业竞争的新焦点

（一）新一代信息技术标准化发展迅速

新一代信息技术主要包括互联网、大数据、云计算、人工智能、物联网、

---

[1] CEBR, The Economic Contribution of Standards to the UK Economy, 2015.
[2] DTI, The Empirical Economics of Standards, *DTI Economics Paper*, 2005：No. 12.
[3] BERL, The Economic Benefits of Standards to New Zealand, Standards Council of New Zealand and Building Research Association of New Zealand, 2011.
[4] Standards Council of Canada, Economic Value of Standardization, The Conference Board of Canada, July 2007.
[5] Centre for International Economics, Standards and the Economy. Standards Australia, 2006.
[6] 杜传忠、陈维宣：《全球新一代信息技术标准竞争态势及我国的应对战略》，载于《社会科学战线》2019 年第 6 期。

3D 打印等，其中新一代人工智能越来越成为引领新一轮科技革命和产业变革的战略性技术，具有溢出带动性很强的"头雁"效应。[①] 人工智能等新一代信息技术具有较强的数字性、网络性和智能性，技术标准在其发展中的作用十分突出。由此，围绕人工智能等新一代信息技术标准的竞争正成为全球新一代信息技术乃至整个第四次工业革命竞争的焦点。主要发达国家竞相围绕新一代信息技术标准化发展开展工作。在大数据领域，欧盟正在研制数据价值链战略计划，其重点是培育一个连贯的欧洲数据生态系统，包括基础能力、基础设备、标准以及有利的政策和法规环境等；在其开放数据战略中通过第七框架计划、地平线 2020 计划、科研基础设施资金计划等，支持对开放数据访问的研究，以促进数据标准、准则和应用的发展；并在云计算战略中成立包括云标准协调、服务标准协议在内的六个战略实施工作小组。在云计算领域，国际上共有 33 个标准化组织和协会从各个角度在开展云计算标准化工作，主要集中在通用和基础标准、互操作和可移植标准、服务标准、安全标准、应用场景和案例分析等五个方面，目前已在前两个领域取得一些实质性进展（中国电子技术标准化研究院，2014）。在物联网领域，国际标准的制定由中国、韩国、美国和德国四个国家主导，其中美国的 EPCglobal 标准已经在国际上取得主导地位。从当前物联网标准发展状况来看，网络传输类标准已相对完善，但在基础类标准、感知类标准、服务支撑类标准和业务应用类标准等方面仍亟待探索和突破。在智慧城市领域，标准竞争也已展开。韩国、日本、英国、美国、德国等发达国家相继成立了相应的标准化研发或管理机构，制定标准化战略。总之，全球新一代信息技术标准化发展呈现出快速发展的态势。

（二）对新一代信息技术标准及制定权的掌握越来越成为各国取得国际竞争优势的关键性要素

随着第四次工业革命的迅速推进，国际技术与产业竞争日益加剧。国际竞争成功的关键主要取决于对知识产权和开放的但拥有体系结构和接口标准的控制能力（Ernst，2002）。

首先，新产业革命将涉及通过全球价值网络对价值链环节上的不同模块进行整合，只有在制定全球一致的国际标准的情况下，这种协作关系才有可能实现。这一过程提高了标准发展与竞争在国际产业竞争中的重要性，尤其是对于那些已经深度融入全球生产与创新网络的国家而言更是如此（Ernst，2009）。那些率先掌控国际标准主导权的国家将在第四次工业革命中享有先发优势。正如德国政府

---

① 《加强领导做好规划明确任务夯实基础 推动我国新一代人工智能健康发展》，载于《人民日报》2018 年 11 月 1 日。

在其《德国2020高科技战略：创意·创新·增长》中明确提出的，积极参与全球标准竞争，推动国际标准的制定与发展，是德国经济获得全球竞争优势的重要因素。美国国家标准学会在其《美国国家标准战略》中也指出，标准化在建立国际竞争优势的过程中扮演着非常重要的角色（ANSI，2000）。

其次，标准对于新一代信息技术竞争能力的提升具有至关重要的影响，尤其是兼容性/互操作性标准的作用更加突出。一方面，标准发展能够促进新一代信息技术的创新，推动研究成果更快地实现产业化，提高创新成果的转化速度；而且电信和消费电子产品的技术多样性将随技术标准化程度的提高而增加（Lee and Sohn，2018）。另一方面，标准发展对信息技术产业的影响在所有行业中几乎都是最高的。英国经济与商业研究中心（2015）调查资料显示，标准将使41%的企业提高产品和系统的互操作性，使48%的企业的生产率得到提高，通过提高供应商的产品和服务质量使70%的企业的供应链得到改善，并有效地向所有公司提供可用的技术信息。① 兼容性/互操作性标准对于在地理上分散的系统、组织、应用程序或组件间传输和呈现有用的数据和其他信息是必需的（Gasser and Palfrey，2011）。可以说，新一代信息技术的标准竞争正成为第四次工业革命条件下国际产业、技术竞争的新焦点，对新一代信息技术标准的掌控将成为未来国际产业竞争的制高点。

（三）各国政府高度重视新一代信息技术的标准化发展

正因为新一代信息技术标准对国际产业、技术竞争所具有的重要地位和作用，各国政府特别是发达国家政府高度重视新一代信息技术标准的制定，大力推进技术标准化工作，纷纷出台相应的政策或法案以促进新一代信息技术标准化发展。美国政府在其发布的两份报告《为未来人工智能做好准备》和《国家人工智能研究与发展战略规划》中，将制定人工智能产业标准体系作为一项重要内容，并指出美国不急于对人工智能的研发进行广泛的监管，而是会在汽车业、航空业和金融领域的应用制定具体标准。这表明，美国政府把标准置于比监管更加重要的位置之上。2017年10月，美国信息产业理事会发布《人工智能政策原则》，提出促进发展全球自愿的、行业主导的、基于共识的标准和最佳实践。此外，美国国家标准与技术研究所还发布了《云计算路线图》和《智能电网互操作框架与路线图》，分别奠定了智能科技产业发展算力和应用层面的标准化基础。德国政府早在2013年就发布了第一版《德国工业4.0标准化路线图》，意味着工业4.0战略计划中的标准化行动方案开始进入实践阶段，也标志着整个德国工业4.0战略开始落地实施，随后又在2015年、2018年相继发布了标准化路

---

① CEBR, The Economic Contribution of Standards to the UK Economy, 2015.

线图的第二版和第三版,为德国工业 4.0 标准化发展指明了方向。法国在其《人工智能战略》中提出要与德国进行合作,联手推动欧盟制订人工智能发展规则和行业标准;2016 年公布了法国未来工业标准化战略。欧盟法律事务委员会在 2017 年 1 月通过一份决议,其中一项重要内容就是要推进人工智能标准化工作,继续致力于技术标准的国际统一,建立相应的标准化框架,以免造成欧盟各成员国之间标准的不统一以及欧盟内部市场的分裂。英国上议院提出了发展人工智能的五项准则,并号召于 2019 年在伦敦召开一次全球峰会,以创建一个人工智能系统的伦理发展和部署共同框架(House of Lords,2018)。总之,新一代信息技术标准的制定,大力推进技术标准化工作,已成为主要发达国家抢占未来竞争制高点的重要手段。

二、全球新一代信息技术标准竞争的基本态势及特征分析

目前,在新一代信息技术的全球标准竞争中,受到各国普遍重视且取得阶段性进展的两个主要技术领域是新一代人工智能和第五代移动通信技术,两者分别是新一代信息技术的核心与基础部分。这里即选取这两项技术为代表,结合其他相关领域的标准进展,分析第四次工业革命条件下全球新一代信息技术标准竞争的基本态势与特征。

(一)新一代人工智能国际标准竞争态势与特征

1. 标准发展组织成为国际标准竞争的重要推动力量

梳理新一代人工智能相关的最新国际标准可以发现,以国际标准化组织(ISO)、国际电工委员会(IEC)、ISO/IEC 第一联合技术委员会(ISO/IEC JTC 1)、国际电信联盟(ITU)、美国电气与电子工程师协会(IEEE)等为代表的国际性标准化组织正在成为新一代人工智能及其相关产业的国际标准的主要制定者,在人工智能标准的国际发展与竞争中起到重要的推动作用。各标准化组织及其工作重点如表 13 - 2 所示。

表 13 - 2　　　　各领域主要标准化组织及其工作重点

相关领域	标准化组织	标准化工作重点领域
人工智能	ISO/IEC JTC 1;ISO;IEC;ITU-T;IEEE;NIST;ETSI	人工智能词汇标准、人机交互标准、生物特征识别标准、计算机图像处理标准;服务质量标准;道德伦理标准;数据采集分析、集体生产质量;认知技术

续表

相关领域	标准化组织	标准化工作重点领域
大数据	ISO/IEC JTC 1;ITU-T; IEEE BDGMM;NIST	大数据通用性标准,数据管理和交换标准;网络基础设施标准,汇聚数据机和匿名标准,网络数据分析标准,互操作标准,开放数据标准;大数据治理和交换标准;大数据互操作性框架,大数据参考架构
物联网	ISO/IEC JTC 1; IEEE; ISO; ETS; ITU-T; 3GPP; 3GPP2	传感网与物联网标准;设备底层通信协议;物联网、传感网的体系结构及安全;M2M;泛在网总体技术;通信网络技术
云计算	ISO/IEC JTC 1; NIST; OASIS; CSA; OCC	云计算通用基础标准、互操作标准、可移植标准、云服务、应用场景、案例分析、云安全等
机器人	ISO; IEC; OMG; ASTM; IEEE	词汇和特性、各类机器人的安全与性能标准;工业与服务机器人安全与性能标准;机器人服务规范;特种机器人的术语、接口、性能、测试标准;机器人本体定义标准、数据表达标准等

资料来源:根据《人工智能标准化白皮书（2018 版)》《大数据标准化白皮书（2018 版）》《物联网标准化白皮书》《云计算标准化白皮书》《中国机器人标准化白皮书（2017）》等资料整理得到。

除此之外,为了应对新一代人工智能发展对标准化的需求,掌握人工智能标准化制定的话语权与主导权,各大国际性标准组织不断成立新的标准委员会,专门开展人工智能及其相关领域的标准化工作,这也是国际标准组织参与国际标准竞争的重要特征。在人工智能技术领域,ISO/IEC JTC 1 在 2017 年批准成立了 JTC 1/SC 42 人工智能分技术委员会,围绕基础标准、计算方法、可信赖性和社会关注等方面开展国际标准化工作。在大数据领域,ISO/IEC JTC 1 在 2013 年和 2014 年相继成立两个大数据标准化工作组 ISO/IEC JTC1/SG2 和 ISO/IEC JTC 1/WG9,负责开发大数据基础性标准,识别大数据标准化需求,同其他工作组保持联络关系等;IEEE 在 2017 年倡议成立大数据治理和元数据管理委员会（BDGMM）,主导大数据标准化工作。在云计算领域,ISO/IEC JTC 1 在 2009 年成立 ISO/IEC JTC 1/SC38 技术委员会,负责制定云计算和分布式平台的相关标准。在机器人领域,IEC 在 2015 年成立机器人技术应用顾问委员会（ACART）,负责协调机器人的共性技术,提出制定相关产品标准的关键因素,促进 IEC 和 ISO 在机器人技术方面的协作,解决标准重复问题等。在智慧城市领域,ISO/IEC JTC 1 在 2012 年成立物联网特别工作组 ISO/IEC JTC 1/SWG 5 IoT, IEC 在 2013 年成立智慧城市系统评估组（IEC Smart Cities System Evaluation Group）,ITU-T 在 2013 年成立可持续发展智慧城市焦点组（ITU-T/SG 5/FG SSC）,IEC

在 2015 年成立信息安全咨询委员会（ACSEC）。在智能制造领域，ISO/IEC JTC 1 在 2014 年成立智能机器特别工作组，IEC 在 2014 年成立工业 4.0 智能制造战略工作组（IEC/SMB SG8），旨在开展工业 4.0 相关标准工作。

2. 开源成为企业参与国际标准竞争的重要策略

开源软件是指其源代码可向用户开放的一类软件，用户可以自由使用、复制、修改和共享软件而不受许可证的限制。自 1998 年开放源代码概念被正式提出后，开源软件便被作为一种重要的商业竞争模式，最著名的案例就是 Linux 系统和 Windows 系统之争。从网络外部性的角度来看，开源策略更接近于先发制人策略，而且几乎同时具有满足夏皮罗和瓦里安（2000）提出获得标准战争胜利的七种关键资产的特征。但是，开源作为标准竞争的重要策略直到第四次工业革命爆发后才逐渐受到重视。这是因为传统的信息技术标准制定主要强调稳定性和渐进性，而新一代信息技术为了实现数字化和智能化的生产方式，要求必须找到一种同时包含敏捷性和稳定性的标准制定的折中方案。开源使得任何当前只能依赖昂贵黑盒子式人工智能平台执行的任务，能够以低廉的成本进行，降低了中小企业与初创企业使用人工智能的成本，从而使得开源软件能够迅速占领市场。来自用户的正反馈将进一步强化开源企业对用户安装基础的控制，提升开源企业与开源软件的创新能力，率先进行开源的企业也将因此获得先发优势。开源软件能够更广泛和更有弹性的适应其互补产品的需求，互补品的强劲发展又能形成对开源软件的正反馈效应；同时，开源软件以自由、免费的风格，为企业进一步赢得声誉并树立品牌。在第四次工业革命中，标准组织和开源正在融合，开源通过实时开发与测试加速标准研发，为标准开发过程提供即时反馈，更好地支持开放标准发展，推动新的技术架构发展并重塑未来的产品和服务网络（Linux Foundation，2018）。因此开源成为第四次工业革命中标准竞争的重要策略，加速了事实标准的确立。在过去的一到两年中，具有长期标准研发经验的供应商和运营商已经学会将操作知识和应用案例与标准发展组织融合，并通过开源提供的协作创新和开放性推动技术创新与标准研发。

开源驱动的协同创新正在成为软件技术创新的首要模式，开源软件特别是平台型开源软件正在重塑技术创新模式与标准竞争格局，大企业成为平台型开源软件的创新主体。大企业参与平台型开源软件发展呈现出两种典型的模式：一是利用其技术优势和先发优势，以企业为主导将平台型软件进行开源，从而使企业在软件的持续创新演进中占据主导地位；二是积极地参与国际合作的大型开源项目，通过提高贡献度，不断地提升企业在开源项目创新发展中的话语权（蒲松涛，2017）。美国人工智能巨头先后将其开发的人工智能技术进行开源，包括 Google、Facebook、Microsoft 和 IBM 等，而且它们都决定向所有人开放其人工智能应用程序接口（API）。开源 Android 是当前智能终端技术和应用创新的基本平台,已成为影响当前全球智能终端市场的关键环节,而开源容器 Docker 正成为微服务领域的通用标准,带动形成了一大批的技术创新项目。

3. 伦理道德标准成为国际竞争的新焦点

从生物技术到人工智能,第四次工业革命引发的爆炸式创新使得有关伦理道德问题的讨论变得至关重要,技术进步将人类推到了新的伦理边界,人工智能同样也面临着复杂的伦理边界问题(施瓦布,2016)。人工智能伦理标准制定的一个基本目标就是明晰其伦理边界,通过规范的标准建立起人类对人工智能的信任与理解。因为未来随着人工智能在交通和医疗等领域内的广泛应用,它们必须以一种能够被信任和理解的方式引入,同时还要尊重人权和公民权利,解决隐私和安全方面的影响,并确保人工智能所带来的好处能得到广泛而公正地分配(Stanford University,2016)。在长期内,伦理标准将成为决定人工智能扩散与普及的关键。

国际上一些标准发展组织已经在人工智能的伦理标准领域采取了先发制人的竞争策略。美国电气和电子工程师协会(IEEE)在 2016 年与 2017 年连续两年发布了《人工智能设计的伦理准则》,明确了涉及高层次伦理问题人工智能设计的四项一般原则,鼓励科技人员在人工智能研发过程中,优先考虑伦理问题(IEEE,2016;2017)。IEEE 在第二版《人工智能设计的伦理准则》中公布的三项人工智能标准中第一条就是机器化系统、智能系统和自动系统的伦理推动标准(IEEE,2017)。美国国家标准与技术研究院(NIST)则正在通过开发和部署能够使人工智能更安全、可用、可互操作和可靠的标准、测试与指标来培养公众对智能技术的信任,其中两项关键活动就是开发人工智能数据标准和最佳实践,开发人工智能评估方法和标准测试协议。

组成联盟作为预期管理策略中最直接的方法,也在国际人工智能标准竞争中得到了充分的应用。Google Alphabet、Amazon、Facebook、IBM 和 Microsoft 五大科技公司在 2016 年 9 月联合成立人工智能合作组织(Partnership on AI),目标包括制定人工智能的伦理道德标准,促进公众对人工智能的理解,提供开放式研究平台三个方面。实际上,早在该组织的正式名称确立之前,就已经向社会宣布其将围绕人工智能开发伦理道德标准,包括道德、公平、包容、透明、隐私、互动、人类与人工智能的协作、信赖及可靠性等多个方面,以确保人工智能的研究是有利于人类而不是带来危害的。

(二)第五代移动通信(5G)技术国际标准竞争态势与特征

1. 5G 标准竞争的基本内容与战略价值

5G 技术不仅仅是下一代移动通信技术或者 4G 的拓展,而且是对传统产业进行数字化和智能化改造的关键技术,是大数据、物联网和人工智能等新一代信息技术高质量发展的技术基础与前提。5G 技术的全面部署将在多个行业中实现广泛应用，重新定义工作流程、促进经济结构变革并重塑经济竞争优势规则，支持全球实际 GDP 的长期、包容、可持续增长。数据显示，预计到 2035 年 5G 将为全球创造 12.3 万亿美元经济产出，并创造 2200 万个工作岗位。[①] 5G 既是第四次工业革命的通用目的技术，也是新一代信息通信基础设施。技术标准决定了未来世界其他地区的企业必须遵循的技术规范与游戏规则。一旦标准完全确定，标准竞争的结果将对标准发起企业及其上下游企业的核心竞争力产生深远的影响。技术标准化作为一种选择机制，将使企业的技术能力沿着由标准所确立的技术轨道进行积累，而且标准竞争的胜利者可以通过标准必要专利获取大量的使用费和许可费，巩固并提高自身的竞争优势；而那些标准竞争的失败者或者与主流标准不相容的企业的核心竞争力将不可避免地受到破坏（梁军，2012）。掌握 5G 标准就掌握了未来国际竞争的主导权和控制权，因此，世界各主要国家和电信企业都对 5G 技术保持高度重视，积极参与 5G 的国际标准竞争。

事实上，所谓的 5G 标准竞争实质上就是信道编码之争。5G 场景下的信道分为控制信道和数据信道，其中前者用于传输控制信息，后者则用于传输数据信息，而且两者都有长码和短码之分，前者以短码为主，后者以长码为主。2018 年 6 月 14 日，负责制定 5G 标准的国际标准发展组织 3GPP 正式批准 5G 独立组网标准冻结，标志着 5G 第一阶段全功能标准化工作和标准竞争正式结束，意味着真正面向商用的 5G 标准的诞生和部署 5G 网络的标准趋向完善。

2. 全球 5G 标准竞争优势正由发达国家转向以中国为代表的新兴经济体

20 世纪 70 年代爆发的信息技术革命是以美国为核心国家然后逐渐扩散到其他国家的，美国凭借其技术上的先发优势，长期保持其信息技术的标准竞争优势，全球的信息技术标准主要由美国企业主导甚至被其垄断，典型的如微软等大型跨国企业。但是随着第四次工业革命的孕育发生，新一代信息通信技术的国际标准竞争格局发生了明显的变化，标准竞争优势正在由美国等发达国家向以中国为代表的新兴经济体转移。5G 标准竞争优势的国际转移主要体现在基础设施、应用设备与标准竞争能力等三个方面的重心转移上。

首先，从发展机制与基础设施的角度来看，目前 5G 标准竞争的两个主导国家——美国和中国——分别采取了不同的竞争策略。美国实施的是市场协调机制，关于 5G 技术标准的大部分试验都是由 Qualcomm、AT&T 等大型跨国公司主导的，政府通常避免对私营部门的强制规制和协调。中国采取的则是与美国不同的由政府主导与市场调节相结合的机制，自 2013 年以来政府主导的标准委员会与国内的电信运营商和设备制造商合作进行测试和研发，这一策略促使华为、中

---

① IHS 经济部和 IHS 技术部：《5G 经济：5G 技术将如何影响全球经济》，2017 年 1 月。

兴和中国移动等成为全球 5G 技术与标准领先的公司，并在此过程中积累了宝贵的国际竞争经验。相对于现行的 4G 技术而言，5G 技术将在更大程度上依赖于站点集群和分散式数据中心，因此需要对基础设施进行大量投资。根据德勤的研究数据显示，中国自 2015 年以来对 5G 基础设施的投入比美国多 240 亿美元，已建成约 35 万个蜂窝基站，平均每万人拥有 14.1 个站点；而美国则不到 3 万个蜂窝基站，平均每万人拥有 4.7 个站点，中国正在引领全球 5G 技术与标准的发展。[1]

其次，从标准竞争能力的国际比较来看，中国在 5G 标准必要专利、标准贡献度和参加标准会议等方面均有显著提高，华为公司的 5G 标准竞争能力居全球首位。在标准必要专利方面，5G 标准必要专利是指任何公司在实施标准化的 5G 技术时必须使用的专利，企业持有的 5G 标准必要专利越多，表明其对 5G 技术标准的控制能力越强，从而在全球就更具有标准竞争能力。根据表 13-3 数据显示，在全球 5G 标准必要专利持有数量最多的前十大公司中中国占有三席，共持有 2134 项专利，远高于欧美日韩等国家。在标准贡献度方面，5G 标准贡献度是指企业为 5G 国际标准研发制定所做出的贡献，贡献度越高表明企业的标准竞争能力越强。表 13-3 的数据显示，中国有四家企业位居全球 5G 标准贡献度最高的前十大公司中，总贡献度为 24.725，远高于欧洲各国之和，是美国和韩国的 3 倍以上，其中华为公司以 11.423 的贡献度全球排名第一。在参加标准会议方面，5G 会议参与者是指公司派遣高技能的技术工程师参加 5G 标准制定会议的人数，该指标反映了企业为开发 5G 技术和标准所做出的人力资本和技术资本投资，从而派遣参加会议的人数越多，表明企业的标准竞争能力越强。表 13-3 的数据显示，中国有三家企业位居全球 5G 标准会议参加人次最多的前十大公司中，共派遣 3302 人次参加标准会议，远远高于欧美日韩等国家和地区，其中华为公司以派出 1975 人参加会议的规模位于全球首位。

表 13-3　　全球 5G 标准竞争能力前十大公司的国家分布

标准竞争能力	指标	中国	美国	欧洲	韩国	日本
标准必要专利	数量	2134	1228	1105	1835	468
	前十席位	3	2	2	2	1
标准贡献度	指数	24.725	7.995	17.229	6.992	—
	前十席位	4	2	2	2	—
参加标准会议	人数	3302	1735	2770	2195	528
	前十席位	3	2	2	2	1

资料来源：Iplytics, Who is Leading the 5G Patent Race? January 2019.

---

[1] Deloitte, "5G: The Chance to Lead for a Decade", August 2018.

最后,从应用设备市场竞争力的国际比较来看,中国的5G标准竞争能力也在逐渐提升,出货量的扩大与市场份额的提高意味着中国标准正在向世界更大的范围内扩散。表13-4给出了2015~2018年全球智能手机五大供应商的手机出货量和市场份额。根据表中数据,全球智能手机国际竞争力最高的五大供应商中有三家位于中国,另外两家分别位于韩国和美国,而且中国智能手机的国际竞争力正在逐渐提高,国外智能手机的国际竞争力则在逐渐降低。一方面,从智能手机的全球出货规模来看,三星与苹果出货规模从2015年的5.56亿部下降到2018年的5.01亿部,年均复合增长率为-3.42%;中国厂商出货规模从2015年的2.51亿部增长到2018年的4.42亿部,年均复合增长率为20.76%。另一方面,从智能手机的市场份额来看,三星与苹果的市场份额从2015年的38.9%下降到2018年的35.7%,年均下降1.07个百分点;中国厂商的市场份额从2015年的17.5%上升到2018年的31.5%,年均提高4.67个百分点。

表13-4　　　　2015~2018年全球智能手机五大供应商的出货量与市场份额

供应商	出货量（亿部）				市场份额（%）			
	2015年	2016年	2017年	2018年	2015年	2016年	2017年	2018年
三星	3.248	3.114	3.177	2.923	22.7	21.1	21.6	20.8
苹果	2.315	2.154	2.158	2.088	16.2	14.6	14.7	14.9
华为	1.066	1.393	1.542	2.06	7.4	9.5	10.5	14.7
小米	0.708	0.53	0.927	1.226	4.9	3.6	6.3	8.7
OPPO	—	0.998	1.117	1.131	—	6.8	7.6	8.1
其他	6.992	6.545	5.777	4.62	48.8	44.4	39.5	32.9
总计	14.329	14.734	14.724	14.049	100	100	100	100

注：2015年的五大供应商中的第五位是联想,其全球出货量0.74亿部,市场份额为5.2%。

资料来源：国际数据公司（International Data Corporation）历年全球手机出货报告（IDC Worldwide Quarterly Mobile Phone Tracker）。

通过上述对5G技术的基础设施、标准竞争能力和应用设备的国际比较分析来看,第四次工业革命为中国提供了实现大国赶超的机会窗口和战略机遇,5G技术的国际标准竞争优势正在从美国等发达国家转向以中国为代表的新兴经济体国家。

3. 国际标准竞争中的"隐秩序"

在第一阶段的 5G 标准制定过程中，全球各主要公司围绕 5G 国际标准展开激烈的竞争博弈，并表现出特征鲜明的国际标准竞争的"隐秩序"。"隐秩序"的概念最初由英国物理学家戴维·玻姆（1980）提出，他指出隐秩序是在更深层的量子层次上还有未被认识的特殊秩序，它决定着浅层面的物理变化，是整体世界的根本秩序。美国科学家约翰·霍兰（2000）将隐秩序的概念扩展到有机物质世界，指出隐秩序就是由自发的相互适应过程构造的复杂适应系统的秩序，并提出隐秩序的四个特性和三个机制，其中前者包括聚集、非线性、流、多样性，后者则包括标识、内部模型、积木。我国学者鲁品越（2002）则进一步将这一概念扩展到人类社会层面，将人类社会秩序分为用权力和法规推行的显秩序和由自发的适应性交往构成的隐秩序。中国新一代人工智能发展战略研究院（2018）借用"隐秩序"的概念对中国智能经济发展的内在逻辑进行了表述，主要是指智能经济发展过程中的多元创新主体之间联系和互动的规则和方式，重点是技术赋能与人才赋能。本节在中国新一代人工智能发展战略研究院（2018）的基础上，将这一概念的研究视角从技术与人才拓展到标准，将研究内容从赋能拓展到竞争领域。本书所称的国际标准竞争"隐秩序"是指，在国际标准竞争过程中由多元参与主体为了实现同一目标，自发地形成适应复杂过程的联系规则和互动方式，并在一定程度上表现为某种显性形式。尽管隐秩序的概念不断拓展，但是其特性和机制依然服从霍兰（2000）的界定。

第一阶段的 5G 标准竞争主要发生了三轮激烈博弈，分别在哥德堡会议、里斯本会议和雷诺会议上进行。在哥德堡会议上，与会者提出了 5G 信道编码的三个方案，分别是美国高通公司主导的低密度奇偶校验码（LDPC 码）方案、中国华为主导的极化码（Polar 码）方案和韩国 LG 电子主导的涡轮码（Turbo 码）方案。每个方案都有不同的支持者，从表 13-5 中可以看出，LDPC 码获得了全球 6 个主要国家和地区的共 22 家企业的支持，其中包括中国的 7 家企业；Polar 码共获得 9 家企业的支持，他们全部来自欧洲和中国，其中欧洲 4 家，中国 5 家。Turbo 码共获得 5 个国家或地区的 6 家企业的支持。从提案支持者的国家分布情况来看，参与竞争的企业以国家为标识逐渐聚集成不同的阵营，阵营分化格局开始初步形成。这主要表现在由美国和韩国主导的标准提案在世界主要国家或地区都有一定数量的支持者，但是由中国主导的标准提案则仅获得本国和欧洲部分国家的支持，美国、日本、韩国甚至印度达成默契，孤立中国标准成为国际标准。这次会议只是提出了 5G 信道编码标准的提案，并未进行投票表决。

表 13–5　三轮国际标准竞争中各方案支持/反对者的国家分布

博弈会议	编码方案	总数	美国	欧洲	日本	韩国	中国	其他
哥德堡会议	LDPC	22	4	2	3	3	7	3
	Polar	9	—	4	—	—	5	—
	Turbo	6	1	2	1	1	1	—
里斯本会议	LDPC	24	2	3	1	1	17	—
	LDPC + Polar	27	5	8	7	4	3	—
	LDPC + Turbo	33	4	5	3	4	17	—
雷诺会议	Polar	55	8	5	1	—	33	8
	TBCC	5	2	1	1	1	—	—
	Polar + TBCC	17	4	2	5	3	1	2

注：哥德堡会议和雷诺会议上都是支持者数据，里斯本会议上为反对者数据。
资料来源：根据 3GPP 第 86 次、第 86b 次和第 87 次会议记录整理得到。

在里斯本会议上经过意见征询后，与会者给出数据信道编码标准的四种意见。但是，由于 Polar 码的支持者只有华为公司一家，因此被排除在票选方案之外，只对其他三种方案进行反对式投票选择。反对式投票结果的公司分布如表 13–5 所示，LDPC 码共受到 24 家企业的反对，其中有 17 个反对者均来自中国，占反对者总数的 70.83%，可见 LDPC 编码方案受到来自中国企业的强烈反对。LDPC 长码 + Polar 短码受到 27 家企业的反对，其中有 24 个来自欧美日韩等国家，占反对者总数的 88.89%。LDPC 码 + Turbo 短码受到 33 家企业的反对，其中主要的反对力量依然来自中国，占反对者总数的 48.48%。

在里斯本会议上，标准竞争的阵营分化格局逐渐明显，全球的主要公司以国家为标识，聚集成两个主要阵营，一个是以欧美日韩等国家和地区为主的西方国家阵营，另一个是以中国企业为主的阵营，西方国家阵营强烈反对中国主导的技术方案成为国际标准。由此可见，中国在 5G 技术领域的迅速崛起引起西方发达国家的强烈不安，它们试图在制定技术标准的过程中"挤出"中国方案，继续掌控 5G 技术的全球标准，以阻碍或限制中国新一代信息技术的发展。中国阵营则采取了与西方国家阵营"针锋相对"的策略，中国企业的态度也发生了明显的转变，在哥德堡会议上相对分散的中国企业此时开始变得集中统一，它们一致支持 Polar 码成为国际标准，并强烈反对 LDPC 码和 Turbo 码。但是根据 3GPP 会议的"一致通过"原则，LDPC 码仍然在标准竞争中胜出，成为数据信道长码的国际标准。

在第三轮的雷诺会议上，在数据信道短码标准方面，中国阵营最初提议采用 Polar 码作为数据信道的短码标准，虽然该方案得到了包括所有中国企业在内的 55 家企业的支持，但是却遭到 14 家欧美日韩企业的反对。西方国家阵营最初则提议采用 LDPC 码作为唯一编码。在控制信道编码方面，两大阵营共提出三种编码方式,每种提案支持者的国家分布如表13-5所示,支持Polar码的55家企业中有33家来自中国,占支持者总数的60%;而且没有任何一家中国企业支持咬尾卷积码(TBCC码)作为控制信道编码标准;第三种复合方案的17个支持者中仅有台湾HTC一家中国企业。由于两大阵营的激烈交锋,双方在数据信道短码和控制信道两方面迟迟未能达成一致,最后欧美日韩等国家的公司不得不三次修改其提案,与中国阵营达成妥协。经过多次博弈后,3GPP最终达成一致协议,即采用灵活的LDPC码作为数据信道的国际标准,采用Polar码作为控制信道的国际标准,中国方案在5G控制信道标准的国际竞争中胜出。

在雷诺会议上,两大阵营已完全分化形成,几乎所有的中国企业默契协调,立场坚定旗帜鲜明地支持本国华为公司主导的Polar码作为控制信道编码标准,并强烈反对欧美日韩等国家和地区提出的标准编码方案,表现出强烈的民族主义或国家主义。通过上述分析可以发现,5G国际标准竞争在表面上看起来是技术方案之间的竞争,但是在更深层次上则受到民族主义或国家主义的支配,民族主义或国家主义成为5G国际标准竞争中的"隐秩序"。在这一隐秩序下,企业根据民族或国家标识的不同聚集到不同的阵营中,这一点在中国的企业中表现得尤为明显;而且在竞争过程中表现出强烈的非线性和多样性特征,参与国际标准竞争的企业主体可能中途退出或加入,而且各阵营内的组成结构也处于动态变化中。

三、现阶段我国新一代信息技术标准发展概况及存在问题

(一)现阶段我国新一代信息技术标准发展概况

我国高度重视新一代信息技术发展及其标准竞争。2010年10月发布的《国务院关于加快培育和发展战略性新兴产业的决定》(以下简称《决定》),正式提出新一代信息技术产业并将其确立为战略性新兴产业。《决定》还提出,为培育良好的营商环境,促进企业技术创新,提升产业核心竞争力,需要加快建立有利于战略性新兴产业发展的行业标准和重要产品技术标准体系;鼓励我国企业和研发机构参与国际标准的制定,鼓励外商投资企业参与我国技术标准制定,共同形成国际标准。国家标准化管理委员会公布的数据显示,2010~2017年,我国在新一代信息技术领域共发布标准数量为3955项,实施标准数量为3779项。这一期间,我国新一代信息通信技术每年发布和实施的标准数量总体呈上升趋势(见图13-1)。具体来看,2010年以来中国在大数据、物联网、云计算、人工智能等新一代信息技术多个细分领域成立了专门的标准工作组,标准研发与制定的组织机构逐渐建立和完善,初步形成了政产学研用五位一体的标准化研发体

系；在各个细分领域中构建起涵盖基础标准、技术标准、平台标准、应用标准、服务标准等在内的标准体系框架，并且在安全/伦理/道德标准方面也取得了一定的进展（见表13-6）。

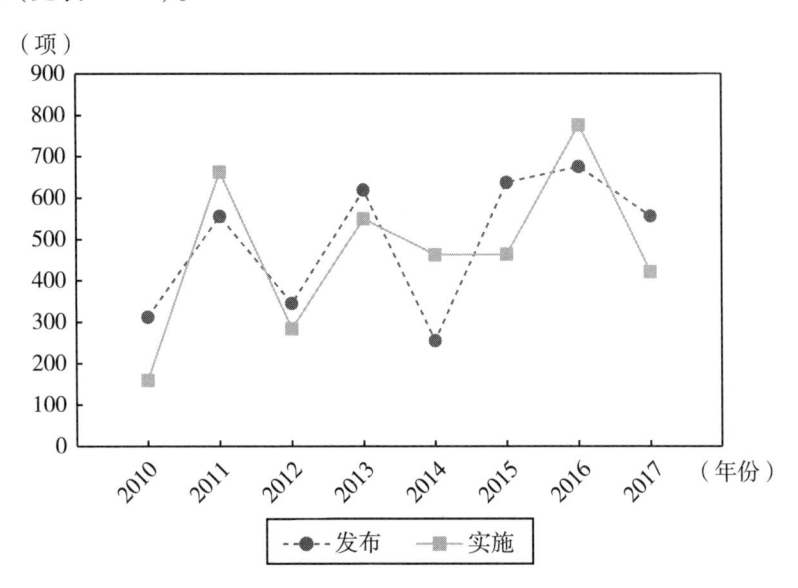

图 13-1　2010~2017 年新一代信息技术标准发布和实施数量

资料来源：笔者根据国家标准化管理委员会网站公布的数据整理。

表 13-6　中国新一代信息技术重要技术领域的标准发展状况

技术领域	标准制定组织	主要成员	标准体系框架
大数据	全国信标委大数据标准工作组、全国信安委大数据安全标准工作组等	中国电子技术标准化研究院、成都标准化院、江苏经信委、华为、中兴、浪潮、九次方、北京大学等	基础标准、数据标准、技术标准、平台和工具标准、管理标准、安全和隐私标准、行业应用标准
物联网	国家传感器网络标准工作组、国家物联网基础标准工作组等	中国电子技术标准化研究院、公安部、华为公司、京东方、同济大学等	基础类、感知类、网络传输类、服务支撑类、业务应用类、共性技术类
云计算	全国信标会云计算标准工作组	北京经信委、腾讯、华为、清华大学、北京大学等	基础、网络、整机装备、软件、服务、安全、其他
人工智能	全国信标委用户界面分委会人工智能工作组、国家人工智能标准化总体组和专家咨询组等	中国电子技术标准化研究院、科大讯飞、华为、阿里巴巴、腾讯、商汤科技、清华大学、北京大学等	基础标准、平台/支撑标准、关键技术标准、产品及服务标准、应用标准、安全/伦理标准

（二）现阶段我国新一代信息技术标准发展存在的主要问题

尽管我国在新一代信息技术标准制定方面取得明显进展，但与发达国家相比，仍存在许多不容忽视的问题，主要包括以下几个方面。

第一，标准发展及竞争战略有待进一步完善。从国际比较看，目前世界主要发达国家都制定实施了本国的标准发展及竞争战略，以推动本国标准竞争能力的提升。如美国、日本和韩国等国家的标准化战略，至今已经历了若干阶段。美国标准化战略制定的标志性事件分别是2000年美国国家标准协会发布《美国国家标准战略》，这是美国标准发展与竞争战略的第一个纲领性文件；2005年发布《美国标准战略》，重点强调标准发展与竞争的国际性；2010年对《美国标准战略》进行重新修订；2015年再次修订《美国标准战略》，强调标准面向未来的重要性，以此应对新工业革命的发生。韩国在其《国家标准基本法》中规定政府应每五年制定一次"国家标准基本计划"，2000年发布第一次国家标准基本计划（2001—2005），初步构建国家标准化体系；2006年发布第二次国家标准基本计划（2006—2010），推动国家标准发展与竞争能力的提升；2010年发布第三次国家标准基本计划（2011—2015），全面实施国际标准竞争战略；2016年发布第四次国家标准基本计划（2016—2020），突出强调智能标准的重要性，并将智能产业和融合型产业标准的研发制定作为12项重点任务之首。日本的标准化战略也已经历三个阶段：第一阶段为2001~2005年的日本标准化专项国家战略，核心是推动国际标准化；第二阶段为2006~2013年的日本国际标准综合战略，以举国体制参与国际标准竞争；第三阶段是2014年至今的标准化官民战略，建立企业主导的标准化工作体制。

与主要发达国家相比，我国的标准发展与竞争战略尚不完善。首先，我国缺乏中长期的标准发展与竞争战略，新修订的《中华人民共和国标准化法》中也未明确提出标准发展与竞争战略的实施方案。目前已发布实施的《国家标准化体系建设发展规划（2016—2020年）》，仍属短期规划，对中长期标准发展与竞争缺乏相应的指导。2018年新提出的《中国标准2035》尚处于起步阶段，还未正式颁布实施。其次，我国缺乏与国家重大战略相对接的标准发展战略。如2015年，我国发布《中国制造2025》，实际是对标德国工业4.0发展战略。而早在2013年，德国政府就发布了第一版的《德国工业4.0标准化路线图》，并分别在2015、2018年进行修订。我国仅在2015年、2016年分别发布《国家智能制造标准体系建设指南》《装备制造业标准化和质量提升规划》，以对接《中国制造2025》发展战略，但在规划范围、层次上与《中国制造2025》存在较大差距。

第二，标准发展落后于技术发展。新一代信息技术发展速度很快，而我国相关技术标准的制定实施严重落后于技术的发展。首先，标准研发速度落后于技术创新速度。国家标准的制定周期平均约为 36 个月，而根据摩尔定律，信息技术创新周期为 18 个月，标准发展周期是技术创新周期的两倍左右，标准发展难以跟上技术创新的节奏，导致技术创新的无序状态较为严重。其次，标准供求结构失衡问题突出。在大数据领域，数据分析、数据质量、工业大数据和政务大数据等方面的标准供给难以满足市场对相关标准的需求。在物联网领域，感知技术、应用服务等方面同时存在标准重复和标准稀缺的矛盾问题，未能实现相关标准的协调统一。在人工智能领域，相关标准仅取得初步进展，在标准框架体系、平台标准、关键共性技术标准等方面还存在严重缺失，供求结构严重失衡。最后，兼容性标准发展落后于技术扩散速度。新一代信息技术作为第四次工业革命的通用性技术，正向多个行业迅速扩散、渗透，几乎涵盖三次产业的所有领域。在技术扩散、渗透过程中，要对其他产业的资本设备进行数字化、网络化、智能化改造，由此需要新一代信息技术与传统生产设备及技术实现兼容。但目前，我国新一代信息技术的兼容性标准相对缺失，由此制约了该类技术对传统产业的改造进程与质量。

第三，标准的国际影响力有待提升。目前，我国新一代信息技术标准水平与第二大经济体的国际地位与影响力不相称。首先，我国在新一代信息技术标准领域的国际话语权较低。我国提交 ISO、IEC 并正式发布的国际标准占比仅为 1.58%，承担的 ISO、IEC 技术机构秘书处数量仍低于德国、美国、日本等发达国家。[①] 其次，缺乏国际性的标准发展组织。世界三大国际性标准发展组织——ISO、IEC 和 ITU 的总部均位于瑞士日内瓦，我国到目前为止仍缺乏在世界上有国际影响力的标准发展组织，不仅如此，即使在亚洲地区，也尚未成立以中国为主导的区域性标准发展组织，尤其是在新一代信息技术领域掌握国际标准或区域标准制定权与选择权的标准组织。最后，中国新一代信息技术标准的国际输出扩散范围较为狭窄。目前被其他国家广泛采用的中国标准中，较具代表性的是由我国主导完成的 4G 标准，欧洲、美国、日本和印度等的电信运营商、设备制造商和芯片制造商宣布采用由中国主导完成的下一代移动通信标准 TD-LTE 作为 4G 商用网络标准。但就整体而言，我国标准被其他国家和地区广泛采用的数量仍然较少，标准的国际输出能力仍然较低，通用标准、认证程序标准、测试标准等大多数领域的中国标准依然难以实现全球性采用。

四、我国新一代信息技术标准竞争战略及对策选择

当前，以新一代信息技术广泛应用为特征的第四次工业革命正在全球孕育发

[①] 《我国国际标准化贡献率跃居全球第五》，搜狐网，2018 年 1 月 16 日。

生，标准竞争成为世界主要国家竞争的焦点。对于我国来说，采取有效措施，着力提升我国在新一代信息技术标准制定方面的能力，是有效应对第四次工业革命、抢占未来发展制高点的重要一环。为此，应采取以下相应对策。

第一，加快完善新一代信息技术标准化发展的顶层设计。基于我国标准化发展水平及国际竞争态势，出台与《中国制造2025》《新一代人工智能发展规划》等国家重大战略相对接的新一代信息技术标准发展规划，从发展目标、发展阶段、组织机构、实施机制、保障措施等方面对我国未来中长期新一代信息技术标准化发展进行规划，并重点对基础共性标准、关键技术标准和行业应用标准等加以突破，明确我国新一代信息技术标准的阶段性发展目标、推进机制与路径。

第二，加快推进新一代信息技术与传统产业的融合发展，推动兼容性技术标准发展。推动实施"互联网+""人工智能+"等战略，加快新一代信息技术对传统产业的数字化、网络化和智能化改造升级，在这一过程中建立适合我国产业、技术发展要求的新一代信息技术兼容性标准，并借助于这一标准，进一步深化新一代信息技术对现有产业的改造升级和融合发展。

第三，加强新一代信息技术的关键共性技术研究。标准是研发过程的一部分，其核心和根本因素是技术，因此，关键共性技术的研发与突破对标准竞争地位具有决定性影响。首先，进一步明确新一代信息技术的关键共性技术领域。尽快修订由工信部发布的《产业关键共性技术发展指南（2017年）》，对其中的电子信息与通信业部分，在已有的大数据和工业互联网的内容基础上，重点增加人工智能、增强现实、区块链、无人机、物联网、机器人、下一代通信网络（4G）、第五代移动通信技术（5G）、智能终端等新一代信息技术的内容，发布新版的《产业关键共性技术指南》，以指导行业的技术创新与标准研发。其次，提高政府政策对关键共性技术研发的支持力度。明确政府在关键共性技术研发中的重要作用，强化资金支持，注重发挥研发补贴、税收优惠与减免等政策作用；设立新一代信息技术国家专项基金和产业发展基金，定向支持新一代信息技术的基础性和关键共性技术研发。与此同时，鼓励、引导社会资本积极参与新一代信息技术研发，发展风险资本，优化关键共性技术研发资本的结构。最后，营造良好的技术研发环境，搭建关键共性技术研发与转化平台，促进关键共性技术的产学研协同研发，提高研发成果转化率，进而加快关键共性技术事实标准的确立。

第四，优化新一代信息技术标准的组织结构。首先，提高政府机构对标准研发与制定的参与程度。在美国，政府在支持智能系统创新与标准制定过程中具有召集人、协调者、技术领导者、参与者、采用者与推动者等角色和作用（Ho and O'Sullivan，2017），我国在新一代信息技术标准制定过程中，应借鉴美国等发达国家的经验，使政府机构在各标准发展组织和技术委员会中获取成员资格。其次，促进新一代信息技术标准化组织建设。目前在我国，主要从事新一代信息技术标准研制的是全国信息技术标准化技术委员会和全国信息安全标准化技术委员会等,尚缺乏专门从事智能科技标准研制工作的组织机构。应尽快在相应的组织机构中成立人工智能分技术委员会、大数据分技术委员会、物联网分技术委员会等分支机构,以专门负责人工智能等新一代信息技术标准的制修订工作。最后,鼓励相关企业联盟协同进行标准研发。基于企业联盟的市场机制和组织机制相结合的技术标准形成机制,是中国信息技术标准制定机制的现实的选择(吕铁,2005)。进一步推动中国人工智能产业发展联盟(AIIA)、中国大数据技术与应用联盟(BDTAA)、中国云计算技术与产业联盟(CCCTIA)、中国机器人产业联盟(CRIA)等国家级技术与产业联盟的发展,搭建联盟技术交流与合作平台,优化联盟内部组织结构,鼓励联盟内企业合作参与新一代信息技术标准研发与制定。特别是,应加快由国家部委牵头成立中国5G技术与产业发展联盟,弥补5G技术领域国家级联盟的空白,增强我国5G等新一代信息技术与产业联盟发展的综合实力。

第五,增强新一代信息技术标准化发展的国际合作。首先,积极参与国际标准制定。中国应与国际标准发展组织之间开展广泛的合作,在主要国际标准发展组织(如国际标准化组织、国际电工委员会和国际电信联盟等)及其下设的技术委员会(TC)和分技术委员会(SC)等中争取更多高级职位,深度参与国际标准制定工作,提升我国自主标准的国际化水平和国际标准制定的主导力。其次,牵头建立国际性标准化组织。加强与OECD国家、金砖国家和"一带一路"沿线国家之间的标准化合作,联合建立以中国为主导的新一代信息技术国际标准化组织,负责制定新一代信息技术国际标准,协调各国标准化组织之间的工作,并预测国际标准发展趋势与需求等。再其次,鼓励本土企业积极参与国际标准化会议,构建高效的国际间技术标准交流机制,促进国际标准的合作交流与研发;利用产业政策、竞争政策和知识产权保护政策等,支持和促进新一代信息技术产业发展,鼓励本土大型科技企业收购国外掌握先进技术标准的科技企业,同时应注意对有控制性份额的外国大公司要防止其滥用知识产权、标准优势的行为以及对我国企业不合理的购并行为(杜传忠,2008)。最后,加大标准化国际高端人才的引进力度。与全球顶尖研究机构、标准组织和科技企业等建立广泛合作关系,吸引全球标准化方面的知名专家来我国工作,鼓励该领域出国留学人员回国创业。

第十四章

新一代人工智能与我国产业转型升级

人工智能作为新一轮科技革命和产业变革的重要驱动力量,是引领这一轮科技革命和产业变革的战略性技术,具有溢出带动性很强的"头雁"效应。加快发展新一代人工智能是事关我国能否抓住新一轮科技革命和产业变革机遇的战略问题。[①] 新一代人工智能正在多个行业部门加速扩散并得到越来越广泛的应用,为我国产业转型升级及经济高质量发展提供了新的巨大动力。我国一方面应大力推进智能产业化,另一方面应加快推进产业智能化,用新一代人工智能改造提升传统产业。本章首先分析新一代人工智能推动中国产业转型升级的机制与路径;进而分析发达国家人工智能技术与产业的经验及借鉴;进而分析我国新一代人工智能产业的发展模式及对策;最后,对智能产业生态系统的结构性特征及其对我国的启示进行分析。

第一节 新一代人工智能推动中国产业转型升级的机制与路径分析

一、新一代人工智能的基本特征及功能

(一)新一代人工智能的基本特征

人工智能一般被认为是通过对人的智能进行模拟实现机器的智能化的一种技术形态,它属于颠覆性、突破性重大技术创新的范畴。考虑到算法、计算力和大数据对新一代人工智能发展的基础性作用,我们认为,人工智能是一种更高级形

---

① 《推动我国新一代人工智能健康发展》,新华网,2018年10月31日。

态的自动化技术，将通过模拟人的智能实现机器的智能化，实现途径是依据自主化的机器学习算法，基于现代计算机强大的计算力以及通过海量的大数据训练，归纳总结出规律并进行决策。随着世界主要国家积极布局人工智能，加之人工智能技术在各个产业中的广泛渗透和应用，可以预见，人工智能将进入加速发展期并引发传统生产方式和产业结构重大而深刻的变革，并进而对经济、社会的各个领域产生广泛而深刻的影响。

新一代人工智能的基本特征包括以下几点。

第一，广泛渗透性。信息通信技术（ICT）是新一代人工智能技术发展的技术基础，随着移动互联网和物联网等信息通信技术的迅猛发展与广泛应用，人类进入互联互通的信息网络时代，而泛在的信息通信网络不仅是"万物互联"的基础，也为新一代人工智能技术的广泛渗透提供了基础设施。新一代人工智能技术通过与移动端和物联网设备的融合，将推动各种终端设备进行智能化改造和升级，形成了智能制造、智能手机、无人驾驶、智能家居、智慧城市等新产业、新业态，由此体现了新一代人工智能技术在各产业部门广泛的渗透能力。

第二，系统智能化。智能化是新一代人工智能系统的标志性特征。首先，人工智能系统基于机器学习方法和大量应用场景的训练数据，可以实现自主学习，并归纳总结出规律和进行决策；其次，基于生产过程中的数据，人工智能系统可以挖掘出影响工厂生产效率和产品质量等方面的因素，进而重新组织制造系统中各单元按照最优方式进行生产；最后，人工智能系统通过实时获取和快速响应生产制造环节中的关键零部件和产品质量等状态信息，对系统故障进行预测和自我诊断，并通过不断调整生产参数对故障进行排除和修复。由此，使系统智能成为新一代人工智能的典型特征。基于智能性特征，新一代人工智能系统在一定程度上具备了自学习、自决策、自组织、自维护等能力。

第三，数据驱动性。新一代人工智能技术的应用需要海量的行业和用户数据。数据对于人工智能犹如粮食对于人类，只有利用海量数据进行训练才能不断提升机器的智能化能力，由此使新一代人工智能体现出显著的数据驱动性特征。该特征使人工智能技术在应用过程中，只有整合各个行业部门的数据才能发挥其最大潜能。以智能制造为例，智能工厂需要通过与用户以及供应商之间进行互联互通，才能更好地进行价值创造。用户参与生产的"客户到工厂"（customer to manufactory，C2M）模式促使传统大规模生产向生产定制化转变；工厂与供应商的无缝连接将实现更可靠和迅速响应的供应链。如果工厂、客户和供应商之间存在"信息孤岛"，就不可能真正实现制造以及供应链的智能化转型。值得注意的是，数据的开放和共享会涉及信息安全、数据归属以及用户隐私等问题，在现实应用过程中需要从法律方面加以规范和治理。

（二）促使产业跨越式转型与升级是新一代人工智能的根本功能

传统工业体系中，产业技术经过不断改进已经形成了完善的产业技术生态系统，因此，传统的成熟工业技术体系下产业转型升级的技术路线已经较为明确。在传统的技术经济范式下，后发国家的产业发展往往是遵循比较优势（comparative advantage following），通过渐进式技术创新实现产业技术不断累积（金京等，2013），并沿着既定的技术路线一步一步推动产业转型升级。而技术创新作为产业转型升级的核心推进因素（金碚，2011），除了渐进式技术创新范式，还存在突破性技术创新范式。突破性技术创新也即熊彼特（2002）提出的"创造性毁灭"过程，激进的新兴技术为产业发展提供了新的更具效率的技术路线，从而将推动产业"跨越式"发展。当下，第四次工业革命正在全球孕育发生，其中，新一代人工智能技术已经具备突破性和颠覆性技术潜力，将为产业实现技术路线优化以及跨越式发展提供机会窗口。

从技术发展来看，新一代人工智能技术是在大数据、云计算和物联网等信息通信技术的基础上实现的重大突破，前三次工业革命下机器主要是对人类体力劳动的替代，而第四次工业革命下新一代人工智能技术将实现机器对人脑思维认知功能的模拟，从而推动机器进入替代人类脑力劳动的阶段，最终实现对前三次工业革命的新裂变，智能化成为第四次工业革命与前三次工业革命的本质区别；从历史维度看，基于颠覆性的技术创新实现产业转型升级往往发生在工业革命之中，而当下第四次工业革命构成了新一代人工智能出现的现实背景；从技术影响力来看，新一代人工智能具备广泛渗透性特征，能够引发各个产业部门的通用技术的变革，新一代人工智能技术在传统产业部门中的渗透将促使智能化的生产方式以及商业模式的形成，进而对经济社会产生广泛而深刻的影响；从关键生产要素来看，新一代人工智能技术的重要特征是数据驱动性，数据构成了其关键生产要素，区别于第三次工业革命中芯片作为关键生产要素。可见，新一代人工智能具备了突破性和颠覆性的技术特征，将为产业提供更具效率的技术路线，进而推动产业实现跨越式转型与升级。

二、新一代人工智能对中国产业转型升级的作用机制

新一代人工智能将通过重塑技术经济范式，实现智能化产业形态变革以及生产力的跃升，从而引导产业向更高质量的现代产业体系转变，实现产业转型升级。

第一，第四次工业革命下新一代人工智能为中国构建自主技术路线提供了机会窗口。改革开放以来，我国主要是通过参与全球价值链体系，基于技术引进、

技术溢出和模仿创新等途径实现技术不断积累和产业快速发展。不可避免地，我国产业技术发展方式被限制在发达国家既定的技术路线中。虽然沿着发达国家既有的技术路线进行产业转型升级具有后发优势，但仍存在弊端。事实上，我国依从既定技术路线进行产业转型升级不仅形成了对发达国家的路径依赖，更为严重的是破坏了自主创新的积极性，最终导致我国产业技术发展长期锁定在"技术引进—技术落后—技术再引进"的低水平循环中。而基于新一代人工智能，第三次工业革命中形成的自动化生产方式将进一步向智能化的技术经济范式演进，为中国产业进行技术路线优化和构建自主技术路线提供了基础。一方面，在第四次工业革命下以"智能"为核心特征的技术路线为中国实现技术路径转换提供了契机，通过对原有发达国家掌控的技术路线的突破，将打破中国产业发展长期存在的低端锁定效应。随着未来产业的网络化、数字化和虚拟化进一步发展，将为新一代人工智能技术提供更加广阔的应用空间，从而进一步放大人工智能的作用，其对泛在的海量数据的挖掘能有效转化为生产力，进而推动传统产业的转型升级。另一方面，新一代人工智能尚处于发展初期，产业发展的大量核心技术仍在研发攻克中，中国与西方国家处于同一起跑线。我国如果能够通过政府、高校和企业等多方协调合作，加大研发力度和自主技术创新，掌握产业发展的关键技术，将实现在全球价值链中的地位升级。同时，对新技术路线中关键技术的掌握也为中国参与新技术路线的标准体系制定提供了保障，实现由引进标准的追随者向制定标准的领导者身份转变，进而大大提高中国产业的国际竞争力和话语权。

第二，"倒逼"传统劳动力向高素质劳动力转变，为技术和知识密集型产业发展提供人力资本支撑。在知识经济时代，人力资本是知识和技能的重要载体，也是产业发展的关键投入要素，其重要性愈来愈凸显。我国高端人力资本不足抑制了劳动力密集型和资源密集型产业向技术密集型产业的转型升级，而新一代人工智能技术将促使人力资本结构进行优化，为产业转型升级提供支撑。一方面，新一代人工智能技术将实现对中低端人力资本的替代。新一代人工智能在制造、金融、零售和交通等产业部门的广泛渗透和应用将催生出诸如智能制造、智能投资、无人超市和无人驾驶等新经济、新业态和新模式，将大大减少在众多重复性高以及规则标准化工作岗位中低层次劳动力的需求，即引起机器对劳动力的"替代效应"。麦肯锡（2017）认为随着人工智能技术的广泛应用，全球约50%的工作内容可以利用机器进行替代。[①] 例如，随着目前新一代人工智能在语音识别领域技术水平的快速提升并进入商业化阶段，其在文本输入等行业将发挥更大作用，录入员和速记员等工作岗位将会在新一代人工智能的发展下受到较大程度

---

① 麦肯锡：《中国人工智能的未来之路》，2017年。

的压缩。

与此同时，新一代人工智能对劳动力市场将会形成激励效应，促使人类进行"更具创造性"的工作，"倒逼"中国劳动力禀赋结构进行优化升级。新一代人工智能的不断发展将会创造新的产品和服务，从而提供众多新兴的工作岗位，也就是说，新一代人工智能存在岗位"创造效应"。由于新一代人工智能是一种技能偏好型技术进步，新的工作岗位将要求更加高技能的劳动力与之进行匹配。在就业市场加大了对高端人力资本需求的情况下，人们会加大在教育方面的投资，促使劳动力禀赋结构由劳动密集型向知识和技术密集型转变，从而加速推进中国高端人力资本的积累。而充足的高端人力资本不仅有利于提高自主创新能力，也将为中国发展技术和知识密集型产业提供重要支撑。

第三，新一代人工智能将引发密集的技术创新"簇群"以及催生出众多新兴业态，进而引导产业向更具效率的智能化产业形态转变。工业革命的历史经验表明，突破性和颠覆性技术的出现会开启一个广阔的技术创新空间，引发大量的互补性技术创新，从而形成密集的技术创新"簇群"现象。在第四次工业革命下，新一代人工智能也将通过引发技术创新"簇群"来推动众多新经济、新业态和新模式的兴起。随着人工智能技术在应用场景的渗透，大量的互补性技术创新和组织变革将在最先应用的产业部门中应运而生；之后，首先应用人工智能技术的部门在生产效率、竞争力和利润率方面获得大幅提升，从而吸引社会各个产业部门加大对新一代人工智能技术的投资。这种良性循环促使突破性技术广泛渗透到各个产业部门，并带动整个经济领域的产业组织、商业模式和生产方式等一系列的革新，最终促使以智能化为核心特征的高质量现代产业体系逐渐建立，实现产业向更有效率的产业形态转型升级。

第四，新一代人工智能促使智能化和自动化的机器替代和辅助人类工作，促使生产力的提升。随着我国老龄化日趋严重，传统的劳动力无限供给的局面难以为继。人口结构的变化意味着我国正在失去劳动力这一推动经济增长的动力，劳动密集型产业不再具备比较优势，产业迫切需要进行转型升级，而产业转型升级的本质就是要以提升生产力作为经济增长的新动力。新一代人工智能技术正是提高生产力的重要机遇，通过替代和辅助人类工作，人工智能系统可以更加高效地完成工作，进而提升生产力水平。特别是在流程化与标准化的工作岗位中，由于在中国经济结构中存在相当大比重的可重复的与可自动化的工作内容，人工智能技术具有广阔的应用空间。根据麦肯锡（2017）的数据，考虑到应用速度的不同，基于新一代人工智能的自动化将为中国生产力的提升带来每年 0.8~1.4 个百分点的增长。[①] 与此同时，新一代人工智能技术具备

---

① 麦肯锡：《中国人工智能的未来之路》，2017 年。

的"智能"使其能够在一些复杂的应用场景中替代或辅助人类工作。以医疗行业为例，根据已有的患者案例数据，人工智能技术的深度学习能力使其可以迅速从中找到一些特征和规律，从而建立医生临床辅助决策系统，有利于提高医生的诊断能力和诊断效率。

三、新一代人工智能推动中国三次产业转型升级的路径分析

（一）新一代人工智能推动工业制造业转型升级的路径分析

第一，打造智能制造体系。基于新一代人工智能技术在工业领域的应用，推动构建智能制造体系，促使生产制造实现自诊断、自维护和自运营等，进而提高工厂生产与管理效率。例如，在工厂运营维护方面，根据工厂运行的历史数据，新一代人工智能可以实现故障的预测、自动识别和诊断；在能源消耗方面，通风设备等可自动随机床停机而关闭，或随机床运行温度自动控制风速，从而实现能源节约；在产能控制方面，基于网络化和开放式的智能工厂不断搜集市场供需等大数据，并利用智能决策系统提供决策信息来合理安排产品品类和数量等生产计划，实现生产制造与市场需求之间的动态匹配，进而解决库存和产能过剩问题。

第二，推动构建新的组织方式和商业模式。在生产组织方面，基于开放式智能制造体系，加快构建协同制造模式。利用协同制造模式打破离散企业之间的时空约束，整合整个供应链中的合作伙伴，促使工厂供应链形态向网络化和扁平化转变。通过共享生产经营信息，实现自主化和快速响应的供应链管理，最大限度地缩短新产品上市的时间，缩短生产周期，快速响应客户需求，从而提高设计和生产柔性；同时，利用协同制造模式聚合行业优势资源，通过为企业引入外部生产与创新资源解决内部的生产和设计等问题。在商业模式方面。基于开放式智能制造体系打造定制化制造商业模式，基于企业与用户间的无缝对接，精准预测和把握用户需求，进而根据用户多元化与个性化的需求进行柔性生产，推动传统的"工厂到消费者"模式向"消费者到工厂"模式转变。

第三，推动制造业服务化发展。"制造+服务"的新模式已经愈来愈成为制造企业销售收入和利润来源的主要基础，也就是说，制造业服务化发展已经成为制造业打造竞争优势的关键，是引领制造业向高端升级的重要路径（黄群慧，2017）。而新一代人工智能为制造企业充分挖掘客户大数据提供了技术基础，为制造业围绕产品进行服务活动提供了有力支撑。因此，应加速推进新一代人工智能技术在制造产品中的应用，助力打破传统制造企业仅是硬件产品提供商的僵化定位，利用制造产品监测设备的运营状况来分析客户需求，从而基于制造产品提

供高附加值服务，为客户提供"产品+服务"的一体化解决方案，进而推动制造业的服务化转型。

（二）新一代人工智能推动服务业转型升级的路径分析

一方面，通过工业扩大对服务业的需求促进服务业高质量发展。传统工业的代工发展模式导致我国制造业被锁定在全球价值链的低端并抑制了其对生产性服务业的需求。而新一代人工智能为工业转变发展路径提供了机会。在第四次工业革命下，应以新一代人工智能技术作为工业转换技术发展路径的契机，大力发展高端智能制造业，进而扩大对生产性服务业的需求。工业扩大对生产性服务业的需求为服务业高质量发展创造了条件，从长期看，中国服务业的研发和营销能力会逐步培养起来。同时，工业和服务业良性互动对服务业发展具有非常重要的意义，是服务业转型升级的内在要求。因此，应进一步将高质量发展的服务业具备的智力资本嵌入工业中，进而推进工业发展，促使工业和服务业逐渐形成良性互动和协同发展的局面。

另一方面，加速推进智能机器人在服务业中的应用，提升服务质量和行业劳动生产率。加快新一代人工智能在重复性高的服务岗位上的应用，提高标准化和流程化的服务岗位中智能机器的使用比例，推动服务工作的自动化。例如，在资讯和新闻的写稿领域，基于新一代人工智能技术构建高效的智能写稿系统，促使机器人自动跟踪、捕捉市场动态，按照一定标准化格式进行客观描述，从而在极短的时间内形成资讯信息推送给用户。利用这种自主化方式加快写稿速度，同时，借助标准化的写稿格式减少质量波动，进而减少人力投入，提高服务质量和劳动生产率。

（三）新一代人工智能推动传统农业转型升级的路径分析

一方面，推动传统农业向智慧农业转型。智慧农业是更具效率的现代农业生产体系，依托在农业生产现场的物联网实现农业生产的智能感知，运用新一代人工智能技术进行智能分析和智能决策，有助于促使农业生产的高效化、绿色化和智能化。在农业生产环节层面，应加速新一代人工智能在农业中的渗透，推动传统的落后生产方式向生产自动化和智能化转变。例如，通过对农作物以及农业环境等数据的实时监测，利用智能控制系统自主依据现实需要采取精准施肥、节水灌溉、补充光照以及病虫害预测防治等措施，而自动化和智能化的智慧农业系统将有效提升农业劳动生产率。在农业生产计划方面，加快实现智能化的生产计划安排，解决农产品供给和需求不匹配问题。在农业生产前期就根据农产品的市场需求和市场供给等大数据进行预测分析和决策，"自主"制订最优的生产计划来指导和安排农业生产的品种和数量，进而实现农业生产供需平衡。

另一方面,推动农业产业链的延伸。延伸农业产业链是传统农业向现代农业转型升级的必然选择,有利于提高农业附加值。应以智慧农业为基础,推进农业与工业和服务业的融合发展,进而促使农业产业链的延伸。围绕农业与工业产业链整合,应加快推进农业生产自动化、机械化和智能化。通过新一代人工智能技术在农业中的普及,推动智慧农机在农业种植、植物保护和农产品收割中的使用,从而以自动化、机械化和智能化的农业生产方式带动农业和工业的融合发展。围绕农业与服务业的产业链整合方面,首先,推动农业管理的现代化。充分利用智慧农业体系的数字化、网络化和智能化条件,推动农产品全生命周期的管理,进而提升农产品的质量控制和品牌保护能力。其次,全力打造农业发展的新模式和新业态。以绿色化和集约化的智慧农业生产方式为基础,推进观光式和体验式农业的发展,促使农业成为旅游、生态和休闲养生的一种载体,进一步拓展与挖掘农业发展空间。最后,创新农产品流通和销售方式。发挥智慧农业的数字化和网络化优势,打通智慧农业生产端和消费者之间的信息壁垒,促使消费者与农业生产端进行无缝连接,进而打造扁平化的高效农产品流通网络以及构建定制化的新型农产品产销模式。

四、利用新一代人工智能推进中国产业转型升级的对策

为充分发挥新一代人工智能的作用,促进中国产业转型升级,应重点采取以下对策。

第一,有效发挥政府产业政策的作用。产业政策一直是推动中国产业发展的重要工具,在第四次工业革命背景下,为加快推进产业转型升级,产业政策仍需发挥作用。首先,政府应积极发挥引导和推动作用。一方面,引导生产要素进入新技术、新业态领域,加快新技术的商业化以及新兴业态的发展;另一方面,推动传统产业利用新一代人工智能技术进行改造和提升,促使传统产业向智能化的产业形态转变。其次,加大信息通信技术基础设施建设。历次工业革命都会引起基础设施的革新,第四次工业革命下,有必要加大对云计算、物联网和5G等信息通信技术基础设施的建设,以为新一代人工智能的发展和应用提供硬件支撑。最后,完善产业配套环境。通过改善知识产权环境、提升政府服务效率、降低税费,为智能科技产业的发展提供更具成本优势的软环境。

第二,充分发挥企业在产业转型升级过程中的主体性作用。一是企业应加快推动与新一代人工智能互补性的技术创新,促使技术创新"簇群"现象的出现,加快建成人工智能产业生态系统。二是与高校等创新主体进行产学协同合作,为高校人才培养提供场所、师资与资金的支持,帮助高校提高教学质量。三是企业

可以推动资源流向智能制造、智慧城市、智慧物流、智慧医疗等领域,为新一代人工智能产业发展拓展更多应用场景。四是加快商业模式创新。企业应根据新一代人工智能技术重新定义企业管理和运营方式,通过资源整合以及跨界经营等方式加快形成与智能化时代相适应的商业模式。

第三,加快培养和引进高水平人工智能人才。新一代人工智能带来"技能偏好型技术变革",其势必将对劳动力市场产生极大冲击。未来,具备数字化技能的劳动力将愈来愈重要,因此,有必要未雨绸缪,加快智能科技领域人力资本的积累。首先,加快人工智能人才培养步伐。依托高校和研究院所,优化课程体系,加紧培养人工智能方面的专业人才。其次,应以产业需求为导向,推进高校学科交叉融合发展,围绕人工智能技术与产业发展培养一批既熟悉人工智能技术,又了解人工智能产业运作的复合型人才。最后,吸引海外人才。充分利用人才计划,通过薪酬补贴以及营造良好工作环境等措施,吸引海外人才回国发展。

第四,进一步加大人工智能领域的研发投资力度。技术创新是决定智能科技产业领域话语权和竞争力的关键,而研发投资是实现技术创新的保障。首先,应集中精力攻克关键技术。设置关键技术专项计划,通过财政补贴、税收优惠以及资金配套等方式提供研发资金支持,以"双一流"高校、科研院所和高科技企业等为团队,集中对关键性技术进行攻关,并积极推进标准的制定。其次,对于关键的基础性技术领域,需要政府发挥主导作用,组织团队和投入资金进行攻关。再其次,在技术开发模式选取方面,可以采取快速迭代方式进行技术开发。在技术基本达到商业应用阶段,即可推动技术的商业应用,并基于市场反馈来不断完善技术。最后,实施开放式创新战略。构建协同、开放式创新网络,聚集国内外创新资源,联合开展人工智能领域新技术的研发与转化。

第二节 发达国家人工智能发展经验及其对中国的借鉴[①]

一、发达国家人工智能发展的基本目标导向

发达国家的人工智能发展战略及规划是基于技术—经济范式的演进规律、数字化、网络化、智能化技术发展的基本特征及趋势,以及本国产业、技术发展要求制定的,具有明确的目标导向。日本政府把人工智能作为超智能社会5.0与第

---

① 杜传忠、陈维宣:《发达国家人工智能发展经验及其对中国的借鉴》,载于《湖南科技大学学报》2019年第3期。

四次工业革命的核心,在其人工智能"三步走工程表"战略中明确提出每个阶段具体的发展目标。其中,第一阶段(2017~2020年)目标为确立无人工厂和无人农场技术,普及新药研制的人工智能支持,实现生产设备故障的人工智能预测;第二阶段(2020~2030年)目标为达到人与物输送及配送的完全自动化,机器人的多功能化及相互协作,实现个性化的新药研制,以及家庭与家电人工智能的完全控制;第三阶段(2030年以后)目标为使护理机器人成为家族的一员,实现出行自动化及无人驾驶的普及(人为原因交通事故死亡率降为零),能够进行潜意识的智能分析并实现本能欲望的可视化。英美等发达国家虽然未曾制定明确的阶段性目标,但也均在其国家战略中以发展愿景的方式表达出发展人工智能的目标导向。其中,德国的目标锁定在未来的数字强国上,具体包括以数字化价值创造推动就业,构建高效开放的互联网以推动数字技术的应用,保障信息技术简易、透明与安全的使用;美国发展人工智能的目标是在未来的自动化竞争中确立领先地位,包括促进经济繁荣,改善教育机会和生活质量,加强国家和国土安全(NSTC and NITRD,2016);英国则明确提出发展人工智能的愿景或目标是使英国从人工智能的起步、发展到繁荣,成为世界上最适合发展和部署人工智能的国家,实现技术所能带来的最大收益(Hall and Pesenti,2017)。总之,发达国家发展人工智能的基本目标导向可概括为:建立一个数字化、智能化与万物互联的社会,以全面改善就业,促进经济繁荣,提高劳动生产率,建设智能经济并增强国际核心竞争力。

二、发达国家人工智能发展战略及规划的基本内容

目前,发达国家制定人工智能发展战略及规划的步伐并不一致,一部分国家已经明确提出了人工智能发展战略或规划,如英国、美国、法国等;另一部分国家的人工智能发展规划则相对零散地分布在某些综合性战略或其他相关战略中,如德国的人工智能规划主要分布在其工业4.0战略和各项数字化议程中,日本和韩国则在其机器人和ICT战略中强调了发展人工智能的必要性。总体上看,发达国家的人工智能发展战略主要包括以下内容。

第一,加强对人工智能的基础性与长期性理论研究。一方面,由于人工智能技术研究和应用的重点始终围绕着如何复制人类的智能行为展开,因此,认识人脑的运作机理将奠定人工智能发展的基础。为此,欧盟、美国、日本等相继实施了各自的"人脑计划"或"大脑计划",以进一步了解神经网络的运作模式,研发神经信息学、脑仿真和超级计算的ICT平台,根据人脑的构筑和回路研发新型计算系统和机器人,开发出能够处理海量信息的数据处理工具。另一方面,人工智能的发展依赖于对相关理论的长期研究,从而成为发达国家关注的重点,包括

增强人工智能系统的感知能力、基于数据发现知识的能力，促进通用的、可拓展的、类人的人工智能系统与算法的研究，推动人工智能的硬件升级并为硬件创造人工智能，开发更强大和可靠的机器人，了解人工智能的理论能力和局限性，开发更有效的人类与人工智能协作方法等（NSTC and NITRD，2016）。

第二，构建人工智能系统的安全保障体系。人工智能系统自身存在的漏洞容易受到攻击，对人工智能的恶意使用将会对数字安全、物理安全和政治安全产生强烈的威胁（Future of Humanity Institute et al.，2018），因此，加强对其负面影响和风险的监控，构建人工智能系统的安全保障体系成为发达国家发展人工智能的重要内容。首先，在发展规划中规定嵌入关键系统中的人工智能必须能够应付大范围的网络攻击。了解可能存在的系统漏洞与攻击行为，开展"对抗机器学习"探索对人工智能系统的危害程度；在高度自主性的网络安全系统中实施人工智能代理自主分析和抵制网络攻击。其次，提高人工智能的透明度与信任度。通过确保人工智能算法的透明度，让公众了解人工智能的决策过程，并提高公众对人工智能的信任；尽量从产品研发和工艺设计阶段就开始考虑信息安全与信息保护，确保信息安全与信息主权，让公众具备分辨风险和自我保护的能力，独立决定如何使用他们的信息，尤其对于中小企业而言更是如此。

第三，评估并解决人工智能在伦理、法律与社会方面的影响。在伦理层面，人工智能系统难以将存在道德困境的社会伦理转化为精确的算法设计。实际上人工智能的算法依赖于输入其中的大数据，但是大数据并非是中立的，它们从真实社会中抽取，必然带有社会固有的不平等、排斥性和启示的痕迹（许可，2018），人工智能系统完全受到其设计结构和学习数据的世界观的影响（腾讯研究院，2017）。训练算法的历史数据中反映出的某些偏差如果未能及时发现，那么算法偏差将会永久存在并造成不公平现象的恶性循环，对于自主决策算法更是如此。因此，美国政府明确提出要在技术可行的范围内开发与现有法律、社会规范和道德伦理一致或相符的算法和架构（NSTC and NITRD，2016）；英国政府则强调，技术人员需要不断识别并明确其数据中存在的偏差，采取相应的措施评估可能造成的影响并解决相应的问题（GOS，2017）。在法律层面，对数据的采集可能会超出当前的许可范围并触及个人隐私，对数据采集权、所有权、使用权等的分配以及数据保护、使用方式、共享方式等都将会引发新的法律问题。为了应对这一问题，欧盟已经在《数据保护指令》的基础上制定了《通用数据保护条例》，通过赋予个人选择权、禁止人工智能处理个人敏感数据、提高个人数据收集时的透明度、个人有权介入人工智能的处理决定等方式来规范数据的使用方式并保护个人隐私。

第四，重视对就业的影响及应对。人工智能作为新一轮产业革命中的通用目的技术创新，其对劳动市场的影响是非均衡的。从就业规模来看，人工智能在创造新的岗位的同时，也导致现有的一些工作消失，未来10~20年内英国和美国分别将会有35%和47%的职业有可能会被人工智能所取代；①②③ 而根据OECD（2016）的估计，美国、加拿大和法国将有9%的职业会被人工智能完全取代，英国、意大利和瑞士有10%，德国、澳大利亚和西班牙则有13%。④ 从职业技能来看，由于人工智能具有明显的"技能偏向性"，低技能和重复性高的工作更容易被人工智能所取代，而对高技能和高学历工人需求的影响则很小，并会增加对人机协作、软件开发、人工智能监督、转变响应等方面的人才的需求（EOP，2016；GOS，2017）。历次产业革命的发展都会对劳动市场产生深刻影响，此次以人工智能为核心的新一轮产业革命也不例外，但影响的程度、速度、结构与频率等都还存在很大的不确定性，技术创新并非唯一的决定因素，还取决于政府、社会、企业与个人等多方面对人工智能和新产业革命发展的认识与反应速度。因此，如何评估并解决人工智能对劳动市场的影响，是目前美国和英国等发达国家人工智能发展战略中的重要组成部分。

第五，在国民中开展人工智能教育与培训。人工智能的快速发展大幅提高了对拥有相关技能的人才的需求，高端研究人员直接推动了相关技术的进步，技术专家为解决某些特定问题提供相应的人工智能程序，数量庞大的用户则负责在不同的场景和现实环境下操作这些程序与人工智能共事（EOP and NSTC，2016；Barton，2017），但是当前的教育体制所能提供的人才供给与人才需求之间仍存在巨大的缺口。因此，在国民中开展数字化和人工智能相关知识的教育培训已经成为发达国家人工智能战略的主要内容之一，要求各个级别的教育机构设立人工智能课程，让所有学生学习计算机科学，具备数字与智能时代所需要的计算思维能力；在高等教育甚至中等教育中扩充人工智能和数据科学课程，设立相应的硕士和博士学位；将道德、隐私和安全等主题作为计算机科学和数据科学课程的一部分；与此同时，政府需要促进新技能的开发，让工人接受再培训，以便他们在各自工作中使用人工智能，或转向注重人际交往能力的工作领域。

第六，制定人工智能发展的技术标准与推动国际化合作。在标准化方面，美国在其战略中明确提出要确立人工智能技术的国际标准，同时美国、德国和欧盟

---

① Deloitte，"London Futures Agiletown：The Relentless March of Technology and London's Response"，April 2017.
② EOP，"Artificial Intelligence，Automation，and the Economy"，December 2016.
③ GOS，"Artificial Intelligence：Opportunities and Implications for the Future of Decision Making"，January 2017.
④ OECD，"Automation and Independent Work in a Digital Economy"，May 2016.

均认为推行 5G 移动通信标准化是未来成功的关键。人工智能标准的制定主要包括技术标准、测试基准、测试平台，以及制定过程中的社群参与等。标准的采用可以提供能够长期使用的规范性指导和要求，确立并提高技术进步的可信度，确保人工智能技术实现功能和互操作性的关键目标，帮助扩大互操作性市场，并使人工智能能够稳定且安全的执行工作任务。在国际化合作方面，当前人工智能的许多重要突破是由多个国家合作完成的，因此，应当由各国共同努力发现合作机会并制定国际框架。国际参与对于全面探索人工智能在新技术研发、信息通信技术、制造业自动化、数字鸿沟、智慧城市、隐私问题、无人驾驶、卫生保健、气候变化、灾害预防和应对、野生动物保护、就业结构以及长期就业趋势变化等方面的影响具有至关重要的作用。目前，美国政府正在制定人工智能的国际参与和监督方面的政府层面的政策与热点领域清单，加深与国际上关键利益相关者的合作。

三、发达国家人工智能发展战略及规划的实施机制

在人工智能的发展过程中，发达国家政府、企业与中介组织之间通力合作，目前已初步形成一套相对成熟的实施机制。

（一）政府强力支持人工智能发展

政府是一个特殊的机构，其对人工智能的应用能够为人工智能的发展提供初期用户，同时，能够使政府更准确地定制服务以有效配置资源，依据数据进行决策以降低欺诈和错误，使决策更加透明等（GOS，2017）。更具体地，发达国家政府通过下列措施支持人工智能的发展。

第一，增加投资以支持企业融资与技术创新。新技术的研发与新创企业的成长需要大规模的资金投入，德国政府已经明确提出要将投资置于 5G 政策框架的核心位置，而美国政府则明确表示联邦政府是人工智能长期高风险研究计划以及近期发展工作的主要资金来源，法国、新加坡、韩国、加拿大等发达国家也确立了明确的投资计划。[①]

第二，提高数据信息的质量与共享性。英国将数据政策作为提升人工智能能力的三大关键因素之一（Hall and Pesenti，2017），目前由政府数字服务部门领导的数据科学合作伙伴的工作正在提高政府对数据科学潜力的认识，提供交流经验和进行培训的平台，以促进各部门和机构之间的创新与最佳做法的传播

---

① 根据英国的一份报告，在未来五年内法国计划投资 2000 万英镑，新加坡投资 8500 万英镑，韩国投资 7 亿英镑，加拿大投资 1 亿英镑（Hall and Pesenti，2017）。

（GOS，2017）。美国政府强调了发布数据集的重要性，明确提出应该将人工智能的公开培训数据及公开数据标准放在工作的首要位置，通过实施"人工智能公开数据"计划，实现公布大量政府数据集的目标，促进人工智能公开数据标准的使用和最佳实践（EOP and NSTC，2016）。德国政府也正在努力创建跨部委的"智能联网战略"，并启动了"经济数字技术"资助计划，还通过设立中小企业4.0职能中心对中小型企业进行扶持。

第三，加强基础设施建设以支撑技术创新与发展。目前，发达国家都将光纤网络和5G通信作为人工智能发展的重要基础设施，其中，德国正在着力建设高性能的光纤网络，而欧盟和美国则将目标定位于5G通信领域。信息基础设施是释放数字化转型潜力的前提，物联网、工业互联网、工业机器人等与人工智能高度相关的技术均要求以广泛的即时交流为基础。通过建立高容量、广泛可用性和低延迟的信息基础设施以满足数字化转型和人工智能发展对信息与数据传输的需求，降低企业运营成本，创造新兴价值链。

第四，为人工智能发展提供良好的法律环境，既包括对现行法律的修订，也包括新颁布的法律条文。德国政府将制定《数字化法》作为一部包容性的法律框架，他们希望该法律能够覆盖所有的媒介并能概括与互联网相关的法规；欧盟颁布《通用数据保护条例》以最大限度保障信息安全和信息主权的清晰、透明与稳定；美国则出台《小型无人飞行器管理规范》用以管理商用无人飞行器的拍照，以及针对无人驾驶汽车在安全设计、开发、测试和应用方面进行安全评估。

（二）企业迅速布局关键技术领域

当前，人工智能领域的大型科技企业纷纷在全产业链内进行布局，主要包括三种方式：打造人工智能开源平台、布局人工智能芯片和并购人工智能核心技术。从产业链的角度来看，这三种方式都属于偏产业链上游的人工智能基础设施领域（36氪研究院，2017）。

在开源平台方面，具有典型代表性的平台主要有Google的第二代人工智能深度学习系统Tensorflow，Facebook的深度学习框架Torchnet，Microsoft的将机器学习算法应用在大数据上的工具包DMTK，以及IBM的SystemML和Amazon的DSSTNE平台等。大型科技企业打造人工智能开源平台的根本原因在于，大量人工智能创业企业会通过开源平台开展垂直业务，当企业使用开源平台进行算法开发、应用与迭代时，开源平台可以获取数据，并通过市场对应用场景的甄别与正反馈获得进一步发展（36氪研究院，2017）。在人工智能芯片领域，行业巨头NVIDIA和Intel处于领先地位，且技术壁垒极高，但由于行业目前人工智能运算仍以GPU为主，并未出现大规模应用的人工智能定制类芯片，Google、IBM和

Microsoft 都在积极布局探索。在核心技术方面，Google、Facebook、IBM、Apple、Microsoft 等大型科技企业均在集团内部设立人工智能实验室来探索技术创新和产品应用，不断增加对人工智能的研发投资，甚至整体转型为人工智能驱动的公司。自 2013 年起，美国大型科技企业对细分领域的人工智能专业公司的并购呈现出密集化趋势，并购范围涉及人工智能的各个领域，Google 成为并购人工智能创业公司最活跃的大型企业，从而使得其在人工智能领域的布局广泛而全面，总体上处于领先地位，大型企业与初创企业之间频繁互动。据麦肯锡估算，2016 年全球科技企业对人工智能的投资中，90% 用于研发和部署人工智能，10% 用于收购人工智能相关企业。[1] 英国的人工智能企业主要通过深度引入专业知识来处理复杂的专业领域问题、开发专利算法、利用非公开数据集创建以数据为中心的网络效应、建设高质量的机器学习团队等方式进行市场竞争并获得相应的竞争优势。

人工智能企业在全球的分布与发展并不均衡，美国的人工智能企业在全产业链内全面布局，投资范围遍及基础层、技术层和应用层，尤其是在算法、芯片和数据等产业核心领域，积累了强大的技术创新优势。英国人工智能企业主要集中在应用层，有 84% 的企业将人工智能应用于特定的业务功能或行业部门，仅有 14% 的企业从事人工智能的性能优化即平台或算法的研发等适用于多个领域的人工智能技术；约 91% 的企业为其他企业开发和销售解决方案，只有 9% 的公司是直接销售给消费者。[2] 在美国，人工智能的发展是由大型科技公司主导的，其掌握了产业发展的核心技术与大量资源，人工智能创业公司中最活跃的三个领域为：自然语言处理、机器学习应用和计算机视觉与图像处理（腾讯研究院，2017）。英国人工智能的功能应用最活跃的领域是市场营销与广告、信息技术、商业智能与分析；应用人工智能最密集的行业是金融业，其次是基础设施和医疗健康行业，而技术研发则主要集中在计算机视觉与感知领域。

（三）中介组织搭建研究与交流平台

相比新设立的官方组织机构而言，中介组织在发达国家拥有更长的历史，且多是非盈利性质的，为政府、企业与学术界搭建起技术研究与交流平台。1979 年美国就成立了美国人工智能协会，组织召开人工智能学术会议，致力于推动对思维和智能行为的基本机制及其在机器中的实现的科学理解，促进对人工智能的研究和负责任的使用，提高公众对人工智能的理解，改善人工智能从业者的教学

---

[1] Bughin, J. et al., "Artificial Intelligence: The Next Digital Frontier", June 2017.
[2] Kelnar, D., "Artificial Intelligence in the UK: Landscape and Learnings from 226 Startups", December 2016.

和培训，提供人工智能未来发展方向与潜力的指导。德国于 1988 年创立人工智能研究中心，以应用为导向进行基础研究，其研究方向覆盖人工智能的主要领域，包括大数据分析、知识管理、图像处理与理解、自然语言处理、人机交互、机器人等。英国在 2015 年成立艾伦·图灵研究所（Alan Turing Institute），致力于使英国在大数据分析与应用领域成为全球领导者，其主要研究方向包括数据与不平等、自然语言处理、社交数据科学、数据伦理、公平透明与隐私等。2016 年 9 月 28 日，美国五大科技企业：Facebook、Amazon、Google、IBM、Microsoft 联合成立了一个名为"AI 伙伴关系"（全称为"人工智能造福人类和社会联盟"）的企业联盟，旨在研究和形成人工智能领域最好的技术实践，促进公众对人工智能的理解，商讨如何应对未来人工智能对就业、医疗健康、娱乐、交通运输，甚至战争的影响，其目的就在于确保人工智能的研究成果能够造福人类，而非不利于人类。目前，"AI 伙伴关系"正在人工智能的道德标准、公平性和包容性，透明性、个人隐私和互通性，人类和人工智能系统的合作，人工智能的可信任度、可依赖度和活跃度等领域进行研究。

（四）组建新的组织机构与多部门协同机制

为了有效推动与促进人工智能发展，发达国家纷纷建立新的组织机构以专门负责相关事宜。主要有德国的人工智能研究中心与计划成立的联邦数字化局，美国在国家科技委员会下设的机器学习与人工智能分委员会，法国的人工智能战略委员会和人工智能跨领域研究中心，英国计划成立的英国人工智能委员会，以及日本政府正式设立的国家层面的人工智能综合管理机构——人工智能技术战略会议，其下以总务省、文部科学省和经济产业省三省协作方式推进人工智能技术的研发及应用。新机构通常是跨部门的，其主要职责虽然在各个国家略有不同，但其基本职能是相似的，即建立多国家、多部门的协同发展机制。主要包括：对数字化和人工智能的发展进行跨部门协调，就相关问题提供资金支持、技术和政策建议，监督各行业和部门机构的技术研发，促进行业发展、应用与合作，关注关键技术的发展，进行人才培养，确立标准体系，实施与创新者无关的评估与监管等。

四、对中国人工智能技术和产业发展的借鉴与启示

发达国家人工智能发展经验对中国人工智能发展的借鉴与启示主要表现在以下几个方面。

第一，在研发政策方面，提高政府对人工智能基础性和长期性研究的支持力度。首先，对于人工智能发展中的基础与关键共性技术，通过国家科学基金项目

与重大技术研究规划项目等方式对这些技术的研究予以资助,并构建全国性的技术交流、合作与转化平台。其次,由政府出资或牵头设立人工智能研究实验室,追踪主要国家人工智能前沿技术的发展,评估人工智能发展对各国技术、经济、社会的影响,定期向社会发布人工智能的研究、发展与评估报告,对公众进行人工智能知识的普及与教育等。最后,通过设立产业发展基金,定向支持基础与关键共性技术的研究;同时,注重合理引导社会资金对基础与长期研究的支持,鼓励风险资本的适度参与,为风险资本参与其中提供相应的平台。提高政府对人工智能基础性与长期性研究的支持力度,既是技术与经济发展的需要,也是应对激烈国际竞争的需要,其带来的技术进步与溢出效应对于促进经济增长与提高国际竞争力具有重要作用。

第二,在产业政策方面,促进人工智能的普及与应用。首先,破除人工智能普及应用的基础设施障碍。一方面,服务器芯片的能耗水平决定了在企业中部署人工智能的成本,能耗过高将会限制人工智能的商业化发展,但是目前国外厂商在服务器芯片市场上的垄断与政府干预对我国人工智能的发展造成巨大隐患。因此,中国需要努力突破芯片市场的垄断格局和技术"瓶颈",建立本土的服务器芯片产品和生态体系(欧阳武,2018)。另一方面,大数据作为新一代人工智能发展的基础,要求比当前更高的传输速率与更大的传输规模,以满足人工智能商业化发展的低延迟的要求。目前,发达国家正在努力发展光纤网络和5G通信以满足人工智能发展对数据传输的要求,而对于中国而言,需要进一步提高互联网普及率和光纤宽带普及率,落实实施光纤到户计划和国家标准;加速发展5G移动通信等技术,重点推动形成全球统一的5G标准。其次,需要重视制定人工智能的技术标准或规范。标准化对人工智能及其产业发展具有基础性、支撑性、引领性的作用,既是推动产业创新发展的关键抓手,也是产业竞争的制高点(中国电子技术标准化研究院,2018)。我国需加快在人工智能的基础术语、参考架构、支撑平台、关键技术、产品与服务等领域的标准制定,尤其是目前迅速发展的无人驾驶和机器人领域,需要适时制定相关管理规范与安全标准,对不符合安全标准的产品实施召回与处罚制度。

第三,在数据政策方面,加快建立完善的数据生态系统。目前,中国数据规模庞大但质量不高,且存在数据采集规范缺失与数据利用率低等问题。首先,由于数据质量差异导致难以进行广泛的数据分享和系统间的交互操作,因此需要尽快制定数据质量标准以提高人工智能的研发效率与质量,包括一般数据标准、行业数据标准、中文语言相关的数据标准等。其次,政府应提高公共数据的开放程度,并带头建设行业数据库,用以提升数据的多样性,建立系统化、结构化的数据库平台,并且能够同时提升公共服务质量。此外还需考虑跨境数据和数据国际贸易对经济增长贡献的重要性。最后,鼓励发展数据密集型产业,如电子商务、互联网金融、平台经济等新兴业态,为训练人工智能算法的精确性提供可靠的数据源。与此同时,需要尽快建立数据采集规范条例,明确各采集方的数据采集权责,尤其是需要明确目前在中国的互联网设备中占市场优势地位的Windows系统和iOS系统的采集权责。

第四,在教育政策方面,进行教育与培训制度改革以优化人才结构。目前,中国人工智能领域的专家仅有619名,居世界第7位[1],人才缺口已超过500万,人才供求比为1:10,同时还面临严重的人才净流出问题,因此需要采取更灵活的措施优化人才结构。[2] 首先,需要进行教育制度改革,选择部分高校建立人工智能研究实验室或创新中心,鼓励高校建设人工智能博士和硕士教育点,在本科生中开设人工智能相关的专业,对专科、中学和小学生进行人工智能基础知识普及。其次,出台实施人工智能国际人才的合作与引进政策,与全球顶尖的人工智能研究机构和数据科学家建立广泛的合作关系与学生交流计划,吸引国际专家来中国工作,鼓励出国留学人员回国创业,并配以相应的奖励措施。最后,改革培训制度,鼓励通过多种方式开放更多的人工智能培训课程,以弥补学校教育和岗位培训的不足;定期发布人工智能对岗位的替代及人才需求方向的变化,以帮助公众确定接受教育和培训的重点方向;由政府出资与职业培训学校进行合作,免费向被人工智能取代而失业的工人提供再教育和再培训的机会,帮助受到人工智能冲击的行业劳动力重新适应并获得新技能。

第五,在国际政策方面,牵头建立国际性合作组织与机制。目前,中国已发展成为人工智能的全球领导者之一,为了应对以人工智能为核心的新产业革命的发展,需与其他国家展开广泛的国际合作。首先,牵头成立国际性的监管机构(Barton,2017),负责制定全球范围内统一适用的人工智能监管规则,协调世界各国监管部门对人工智能进行监管,定期发布各国人工智能监管与评估报告,对人工智能的漏洞与滥用等进行预警。其次,组织成立国际性的人工智能标准组织,积极与世界各国就人工智能的标准建设进行经验交流,推动人工智能的基础术语、参考框架、关键技术、支撑平台、产品与服务等标准的制定与推广。再其次,搭建人工智能技术发展的国际化交流平台,加强人工智能技术在世界范围内的交流与实践,促进人工智能先进技术的成果转化与吸收。最后,创建国际化的人工智能合作机制,对关键领域的技术研发进行资金、人才与数据等方面的支持。

---

[1] Element AI, "Global AI Talent Report 2018", February 2018.
[2] 金朝力:《中国人工智能人才缺口超500万》,载于《北京商报》2017年11月6日。

第三节 我国新一代人工智能产业发展模式与思路分析[①]

一、我国新一代人工智能产业发展的主要优势及存在的问题

目前，新一代人工智能产业已形成较为完整的产业链，主要包括基础层、技术层和应用层三个层次。其中，基础层由 CPU 和 GPU 等核心硬件及"深度学习"等算法构成；技术层由语音识别、计算机视觉等技术研发构成；应用层是对人工智能技术和产品在某一领域或场景的具体应用。我国新一代人工智能产业发展有着优越条件，并形成了一定优势，但也存在一些急需解决的问题。

（一）我国新一代人工智能产业发展的主要优势

1. 技术层领域多项技术处于国际前沿水平

与基础层领域相比，我国企业已经掌握技术层领域的前沿技术，摆脱了对国外技术的依赖。例如，在计算机视觉领域，2015 年百度宣布其人脸识别技术的错误率已降至 0.3%，超过 Google 和 Facebook 同期的识别错误率，[②] 我国计算机视觉技术已达到世界领先水平。在语音识别领域，从国内市场份额看，2017 年科大讯飞的市场份额为 44.2%，百度为 27.8%，Apple 仅为 6.9%，[③] 科大讯飞和百度等公司已主导了国内语音识别市场。

2. 应用层领域企业拥有庞大的市场空间和大数据支持

由于新一代人工智能产业尚处于商业化和产业化初期，在众多领域国际上尚未形成具有绝对优势的垄断企业，这为我国培育新一代人工智能产业的龙头企业提供了机会。而在培育世界级人工智能企业方面，我国具有巨大的优势和条件。一方面，巨大的潜在市场规模为应用层领域创业提供了土壤，也为国内企业成长为世界级企业提供了广阔的市场和成长空间；另一方面，庞大的人口基数产生的海量数据，为人工智能算法提供了海量训练数据，有利于算法性能的不断提高。人工智能企业通过终端产品不断累积用户数据并进一步反馈，可加速技术迭代和改善产品的用户体验，进而扩大市场占有率。

[①] 杜传忠、胡俊、陈维宣：《我国新一代人工智能产业发展模式与对策》，载于《经济纵横》2018 年第 4 期。

[②] 《吴恩达：人工智能将带来比肩工业革命的变革》，网易科技，2015 年 3 月 22 日。

[③] 中商产业研究院：《2017 年中国人工智能行业分析：科大讯飞主导语音识别市场》，中商情报网，2017 年 6 月 30 日。

(二) 我国新一代人工智能产业发展存在的主要问题

1. 核心芯片硬件尚待突破

从新一代人工智能产业链基础层领域看,核心硬件主要是芯片。目前,较为成熟的人工智能芯片主要有 CPU 和 GPU,其中 GPU 的设计架构相比 CPU 更适用于人工智能领域。2011 年,吴恩达教授率先将 GPU 应用于谷歌大脑,结果表明,12 颗 NVIDIA 的 GPU 可提供相当于 2000 颗 CPU 的深度学习性能,效果惊人。[①] 但从计算机芯片市场看,美国几乎垄断了全球计算机芯片市场。全球计算机 CPU 的主要生产商是 Intel 和 AMD,NVIDIA 和 AMD 两大公司则几乎瓜分了全球 GPU 市场,而 Intel、AMD 和 NVIDIA 公司都是美国公司。从手机芯片市场看,全球手机芯片提供商主要有高通、Apple、联发科和华为等。2017 年第三季度,高通公司全球市场占有率为 42%,位居首位;Apple 位居第二,市场份额为 20%;联发科位居第三,市场份额为 14%;三星位居第四,市场份额为 11%;华为海思芯片位居第五,市场份额为 8%。[②] 美国公司仍是全球手机芯片市场的"领头羊"。可见,芯片是我国新一代人工智能产业发展的短板,我国在芯片领域还没有一家世界级公司。而芯片作为新一代人工智能产业的关键硬件,在芯片领域缺乏话语权,将导致产业发展受制于人。

2. 基础算法领域开拓不足

从基础层的算法领域看,我国缺少原创性的人工智能算法,大多数算法研发仅仅是在现有的"深度学习"算法基础上进行优化。尽管"深度学习"算法是目前最可行的算法,但这并不意味着它是最优算法。辛顿(Hinton)教授作为"深度学习"之父,依然在算法领域不断努力,近年来又提出胶囊(Capsule)计划,希望构建比"深度学习"算法更为先进的人工智能算法。我国在基础算法方面鲜有突破,一方面表明我国对相关领域研发的投入力度不够;另一方面在一定程度上也说明我国在算法基础研究能力和理论方面相对薄弱。

3. 新一代人工智能产业人才短缺

近年来,随着新一代人工智能产业的高速发展,该领域人才需求不断增加。数据显示,2017 年前 10 个月,人工智能领域人才需求量已达 2016 年的近 2 倍、2015 年的 5.3 倍。但目前我国人工智能领域人才供给远远不能满足行业需求,新一代人工智能产业发展面临较为严重的人才短缺问题。截至 2017 年 10 月,我国人工智能人才缺口至少在 100 万人以上。[③] 与美国相比,我国新一代人工智能

[①] 《详细分析人工智能芯片,CPU/GPU/FPGA 有何差异?》,搜狐网,2017 年 4 月 2 日。
[②] 《高通 Q3 手机芯片系统市场占有率 42% 居首,苹果第二》,凤凰网,2017 年 12 月 30 日。
[③] 腾讯研究院:《全球人工智能人才白皮书》,2017 年。

产业人才储备差距较大,人工智能领域人才短缺已成为制约产业发展的重要因素。从新一代人工智能产业人才数量看,基础层领域我国仅有1300人,而美国约有17900人,是我国的13.8倍;技术层领域我国仅有12000人,而美国约有29400人,是我国的2.26倍;应用层领域我国仅有24300人,而美国约有31400人,是我国的1.29倍。从人工智能领域人才质量看,我国也明显弱于美国。我国资深人工智能领域人才数量与美国差距显著,十年以上从业者仅占38.7%,远低于美国的71.5%。[①]

二、我国新一代人工智能产业发展的主要模式

我国新一代人工智能产业发展模式的构建应基于两个基本目标。一是培育具有影响力和竞争力的企业。新兴产业的发展往往会带动产生新的业态,此时传统的商业模式可能难以适应新兴业态发展的需要,因而可选择商业模式创新的产业发展模式。另外,终端产品快速进入市场并培养用户基础,有利于形成先发优势,且符合市场需求的人工智能产品才能真正实现产业化,因而可选择快速迭代的产业发展模式。二是获取新一代人工智能产业在全球价值链中的话语权。人工智能产业作为新兴产业尚处于发展初期,这为我国掌握话语权提供了历史性机遇,但这需要在核心硬件和标准化方面取得突破,因而可选择以人工智能产业的应用层带动基础层发展模式和建立自主技术标准的产业发展模式。

(一)商业模式创新发展模式

技术创新成果转化为经济价值要通过一定的商业模式来实现,商业模式构成了技术和经济价值的桥梁(Chesbrough and Rosenbloom,2002)。因此,新技术的商业化和产业化往往会伴随新商业模式的出现。例如,在信息技术时代,腾讯为用户提供的免费即时通信基础服务的商业模式。人工智能作为新兴产业,传统的商业模式可能难以适应新一代人工智能产业发展的需要,为有效推动人工智能产业化,尝试对商业模式进行创新是有必要的。人工智能技术产业化过程中可能的商业模式创新途径是优化资源整合和设计更加有效的交易方式(郭海和沈睿,2014)。企业的商业活动一般都要依赖从外界获取各种资源进行生产活动,因此,从资源视角看,企业重新对资源进行重新组合将带动商业模式的变革,通过整合、协调和配置企业内外部的各种资源形成协同效应,为顾客创造新的价值。例如,阿里巴巴的电子商务平台模式。阿里巴巴通过电子商务平台不断向物流和金融等周边行业领域进行扩展和延伸,形成了庞大的电子商务生态系统,从而可

---

① 腾讯研究院:《中美两国人工智能产业发展全面解读》,2017年。

以不断改善用户体验。从交易成本理论看，设计低成本的交易途径也将推动商业模式的创新，例如，小米公司采用在线直销的商业模式，通过消除中间运营商降低成本，从而为消费者提供高配置、低价格的小米手机，快速积累了大量用户。

（二）快速迭代发展模式

快速迭代是指通过推动终端产品快速进入市场，在市场反馈的基础上，不断迭代优化的开发方法，这种产业发展模式主要有以下三个优势。第一，快速进入市场有利于培养用户习惯，从而可以抢占市场份额和扩大用户规模。在互联网时代背景下，用户基础是产业发展的战略性资源，用户基础扩大到一定规模，在网络外部性的作用下，将形成"强者愈强"的现象。第二，将实现某一核心功能的产品推向市场，可以有效试探产品是否符合市场需求。如果产品不符合市场需求，企业可以灵活调整方向，从而节约成本；如果产品符合市场需求，企业可以在最初版本的产品基础上不断开发新功能来满足顾客需求。第三，企业可以在产品进入市场后，不断跟踪用户体验，反馈信息，在此基础上持续对产品进行改进和优化。利用用户体验反馈信息，实质是让用户参与到产品开发过程中，有效降低了企业产品开发成本。因此，在人工智能产业终端产品开发领域，可以采取快速迭代的终端产品开发模式，通过加速对市场和用户体验的响应速度，不断完善和提高产品或服务质量，提升人工智能产业竞争力。

（三）应用层带动基础层发展模式

人工智能技术在某一个应用场景得以应用后，只有在市场中获得用户认可，才能真正实现商业化和产业化。考虑到目前我国在新一代人工智能产业链中下游更具优势，薄弱之处主要在于基础层的芯片等硬件领域，我国新一代人工智能产业发展可优先构建人工智能产业链的中下游优势，通过不断扩大市场份额，成为新一代人工智能产业的主要终端产品制造商，再利用产业链的中下游优势带动上游发展，逐步改变我国芯片等硬件领域薄弱的局面。人工智能产业的终端产品制造商利用产业链中下游优势带动芯片行业发展的可能路径是：第一，在市场中树立品牌形象和知名度，迅速将产品转化为盈利，从而为芯片等硬件开发提供资金保障；第二，人工智能产业的终端产品制造商优先采购我国自主研发的芯片，以此带动我国芯片行业的发展。

（四）建立自主技术标准的发展模式

标准竞争已成为国际产业竞争的制高点，在信息、通信和技术（ICT）领域标准竞争更为重要。一方面，ICT 行业具有极强的网络效应。随着某一技术标准安装基础的增加，技术标准的网络效应将不断增强，从而进入自加强过程,新兴产业将逐渐收敛到这一技术标准,进而使技术标准制定国家主导产业技术的发展路径。另一方面,标准中融合了大量的专利技术,标准制定国家不仅可以从技术授权中获取高额回报,也会拥有技术研发的先发优势。"局外者"采用新技术标准,则受到适应成本和吸收能力的影响,在产业发展中也将面临巨大劣势(邓洲,2014)。因此,当一个行业的技术标准确立后,意味着掌握技术标准的企业将成为行业领导者,也标志着该领域竞争格局的确立。目前,新一代人工智能产业还处于产业发展初期,技术标准尚未形成,这为我国抢占新一代人工智能产业制高点提供了机遇。因此,可通过推进构建自主技术标准的发展模式,提高我国新一代人工智能产业的竞争力,并以此打破我国产业发展"低端锁定"的局面。

值得注意的是,技术标准的竞争焦点之一在于安装基础(杨蕙馨等,2014),并且人工智能算法性能的提升需要大量的行业数据训练,而只有不断扩大安装基础才能获取大量的行业数据,这就愈加突出安装基础的重要性。因此,为构建新一代人工智能产业自主技术标准,我国新一代人工智能产业应充分利用本土企业可更加深刻把握用户需求的优势,创造更好的用户体验,不断扩大安装基础,从而提高自主技术标准的吸引力。

三、我国新一代人工智能产业发展的思路及对策

(一)构建和完善政府支持和保障机制

新兴产业的发展往往会对基础设施提出新的要求,即要求对基础设施进行更替和升级,正如蒸汽机革命中铁路的建设、电力革命中电网的建设及信息技术革命中信息高速公路的建设。人工智能产业的发展也离不开与之适配的基础设施建设。新一代人工智能产业作为数字化和信息化集成的新兴产业,信息通信基础设施是其发展的基石。但在基础设施领域,市场机制存在失灵,这就需要政府的适当干预。尤其对于新一代人工智能产业发展所需的战略性公共基础设施,应加大财政投入力度,加快制定基础设施建设规划。同时,为新一代人工智能产业发展提供切实可行的税收等优惠政策,在研发费用扣除及技术创新成果奖励等方面给予支持。提高公共服务水平,简化行政审批手续,缩短审批时间。制定政府机构数据公开计划,逐步推动政府数据对公众开放,为新一代人工智能产业发展提供训练资源库,降低人工智能领域的创新创业成本。依托企业、高校、科研院所建设一批芯片领域的国家技术创新中心,开发承载新一代人工智能产业发展的自主芯片技术。同时,制定采购国产芯片的管理办法,扩大国产芯片市场规模。

(二) 完善风险投资和服务体系

新一代人工智能产业作为新兴产业，技术成果转化往往存在高度不确定性与高度信息不对称的特点。因此，出于安全性考虑，银行等金融机构往往对相关企业贷款持谨慎态度。在这种情况下，风险投资成为这类高新技术企业缓解创新活动流动性约束的有效途径。因此，应充分发挥风险投资对科技成果商业化和产业化转化的重要支撑作用，着力解决当前我国风险投资退出机制不畅等问题，进一步完善风险投资体系，为人工智能产业领域创新创业提供孵化服务。同时，培养和引进能够深刻把握行业动态和市场需求、具有丰富的企业管理经验和广泛的社会网络关系的高端人才（黄福广等，2016），为相关企业提供专业化的增值服务，促进科技成果转化率的提高。

(三) 加快推进芯片和算法等关键领域的基础研究

首先，高度重视基础研究，尤其要大力推进芯片和算法等关键领域的基础研究。调整投入结构，加大基础研究投入力度，大幅提高基础研究经费投入比重。依托企业、高校、科研院所建设一批人工智能芯片和算法领域的国家技术创新中心，集中组织实施新一代人工智能产业芯片和算法技术的基础研究。鼓励校企开展深度合作，建立协同创新联盟，开发能承载人工智能产业发展的自主芯片技术和算法技术。其次，创造良好的基础研究氛围。基础研究具有周期长、风险大、厚积薄发等特点，一般需要长期的投入才能取得成果。因此，在基础研究中，要克服浮躁和急功近利的心态，为科研人员特别是青年科技人员潜心钻研提供宽松向上的工作和生活环境。最后，为芯片和算法等基础研究提供政策支持。对新一代人工智能产业芯片和算法技术发展提供切实的税收等优惠政策，在基础层领域的研发费用税收扣除及技术创新成果奖励等方面给予支持。

(四) 加大新一代人工智能产业人才培养和引进力度

人工智能产业竞争的根本是人才的竞争。培养人工智能产业人才并制定相应的人才战略，是在新一轮信息技术革命中把握赶超机遇的关键。对此，首先，尽快推动高校设立人工智能专业。由于国内人工智能专业多分散于计算机和自动化等学科，尚未形成系统的人工智能专业课程体系，因此，应加快推动人工智能一级学科建设，完善人工智能领域学科布局，并把增强人工智能素养贯穿于整个教育和职业培训体系。对现有教育体系进行改革，适当增加人工智能相关专业招生名额。通过设立人工智能研究项目，在顶尖高校设立人工智能的重点学科和科研基地。其次，加强高校与互联网科技巨头的合作。企业可与学校共建人工智能专业和课程，参与搭建学校实验室与配套环境，将业界经验和案例有机融入学校教学之中，并为学校的创新成果提供产业化渠道和机会。最后，构建交叉型学科体系。在重点区域打造优良的人工智能学科生态系统。例如，在北京、上海等高校和学科丰富的地区，打造人工智能学科群，从而培养造就具有复合型技术背景的科技人才。此外，可制定全球人工智能技术优秀人才移民政策，充分利用现有的"千人计划"等人才计划，吸引海外人才，加大人工智能产业人才引进力度。

（五）加快建立完善的数据生态系统

大规模的高质量数据是训练人工智能系统的核心要素之一，目前中国数据规模庞大但数据质量不高，且存在数据采集规范缺失与数据利用率低等问题。首先，虽然当前用于训练人工智能系统的数据规模迅速增长，但是数据质量的差异导致难以进行广泛的数据分享和实现系统间的交互操作，因此需要尽快制定数据质量标准以提高人工智能的研发效率与质量，包括一般数据标准、行业数据标准、中文语言相关的数据标准等。其次，政府应提高公共数据的开放程度，并带头建设行业数据库，用以提升数据的多样性，建立系统化、结构化的数据库平台，并且能够同时提升公共服务质量。再其次，还需考虑跨境数据和数据国际贸易对经济增长贡献的重要性，在新产业革命和智能经济时代，数据国际贸易将会像商品、服务和资本贸易一样对一国经济增长和波动产生重要影响。最后，鼓励发展数据密集型产业，如电子商务、互联网金融、平台经济等新兴业态，为训练人工智能算法的精确性提供可靠的数据源。与此同时，需要尽快建立数据采集规范条例，规定数据采集的合规途径、范围与程度，明确硬件设备公司、软件公司、电信运营商、第三方采集机构等的数据采集权责，尤其是需要明确目前在中国的互联网设备中占市场优势地位的 Windows 系统的数据采集权限，以及移动互联网设备中 iOS 系统的采集权。

（六）牵头建立国际性合作组织与机制

目前，中国已发展成为人工智能的全球领导者之一，为了应对以人工智能为核心的新产业革命的发展，需与其他国家展开广泛的国际合作。首先，牵头成立国际性的监管机构（Barton, 2017），负责制定全球范围内统一适用的人工智能监管规则，协调世界各国监管部门对人工智能进行监管，定期发布各国人工智能监管与评估报告，对人工智能的漏洞与滥用等进行预警。其次，组织成立国际性的人工智能标准组织，其目标在于将中国的标准推向全球，积极与世界各国就人工智能的标准建设进行经验交流，推动人工智能的基础术语、参考框架、关键技术、支撑平台、产品与服务等标准的制定与推广。再其次，搭建人工智能技术发展的国际化交流平台，通过成立人工智能的国际性研究中心、召开全球学术会议、主办世界智能大会、举办国际交流比赛等方式，加强人工智能技术在世界范围内的交流与实践，促进人工智能先进技术成果的转化与吸收。最后，创建国际化的人工智能资金、人才与数据的合作机制，协同世界各国成立人工智能发展的资金、人才与数据专项，对关键领域的技术研发进行资金、人才与数据等方面的支持，实现人工智能发展的国际资金资助、全球人才参与、国际数据检验的世界协同发展格局。

第四节 智能产业生态系统的结构性特征及其对我国的启示[①]

一、智能产业及智能产业生态系统的形成逻辑

（一）智能经济、智能产业内涵辨析

智能产业作为智能经济条件下的主导性产业形态，要把握其内涵及特征，首先需要探析智能经济的内涵及形成逻辑。智能经济是近几年才被人们较多使用的一个概念。一般认为，百度创始人、董事长兼CEO李彦宏在2019年的乌镇大会上，最早对这一概念进行了阐释。他基于信息技术发展、应用的视角对智能经济的内涵进行了界定，认为数字经济在经历了PC的发明与普及、PC互联网、移动互联网这三个阶段后，正在进化到以人工智能为核心驱动力的智能经济新阶段。他进而指出，在智能经济时代，传统的CPU、操作系统、数据库将不再是基础性的技术应用，而新型的AI芯片、便捷高效的云服务、各种应用开发平台、开放的深度学习框架，以及通用的人工智能算法等，将构成智能经济时代的基本基础设施。其他一些学者也对智能经济的内涵进行了阐释或界定。刘刚（2019）认为，第四次工业革命是基于网络空间发展的新科技产业革命，伴随着第四次工业革命的发生发展，由此人类进入智能经济时代。姚鹏和张其仔（2019）在考察我国区域新经济指数发展状况及区域差异的基础上，将智能经济作为新经济的重要内容，提出数字化、网络化和智能化经济即为智能经济。李优树（2019）提出，人工智能技术作用下的经济形态是智能经济，智能经济以作为人工智能三大要素的数据、算力和算法的作用作为基本内容。李海舰和李燕（2019）研究了从工业经济时代到智能经济时代的企业组织变革，认为智能经济是使用智能技术的经济形态。2021年两会期间，李彦宏进一步提出，"数字经济正在进化到以人工智能（AI）为核心驱动的智能经济阶段，将会给人类的经济发展、社会生

[①] 杜爽：《智能产业生态系统的结构性特征及其对我国的启示》，载于《经济纵横》2021年第4期。

活带来深刻变革。智能经济是未来 10 年中国经济的新标签"。"以人工智能为核心驱动的智能经济,将成为经济发展的新引擎之一"。①

基于已有研究,我们认为,智能经济是伴随大数据、云计算、人工智能等新一代信息技术迅速发展和广泛应用发展起来的一种新型经济形态,其主导性驱动力量是作为第四次工业革命通用性目的技术的新一代人工智能(布莱恩约弗森和麦卡菲,2014)。根据创新经济学创始人熊彼特(1990)的观点,历史上任何一次产业革命过程中涌现的新技术都是一个技术"簇群",在当今第四次工业革命发展浪潮中,除了新一代人工智能技术这一通用性目的技术之外,还有大数据、云计算、物联网、5G 等技术类型,构成本次新产业革命的新技术"簇群"。新一代人工智能是"引领这一轮科技革命和产业变革的战略性技术,具有溢出带动性很强的'头雁'效应"②。新一代人工智能与新技术"簇群"中的其他新兴技术一起,成为推动智能产业产生、智能经济发展的基本驱动力。在智能经济条件下,智能产业的形成与发展具体通过两种路径:一是借助于新一代信息技术改造提升现有产业,通过与现有产业深度融合形成的产业,也即产业智能化的过程;二是借助于人工智能等新一代信息技术直接发展起来的新的产业和业态,也即智能产业化过程。

这里有必要对当下人们经常使用的数字经济、网络经济、智能经济三个概念之间的内在关联性进行分析。顾名思义,数字经济强调数字化的知识和信息作为关键生产要素的含义;网络经济强调互联网、物联网的作用,强调网络连接和网络效应的价值;智能经济则强调"智能"的作用,所谓智能是指主体适应、改变和选择环境的各种行为能力(杨学山,2018)。从技术形态看,智能经济是以智能技术作为主要技术形态的经济形态;而数字经济、网络经济则分别以数字技术、网络技术作为主要技术形态。数字经济、网络经济、智能经济之间在外延和内涵方面也存在很大程度的叠加性与融合性,彼此很难截然划分出清晰的界限,事实上,这也正是信息的渗透性、数据的共享性、网络的超越时空性以及智能的主体适应性等特征发挥作用的结果。

(二) 智能产业生态:智能经济的基本组织单元

每一种经济形态都有其特定的组织单元。农业经济时代,一块基本的农田构成其基本单元,而对农田的权属关系、流转方式及利益处理方式等构成农业经济的核心问题。工业经济时代,单个的工厂或企业构成其生产的基本单位。在工厂生产中,人们按照一定工序组织起来进行生产,并最终制造出各种各样的工业产

---

① 《全国政协委员李彦宏:智能经济将成经济发展新引擎》,载于《科技日报》2021 年 3 月 5 日。
② 《推动我国新一代人工智能健康发展》,人民网,2018 年 10 月 31 日。

品。对工厂或企业进行组织、管理和调控成为工业经济时代的基本经济问题。智能经济条件下，大量异质性企业借助于互联网、大数据、人工智能等信息技术融合在一起，形成一种共生、共享、相互依存的类似于自然界生态系统的产业组织形态。从构成内容上看，这种产业生态系统既可以由同一产业内部企业之间融合形成；也可以是不同产业之间通过数据流通、业务交叉、运营协同等形成的产业生态系统；还可以是空间范围内借助于信息网络技术形成的跨行业或跨区域的产业生态系统，甚至形成虚拟产业生态系统。[①] 智能产业生态构成智能经济的基本组织单元。

（三）智能产业生态系统：智能经济的基本产业组织形态

基于上面提出的作为智能经济基本组织单元的智能产业生态，经过进一步的融合、发展，将形成智能产业生态系统，并构成智能经济的基本产业组织形态。智能产业生态系统的形成与新一代信息技术的作用特点直接相关。与传统工业技术机械式、线性化的作用特点相比，新一代信息技术的作用具有广泛的连接性、渗透性和融合性，以这种技术作用为基本驱动力所形成的智能产业，呈现出生态性和系统性特征，进而形成智能产业生态系统。而传统工业技术作用下的产业组织则是一种大规模、流水线式的产业组织和生产方式。

目前，我国智能产业生态系统的发展主要表现在两个维度：产业维度与空间或区域维度。产业维度的智能产业生态系统是特定产业通过智能产业化和产业智能化过程衍生形成的智能产业生态系统。目前，电子商务、车联网、智能家居、智能制造等行业都在加速形成相应的智能产业生态系统。产业维度的智能产业生态系统往往依托于特定智能企业，通过网络化经营构筑起特定的智能产业生态系统。如腾讯早期以社交平台为核心业务，借助移动互联网的发展，构建了以社交为基础的用户关系网，积累了大量用户社交关系数据，并建立起较完善的内容服务产业体系。基于前期积累的用户连接数据与内容数据，腾讯于 2011 年开始实施开放创新平台战略，围绕"基础研究—场景共建—AI 开放"三层架构形成了相对完善的技术赋能生态，腾讯优图、腾讯 AI Lab 和 WeChat AI 三大人工智能实验室作为开放性技术平台支撑腾讯产业生态的运行。近年来，腾讯开始涉足制造业，发展智能制造，构建产业互联网，其产业生态系统涉猎的范围进一步扩展。

空间或区域维度的智能产业生态系统则是特定区域围绕区域智能产业布局和

[①] 王如玉等提出"虚拟集聚"概念，揭示了在新一代信息技术作用下产业集聚的虚拟形态及特征，并指出它是"互联网+"下产业组织的新形态，是资源空间配置的新方式。参见王如玉、梁琪、李广乾：《虚拟集聚：新一代信息技术与实体经济深度融合的空间组织新形态》，载于《管理世界》2018 年第 2 期。

发展，借助于智能技术的推动形成的带有一定区域特色的智能产业生态系统。目前，北京、杭州、深圳等我国智能产业相对发达的地区，都形成了相应的智能产业生态系统。① 基于笔者的现实调研和考察，我国区域智能产业生态系统的兴起及发展演进主要源于区域经济转型升级过程中创造的内生性智能化需求牵引，这种内生性智能化需求内容又与当地产业和科技创新资源的分布相结合，呈现出不同的区域智能产业生态系统特征。从发展态势看，我国区域智能产业生态系统呈现出一定的空间扩展性，从现有单个城市范围内扩展到更大空间范围，如京津冀区域的智能产业生态系统、长三角区域的智能产业生态系统等。② 产业维度与区域维度的智能产业生态系统是紧密相连、不可分割的，随着企业协作、产业融合、区域协同的不断深化和加强，两个维度的智能产业生态系统相互支撑，协同演进，形成了更为复杂的智能产业生态系统（见图14-1）。

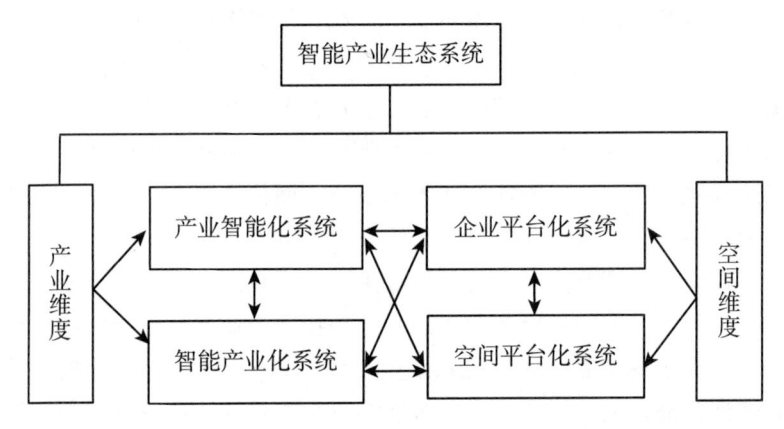

图 14-1 智能产业生态系统的内部结构及其关联性

二、智能产业生态系统的结构性特征分析

智能产业以及智能产业生态系统的构建在我国尚处于发展初期，作为一种以人工智能等新一代信息技术为基本支撑技术发展起来的新型产业形态及产业系统，目前学术界对其结构性特征的认知及分析还较少，这里主要基于近年来笔者及其所在团队对中国智能产业发展实践的大量调研，从中总结和提炼智能产业生态系统的结构性特征。自2018年开始，笔者及其所在的南开大学智能产业研究

---

① 刘刚和杜爽基于对国内智能企业大样本调研数据，运用价值网络分析法对北京、杭州、深圳三地的智能产业生态系统运行机制进行了对比性研究。参见刘刚、杜爽：《我国人工智能科技产业发展动力机制的区域比较研究》，载于《社会科学辑刊》2021年第1期。

② 2019年12月，中共中央、国务院印发的《长江三角洲区域一体化发展规划纲要》明确提出"共同打造数字长三角，协同建设新一代信息基础设施"。

团队在刘刚教授的带领下，基于实际调查和大数据分析，建立了包括408家智能企业、73所大学和56所非大学科研机构、138场2017年在中国境内召开的人工智能相关会议、84家产业联盟、834家投资者、18个省（区、市）和13个重点城市在内的中国智能经济样本数据库。其后，根据中国智能经济发展现实及研究的需要，不断补充完善该数据库。在2018年研究的基础上，2019年进一步构建了包括745家人工智能企业、94所AI大学和75家非大学科研机构、1780家投资者（投资机构、非投资机构和个人投资者）、823场在中国境内召开的人工智能会议和117家产业联盟、31个省（区、市）出台的301项政策、规划建设的163家产业园区在内的中国智能经济样本数据库。2020年的研究进一步把数据库中的总样本人工智能企业增加到7633家，且为深化研究，将总样本企业划分为两个部分：基础样本企业和核心样本企业。基础样本企业为6836家，以刻画中国智能经济发展的基本结构；核心样本企业797家，基于关系数据分析中国智能经济发展的动力和机制。基于历年构建的数据库，2018年研究团队在天津举办的第二届世界智能大会上发布《新一代人工智能科技驱动的智能产业发展》；2019年在第三届世界智能大会上发布《开放和协同：中国智能经济发展的动力和机制》《中国新一代人工智能科技产业区域竞争力评价指数》；2020年在第四届世界智能大会上发布《新挑战和机遇下的中国人工智能科技产业发展》、《中国新一代人工智能科技产业区域竞争力评价指数》（2019）和《中国数字经济发展的动力和机制》。基于以上调研及研究报告，本部分从系统形态、运行形态、组织形态、经营形态、服务形态五个层面，揭示智能产业生态系统的结构性特征（见图14-2）。

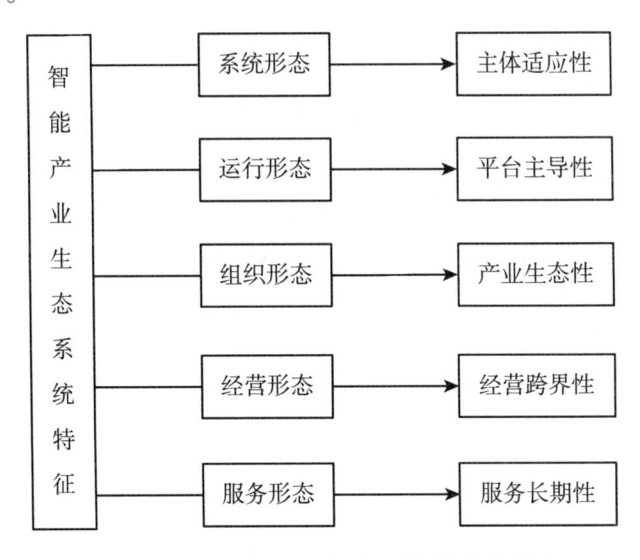

图14-2 智能产业生态系统结构性特征

第一，主体自适应性。智能产业生态系统包含技术、数据、人力资本、物质资本、市场、环境、制度等多个层面的要素，这些要素之间相互作用、相互影响，从而构成一个具有多层次、复杂结构的系统。该复杂系统的主体主要包括企业、产业、平台、政府及相应机构等，它们都具有特定的自我适应、自我学习和进化功能，由此使智能产业生态系统表现出一定的自我认知、自我适应、自我发展能力，成为具有一定复杂适应性系统特征的产业体系。在智能产业生态系统中，主体自适应性主要表现在以下方面。

首先，产业生态系统形成初期具有一定程度的自发性，这种自发性往往与特定区域的产业及技术基础和条件相关。如北京市的智能产业起源于互联网产业，逐步扩展到数字内容和科技金融。杭州市的智能产业则依托电子商务产业和安防产业领域的先发优势，率先把人工智能技术与电子商务和传统安防产业融合，创造出云计算、科技金融和智能安防产业。深圳市的智能产业基础在制造业，其人工智能科技产业带有明显的硬科技特征。正是基于特定的区域产业基础，这些地区的智能产业生态系统逐步发展起来，并呈现出一定的自增强机制。

其次，系统主体与外部环境之间的协同适应性。根据复杂适应系统理论的基本原理，对于一个复杂适应系统，其发展演进的基本动力来源于构成系统的各主体之间，以及系统主体与所处外部环境之间存在的相互影响、相互作用关系，复杂适应系统即是在系统的内生动力与外部动力共同发挥作用的条件下实现发展和演进。智能产业生态系统作为以数字化、网络化、智能化技术为支撑，以智能企业、平台、网络等为子系统构成的复杂产业生态系统，系统内部子系统之间及系统要素之间遵循一定的行为规则和技术、经济联系，并进行信息、物质和能量的流动与交换，由此实现智能产业生态系统由无序转向有序，进而从低水平有序状态发展演进到更高水平的有序状态。这一过程的实现离不开智能产业生态系统的开放性，具体表现为通过系统主体不断地与外部环境发生技术、资本、人力等要素的交换和信息流动，由此实现产业系统的有序、协同发展。智能产业生态系统的这种开放性发展在我国区域智能产业生态系统发展过程中表现得较为明显。在北京、深圳、杭州等地的智能产业生态系统发展过程中，吸收并聚集了大量外部资源和要素，这些外部资源和要素不仅来自国内其他地区，而且来自包括美国在内的人工智能技术先进的国家和地区。

第二，平台主导性。在智能产业生态化发展过程中，产业价值链表现出深度融合的特征，并且在新一代信息技术作用下，产业价值链的上下游关系可以较快地发生重组，企业从原来的上下游关系转向互惠共生关系，产业组织则由原来的产业集群转向产业生态系统。其中，作为微观个体的企业发展为生态型企业，其中的一些大企业则发展为平台型企业。截至2019年底，我国一共确立了15家具有代表性的新一代人工智能技术开放创新平台。这些平台都依托于重要的科技企业、互联网企业与垂直行业领军企业在人工智能分支技术领域的深耕以及在细分应用市场的积累,发展为特定智能产业生态系统的核心平台,主导着智能产业生态系统的发展与演进。在我国智能产业发展过程中,平台企业主要分为两类。一类是赋能力度大、辐射范围广、平台生态较为复杂多样的互联网巨头平台企业。它们基于互联网应用发展起来,借助于数据生态优势成为互联网巨头平台,如阿里巴巴、百度和腾讯等。这些企业结合自身核心业务,如阿里巴巴的电商交易平台、腾讯的社交平台、百度的互联网搜索平台等,迅速搭建起数据智能平台,成为特定产业生态系统中核心赋能主体。平台企业的主导性体现在这些企业通过不断在垂直领域衍生子平台的方式,形成平台主导的创新生态系统,驱动智能产业生态系统的快速发展。例如,阿里巴巴先后在电子商务领域、云计算和科技金融领域衍生出淘宝、阿里云和蚂蚁金服,形成阿里巴巴主导的智能产业生态系统。通过"平台+赋能+中小微、新创企业和开发者"的组织方式,加速平台赋能并推动人工智能与经济社会深度融合。除了技术赋能,平台还通过为其他人工智能企业提供核心人力资本和投资的方式,推动智能产业发展。[①] 另一类赋能平台是在智能产业发展过程中,伴随着智能技术的不断发展、应用以及产学研紧密结合发展起来的聚焦具体技术层面的核心技术平台,如华为、小米等技术赋能企业。它们凭借强大的技术创新能力,对提升我国智能产业技术创新水平发挥着十分重要的作用。无论是互联网巨头发展形成的数据智能平台,还是聚焦具体技术领域的核心技术平台,都是智能产业生态系统的主导性企业,它们通过开放性技术赋能机制,成为推动智能产业生态系统运行发展的核心动力输出方,驱动和主导着智能产业生态系统的运行。

第三,产业生态性。产业结构生态性是智能产业生态系统的基本组织特征。工业经济时代,产业集群是产业的基本组织特征,产业集群所对应的产业链是以企业上下游联系为纽带,以不同产业之间的数量比率形成的市场结构,这种市场结构对资源的整合过程主要是一种垂直关联。在智能经济条件下,产业生态化特征越来越明显,主要表现在以下方面。首先,产业发展突破了区域、空间界限,不再局限于特定市场或行业,企业与企业之间借助于数字化、网络化、智能化技术实现互联互通和生态化发展,从而表现出明显的产业生态化特征。其次,基于数据和智能的产业融合越来越普遍。基于数据的泛在连接与网络互联,打破了原有的产业边界,实现了产业的生态化运行和发展。最后,产业价值链的融合程度加深,上下游关系重组,产业边界模糊。在智能产业生态系统中,不同产业之间

[①] 尽管北京、杭州、深圳等地的人工智能科技产业生态系统都是平台主导的,但是在平台的类型上却存在一定差异,如北京市的平台类型为互联网和电子商务,杭州的平台类型主要是电子商务和智能安防,而深圳的平台类型则主要是社交和硬科技。

通过业务交叉、数据通联、运营协同，形成新的产业融合机制，从而突破了地域边界和产业类型的限制，形成明显的产业结构生态性运行特征。工业经济时代的产业集群与智能经济时代的产业生态系统在主导性组织、产业布局、资源配置、空间载体及企业间关系等多个方面都表现出不同的特征（见表14-1）。在智能产业生态系统中，企业成长与发展必须要融入特定的产业生态系统，或自身构建一个产业生态系统并吸引其他企业加入其中，才能获得自身发展与壮大，那种游离式地孤立于产业生态系统之外的企业将难以实现快速成长，甚至有时连生存都存在较大困难。在智能产业生态系统下，借助于大数据、云计算、人工智能等新一代信息技术的作用，企业既有竞争规则被共生关系取代，企业通过协同、融合与共生获取显著的产业生态效益，这成为智能产业生态系统竞争力的重要来源。

表14-1　　工业经济时代的产业集群与智能经济时代的产业生态系统的比较

项目	工业经济时代的产业集群	智能经济时代的产业生态系统
主导性组织	大企业、政府	开放创新平台
产业布局	围绕特定产业	产业融合，产业边界模糊
资源配置	行政手段、市场选择	基于网络空间，通过"数据+算法"的智能决策进行资源配置
空间载体	基于物理空间的聚集	基于网络空间形成，具有开放性、虚拟性和无边界性
企业间关系	基于有形产品形成联结	围绕数据、服务等无形资源实现以交换服务为基础的价值共创

第四，经营跨界性。在智能产业生态系统下，企业生态性特征的一个重要诱因是企业跨界经营、协同共生。借助于企业平台和互联网、大数据及人工智能等信息技术，企业可以较方便地向其他业务领域扩展，通过跨界经营，实现更高水平的范围经济。平台企业通过将供给者与需求者聚合在一起，使企业边界从有界趋向无界，企业经营从单一迈向跨界，企业内外部界限逐步被打破。众包、众设、网络化协同研发、协同制造等进一步强化了智能企业的跨界经营。企业借助于数字网络技术和智能技术等，更加贴近用户，进行柔性生产和服务，实现内外协同，使内部组织扁平化，核心功能平台化，同时实现外部结构的网状化和多种业务单元的微型化。如滴滴打车平台，通过接入出租车、私家车等社会资源实现平台化运营，虽然这些车辆资源并非平台所有，平台也无须购买这些资源，但这

些车辆资源可供滴滴平台调用，通过算法匹配调度车主向客户提供出行服务。随着平台所接入车辆资源的数量不断增加，企业边界也随之扩张。可以说，在智能产业生态系统中，企业从有界向无界、从单一生产向跨界经营发展，企业边界趋于模糊化。企业内外部的界限逐步被打破，任何能够与智能产业生态群核心平台进行对接的机构、企业、组织及用户个人，都将成为企业价值的创造者。企业规模也因企业边界的伸缩而具备了柔性调整能力。企业借助于网络互联、跨界经营与协同共生，突破了自有资产、产业属性、产能条件及人力资源等硬性条件的约束和限制，表现出快速的成长性和跨界性。借助于跨界经营和协同共生，智能产业生态系统中的企业组织越来越呈现出扁平化、网络化、生态化的结构特征。

第五，服务长期性。工业经济时代的企业与用户关系是生产者主导，用户或消费者处于被动地位，被动接受作为生产者的企业通过大规模流水线模式生产的同质化产品。在智能产业生态系统下，智能互联生产体系重构了企业与用户之间的关系。首先，企业与用户之间的关系更趋紧密。传统经济形态下的企业为搜寻潜在用户、把握用户需求信息及产品消费情况，一般需要支付较高的信息搜寻成本。而在智能产业生态系统下，借助于智能平台和大数据、人工智能等新型信息技术，企业可以适时、直接掌握用户的相关信息，特别是对企业产品的使用消费情况。企业与用户之间形成深度互动关系，企业能够及时准确地掌握产品实时运行情况，用户也可以及时反馈产品的使用情况，二者之间关联更加紧密。其次，企业向用户提供价值的内容与方式发生了变化。在智能经济条件下，企业提供给用户的不再是单一性产品，而是"产品+服务"。随着服务型制造、个性化定制等新型生产方式的发展，"产品+服务""产品即服务"等新型价值提供方式越来越普遍，从消费产品到体验服务，成为企业向用户提供价值的主要方式。最后，企业与用户之间服务关系长期化。在智能产业生态系统中，由于企业与用户之间联系的紧密化、服务和价值提供方式的多元化，导致二者之间服务关系的长期化。智能企业向用户提供产品和相关服务，不再以产品出售作为重点，而这只是为用户服务的开始。企业与用户的关系从过去基于单一产品的买卖关系转化为二者持久性、多维度的服务关系。

需要指出的是，以上智能产业生态系统的五个方面的结构性特征不是彼此孤立的，而是相互关联、相互影响的，它们分别从不同侧面揭示了智能产业生态系统的结构形态及特征。

三、对中国智能产业生态系统发展路径的启示

以上对智能产业生态系统的结构性特征进行了分析，这些特征对促进我国智能产业发展及其生态系统构建具有重要借鉴价值。近年来，我国智能产业获得快

速发展，清华大学中国科技政策研究中心发布的《中国人工智能发展报告2018》显示，中国人工智能企业数量位列全球第二，人工智能论文总量和高被引论文数量、人工智能专利布局都位列全球第一。另据中国信息通信研究院2020年7月发布的《中国数字经济发展白皮书（2020年）》显示，2019年中国数字经济规模已达到35.8万亿元，仅次于美国，位居全球第二，数字经济占GDP比例为36.2%，对GDP增长的贡献率达67.7%。数字经济增加值规模由2005年的2.6万亿元增加至2019年的35.8万亿元。数字经济正成为我国国民经济高质量发展的新动能。与此同时，我国智能产业生态系统也在逐步形成。[①] 然而，目前我国智能产业及其生态系统发展尚处于初期阶段，存在许多亟待解决的问题，主要包括：智能产业平台建设相对滞后，平台运行机制尚不完善；智能产业关键核心技术及关键算法的支撑能力有待加强；作为智能产业基本要素的数据的收集、传输、存储、计算、分析、利用等的有效机制尚不完善；智能产业生态系统的开放性水平不够，政府政策的支持、引领作用有待加强等。

基于以上对智能产业生态系统结构性特征的分析以及对我国智能产业生态系统存在问题的揭示，为进一步加快我国智能产业发展，完善智能产业生态系统，应重点采取以下基本路径。

第一，加快智能产业平台建设，营造富有活力的平台经济生态。我国智能产业生态系统的平台构建和完善，一是进一步完善平台运行机制，加强平台主体行为监管，完善平台分类监管体系；二是鼓励平台企业和平台利益相关者共同参与平台治理，实现资源共享、风险共担和价值共创；三是完善智能产业生态系统的平台经济基础设施，重点发展工业互联网、5G、数据中心等智能经济新型基础设施。

第二，加大对智能产业关键核心技术创新的支持和关键算法的研发。我国智能产业生态系统的构建与完善，从根本上取决于一些关键核心技术、应用算法及重要软件的创新突破。要在研发上大力支持初创芯片企业，支持企业走差异化技术路线；推进强强联合，集中人力、物力、财力强化关键技术创新突破。引导产业链上下游相互支持，依托国内丰富的智能产业应用场景和庞大的市场空间，加快国内初创芯片企业商业化应用和创新迭代步伐。算法也在智能产业及其生态系统运行发展中具有重要作用，要尽可能聚集全球创新资源为我所用，吸取PC互联网时代Windows操作系统主导生态、移动互联网时代安卓主导生态的教训，走开放发展之路，用平台和生态系统思维去设计算法框架。

第三，构建数据收集、传输、存储、计算、分析、利用的有效机制。智能经

[①] 笔者撰写的2020年度博士学位论文《平台主导的智能产业生态系统运行机制研究》，对我国智能产业生态系统的现状、问题进行了具体分析和揭示，这里不再赘述。

济时代，数据成为支撑智能产业生态系统有效运行的核心生产要素，数据量的大量增加将为人工智能技术创新和产业生态体系发展提供强大驱动力。为此，应加快构建数据选取、数据开放流通、数据采集应用等的有效机制。一是加快政府数据开放，进而在科技巨头之间创建一个标准统一、跨平台分享的数据开放型生态系统。完善数据采集的相关规制，注重保护个人隐私，避免数据滥用。二是全面提升数据作为核心生产要素参与价值创造和分配的能力，加速产业流程再造，充分发挥数据应用所激发的生产力乘数效应，形成新的产业组织与运营模式，促进智能产业生态系统的有效运行。三是制定实施数据应用及其治理的相关制度和政策，促进数据交易等，让数据真正流通起来，实现更高效的利用。四是加快建立健全数据交易机制和定价机制，加快引导培育数据交易市场，成立国家级产业互联网大数据交易中心等。

第四，推进智能产业生态系统的开放性发展，有效吸纳利用国内外高端产业要素。基于复杂适应系统理念，我国智能产业生态系统的构建与完善，必须走开放性发展之路，充分借助产业系统外部要素、资源，为自身发展增强动力和能量。微观层面要促进智能企业之间的协同与融合；中观层面要借助于利用国内其他地区或产业的数据、技术、人力及资金等要素，为本地或本产业智能产业生态系统赋能。"十四五"时期，要在发展国内大循环为主体、国内国际双循环相互促进的新发展格局背景下，进一步扩大我国智能产业对外开放，善于聚集和吸纳国外创新要素，加快促进我国智能产业生态系统的发展和完善。

第五，进一步完善政府相关政策体系，更好地发挥政府政策的引领作用。我国智能产业生态系统的完善与发展，一方面要通过完善其自身内在运行机制，另一方面，要通过完善政府的相关政策引导。从全国层面，要着眼于智能产业发展的国际竞争态势和我国智能产业发展的总体状况，制定实施更加科学有效的智能产业发展政策，引导和促进智能产业健康发展和生态系统完善。从区域层面，各地区一方面要对接国家相关规划及战略，另一方面结合本地智能产业发展的实际需求，引领地方智能产业发展方向，并辅之以财政、税收和资本等手段，助推地方智能产业的发展。无论是国家层面的智能产业政策还是区域层面的智能产业政策，都应注重增强政策的针对性和时效性，特别是应针对智能产业细分行业的现状及发展要求，制定更加切实有效的智能产业发展政策，同时完善各类产业政策的实施机制。

第十五章

新产业革命背景下我国新产业、新业态发展及监管创新研究

伴随着第四次工业革命的发展,新产业、新业态、新模式构成了我国产业转型升级和经济高质量发展的重要推动力量。如何推动新产业、新业态、新模式健康发展,是现阶段我国产业转型升级面临的一项重要任务。在这方面,有必要借鉴和吸取美国等发达国家发展新经济的经验及教训,特别要处理好新产业、新业态、新模式发展过程中市场与政府的职能分工,为新产业、新业态发展创造良好的环境。本章首先分析新产业、新业态对我国产业转型升级和经济高质量发展的作用;进而分析20世纪末美国互联网泡沫及其对中国新产业、新业态发展的启示;进一步分析中国新产业、新业态发展过程中政府与企业行为职能划分及行为合理性;最后基于信息技术、所有制结构视角,实证分析作为新产业、新业态的我国电子商务产业集聚发展的机制及路径。

第一节 新产业、新业态与我国产业转型升级及经济高质量发展

一、中国发展新产业、新业态的必要性与紧迫性

面对复杂多变的国内外经济环境条件,中国发展新产业、新业态显得十分必要和紧迫。

第一,发展新产业、新业态是适应新产业革命、抢占新一轮全球竞争制高点的必然要求。错综复杂的世界经济环境必然影响中国经济运行和结构调整,中国面临的调整增多,同时也为新产业、新业态的发展带来新契机。首先,世界经济持续低速增长,中国经济发展迫切寻求新动力。据世界银行在2017年

1月发表的《全球经济展望》报告,2016年世界经济仅增长2.3%,处于2010年以来的最低增速,世界贸易量增长1.2%,增速高于2015年0.4个百分点,但依然远低于2014年2.8%的增速。中国经济增长的外需拉动力减弱,迫切需要转变发展方式、培育经济增长新动力。其次,新一轮产业革命加速演进,中国产业发展面临的国际竞争进一步加剧。一方面,发达经济体加大对新技术、新产品的研发投入力度,更加重视运用高科技打造核心制造业和服务业。新兴经济体也在大力推进结构调整,积极承接国际产业转移。另一方面,美国主导推进的《跨大西洋贸易投资伙伴关系协定》,针对劳工标准、环境保护、知识产权、金融监管等制定新规则,不仅抬高了发展中国家参与经济全球化的标准,并将改变全球产业链布局,重构国际贸易与投资新规则。技术变革引发全球产业分工与产业链布局调整与重组,中国面临发达国家和发展中国家的双重竞争压力,若不加快研发能力与技术提升,现有发展模式和生产能力将面临被淘汰的风险,而向新产业、新业态的转型则意味着中国在未来全球分工与竞争中将能够占据主导地位。

第二,旧动能不可持续,新旧"S"型增长曲线急需转化。"S"型增长曲线由加布里埃尔·塔尔德提出,用于描述创新活动的过程:创新活动在发展初期进展缓慢,进入成长期后呈现加速发展态势,直至成熟期的曲线顶端,之后创新增速减缓、动力缺乏,直至停滞(史东明,1995)。从中国经济增长态势来看,2016年6.7%的经济增速创下七年新低,这反映了经济仍存在一定下行压力,也意味着中国经济已经触底。由此看来,当前中国旧经济的"S"型增长曲线已从顶端开始进入下滑阶段,在人口红利逐步消失、资本回报率下降、资源环境约束持续增强、结构调整压力加大的严峻挑战下,旧生产要素、旧动力、旧增长模式已无法维持经济的高增长,只能带来投资收益递减、产能过剩、技术退步等问题。因此,当传统动能逐渐减弱、旧"S"型增长曲线增长乏力时,就需要一条代表着新技术、新生产要素、新基础设施、新动力、新模式、新制度等一切适应中国经济转型发展"新元素"的新"S"型增长曲线,投入新生产要素、利用新技术并改造提升原有技术、巩固原有基础设施并建设新基础设施、优化适应新增长的制度环境等。一方面力求突破旧"S"型增长曲线的增长"瓶颈",使能够通过新技术得到改造提升的旧"S"型增长曲线中的传统技术、传统动能、传统产业等适应经济增长的新要求,焕发新的增长活力;另一方面,通过加快培育新技术、新产业、新模式、新业态,使其孕育成为新的经济动能,以创新驱动新的"S"型增长曲线来实现新产业、新业态的快速增长。新旧经济的"S"型增长曲线如图15-1所示。

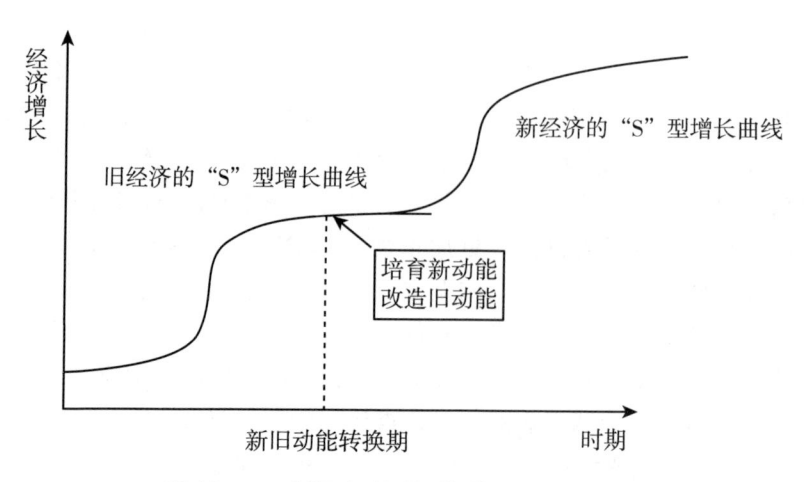

图 15-1　新旧经济的"S"型增长曲线

二、中国新产业、新业态发展的现状及存在的问题分析

当前，中国新产业、新业态的发展已初步显示出明显的活力。虽然旧动能的增长效应逐渐弱化、传统产业面临调整转型，但与此同时，中国经济发展中也出现一些趋势性的新变化：新产品、新产业、新业态、新模式加速成长，创业创新热潮兴起，新动能正在孕育发展且活力逐渐显现。财智 BBD 新经济指数（New Economy Index，NEI）显示，2016 年 5 月 NEI 指数为 30.1，相比 2015 年下半年扩张了 2.2 个百分点，新一代信息技术与信息服务业成为引领新产业、新业态的最活跃领域，高技术服务与研发业增长迅速。企业层面的转型也在进行中，来自万得资讯的数据显示，2015 年 A 股上市公司中商业服务、信息技术、科学研究、运输和零售等"新产业、新业态"公司平均每股收益为 0.48 元人民币，以金融服务、科研、批发零售等服务型经济部门表现最优，而包括农业、建筑业、采矿业、制造业和房地产业等旧经济部门平均每股收益为 0.33 元，所有新创公司中"新产业、新业态"公司的比重也保持在 30% 以上。由此看来，在旧增长模式不可持续、旧增长动力不断弱化的同时，新动能正呈现出良好的发展态势和活力，新技术、新产业、新业态、新模式正在孕育。

但是，新产业、新业态的发展仍需应对诸多挑战与问题。

第一，新产业、新业态需要新的统计体系与评价标准。自新经济被提出后，美国政府、OECD 以及学术界纷纷对其内涵与概念进行探索，但至今仍未形成统一的概念标准。而当前不断涌现的新商业模式、非货币交易，以及数字化经济、共享经济等，也都给新产业、新业态的核算带来严峻挑战。传统的统计与核算方法难以将这些新产业、新业态、新模式等纳入其中，如互联网约车、餐饮外卖等互联网消费活动，居民个人通过分享车辆、住房等创造的服务，"互联网+"的相关业态和许多小微企业的数据等都难以被当前的 GDP 核算方法所统计。这将导致对中国整体经济增速的低估，并难以全面反映经济的转型发展。

第二，针对新业态、新模式的监管制度不完善，传统监管模式滞后。作为一种新的经济形态，新产业、新业态的发展需要法律法规、监管制度的配套与创新。在创业创新热潮下，新产品、新业态、新模式层出不穷，客观上加大了监管难度，既有监管制度与立法体系难以快速作出反应，滞后于新产业、新业态的发展，在市场准入、企业运营、信息披露等多方面存在监管漏洞。虽然新产业、新业态的发展潜力巨大，但若国家政策、法律法规以及监管机构无法及时补缺，那么市场风险将日益突出。如何强化新产业、新业态下的政府监管，做到既能充分包容创新又能确保监管到位，是新产业、新业态发展过程中亟待解决的问题。

第三，资本快速聚集隐藏新产业、新业态"泡沫"风险。"互联网+"稳步推进，"双创""众筹"等推动的互联网投资与创业创新迅速发展，由此形成的新产业、新业态成分愈发壮大。随着新产业、新业态的崛起和新旧动能的加快转换，互联网等新产业、新业态行业也成为最受资本追捧的领域。互联网创业创新火热，投融资强势增长。资本快速集聚能够推动新兴领域的发展壮大，但也容易引发资产价格泡沫的产生。虽然当前中国新产业、新业态发展迅速，但占 GDP 的体量仍然较小，还不足以全面支撑起中国经济的增长与发展。如果一味强调新产业、新业态的增长速度，庞大的市场资金势必将被其高增速所吸引，加上市场监管体制的相对滞后，可能会积累起一定的资产"非理性"泡沫风险。

三、加快发展新产业、新业态，推动产业转型升级和经济高质量发展的思路及对策

基于中国新产业、新业态发展现状与问题，加快新产业、新业态发展需采取以下思路及对策。

第一，建立完善新产业、新业态统计体系。2013 年 7 月，美国对 GDP 统计标准进行了调整，纳入了企业研发、娱乐文化支出、退休金等指标，以反映其以创新为主导的新型经济形态以及技术密集型和服务型的新产业结构。尽管当前中国 GDP 统计已将工业机器人、绿色能源、移动通信等新产业、新业态行业纳入，并且在 2017 年 7 月印发实施的《中国国民经济核算体系（2016）》中纳入了研发支出，但数字经济、分享经济等相关部门仍被忽略。随着新产业、新业态比重的不断上涨，中国应尽快对现有 GDP 核算制度和方法进行修订，改进与完善新产业、新业态的统计调查体系和测算方法，将基于互联网的生产与消费活动等指标纳入 GDP 核算，针对电子商务、"互联网+"、小微企业创业创新等新产业、

新业态、新模式等进行采集数据，建立新产业、新业态的指标体系，加强对新产业、新业态统计数据的分析，从而真实全面地反映中国新产业、新业态的发展、价值以及经济转型发展的方向与成效。

第二，强化技术创新，提升要素质量。新产业、新业态的发展需要高素质劳动力投入、优质资本投入以及科技创新的支持，应强化技术创新对生产要素质量的提升，并引导要素向新产业、新业态领域流动。首先，优化劳动力要素，提升人力资本的素质与水平。通过转变人口政策、加大教育投入、改革教育体制、完善培训制度等，提升人力资本水平与积累速度以适应产业结构变革的需求。其次，优化资本要素，强化对新产业、新业态发展的金融支持。促进科技与金融融合发展，优化高技术领域的投融资环境，扩大创新资本投入，同时推动中国金融体系与全球金融框架的对接与融合，促进优质资本的全球配置。最后，优化技术要素，完善创新生态系统。加快释放大数据、物联网、云计算和移动互联网等新一代信息通信技术的创新活力和应用潜力，以提升生产效率，驱动商业创新与产业升级；加强企业、高校、科研机构等创新主体的合作，构建以企业为核心的创新体系，强化自主创新能力，加快推动技术成果转化，提高技术创新对产业升级与经济增长的贡献。

第三，提高政府产业政策的作用效能。发达国家在发展新产业、寻求新动力的过程中，明显加大了政府干预力度，如美国先进制造业伙伴计划、德国工业4.0、法国新工业战略、日本产业竞争力强化法等，重点支持新兴产业发展，抢占新一轮国际竞争制高点。在发展新产业、新业态的过程中，政府在产业政策功能定位、重点作用领域及方向、具体作用方式与方法等方面应力求积极、准确、到位，实施差别化产业政策，创新政策作用方式，力求提高政策效能。对于新兴产业，应努力破除体制机制障碍，改善宏观发展环境，鼓励产业集聚、推动技术研发和商业模式创新，为新业态制定合理的成长空间；对于传统产业，要利用高新技术积极推动改造提升，通过严格环保、质量、安全等标准来压缩过剩产能、淘汰落后产能，从提高动力和能力入手，促进传统产业改造升级。

第四，营造制度创新与监管到位的新产业、新业态发展环境，有效规避泡沫风险。经济发展新动力的打造离不开体制机制的同步更新，发展新产业、新业态从某种程度上来说也是深化经济改革，在营造制度创新环境的同时，需完善市场监管体系，力求监管到位。一方面，推进简政放权、放管结合、优化服务改革、转变政府职能，健全有利于激励创新的知识产权保护与归属制度，营造有利于创新和公平竞争的市场环境，引导和支持新产业、新业态、新模式健康发展。另一方面，探索包容有效的审慎监管方式，有效引导新产业、新业态领域的创业、投资健康发展，对企业不良竞争行为加以限制，避免资本蜂拥而上助推的恶性竞争和泡沫的滋长，同时切实保障网络信息安全，规划积极有效的网络空间安全防御型战略，提升应对网络风险能力。

第五，加速推进新动能形成和旧动能转型，在新旧动能交替中寻求平衡。新产业、新业态发展需要构建新动能形成与崛起、旧动能改造升级得更为合理的经济格局，而新旧动能的转换和交替是一个动态过程，在此过程中必然会产生摩擦，因此要注重新旧动能的协调发展和动态平衡。一方面，加快培育新动能，着眼于提高全要素生产率，深入实施创新驱动发展战略，促进大众创业、万众创新，激发新技术、新产业、新业态、新模式的活力。推动各类企业注重技术创新、生产模式创新和管理创新，创造新的有效供给，以更好地适应需求结构升级。另一方面，坚持结构性改革，运用好市场倒逼机制，加快传统产业技术改造，有效化解过剩产能，淘汰僵尸企业，给新产业、新业态企业发展腾出宝贵的实物资源、信贷资源和市场空间。

第二节　20世纪末美国互联网泡沫及其对中国互联网产业发展的启示[①]

以互联网、大数据、人工智能等为代表的新产业、新业态发展具有特定的逻辑和规律，深刻理解和把握其中的逻辑及规律，对于推动新产业、新业态发展具有重要意义。20世纪末，美国互联网产业出现泡沫并随之破灭，曾对美国乃至全球互联网产业的发展产生了重要影响。反思当年美国互联网泡沫发生、发展以及破灭的历史，汲取其中的教训，对于有效规避中国互联网产业发展中的风险，促进互联网等新产业、新业态健康发展，具有重要意义。

一、20世纪末美国互联网泡沫产生、发展及其破灭的历史轨迹

20世纪90年代后期，在信息技术高速发展和政府相关政策激励下，美国纳斯达克市场掀起了一场互联网产业引领的投资热潮。1995~1999年，美国总计有1908家公司上市，包括ebay、亚马逊、eToys、雅虎等，1999年新上市公司有78%来自科技领域，共有289家与IPO相连，筹集资金246.6亿美元。[②] 大量风险投资涌入电子商务、电信、软件服务等互联网相关领域，投资回报率远超化

[①] 杜传忠、郭美晨：《20世纪末美国互联网泡沫及其对中国互联网产业发展的启示》，载于《河北学刊》2017年第6期。

[②] 王丽颖：《美国网络泡沫破灭纪事》，载于《国际金融报》2014年3月3日。

工、能源、金融等其他行业。1999年美国投资于互联网相关行业的金额达到287亿美元,是1995年的近10倍,约占当年风险投资总金额的52%。1999~2001年,全球共有964亿美元的风险投资进入互联网创业领域,其中投向美国的就有780亿美元。① 美国股市借助互联网和信息技术的推动持续高涨,科技股呈爆炸式上涨态势,信息技术行业指数表现遥遥领先,到2000年3月纳斯达克指数一路飙升至5132点的巅峰。②

从当时美国国内经济环境来看,1991~2000年正是美国高速增长的"新经济"时期,美国政府把互联网与信息技术产业的发展提升到国家战略高度,信息技术产业占GDP比重从1990年的6.1%上升到2000年的9.5%,③ 由此助长了对互联网等信息技术的投资。从国际环境看,1997年亚洲金融危机爆发后,人们对"新经济"高回报率和高增长的预期诱使大量迫切寻找投资机会的国际热钱涌向美国,由此助推了美国股市的繁荣。

在巨大的财富效应、信息技术发展、高利润预期、政府政策助推以及媒体舆论造势等多重因素作用下,纳斯达克市场接连高涨的高科技股价与企业实际盈利水平脱节,泡沫不断积累并趋于膨胀。1995~2000年,股价上涨使美国社会总财富增加了14万亿美元,其中泡沫成分占到了1/3以上。④ 2000年美国股市市值超过GDP总值的一半以上,而网络高科技股所占比重达到43.9%。⑤ 为抑制经济和股市过热,1999年6月到2000年5月美联储连续六次加息,第四次加息后纳斯达克指数开始下滑。2000年初,越来越多的网络公司盈利能力开始减弱,互联网相关行业的固定资产投资和研发投资均大幅下滑。许多网络公司业绩未达到投资者预期,大量公司破产,仍保持盈利的公司市值也大幅缩水。到2000年3月10日,纳指创出5132点的历史新高后开始崩盘,标志着互联网泡沫开始破灭,13~15日纳指连续三天暴跌100点以上。4月3日微软被判违反《谢尔曼法》,更是引发后续的股市踩踏行情。2002年10月9日,纳指见底于1114点,超过4.4万亿美元市值蒸发,总市值跌破2万亿美元,近一半的科技公司破产,一度迅速膨胀的互联网泡沫以破灭而告终。

二、美国互联网泡沫破灭的原因分析

造成美国互联网泡沫破灭的原因,可从以下几个方面来考察。

---

① 林丽梅、王胜:《纳斯达克互联网泡沫启示录》,申万宏源,2015年4月23日。
② 《纳斯达克指数保持在上升趋势中》,人民网,2013年5月6日。
③ 薛敬孝、张兵:《论信息技术产业在美国新周期中的作用》,载于《南开经济研究》2003年第4期。
④ 王春法:《新经济是一种新的技术——经济范式》,载于《世界经济与政治》2001年第3期。
⑤ 薛伟贤、冯宗宪:《网络经济泡沫解析》,载于《财经研究》2004年第1期。

第一，互联网公司"概念化"经营模式的失当。在美国互联网繁荣时期，"概念"成为投资与否的主要判断准则，网络公司靠炒概念募集了大量资金，股价在炒作下大幅上扬。但大部分公司经营的本质是融资而非价值创造，只追求概念上的所谓高新技术含量，吸引用户与媒体的注意力以获得风险投资的青睐并力争上市。不断涌现的各种门户网站、电子商务网站等吸引了大量风险投资，在满足公司资金需求的同时，也加剧了互联网商业化的过度繁荣，扩大了投资风险，从而助推了互联网泡沫的破灭。事实上，这一时期大多数互联网公司持续亏损，1995~2000年平均每年上市200家科技企业，但仅15%的IPO股票正盈利。[①] 这种只注重融资圈钱而忽视以技术创新实现价值创造的经营模式，虽然在短期内助推起互联网公司的膨胀，但也使其迅速地走向衰落。

第二，互联网产业链的失衡以及虚拟经济与实体经济的脱节。互联网产业的健康发展需要打造完善的、定位准确的产业链，但当时的实际情况却是产业链各环节失衡发展，最终造成产业链脱节和断裂。在美国互联网产业发展初期，设备制造商、电信运营商和内容提供商等各环节参与者如"潮涌"般介入，却并没有找准自身的适当定位，各自为战、分工混乱。"内容为王"的网站地位被大大抬高，电信、信息技术设备制造等传统行业被边缘化，网站建设缺乏技术支撑，一些设备制造商与电信公司也试图构建商业网站与门户网站，造成低水平重复投资与建设严重，规模优势、协同优势难以发挥。一旦出现网络危机，大量资本从互联网产业中撤走，缺乏产业链各环节的合作自救，加上经营模式失当，致使互联网公司盈利困难、难以为继，最终导致互联网泡沫破灭。

从更深层次的原因看，美国当时存在着较严重的虚拟经济与实体经济脱节问题。一方面，20世纪90年代，信息技术及相关产业的高速发展带来生产力的迅猛增长和强劲的利润，并激发了投资热潮。在经济高涨期和利好条件下少有投资项目亏损，投资者往往过于高估投资回报率，低估投资风险，加上美国是当时全球网络技术与设备的主要供应商，导致大量资金涌向信息技术领域，造成信息技术产业过度投资和产能过剩严重。另一方面，1997年发生的金融危机使得美国被全球投资者当成避风港，外国资金大量涌入美国股票和债券市场，造成美国虚拟财富飙升，股市泡沫膨胀，大大挤压了实体经济的发展。1995~2000年，以高科技股为代表的股市整体价格涨幅超过200%，然而同期一些基本经济指标并未同幅增长，剔除通胀因素后美国居民个人收入增长不到15%，企业利润增长不到60%，表面膨胀的虚拟财富实为缺乏实体经济基础的"非理性繁荣"。[②] 实

---

① 《泡沫启示录：科技投资的胜者为王》，中金公司，2015年9月15日。
② [美]罗伯特·J. 希勒：《非理性繁荣》，李心丹、陈莹、夏乐译，中国人民大学出版社2008年版，第76~78页。

体经济与虚拟经济严重脱节导致经济结构失衡,并最终导致急剧膨胀的网络泡沫走向破裂。

第三,新经济与旧制度的冲突。互联网经济无疑是一种不同于传统工业经济的新经济形态,而新经济的发展要求有一套新的经济运行体制和机制。但在当时的美国,一方面互联网如火如荼地发展,另一方面相应的制度规范却没有建立起来,由此出现新经济与旧制度并存且严重不匹配的状况,这主要表现在以下方面。

首先,对电信等行业的过度放松管制引发市场监管不力。美国自20世纪70年代即开始放松对电信行业的政府管制,90年代进一步鼓励市场竞争,扩大放松管制范围。放松管制、强化竞争无疑推动了电信技术创新,但也因此造成一定程度的过度竞争。对市场的过度争抢引发了电信服务业的过度投资,缺乏对新进入公司运营能力的相应规定和要求,导致大量"低质"电信公司涌入市场,使行业不正当和无序竞争行为日益泛滥,产业"泡沫"日渐严重并最终走向破灭。

其次,公司治理机制存在漏洞导致公司行为失范。20世纪90年代,在放松管制以及审计监管不力的大环境之下,网络公司高管牟私利的现象较为普遍。公司董事会、经理阶层、会计公司和投资银行之间存在利益共谋,公司高管为获取暴利想方设法虚报利润、抬高股价。不断虚涨的资产价格远远脱离了公司真实的价值创造,而投资者对公司价值又难以进行准确评估,资产价格泡沫越积越大。随着安然、世通等大公司财务丑闻纷纷曝光,投资者与消费者信心受到严重打击,最终导致股市暴跌,公司破产,公众财富缩水,加快了互联网泡沫的破灭。

最后,工资制度缺陷助推风险投资过度膨胀。在美国"新经济"时期,伴随高增长、高就业、低通胀的是普通工人实际工资增长率的不断下降,美国公司的"官僚负担"和"大棒策略"[①] 使得工人的"工资崩溃"现象严重。旺盛的投资和股市的飙升,仅使公司管理和监督人员成为最大受益者,而工人阶级、社会底层民众及广大中产阶级并未得到明显的收益。20世纪90年代美国大公司主要行政人员收入增长了481%,普通工人收入只提高了28%。[②] 财富迅速聚集于需求不大的公司高管、技术精英等高收入阶层手中,作为需求主体的中低收入人群却因受支付能力限制而有效需求严重不足。这种极不平等的利益分配机制造成

[①] 戈登(Gordon,1996)将美国公司日益膨胀、头重脚轻的管理和监督结构以及巨额费用称为"官僚负担",将在劳动管理和生产过程中强化监管和惩罚来迫使工人努力工作称为"大棒策略"。参见 Gordon, *Fat and Mean: The Corporate Squeeze of Working Americans and the Myth of Managerial "Downsizing"*, New York: The Free Press, 1996.

[②] 姜奇平:《正确看待新经济与美国近期衰退的关系(上)》,载于《互联网周刊》2001年第6期。

了投资结构的矛盾：大量投向由高收入阶层所创立的网络公司的风险投资过度膨胀，却没有足够的由中低收入人群提供的有效需求相对应，结果就是主要靠风险投资维持的大量网络公司经营亏损，纷纷倒闭，逐渐成为无人需要的"泡沫"。

实际上，互联网泡沫的破灭，还具有一定的客观必然性。"繁荣—泡沫—破灭"的循环，往往是技术革命过程中的一种惯例。卡萝塔·佩蕾丝（2007）指出，"技术革命—金融泡沫—崩溃"在历史上总是循环往复的。在技术革命爆发阶段，新技术、新产业、新产品呈爆炸式发展与增长，金融资本受吸引而快速介入，并成为推动新技术的"风险资本"。随后，高利润预期引发了对技术革命中核心产业的过度投资，金融资本对新兴技术体系疯狂追逐造成经济的"非理性繁荣"，货币经济脱离实体经济，股市价值脱离经济增长，由此使得泡沫不断积累、膨胀。但存在于真实价值和账面价值之间的泡沫是不可持续的，并且造成收入再分配的退化和市场供求的失衡。经济结构中的种种失衡使得泡沫无以为继，在达到极限后便是泡沫的破灭及经济的衰退。历史上，第一次工业革命后的"运河热"和"运河恐慌"，蒸汽时代的"铁路热"和1847年股市崩盘，钢铁革命带来的投资热潮及其后的崩溃，20世纪初汽车大规模生产革命及20世纪20年代的大狂热和大崩溃，无不验证了这一"繁荣—泡沫—破灭"的演变逻辑。20世纪90年代互联网泡沫的出现及其破灭，同样也不会摆脱以上这样一种宿命。

三、美国互联网泡沫及其破灭的经济、技术效应分析

（一）对互联网产业和经济发展的负面冲击

20世纪末互联网泡沫的破灭对美国互联网产业和经济发展带来一定的负面冲击。它直接导致了美国众多网络公司的破产，如 eToys、Webvan、环球电讯、世通等。雅虎、亚马逊等互联网行业巨头也都元气大伤，雅虎股价从97美元的最高价跌至10美元以下，亚马逊市值从228亿美元跌至42亿美元。收录在2000年3月道琼斯互联网指数中的40家公司，目前仅有9家仍以相同的名称挂牌交易。纳指的连续下挫，不仅严重打击了以风险投资为生的互联网产业，同时也触发了对其他产业的连锁反应，危机很快波及产业链上下游的电信制造业和运营业。电信业负债加大，许多通信公司股票大跌，盈利状况恶化，裁员不断。据统计，在此次泡沫崩溃中，美国电信业损失了2万亿美元资产，50万人失业，该产业遭受到自1929年"大萧条"以来最严重的打击。[①]

伴随着股价的狂跌，美国消费者信心指数大幅下降，到2001年降至1993年

[①] 《前车之鉴——美国电信业的2000～2001年》，载于《人民邮电》2007年11月14日。

11月以来的最低点。严重的生产过剩导致高科技企业盈利状况恶化,许多企业开始压缩生产、缩减投资。到2001年第二季度,美国高技术部门企业投资增长率下降14.6%,其中设备和软件投资增长率下降15.1%。[①] 消费与投资需求增长乏力使工业生产和经济出现明显萎缩。为缓解互联网泡沫破灭给经济带来的下行压力,政府采取了持续降息措施。持续降息刺激了低息资金迅速进入房地产市场,房屋在建量、房产交易量和价格不断攀升,加上强大的就业吸纳效应和互联网提供的金融活动平台,房地产市场异常火爆,由此刺激了对房地产的投资投机性需求,最终成为引发2007年次贷危机的一个重要诱因。

(二) 互联网泡沫破灭后美国互联网产业的创新发展状况

尽管互联网泡沫的破灭给美国互联网产业造成一定程度的打击,并对整体经济发展造成一定的负面影响,但总体上看,泡沫并没有从根本上阻碍技术与经济的长期发展。从互联网产业自身来看,一方面,金融资本的聚集助推了互联网技术创新,风险投资的出现、相对发达的投融资机制和不断成熟的互联网金融加速了互联网技术进步及其商业化进程,为"新经济"时期及之后互联网技术的高速发展提供了资本基础和机会空间。另一方面,泡沫期间过度投资带来的过剩运力为互联网产业继续创新发展奠定了技术与物力基础。大规模投资积累下的大量网络产品与基础设施并未随着泡沫破灭而消失,信息传输与计算机存储能力不断增强,网络基础设施更加普及,互联网技术与产品的价格在摩尔定律下不断下降,网络用户群体持续扩大。20世纪90年代过度投资带来的过剩运力为幸存的及后续成立的互联网公司"进行低廉的尝试提供了肥沃的土壤"[②],帮助其继续开发网络业务、降低生产成本、提高管理与运营效率。在泡沫破灭后,经过调整,美国互联网产业得到新的发展,并与商业和经济更加广泛地融合。据美国经济分析局的数据显示,2002~2012年,计算机与电子产品制造业的劳动生产率年均增长率达29.17%,居制造业首位,信息技术服务业的劳动生产率增速也远超金融保险、法律、交通运输等其他服务业;从风险投资投向看,2000年前后信息技术产业的风险投资占全行业比重达到60%,2009年最低也有34%,到2013年再次超过了50%。[③] 可以说,即使在互联网泡沫破灭后,互联网与信息技术产业仍是美国生产率增长最快的产业,并且对风险资本仍最具吸引力。

[①] 王洛林、余永定:《2001—2002年:世界经济形势分析与预测总报告》,社会科学文献出版社2002年版,第16页。

[②] [美] 丹尼尔·格罗斯:《大泡沫:为什么金融、房地产、互联网、能源泡沫对经济有益?》,魏平、吴海荣、孙海涛译,中信出版社2008年版,第108页。

[③] 曹永福:《美国信息技术二次革命影响经济走向》,载于《上海证券报》2014年6月18日。

从美国整体经济来看,美国经济能够较快复苏的重要原因,即是互联网与信息技术的发展与应用带来了生产率提升和经济的数字化转型。作为典型的通用技术,信息技术对相关应用产业的渗透和改造推动了生产技术、业务流程、组织结构与商业模式的创新,大大提升了企业生产与管理效率,使其能够更加灵活地应对变幻莫测的经济状况,获得更高的生产率和更快的增长。即使互联网泡沫破灭造成美国经济的短暂衰退,但经过调整后,经济增长又重新开始加速。2001~2003年,美国生产率以每年3.6%的速度持续增长,超过了1996~2000年的2.6%;经济增长率也从2001年的0.98%上升至2003年的2.8%,2004年达到了3.8%。因此,互联网泡沫的破灭并不是衡量信息技术价值的标准,也不意味着互联网产业发展的终止,更无法改变经济结构转型的长期趋势,信息技术驱动的经济增长仍将持续下去。[①]

四、美国互联网泡沫及其破灭对中国新产业、新业态发展的启示

通过对美国互联网泡沫产生及破灭的历史考察可以得出以下两点重要启示。

第一,互联网产业快速发展中产生一定程度的泡沫难以避免。美国互联网泡沫产生于经济结构调整的"新经济"大背景,而中国当前也处于经济发展的新旧动能转换阶段。传统产业调整升级,新兴产业加快成长,产业重构倒逼资本重构,资本市场对技术创新的支持力度加强,互联网产业最具发展潜力也最受资本追捧。由此看来,中国互联网创新创业热潮下产生一定程度的泡沫是难以避免的,且与当年的美国相比尚不严重。泡沫的出现是互联网创新、发展和应用过程中衍生出的"副产品",它恰恰反映了资本市场的资产配置功能以及对互联网等新技术、新经济的投资驱动。

第二,互联网泡沫对互联网产业发展具有双重作用效应。一方面,互联网泡沫对经济社会造成的负面影响不可忽视,如果泡沫持续膨胀而得不到有效化解,其负面效应将不断扩大并积累,严重打击互联网相关行业的发展并损害国民经济的正常运行。另一方面,资本泡沫衍生的财富效应也并非全是坏事,它能够为各种创新和探索提供机会。反观美国互联网泡沫破灭后,更多优秀的互联网公司涌现出来。泡沫的冷却将过滤掉核心技术与竞争力缺失的"伪互联网"公司,留下能够真正实现技术与管理创新的优质公司,促进互联网产业发展并向其他产业溢出。因此,一定程度的泡沫是经济转型与产业升级过程中的"试错"成本,而优质互联网公司代替"伪互联网"公司的过程也正是"泡沫"被挤掉、填实

[①] J. B. Delong, L. H. Summers, "The new economy: background, historical perspective, questions, and speculations", *Economic Policy Symposium – Jackson Hole*, Vol. 86 (2001), pp. 11–43.

的过程。

尽管在互联网产业发展过程中产生一定的泡沫不可避免,并且这种泡沫对激发企业主体创新创业、促进产业快速成长具有一定的积极效应,但仍应对其可能产生的消极影响引起高度警觉,并采取有效措施加以预防和化解。具体来说,主要包括以下方面。

第一,加强相关制度创新与监管。互联网发展过程中的泡沫风险需要引起足够的重视,而转型和创新则是规避并化解泡沫风险的有效保障。政府关注的重点应是重建制度创新与监管同步的互联网发展新秩序,一方面,给予这一创新领域鼓励与容错空间,打破制度壁垒以充分释放新技术、新产业、新业态的创新活力;另一方面,补齐互联网立法短板,制定与完善市场竞争、信息服务、网络安全等方面的法律法规,加强市场监管,避免"伪互联网"公司蜂拥而上和资本炒作。

第二,着力促进互联网等新产业、新业态的技术与商业模式创新。技术创新永远是互联网行业的核心驱动力,商业模式创新则能最大化发挥技术带来的经济效益。中国互联网企业应提高对产业与技术升级趋势的敏感度,增强技术创新能力以提升用户体验、运营效率和融资效率,更加关注创新带来的价值创造而非市盈率代表的投资价值。同时,基于客户需求和资源整合探索能够降低行业成本、提高行业效率的商业模式,并进行跨界合作,互补发展,寻求开发新技术与新模式、拓展市场的新思路。

第三,大力促进互联网、大数据、人工智能与实体经济深度融合。美国互联网泡沫破灭的教训说明,良好的实体经济是互联网产业健康发展的基础,也是避免泡沫膨胀与破灭的前提。随着互联网、大数据、人工智能等向经济各领域加速渗透,促进其与实体经济深度融合是实现新产业、新业态健康发展的根本途径。一方面,加快新一代信息技术对传统产业的渗透融合,推动产业链重构以实现改造提升与创新增值;另一方面,在融合发展过程中不断细分产业链、拓展业务应用、创新商业模式,形成更多新产业、新业态。

第三节 信息技术、所有制结构对新产业、新业态的影响分析
——以电子商务产业的集聚发展为例

近年来,电子商务作为我国新产业、新业态得到快速发展,特别是以"淘宝村""电子商务产业园"等为载体的电商产业集聚区呈现出爆发式增长态势。根据阿里研究院的报告数据显示,截至 2017 年,中国"淘宝村"和"淘宝镇"

的数量已经分别达到 2118 个和 242 个，直接创造就业机会超过 130 万个，销售额超过 1200 亿元。[①] 从我国产业发展实践看，技术与制度是影响我国新产业、新业态发展的根本性因素。这里主要基于信息技术、企业所有制结构两维视角，揭示我国电商产业集聚发展的基本机制。

一、理论分析与研究假设

与传统产业相比，电子商务产业的本质特征之一就是时空异步性，信息技术的深度应用导致交易时空的彻底重构，交易过程被离散为不同的间断性的时点与地点，即时间的离散性与空间的可分性（陈亚琦，2015）。其中，前者表现为原本相对固化和连续的交易时间域被分解成具有高度弹性和离散的时间点集，消费者与供给商之间的交易时间域不再需要保持一致，甚至可以完全异步；后者则表现为网络为消费者和供给商提供了交易平台，双方无须现实空间到场即可完成所有交易，交易空间域也可以完全异步。电商产业的这种时空异步特征使得消费者和供给商可以在地理空间上相对独立地存在，从而电商产业集聚既可以表现为消费者的空间集聚，也可以表现为供给商的空间集聚，或者二者同时集聚。电商产业集聚主要是通过消费者集聚和厂商集聚两条基本路径展开，前者主要通过网络采购实现，后者则主要通过网络销售实现，于是可将电商产业集聚的两条路径概括为采购集聚路径和销售集聚路径。

电子商务不可避免地涉及商品运输过程，由此使运输成本成为影响电商产业集聚的重要因素，对于要获得多样性商品的消费者而言，产品多样性信息与产品的可获得性很大程度上取决于信息技术与交通运输的条件。当市场因信息技术和交通运输条件相对落后而被分割成独立市场时，消费者被局限在狭小的市场内，跨地区进行网络购物面临高昂的信息成本与运输费用，因此只能在当地市场进行交易，此时电商产业在空间上的相对集聚有利于提高交易效率。当区域内信息技术和交通运输条件得到初步改善时，消费者开始能够接触周边市场并形成一定的联系，周边市场对当地市场形成激烈的竞争，从而引起消费者向周边市场的扩散与分流，此时当地市场初始形成的电商产业集聚受到冲击，集聚程度将会降低。随着信息技术与交通运输条件的进一步改善，高效的信息技术与交通运输条件有利于降低高昂的产品信息搜寻成本和运输成本，从而提高消费者效用水平，越有利于促进消费者采用电商消费模式，进而再次引起电商产业集聚程度的提高。对于厂商而言，是否采用电商模式同样取决于信息技术与交通运输条件。当区域内信息技术发展程度较低且交通运输条件较差时，

---

① 阿里研究院：《中国淘宝村研究报告（2017 年）》，2017 年 12 月。

企业采用电商模式的技术成本与运输成本都相对较高，因此企业被局限在狭窄的当地市场之内，但是在空间上的相对集中仍然可以利用外部规模经济并提高交易效率，此时厂商集聚程度相对较高。随着信息技术的发展与交通运输条件在一定程度上的改善，降低厂商的运输费用使企业面临的市场在周边范围内得到扩大，但仍然无法与更远的市场建立广泛的联系，此时传统的分销商或代理商模式更有利于企业发展，地区之间高昂的运输费用使企业往往倾向于分散布局，从而降低产业集聚程度。当信息技术和交通运输条件进一步发展，信息技术的扩散与广泛应用使产品信息更加顺畅、精确地传递给消费者，大大降低了信息传递成本，改善厂商的营销方式与商业模式，激励企业大规模采用电商模式，分销商或代理商模式被电商模式或网商模式所取代；良好的交通运输条件也有利于降低运输费用，促进企业集中布局，在更广泛的区域内进行协调分工，从而再次引起电商产业集聚。由此可得出以下假设。

假设1：信息技术与交通运输条件是电商产业集聚的基本影响因素，通过销售路径和采购路径对电商产业集聚发挥作用，而且其作用呈现出非线性的"U"型特征。

除了信息技术与交通运输条件外，所有制结构也是影响区域电商产业集聚的重要因素，但是通常而言，所有制结构只对企业行为产生作用而不影响消费者行为，因此可以初步认为所有制结构只通过销售路径影响电商产业集聚。从微观视角来看，一方面，企业应用电子商务，需要企业在技术设备、营销模式、组织结构等方面做出相应的调整与创新，但现实中国有企业的经营者或企业家，由于受到体制性因素的约束，特别是大量存在的"体制优先权"，使国有企业轻易获得市场竞争优势与垄断地位。这就使得在相同的技术条件下，国有企业经营者一般并不热衷于通过使用电子商务和主动进行商业模式创新获取竞争优势，而是希冀于利用资本运作和投资经营来提高产业绩效以获得相应的政治回报（Megginson, 2005）。另一方面，电子商务产业具有明显的创新创业型经济特征，从这个角度来看，电商产业集群的形成实质上就是群体企业家模仿创业的过程，主要通过社会网络创新及"羊群效应"中的创业示范、社交示范、模仿创业等途径引起电商产业集聚（崔丽丽等，2014；雷兵和刘蒙蒙，2017）。但是，这种示范与模仿的"羊群效应"主要在创业企业中发挥作用，而国有企业由于受到体制性因素约束以及自身的金字塔式科层结构原因，"羊群效应"的效果受到削弱。从宏观视角来看，一方面，电子商务在本质上是基于个人而非基于地理的，而国有企业则是依靠对地理市场的高度了解形成竞争优势，因此电子商务的发展将会对国有企业的竞争优势形成取代（Anderson et al., 2003），两种模式之间存在竞争关系。另一方面，对制造业和高技术产业的研究表明，产业集聚效应显著地受到所有制的影响（Vakhitov and Bollinger, 2010），一个地区的国有企业比重越高，对新投资的吸引能力就越弱（张俊妮和陈玉宇，2006）。国有企业的低效率，对于人才、资金和市场的竞争，僵化的管理制度以及某些保护国有企业的政策法规，可能恶化了区域内的营商环境，降低了电商产业发展的专业化劳动力可得性、中间投入可得性和技术溢出的作用，从而对电商产业的集聚式发展产生挤出效应。由此可得出以下假设。

假设2：所有制结构中国有企业比重的提高将会对电商产业集聚产生挤出效应；由于所有制结构主要对企业的集聚行为产生影响而不影响消费者的集聚行为，因此可以假设该挤出效应主要通过销售路径发挥作用。

二、计量模型与变量选取

（一）计量模型

本节将电商产业集聚定义为一个区域内电商产业较为集中的现象。根据以上对电商产业集聚路径的分析可知，电商产业集聚包括消费者集聚与厂商集聚，或网络采购集聚与网络销售集聚。根据假设1，信息技术与交通运输条件对电商产业集聚的作用呈"U"型特征，通过画出信息技术与交通运输条件对电商产业集聚的散点图以及初步的拟合优度检验也可证明非线性模型对现实经济的解释力更高，因此将其二次项作为解释变量引入模型，设定以下实证分析模型：

$$ecia_{i,t} = \alpha + \beta_1 infor_{i,t} + \beta_2 infor_{i,t}^2 + \beta_3 owner_{i,t} + \beta_4 controls_{i,t} + \mu_{i,t} \quad (15.1)$$

其中，$ecia$ 表示电商产业集聚程度（electronic commerce industry aggregation），是模型中的被解释变量；$infor$ 和 $owner$ 分别表示信息技术（information technology）和所有制结构（pattern of ownership），是模型的两个主要解释变量，其估计系数分别为 β_1、β_2 和 β_3；α 和 μ 分别表示截距项与残差项，i 表示区域，t 表示时间。

为保证模型的稳健性，模型中加入了控制变量，以 $controls$ 表示，其估计系数为 β_4。根据理论分析与我国现实区域电商发展实际，这里选择以下三个变量作为控制变量。

（1）交通运输条件（$transport$）。交通运输条件的改善将降低运输成本，在越过一定的拐点后有利于促进电商产业集聚。

（2）区域发展程度（$develop$）。区域发展程度越高的区域，市场交易越频繁，且产业分工程度也越高，从而有利于促进电商产业集聚。

（3）人口规模（$population$）。区域人口规模越大，包括网上消费在内的消费需求越高，市场规模越大，且越能为区域电商产业发展提供足够的劳动力，从而有利于促进电商产业的集聚。

(二) 基本变量选取与描述

(1) 电商产业集聚。以区域内电商产业的区位熵表示,即地区电商产业产值占地区生产总值的比重与全国电商产业产值占国内生产总值的比重之比,表示为:

$$a_i = \frac{ecom_i / GDP_i}{ecom / GDP} \quad (15.2)$$

其中,i 表示第 i 个区域,a_i 表示区域 i 的电商产业集聚程度;$ecom_i$ 和 GDP_i 分别表示地区电商产业产值和地区生产总值;$ecom$ 和 GDP 则分别表示全国电商产业产值和国内生产总值。销售集聚程度($sell$)和采购集聚程度($purc$)也以该公式计算,具体而言,计算区域电商销售集聚时,用电商销售额替换式(15.2)中的电商产业产值即可得到,是以一个地区内从事电子商务的企业产品销售额占地区 GDP 的比重与全国电子商务销售额占全国 GDP 比重之比衡量的厂商的集聚程度。同理,计算区域电商采购集聚时,用电商采购额替换式(15.2)中的电商产业产值即可得到,是以一个地区内的消费者通过电子商务进行商品购买的采购支出额占地区 GDP 的比重与全国电子商务采购额占全国 GDP 比重之比衡量的消费者的集聚程度。

(2) 信息技术($infor$)。以每百家企业所拥有的计算机数表示,与以往文献中所采用的电信业务总量从业人员数、邮政业务收入等指标不同,本节认为计算机的使用更能代表一个企业和地区信息技术的发展程度,并且是支撑电商产业发展的基本技术条件,谭等(Tan et al.,2007)的研究也表明,企业中使用计算机的限制是制约电商采纳的重要因素。

(3) 所有制结构($owner$)。这里沿用学术界常用的国有企业就业人员数与全社会就业总量之比表示,该比值越高说明所有制结构中国有企业所占比重越大。

(4) 交通运输条件($transport$)。以交通运输线路密度来表示,用区域内交通运输线路长度与区域面积之比表示,计算公式为:

$$transport_i = \frac{length_i}{area_i} \quad (15.3)$$

其中,$length$、$area$ 分别表示区域 i 的交通运输线路长度和行政单位面积。现有文献中通常使用交通运输、仓储和邮政业从业人员数,以及货运量、客运量、货物周转量与旅客周转量等流量指标来表征交通运输基础设施条件的发展程度,本节借鉴德默尔(Demurger,2001)和弗莱舍等(Fleisher et al.,2010)的方法,采用交通密度这一存量指标来衡量交通运输基础设施条件。一方面,从因果关系上看,前述各流量指标是交通运输线路长度增加的结果,而不是其原因;另一方面,从实证需求上讲,前述各流量指标与电商产业集聚之间存在明显的双向因果关系,会导致模型中出现严重的内生性问题,而交通运输线路长度则受电商产业集聚的影响较小，有利于克服模型中的内生性。

（5）区域发展程度（develop）。以其反向指标即该地区所统计的城镇失业率表示。本节之所以选取该指标，主要是出于以下两方面的考虑：一是学术界通常使用的国内生产总值（GDP）或人均国内生产总值（人均GDP）等正向指标与本节的被解释变量、主要解释变量和其他控制变量之间都存在一定的因果关系，从而易产生较严重的多重共线性和内生性问题；二是根据奥肯定律，失业率与经济增长之间即便不存在一个稳定的函数形式，至少也存在较密切的相关性，当失业率较低时区域经济繁荣或发展水平较高，反之则经济萧条或发展水平较低，因此，以失业率衡量区域发展程度具有一定的合理性。

（6）人口规模（population）。以区域内年末人口总量表示，以此作为市场规模的代理变量。

以上主要变量的基本统计描述如表15-1所示。

表15-1　　　　　　　　　　变量的描述性统计

变量名称	样本数	平均值	标准差	最小值	最大值
ecia	124	0.83	0.85	0.11	4.36
sell	124	0.85	0.82	0.06	4.21
purc	124	0.82	0.92	0.09	5.31
infor	124	23.37	9.73	12.00	66.00
transport	124	9717	5744	579.2	25291
owner	124	9.31	3.83	4.35	23.71
population	124	4410	2777	312	10999
develop	124	3.27	0.66	1.20	4.50
userdens	124	0.50	0.11	0.32	0.78
roaddens	124	9346	5298	579.2	21837
sce	124	9.93	4.04	4.69	26.13
lndevelop	124	1.16	0.24	0.18	1.50
popudens	124	455.8	699.1	2.540	3850

本节中除国有企业就业人员数的数据来自2014~2017年的《中国人口和就业统计年鉴》外，其他数据均来自《中国统计年鉴》（2014~2017年），包含中国31个省（区、市）的面板数据，除特殊声明外所有数据均经过取对数处理以消除截面数据中的异方差性；并且为了防止极端值的影响，对所有连续变量按照1%~99%进行缩尾处理。

三、计量结果及其分析

(一) 区域电商产业集聚的主要影响因素

以上分析表明,信息技术与交通运输条件是我国现阶段电商产业集聚的主要影响因素,因此在实证分析中,将单独以信息技术和交通运输条件作为解释变量建立比较的基准模型。运用 Stata 14.0 计量软件进行回归分析,结果如表 15-2 所示。

表 15-2　　　　　　　电商产业集聚的基本影响因素

变量	模型 (1) 混合效应	模型 (2) 随机效应	模型 (3) 混合效应	模型 (4) 随机效应
ln$infor$	-3.877*** (-3.51)	-3.844** (-2.29)	-4.019*** (-3.33)	-4.517** (-2.55)
ln$infor2$	0.756*** (4.67)	0.750*** (3.11)	0.815*** (4.44)	0.879*** (3.33)
ln$transport$	-2.732*** (-3.42)	-2.356** (-2.43)	-2.502*** (-3.28)	-2.323** (-2.57)
ln$transport2$	0.186*** (3.98)	0.164*** (2.79)	0.163*** (3.66)	0.153** (2.84)
ln$owner$			-0.428*** (-4.23)	-0.366*** (-3.03)
$develop$			-0.103* (-1.67)	-0.0814 (-1.00)
ln$population$			0.118* (1.96)	0.0945 (1.32)
常数项	13.64*** (3.55)	12.02** (2.20)	13.62*** (3.62)	13.68** (2.74)
N	124	124	124	124
R^2	0.6782	0.6774	0.7273	0.7255
F or Wald	219.36	851.76	123.77	612.56
Hausman		0.6101		0.6711

注:a. 本表数据由 Stata 14 计算得到,其中括号内为聚类稳健 t 统计量,***、**和*分别表示在1%、5%和10%的水平上显著;b. 混合效应模型中报告的是 F 统计量的值,随机效应模型中报告的是 Wald 统计量的值;c. Hausman 统计量为非聚类稳健条件下固定效应和随机效应的 p 值的计算结果。

在表 15-2 中，模型（1）和模型（3）采用混合效应，模型（2）和模型（4）根据 Hausman 检定结果采用随机效应，模型（1）和模型（2）为实证比较的基准模型。在四个模型中，所有解释变量的系数都是显著的，其中信息技术的二次项系数符号为正，且至少在 5% 的水平上显著；一次项系数符号为负，且绝大多数至少在 10% 的水平上显著。表明信息技术对区域电商产业集聚的影响呈现"U"型特征，在越过拐点后电商产业集聚程度会随信息技术的发展逐步提高。交通运输条件的二次项系数为正且至少在 5% 的水平上显著，一次项系数为负且在 5% 的水平上显著，表明交通运输条件的作用与信息技术相似，对区域电商产业集聚的影响呈"U"型特征，这意味着交通运输条件的改善在越过拐点后会促进电商产业集聚程度的提高。[①] 国有企业比重变量的系数均为负，且在 1% 的水平上显著，表明区域国有企业比重提高对电商产业集聚具有"挤出效应"。由此，前面提出的假设 1、假设 2 得到初步验证。

再来分析控制变量的影响。计量结果表明，失业率的系数为负且在 10% 的水平上显著，表明失业率上升时区域的经济萧条或发展水平较低，对电商产业集聚具有负向作用，即失业率的增加将会降低电商产业的集聚程度；人口总量的系数为正且在 10% 的水平上显著，表明以其衡量的市场规模对电商产业集聚具有正向促进作用。

（二）影响因素作用路径的实证分析

通过上述理论分析可知，电商产业集聚包括销售集聚和采购集聚两条路径，即使相同的影响因素，在这两种不同的运作机制和路径下的作用方向和程度也会表现出一定的差异。为此，还需对不同影响因素的传导路径及机制做进一步实证分析和检验。由于在统计上电商交易包括销售与采购两种行为，销售额与采购额之和即为电商交易额，因此电商产业集聚要么是由销售集聚或采购集聚其中之一引致的，要么是两者同时引致的。所以，本节在对电商产业集聚路径进行实证分析时，并未设定学术界通常采用的中介效应模型，而是直接对销售集聚路径和采购集聚路径进行实证分析。

1. 销售集聚路径影响因素

这里重点考察信息技术和所有制结构两个因素对电商销售集聚路径的影响，两者都是本节关注的核心解释变量，如果前者的二次项系数显著为正，而后者的

[①] 虽然这一结果与我们的常识和预期相符，但却与浩飞龙等（2016）对电商产业发展水平的分析结果相反。浩飞龙等（2016）认为交通物流环境对电商产业的发展具有显著的负向作用，这可能与其选择地区货运总量和交通运输、仓储和邮政业从业人员数等流量指标作为交通运输条件的代理变量有关。参见浩飞龙等：《中国城市电子商务发展水平空间分布特征及影响因素》，载于《经济地理》2016 年第 36 卷第 2 期。

系数显著为负,那么前述两个假设就得到进一步验证。实证结果如表 15-3 所示。

表 15-3　　　　　　　　销售集聚路径的影响因素

变量	模型（1）混合效应	模型（2）随机效应	模型（3）混合效应	模型（4）随机效应
ln$infor$	-9.054*** (-6.71)	-8.594*** (-5.01)	-4.514*** (-3.35)	-4.610** (-2.44)
ln$infor$2	1.620*** (7.99)	1.538*** (5.95)	0.880*** (4.19)	0.886*** (3.04)
ln$transport$			-2.463*** (-3.22)	-2.213** (-2.34)
ln$transport$2			0.164*** (3.61)	0.151** (2.57)
ln$owner$	-1.086*** (-8.24)	-0.955*** (-5.30)	-0.655*** (-5.22)	-0.566*** (-3.87)
ln$develop$			-0.166 (-0.91)	-0.127 (-0.49)
ln$population$			0.012 (0.18)	0.003 (0.03)
常数项	14.21*** (6.42)	13.30*** (4.76)	15.29*** (4.21)	14.25*** (3.08)
N	124	124	124	124
R^2	0.6365	0.6352	0.7163	0.7147
F or Wald	83.31	106.92	104.09	970.28
Hausman		0.8364		0.4970

注：a. 本表数据由 Stata 14 计算得到,其中括号内为聚类稳健 t 统计量,***、** 分别表示在 1%、5% 的水平上显著；b. 混合效应模型中报告的是 F 统计量的值,随机效应模型中报告的是 Wald 统计量的值；c. Hausman 统计量为非聚类稳健条件下固定效应和随机效应的 P 值的计算结果；d. 本表中使用了失业率的对数形式。

表 15-3 中,模型（1）和模型（2）的实证结果表明,信息技术的一次项系数为负,二次项系数为正,且均在 1% 的水平上通过显著性检验,表明信息技

术发展对电商产业集聚的销售路径的影响呈"U"型特征。国企比重的系数为负且在1%的水平上通过显著性检验，表明国有企业比重的上升会对电商销售集聚产生一定的"挤出效应"。国有企业与地方政府之间存在密切关系，国企高管兼具企业家和官员的双重身份，国有企业在获得金融、技术、劳动支持等方面具有比非国有企业更明显的优势，企业组织结构相对僵化，对电子商务等新兴商业模式的冲击反应相对滞后，从而限制了自身电商模式的发展并"挤出"了区域内的电商产业集聚。模型（3）和模型（4）也得出相同的结论，由此，假设1、假设2得到进一步验证，且验证了假设2提出的所有制结构将主要通过销售路径"挤出"电商产业的集聚。

由表15-3还可以看出，交通运输条件的一次项系数为负，二次项系数为正，且至少在5%的水平上通过显著性检验，表明交通运输条件对电商销售集聚的影响具有"U"型特征，即电商销售集聚程度随区域交通运输条件的改善呈现出先下降后上升的趋势。这是因为当交通运输条件初步改善时，企业的运输费用下降不明显，但却能够将企业从初始的狭小市场中释放出来，使得企业能够在更大的市场中参与竞争。因此，企业倾向于采用在多个地区设立分支机构的分散化经营模式；随着交通运输条件的进一步改善，运输费用出现大幅下降，其下降幅度超过企业的重置成本，此时企业倾向于在区域内集中发展，即表现为产业集聚水平的提升。另外，虽然失业率对电商销售集聚具有一定的阻碍，而市场规模的扩大则对其起到促进作用，但从目前的实证结果看，这种作用还不明显。

2. 采购集聚路径影响因素

消费者在采购过程中，通常都会考虑信息成本、运输条件、预算约束等因素，且人口规模大致能代表一个地区的消费市场规模，从而也会对电商集聚产生一定的影响。计量结果如表15-4所示。

表15-4　　　　　　　　采购集聚路径的影响因素

变量	模型（1）混合效应	模型（2）随机效应	模型（3）混合效应	模型（4）随机效应
ln$infor$	-4.308*** (-3.38)	-4.721** (-2.34)	-2.927** (-2.07)	-3.929* (-1.83)
ln$infor2$	0.836*** (4.47)	0.894*** (3.08)	0.655*** (3.02)	0.795** (2.49)
ln$transport$	-2.465** (-2.38)	-2.194* (-1.90)	-2.655*** (-2.81)	-2.475** (-2.28)

续表

变量	模型（1）混合效应	模型（2）随机效应	模型（3）混合效应	模型（4）随机效应
ln$transport2$	0.168*** (2.77)	0.151** (2.20)	0.170*** (3.10)	0.160** (2.54)
ln$owner$			-0.170 (-1.53)	-0.151 (-1.09)
$develop$			-0.190** (-2.33)	-0.170* (-1.76)
ln$population$			0.226*** (3.20)	0.197** (2.27)
常数项	13.23*** (2.78)	12.82* (1.95)	11.35** (2.40)	12.41* (1.93)
N	124	124	124	124
R^2	0.6069	0.6062	0.6631	0.6613
F or Wald	155.16	283.70	138.59	582.60
Hausman		0.5153		0.4613

注：a. 本表数据由 Stata 14 计算得到，其中括号内为聚类稳健 t 统计量，***、**和*分别表示在 1%、5% 和 10% 的水平上显著；b. 混合效应模型中报告的是 F 统计量的值，随机效应模型中报告的是 Wald 统计量的值；c. Hausman 统计量为非聚类稳健条件下固定效应和随机效应的 p 值的计算结果。

表 15-4 中，模型（1）和模型（2）的计量结果表明，信息技术和交通运输条件一次项系数为负，二次项系数为正，且大多数在 5% 的水平上显著，表明信息技术发展和交通运输条件改善对电商产业集聚的采购路径的影响都具有"U"型特征。模型（3）和模型（4）的计量结果也得到相同的结论。由此，假设 1 得到进一步验证。由模型（3）和模型（4）的计量结果可知，国企比重的系数为负，且未通过显著性检验，这表明地区所有制结构中国企比重的上升并不会对电商采购集聚产生显著的"挤出效应"，这与表 15-3 的实证结果表现出一定的差异。这表明所有制结构的"挤出效应"只在电商销售集聚中具有显著作用，而在电商采购集聚中的作用不显著。主要原因是，企业与消费者遵循不同的决策过程，企业在作出改变营销模式的决策时，并不只是追求利润最大化，而是

第十五章　新产业革命背景下我国新产业、新业态发展及监管创新研究

要兼顾公平与效率，而这又明显受到企业所有制性质的影响。具体而言，一方面，传统营销模式改变为电商营销，会导致裁撤传统的营销部门建立新的营销队伍，变更现行财务制度等，需要多个部门之间协调进行并兼顾营销模式变更导致的公平问题，而且国有企业的"政治人"特征也会促使其相对更加关注公平；另一方面，国有企业通过"挤出"对电商企业的新投资和降低创新创业的"羊群效应"，从而抑制了电商产业的发展。消费者依据效用最大化原则作出消费行为决策，一般不会受到个人所在企业性质的影响。从而假设2得到进一步验证。

由表15-4还可看到，失业率的系数为负且至少在10%的水平上显著，表明失业率上升时区域的经济萧条或发展水平较低，对电商采购集聚具有显著的抑制作用。这主要是因为失业率较高的地区，经济社会发展相对落后，消费者收入水平相对较低且结构单一，从而限制了电商采购水平的提升和产业集聚。人口规模的系数为正且在5%的水平上通过显著性检验，表明人口规模的扩大对电商采购集聚具有显著促进作用，这主要是由于人口规模大，直接扩大了电商采购量，扩大了电商交易规模。从我国电商产业发展实际看，中国电子商务在2013年左右进入在消费者中全面普及的"经济体阶段"，[①] 人口因素对电商采购集聚的拉动作用表现得越来越明显。

（三）稳健性检验

为避免由于模型设定偏误、变量选取不恰当等问题造成的实证结果的不稳健性，这里重新选取适当的核心解释变量和控制变量对模型进行稳健性检验。其中，选取互联网使用者密度（$userdens$）作为信息技术的代理变量，以每万人中互联网上网人数衡量，该数值越大说明信息技术发展水平越高。考虑到中国的交通运输主要依靠公路和铁路进行，因此，这里选取以公路和铁路通车里程之和测量的道路密度（$roaddens$）作为交通运输条件的代理变量，其计算方法与式（15.3）相同，该数值越大说明交通运输条件越好。集体所有制企业在城镇经济中占有较大比重，且具有与国有企业相似的性质，由此选取以国有和集体企业就业比重（sce）作为所有制结构的代理变量，以国有企业和集体企业中从业人员数之和占全体就业人数之比衡量，该数值越大说明所有制结构中国企和集体企业所占比重越高。考虑人口规模受区域面积的影响，这里选取人口密度（$popudens$）作为人口规模的代理变量。以上变量的稳健性检验结果如表15-5所示。

[①] 郝建彬：《二十年：中国电子商务史话》，载于《互联网经济》2015年第5期。

表 15-5　　　　　　　　电商产业集聚的稳健性检验结果

变量	模型（1）混合效应	模型（2）随机效应	模型（3）混合效应	模型（4）随机效应	模型（5）混合效应	模型（6）随机效应
lnuserdens	7.272*** (5.80)	6.504*** (2.88)	8.598*** (5.77)	7.374*** (2.89)	5.568*** (4.54)	5.527*** (2.60)
lnuserdens2	4.548*** (5.79)	3.780*** (2.87)	5.306*** (5.61)	4.227*** (2.79)	3.541*** (4.76)	3.285*** (2.77)
lnroaddens	-3.231*** (-3.78)	-2.513 (-1.61)	-2.981*** (-3.36)	-2.219 (-1.33)	-3.617*** (-3.63)	-2.915* (-1.82)
lnroaddens2	0.202*** (4.16)	0.169** (2.07)	0.205*** (4.21)	0.167* (1.91)	0.206*** (3.51)	0.175** (2.03)
lnsce	-0.162 (-1.54)	-0.187 (-1.16)	-0.330*** (-2.86)	-0.336** (-2.18)	0.0151 (0.13)	-0.0361 (-0.20)
lndevelop	-0.604*** (-3.88)	-0.563** (-2.14)	-0.459*** (-2.63)	-0.429 (-1.43)	-0.847*** (-4.71)	-0.808*** (-3.18)
lnpopudens	0.0873 (0.74)	0.011 (0.05)	0.099 (0.78)	0.170 (0.69)	0.307** (2.34)	0.183 (0.85)
常数项	15.36*** (4.49)	12.09** (2.06)	14.65*** (4.24)	11.05* (1.77)	16.50*** (4.03)	13.58** (2.21)
N	124	124	124	124	124	124
R^2	0.6965	0.6855	0.6887	0.6764	0.6394	0.6327
F or Wald	52.79	144.10	40.17	144.75	64.45	196.46
Hausman		0.2884		0.0525		0.8346

注：a. 本表数据由 Stata 14 计算得到，其中括号内为聚类稳健 t 统计量，***、**和*分别表示在1%、5%和10%的水平上显著；b. 混合效应模型中报告的是 F 统计量的值，随机效应模型中报告的是 Wald 统计量的值；c. Hausman 统计量为非聚类稳健条件下固定效应和随机效应的 p 值的计算结果。

表 15-5 中，模型（1）和模型（2）的被解释变量为电商产业集聚，模型（3）和模型（4）的被解释变量为电商销售集聚，模型（5）和模型（6）的被解释变量为电商采购集聚。所得实证结论与表 15-2 至表 15-4 中的结果虽然在系数绝对值大小上有一定差别，但在系数符号与显著性水平等方面基本保持一致，这一结果表明以上实证分析结果具有稳健性。

四、主要结论与对策建议

基于以上理论与实证分析，得到以下主要结论。一是与传统产业中的销售和采购同时集聚不同，电子商务由于存在时空异步特征，使得交易行为可以分时域、跨地域进行，从而将交易过程的销售行为和采购行为在时间和地理上分隔开，因此电商产业集聚也可分为销售集聚路径和采购集聚路径。二是从宏观角度而言，信息技术与交通运输条件是电商产业集聚的基本影响因素，而且其作用呈现出"U"型特征，即电商产业集聚程度将随信息技术与交通运输条件的发展呈现出先下降后上升的趋势，这一发现有助于解释信息技术对生产性服务业集聚影响的双重影响问题。三是所有制结构中国有企业比重将通过销售集聚路径对区域内电商产业集聚产生"挤出效应"，在采购集聚路径中的作用则不明显；人口规模和失业率则主要通过采购集聚路径影响电商产业集聚。由此表明，体制和人口因素仍是制约电商产业发展的重要因素，但其作用方式和途径存在一定差异。

基于以上研究结论，为促进我国电商产业集聚式发展，应采取以下对策。

首先，进一步强化信息化建设。一方面，通过税收优惠、财政补贴、低息贷款、共同投入以及风险共担等一系列政策措施，引导企业优先把有限的资源配置在信息技术提升方面，包括增加计算机使用量、建立信息要素发展市场、培育信息化人才、开展信息化业务等，推动信息技术对传统产业的改造升级；调整上网资费制度，加快5G网络建设，通过政府引导提高居民的互联网使用率和普及率。另一方面，抓住新产业革命的爆发期，大力发展移动互联网、大数据、云计算、物联网、人工智能等新一代信息技术，着力解决新一代信息技术发展过程中的计算能力、关键芯片、数据存储与分析等核心问题。

其次，进一步推进国有企业改革。一方面，在国企所占比重较高的区域发展电商产业时，应优先考虑发展电商采购而非电商销售，以避免由于国企比重过大给电商销售带来的抑制作用，而且应防止国有企业在金融资本、劳动资源等方面对电商产业的"挤出效应"。另一方面，在商业类国有企业中加快推进经营模式改革，尤其是在主业处于充分竞争行业和领域的商业类国有企业中，加速引入电子商务经营模式，通过股份改革引入非国有资本、对在职员工进行电商服务方面的培训、建立以电商服务为主的组织机构等，提高国有企业中电商销售模式的应用程度。

最后，进一步改善交通运输条件，改变销售模式并扩大内需。在改善交通运输条件方面，应建立更加便捷发达的交通网络，采用更加先进的物流技术，降低铁路与公路的运输成本。在改变销售模式方面，需进一步普及电商理念，鼓励因地制宜地建设"淘宝村"形式的电商集聚区。在扩大内需方面，充分发挥人口规模对电商产业集聚发展的促进作用。具体而言,在人口规模较大的地区或城市,如京津冀、长三角和珠三角地区,人口吸纳能力强、人口密度大,应鼓励电商采购与消费行为。在人口规模较小的地区或城市,需要提升公共服务能力,吸引农业人口等非熟练劳动力向城市转移,扩大区域内的人口规模,提高人口密度,作为承接信息化建设的人力资源储备。

第四节 新产业、新业态发展中的政府与企业行为合理性分析[①]
——以互联网产业和共享单车产业为例

一、问题的提出

1994年中国全功能接入国际互联网,截至2016年12月,中国网民规模达7.31亿,相当于欧洲人口总量,普及率超过全球平均水平3.1个百分点;中国境内外上市互联网企业数量达到91家,总体市值为5.4万亿人民币,中国企业的计算机使用、互联网使用和宽带接入分别达到99.0%、95.6%和93.7%。[②] 然而,在互联网产业整体保持快速增长的同时,互联网创业却正在经历"寒冬"。据相关数据显示,中国互联网投融资规模和投资案例数量在2015年第一季度达到有史以来的最高值,随后转入持续下滑。[③] 在2016年,除共享单车等少数领域受到资本热捧外,互联网创业整体遇冷,新成立互联网公司数不到2015年的1/4。[④] 由此,中国互联网行业出现创业遇冷与行业整体迅速发展并存、少数热点领域大规模"烧钱"与大多数细分市场融资困难并存的现象。揭示以上现象发生机理及缘由,采取有针对性的对策措施,对促进中国互联网产业健康发展具有重要意义。

导致目前中国互联网创业领域出现以上问题的原因是多方面的,其中既与中国资本市场整体环境等外部因素有关,同时也与该行业独特的行业特征与商业模式有关,即依靠融资对用户进行补贴,以图迅速实现用户规模的扩张,从而形成更显著的网络外部性。网络外部性又称网络效应,最早由卡茨和夏皮罗(1985)明确提出并通过建立相应的模型进行了证明,其模型成为网络外部性的经典模

[①] 杜传忠、刘志鹏:《互联网创业公司的用户补贴与烧钱:盲目竞争还是理性选择》,载于《现代财经》2017年第7期。
[②] 中国互联网络信息中心:《中国互联网络发展状况统计报告》,2017年版。
[③] 速途研究院:《2015年上半年互联网行业投融资市场报告》,速途网,2015年9月24日。
[④] IT桔子数据库,2016年12月31日收录情况。

型。卡茨和夏皮罗（1985）主要研究了直接网络外部性，即产品价值直接受到使用该产品的消费者数量的影响。伊诺米德斯和希梅尔贝格（Economides and Himmelberg）则在研究中指出，在社会计划者（以社会福利最大化为目标）、完全竞争、寡头、垄断这四种市场结构中，均衡状态下的网络规模依次递减。这说明了在具有网络外部性的市场中政府规制的必要性和增加企业数量对于社会福利的提升作用。德特勒夫·施德（Detlef Schoder，2000）以概率论为工具，对网络效应中的临界容量问题进行了动态分析。结果表明，超过某个临界容量后，网络规模就会进入正反馈过程，表现出自增强效应，从而出现一个自然的用户规模增长；否则，网络规模将趋于衰退。

马图斯和雷吉博（Matutues and Regibeau，1987）、伊诺米德斯（2001）进一步研究了间接网络外部性，即产品价值受到某种相关产品普及程度的影响。在近期研究中，间接网络外部性的一种特殊形式——双边市场引起了较大关注，这起源于罗切特和蒂罗尔（Rochet and Tirole，2004）的研究。贝林格和菲利斯特鲁基（Behringer and Filistrucchi，2015）以报纸产业为例，对双边市场中掠夺性定价的规制问题进行了探讨。

在国内学者的相关研究中，蔡宏波（2012）对临界容量的影响因素进行了较为全面的分析；段文奇（2014）将对临界容量问题的研究由直接网络外部性拓展到双边市场；蒋传海（2010）以网络外部性和转移成本为背景，探讨了企业的竞争性价格歧视行为；汪旭晖和张其林（2016）则对双边市场中平台型电商企业的管理模式进行了研究。本节针对中国互联网创业领域的实际特征建立了相应的数理经济模型，重点对互联网创业公司进行用户补贴和"烧钱"竞争的合理性及福利效应加以分析和评价，在此基础上，提出促进中国互联网行业创业发展的有效对策。

二、基于直接网络外部性的互联网创业公司竞争行为模型分析

本节在直接网络外部性的经典模型基础上，结合中国互联网行业信息透明度较高、数据可得性较强等特点，引进适应性预期假定，建立了一个两期竞争模型。各互联网公司的产品互不兼容，均在第一期对用户进行补贴，以图迅速获得超过临界容量的用户规模，在补贴过程中进行伯川德价格竞争；在第二期则取消补贴，进行差异产品竞争，享受用户规模的自然增长。之所以采用直接网络外部性模型，而非双边市场模型，是因为在当前的中国互联网行业，腾讯、阿里巴巴和百度等企业作为跨领域寡头对于平台服务的垄断地位很难挑战，创业公司要成为平台型企业已不太可能。在中国互联网创业公司中，企业服务已逐渐成为占比例最大的领域，其产品价值直接由该公司所拥有的案例和数据等来源于其自身客

户的资源数量决定，属于直接网络外部性的范畴。即便是少数新兴的细分市场平台型企业（如滴滴出行），由于其主要收入是针对交易行为进行的收费而非由流量转化的广告收益，所以可将每一次交易行为视为一个网络单元，由此使直接网络外部性模型更具解释力。引入差异产品竞争则是因为中国自2017年4月1日起开始实施的新版《专利审查指南》中，明确规定了对商业模式的专利保护，这意味着未来对于普遍采取商业模式创新的互联网创业领域而言，差异化竞争会成为主要的市场竞争形式。

在直接网络外部性的经典模型中，通常采用理性预期（又称"自我实现的预期"）作为前提，即消费者在初始阶段对最终的网络规模做出预期，而均衡状态下的实际规模将与消费者的预期一致，但这一预期的形成过程是外生的。随着中国互联网行业的发展，信息可得性显著增强，各公司出于宣传的目的，也存在不断公布自身规模增长的激励。在这种情况下，消费者在选择某一产品或服务之前，往往可以了解到已有的网络规模，并据此作出是否要加入该网络，即是否购买该产品或服务的决定。因此，适应性预期比理性预期更接近中国互联网行业当前的实际情况。在适应性预期下，网络外部性促使消费者倾向于购买固有网络规模更大的产品，这使得各创业公司之间的竞争本质上变为网络规模之间的竞争。这种竞争蕴含着一个类似囚徒困境的局面：各公司均单独对用户进行补贴，以谋求更大用户规模的激励，用户规模越大，所能吸引到的消费者就越多，进而形成公司发展的良性循环；不进行补贴，用户规模就小于其他公司，业务将不断萎缩，并有可能最终退出市场。这即是互联网创业领域临界容量的作用机制。

那么公司最终会制定怎样的补贴策略，由此产生的融资行为对公司和社会有哪些影响，这里通过建立基于适应性预期的数理经济模型加以探析。

本模型借用经典网络外部性模型的基本假设：消费者追求效用最大化，公司追求利润最大化；消费者对于产品网络规模的估值为$v(y^e)$，该函数满足$v(0)=0$，$v'>0, v''<0$，$\lim_{y^e \to +\infty} v'(y^e)=0$，其中$y^e$为消费者对网络规模的预期；消费者对于产品本身（不考虑网络效应的附加价值）的保留价格则为r，r随消费者不同而变化，在$(-\infty, A)$上服从均匀分布；为简化起见，由于固定成本不影响最优化决策，假设固定成本为零，又因为保留价格r可视为消费者对产品本身的估值减去每单位产品的可变成本，所以也不必单独考虑可变成本，将其视为零。

假设在互联网行业的某个细分市场上存在n家公司，各公司产量（即用户数量）分别为$x_i(i=1,2,\cdots,n)$，对于公司i而言，细分市场的规模$z_i = x_i + \beta\sum_{j \neq i} x_j$，其中参数$\beta$与产品差异程度成反比，$0<\beta\leq 1$，当$\beta=1$时各产品之间无差异。当产品本身价值为$a_i$时，只有满足$r \geq a_i$的消费者才会选择购买。由于$r$服从均匀分布，所以存在比例为$(A-a_i)$的消费者。为简化起见，不失一般性，

这里直接将消费者数量写为$(A-a_i)$，则$A-a_i=z_i$。又因为消费者购买产品的前提从另一角度可视为其所得消费者剩余$r+v(y_i^e)-p_i \geq 0$，故a_i可写为$p_i-v(y_i^e)$，进而有$A+v(y_i^e)-p_i=z_i$。由此得产品i的价格为$p_i=A+v(y_i^e)-z_i$。

本模型考察两期：在第一期，公司i不但不对用户收取任何费用，还给予每个用户补贴s_i，从而获取规模为x_i的用户。需要指出的是，由于同为创业公司，用户对于产品无法通过经验、品牌等方式进行区分，且产品本身往往以计算机软件或手机App为载体，产量随用户规模增加即时调整，无须事先决定，所以在补贴阶段，各公司进行的是伯川德竞争，故有$s_1=s_2=\cdots=s_n=s$。这一过程主要依靠融资来完成，融资金额为I_i，且有$I_i=sx_i$；在第二期，公司i取消补贴，按价格p_i向用户收费，用户规模通过正反馈过程增长到αx_i，其中$\alpha>1$。考虑到本模型具有对称性，可以认为各公司的α值相同。由于消费者采取适应性预期，到第二期时，用户对网络规模的预期等于第一期的实际网络规模，即$y_i^e=x_i$，各公司进行差异产品竞争，则对于公司i而言，其最终利润为$\pi_i=\alpha x_i(A+v(x_i)-z_i)-sx_i$。

这里，$z_i=\alpha x_i+\alpha\beta\sum_{j\neq i}x_j$。为简化起见，我们将$s$重新定义为对单个用户的补贴金额的终值（以下简称"补贴单价"），因而不必再单独考虑贴现问题。由于互联网产品边际成本几乎为零，创业前期的固定投入也相对较小，互联网行业对国内企业的进入和退出几乎不存在任何壁垒，根据产业组织的进退无障碍理论，这样的市场结构在长期均衡时不存在超额利润，即$\pi_i^*=0$。基于纳什均衡的稳定性考虑，各互联网公司应不具有单独增加补贴、扩大网络规模的激励，即此时网络规模使利润达到最大化，这需要$\frac{d\pi_i^*}{dx_i^*}=0$，$\frac{d^2\pi_i^*}{dx_i^{*2}}<0$。为保证纳什均衡的存在，我们需要考察以上几个条件能否同时成立。由利润为零和利润最大化的一阶条件，有：

$$\alpha x_i^*(A+v(x_i^*)-z_i)-sx_i^*=0 \quad (15.4)$$

$$\alpha(A+v(x_i^*)-z_i)-s+\alpha x_i^* v'(x_i^*)-\alpha^2 x_i^*=0 \quad (15.5)$$

由（15.4）易得$\alpha(A+v(x_i^*)-z_i)-s=0$，代入式（15.5）并整理得：

$$v'(x_i^*)-\alpha=0 \quad (15.6)$$

又因为$\frac{d^2\pi_i^*}{dx_i^{*2}}=2\alpha v'(x_i^*)+\alpha x_i^* v''(x_i^*)-2\alpha^2$，将式（15.6）代入，$\frac{d^2\pi_i^*}{dx_i^{*2}}=\alpha x_i^* v''(x_i^*)$。由于$\alpha>1$，$x_i^*>0$，$v''(x_i^*)<0$，故有$\frac{d^2\pi_i^*}{dx_i^{*2}}<0$成立，均衡的存在性得证。在均衡状态下，由式（15.6）得$x_i^*=g(\alpha)$，其中$g(\cdot)$是$v'(\cdot)$的反函数。再将$x_i^*=g(\alpha)$代入式（15.4），考虑到均衡状态下解的对称性，可得均衡状态下的公司数量$n^*=\dfrac{A+v(g(\alpha))-\alpha g(\alpha)-\dfrac{s}{\alpha}}{\alpha\beta g(\alpha)}+1$。

本部分利用适应性预期下的两期直接网络外部性模型研究了中国互联网创业公司的竞争行为,其中第一期为互联网公司创业初期的融资运营阶段,第二期为产品成熟后的正常运营阶段。本模型中纳什均衡的存在足以证明在这种先补贴后收费的商业模式下,互联网创业公司之间依然可以进行理性竞争,需要通过补贴争取的最优用户规模也是有限的。而要考察竞争中企业的具体补贴行为,及其引致大规模融资需求乃至于"烧钱"现象的原因,则有赖于对以上模型的均衡状态作进一步的分析。

三、对企业竞争均衡状态下补贴行为的进一步分析

互联网创业公司进行大规模融资的直接目的是对用户进行补贴,因而对企业补贴行为的深入研究是分析"烧钱"现象的关键。本部分将在上面所建模型的基础上,对补贴行为中的理性选择与盲目竞争两方面因素进行区分,并研究企业盲目竞争对社会总福利的影响。

(一)企业补贴行为中的理性选择与盲目竞争

互联网公司在创业初期需要通过融资进行扩张,根据 $I_i = sx_i$,可得出最优的融资规模 $I_i = sg(\alpha)$,可见,它与公司在第一阶段对单个用户的补贴金额 s 和进行补贴的用户规模 $g(\alpha)$ 成正比。对于函数 $g(\alpha)$,α 的大小与网络规模超过临界容量后的自增强效应强弱成正比,而 $g(\alpha)$ 本身即是互联网创业公司的临界容量。下面分别对这两个因素进行分析。

首先,对于临界容量 $g(\alpha)$,根据消费者对于网络模型的估值函数的性质,$v'' < 0$,又因为其中 $g(\cdot)$ 是 $v'(\cdot)$ 的反函数,故有 $g' < 0$,即给定消费者对网络规模的估值函数,网络规模超过临界容量后的自增强效应越弱,临界容量越大;考虑到 $\dfrac{dI_i}{dx_i} = s > 0$,公司 i 的最优融资规模也就越大。自增强效应之所以存在,是由于当产品的网络规模扩大到一定程度后,那些对该类产品存在需求却尚未使用的消费者,通过在生活中接触到已使用者,可能加入网络。决定自增强效应的两个因素,分别是新用户加入产品网络的难度和已有用户流失的可能性,前者由熟练使用该产品所需的学习成本决定,后者由用户转移到相似产品时的转换成本决定。因此产品的自增强效应与用户的学习成本成反比,与用户的转换成本成正比。而与传统产品相比,多数互联网产品恰恰具有较高的学习成本和较低的转换成本,自增强效应较弱。

在传统产业寻找新的细分市场日趋艰难的情况下,互联网创业公司之所以能够不断地发现相对空白的领域,就是因为这些公司可以更为高效地利用相关数

据，寻找用户需求的缺口（李杰，2016），从而针对性地开发更具商业创新性的产品。由此产生的互联网产品一方面能够开发空白领域，另一方面也因以前没有同类产品，用户对产品的使用相对陌生，而存在学习成本较高的问题。再考虑到互联网产品往往以手机或计算机作为操作平台，不存在可以直接对用户操作进行指导的销售场景，这一问题就变得更为突出。

在传统产业中，已有用户的转换成本由程序转换成本、财务转换成本、关系转换成本三方面组成（Burnham and Mahajan，2003）。其中，程序转换成本主要包括对新产品的评估成本和重新学习成本等，由于互联网产品的信息搜寻成本低、用户评价机制发达，同类产品的使用方式大同小异，所以程序转换成本较低；财务转换成本主要因传统产业对原有用户的价格优惠而产生，但互联网产品却通常会对新用户进行更大力度的优惠，所以这项成本往往为负；关系转换成本则指放弃原有产品带来的心理和情感不适，这高度依赖于传统产品的销售场景，在互联网条件下大大削弱。综上所述，互联网产品具有较小的转换成本。

在以上讨论中，我们都将互联网创业公司在初始阶段对于单个用户的补贴金额 s 视为外生变量，是因为这一变量很大程度上是由创业公司主观决定的。尽管临界容量 $g(\alpha)$ 较大，却是理性选择的结果，而互联网创业公司在补贴单价 s 决定过程中的主观性则是盲目竞争和"烧钱"现象出现的主要原因。由于在均衡状态下，$n^* = \dfrac{A + v(g(\alpha)) - \alpha g(\alpha) - \dfrac{s}{\alpha}}{\alpha \beta g(\alpha)} + 1$，进而可得 $\dfrac{\partial n^*}{\partial s} = -\dfrac{1}{\alpha^2 \beta g(\alpha)} < 0$，即均衡状态下的公司数量会随补贴单价 s 的上升而下降，所以资金实力相对雄厚或融资能力较强的创业公司有激励抬高补贴单价，迫使处于弱势的竞争对手退出市场，从而获取垄断地位。由于现实中的信息不对称，优势企业不可能了解到恰好迫使竞争对手退出的最优补贴单价，只能盲目地一味增加补贴甚至不惜采取"烧钱"行为，这正是我们频繁见到的互联网创业公司之间的"烧钱大战"。

由于互联网产品初期需要对较大规模的用户进行补贴，在新常态下经济增速放缓和 2015 年 O2O 领域大量互联网创业公司倒闭的双重压力下，即使不考虑盲目竞争的影响，大部分投资者对于这种补贴行为也存在疑虑情绪。而中国风险投资市场尚不成熟，很多投资者专业程度不足，在这种背景下，他们往往会观望更具专业眼光的产业资本如何行动，并采取跟随策略，选择同类项目进行投资，使热点领域短期内创业公司数量迅速增长。此时获得大型资本投资的优势企业则会抬高补贴单价 s，以减少均衡状态下的企业数量，谋求垄断地位。现实中均衡的实现路径，往往是中小资本在"烧钱大战"中无力竞争，其所投公司被优势企业并购。

互联网创业公司的盲目竞争会导致"烧钱"现象的出现，在中国当前的经济背景下，这使得资金大量涌入少数热点领域，而大部分细分市场融资艰难、创业整体遇冷。那么，这种盲目竞争行为会如何影响社会总福利，由此产生的分化局面又对产业转型升级具有怎样的影响呢？

（二）互联网创业公司盲目竞争行为的社会总福利效应分析

设社会总体福利变化函数为 $\Delta W = \Delta \pi + \Delta S$，其中，$\Delta \pi$ 表示整个行业的总利润变化，即生产者剩余变化，ΔS 表示消费者剩余的变化。由于在长期均衡下，无论公司数量如何变化，各公司的最终超额利润均为零，所以 $\Delta \pi = 0$。对于消费者而言，各消费者所得剩余为 $r + v(x_i) - p_i$，又因为产品 i 的价格为 $p_i = A + v(x_i) - z_i$，考虑到对称性，在均衡状态下各消费者所得剩余可表示为 $r + z - A$。在该式中，只有 r 随消费者不同而变化，因此可得总的消费者剩余 $S(z) = \int_{A-z}^{A} (r + z - A) \mathrm{d}r = \frac{z^2}{2}$。

根据 $z = \alpha x_i + \alpha \beta \sum_{j \neq i} x_j$ 和 $n^* = \dfrac{A + v(g(\alpha)) - \alpha g(\alpha) - \dfrac{s}{\alpha}}{\alpha \beta g(\alpha)} + 1$，有 $z = A + v(g(\alpha)) - \dfrac{s}{\alpha}$。可见，$s$ 的提高将导致 z 的减小，进而使 $\Delta W < 0$，即互联网创业公司在盲目竞争过程中抬高补贴单价的行为会损害社会的整体福利，需要进行一定的政府规制。而盲目竞争造成的热门领域与大多数细分市场的分化，不仅因投资过度集中会引发或放大金融领域风险，更会影响新一代信息技术在产业体系内应用的广泛性，损害互联网创业对于产业转型升级的全面推动作用（杜传忠，2015）。

四、基于共享单车市场的案例研究

（一）案例背景

从 2016 年开始，共享单车①逐渐成为互联网创业中最大的热点领域，以 ofo、摩拜为代表的"明星企业"更是备受资本市场青睐。因此本部分选取共享单车市场为对象，对经营主体创业行为进行剖析。中国最早的共享单车企业 ofo 在 2015 年开始在高校校园中提供此项服务，同年摩拜单车进入市场，主要目标客户是部分经济较发达城市的上班族，旨在解决公共交通中的"最后一公里"问

---

① 本节中"共享单车"指通过手机 App 实现交易的无桩单车，为避免政府规制角度的不一致，不考虑有桩单车和电动单车，因为部分有桩单车企业已与地方政府具有成熟的合作模式，而电单车则带有机动车性质，面临着比普通单车更严厉的规制。

题。这两家企业引起投资者和媒体的高度关注后，2016 年下半年，越来越多的公司进入这一领域，2017 年共享单车行业开始出现"烧钱"现象。

首先，作为移动互联网和实体服务业相结合的一个细分市场，我们需要对其是否符合上文模型中的假设条件进行分析。作为营利性企业，无论从控制成本还是实际可行性的角度，共享单车的提供者都不可能将单车投放到每一个居民小区，只能选择少数交通枢纽作为投放点。使用者的骑乘则是一个将单车进一步散布到城市各处的过程，只有使用者网络达到一定规模，才能保证无论在城市的任何地方，都有共享单车可用。从这个角度看，共享单车使用者的数量具有网络外部性，而且是直接网络外部性。一个消费者决定是否要加入这个网络，所要参考的必然是他此前所见到的共享单车的网络规模，而不会去通过研究相关公司的经营策略来对网络规模进行理性预期，所以适应性预期假设也是成立的。目前共享单车市场的发展过程应介于模型中的第一期和第二期之间，一方面相关企业依然在通过用户补贴进行价格竞争，另一方面 ofo、摩拜等进入较早、发展较快的企业已经初步具备了足以产生正反馈的网络规模。

（二）共享单车市场主体的理性选择与盲目竞争及效应分析

从早期用户对共享单车的使用方式完全陌生，到现在一线城市的中老年群体都开始广泛使用共享单车，共享单车企业显然是靠用户补贴克服了学习成本较高的问题。从用户体验的角度看，尽管不同企业的单车使用过程有一定区别，如 ofo 单车需要扫描二维码获取密码后人工开锁，而摩拜单车则是直接扫描二维码开锁，但总的来讲，一旦掌握了一种产品的使用方法，其他产品很容易触类旁通。可见，尽管共享单车市场存在差异化竞争，用户转换成本较低的问题依然存在。高学习成本和低转换成本意味着自增强效应较弱，临界容量较高，因此共享单车企业具有对较大规模用户进行适度补贴的理性需求。

要考察在补贴单价上是否存在盲目竞争现象，则涉及现实中企业进入市场的时间并非完全同步的问题。为简化分析，前面模型中并未内生地考虑这一问题，故需排除其干扰，下面将证明由进入次序引发的行动滞后只是暂时现象。为此，本部分选取了 2016 年 7 月至 2017 年 3 月三个季度的数据，考虑到 ofo 单车在 2016 年 11 月之前只在高校校园中提供服务，与其他共享单车企业的运营方式存在一定差异，本部分主要选取摩拜单车作为优势企业，与不包括 ofo 的其他共享单车企业的整体数据进行比较。在所选时段内，国内共享单车领域主要企业共 14 家[①]，除 ofo 和摩拜进入较早外，其余企业均是在 2016 年 7 月之后才逐渐开始

---

① 这 14 家企业所经营的共享单车项目分别为：摩拜单车、ofo 共享单车、优拜单车、小鸣单车、DDbike、1 步单车、悠悠单车、Hellobike、百拜单车、小蓝单车、CCbike、骑呗单车、悟空单车、永安行。

提供共享单车服务的。需要指出的是，在2016年4月到6月期间，国内著名风险投资公司真格基金和经纬中国先后投资于ofo单车，可以视为产业资本对这一细分市场的认可，这符合上文中大多数投资者会跟随更为专业的产业资本进行投资的分析。由于互联网创业公司主要依靠融资来支撑用户补贴，进行网络规模的扩张，我们通过融资事件的数量来反映企业竞争行为，如图15-2所示。从图中可以看到，在2016年7~11月，其他公司的融资趋势明显滞后于摩拜单车，但变化方向大体相同，自2016年12月开始则与摩拜基本保持一致，这说明因企业进入市场次序造成的行动滞后只是暂时现象，不会影响主要的分析过程和结论。

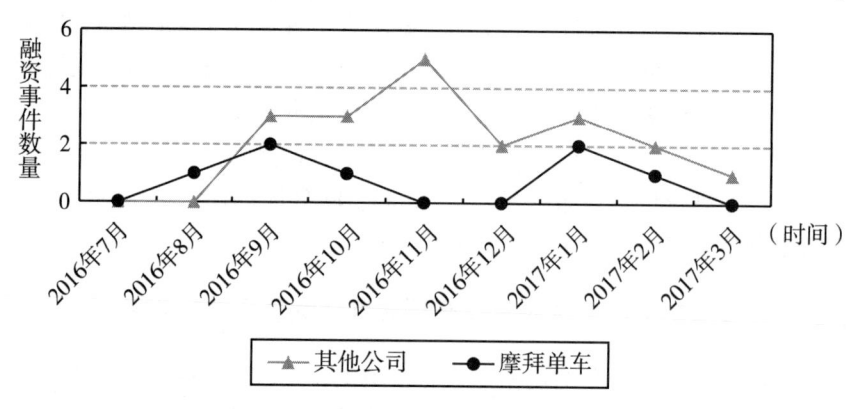

图15-2 共享单车市场规模竞争情况

资料来源：创业邦创投库（http://www.cyzone.cn/event/），同时笔者利用各企业的网络公开信息进行了补充和交叉检验。

摩拜和ofo均从2015年开始经营共享单车业务，而且在相当长的时期内，摩拜针对市民用户，ofo针对校园用户，竞争并不激烈，所以有理由将大部分竞争对手进入市场之前二者的补贴策略视为合理的用户补贴。但自2016年7月开始，12家企业先后进入共享单车市场，ofo也于2016年11月开始面向市民用户经营。在这种情况下，ofo于2017年2月中旬推出了"小黄车免费骑"活动，2月20日摩拜在上海推出"0元出行"，此外，两家公司还先后推出了充值返现活动，这都是在提高对单个用户的补贴金额。两家公司均将活动期间的价格定为0，显然并非出于理性选择，而是为了制造宣传的噱头，属于盲目竞争行为。

这种"烧钱"补贴的行为虽然在短期内使消费者受益，但考虑到未来公司必然要收回成本，此时补贴力度加大，未来正常运营阶段的价格也会相应提高，长期来看消费者剩余并不会因此增加，公司数量减少带来的垄断局面和产品多样性降低反而可能损害消费者福利。

摩拜和ofo在2017年均融资数亿美金，超过各自此前融资数量总和，可以预见的是，在盲目竞争中，融资能力明显强于其他企业的摩拜和 ofo 必将成为市场的垄断者，融资能力较弱的企业将退出市场，如 2017 年 6 月悟空单车就宣布停止运营。至于摩拜和 ofo 是否会如滴滴和优步一样走向合并，则取决于其产品差异化程度是加强还是减弱。一方面，无论在商业模式还是单车本身的制造技术上，摩拜和 ofo 都可以通过专利保持差异化；另一方面，如果政府的规制政策对所有共享单车均提出较高的设备要求，那么原本采取低成本高消耗策略的 ofo 将被迫将产品向摩拜单车靠拢，二者的差异化程度就会减小，存在走向合并的可能性。

从社会整体福利的角度出发，共享单车的普及虽然在很大程度上方便了人们的生活，但是早晚高峰大量共享单车堵塞公交站点、节假日堵塞公园也带来了新的问题，针对此类问题会如何进行政府规制是共享单车发展面临的重要课题（欧春尧和宁凌，2017）。在这一问题未得到有效解决之前，过多资金涌入共享单车行业会放大未来的风险。从产业转型升级的视角来看，共享单车更不可能是最具推动力的互联网创业方向，大量资本进入这一领域显然不是社会最优的配置。所以说，互联网创业领域存在的盲目竞争与分化问题需要政府规制的及时介入。

五、主要结论及政策建议

本节将消费者对于互联网产品网络规模的预期界定为适应性预期，在直接网络外部性经典模型基础上建立了一个两期竞争模型，针对中国互联网创业公司的用户补贴行为进行数理分析，并通过共享单车市场的案例对数理分析结论加以验证。主要分析结论如下。

第一，互联网创业公司在初始阶段需要通过补贴来迅速跨过临界容量，所以存在对融资的较大需求。

第二，互联网创业公司的融资需求主要由临界容量和补贴单价两个因素决定，其中临界容量与自增强效应成反比。由于互联网产品学习成本较高、转换成本相对较低，因而其自增强效应较弱，相应地具有较大的临界容量，由此产生的较大规模的融资很大程度上是理性选择的结果。

第三，现阶段中国互联网创业公司融资市场上的"烧钱大战"出现的主要原因是部分公司为寻求垄断地位而盲目竞争，具体表现为不断提高对单个用户的补贴金额，这种行为对行为主体获取市场垄断地位是有利的，但却不利于整个行业市场的公平、有序竞争，在总体上会损害社会福利。并且，任由这种无序竞争行为发展，还会引发或放大金融领域风险。导致这种现象出现的主要原因是政府对该行业监管不力，甚至在一定程度上任其"野蛮增长"。

基于以上分析结论，为提高行业总体社会福利水平，促进行业公平、有序竞争，实现互联网产业健康发展，应采取以下相应对策。

第一，适当限制互联网创业公司随意提高对单个用户补贴金额的行为。在产品运营初期，互联网创业公司因发展战略和资金约束等多方面原因，不会立即进行盲目竞争，补贴单价是相对理性的，此时政府监管部门只需对互联网创业公司随意提高对单个用户补贴金额的行为进行必要的限制，预防可能引发的行业盲目"烧钱"竞争。

第二，对行业竞争的热点领域制定专门预案，提高风险控制能力。对于资金可能大量进入的热点领域，监管部门应给予重点关注，对其可能出现的无序竞争、产生的经济和社会影响进行充分研判并制定相应预案。如在共享单车领域，目前监管部门对于乱停乱放、押金管理等问题已经出台了一些措施，但还存在改进空间。除对交通枢纽区域和景区的停放疏导外，还应利用共享单车的 GPS 装置，对大量单车同时涌入同一区域建立实时预警和反馈机制，以应对大型活动等非常规原因引发的单车集中问题。此外，对于想退出市场的共享单车企业，应鼓励其通过并购实现退出，以减少已投放单车的回收成本，降低投资风险。

第三，完善风险投资市场的信息披露制度，培育更为专业的风险投资机构。首先，应以获客成本、活跃用户数及增长率、成交总额、营业收入增长率等指标为核心，建立起适应于互联网创业公司的信息披露制度，从而消除信息不对称，为风险投资理性化提供基础，指明方向（薛强，2017）。其次，由于风险投资是互联网创业公司的主要融资渠道（杜传忠和曹艳乔，2017），可以要求相应风险投资企业的管理者具有一定的互联网行业从业经验，从而提高风险投资企业的专业程度，减少投资过程中的盲目"跟风"行为。

第四，适当放松对互联网创业公司的产品规制。除出于安全等原因的必要社会规制外，政府应避免对互联网创业公司的产品和服务进行过多限制，避免由此导致的产品同质化问题。如在部分地区对共享单车监管措施的征求意见稿中，对共享单车的报废年限采取了"一刀切"的态度，统一规定为三年，这将使以摩拜为代表的部分企业通过提高单车质量来降低投放频率的策略可行性降低，造成高端市场萎缩。政府可以规定一个合理的平均年折旧额，使不同制造成本的共享单车具有不同的报废年限，从而保护产品多样性，实现差异化竞争。

第五节 我国新产业、新业态发展存在的问题及监管创新

一、我国新产业、新业态发展成效及存在的主要问题

伴随着全球第四次工业革命的孕育发生，近年来，我国也出现大量新产业、

新业态,它们构成了我国新经济发展的主要内容。为分析方便,这里仅对发展程度相对较高、发展速度较快的平台经济和共享经济两类新业态的发展及其监管状况进行分析。其中,平台经济主要包括电子商务、跨境电商、第三方支付、网络订餐、手机地图等业态;共享经济则主要包括网络借贷、网约车、房屋租赁、资金众筹等业态。①

总体上看,目前,我国新经济正处于快速发展中,其产值、融资和就业规模迅速扩大。首先,产值规模迅速扩张。平台经济中最具代表性的电子商务,2016年市场规模达到22.97万亿元,同比增长25.5%。② 2016年,共享经济市场的交易额约为34520亿元,未来五年的年均增长速度在40%左右,到2020年占GDP比重将达到10%以上。③ 其次,融资企业数量和融资规模呈现爆发式增长态势。在平台经济领域,2014年企业融资案例584个,融资规模61.3亿美元,同比增长131.74%;移动融资规模22.7亿美元,环比上升高达220%。④ 在共享经济领域,《中国分享经济发展报告2017》统计数据表明,2016年我国共享经济融资规模约为1710亿元,同比增长130%。最后,就业人数增加迅速。在平台经济领域,2016年电子商务服务企业直接从业人员数为305万人,间接带动就业规模达到2240万人。⑤ 2016年分享经济领域参与提供服务者约6000万人,其中平台型企业员工数约585万人。⑥

新经济不但显著改变着中国经济的总体构成,创造大量就业,而且进一步提高了产业分工的复杂度,不断改造提升传统产业,从商业模式、管理组织、技术创新等多个方面培育经济发展的新动力,对新旧动能转换发挥着越来越大的作用。

与此同时,我们也应该看到,中国新经济在迅速发展的同时也存在诸多不容忽视的问题,主要包括以下方面。

第一,新经济区域发展不平衡问题严重。我国传统经济发展过程中存在的区域发展不平衡问题在新经济、新业态等领域均有明显体现,仍然表现为东强西弱的典型特征。2017年,在电子商务行业,从交易规模来看,东部地区占比高达

---

① 对平台经济中所包含的具体业态的界定随研究目的的不同而有所差异,徐晋(2007)对此有较为详细的论述。参见徐晋:《平台经济学》,上海交通大学出版社2007年版。
② 中国电子商务研究中心:《2016年度中国电子商务市场数据监测报告》,2017年6月。
③ 国家信息中心分享经济研究中心、中国互联网协会分享经济工作委员会:《中国分享经济发展报告2017》,2017年2月。
④ 叶秀敏:《平台经济促进中小企业创新》,收录于阿里研究院主编:《平台经济》,机械工业出版社2016年版,第26~30页。
⑤ 中国电子商务研究中心:《2016年度中国电子商务市场数据监测报告》,2017年6月。
⑥ 国家信息中心分享经济研究中心、中国互联网协会分享经济工作委员会:《中国分享经济发展报告2017》,2017年2月。

85.3%，而中部、西部和东北地区则分别只占 8.2%、5.4% 和 1.1%。① 从大数据发展指数来看，东部地区平均为 49.87，中部、西部和东北地区平均分别仅为 31.12、24.09 和 24.82。② 在机器人行业，从产业销售收入来看，东部地区产业销售收入至少为 247.6 亿元，其中京津冀地区产业销售收入为 54.2 亿元；长三角地区为 103 亿元；珠三角地区为 90.4 亿元；而中部、西部和东北地区的产业销售收入分别为 52 亿元、42.2 亿元和 72.3 亿元。③ 在人工智能领域，从产业竞争力指数来看，东部地区平均为 23.7，中部、西部和东北地区则分别为 3.8、2.2 和 3.0。④

第二，核心领域的技术创新能力相对落后。目前，中国科技创新能力特别是原创能力与发达国家还有一定差距，关键领域核心技术受制于人的情况还没有根本改变，技术创新能力相对比较落后，科技成果转化率不高，技术创新与商业模式、金融资本和创业者融合的深度不够，持续催生新的经济增长点和就业创业空间有限。如在机器人领域最关键的问题，就是国产机器人性能与国内产业需求之间存在明显矛盾。目前，很多国产机器人只能应用在对机器人性能要求不太高的领域，而中高端市场对机器人性能要求严格。国产工业机器人市场份额不到 30%，剩余超过 70% 的份额大多是中高端市场，也正是被外资机器人占领的市场。⑤ 材料是现代制造业的基础，但是中国在现今高端材料研发和生产方面与发达国家差距较大，关键高端制造材料远未实现自主供给。尤其是新一轮科技革命和工业革命是以现代信息技术和智能制造为代表，包括物联网、云计算、大数据、"互联网+"、智能机器人技术、4G 和 5G 通信技术，以及以纳米技术为代表的新材料等技术研发和应用均处于起步阶段，部分甚至处在概念的认知层面，与发达国家应用差距较大。

第三，发展新经济的基础设施和公共服务供给不足。目前，我国发展新经济面临着基础设施建设滞后、公共服务供给不足等一系列问题。一是政府对新经济的公共产品和服务供给不足。我国新经济发展所需要的信息通信技术基础设施建设严重滞后，尤其是一些"老少边穷"地区建设信息高速公路的软硬件极度缺乏。二是新经济的核算体系和方法不完善。在我国的新产业、新模式、新业态形态大量涌现，新经济与传统经济概念边界还没有完全厘清，当下的统计和评价体

---

① 商务部电子商务和信息化司：《中国电子商务报告 2017》，2018 年 5 月。
② 中国电子信息产业发展研究院：《中国大数据发展指数报告（2018 年）》，2018 年 8 月。
③ 中国电子学会：《中国机器人产业发展报告（2018 年）》，2018 年 8 月。
④ 中国新一代人工智能发展战略研究院：《新一代人工智能科技驱动的智能产业发展》，2018 年 5 月。
⑤ 刘园园：《市场"蛋糕"变大，国产工业机器人份额反而缩水》，载于《科技日报》2018 年 8 月 19 日。

系难以全面、准确地反映新经济的发展成果，不能很好反映创新对经济增长的贡献，从而在引导研发投入、技术变革和创新驱动发展等政策层面有失精准性，在国民经济核算体系和方法上还没有实现与国际标准接轨。三是对新经济的内涵外延研究不足。新经济概念首次写入2016年政府工作报告，作为一种新的经济形态，需要对于新经济的内涵和外延进行更加深入的研究，包括发展规律、路径、整体的架构。

第四，部分新产业新业态发展失序，不正当竞争行为频发。如在电子商务行业，2010~2011年，由于风险资本的持续进入，电商企业在市场竞争、薪资水平等方面出现非理性状态，到2012~2013年，小型电商企业开始大规模倒闭，行业竞争格局发生变化。在互联网金融行业，以P2P为代表的网络借贷平台持续发生跑路、停业、提现困难并导致经侦介入等问题。中国P2P行业风险自2013年开始显现并在近几年持续积聚，2015~2016年，问题平台数量分别高达1207家和1849家，[①] 其造成的直接经济损失目前仍难以估量。在共享单车行业，风险资本的激烈角逐已经将共享单车的发展置于一定程度的非理性之中，导致共享单车产能过剩、成本大幅上升和盈利模式不稳定等问题已十分突出（李儒超，2016）。新经济中不正当竞争行为频发，妨碍了新业态的有序发展。由于对互联网产业竞争缺乏完善的监管体系，导致近几年互联网产业本身和以互联网为基础的新经济、新业态中频繁出现不正当竞争的现象，主要有域名纠纷、混淆行为、高额补贴、虚假宣传、限制或禁止使用竞争对手产品等。此外，平台经济领域中的不正当竞争行为还包括侵犯商标专用权、劫持网站流量、刷单、套码与切机等。共享经济领域中的不正当竞争行为还涉及庞氏骗局、窃取商业秘密、商业诋毁、比较广告、高额补贴、不正当抽奖、恶意刁难竞争对手等。同时，个人信息泄露与侵权问题较为严重。根据《中国网民权益保护调查报告（2016）》数据显示，2015年下半年至2016上半年，中国网民因为垃圾信息、网络诈骗、个人信息泄露等遭受的经济损失人均133元，总体经济损失约915亿元。其中通过App和社交软件等程序非法收集是个人信息泄露的主要途径。在新经济的发展中，无论平台经济还是共享经济，都需要安装相应的App或操作软件才能顺利使用，同时个人信息也会通过App和社交软件被非法获取。企业平台通过"上帝视角"记录了用户的个人身份信息及网上活动数据，但是由于缺乏平台内部及外部的监管机制，存在用户隐私数据被侵犯与滥用的风险。

---

① 笔者根据网贷之家统计数据整理。

二、现阶段中国新经济监管存在的主要缺陷

新经济、新业态发展过程中出现的各种问题,除了自身发展规律的原因之外,还与我国的新经济发展监管不完善息息相关。我国现行的新经济监管体系中以政府为主导,行业协会予以相应的配合,是一种自上而下的监管体系。在对新经济监管过程中还存在以下问题与缺陷。

第一,监管模式与新经济发展不相适应。总体而言,中国目前对新经济的政府监管基本上还是一种与传统经济相适应的监管模式。这主要是由于现行的经济管理制度是建立在工业经济和工业化大生产的基础上的,其特点是强调集权、层级、区域与条块分割等管理方式,注重事前审批与准入(冯俏彬,2016)。但随着新产业革命的孕育发生,新业态与传统产业相互渗透、融合,传统的垂直监管方式难以与信息网络技术支撑、作用下的新业态的发展相适应,现行监管政策、监管手段与监管队伍难以充分胜任对新经济的监管。这主要体现在三个方面:一是现行监管方式中的分区域、分行业监管已不能适应新经济的网络化、扁平化、平台化、融合化发展趋向及要求;二是事前审批与准入的标准难以对新业态的发展起到有效的规制作用,这主要是由于目前许多新产业、新业态、新模式都是在监管体系之外或其边缘处发展起来的;三是传统的以人工巡查、年检、消费者维权、行政处罚、司法救济、专项行动、刑事处罚等为主的线下监管模式,难以满足对线上监管的需求,且存在成本高、效率低等问题。

第二,政府监管滞后于新经济的技术创新与商业模式发展。主要体现在法律滞后、标准滞后、反应滞后三个方面。首先,立法建设滞后于新经济的发展。新业态的发展意味着经济中出现新的市场主体、生产技术、经营手段、交易与竞争行为等,但现行法律缺乏对新经济中市场主体的法律地位、税费规则、产权与隐私保护、公平竞争、数据安全、社会责任等方面的明确规范,甚至在某些方面存在空白现象。其次,监管标准滞后于新经济发展。一方面,政府监管对新经济的标准制定滞后于技术创新与商业模式创新,大量新业态的发展缺乏进入门槛、行业准则、产品质量标准、服务标准、数据安全标准等;另一方面,各地政府在行政审批的项目清单、收费清单、责任清单等方面还存在巨大的差异,相关的审批流程与监管规则还没有形成统一的标准(张占斌和冯俏彬,2016)。最后,反应速度滞后于技术创新和问题爆发的速度。一方面,互联网及新一代信息技术发展速度很快,更新周期越来越短,而政府监管机制的调整、更新与响应速度则显著慢于技术创新的速度;另一方面,政府监管部门对新经济的业务流程、业务形态等相对陌生,难以识别其中的风险因素与问题根源,在面对新经济中的问题时反应较慢,甚至束手无策,使得大量的新业态的问题长期得不到妥善处理,从而妨

碍新经济发展。

第三，监管机构之间的协调性有待加强。新经济的发展本身带有极强的融合化与数字化属性，两者分别对监管部门之间的权责划分与信息共享提出了挑战，也正是因为这两个属性导致现行监管部门之间存在协调困难的问题。在权责划分方面，中央政府与地方政府存在上下联动不够，各政府部门之间存在行动协调不足的问题。当前的互联网监管存在两类主要部门：互联网管理部门与一般性执法部门，两者在新经济监管与执法过程中容易产生相互推诿、重复执法等问题（王萌萌，2016），同时还存在着监管缺失、选择性执法等问题。目前，中国对于新经济中的大多数新业态而言，其主导监管部门仍不明确。在信息共享方面，监管部门之间仍存在制度性障碍（胡鞍钢等，2016）。长期以来，以部门为中心的政府监管模式，出于自身利益、资源管控等角度考虑，形成了各部门、各层级间条块分割的"信息孤岛"，导致数据信息更新迟缓，部门之间流通共享困难；而且由于部门间整合协调不足，导致数据信息整合运用困难。目前多数监管系统大多止步于数据信息采集、录入与初步统计阶段，缺乏对企业数据信息的挖掘分析、整合分享等，尤其是新业态的经济监管表现更为明显（王萌萌，2016）。

三、主要发达国家新经济监管经验借鉴

以美国为代表的发达国家在新经济发展监管方面已形成许多有益的经验和做法，值得我国认真借鉴。这里仅以平台经济中的电子商务和第三方支付的监管，以及共享经济中的网络借贷和网约车的监管为例加以总结。

（一）发达国家对平台经济的监管

以电子商务为例，发达国家主要从四个方面对其进行监管。

第一，在监管原则方面，发达国家奉行干预或管制最小化原则，尽可能地放松管制，政府职责主要是提供边界清晰的制度框架，营造规范有序的市场环境，如美国的《全球电子商务框架》，欧盟的 2000/31/EC 号《电子商务指令》等都集中体现了这一原则。

第二，遵循包容创新的监管理念。欧美国家对电子商务的监管主要侧重于事后纠正或惩罚，尽可能为创新预留空间。它们认为对于电子商务等新兴业态，人们还未能完全揭示其发展规律和潜在问题，因此对其监管的框架必须是灵活且具有前瞻性的，框架细化则应随着产业发展逐步完成。韩国和日本则实施了较严格的准入及身份确认制度。

第三，注重完善相关法律规范。美国对电子商务除适用《统一商法典》等

一般性法律法规外,还制定了一些专项法律法规;欧盟通过颁布《电子商务指令》构成了欧盟国家电子商务立法的核心和基础;日本也同样制定了一系列规范电子商务的专门的法律法规,如《日本电商与信息交易准则》等。

第四,充分发挥行业自律的重要作用。美国政府不直接介入电子商务行业管理,而是通过行业组织"电子商务协会",由协会制定行业的经营和竞争规则,包括登记域名、注册网站、仲裁纠纷和调查公布网站信用等,督促企业自我约束和严格自律。英国网络零售商协会负责颁发安全网购资格给合规的企业,英国交易标准协会则对网店进行安全与信用认证,对合格的网店颁发信用章以便消费者甄别。

由于第三方支付在经济体系中的重要作用日益凸显,近年来,欧美等发达国家对第三方支付监管的指导思想逐步从偏向于"自律的放任自流"向偏向于"强制的监督管理"转变。在美国,法律上将第三方支付视为货币转移业务,在本质上仍是传统货币服务的延伸,因此,美国并没有对从事第三方支付的企业或机构进行监管,而是主要从货币服务业务的角度将监管重点放在交易过程中,实行的是功能性监管模式(巴曙松和杨彪,2012;任高芳,2012)。与美国的监管模式不同,欧盟对第三方支付实行机构监管模式,倾向于对第三方支付机构做出明确界定,先后颁布多项具有针对性的法律法规,明确设立第三方支付机构的进入门槛标准(巴曙松和杨彪,2012;兰埃用等,2012)。在监管原则上,美国与欧盟一致实行包容审慎的监管原则,强调政府对第三方支付的最低限制与干预,在构建一个稳定而有序的监管框架的同时,又不能过分限制其发展,这一原则主要体现在对备付金的监管上。不过其不同之处在于美国主要采用专门账户管理的办法,而欧盟则采用交纳风险备用金的办法。此外,美国和欧盟都对第三方支付机构设立了明确的进入门槛与许可证制度。

(二)发达国家对共享经济的监管

随着实践的发展,发达国家对共享经济的认识逐步深化,许多国家的政府部门对共享经济的态度从观望、犹疑逐步转向明确支持,政策导向趋于明朗。

美国对网络借贷的监管实行以美国证券交易委员会主导的联邦证券发行强制登记制度和持续的信息披露制度,这主要是因为收益权凭证是 Prosper 与 Lending Club 等网贷平台运作的核心要件。目前,美国对网络借贷的监管呈现多头监管状态,变化发生在 2010 年。当年 7 月 21 日《多德-弗兰克华尔街改革和个人消费者保护案》生效实施,根据该法案,网贷平台监管的主导部门应归属于新成立的消费者金融保护局,但是到目前为止,该法案的实施效果并不明显,而且导致美国网络借贷行业多头监管的困境,突出表现在市场准入困难、合规成本高昂、金融消费者利益受损三个方面,严重阻碍了美国网络借贷行业的发展(张永亮和张蕴萍，2015）。相对于美国而言，最先发展起网络借贷行业的英国的监管经验更具借鉴意义。目前，英国对网络借贷的监管实行协同监管模式，分别是政府部门的金融行为监管局（Financial Conduct Authority，FCA）和行业自律组织 P2P 金融协会（P2P Finance Association，P2PFA）。其中，P2PFA 对其成员提出"8 个必须"和 10 项"运营原则"，对网贷平台的最低运营资本、客户资金隔离、信用风险管理等方面进行了规定；FCA 主要承担加强金融消费者保护和推进金融市场的有效竞争职能，正式发布世界上第一部 P2P 行业法案《关于互联网众筹及通过其他媒介发行不易变现证券的监管办法》（PS14/4），与"运营原则"相互协同监管英国的网贷行业。[1][2]

美国对网约车的运营及安全监管实行政府与网络平台合作监管的模式，即政府制定车辆、司机和保险的准入标准，网络平台承担落实标准的责任（朱旌，2016）。在英国伦敦，私家车从事网约车运营需要司机本人向交通局申请执照，拥有执照的人和车才可以从事这一行业。同时，为了调和网约车与出租车之间的激烈竞争，伦敦政府规定在公共汽车专用道及火车站、飞机场等路段网约车不能占用，而出租车可用；出租车可以招手即停，而网约车则只能通过事先预订。[3]

但是，Uber 等网约车平台在德国、法国、意大利、西班牙和匈牙利等欧洲其他国家中遭到强力抵制，主要是当地出租车行业的极力反对。美国法学家理查德·波斯纳在芝加哥出租车诉网约车的判决书中表示了对这一行为的反对意见，他指出网约车与出租车是两个完全不同的行业，网约车平台不需要接受类似出租车的价格监管，而司机也不需要获得出租车经营牌照（施立栋，2017）。

通过上述分析，可以总结出主要发达国家中新经济发展监管经验的特征。第一，对新经济持有肯定的态度，在新经济的监管中坚持政府干预最小化和包容创新的审慎监管原则，强调并重视自律组织在新经济监管中的作用。第二，对发展较早的新业态的监管为后来新兴行业的监管提供了经验借鉴，不同新业态之间的监管经验具有承接性和传递性，平台经济和共享经济等多个行业的监管都体现出早期电子商务监管中探索出的原则与措施。第三，不断探索适合各自国情的新经济监管模式与体系，尤其是强调在提供类似产品或服务的新业态与传统行业之间，应当实施具有差异性的分类监管政策。第四，对于新经济的监管应坚决避免多头监管的局面，明确确立监管的主导部门并加强各监管机构之间的协同合作。

---

[1] 黄震、邓建鹏、熊明等：《英美 P2P 监管体系比较与我国 P2P 监管思路研究》，载于《金融监管研究》2014 年第 10 期。

[2] 罗俊、宋良荣：《英国 P2P 网络借贷的发展现状与监管研究》，载于《中国商贸》2014 年第 23 期。

[3] 作为发展中国家的印度也有与英国伦敦类似的规定。

四、完善中国新经济监管的思路及对策[①]

新经济、新业态作为第四次工业革命中的新生事物，在发展过程中必然会存在一定的问题，对于新的发展趋势，在对其进行监管时应当充分借鉴发达国家的监管经验，创新监管方式，不能让新经济适应旧规则。本节分析认为中国在对新经济进行监管时应当遵循"三步走"的策略：第一步先发展后规范；第二步边发展边规范；第三步以规范促发展。由于新业态发展阶段的不同，需要根据其发展阶段确立监管步骤，以现实发展状况而言，现在对电子商务的监管已进入第二步（潘跃，2017），但是对于其他大多数新业态的监管仍处于第一步。

第一，坚持确立包容审慎的监管原则。新技术或新商业模式诞生时，通常都会与现行经济—社会体制产生一定的摩擦，政府规制不应成为新经济发展的阻碍，过度的政府规制将成为产业创新的阻碍。因此，中国在构建新经济监管体系时，首要的问题就是要坚持确立包容审慎的监管原则。首先，在对新经济的认知态度上，各部门首先应当承认其"新"，承认其超出政府已有认知范围的可能，承认现有的监管规则可能是不适用的，在此基础上再讨论如何监管（张占斌和冯俏彬，2016）。其次，对于发展初期的新技术、新业态、新模式，要包容创新。一方面，进一步推进商事制度改革，减少行政审批，破除新经济发展的隐性制度壁垒，营造宽松包容的市场准入环境和发展环境；另一方面，对于新经济发展过程中出现的问题要持辩证的看法，不急于对新经济、新业态实行负面管理清单，不急于作顶层设计和规划。最后，对新经济的发展要审慎监管，合理界定新经济中不同行业的业态属性，密切追踪新技术、新产业、新业态、新模式的发展状况，及时总结它们在发展过程中对经济与社会的贡献以及存在的问题，掌握它们的发展模式、机制、特点与联系，建立与新业态发展趋势相适应的监管体系。

第二，重视形成政府之外的制度供给。通过梳理发达国家的新经济监管经验可以发现，发达国家具有通过行业自律方式进行监管的历史传统。[②] 新工业革命的发生发展对传统工业体系下建立的政府主导的制度供给模式提出了挑战，新经济、新业态的网络化、融合化、扁平化、平台化发展要求形成政府之外的制度供给，在原有的垂直监管体系基础上创新监管方式，构建分类监管、自律监管、平

[①] 杜传忠、陈维宣：《中国新经济发展存在的问题及监管思路》，载于《长白学刊》2018年第4期，《新华文摘》2018年第23期全文转载。

[②] 发达国家中英国具有最浓厚的通过自律方式进行监管的传统，对于新经济发展的基础技术——互联网，英国也是通过自律协会——互联网监察基金会——进行监管的，是典型的行业自律主导的监管模式。

台监管相结合的新型监管模式。首先，对于新经济中的网络借贷、网约车等实行分类监管，即对于享有国家信用的金融机构所从事的互联网金融活动、对于传统出租车行业等，应予以明确的监管规范，而对于不享有国家信用的互联网金融企业、新兴的网约车行业应按照互联网思维进行监管，对行业的发展多出台方向性意见，少颁布管理办法，更多的是要依靠行业自律组织进行监管。其次，借鉴美国互联网监管中的安全港模式，由自律协会或平台组织制定新经济相关业态的监管规则并交由发展和改革委、工商总局、人民银行、工信部等国家行政部门审查，在审查通过后就成为安全港，相关企业或个体只要遵守该规则就被认为是符合监管要求的。这需要我们在三个方面做出努力：一是将政府的部分监管权力下放到行业协会或平台组织，承认并提高自律或平台组织在行业监管中的地位与能力；二是承认自律规则的合法性与有效性，提高行业自律协会或平台组织监管规则的行政与法律效力；三是增加政府机构与行业协会及平台组织之间的沟通交流。

第三，加强弹性监管与事中事后监管。在传统监管过程中，政府为维护市场秩序，同时由于受到信息生产、传递与记录的限制等，通常会设置一系列的事前审批，这是与传统工业经济大生产时代相对应的监管规则。随着第四次工业革命逐渐展开，事前审批监管方式的弊端日益凸显，对新经济、新业态的发展产生了明显的妨碍作用。加强弹性监管及事中事后监管，一方面与坚持包容审慎的监管原则密切相关，政府在对新业态进行监管时，应充分考虑行业异质性与企业的个体异质性问题，既要确定明确的监管底线，同时又要针对不同的问题慎重处理，以保持新经济发展的活力。目前，国务院和多个地方政府在出台的深化商事制度改革，促进新经济、新业态发展的相关文件中已多次提到要充分运用大数据、云计算、物联网等现代信息技术加强事中事后监管。另一方面，与形成政府之外的制度供给，构建分类监管、自律监管和平台监管联系紧密。结合现实可以发现，新经济中发生的问题往往具有频率高、范围广、数据依赖性强等特点，自律协会与平台组织能够在问题发生时或发生后的短时间内立即投入处理，相比政府部门而言具有事中事后监管的优势。如在电子商务的事后监管中，应建立电商产品召回制度、无责任退换货制度、惩罚性赔偿制度与集体诉讼制度等（潘跃，2017）。

第四，监管手段应从人工监管向大数据监管转变。传统监管手段中的人工监管不仅不能适应新经济、新业态的发展，而且面临成本高、效率低、易发生权力寻租等困境。新经济的发展普遍对数据信息具有极强的依赖性，同时，正是由于新经济的发展使得数据信息成为新的生产要素，这也揭示出对新经济的监管应从人工监管转向大数据监管。一方面，在对新经济的监管创新中，要十分重视大数据、云计算、人工智能等技术的应用，构建一套能够自动实现数据挖掘、收集、分析、预测、示警的新型监管机制，实时掌握新经济、新业态发展的动向，发现潜在风险，进而增强监管的实时性、针对性与有效性。另一方面，要打破部门间的数据壁垒，构建跨部门的数据共享机制。跨部门协同监管的关键就在于部门之间信息流动与共享渠道及机制的建立，因此，应以数据共享为契机分步推进跨部门协同监管。首先，以政府公共数据的开放共享为引导，推动公安、工商、税务、金融等敏感数据实现监管部门间共享，形成一体化的监管网络；其次，推动公共交通、卫生医疗、文化教育、健康养老等公共服务领域的非敏感、非个人隐私等公共数据资源向全社会开放共享（杜传忠等，2018）。

参 考 文 献

[1] 36氪研究院：《人工智能行业研究报告》，2017年2月。

[2] [美] 阿尔弗雷德·D. 钱德勒等：《透视动态企业：技术，战略，组织和区域的作用》，吴晓波、耿帅译，机械工业出版社2005年版。

[3] [美] 埃里克·布莱恩约弗森等：《第二次机器革命》，蒋永军译，中信出版社2014年版。

[4] [美] 艾曼纽·奥西奥拉等：《分散经济中的标准化》，载于《宏观质量研究》2015年第4期。

[5] [美] 安迪·凯斯勒：《我们如何来到现在：商业、技术与金融趣史》，尹增明、孟杨译，机械工业出版社2011年版。

[6] 巴曙松、杨彪：《第三方支付国际监管研究及借鉴》，载于《财政研究》2012年第4期。

[7] 白春礼：《从基础研究到技术创新》，载于《科学通报》2009年第14期。

[8] 白清：《生产性服务业促进制造业升级的机制分析——基于全球价值链视角》，载于《财经问题研究》2015年第4期。

[9] [美] 本·斯泰尔等：《技术创新与经济绩效》，浦东新区科学技术局、浦东产业经济研究院译，上海人民出版社2006年版。

[10] 边燕杰、邱海雄：《企业社会资本及其功效》，载于《中国社会科学》2000年第8期。

[11] 蔡宏波：《网络经济下一定优胜劣汰吗？——基于临界容量与蝴蝶效应的网络经济分析》，载于《产业经济研究》2012年第3期。

[12] 曹交凤：《第一次工业革命结束前英国的专利制度》，载于《学理论》2010年第4期。

[13] 曹如中等：《创意产业价值转换机理及价值实现路径研究》，载于《科技进步与对策》2010年第10期。

[14] 曹祎遐：《"中国制造"破局在于促成工业生态圈》，载于《文汇报》2017年9月12日。

[15] 陈爱贞、刘志彪：《决定我国装备制造业在全球价值链中地位的因素——基于各细分行业投入产出实证分析》，载于《国际贸易问题》2011年第

4 期。

[16] 陈傲、柳卸林：《突破性技术创新的形成机制》，科学出版社 2013 年版。

[17] 陈慧颖、陈本场、徐海峰：《文化创意产业发展的经济学研究》，经济科学出版社 2012 年版。

[18] 陈佳贵等：《中国地区工业化进程的综合评价和特征分析》，载于《经济研究》2006 年第 6 期。

[19] 陈建华：《基于循环经济的企业价值链研究》，载于《山东大学学报（哲学社会科学版）》2009 年第 2 期。

[20] 陈洁民、尹秀艳：《北京文化创意产业发展现状分析》，载于《北京城市学院学报》2009 年第 4 期。

[21] 陈劲、戴凌燕、李良德：《突破性创新及其识别》，载于《科技管理研究》2002 年第 5 期。

[22] 陈硕：《从治理到制度：央地关系下的中国政治精英选拔》，复旦大学经济系工作论文，2014 年。

[23] 陈曦：《中国城市生产性服务业地域分工的演化特征与效应——基于空间面板杜宾模型》，载于《城市发展研究》2017 年第 3 期。

[24] 陈晓华、黄先海、刘慧：《中国出口技术结构演进的机理与实证研究》，载于《管理世界》2011 年第 3 期。

[25] 陈亚琦：《互联网时代电子商务发展规律及其路径探析——基于时空分析视角》，载于《河北学刊》2015 年第 35 卷第 5 期。

[26] 陈勇、柏喆：《技能偏向型技术进步、劳动者集聚效应与地区工资差距扩大》，载于《中国工业经济》2018 年第 9 期。

[27] 程李梅等：《产业链空间演化与西部承接产业转移的"陷阱"突破》，载于《中国工业经济》2013 年第 8 期。

[28] 程宣梅、陈侃翔、林汉川：《农村电子商务促进包容性创业的微观机制及政策展望》，载于《浙江工业大学学报（社科哲学版）》2015 年第 1 期。

[29] 崔丽丽、王骊静、王井泉：《社会创新因素促进"淘宝村"电子商务发展的实证分析——以浙江丽水为例》，载于《中国农村经济》2014 年第 12 期。

[30] [美] 戴维·玻姆：《整体性与隐缠序：卷展中的宇宙与意识》，洪定国等译，上海科技教育出版社 2004 年版。

[31] 戴翔、金碚：《产品内分工、制度质量与出口技术复杂度》，载于《经济研究》2014 年第 7 期。

[32] 戴翔、张二震：《中国出口技术复杂度真的赶上发达国家了吗?》，载于《国际贸易问题》2011 年第 7 期。

[33] [美] 道格拉斯·诺斯：《制度、制度变迁与经济绩效》，杭行译，上海三联书店1994年版。

[34] 邓洲：《技术标准导入与战略性新兴产业发展》，载于《经济管理》2014年第7期。

[35] 丁小义、胡双丹：《基于国内增值的中国出口复杂度测度分析》，载于《国际贸易问题》2013年第4期。

[36] 董梅生、杨德才：《工业化、信息化、城镇化和农业现代化互动关系研究》，载于《农业技术经济》2014年第4期。

[37] 杜传忠、刘英华：《制度创新是产业革命发生发展的关键——基于三次产业革命的历史考察》，载于《江淮论坛》2017年第3期。

[38] 杜传忠：《"互联网+"提升全要素生产率》，载于《中国社会科学报》2015年11月11日。

[39] 杜传忠：《标准竞争、产业绩效与政府公共政策选择——基于信息通信技术产业视角》，载于《现代经济探讨》2008年第8期。

[40] 杜传忠：《产业组织演进中的企业合作——兼论新经济条件下的产业组织合作范式》，载于《中国工业经济》2004年第6期。

[41] 杜传忠：《企业组织结构演进的逻辑及其效率分析》，载于《人文杂志》2003年第2期。

[42] 杜传忠：《市场集中与空间集聚：现代产业组织演进的两条基本路径》，载于《中国工业经济》2009年第7期。

[43] 杜传忠、曹艳乔：《金融资本与新兴产业发展》，载于《南开学报（哲学社会科学版）》2017年第1期。

[44] 杜传忠、陈维宣、胡俊：《中国新经济发展存在的问题及监管思路》，载于《长白学刊》2018年第4期。

[45] 杜传忠、杜新建：《第四次工业革命背景下全球价值链重构对我国的影响及对策》，载于《经济纵横》2017年第4期。

[46] 杜传忠、冯晶、李雅梦：《我国高技术制造业低端锁定及其突破路径实证分析》，载于《中国地质大学学报（社会科学版）》2016年第4期。

[47] 杜传忠、冯晶、张咪：《中国三大经济圈技术转移绩效评价研究》，载于《财经问题研究》2017年第7期。

[48] 杜传忠、郭美晨：《基于历史与逻辑视角的工业革命与创意产业发展关系研究》，载于《东岳论丛》2015年第9期。

[49] 杜传忠、郭美晨：《我国创意产业促进制造业升级的作用机理及效应分析》，载于《江淮论坛》2015年第4期。

[50] 杜传忠、郭树龙：《经济转轨期中国企业成长的影响因素及其机理分

析》，载于《中国工业经济》2012年第11期。

[51] 杜传忠、李彤、刘英华：《风险投资促进战略性新兴产业发展的机制及效应》，载于《经济与管理研究》2016年第10期。

[52] 杜传忠、刘英基、郑丽：《基于系统耦合视角的中国工业化和城镇化协调发展实证研究》，载于《江淮论坛》2013年第1期。

[53] 杜传忠、宁朝山：《网络经济条件下产业组织变革探析》，载于《河北学刊》2016年第4期。

[54] 杜传忠、王飞：《生产性文化服务业：我国应重点发展的新兴文化产业》，载于《江淮论坛》2014年第3期。

[55] 段文奇：《基于复杂网络的第三方电子商务平台临界用户规模研究》，载于《中国管理科学》2014年第12期。

[56] 樊茂清、黄薇：《基于全球价值链分解的中国贸易产业结构演进研究》，载于《世界经济》2014年第2期。

[57] 费孝通：《乡土中国》，三联书店1985年版。

[58] 冯飞等：《第三次工业革命——中国产业的历史性机遇》，中国发展出版社2014年版。

[59] 冯锋、李天放：《基于技术转移与产学研R&D投入双重影响的区域经济增效实证研究》，载于《科学学与科学技术管理》2011年第6期。

[60] 冯锋等：《我国跨省区技术转移差异性分析——基于1996~2007年各省技术转移数据》，载于《中国科技论坛》2009年第11期。

[61] 冯俏彬：《发展新经济关键要改进政府监管"旧"模式》，载于《中国经济时报》2016年10月31日。

[62] [德] 弗里德里希·李斯特：《政治经济学的国民体系》，陈万煦译，商务印书馆1981年版。

[63] [法] 弗罗南·布罗代尔：《15至18世纪的物质文明、经济和资本主义》（第2卷），生活、读书、新知三联书店1992年版。

[64] 付玉秀、张洪石：《突破性创新：概念界定与比较》，载于《数量经济技术经济研究》2004年第3期。

[65] 傅利平、李小静：《政府补贴在企业创新过程的信号传递效应分析——基于战略性新兴产业上市公司面板数据》，载于《系统工程》2014年第11期。

[66] 干春晖、郑若谷、余典范：《中国产业结构变迁对经济增长和波动的影响》，载于《经济研究》2011年第5期。

[67] 高德步：《英国的工业革命与工业化》，中国人民大学出版社2006年版，第162页。

［68］高铁梅：《计量经济分析方法与建模：EViews 应用及实例》，清华大学出版社 2006 年版。

［69］［德］工业 4.0 工作组、德国联邦教育研究部：《德国工业 4.0 战略计划实施建议（上、中、下）》，载于《机械工程导报》2013 第 7～9 期；2013 年第 10～12 期；2014 年第 1 期。

［70］龚艳萍、屈玉颖：《交易成本视角下产业标准化对国际贸易的影响》，载于《国际经贸探索》2009 年第 12 期。

［71］谷鑫：《论多层次资本市场对战略性新兴产业的促进作用》，载于《商业时代》2012 年第 30 期。

［72］顾海峰：《技术创新下战略性新兴产业升级的金融支持研究》，载于《产业经济评论》2014 年第 3 期。

［73］关志雄：《从美国市场看"中国制造"的实力》，载于《国际经济评论》2002 年第 8 期。

［74］郭晶、杨艳：《经济增长、技术创新与我国高技术制造业出口复杂度研究》，载于《国际贸易问题》2010 年第 12 期。

［75］郭凯明、杭静、颜色：《中国改革开放以来产业结构转型的影响因素》，载于《经济研究》2017 年第 3 期。

［76］郭克莎：《我国工业应对国际竞争挑战的对策》，载于《国家行政学院学报》2003 年第 1 期。

［77］郭克莎：《我国技术密集型产业发展的趋势、作用和战略》，载于《产业经济研究》2005 年第 5 期。

［78］郭岚、张祥建：《基于网络外部性的价值模块整合与兼容性选择》，载于《中国工业经济》2005 年第 4 期。

［79］郭新明、杨俊凯：《市场交易、信用规范与信用缺失行为分析》，载于《金融研究》2006 年第 7 期。

［80］韩汉君：《现代产业标准战略：技术基础与市场优势》，载于《社会科学》2005 年第 1 期。

［81］何大安：《大数据、物联网与产业组织变动》，载于《学习与探索》2019 年第 7 期。

［82］何晓跃：《网络空间规则制定的中美博弈：竞争、合作与制度均衡》，载于《太平洋学报》2018 年第 2 期。

［83］胡鞍钢、王蔚、周绍杰、鲁钰锋：《中国开创"新经济"——从缩小"数字鸿沟"到收获"数字红利"》，载于《国家行政学院学报》2016 年第 3 期。

［84］胡晓鹏：《从分工到模块化：经济系统演进的思考》，载于《中国工业经济》2004 年第 9 期。

[85] 胡新等：《基于社会环境视角的区域"两化融合"评价研究》，载于《科技进步与对策》2011年第10期。

[86] 黄福广、王建业、朱桂龙：《风险资本专业化对被投资企业技术创新的影响》，载于《科学学研究》2016年第12期。

[87] 黄季焜：《新时期国家粮食安全的战略和政策思考》，载于《农业经济问题》2012年第3期。

[88] 黄建康、施佳敏、黄玢玢：《浙江省战略性新兴产业发展的金融支持研究——基于30家上市公司的动态面板实证分析》，载于《华东经济管理》2015年第12期。

[89] 黄群慧：《中国制造如何向服务化转型》，人民网，2017年6月16日。

[90] 黄祥芳：《江西省11市"四化"耦合协调发展水平测度》，载于《城市问题》2015年第3期。

[91] 黄新焕、王文平：《转型背景下代工企业资源整合行为及其演化动态》，载于《系统工程》2016年第5期。

[92] 纪成君、陈迪：《"中国制造2025"深入推进的路径设计研究——基于德国工业4.0和美国工业互联网的启示》，载于《当代经济管理》2016年第2期。

[93] 贾根良：《第三次工业革命与工业智能化》，载于《中国社会科学》2016年第6期。

[94] 贾根良、刘书瀚：《生产性服务业：构建中国制造业国家价值链的关键》，载于《学术月刊》2012年第12期。

[95] 贾根良、杨威：《战略性新兴产业与美国经济的崛起——19世纪下半叶美国钢铁业发展的历史经验及对我国的启示》，载于《经济理论与经济管理》，2012年第1期。

[96] 简泽、干春晖、余典范：《银行部门的市场化、信贷配置与工业重构》，载于《经济研究》2013年第5期。

[97] 蒋传海：《网络效应、转移成本和竞争性价格歧视》，载于《经济研究》2010年第9期。

[98] 蒋含明：《金融发展、银行业市场结构与中小企业创业》，载于《南方经济》2014年第1期。

[99] 蒋昭侠：《产权改革：产业结构有效调整的基石》，载于《上海经济研究》2005年第2期，第79~83页。

[100]〔美〕杰夫·马德里克：《经济为什么增长》，乔江涛译，中信出版社2003年版，第87页。

[101]〔美〕杰里米·里夫金：《第三次工业革命》，蒋宗强译，中信出版

社2012年版。

[102] [美] 杰里米·里夫金：《零边际成本社会：一个物联网、合作共赢的新经济时代》，赛迪研究院专家组译，中信出版社2014年版，第68、158页。

[103] 金碚：《工业的使命和价值——中国产业转型升级的理论逻辑》，载于《中国工业经济》2014年第9期。

[104] 金碚：《中国工业的转型升级》，载于《中国工业经济》2011年第7期。

[105] 金朝力：《中国人工智能人才缺口超500万》，载于《北京商报》2017年11月6日。

[106] 金京、戴翔、张二震：《全球要素分工背景下的中国产业转型升级》，载于《中国工业经济》2013年第11期。

[107] 靳代平、王新新、姚鹏：《品牌粉丝因何而狂热？——基于内部人视角的扎根研究》，载于《管理世界》2016年第9期。

[108] 经济合作与发展组织、欧盟统计署：《奥斯陆手册：创新数据的采集和解释指南》，科学技术文献出版社2011年版。

[109] 景维民、张璐：《环境管制、对外开放与中国工业的绿色技术进步》，载于《经济研究》2014年第9期。

[110] [德] 卡尔·马克思：《资本论》（第11卷），人民出版社1972年版。

[111] [英] 卡萝塔·佩蕾丝：《技术革命与金融资本：泡沫与黄金时代的动力学》，田方萌等译，中国人民大学出版社2007年版。

[112] [美] 克·布莱恩约弗森，安德鲁·麦卡菲：《第二次机器革命》，蒋永军译，中信出版社2014年版。

[113] [德] 克劳斯·施瓦布：《第四次工业革命：转型的力量》，李菁译，中信出版社2016年版。

[114] 寇宗来、石磊：《理解产业革命发生在英国而非中国的关键——李约瑟之谜的专利制度假说》，载于《国际经济评论》2009年第3期。

[115] 兰埃用、刘明、郭巍、闫治国：《第三方支付业务监管的国际经验借鉴与思考》，载于《华北金融》2012年第7期。

[116] 雷兵、刘蒙蒙：《农村电子商务产业集群的形成机制》，载于《科技管理研究》2017年第11期。

[117] 李春顶：《中国企业"出口—生产率悖论"研究综述》，载于《世界经济》2015年第5期。

[118] 李广乾：《工业互联网平台，制造业下一个主攻方向》，载于《中国信息化》2016年第12期。

[119] 李海舰、杜爽：《中国现代化建设中的"十化"问题》，载于《经济与管理》2021年第1期。

[120] 李海舰、李燕：《企业组织形态演进过程——从工业经济时代到智能经济时代》，载于《经济管理》2019年第10期。

[121] 李健：《论工业设计与新型制造模式协同发展》，载于《装饰》2011年第7期。

[122] [美] 李杰：《工业大数据：工业4.0时代的工业转型与价值创造》，邱伯华等译，机械工业出版社2016年版。

[123] 李君、邱君降：《工业互联网平台的演进路径、核心能力建设及应用推广》，载于《科技管理研究》2019年第13期。

[124] 李廉水：《中国制造业发展研究报告》，科学出版社2013年版。

[125] 李廉水、张芊芊、王常凯：《中国制造业科技创新能力驱动因素研究》，载于《科研管理》2015年第10期。

[126] 李美娟：《中国企业突破全球价值链低端锁定的路径选择》，载于《现代经济探讨》2010年第1期。

[127] 李培楠、万劲波：《工业互联网发展与"两化"深度融合》，载于《中国科学院院刊》2014年第2期。

[128] 李平：《颠覆性创新的机理性研究》，经济管理出版社2017年版。

[129] 李平、狄辉：《产业价值链模块化重构的价值决定研究》，载于《中国工业经济》2006年第9期。

[130] 李强、郑江淮：《基于产品内分工的我国制造业价值链攀升：理论假设与实证分析》，载于《财贸经济》2013年第9期。

[131] 李儒超：《三千万单车产能大跃进：供应链涨价，矛盾一触即发》，载于《深网》2016年第47期。

[132] 李世英、李亚：《新型工业化发展水平评价指标体系的构建及实证研究》，载于《当代经济科学》2009年第5期。

[133] 李晓锋：《"四链"融合提升创新生态系统能级的理论研究》，载于《科研管理》2018年第9期。

[134] 李欣、黄鲁成：《基于技术路线图的新兴产业形成路径研究》，载于《科技进步与对策》2014年第1期。

[135]《李彦宏乌镇大会首提智能经济》，新华网，2019年10月20日。

[136] 李燕：《工业互联网平台发展的制约因素与推进策略》，载于《改革》2019年第10期。

[137] 李优树：《智能经济背景下的传统产业集群升级》，载于《人民论坛·学术前沿》2019年第18期。

[138] 李裕瑞、王倩、刘彦随：《中国"四化"协调发展的区域格局及其影响因素》，载于《地理学报》2014年第2期。

[139] [美] 理查德·W. 布利特：《20世纪史》，陈祖洲译，江苏人民出版社2001年版。

[140] 厉无畏、王慧敏：《创意产业促进经济增长方式转变》，载于《中国工业经济》2006年第11期。

[141]《联合国国际技术转让行动守则（草案）》，联合国国际技术转让行动守则会议，1985年。

[142] 梁军：《垄断、竞争与合作的聚合：产业标准模块化创新研究》，载于《天津社会科学》2012年第3期。

[143] 梁琦：《分工、集聚与增长》，商务印书馆2009年版。

[144] 梁强、邹立凯、杨学儒、孔博：《政府支持对包容性创业的影响机制研究》，载于《南方经济》2016年第1期。

[145] 廖述梅、徐升华：《我国校企技术转移效率及影响因素分析》，载于《科学学与科学技术管理》2009年第11期。

[146] 林金忠：《论企业规模经济的四种形态》，载于《经济科学》2002年第6期。

[147] 林森等：《技术链、产业链和技术创新链：理论分析与政策含义》，载于《科学学研究》2001年第4期。

[148] 林毅夫、潘士远：《技术进步越快越好吗》，载于《中国工业经济》2005年第10期。

[149] 林毅夫、巫和懋、邢亦青：《"潮涌现象"与产能过剩的形成机制》，载于《经济研究》2010年第10期。

[150] 刘斌、魏倩、吕越、祝坤福：《制造业服务化与价值链升级》，载于《经济研究》2016年第3期。

[151] 刘刚：《正在改变世界的智能科技产业》，载于《人民论坛·学术前沿》2019年第21期。

[152] 刘杰、郑风田：《社会网络、个人职业选择与地区创业集聚——基于东风村的案例研究》，载于《管理世界》2011年第6期。

[153] 刘力强、冯俊文：《我国区域两化融合水平评价模型及实证研究》，载于《科技进步与对策》2014年第9期。

[154] 刘梦、戴翔：《中国制造业能否摘取全球价值链"高悬的果实"》，载于《经济学家》2018年第9期。

[155] 刘明宇、芮明杰：《价值网络重构、分工演进与产业结构优化》，载于《中国工业经济》2012年第5期。

[156] 刘晓燕、姚志坚：《商业银行与战略性新兴产业的互动发展——基于"麦克米伦缺口"的视角》，载于《理论学刊》2015年第8期。

[157] 刘秀莲：《产业创新理论与实践》，东北财经大学出版社2009年版。

[158] [美] 刘易斯·卡布罗：《产业组织导论》，胡汉辉译，人民邮电出版社2002年版。

[159] 刘奕：《创意产业与制造业融合发展：产业升级的重要途径》，载于《中国经贸导刊》2011年第8期。

[160] 刘奕、夏杰长：《共享经济理论与政策研究动态》，载于《经济学动态》2016年第4期。

[161] 刘英基：《我国高技术产业低端锁定问题及解决对策》，载于《经济纵横》2013年第10期。

[162] 刘友金、胡黎明、赵瑞霞：《创意产业与城市发展的互动关系及其耦合演化过程研究》，载于《中国软科学》2009年第1期。

[163] 刘玉荣、刘芳：《制造业服务化与全球价值链提升的交互效应——基于中国制造业面板联立方程模型的实证研究》，载于《现代经济探讨》2018年第9期。

[164] 刘云浩：《从互联到新工业革命》，清华大学出版社2017年版。

[165] 龙冬平：《中国农业现代化发展水平空间分异及类型》，载于《地理学报》2014年第2期。

[166] 龙勇、时萍萍：《风险投资对高新技术企业的技术创新效应影响》，载于《经济与管理研究》2012年第7期。

[167] 卢福财、胡平波：《全球价值网络下中国企业低端锁定的博弈分析》，载于《中国工业经济》2008年第10期。

[168] 卢福财、胡平波：《全球价值网络下中国企业低端锁定的博弈分析》，载于《中国工业经济》2009年第10期。

[169] 鲁品越：《论社会隐秩序与显秩序——兼论德治与法治的关系》，载于《南京大学学报（哲学·人文科学·社会科学）》2002年第39卷第4期。

[170] 陆国庆、王舟、张春宇：《中国战略性新兴产业政府创新补贴的绩效研究》，载于《经济研究》2014年第7期。

[171] 路甬祥：《创新型国家建设呼唤创新设计》，载于《中国工业报》2012年3月21日。

[172] 路甬祥：《提升自主创新能力，转变产业发展方式》，载于《观察与思考》2012年第1期。

[173] 吕长江、金超、陈英：《财务杠杆对公司成长性影响的实证研究》，载于《财经问题研究》2006年第2期。

［174］吕铁：《论技术标准化与产业标准战略》，载于《中国工业经济》2005年第7期。

［175］吕铁、贺俊：《技术经济范式协同转变与战略性新兴产业政策重构》，载于《学习月刊》2013年第7期。

［176］吕文晶、陈劲、刘进：《工业互联网的智能制造模式与企业平台建设——基于海尔集团的案例研究》，载于《中国软科学》2019年第7期。

［177］吕云龙、吕越：《制造业出口服务化与国际竞争力——基于增加值贸易的视角》，载于《国际贸易问题》2017年第5期。

［178］［英］罗伯特·艾伦：《近代英国工业革命揭秘——放眼全球的深度揭秘》，毛立坤译，浙江大学出版社2009年版。

［179］罗煜、何青、薛畅：《地区执法水平对中国区域金融发展的影响》，载于《经济研究》2016年第7期。

［180］马盈盈、盛斌：《制造业服务化与出口技术复杂度：基于贸易增加值视角的研究》，载于《产业经济研究》2018年第4期。

［181］［美］迈克尔·波特：《竞争优势》，陈悦译，华夏出版社2005年版。

［182］毛蕴诗、徐向龙、陈涛：《基于核心技术与关键零部件的产业竞争力分析——以中国制造业为例》，载于《经济与管理研究》2014年第1期。

［183］孟晔：《新经济框架：从行业分工到平台共享》，阿里研究院，2016年。

［184］孟猛：《中国在国际分工中的地位》，载于《世界经济研究》2012年第3期。

［185］孟祺：《中国出口产品国内技术含量的影响因素研究》，载于《科研管理》2012年第1期。

［186］苗圩：《认真做好两化深度融合这篇大文章》，载于《人民日报》2014年11月8日。

［187］［美］娜达·R.桑德斯：《大数据供应链》，丁晓松译，中国人民大学出版社2015年版。

［188］［美］内森·罗森堡等：《西方现代社会的经济变迁》，曾刚译，中信出版社2009年版。

［189］欧春尧、宁凌：《比较视角下共享单车产业发展问题及政府规制路径研究》，载于《北方经济》2017年第7期。

［190］欧阳武：《打破服务器芯片垄断》，载于《科技日报》2018年3月12日，第05版。

［191］潘文卿：《中国的区域关联与经济增长的空间溢出效应》，载于《经济研究》2012年第1期。

［192］潘跃：《优化监管，让电商健康发展》，载于《人民日报》2017年4

月5日。

[193] 裴长洪、于燕：《德国"德国工业4.0"与中德制造业合作新发展》，载于《财经问题研究》2014年第10期。

[194] 蒲松涛：《平台型开源软件成信息技术创新焦点》，载于《中国信息化周报》2017年9月11日第18版。

[195] 戚聿东、刘健：《第三次工业趋势下产业组织转型》，载于《财经问题研究》2014年第1期。

[196] 齐兰、王业斌：《国有银行垄断的影响效应分析——基于工业技术创新视角》，载于《中国工业经济》2013年第7期。

[197] 钱丽、陈忠卫、肖仁乔：《中国区域工业化、城镇化与农业现代化耦合协调度及其影响因素研究》，载于《经济问题探索》2012年第11期。

[198] [美] 乔纳森·休斯等：《美国经济史》，邸晓燕、邢露译，北京大学出版社2011年版。

[199] 秦晓珠等：《大数据知识服务的内涵、典型特征及概念模型》，载于《情报资料工作》2013年第2期。

[200] [日] 青木昌彦：《硅谷模式的信息与治理结构》，载于《经济社会体制比较》2000年第1期。

[201] [日] 青木昌彦、安藤晴彦：《模块时代：新产业结构的本质》，周国荣译，上海远东出版社2003年版。

[202] 清华大学中国科技政策研究中心：《中国人工智能发展报告2018》，2018年7月。

[203] 邱兆林、王业辉：《行政垄断约束下环境规制对工业生态效率的影响——基于动态空间杜宾模型与门槛效应的检验》，载于《产业经济研究》2018年第5期。

[204] 任高芳：《美国第三方支付监管体系对我国的启示》，载于《金融发展评论》2012年第10期。

[205] 桑百川：《推动企业积极应对全球价值链重构》，载于《光明日报》2016年3月24日。

[206] [英] 桑德斯：《标准化的目的与原理》，科学技术文献出版社1974年版。

[207] 商务部等11部委《关于"十二五"期间促进机电产品出口持续健康发展的意见》，商务部网站，2011年8月11日。

[208] 邵昶：《"三维需求空间"中的柱形产业链——对产业链生成机制的阐释》，载于《湖南农业大学学报（社会科学版）》2006年第1期。

[209] 邵帅、张可、豆建民：《经济集聚的节能减排效应：理论与中国经

验》，载于《管理世界》2019 年第 1 期。

［210］邵云飞、詹坤、吴言波：《突破性技术创新：理论综述与研究展望》，载于《技术经济》2017 年第 4 期。

［211］沈春苗、郑江淮：《宽厚的政府采购、挑剔的消费者需求与技能偏向性技术进步》，载于《经济评论》2016 年第 3 期。

［212］沈坤荣、傅元海：《外资技术转移与内资经济增长质量——基于中国区域面板数据的检验》，载于《中国工业经济》2010 年第 11 期。

［213］石善冲：《科技成果转化评价指标体系研究》，载于《科学学与科学技术管理》2003 年第 6 期。

［214］石涛：《中原经济区"四化"发展动态效率分解及协调度测度》，载于《区域经济评论》2014 第 3 期。

［215］石璋铭、谢存旭：《银行竞争、融资约束与战略性新兴产业技术创新》，载于《宏观经济研究》2015 年第 8 期。

［216］时磊、田艳芳：《FDI 与企业技术"低端锁定"》，载于《世界经济研究》2011 年第 4 期。

［217］史丹、李鹏、许明：《产业结构转型升级与经济高质量发展》，载于《福建论坛》（人文社会科学版），2020 年第 9 期。

［218］史东明：《试析发展中国家经济增长的 S 型曲线》，载于《世界经济》1995 年第 2 期。

［219］叔平：《制造业创意产业》，载于《上海质量》2012 年第 9 期。

［220］束俞俊：《文化创意产业文献综述》，载于《中国商界》2010 年第 4 期。

［221］司建楠：《聚焦德国工业 4.0 与我国两化融合战略如出一辙》，载于《中国工业报》2014 年 10 月 16 日。

［222］宋华：《基于产业互联网的现代供应链及其创新路径》，载于《中国流通经济》2018 年第 3 期。

［223］苏杭、郑磊、牟逸飞：《要素禀赋与中国制造业产业升级——基于 WIOD 和中国工业企业数据库的分析》，载于《管理世界》2017 年第 4 期。

［224］眭纪刚：《制度优势结合市场机制 探索构建新型举国体制》，载于《科技日报》2019 年 12 月 6 日。

［225］孙晓华：《技术溢出、研发投资与社会福利效应》，载于《科研管理》2012 年第 9 期。

［226］谭华清、赵廷辰、谭之博：《教育会促进农民自主创业吗?》，载于《经济科学》2015 年第 37 页。

［227］［日］汤之上隆：《失去的制造业：日本制造业的败北》，机械工业

出版社 2015 年版。

[228] 唐富良：《关于标准化经济效果的评述和探讨》，载于《机械工业标准化与质量》2009 年第 8 期。

[229] 唐海燕、张会清：《产品内国际分工与发展中国家的价值链提升》，载于《经济研究》2009 年第 9 期。

[230] 唐浩、蒋永穆：《基于转变经济发展方式的产业链动态演进》，载于《中国工业经济》2008 年第 5 期。

[231] 腾讯研究院：《人工智能各国战略解读：英国人工智能的未来监管措施与目标概述》，载于《电信网技术》2017 年第 2 期。

[232] [美] 通用电气公司：《工业互联网：打破智慧与机器的边界》，机械工业出版社 2015 年版。

[233] 童健、刘伟、薛景：《环境规制、要素投入结构与工业行业转型升级》，载于《经济研究》2016 年第 7 期。

[234] 童有好：《"互联网+制造业服务化"融合发展研究》，载于《经济纵横》2015 年第 10 期。

[235] 汪秋明、韩庆潇、杨晨：《战略性新兴产业中的政府补贴与企业行为——基于政府规制下的动态博弈分析视角》，载于《财经研究》2014 年第 7 期。

[236] 汪旭晖、张其林：《平台型电商企业的温室管理模式研究——基于阿里巴巴集团旗下平台型网络市场的案例》，载于《中国工业经济》2016 年第 11 期。

[237] 王聪：《电子商务与农户创业行为——基于农村合作组织的电子商务平台构建》，载于《行政与法》2012 年第 1 期。

[238] 王金杰、李启航：《电子商务环境下多维教育与农村居民创业选择》，载于《南开经济研究》2017 年第 6 期。

[239] 王腊银、罗福周：《循环经济产业集群中核心生态企业链合创新博弈分析及策略选择研究》，载于《浙江工商大学学报》2018 年第 3 期。

[240] 王岚：《全球价值链分工背景下的附加值贸易：框架、测度和应用》，载于《经济评论》2013 年第 3 期。

[241] 王萌萌：《"互联网+"背景下新兴业态的市场监管问题研究》，载于《安徽行政学院学报》2016 年第 7 卷第 3 期。

[242] 王时龙、王彦凯、杨波、王四宝：《基于层次化数字孪生的工业互联网制造新范式——雾制造》，载于《计算机集成制造系统》2019 年第 12 期。

[243] 王维国：《协调发展的理论与方法研究》，中国财政经济出版社 2000 年版。

[244] 王伟：《基于企业基因重组理论的价值网络构建研究》，载于《中国工业经济》2005年第2期。

[245] 王文、孙早：《去工业化促进了服务业效率提升吗》，载于《统计研究》2017年第3期。

[246] 王喜文：《工业互联网：中美德制造业三国演义》，人民邮电出版社2015年版。

[247] 王晓红等：《当前制造业与服务业融合发展趋势及特点的研究》，载于《全球化》2013年第9期。

[248] 王耀中、陈洁：《鲍莫尔—富克斯假说研究新进展》，载于《经济学动态》2012年第6期。

[249] 王瑜炜、秦辉：《中国信息化与新型工业化耦合格局及其变化机制分析》，载于《经济地理》2014年第2期。

[250] 王羽：《典型性国家创意产品贸易竞争力研究及对中国的借鉴》，东华大学硕士学位论文，2010年。

[251] 王展祥：《制造业还是经济增长的发动机吗》，载于《江西财经大学学报》2018年第6期。

[252] [英] 维克托·迈尔-舍恩伯格：《大数据时代》，周涛译，浙江人民出版社2013年版。

[253] 魏恩政、张锦：《关于文化软实力的几点认识和思考》，载于《理论学刊》2009年第3期。

[254] 魏后凯：《加入WTO后中国外商投资区位变化及中西部地区吸引外资前景》，载于《管理世界》2003年第7期。

[255] 魏毅寅、柴旭东：《工业互联网：技术与实践》，电子工业出版社2017年版。

[256] 温兴祥、程超：《教育有助于提高农村居民创业收益吗？——基于CHIP农村住户调查数据的三阶段》，载于《中国农村经济》2017年第9期。

[257] 文雁兵：《我国农业科技自主创新能力研究——基于产业关联效应和FDI技术溢出视角》，载于《科学学研究》2015年第7期。

[258] 吴丰华、刘瑞明：《产业升级与自主创新能力构建——基于中国升级面板数据的实证研究》，载于《中国工业经济》2012年第5期。

[259] 吴贵生、蔺雷：《我国制造企业"服务增强"的实证研究及政策建议》，载于《管理工程学报》2011年第4期。

[260] 吴金明、邵昶：《产业链形成机制研究——"4+4+4"模型》，载于《中国工业经济》2006年第4期。

[261] 吴金明等：《产业链、产业配套半径与企业自生能力》，载于《中国

工业经济》2005 年第 2 期。

[262] 吴晓波、倪义芳：《二次创新与我国制造业全球化竞争战略》，载于《科研管理》2001 年第 3 期。

[263] [美] 夏皮罗和瓦里安：《信息规则：网络经济的策略指导》，张帆译，中国人民大学出版社 2000 年版。

[264] 夏志杰：《工业互联网的体系框架与关键技术》，载于《中国机械工程》2018 年第 10 期。

[265] 肖海林：《不连续技术创新的风险探究——基于与连续创新的比较》，载于《经济管理》2011 年第 9 期。

[266] 肖利平、谢丹阳：《国外技术引进与本土创新增长：互补还是替代——基于异质吸收能力的视角》，载于《中国工业经济》2016 年第 9 期。

[267] 肖兴志、王尹攀：《政府补贴与企业社会资本投资决策——来自战略性新兴产业的经验证据》，载于《中国工业经济》2014 年第 9 期。

[268] 谢富胜：《分工、技术与生产组织变迁——资本主义生产组织演变的马克思主义经济学阐释》，经济科学出版社 2005 年版。

[269] 谢康、吴瑶、肖静华、廖雪华：《组织变革中的战略风险控制——基于企业互联网转型的多案例研究》，载于《管理世界》2016 年第 2 期。

[270] 谢康等：《中国工业化与信息化融合质量：理论与实证》，载于《经济研究》2012 年第 1 期。

[271] [美] 熊彼特：《经济发展理论》，何畏、易家详译，商务印书馆 1990 年版。

[272] [美] 休斯、凯恩：《美国经济史》，邢露等译，北京大学出版社 2011 年版。

[273] 徐朝阳、林毅夫：《发展战略与经济增长》，载于《中国社会科学》2010 年第 3 期。

[274] 徐传谌、王鹏、武岩：《产业结构对城镇化发展差异的影响——基于夏普利值分解的实证分析》，载于《社会科学家》2017 年第 8 期。

[275] 徐晋：《平台经济学——平台竞争的理论与实践》，上海交通大学出版社 2007 年版。

[276] 徐梦周、贺俊、吕铁：《第三次工业革命的特征及影响》，载于《中国社会科学报》2012 年 8 月 8 日。

[277] 徐敏、姜勇：《中国产业结构升级能缩小城乡消费差距吗?》，载于《数量经济技术经济研究》2015 年第 3 期。

[278] 徐维祥、舒季军、唐根年：《中国工业化、信息化、城镇化和农业现代化协调发展的空间格局与动态演进》，载于《经济学动态》2015 年第 1 期。

[279] 徐耀宗：《谈技术转移》，载于《科学学研究》1991年第2期。

[280] 徐志强：《Google美国：产学创新的专利攻略》，载于《21世纪经济报道》2006年2月8日。

[281] 许可：《人工智能的算法黑箱与数据正义》，FT中文网，2018年3月7日。

[282] 宣烨、余泳泽：《生产性服务业层级分工对制造业效率提升的影响——基于长三角地区38城市的经验分析》，载于《产业经济研究》2014年第3期。

[283] 薛桂霞：《我国"四化"协调发展的内在关系研究》，载于《农村经济》2015年第1期。

[284] 薛强：《国人共享单车使用情况调查》，载于《金融博览（财富）》2017年第1期。

[285] 杨蕙馨、王硕、冯文娜：《网络效应视角下技术标准的竞争性扩散——来自iOS与Android之争的实证研究》，载于《中国工业经济》2014年第9期。

[286] 杨军：《日韩粮食消费结构变化特征及对我国未来农产品需求的启示》，载于《中国软科学》2013年第1期。

[287] 杨汝岱、姚洋：《有限赶超与经济增长》，载于《经济研究》2008年第8期。

[288] 杨锐、刘志彪：《新产业革命下产业组织变化的效率改进与实现机制》，载于《天津社会科学》2016年第6期。

[289] 杨善林等：《技术转移与科技成果转化的认识及比较》，载于《中国科技论坛》2013年第12期。

[290] 杨帅：《工业4.0与工业互联网：比较、启示与应对策略》，载于《当代财经》2015年第8期。

[291] 杨学山：《智能原理》，电子工业出版社2018年版。

[292] 姚凯等：《网络状产业链的价值创新协同与平台领导》，载于《中国工业经济》2009年第12期。

[293] 姚鹏、张其仔：《东部新经济指数发展现状及区域差异》，载于《东岳论丛》2019年第9期。

[294] 姚树洁、冯根福、韦开蕾：《外商直接投资和经济增长的关系研究》，载于《经济研究》2006年第12期。

[295] 姚洋、崔静远：《中国人力资本的测算研究》，载于《中国人口科学》2015年第1期。

[296] 姚洋、张晔：《中国出口品国内技术含量升级的动态研究》，载于

《中国社会科学》2008 年第 2 期。

[297] 易先桥、张鸣、卢师：《中国制造业走出"三明治陷阱"路径研究》，载于《企业经济》2016 年第 9 期。

[298] 尹鹏、刘继生、陈才：《东北振兴以来吉林省四化发展的协调性研究》，载于《地理科学》2015 年第 8 期。

[299] 尹一丁：《商业模式创新的四种方法》，载于《21 世纪经济报道》2012 年 6 月 29 日。

[300] 于斌斌：《产业结构调整与生产率提升的经济增长效应——基于中国城市动态空间面板模型的分析》，载于《中国工业经济》2015 年第 12 期。

[301] 余东华、孙婷：《环境规制、技能溢价与制造业国际竞争力》，载于《中国工业经济》2017 年第 5 期。

[302] 余江、陈凤、张越、刘瑞：《铸造强国重器：关键核心技术突破的规律探索与体系构建》，载于《中国科学院院刊》2019 年第 3 期。

[303] 郁义鸿：《产业链类型与产业链效率基准》，载于《中国工业经济》2005 年第 11 期。

[304] 袁继新等：《产业链、创新链、资金链"三链融合"的实证研究——以浙江智慧健康产业为例》，载于《科技管理研究》2016 年第 14 期。

[305] 袁晓玲：《新"四化"的互动机理及其发展水平测度》，载于《城市问题》2013 年第 11 期。

[306] 原毅军、戴宁：《基于绿色技术创新的中国制造业升级发展路径》，载于《科技与管理》2017 年第 6 期。

[307] [美] 约翰·霍兰：《隐秩序：适应性造就复杂性》，周晓牧、韩晖译，上海科技教育出版社 2000 年版。

[308] [英] 约翰·希克斯：《经济史理论》，厉以平译，商务印书馆 2009 年版。

[309] [美] 约瑟夫·熊彼特：《经济发展理论》，何畏、易家详等译，商务印书馆 1990 年版。

[310] [美] 约瑟夫·熊彼特：《资本主义、社会主义与民主》，吴良健译，商务印书馆 2002 年版。

[311] 曾剑秋：《5G 移动通信技术发展与应用趋势》，载于《电信工程技术与标准化》2017 年第 2 期。

[312] 曾剑秋：《电商发展如何"更上一层楼"》，载于《人民论坛》2017 年第 S1 期。

[313] 曾亿武、郭红东：《电子商务协会汇金淘宝村发展的机理及其运行机制——以广东揭阳市军埔村的实践为例》，载于《中国农村经济》2016 年第 6 期。

[314] 詹坤、邵云飞：《突破性技术创新的非线性与非连续性演化——以智能驾驶汽车为例》，载于《技术经济》2017年第5期。

[315] 张彬、李潇：《中国信息化发展的区域比较研究》，收录于周宏仁主编：《中国信息化形势分析与预测》，社会科学文献出版社2010年版。

[316] 张慧明、蔡银寅：《中国制造业如何走出"低端锁定"——基于面板数据的实证研究》，载于《国际经贸探索》2015年第1期。

[317] 张京成、刘光宇：《创意产业的特点及两种存在方式》，载于《北京社会科学》2007年第4期。

[318] 张俊妮、陈玉宇：《产业集聚、所有制结构与外商投资企业的区位选择》，载于《经济学（季刊）》2006年第5卷第4期。

[319] 张可、高庆昆：《基于突破性技术创新的企业核心竞争力构建研究》，载于《管理世界》2013年第6期。

[320] 张琳、邱少华：《新型工业化、信息化、城镇化和农业现代化协调发展评价研究》，载于《山东社会科学》2014年第4期。

[321] 张其仔：《德国工业4.0战略对〈中国制造2025〉的启示》，载于《21世纪经济报道》2014年7月4日。

[322] 张为付，戴翔：《中国全球价值链分工地位改善了吗？——基于改进后出口上游度的再评估》，载于《中南财经政法大学学报》2017年第4期。

[323] 张文珍：《创意提升区域文化产业竞争力》，载于《理论学刊》2012年第10期。

[324] 张祥建、裴峰、徐晋：《上市公司核心能力盈利性与成长性的实证研究——以"中证·亚商上市公司50强"为例》，载于《会计研究》2004年第7期。

[325] 张新等：《区域两化融合水平的评价方法及应用》，载于《山东大学学报（理学版）》2012年第47卷第3期。

[326] 张鑫、谢家智、张明：《社会资本、借贷特征与农民创业模式选择》，载于《财经问题研究》2015年第3期。

[327] 张亚斌等：《两化融合对中国工业环境治理绩效的贡献——重化工业化阶段的经验证据》，载于《产业经济研究》2014年第1期。

[328] 张亚斌等：《中国工业化与信息化融合环境的综合评价及分析——基于东中西部三大区域的测度与比较》，载于《财经研究》2012年第8期。

[329] 张耀辉：《产业创新的理论探索——高新产业发展规律研究》，中国计划出版社2002年版。

[330] 张铁龙、崔强：《中国工业化与信息化融合评价研究》，载于《科研管理》2013年第4期。

[331] 张影等：《基于价值链的大数据服务生态系统演进路径研究》，载于《情报理论与实践》2018年第6期。

[332] 张永亮、张蕴萍：《P2P网贷平台法律监管困局及破解：基于美国经验》，载于《广东财经大学学报》2015年第5期。

[333] 张勇、蒲勇健、陈立泰：《城镇化与服务业集聚——基于系统耦合互动的观点》，载于《中国工业经济》2013年第6期。

[334] 张占斌、冯俏彬：《创新政府监管方式，加快发展新经济》，载于《行政管理改革》2016年第9期。

[335] 张中华、杜丹：《政府补贴提高了战略性新兴产业的企业投资效率吗？——基于我国A股上市公司的经验证据》，载于《投资研究》2014年第11期。

[336] 张自然：《中国生产性服务业TFP变动分解》，载于《贵州财经学院学报》2008年第2期。

[337] 章琰：《大学技术转移——界面移动与模式选择》，北京大学出版社2008年版。

[338] 赵玮、温军：《中国战略性新兴产业风投控股的绩效研究》，载于《山西财经大学学报》2015年第1期。

[339] 赵英：《提高我国制造业国际竞争力的技术标准战略研究》，载于《中国工业经济》2007年第4期。

[340] 甄志宏、刘长喜等：《举国体制与中国产业政策的转向》，载于《文化纵横》2012年第4期。

[341] 郑世林、葛珺沂：《文化体制改革与文化产业全要素生产率增长》，载于《中国软科学》2012年第10期。

[342] 郑伟：《技术转移与经济增长研究——基于科技支撑和引领经济发展的视角》，载于《数量经济技术经济研究》2008年第10期。

[343] 郑馨、周先波：《社会规范是如何激活创业活动的？——来自中国"全民创业"十年的微观证据》，载于《经济学季刊》2018年第1期。

[344] 郑玉、戴一鑫：《全球价值链背景下制造业投入服务化对产业国际竞争力的提升效应——基于跨国—行业面板数据的经验研究》，载于《财经论丛》2018年第10期。

[345] 中国电子技术标准化研究院：《人工智能标准化白皮书（2018年版）》，2018年1月。

[346] 中国电子技术标准化研究院：《云计算标准化白皮书》，2014年7月。

[347] 中国新一代人工智能发展战略研究院：《新一代人工智能科技驱动的智能产业发展》，2018年5月。

[348] 周密、盛玉雪：《互联网时代供给侧结构性改革的主导性动力：工业化传统思路的局限》，载于《中国工业经济》2018年第4期。

[349] 周天勇：《重新定义范围经济》，载于《财经问题研究》2005年第1期。

[350] 周煊、程立茹、王皓：《技术创新水平越高企业财务绩效越好吗？——基于16年中国制药上市公司专利申请数据的实证研究》，载于《金融研究》2012年第8期。

[351] 周应恒、刘常瑜：《"淘宝村"农户电商创业集聚现象的成因探究——基于沙集镇和颜集镇的调研》，载于《南方经济》2018年第1期。

[352] 朱旌：《走过由非法到合法的曲折历程——美国网约车严准入重监管》，载于《经济日报》2016年8月15日。

[353] 朱有为、张向阳：《价值链模块化、国际分工与制造业升级》，载于《国际贸易问题》2005年第9期。

[354] Acemoglu, D., Gancia, G., Zilibotti, F., "Competing Engines of Growth: Innovation and Standardization", NBER Working Paper, 2010, No. 15958.

[355] Acemoglu, D., et al., "The Environment and Directed Technical Change", *American Economic Review*, 2012, 102 (1): 131–166.

[356] Acemoglu, D., "Return of the Solow paradox? IT, productivity and employment in U. S. manufacturing", *American Economic Review*, 2015, 104 (5): 394–399.

[357] Acemoglu, D., "Technical Change, Inequality, and The Labor Market", *Journal of Economic Literature*, 2002, Vol. 40, No. 1: 7–72.

[358] Acemoglu, "Competing engines of growth: Innovation and standardization", *Journal of Economic Theory*, Vol. 147, No. 2, 2012, pp. 570–601.

[359] Albert O. Hirschman, *The Strategy of Economic Development*, Yale University Press, 1958.

[360] Alder, P. S., S. W. Kwon, "Social Capital Prospects for New Concept", *Academy of Management Review*, 2002, 27 (1).

[361] Amiti Mary, Caroline Freund, "An Anatomy of China's Export Growth", NBER Working Paper, No. 10230, 2008.

[362] Anderson, W. P., Chatterjee, L., Lakshmanan, T. R., "E-commerce, Transportation and Economic Geography", *Growth and Change*, 2003, 34 (4): 415–432.

[363] Andrew Winton, Vijay Yerramilli, "Entrepreneurial finance: Banks versus Venture Capital", *Journal of Financial Economics*, Vol. 88, No. 4, April 2008,

pp. 51 - 79.

［364］Anselin, L. , Fischer, M. M. , Hewings, G. J. D. , et al. , "Advances in Spatial Econometrics: Methodology", *Tools and Applications*, Springer: Verlag Press, 2004: 34 - 40.

［365］ANSI, National Standards Strategy for the Untied States, ANSI: Washington D. C. , 2000.

［366］Assche, Ari Van, Gangnes Byron, "Electronics Production Upgrading: Is China Exceptional?", *Applied Economics Letters*, Vol. 17, No. 5, 2010, pp. 477 - 482.

［367］Avgerou C. , B. Li, "Relational and Institutional Embeddedness of Web-enabled Entrepreneurial Networks: Case Studies of Entrepreneurs in China", *Information Systems Journal*, 2013, 23 (4).

［368］A. Adil, Creative industries, economic opportunities and new global identities, https: //2008. Gala. gre. ac. uk.

［369］Baldwin, C. Y. , Clark, K. B. , "Managing in an Age of Modularity", *Harvard Business Review*, 1997, 75 (5): 81 - 93.

［370］Baller, S. , Trade Effects of Regional Standards Liberalization: A Heterogeneous Firms Approach, World Bank Policy Research Working Paper, 2007, No. 4124.

［371］Barton, D. , et al. , "Artificial Intelligence: Implications for China", April 2017, https: //www. mckinsey. com/featured-insights/china/artificial-intelligence-implications-for-china.

［372］Bastia, F. , *Harmonies Economics*, Guillemin et Cie, 1851.

［373］Bekkers Rwest, "The limits to IPR standardization policies as evidenced by strategic patenting in UMTS", *Telecommunications Policy*, Vol. 33, No. 1, 2009, pp. 80 - 97.

［374］Ber, H. , Yafeh, Y. , "Can venture capital funds pick winners? evidence from pre-ipo survival rates and post-ipo performance", *Israel Economic Review*, No. 5, 2007.

［375］Bian Y. J. , S. Ang, "Guanxi Networks and Job Mobility in China and Singapore", *Social Forces March*, 1997, 75 (3).

［376］Blind, K. , Gauch, S. , Hawkins, R. , "How Stakeholders Assess the Impacts of ICT standards", *Telecommunications Policy*, 2010, 34 (3): 162 - 174.

［377］Blind, K. , Jungmittag, A. , "The Impact of Patents and Standards on Macroeconomic Growth: A Panel Approach to Covering Four Countries and 12 sectors", *Journal of Productivity Analysis*, 2008 (29): 51 - 60.

[378] Bourdieu, P., "The forms of capital", In Richardson, J. (ed), *Handbook of Theory and research for the Sociology of Education*, Greenwood Press, Westport CT, 1999.

[379] Brynjolfsson, E., L. M. Hitt, "Beyond computation: Information technology, organizational transformation and business performance", *Journal of Economic Perspectives*, 2000, 14 (4): 23 – 48.

[380] Brynjolfsson, E., L. M. Hitt, "The productivity paradox of information technology", *Communications of the ACM*, 1993, 36 (12): 66 – 77.

[381] Brynjolfsson, E., L. M. Hitt, "Paradox lost? Firm-level evidence on the returns to information systems spending", *Management Science*, 1996, 42 (4): 541 – 558.

[382] Brynjolfsson, E., L. M. Hitt, S. Yang, " Intangible assets: How the interaction of computers and organizational structure affects stock market valuations", *Brookings Papers on Economic Activity*, 2002, 33 (1): 137 – 198.

[383] Brynjolfsson. E, L. M. Hitt and S. Yang, "Intangible Assets: How the Interaction of Computers and Organizational Structure Affects Stock Market Valuations", *International Conference on Information Systems*, 1998, 65 (1): 8 – 29.

[384] Cantwell, J., Janne, O., "The Role of Multinational Corporations and National States in the Globalization of Innovatory Capacity: The European Perspective", *Technology Analysis & Strategic Management*, Vol. 12, No. 2 (February 2000), pp. 243 – 262.

[385] Carr, N. G., "IT doesn't matter", *Harvard Business Review*, 2003, 81 (5): 41 – 49.

[386] CEBR, The Economic Contribution of Standards to the UK Economy, 2015.

[387] Chambers, R. G., R. Fare and S. Grosskopf, "Productivity Growth in APEC Countries", *Pacific Economic Review*, 1996, 1 (3).

[388] Chaney T., "Distorted Gravity: The Intensive and Extensive Margins of International Trade", *American Economic Review*, 2008, 98 (4).

[389] Chang, Y. B., V. Gurbaxani, "The impact of IT-related spillovers on long-run productivity: An empirical analysis", *Information Systems Research*, 2012, 23 (3): 868 – 886.

[390] Chavas, J. P., Kim, K., "Measurement of Source of Economics of Scope: A Primal Approach", *Journal of Institutional and Theoretical Economics*, 2007, 163 (3): 411 – 427.

[391] Chesbrough, H., Rosenbloom, R. S., "The Role of the Business Model

in Capturing Value from Innovation: Evidence from Xerox Corporation's Technology Spin off Companies", *Industrial and Corporate Change*, 2002 (3), pp. 529 – 555.

[392] Christensen, C. , *The Innovator's Dilemma: When New Technologies Cause Great Firms to Fail*, Boston: Harvard Business Press, 1997.

[393] Chu, S. Y. , "Internet, economic growth and recession", *Modern Economy*, 2013, 4 (3): 209 – 213.

[394] Cohendet, P. , Steinmueller, W. E. , "The Codification of Knowledge: A Conceptual and Empirical Exploration", *Industrial and Corporate Change*, 2000, 9 (2): 195 – 209.

[395] Costinot, A. , Vogel, J. , Wang, S. , "An Elementary Theory of Global Supply Chains", *The Review of Economic Studies*, 2013, Vol. 80, No. 1: 109 – 144.

[396] Cumming, D. , S. Johan, "The Differential Impact of the Internet on Spurring Regional Entrepreneurship", *Entrepreneurship theory and Practice*, 2010, 34 (5).

[397] C. Matutes, P. Regibeau, "Mix and Match: Product Compatibility without Network Externalities", *RAND Journal of Economics*, Vol. 19, No. 19 (1987), pp. 221 – 234.

[398] Dahlin, K. B. , Behrens, D. M. , "When is an invention really radical? Defining and measuring technological radicalness", *Research Policy*, 2005, 34 (5): 717 – 737.

[399] Daniel J. Henderson and Léopold Simar, "A Fully Nonparametric Stochastic Frontier Model for Panel Data", *Working Paper Series*, No. 0519 (September 2005), pp. 1 – 19.

[400] Daveri, F. , "Information technology and productivity growth across countries and sectors", IGIER Working Paper, 2003, No. 227.

[401] David, P. A. , Greenstein, S. , "The Economics of Compatibility Standards: An Introduction to Recent Research", *The Economics of Innovations and New Technology*, 1990, 1 (1 – 2): 3 – 41.

[402] David, P. A. , "The dynamo and the computer and dynamo: A historical perspective on the modern productivity paradox", *American Economic Review*, 1990, 80 (2): 355 – 361.

[403] Davila, A. , Foster, G. , Jia, N. , "Building sustainable high-growth startup Companies: Management Systems as an Accelerator", *California Management Review*, Vol. 52, No. 3, Spring 2010, pp. 79 – 105.

[404] Judith M. Dean, K. C. Fung, Zhi Wang, "How Vertically Specialized is Chinese Trade?", US International Trade Commission Working Paper, No. 2008 - 02 - C, 2008.

[405] Judith M. Dean, K. C. Fung, Zhi Wang, "Measuring the Vertical Specialization in Chinese Trade", USITC Working Paper, No. 2007 - 01 - A, 2007.

[406] Dedrick, J., K. L. Kraemer, "Information technology and productivity in developed and developing countries", *Journal of Management Information Systems*, 2013, 30 (1): 97 - 122.

[407] Demurger, S., "Infrastructure and Economic Growth: An Explanation for Regional Disparities in China?", *Journal of Comparative Economics*, 2001 (29): 95 - 117.

[408] Dewan, S., K. L. Kraemer., "Information technology and productivity: Evidence from country-level data", *Management Science*, 2000, 46 (4): 548 - 562.

[409] Dewar, R. D., Dutton, J. E., "The adoption of radical and incremental innovation: An empirical analysis", *Management Science*, 1986, 32: 1422 - 1423.

[410] Dieter Ernst, "Catching-Up, Crisis and Industrial Upgrading, Evolutionary Aspects of Technological Learning in Korea's Electronics Industry", *Asia Pacific Journal of Management*, 1998, 15 (2).

[411] Dixit, A. K., Stiglitz, J. E., "Monopolistic Competition and Optimum Product Diversity", *The American Economic Review*, 1977, Vol. 67, No. 3: 297 - 308.

[412] Doney, P. M., J. P. Cannon, M. R. Mullen, "Understanding the influence of national culture on the development of trust", *Academy of Management Review*, 1998, 23 (3).

[413] D. Aigner, C. A. K. Lovell, P. Schmidt, "Formulation and Estimation of Stochastic Frontier Production Function Models", *Journal of Econometrics*, Vol. 6, No. 1, (July 1977), pp. 21 - 37.

[414] D. Schoder, "Forecasting the success of telecommunication services in the presence of network effects", *Information Economics & Policy*, Vol. 12, No. 2 (2000), pp. 181 - 200.

[415] Elhorst, J. P., "Matlab Software for Spatial Panels", *International Regional Science Review*, 2014, 37 (3): 389 - 405.

[416] EOP, "Artificial Intelligence, Automation, and the Economy", December 2016.

［417］ EOP, "Preparing for the Future of Artificial Intelligence", October 2016.

［418］ Ernst, D. , A New Geography of Knowledge in the Electronics Industry? Asia's Role in Global Innovation Networks, Honolulu: East-West Center, 2009.

［419］ Ernst, D. , "Global Production Networks and the Changing Geography of Innovation Systems: Implications for Developing Countries", *Economics of Innovation and New Technologies*, Vol. 11, No. 6, 2002, pp. 497 – 523.

［420］ Executive Office of the President, National Science and Technology Council, "A National Strategic Plan for Advanced Manufacturing", Washington, D. C. : Office of Science and Technology Policy, 2012.

［421］ Fleisher, B. , Li, H. Z. , Zhao, M. Q. , "Human Capital, Economic Growth, and Regional Inequality in China", *Journal of Development Economics*, 2010, 92 (2): 215 – 231.

［422］ Fukuyama, F. , *Trust: The social virtues and the reaction of Prosperity*, New York: The Free Press, 1995.

［423］ Fukuyama, H. , W. L. Weber, "A Directional Slacks-based Measure of Technical Inefficiency", *Socio-Economic Planning Science*, 2009, 43 (4).

［424］ Future of Humanity Institute, et al. , "The Malicious Use of Artificial Intelligence: Forecasting, Prevention, and Mitigation", February 2018.

［425］ F. E. Gruber, "Industry 4. 0: A Best Practice Project of the Automotive Industry", In: *Digital Product and Process Development Systems*, G. L. Kovács & D. Kochan (eds.), Berlin, Heidelberg: Springer, Vol. 411 (2013), pp. 36 – 40.

［426］ Gansland, Markusen, "Standards and Related Regulations in International Trade: a Modeling Approach", NBER Working Paper, Vol. 36, No. 2, 2001, pp. 70 – 82.

［427］ Giuseppe, C. , "Vertical and Horizontal Intra-Industry Trade: What is the Empirical Evidence for the UK?", CELPE Discussion Papers, No. 49, 1999.

［428］ Glavas, C. , S. Mathews, "How International Entrepreneurship Characteristics Influence Internet Capabilities for th International Business Processes of the Firm", *International business Review*, 2014, 23 (1).

［429］ Godoe, H. , "Innovation regimes, R&D and radical innovations in telecommunications", *Research Policy*, 2000, 29 (9): 1033 – 1046.

［430］ Gordon, R. J. , "Has the 'New Economy' rendered the productivity slowdown obsolete?", Northwestern University Working Paper, 1999.

［431］ Gordon, R. J. , "Is US economic growth over? Faltering innovation confronts the six headwinds", NBER working paper, 2012, No. 18315.

［432］ GOS, "Artificial Intelligence: Opportunities and Implications for the Future of Decision Making", January 2017.

［433］ Granovetter, M. , "The Strength Of Weak Ties", *American Journal of Sociology*, 1973, 78 (13).

［434］ Greeaway, D. , R. Hine, C. Milner, "Vertical and Horizontal Intra-Industry Trade: A Cross Industry Analysis for the United Kingdom", *The Economic Journal*, No. 433, 1995, pp. 1505 – 1518.

［435］ Gregory, D. Saxton, Nooks Oh, Rajiv Kishore, *Rules of Crowdsourcing: Models, Issues, and Systems of Control*, Taylor & Francis, Inc. 2013.

［436］ Griliches, Z. , "Productivity, R&D, and Basic Research at the Firm Level in the 1970's", *The American Economic Review*, Vol. 76, No. 1 (Janurary 1986), pp. 141 – 154.

［437］ Grossman, G. , Helpman, E. , "Quality Ladders in the Theory of Growth", *Review of Economic Studies*, 1991, Vol. 58, No. 1: 43 – 61.

［438］ Grover, V. , R. Kohli, "Cocreating IT value: New capabilities and metrics for multifirm environments", *MIS Quarterly*, 2012, 36 (1): 225 – 232.

［439］ G. Tassey, "Standardization in Technology-based Markets", *Research Policy*, Vol. 29, No. 4, 2000, pp. 587 – 602.

［440］ G. N. Von, Tunzelmann Technology and Industrial Progress, Massachusetts: Edward Elgar, 1995, pp. 191.

［441］ Habakkuk, J. J. , *American and British Technology in the Nineteenth Century*, Cambridge, Cambridge University Press, 1962.

［442］ Haldi, J. , Whitcomb, D. , "Economies of Scale in Industrial Plants", *The Journal of Political Economy*, 1967, 75 (4): 373 – 385.

［443］ Hall, D. W. , Pesenti, J. , "Growing the Artificial Intelligence Industry in the UK", October 2017.

［444］ Harris, J. G. , J. D. Brooks. , "Why IT still matters?", *Accenture Institute Research Note*, 2003.

［445］ Hausmann Ricardo, Jason Hwang, Dani Rodrik, "What Your Export Matters?", *Journal of Economic Growth*, Vol. 12, No. 1, 2005, pp. 1 – 25.

［446］ Hawash, R. , G. Lang. , "The impact of information technology on productivity in developing countries", German University Working Paper, 2010.

［447］ Herrmann, E. , Call, J. , Hare, B. , Tomasello, M. , "Humans Have Evolved Specialized Skills of Social Cognition: The Cultural Intelligence Hypothesis", *Science*, 2007, 317 (5843): 1360 – 1366.

[448] Hill, C. W. L., Rothaermel, F. T., "The performance of incumbent firms in the face of radical technological innovation", *Academy of Management Review*, 2003, 28 (2): 257–274.

[449] Ho, J. Y., E. O'Sullivan, "Strategic Standardisation of Smart Systems: A Roadmapping Process in Support of Innovation", *Technological Forecasting & Social Change*, No. 115, 2017, pp. 301–312.

[450] Hochberg, V., Ljungqvist, A., Lu, Y., "Whom You Know Matters: venture Capital Networks and Investment Performance", *The Journal of Finance*, Vol. 62, No. 1, 2007, pp. 251–301.

[451] House of Lords, AI in the UK: Ready, Willing and Able? April 2018.

[452] Huang, P., "IT knowledge spillovers and productivity: Evidence from enterprise software", Available at SSRN: http://ssrn.com/abstract=2243886, 2013.

[453] Hummels David, Jun Ishii, Kei-MuYi, "The Nature and Growth of Vertical Specialization in World Trade", *Journal of International Economics*, Vol. 54, No. 1, 2001, pp. 75–96.

[454] Humphrey J., Industrial Organization and manufacturing competitiveness in developing Countries Special Issue of World Development, 1995, 23 (1): 1–7.

[455] H. Lasi, P. Fettke, H. G. Kemper, T. Feld, M. Hoffmann, "Industry 4.0", *Business & Information Systems Engineering*, Vol. 6, No. 4 (August 2014), pp. 239–242.

[456] IEEE, "Ethically Aligned Design: A Vision for Prioritizing Human Wellbeing with Artificial Intelligence and Autonomous Systems (Version 1)", December 2016.

[457] IEEE, "Ethically Aligned Design: A Vision for Prioritizing Human Wellbeing with Artificial Intelligence and Autonomous Systems (Version 2)", November 2017.

[458] I. Voudouris, S. Lioukas, M. Iatrelli, Y. Caloghirou, "Effectiveness of Technology Investment: Impact of Internal Technological Capability, Networking and Investment's Strategic Importance", *Technovation*, Vol. 32, No. 6, (June 2012), pp. 400–414.

[459] Jiang, H., et al., "Exploring the Mechanism of Technology Standardization and Innovation using the Solidification Theory of Binary Eutectic Alloy", *Technological Forecasting & Social Change*, 2017 (135): 217–228.

[460] Johann Sailer, "M2M–Internet of Things–Web of Things–Industry", *Elektrotechnik & Informationstechnik*, Vol. 131, No. 1, (February 2014), pp. 3–4.

[461] Jorgenson, D. W. , M. S. Ho, K. J. Stiroh, "A retrospective look at the U. S. productivity growth resurgence", *Journal of Economic Perspectives*, 2008, 22 (1): 3–24.

[462] Ju, Y. J. , Hu, C. M. , Wei, F. L. , "The Interrelationship between Technology Innovation and Standardization —An Empirical Study of China", 2008 International Conference on Management Science & Engineering (15th), September 10–12, 2008.

[463] J. C. Rochet, J. Tirole, "Two-Sided Markets: An Overview," Toulouse, Vol. 51, No. 11 (2004), pp. 233–260.

[464] J. Schlechtendahl, M. Keinert, F. Kretschmer, A. Lechler, A. Verl, "Making Existing Production Systems Industry 4.0 –Ready", *Production Engineering*, Vol. 9, No. 1, (February 2015), pp. 143–148.

[465] Kallgren, C. A. , R. R. Reno, R. B. Cialdini, "A Focus Theory of Normative Conduct: When Norms Do and Do Not Affect Behavior", *Personality &Social Psychology Bulletin*, 2000, 26 (8).

[466] Kano, S. , "Technical Innovations, Standardization and Regional Comparison—A Case Study in Mobile Communications", *Telecommunications Policy*, 2000, 24 (4): 305–321.

[467] Kaplinsky, R. Morris M. A Handbook for Value Chain Research. Prepared for the IDRC, 2002: 10–30.

[468] Kazlauskas, A. , H. Hasan, "WEB 2.0 solutions to wicked climate change problems", *Australasian Journal of Information Systems*, 2009, 16 (2): 23–36.

[469] King, R. G. , Levine R. Finance, "Entrepreneurship and Growth: Theory and Evidence", *Journal of Monetary Economics*, Vol. 32, No. 4, October 1993, pp. 513–542.

[470] Kleis, L. , "Information technology and intangible output: The impact of IT investment on innovation productivity", *Information Systems Research*, 2004, 23 (1): 42–59.

[471] Klepper, S. , "Firm survival and the evolution of oligopoly", *The Rand Journal of Economics*, Vol. 33, No. 1, Spring2002, pp. 37–61.

[472] Kohli, R. , V. Grover, "Business value of IT: An essay on expanding research directions to keep up with the times", *Journal of the Association for Information Systems*, 2008, 9 (1): 23–39.

[473] Koopman Robert, Zhi Wang, Shang-Jin Wei, "How Much of Chinese Exports Is Really Made in China? Assessing Domestic Value-added When Processing

Trade Is Pervasive", NBER Working Paper, No. 14109, 2008.

[474] Kwon, S. W., P. Arenius, "Nations of Entrepreneurs: A Social Capital Perspective", *Journal of Business Venturing*, 2010, 25 (3).

[475] Lawrence J. Lau, Xikang Chen, Cuihong Yang, Leonard K. Cheng, K. C. Fung, Yun-Wing Sung, Kunfu Zhi, Jiansu Pei, Zhipeng Tang, "Input-occupancy-output Models of The Non-competitive Type and Their Application: An Examination of The China-US Trade Surplus", *Social Sciences in China*, Vol. XXXI, No. 1, 2010, pp. 35 – 54.

[476] Lay, G., Copani, G., Jäger, A., et al., "The relevance of service in European manufacturing industries", *Journal of Service Management*, 2010, 21 (5).

[477] Lee, W. S., Sohn, S. Y., "Effects of Standardization on the Evolution of Information and Communications Technology", *Technological Forecasting & Social Change*, 2018.

[478] Lee, S. T., R. Gholami, T. Y. Tong., "Time series analysis in the assessment of ICT impact at the aggregate level-lessons and implications for the 'New Economy'", *Information & Management*, 2005, 42 (7): 1009 – 1022.

[479] Leiponen, A., "The benefits of R&D and breadth in innovation strategies: a comparison of Finnish service and manufacturing firms", *Industrial and Corporate Change*, 2012, 21 (5).

[480] Lerner, J., "The syndication of venture capital investments", *Financial Management*, Vol. 23, No. 3, Autumn1994, pp. 16 – 27.

[481] Sun, S. L., Chen, H., Pleggenkuhle-Miles, E. G., "Moving upward in global value chains: the innovations of mobile phone developers in China", *Chinese Management Studies*, 2010, 4 (4).

[482] Lin Nan, "Building a Network Theory of Social Capital", *Connections*, 1999, 22 (1).

[483] Linux Foundation, "Harmonization 2.0: How Open Source and Standards Bodies Are Driving Collaboration Across IT", Linux Foundation Networking and Orchestration White Paper, March 2018.

[484] Long, N. V., Riezman, R., Soubeyran, A., "Fragmentation, Outsourcing and the Service Sector", Cirano Working Papers, 2001.

[485] Macpherson, A., "Producer Service Linkages and Industrial Innovation: Results of a Twelve-Year Tracking Study of New York State Manufacturers", *Growth and Change*, 2008, 39 (1).

[486] Megginson, W. L., *The Financial Economics of Privatization*, Oxford: Oxford University Press, 2005.

[487] Mehmood, B., P. Azim, "Total factor productivity, demographic traits and ICT: Empirical analysis for Asia", *Informatica Economică*, 2014, 18 (1): 8 – 16.

[488] Michaely Michael: *Trade, Income Levels and Dependence*, Amsterdam: North-Holland Press, 1984.

[489] Miller, H. Gilbert, P. Mork, "From Data to Decisions: A Value Chain for Big Data," *IT Professional*, vol. 15, no. 1, 2013, pp. 57 – 59.

[490] Morrison, C. J., E. R. Berndt, "Assessing the productivity of information technology equipment in the US manufacturing industries", NBER Working Paper, 1990, No. 3582.

[491] Mowery, D., Rosenberg, N., "The Influence of Market Demand upon Innovation: A Crucial Review of Some Recent Empirical Studies", *ResearchPolicy*, 1979 (8): 102 – 153.

[492] Murugesan, S., "Harnessing green IT: Principles and practices", *IT Professional*, 2008, 12 (10): 24 – 33.

[493] M. L. Katz, C. Shapiro, "Network Externalities, Competition, and Compatibility", *American Economic Review*, Vol. 75, No. 3 (1985), pp. 424 – 440.

[494] Nordhaus, W. D., "Productivity growth and the new economy", *Brookings Papers on Economic Activity*, 2001, 518 (2): 211 – 244.

[495] NSTC and NITRD, "The National Artificial Intelligence Research and Development Strategic Plan", October 2016.

[496] N. Economides, C. Himmelberg, "Critical Mass and Network Evolution in Telecommunications", Toward A Competitive Telecommunications Industry Selected Papers from the Telecommunication, Vol. 1 (1995), pp. 47 – 63.

[497] N. Economides, "Desirability of Compatibility in the Absence of Network Externalities", *American Economic Review*, Vol. 79, No. 5 (2001), pp. 1165 – 1181.

[498] Office of Science and Technology Policy, "America Will Dominate the Industries of the Future", The White House, February 7, 2019, https://www.whitehouse.gov/briefings-statements/america-will-dominate-industries-future/.

[499] Oliner, S. D., D. E. Sichel, "Computers and output growth revisited: How big is the puzzle?", *Brookings Papers on Economic Activity*, 1994, 25 (2): 273 – 334.

[500] Oliner, S. D., D. E. Sichel, "The resurgence of growth in the late 1990s: Is information technology the story?", *Finance & Economics Discussion*, 2000,

14 (4): 3-22.

[501] Padmashree, G. S., Bertha, V., "Trade, Global Value Chains and Upgrading: What, When and How?", *The European Journal of Development Research*, 2018, Vol. 30, No. 3: 481-504.

[502] Patel, P., Pavitt, K., The innovative performance of the world's largest firms: some new evidence. Economics of Innovation and New Technologies, 1992 (2).

[503] Peng, D. X., Liu, G. J., Heim, G. R., "Impacts of Information Technology on Mass Customization Capability of Manufacturing Plants", *International Journal of Operations and Production Management*, 2011, 31 (10): 1022-1047.

[504] Peter Swann, "Standards and Trade Performance: the UK Expeience", *Economic Journal*, Vol. 106, No. 438, 1996, pp. 1297-1313.

[505] Peña-Vinces, J. C., Delgado-Márquez, B. L., "Are Entrepreneurial Foreign Activities of Peruvian SMNEs Influenced by International Certifications, Corporate Social Responsibility and Green Management?", *International Entrepreneurship and Management Journal*, 2013, 9 (4): 603-618.

[506] Potts, Jason D., "Why creative industries matter to economic evolution", *Economics of Innovation and New Technology*, Vol. 18, No. 7, 2009, pp. 663-673.

[507] Putnam, R. D., *Making Democracy Work: Civic Traditions in Modern Italy*, Princeton: Princeton University Press, 1993.

[508] P. A. David, "Clio and the Economics of qwerty", *American Economic Review*, Vol. 75, No. 2, 1985, pp. 332-337.

[509] Qi Li & Jeff Racine, "Cross-validated Local Linear Nonparametric Regression", *Statistical Sinica*, Vol. 14, No. 2, (April 2004), pp. 485-512.

[510] Raghuram, G. Rajan, Luigi Zingales, "The Influence of the Financial Revolution on the Nature Firms", *American Economic Review*, Vol. 91, No. 2, April 2001, pp. 206-211.

[511] Richard R. Nelson, The Sources of Industrial Leadership: A Perspective on Industrial Policy, *Economist*, Vol. 147, No1, 1999, pp. 1-18.

[512] Roach, S., "America's technology dilemma: A profile of the information economy", Zeitschrift Angewandte Mathematik Und Mechanik, 1987, 78 (3): 973-974.

[513] Roach, S., "No productivity boom for workers," *Issues in Science and Technology*, 1998, 14 (4): 49-56.

[514] Roach, S., "Services under siege: The restructuring imperative", *Har-

vard Business Review, 1991, 69 (5): 82 – 91.

[515] Robert C. Feenstra, "Integration of Trade and Disintegration of Production in the Global Economy", *Journal of Economic Perspectives*, Vol. 12, No. 4, 1998, pp. 31 – 50.

[516] Robert C. Johnson, "Trade in Intermediate Inputs and Business Cycle Movement", NBER Working Paper, No. 18240, 2012.

[517] Rodrik Dani, "What's So Special about China's Exports?", NBER Working Paper, No. 11947, 2006.

[518] Roy W. Shin, Alfred Ho, Industrial Transformation: Interactive Decision-making Process in Creating a Global Industry (Korea's Electronics Industry), Public Administration Quarterly, 1997, Vol. 21, Issue 2.

[519] R. H. Allen, R. D. Sriram, "The Role of Standards in Innovation", *Technological and Forecasting and Social Change*, Vol. 64, No. 2, 2000, pp. 171 – 181.

[520] Santhanam, R., E. Hartono, "Issues in linking information technology capability to firm performance", *MIS Quarterly*, 2003, 27 (1): 125 – 153.

[521] Saxenian, A. L., From Brain Drain to Brain Circulation: Transnational Communities and Regional Upgrading in India and China. *Studies in Comparative International Development*, Vol. 40, No2, 2005, pp. 35 – 61.

[522] Schoenherr, T., C. Speier-Pero, "Data Science, Predictive Analytics, and Big Data in Supply Chain Management: Current State and Future Potential," *Journal of Business Logistics*, Vol. 36, No. 1, 2015, pp. 120 – 132.

[523] Schoenmakers, W., Duysters, G., *The technological origins of radical inventions*, Research Policy, 2010, 39 (8): 1051 – 1059.

[524] Peter K. Schott, "The Relative Sophistication of Chinese Exports", *Economic Policy*, Vol. 23, No. 53, 2008, pp. 5 – 49.

[525] Shane, S., D. Cable, "Network Ties, Reputation and the Financing of New Ventures", *Management Science*, 2002, 48 (3).

[526] Sharpe, W. F., "Microcomputer Perspectives: Economies of Scale, Technological Progress and Standardization", *Financial Analysts Journal*, 1983, 39 (5): 25 – 27.

[527] Smith A., *An Inquiry into the Wealth of Nations*, Strahan and Cadell, London, 1776.

[528] Sood, A., Tellis, G., "Technological evolution and radical innovation", *Journal of Marketing*, 2005, 69 (3): 307 – 321.

[529] Sorenson, O., "Interdependence and adaptability: Organizational learning and the long-term effect of integration", *Management Science*, 2003, 49 (4).

[530] Stanford University, "Artificial Intelligence and Life in 2030", September 2016.

[531] Stiroh, K. J., "Information technology and the US productivity revival: What do the industry data say?", *Social Science Electronic Publishing*, 2001, 92 (5): 1559–1576.

[532] Strassmann, P. A., *Information Payoff: The Transformation of Work in the Electronic Age*, Free Press, 1985.

[533] Subcommittee on Advanced Manufacturing Committee on Technology of the National Science & Technology Council, "Strategy for American Leadership in Advanced Manufacturing", Washington, D. C.: Advanced Manufacturing National Program Office, 2018.

[534] S. Behringer, L. Filistrucchi, "Areeda-Turner in Two-Sided Markets", *Social Science Electronic Publishing*, Vol. 46, No. 3 (2015), pp. 287–306.

[535] Taglioni, D., Winkler, D., "Making Global Value Chains Work for Development", World Bank, 2016.

[536] Tan, J., Tyler, K., Manica, A., "Business-to-business Adoption of Ecommerce in China", *Information & Management*, 2007 (44): 332–351.

[537] Tassey, G., "Standardization in Technology-based Markets", *Research Policy*, 2000, 29 (4–5): 587–602.

[538] Tassey, G., "The Impacts of Technical Standards on Global Trade and Economic Efficiency", in: Ernst D, Plummer M G (eds), *Megaregionalism 2.0: Trade and Innovation within Global Networks*. World Scientific Press, 2015: 215–235.

[539] The Economist, "A Thrid Industrial Revolution", April 21, 2012, http://www.economist.com.

[540] Tobler, W. R., "Lattice Tuning", *Geographical Analysis*, 1979, 11 (1): 36–44.

[541] Triplett, J. E., "The Solow productivity paradox: What do computers do to productivity?", *Canadian Journal of Economics*, 1998, 32 (2): 309–334.

[542] Tsai Wenpin, Ghoshal Sumantra, "Social capital and value creation: the role of intrafirm network", *The Acadey of Management Journal*, 1998, 41 (4).

[543] Turban, E., L. Jae, K. David, H. M. Chung, *Electronic Commerce: A Management Perspective* (4th Ed), Beijing: China Machine Press, 2003.

[544] T. A. Burnham, J. K. Frels, V. Mahajan, "Consumer switching costs: A typology, antecedents, and consequences", *Journal of the Academy of Marketing Science*, Vol. 31, No. 2 (2003), P. 109.

[545] Vadim Kotelnikov, *Radical Innovation versus Incremental Innovation*, Harvard Business School Press, Boston, 2000.

[546] Vakhitov, V., Bollinger, C. R., "Effects of Ownership on Agglomeration Economies: Evidence from Ukrainian Firm Level Data", Kyiv School of Economics Series Discussion Papers, 2010, No. 24.

[547] Van Ark, B., "ICT investment and growth accounts for the European Union, 1980 – 2000", *Research Memoranda*, 2002, 56 (9): 11 – 93.

[548] Waguespack, Fleming, "Scanning the commons? Evidence on the benefits to startups participating in open standards development", *Management Science*, Vol. 55, No. 2, 2009, pp. 210 – 223.

[549] White House Office of the Press, "President Obama Launches Advanced Manufacturing Partnership", Obama White House, June 24, 2011, https://obamawhitehouse.archives.gov/the-press-office/2011/06/24/president3obama-launches-advanced-manufacturing-partnership.

[550] William D. Nordhaus, "The Recent Recession, the Current Recovery, and Stock Prices", Brookings Papers on Economic Activity, 2002.

[551] Windahl, C., N. Lakemond, "Developing integrated solutions: The importance of relationships within the network", *Industrial Marketing Management*, 2006, 35 (7).

[552] World Economic Forum, The Future of Jobs, 18 January 2016.

[553] Wurgler, "The Equity Share in New Issues and Aggregate Stock Returns", *Journal of Finance*, Vol. 55, No. 3, July 2000, pp. 2219 – 2257.

[554] W. Meeusen, J. van den. Broeck, "Efficiency Estimation from Cobb-Douglas Production Functions with Composed Error", *International Economic Review*, Vol. 18, No. 2 (June 1977), pp. 435 – 444.

[555] Xiao, Q., L. D. Marino, W. Zhuang, "A Situated Perspective of Entrepreneurial Learning: Implications for Entrepreneurial Innovation Propensity", *Journal of Business & Entrepreneurship*, 2010, 22 (1).

[556] Xu Bin, "The Sophistication of Exports: Is China Special?", *China Economic Review*, Vol. 21, No. 2, 2011, pp. 482 – 493.

[557] Xu Bin: "Measuring China's Export Sophistication", China Europe International Business School Working Paper, No. 21, 2007.

[558] Zheng, Xinye and Yu, Yihua and Wang, Jing and Deng, Huihui (2013), "Identifying the determinants and spatial nexus of provincial carbon intensity in China: A dynamic spatial panel approach", Forthcoming in: *Regional Environmental* Change (2014).

[559] Zhou, K. Z., Yim, C. K., Tse, D. K., "The effects of strategic orientations on technology and market based breakthrough innovations", *Journal of marketing*, 2005, 69 (2): 42–60.

[560] Zolin, R., A. A. Kuckertz, T. Kautonen, "Human Resource Flexibility and Strong Ties in Entrepreneurial Teams", *Journal of Business Research*, 2011, 64 (10): 1097–1103.

[561] Zoo, H., H. J. de Vries, H. Lee, "Interplay of Innovation and Standardization: Exploring the Relevance in Developing Countries", *Technological Forecasting & Social Change*, 2017 (118): 334–348.

后 记

当今世界正处于百年未有之大变局，新一轮产业革命与中国经济高质量发展形成历史性交汇。在这一过程中，加快推进中国产业转型升级、构建现代产业体系，成为中国抢抓新产业革命发展机遇、有效应对国内外风险挑战、实现经济高质量发展的重要一环。2014年，我作为首席专家有幸获批国家社科基金重大项目"新产业革命的发展动向、影响与中国的应对战略研究"，而新产业革命对产业的影响以及新产业革命条件下中国产业转型升级问题，是该项目研究的重要内容。2019年该项目顺利结项。在项目研究成果基础上，我与课题组成员结合新产业革命发展动向以及我国经济高质量发展的现实，对中国产业转型升级问题进行了进一步研究，从而拓展和深化了课题研究成果的内容，本书即是以上研究的成果。

在项目研究和本书写作过程中，经济发展发生新的巨大变化，我国进入新发展阶段，完整、准确、全面贯彻新发展理念，加快构建以国内大循环为主体、国内国际双循环相互促进的新发展格局，实现高质量发展，成为新时期经济发展的中心任务，推进供给侧结构性改革成为经济发展的主线。与此同时，以大数据、云计算、人工智能等新一代信息技术迅速发展和广泛应用为主要内容的第四次工业革命在全球迅速发展，世界各国特别是经济发达国家围绕新一轮科技、产业发展制高点的竞争不断加剧，我国面临的国内外发展环境、条件与挑战发生新的深刻变化。基于新的发展环境，加快推进我国产业转型升级，实现科技自立自强，抢占新一轮科技、产业发展的制高点，成为我国经济社会发展与现代化建设面临的重大战略任务。基于以上背景，本书对新产业革命与经济高质量发展交汇下的中国产业转型升级问题进行了较为深入、系统的研究。

参与本书写作的主要是我指导的部分博士研究生和硕士研究生。整个课题和书稿由我设计研究思路、提出研究计划和撰写写作提纲，并统筹各章内容写作，初稿完成后对书稿进行修改。具体写作分工是：第一章，杜传忠；第二章，杜传忠、刘英基、杜爽；第三章，杜传忠、宁朝山；第四章，杜传忠、郭美晨；第五章，杜传忠、杨志坤、金文瀚；第六章，杜传忠、杜新建、冯晶、张丽、王梦晨；第七章，杜传忠、侯佳妮；第八章，杜传忠、王飞、杜新建、郭美晨；第九章，杜传忠、王金杰、宁朝山、杜爽；第十章，杜传忠、王飞、宁朝山、张轶群；第十一章，杜传忠、李英基、冯晶、金华旺、任俊慧；第十二章，杜传忠、曹艳乔、李彤；第十三章，杜传忠、陈维宣、宁朝山；第十四章，杜传忠、杜爽、胡俊、陈维宣；第十五章，杜传忠、郭美晨、陈维宣、刘志鹏。杜爽对书稿编辑、修改和成书作了大量工作，在读博士生王亚丽、王纯、陈永昌、疏爽、薛宇择、王晓蕾等参加了书稿的校对工作。

课题研究和本书写作得到南开大学经济与社会发展研究院领导、老师的大力支持，并获得南开大学经济与社会发展研究院允公论坛出版基金资助。经济科学出版社副总编齐伟娜、编辑赵蕾和王珞琪为本书的出版付出了辛勤劳动，在此一并表示衷心感谢！中国社会科学院学部委员、中国工业经济学会前理事长吕政研究员通读书稿，并欣然为本书作序，在此特向吕政研究员致以真诚的感谢和深深的敬意！

2021年是我们党和国家历史上具有里程碑意义的一年，我国实现了全面建成小康社会的第一个百年奋斗目标，开启了向建成富强、民主、文明、和谐、美丽的社会主义现代化强国的第二个百年奋斗目标进军的新征程。我们党迎来了百年华诞，党的十九届六中全会通过了《中共中央关于党的百年奋斗重大成就和历史经验的决议》，对党的百年奋斗历史成就和经验做了深刻、系统的总结，极大地振奋了全党、全国人民的精神。本书的出版也是我们对党的百年华诞献上的一份小小的礼物！

我们清醒地认识到，百年变局正在加速演进，外部环境更趋复杂严峻和不确定，加之新冠肺炎疫情的冲击，我国推进高质量发展、实现第二个百年奋斗目标面临的环境十分复杂，机遇、挑战与风险并存，产业转型升级也面临着诸多艰巨任务和难题，亟待进一步深入研究和破解。从这一角度说，本书仅是一项阶段性研究成果，还存在一定的不足、问题甚至错误，真诚希望学界同仁提出宝贵意见，我们也将进一步推进和深化对中国产业转型升级问题的研究。

杜传忠

2021年12月于南开园

图书在版编目（CIP）数据

新产业革命与经济高质量发展交汇下的中国产业转型升级研究/杜传忠等著. —北京：经济科学出版社，2021.12

ISBN 978 – 7 – 5218 – 3086 – 6

Ⅰ. ①新… Ⅱ. ①杜… Ⅲ. ①产业结构调整 – 研究 – 中国 Ⅳ. ①F269.24

中国版本图书馆 CIP 数据核字（2021）第 239027 号

责任编辑：赵　蕾
责任校对：齐　杰
责任印制：范　艳

新产业革命与经济高质量发展交汇下的中国产业转型升级研究
杜传忠　等/著
经济科学出版社出版、发行　新华书店经销
社址：北京市海淀区阜成路甲 28 号　邮编：100142
总编部电话：010 - 88191217　发行部电话：010 - 88191522
网址：www.esp.com.cn
电子邮箱：esp@esp.com.cn
天猫网店：经济科学出版社旗舰店
网址：http://jjkxcbs.tmall.com
北京季蜂印刷有限公司印装
787×1092　16 开　37.75 印张　720000 字
2021 年 12 月第 1 版　2021 年 12 月第 1 次印刷
ISBN 978 – 7 – 5218 – 3086 – 6　定价：148.00 元
（图书出现印装问题，本社负责调换。电话：010 - 88191510）
（版权所有　侵权必究　打击盗版　举报热线：010 - 88191661
QQ：2242791300　营销中心电话：010 - 88191537
电子邮箱：dbts@esp.com.cn）